발달심리학

송명자 지음

DEVELOPMENTAL PSYCHOLOGY

학지사

편집자 주

송명자 교수님의 〈발달심리학〉은 1995년 초판을 출간한 이래 발달심리학의 바이블이라고 할 만큼 많은 사랑을 받아 왔습니다.

그간 10년여의 세월이 흐르는 사이 환경이 많이 변했지만 개정을 할 수 없는 상황이다 보니 초판의 편집체제를 그대로 유지할 수밖에 없는 안타까움이 있었습니다.

그래서 내용은 그대로 유지하면서 편집체제를 요즘 독자들의 성향에 맞춰서 재편집하였습니다.

천 년의 세월 속에서도 영롱한 빛을 발하는 진주처럼 천 년 후에도 이 책이 인류에게 소중한 자산이 되었으면 하는 바람입니다.

머리말

이 책을 쓰기 시작할 때 나름대로 몇 가지 기대하는 것이 있었다. 무엇보다 학부나 대학원 학생들이 발달심리학의 일정한 학문적 수준을 유지하면서도 쉽게 이해하며 읽어나갈 수 있는 책을 쓰고 싶었다. 학문적 수준을 유지한다는 것은 단순히 인간의 성장과정에서 나타나는 발달적 현상들을 기술하는 데에서 한 걸음 나아가 발달적 변화가 일어나는 과정과 기제를 설명하는 이론과 개념들을 소개하고 싶었다는 뜻이다. 그러기 위해서 각 부마다 첫 장은 해당 분야의 이론체계를 먼저 소개하여 그 장에서 다룰 여러 현상적인 연구결과들을 통합하는 안목을 갖는 데 도움이 되도록 하였다. 발달심리학은 심리학의 다른 분야에 비해 뛰어난 이론체계를 가진 학문이다. 현상과 이론의 조화 없이는 인간발달을 바로 이해하기 어렵다는 평소의 생각이 이 책 속에 다소나마 반영되었기를 바라는 마음이다.

학문적 깊이가 있는 책을 쉽게 쓴다는 것이 참으로 어려운 작업이라는 것은 공부하는 사람이면 누구나 느끼는 일이다. 이 책에서는 우선 가능한 한 쉬운 용어로 강의하듯이 풀어쓰려고 노력하였다. 또한 한 가지 주제에 관해서 구체적인 연구과정과 결과를 충분히 설명하려고 애썼으며, 하나의 개념을 소개한 뒤에는 적용 예를 들어 이해를 돕고자 하였다. 또한 발달 관련 과목을 수강한 적이 없는 학부 2학년 학생들에게 읽혀서 이해가 잘 되지 않는 부분을 지적하게 하고, 그 부분을 다시 풀어쓰는 작업을 통해 이해도를 높이고자 하였다.

이 책은 아동기, 청년기, 성인기로 생애를 대별하고, 각 시기 내에서 인지, 언어, 자아 등 심리적 특성의 발달과정을 설명해나가는 영역별 구성방법을 택하였다. 영아기, 걸음마기, 유아기, 아동기 등으로 발달단계를 세분하는 단계별 구성은 각 단계의 발달을 현상적으로 이해하는 데는 도움이 되겠지만, 동일한 개념이 매 단계마다 되풀이 설명되는 혼란스러움으로 인해 중요한 심리적 특성의 발달양상을 체계적으로 이해하는 것이 어렵다고 생각했기 때문이다. 피아제 이론이 쇠퇴하면서 6, 7세를 경계로 하는 유아기와 아동기 간의 단계적 구분의 의미가 사라져가는 것도 영역별 구성을 택한 중요한 이유이다. 그러나 각 영역의 발달을 설명하면서 연령별 특징을 명료히 하기 위해 고심했다는 점은 말해두고 싶다.

근래에 우리나라 발달심리 분야에도 많은 훌륭한 연구들이 이루어지고 있다. 이들 국내 연구결과를 체계적으로 정리하여 소개하고 싶었던 것이 이 책을 쓰게 된 중요한 동기 중의 하나였다. 이 책을 쓰기 시작할 무렵 국내 연구는 주제별 목록조차 정리되어 있지 않아 서울의 국회도서관과 각 대학 도서관에서 논문을 찾는 일부터 시작하였다. 지방대학의 교수로서 국내 연구들을 완벽하게 입수하기도 힘들었거니와, 서구의 연구결과와 대비되는 우리 문화권 특유의 발달적 특성을 보여주는 자료를 얻기가 쉽지 않았다. 나름대로 해당 분야의 국내 연구결과들을 소개하려고 애썼으나, 중요한 연구들을 많이 빠뜨려 만족스럽지 못한 수준에 그치고 말았다. 이 부분은 앞으로 개정판에서 보완할 것을 약속한다.

지난 20여 년간 발달심리학을 공부하고 가르쳐오면서 이 분야를 전공하게 된 행운에 감사해왔다. 한 사람이 태어나서 죽음에 이르기까지 경험하는 수많은 내적인 변화의 과정과 요인들을 객관화시켜주는 이 학문은 단순한 개념이나 지식을 넘어서서 사람을 생각하고 알게 하는 기쁨을 준다. 이 책을 쓰는 동안 최근에 변화하고 있는 새로운 이론과 관점들을 접하면서 새로운 시각에서 자신을 정립할 수 있는 힘을 얻었다. 이 책을 읽고 공부하는 독자들이 발달심리학의 학문적인 지식뿐 아니라 각자의 자리에서 자신의 삶을 되돌아보고 관조하며, 미래의 삶을 보는 안목을 기르는 데 도움이 될 수 있기를 간절히 바란다.

이 책이 나오기까지 너무나 많은 분들의 도움을 입어 어떻게 고마움을 표현해야 할지 모를 심정이다. 무엇보다 먼저 발달심리학으로 가는 길을 저자에게 보여주고 이끌어주신 경북대학교 교육학과의 이상로, 변창진 두 분 은사님과 서울대학교 심리학과의 서봉연 선생님께 깊이 감사드린다. 아울러 많은 새로운 자료들을 주문하여 주었을 뿐 아니라, 연구조교를 시켜 자료를 찾아준 Rochester대학교 발달심리학과의 Lucia French 교수에게도 고마움을 보낸다.

제자들의 헌신적인 도움이 없었다면 결코 이 책이 오늘 이렇게 출간되지 못했을 것이다. 유연옥 박사의 주도하에 허미자, 차승희, 박경옥, 이정희, 김지영 선생님과 대학원생

조영미, 서경아, 학부생 윤선영이 한뜻이 되어 자료정리, 내용 입력 및 검토, 교정, 참고문헌, 표와 그림 정리, 사진, 삽화 등 이 책과 관련되는 모든 일들을 처리해주었다. 그 외에도 많은 분들이 사진을 찍어주고, 그림을 모아주고, 원고를 읽어주는 등 많은 도움을 주었다. 따라서 분명 이 책은 저자 개인의 것이라기보다는 우리 모두의 공동의 결실이다. 함께 연구실에서 새우던 밤들이 벌써 그리움으로 다가온다.

이미 많은 발달심리학 저서들이 출간되어 있는데도 또 한 권의 책을 보태는 일에 오랫동안 두려워하고 망설여왔다. 망설임을 극복하고 이 책을 쓰도록 격려해주신 학지사의 김진환 사장님께 단순히 출판을 해주었다는 고마움을 넘어서는 깊은 감사를 드린다. 정성을 다해 책을 만들어 준 편집부 최순화 씨에게도 큰 고마움을 전한다.

책을 쓰는 긴 기간 동안의 숱한 가정적 불성실을 인내와 격려로 감싸준 남편 류웅달 교수와 아들 한림에게 이 책을 바친다.

1995년 7월

저자

차 례

PART 1 발달심리학의 특성과 기저

PART 2 아동기 인지적 특성의 발달

제4장 Piaget 이론과 아동기 인지발달 91

제5장 지능 및 기억발달 135

제6장 언어와 의사소통능력의 발달 173

PART 3 아동기 정의적 특성의 발달

제7장 정의적 발달의 기저 199

PART 5 성인기 발달

PART 6 생태적 맥락과 발달

PART 1 발달심리학의 특성과 기저

우리가 아이들에게 남겨줄 수 있는 두 가지 영원한 것이 있다.
하나는 뿌리이고, 또 하나는 날개이다.

밴크로프트

발달심리학이란 어떤 학문인가? 발달심리학은 어떤 대상을 어떻게 연구하고 있는가? 발달심리학이 우리에게 전달하고자 하는 주요 내용은 무엇인가? 출생 시 인간이 갖는 여러 심리적 특성들은 어떻게 형성되는가?

이 책의 제1부는 두 개의 장으로 구성된다. 1장에서는 이론, 방법, 연구동향을 포함하는 발달심리학의 학문적 특성을 살펴볼 것이며, 2장에서는 아기가 세상에 태어나기 이전까지 여러 가지 심리적 특성들이 형성되는 과정을 인간발달의 기저로서 다루어보고자 한다.

제 1 장
발달심리학의 학문적 특성

발달심리학의 학문적 특성을 이해하기 위해 이 장에서는 먼저 발달심리학의 성격과 내용을 살펴보고자 한다. 모든 학문의 뿌리를 그 학문의 역사 속에서 찾듯이 이 장에서도 발달심리학의 학문적 역사와 연구동향을 살펴본 후 여러 이론가들의 이론적 접근과 연구방법을 검토하게 될 것이다.

1 발달심리학의 성격과 내용

발달심리학의 성격과 내용을 이해하기 위해 발달과 발달심리학의 개념을 규정한 후 발달의 주 연구영역인 현상기술과 발달기제에 관해 간단히 설명하게 될 것이다. 아울러 발달심리학의 내용과 구성방법을 살펴보고자 한다.

1) 발달과 발달심리학

(1) 발달의 개념

발달(development)은 인간의 생명이 시작되는 수정의 순간에서부터 죽음에 이르기까지의 전 생애를 통해 이루어지는 모든 변화의 양상과 과정을 의미한다. 발달적 변화의 과정에는 신체, 운동기능, 지능, 사고, 언어, 성격, 사회성, 정서, 도덕성 등 인간의 모든 특성들이 포함된다.

인간의 전 생애에 걸친 발달과정에는 어떤 특징이 양적으로 증대되고, 기능이 유능해지며, 구조가 더욱 복잡해지는 긍정적인 변화와 더불어 양적으로 감소되고, 기능과 구조가 쇠퇴하는 부정적인 변화가 함께 포함된다.

종래에는 흔히 아동기와 청년기의 발달은 긍정적인 변화인 반면에, 중년기 이후부터 노년기의 발달은 쇠퇴로 인한 부정적 변화라는 생각이 지배적이었다. 그러나 최근에 밝혀진 연구결과들에 의하면 노년기에도 분석, 통합, 추론, 문제해결능력 등 여러 영역에서 긍정적인 발달이 지속되고 있는 것으로 나타났다(Baltes, 1987). 따라서 인간의 발달적 변화를 시기에 따라 긍정적이거나 부정적으로 변화한다고 생각하는 단순한 증가와 감퇴의 도식은 발달과정을 제대로 보여주지 못하는 것이다(송명자, 1994; Datan et al., 1987).

발달과 밀접하게 관련되는 개념으로서 성장(growth)과 성숙(maturation)을 들 수 있다. 한동안 **성장**은 주로 신체적 특성의 긍정적인 변화를 뜻하는 개념으로 받아들여져 왔으나, 근래에 와서 지적 성장이라는 용어가 낯설지 않듯이 성장과 발달은 서로 교환해서 사용할 수 있는 동일한 개념으로 간주된다.

성숙은 유전인자가 발달과정을 방향 짓는 기제를 뜻한다(Crain, 1992). 따라서 개념상으로는 성숙은 환경의 영향과는 전적으로 무관한 유전적 특성에 의해 이루어지는 발달적 변화에 국한된다. 그러나 인간의 발달과정에서 환경의 영향을 전혀 받지 않고 전적으로 성숙에 의존하는 변화가 있을 수 있는가는 논란의 여지가 있다. 이 문제는 인간발달의 유전 및 경험적 기저에 관한 장에서 다시 검토하고자 한다.

(2) 발달심리학의 성격

발달심리학(developmental psychology)은 인간의 전 생애에 걸친 모든 발달적 변화의 양상과 과정을 연구하는 학문의 한 분야이다. 종래에 발달심리학은 주로 아동기와 청년기를 대상으로 하였으나, 근래에는 성인기와 노년기를 포함하여 전 생애를 연구대상으로 한다. 발달심리학의 이와 같은 생애발달적 관점을 강조하여 흔히 **생애발달심리학**(life-span developmental psychology)이라 지칭한다.

발달심리학이 갖는 생애발달적 관점의 중요성은 단순히 성인기와 노년기를 발달연구 대상에 포함시킨다는 사실 이상의 의미를 갖는다. 생애발달심리의 중요성은 모든 연령과 시기의 인간의 발달이 상호 밀접하게 관련되어 있다는 사실을 각성시켜주었다는 데 있다. 예를 들어, 4세 유아의 놀이장면에서 나타나는 성역할 특성은 청년기에 원만한 이성관계의 형성과 성인기 가족 내에서의 성역할을 예견할 수 있게 하는 주요 요인이 된다. 이러한 생애발달적인 안목 없이 유아기를 연구하는 것은 인간의 발달과정에 대한 이해의 폭을 좁힐 위험이 있다. 마찬가지로 청년기와 성인기에 나타나는 많은 특성들은 영아기와 유아기의 성장과정을 이해하지 않고는 그러한 특성이 형성된 원인과 배경을 찾아내기 어렵다. 이러한 점에서 영·유아기 발달, 아동발달, 청년발달 등 모든 단계의 발달심리는 궁극적으로 생애발달심리의 전체적인 틀 속에서 연구되고 이해되어야 할 것이다.

인간발달(human development)은 생애발달적 접근을 갖는 발달심리학의 다른 명칭이다. 인간발달과 발달심리를 명확하게 구분하기는 어렵다. 인간발달을 명칭 그대로 동물과 구분되는 인간의 발달과정에만 관심을 갖는 학문으로 보는 견해는 적합하지 않은 것 같다. 발달심리학의 많은 현상과 이론들이 동물을 대상으로 한 연구결과를 인간의 발달과정에 적용하고 있으며, 이러한 점은 인간발달에서도 마찬가지이다. 서구에서 출간된 인간발달이란 제목의 저서와 발달심리학이란 제목의 저서들을 검토해보면, 인간발달은 발달의 현상을 기술하는 데 보다 많은 관심을 기울이는 것에 반해 발달심리학은 변화의 기저요인들을 분석하고 이론화하려는 경향을 보다 많이 보여주는 차이를 읽을 수 있다. 그러나 이러한 차이가 근원적으로 발달심리와 인간발달의 학문적 성격을 구분해주는지의 여부는 명확하지 않다.

2) 발달심리학의 연구영역

발달심리학 분야의 연구들은 발달이 이루어지는 양상을 기술해주는 **현상기술**(phenomenal description) **연구**와 사람의 연령에 따라 발달적 변화가 일어나는 원인과 그 과정을 추론하고 이론화하려는 **발달기제**(developmental mechanism) **연구**로 크게 구분된다.

(1) 현상기술 연구

발달심리학 연구의 일차적인 목적은 사람의 연령이 변화함에 따라 여러 영역에 있어서의 심리적 특성이 변화해가는 양상을 있는 그대로 **기술**하는 데 있다. 아동이 최초로 어휘를 사용하게 되는 나이는 몇 살이며, 3세 아동이 사용할 수 있는 어휘는 몇 개가 되는가? 4세 아동은 놀이장면에서 어떠한 사회적 행동을 보이는가? 인간의 공격성은 연령의 변화에 따라 증가하는가 또는 감소하는가? 사춘기 청소년은 어떠한 성격적 특징을 보이는가? 4세와 8세 아동의 도덕성에는 어떠한 차이가 있는가? 노년기에는 정말 기억력의 감퇴가 일어나는가? 등 수많은 발달현상에 관한 의문에 대답해줄 수 있는 발달심리 분야의 연구 자료들은 **현상기술 연구**의 대표적인 예가 된다.

현상기술 연구자료들은 여러 심리적 특성들이 정상적으로 발달하는가의 여부를 확인할 수 있게 하는 **규준**(norm)을 제공해준다. 규준이란 어떤 심리적 특성의 발달에 있어서 특정 연령집단을 대표하는 전형적인 행동양상 또는 수행수준을 의미한다. 앞에서 예를 든 3세 아동이 사용하는 평균 어휘 수에 관한 자료는 언어발달상 3세 아동의 규준이 된다. 일반적으로 규준은 연령집단을 잘 대표해줄 수 있는 표집에서 얻은 평균치를 통해 얻을 수 있다.

규준은 특정 연령단계에 있는 개인의 발달수준의 정상성 여부를 판단하는 중요한 기준이 된다. 5세 아동의 신장과 체중의 규준과 비교함으로써 특정 5세 아동의 신체적 발육의 정상성 여부를 판단하듯이, 심리적 특성의 발달에 관한 많은 현상기술 연구자료들은 각 연령단계에 있는 개인의 심리적 특성의 발달이 정상적으로 이루어지고 있는지의 여부를 진단하는 주요 자료가 된다. 따라서 다른 연구에서도 그러하듯이, 발달심리 분야의 연구에서 얻은 자료의 표집의 대표성은 현상기술 연구의 가치를 결정하는 주요 기준이 된다.

현상기술 연구를 통해 얻은 각 연령단계의 발달적 규준들을 비교함으로써 연령 간 발달양상의 차이를 알 수 있게 된다. 예를 들어, 2세와 4세 아동이 사용하는 어휘 수를 비교함으로써 이 기간에 놀라울 정도로 급격한 언어발달이 이루어지고 있음을 알게 된다. 마찬가지로 성인기 초기와 노년기의 회상량을 비교함으로써 노년기에 실제로 기억력의 감퇴가 일어나는가를 판단할 수 있게 된다.

(2) 발달기제 연구

발달기제에 관한 연구는 한마디로 무엇이, 왜, 어떻게, 발달적 변화를 일으키는가의 물음에 대한 답을 얻고자 하는 연구이다. 다시 말해서 기술된 현상의 기저과정을 **설명**하고자 하는 것이 발달기제 연구의 목적이다. 만일 현상기술 연구를 통해 2세와 4세 간 아동의 언어능력에 급격한 증가가 있으며, 노년기에 실제로 기억력의 감퇴가 나타나는 것으로 밝혀졌다면, 왜 이 시기에 그러한 변화가 일어나며, 어떠한 요인들이 어떠한 과정을 통해 그러한 변화를 일으키게 되는가에 대해 탐색하는 것이 발달기제 연구이다.

현상기술 연구가 실증적인 자료를 통해 발달양상을 보여주는 것과는 달리 **발달기제 연구**는 그러한 현상을 일어나게 하는 보다 근원적인 요인과 과정에 대한 이론적 추론을 필연적으로 포함한다. 앞으로 언어발달 부분에서 다시 설명하겠지만, 2세와 4세 사이에 급격하게 언어발달이 일어나는 이유는 생득적 이론, 학습이론, 인지발달이론 등 여러 이론적 관점에서 각각 달리 설명되고 있다. 마찬가지로 노년기의 기억감퇴가 나타나는 이유에 대해서도 기억역량의 감소와 기억방략의 결함이라는 서로 다른 기억발달기제에 대한 가설적 모형이 제시되고 있다(Light, 1991).

발달현상기술 연구와 더불어 발달기제 연구는 인간의 발달과정을 보다 깊이 이해하기 위한 중요한 자료가 된다. 특히 발달기제 연구는 각 연령단계에 있는 사람들에게 보다 바람직한 발달적 변화를 촉진시킬 수 있는 요인과 과정을 찾는 데 크게 기여할 수 있다. 그럼에도 불구하고 비교적 근래에 이르기까지 발달심리학 분야의 연구들은 현상기술 연구에 지나치게 몰두함으로써 발달기제 연구를 등한시해온 경향이 있다(Kuhn, 1974; Siegler, 1984). 그러나 다행스럽게도 지난 10여 년에 걸쳐 많은 연구들이 발달기제를 밝히는 데에 관심을 기울이고 있다. 이 책에서는 앞으로 각 장의 해당 영역에서 발달현상과 아울러 발달기제에 관한 연구결과들을 가능한 한 함께 제시하도록 할 것이다.

3) 발달심리학의 내용과 구성

발달심리학의 내용과 구성방법은 앞에서 지적한 현상기술과 발달기제의 어느 쪽을 강조하느냐에 따라 달라진다. 현상기술을 중심으로 하는 접근방법에서는 일반적으로 특정 시기나 영역을 기준으로 발달양상을 기술한다. 반면에 발달기제를 강조하는 접근에서는 발달이론가를 중심으로 발달과정을 설명한다. 그러나 현상기술적 접근에서도 각 시기나 영역의 발달을 설명하기 위해 이론을 포함시키고 있으며, 이론을 중심으로 하는 접근에서도 각 이론가들이 보여주는 발달적 현상들을 기술하고 있으므로, 어떤 면에서 이 두 접근의 차이는 유사한 내용들을 어떻게 구성하느냐의 차이라 볼 수 있다.

현상기술적 접근에서 가장 흔히 찾아볼 수 있는 발달심리학의 구성방법은 성장시기 또는 연령별로 발달단계를 구분하고 각 단계의 발달적 특징을 기술하는 것이다.

발달심리 분야에서 공통적으로 사용하는 **연령별 단계**가 설정되어 있는데, 출생 이전의 태아기, 출생 후부터 약 2세경까지의 영아기, 2세부터 6～7세경까지의 유아기 또는 입학 전 아동기, 6～7세경부터 12～13세까지의 아동기, 12～13세경부터 22～23세경까지의 청년기, 대개 40세까지의 성인전기, 40대에서 60～65세까지의 성인중기 또는 중년기, 60대 이후의 성인후기 또는 노년기의 구분이 대표적이다(Irwin & Simons, 1994; Santrock, 1995).

보다 근래에는 영아기 내에서 출생 후 약 1개월까지를 신생아기로 세분하기도 하며, 입학전 아동기를 2～4세까지의 걸음마기와 유아기로 구분하기도 한다. 아동기를 학동기로 지칭하기도 한다. 청년기 또한 청년초기 또는 사춘기와 청년후기로 구분하기도 한다. 현재 국내에서나 서구에서 출간되고 있는 많은 발달심리학의 저서들은 이러한 연령별 현상기술 접근의 구성을 따르고 있다.

발달현상을 기술하는 또 하나의 방법은 **심리적 특성별**로 발달의 영역을 나누어 진술하는 것이다. 신체·운동기능발달, 지각발달, 인지발달, 언어발달, 기억발달, 성격발달, 사회성발달, 정서발달, 도덕성발달 등은 대표적인 발달영역들이다. 국내에서는 이러한 구성의 발달심리학 저서를 찾아보기 어려우나, 근래에 발간되고 있는 서구의 저서들은 영역별 구성을 선호하는 경향이 있다(Hetherington & Parke, 1993).

발달심리학의 내용을 시기별로 구성하는 것은 각 단계가 갖는 발달적 특징을 명시해주는 장점은 있으나, 단계가 세분화됨으로써 각 심리적 특성의 발달을 체계적으로 이해하는 것을 어렵게 하는 단점이 있다. 이에 비해 영역별 구성은 각 발달단계의 여러 특성을 종합적으로 이해하는 데 어려움을 준다. 이 책에서는 이러한 상호 단점을 보완하여 발달단계를 아동기, 청년기, 성인기로 대별하고, 이들 큰 단계 내에서의 발달을 영역별로 기술하고자 한다.

대부분의 발달이론에 관한 저서들은 특정 영역의 발달을 설명하는 대표적인 이론가별로 구성되어 있다. 인지발달 분야의 Piaget, 성격발달의 Freud와 Erikson, 도덕성발달의 Kohlberg 등은 대표적인 발달이론가들이다. 이들을 위시하여 수많은 발달이론가들은 나름대로 독특한 관점에서 여러 심리적 특성의 발달기제와 과정을 설명하고 있다. 이 책의 각 장에서는 해당 영역의 대표적인 이론가들의 이론체계를 검토하게 될 것이다.[1)]

2 발달심리학의 역사와 연구동향

발달심리학의 역사와 연구동향을 살펴보기 위해 발달심리학의 학문적 탐색이 시작된 순서대로 아동연구, 청년연구, 성인 및 노년 연구의 역사적 배경을 살펴보고자 한다. 아울러 최근 10년간 대표적인 국내외 발달심리 관계 학술지에 수록된 논문들의 내용분석을 통해 발달심리학 연구의 최근 동향을 개관하고자 한다.

1) 앞으로 이 책에서는 출생에서 2세까지의 아동은 영아, 2세부터 초등학교 입학 이전까지의 아동은 유아, 초등학교 입학 이후는 아동으로 구분하여 사용한다.

1) 발달심리학의 역사

(1) 아동연구

발달심리학은 아동연구에서부터 그 뿌리를 찾을 수 있다. 오랫동안 사람들은 아동을 심리적 측면에서 성인과 아무런 차이가 없는 성인의 축소판으로 믿어온 것 같다(Aries, 1960). 아동이 태어날 때 이미 성인과 같은 특성들을 지니고 있다고 믿는 이러한 초기 아동관을 **전성설**(preformationism)이라 부른다.

아동의 특성에 체계적인 관심을 기울인 최초의 학자는 John Locke(1632~1704)와 Jean-Jacques Rousseau(1712~1778)이다. Locke는 아동을 태어날 때 선천적으로 결정된 어떠한 특성도 소유하지 않는 **백지**(tabula rasa)상태라 간주하고, 아동은 그들이 속한 환경 내에서의 경험의 내용에 따라 서로 다른 사고와 감정을 가진 성인으로 성장해가게 된다는 환경결정론적 발달관을 제시하였다.

최초의 아동심리학자라 불리는 Rousseau는 Locke와 달리 아동은 태어날 때 각기 독특한 발달적 잠재력을 갖고 있다고 주장한다. Rousseau에 의하면 개개 아동이 갖는 독특한 내재적인 성장력은 각 발달단계에서 환경이나 교육에 의해 의도적이고 계획적으로 통제되거나 억압받지 않을 때 자연스럽게 최상의 발달을 기대할 수 있다. Rousseau는 그의 저서 『에밀(*Emile*)』(1762/1948)에서 아동의 발달을 유아기(출생~2세), 아동기(2~12세), 아동후기(12~15세), 청년기(15세 이후)의 네 단계로 대별하고, 각 단계가 갖는 독특한 심리적 특성들을 진술함으로써, 성장에 따른 질적 변화를 강조하는 오늘날 발달관의 기초를 닦았다. 이러한 Rousseau의 관점은 Pestalozzi, Froebel 등을 거쳐 Jean Piaget (1896~1980)로 계승되고 있다.

최초로 발달심리학 분야를 확립한 학자로서 G. Stanley Hall(1846~1924)을 들 수 있다. Hall은 아동들이 가지고 있는 일상의 지식들을 질문지를 통하여 찾아내고 이를 체계적으로 정리하여 「아동의 마음의 내용」이라는 연구논문을 출간함으로써 최초로 객관적이고 기술적인 발달연구를 시작하였다. 또한 그는 당시에 크게 주목을 받았던 Charles Darwin의 진화론을 발달에 적용하여 아동발달이 **발생적 심리학**(genetic psychology)이어야 한다고 주장했으며, 이 전통은 지금도 발달심리학의 주류를 이루고 있다. 특히 당시로는 드물게 청년기 발달을 중시함으로써 발달연구의 범위를 확대시켰다. 그는 오늘날 세계 심리학을 주도하는 미국심리학회(American Psychological Association: APA)를 창립하였으며, 지금도 주요 학술지로 주목되는 여러 종류의 아동발달 관련 학술지를 창간하였다.

아동연구에 발생학적 모델을 적용시킴으로써 아동심리학의 확립에 크게 기여한 학자가 Arnold Gesell(1880~1961)이다. 그는 심리학과 의학을 함께 전공해 아동발달 과정을 보다 과학적이고 객관적으로 검토하였다. 그는 태내 배아의 성장과정에 대한 관찰과 아울러 출생 후 초기 신체 및 운동 기능의 발달과정을 면밀히 관찰하여 뒤에 신체발달의 장에서 소개할 '머리 쪽에서부터 아래로' '몸의 중심부에서 말초부로' '대근육을 사용하는 큰 운동에서 소근육을 사용하는 미세운동'으로 이루어지는 신체발달의 기본방향을 설정하였다. 특히 정상적인 아동은 모두가 동일한 순서를 거치지만 그 성장속도는 상이하며, 이러한 성장속도가 기질의 차이에 기인한다고 주장한 것(Gesell & Ilg, 1943)은 최근 발달심리학에서 큰 관심의 대상이 되고 있는 **기질**(temperament)에 따른 개인차 연구가 이미 50년 전에 시작되었다는 놀라움을 갖게 한다.

(2) 청년연구

아동연구와 마찬가지로 청년연구도 발달심리학에서 오랫동안 연구되어온 분야이다. 청년연구를 체계적으로 시작한 최초의 학자는 바로 앞에서 언급한 Hall이다. Hall은 철학적이며 관념적이던 청년연구에 오늘날과 같은 과학적이며 경험적인 방법을 적용한 학자이다.

Hall은 청년발달에 있어서 **생물학적 요인**을 강조한 이론가이다. 그는 성호르몬 분비와 같은 생물학적인 성숙적 요인들이 청년발달의 방향을 결정하며 발달과정을 통제한다고 믿었다.

널리 알려져 있듯이 Hall은 청년기를 '질풍노도(storm and stress)의 시기'라 이름 짓고, 청년기는 급격한 성적인 성숙으로 인한 무한한 충동력과 정신적 에너지를 갖게 되며, 성급하고 과격하며 격정적인 활동성을 초래하게 된다고 설명하였다. 청년기를 동요, 갈등, 위기의 시기로 보는 Hall의 견해는 발달심리학의 청년기 관점에 지대한 영향을 미쳐왔으며, Freud, Erikson을 거쳐 오늘날에도 여전히 계승되고 있다.

발달심리학자는 아니지만, 청년기에 대한 Hall의 관점을 비판하면서 청년심리학에 강력한 영향력을 미친 이론가는 Margaret Mead(1901~1978)이다. Mead는 1925년부터 2년간 사모아 섬의 청년들을 관찰한 결과, 이들 청년들에게서 서구사회의 청년들이 보여주는 질풍노도와 같은 갈등과 위기를 전혀 발견할 수 없었다. Mead는 그 원인이 경쟁이나 성인으로서의 역할압력이 없으며 인간관계가 조화롭고 따뜻한 사모아인의 문화적인 생활양식에 있다고 설명함으로써, 청년기 심리적 특성의 **문화적 상대론**을 제시하였다.

청년기 발달적 특성을 생득적인 생물학적 요인이나 사회문화적 요인의 영향으로 구분지어 설명하려 했던 Hall과 Mead의 이론은 오늘날의 시각에서 볼 때 명백한 한계를 갖고 있다. 모든 발달이 그러하듯이, 청년기 발달 또한 분명히 생물학적 특성과 사회문화적 특성이 상호작용함으로써 통합된 결과이다. 그럼에도 불구하고 Hall과 Mead의 청년연구는 청년기 특유의 발달적 특성에 영향을 미치는 요인들을 경험적인 자료를 바탕으로 과학적 접근에 의해 검토했다는 점에서 그 역사적인 가치를 인정할 수 있을 것이다.

(3) 성인 및 노년 연구

미국을 중심으로 하는 발달심리학은 그 기초를 주로 아동심리학에 두고 있다. 따라서 미국에서 발달심리학이 성인과 노년기를 포함하는 전 생애적 변화에 관심을 기울이게 된 것은 1970년대 초반부터 시작된 비교적 근래의 일이다. 그러나 독일 발달심리학은 일찍부터 발달을 전 생애에 걸친 변화과정으로 고려하는 역사적 전통을 가지고 있는 것으로 알려져 있다. 현재 생애발달 연구가 주로 독일 Max Planck 인간발달 및 교육연구소에 있는 Baltes 등을 중심으로 이루어지고 있는 것은 그 전통을 잘 보여주는 것이다(Baltes, 1987; Baltes & Reese, 1984).

발달심리학에서 성인기 및 노년기 연구는 주로 두 가지 접근으로 이루어진다. 첫째는 우리의 전 생애에서 가장 긴 기간을 차지하고 있는 성인기 및 노년기의 지능, 기억, 성격 등 여러 영역에서의 심리적 특성을 진단하고 이해하며, 아동기나 청년기 발달양상과의 차이점을 밝히려는 **단계중심적인 접근**이다. 두 번째는 특정 심리적 특성이 전 생애에 걸쳐 어떻게 달라지는지 그 변화양상을 밝히고자 하는 **과정중심적인 접근**이다. 예를 들어, 인간의 성격을 구성하는 여러 요인 중 노년기까지 전 생애에 걸쳐 가장 일관성 있게 지속되는 요인은 무엇이며, 환경의 영향에 의해 가장 쉽게 변화하는 요인은 무엇인가를 찾고자 하는 연구(Collins & Gunnar, 1990)는 후자에 속한다.

2) 발달심리학의 최근 연구동향[2)]

발달심리학 분야에서 최근에 많이 연구되고 있는 주제를 살펴보는 것은 발달심리학의 최근 연구동향을 이해하는 좋은 방안이 될 것이다. 발달심리학 분야의 대표적인 학술지인 *Child Development*와 *Developmental Psychology*에 1984년부터 1993년까지 10년 동안 수록된 논문 1,943편을 연구영역과 대상별로 분석한 자료와 같은 기간 동안 국내에서 이루어진 연구논문 458편을 분석한 자료를 근거로 최근 발달심리학의 연구동향을 살펴보고자 한다.

---

2) 이 자료는 저자가 1994년도 한국심리학회 동계연수회에서 「심리학의 최근 연구동향 : 발달」을 주제로 발표한 논문 중에서 발췌한 것임.

표 1-1 서구 자료의 영역 및 연령별 연구빈도

	영아	유아	아동	청년	성인 · 노인	연령 간 비교	미분류	전체
인지	175	272	143	9	23	108	7	737
사회인지	18	99	98	25	16	56	32	344
성격	30	62	22	13	4	13	5	149
사회성	5	74	55	18	5	18	20	195
정서	11	31	15	2	6	12	3	80
신경생리	32	19	9	1	2	3	11	77
부모자녀 관련	35	95	33	28	31	28	49	299
비정상	2	16	14	11	2	2	15	62
전체	308	668	389	107	89	240	142	1,943

(송명자, 1994에서 인용)

표 1-2 국내 자료의 영역 및 대상별 연구빈도

	영아	유아	아동	청년	성인	연령 간 비교	미분류	전체
인지	·	48	71	1	6	12	4	142
사회인지	·	27	60	19	10	17	1	134
성격 · 사회성	3	24	46	1	4	6	5	89
정서	1	3	3	3	2	1	·	13
부모자녀 관련	1	23	5	1	10	·	2	42
신경생리	·	1	2	1	·	·	·	4
비정상	·	2	22	3	3	·	·	30
방법론	1	1	·	·	·	·	2	4
전체	6	129	209	29	35	36	14	458

(송명자, 1994에서 인용)

〈표 1-1〉과 〈표 1-2〉를 함께 보면, 인지, 사회인지, 부모자녀 관련 분야의 연구가 많이 이루어지고 있는 것은 서구와 국내 연구가 일치한다. 그러나 비율로 볼 때 서구는 인지발달 연구가 월등하게 높은 데에 비해, 국내 연구는 사회인지와 부모자녀 관련 연구의 비율이 높다. 서구에서는 유아기 연구의 빈도가 가장 높으며 영아기와 아동기를 대상으로 한 연구는 비슷한 양이다. 이에 반하여 국내 연구는 아동기의 연구빈도가 가장 높으며, 2세

이전의 영아만을 대상으로 한 연구는 극히 부족한 실정이다. 서구연구에서 청년기와 성인기 및 노인기의 연구빈도가 낮게 나타난 것은 이 분야의 전문학술지가 따로 발간되고 있기 때문이지 실제로 연구빈도가 낮은 것은 아니다.

앞의 표에는 나타나 있지 않지만, 각 영역별 연구동향을 보다 세분화해보면 서구의 인지발달 연구는 언어발달, 추론과 문제해결능력의 발달, 기억발달의 순서로 연구가 가장 활발히 이루어지고 있다. 〈표 1-1〉에서 볼 수 있듯이 영아기의 인지연구가 많은 것 또한 두드러진 특징이다. 이 책의 지각발달 장에서 설명하겠지만, 이러한 특징은 최근의 지각발달 연구들이 주로 영아기를 중심으로 이루어지고 있는 데 기인한다. 국내 연구에서는 아직 영아기 인지발달만을 다룬 연구를 찾아볼 수 없었다.

국내 인지발달 연구는 서구와 달리 개념발달 연구가 가장 많으며 언어와 기억발달 연구의 빈도도 높다. 반면, 추론과 문제해결능력에 관한 연구는 대단히 적다. 서구의 사회인지발달 연구는 성역할 연구빈도가 가장 많고 도덕성, 사회적 유능성, 자아인지 연구가 고르게 활발히 이루어지고 있다. 국내의 사회인지발달 연구는 성역할과 자아개념 연구빈도가 가장 높으며, 도덕성과 우정에 대한 연구가 이루어지고 있다.

정서 · 성격 · 사회성발달 분야에서는 서구에서 살펴보면 정서, 또래집단, 애착, 기질에 관한 연구빈도가 유사하게 많이 연구되고 있다. 국내에서는 1970년대 말에서 1980년대 초까지 애착연구가 상당히 이루어졌으나 최근 10년 사이에 감소하고 있는 것 외에는 서구와 유사한 연구동향을 보인다.

부모자녀 관련 연구는 서구에 비해 국내에서 많이 연구되고 있는 분야이다. 연구내용은 서구와 국내 연구가 유사하게 부모-자녀 상호작용과 양육방식에 관한 연구가 가장 많고, 가족환경에 대한 연구도 많이 이루어지고 있다. 그러나 서구에서는 근래에 가족역할과 부모신념에 관한 연구가 활발히 이루어지고 있는 데 반해 국내 연구에서는 아직 그 빈도가 낮다.

최근에 서구에서는 신경생리발달 분야의 연구가 태아기와 영아기의 뇌신경계발달을 중심으로 활발히 이루어지고 있어 발달심리생물학(developmental psychobiology)이라는 독립된 분야를 열어가고 있다(Hall & Oppenheim, 1987). 그러나 국내에서 신경생리발달은 미개척 분야이다.

3 발달심리학의 이론적 접근

심리학의 다른 분야에서와 마찬가지로 발달심리학에서도 인간의 발달적 변화가 일어나는 근본적인 과정과 원리를 설명하는 몇 가지 이론적 접근을 찾아볼 수 있다. 이 책에서는 발달심리학의 대표적인 접근을 학습이론적 접근, 인지론적 접근, 정신분석학적 접근, 생태학적 접근으로 나누어 검토해보고자 한다.

1) 학습이론적 접근

(1) 행동주의적 접근

개에게 종소리와 고기를 반복적으로 함께 제시하면 종소리만 듣고도 침을 흘리게 된다는 Pavlov의 조건반사 실험을 생각해보자. 이 실험과정에서 개가 하는 역할은 무엇인가? 개는 종소리와 고기를 제시하는 실험자의 조작에 의해 수동적으로 학습하고 있을 따름이다.

Pavlov의 실험절차를 영아에게 그대로 적용한 Watson의 실험을 생각해보자. 영아에게 흰쥐를 보여주면 영아는 흰쥐를 겁내지 않는다. 그러나 흰쥐를 보여줄 때 큰소리를 함께 들려주면 곧 큰소리에 대한 공포가 흰쥐와 결합되어 영아는 흰쥐만 보고도 두려워한다. 흰쥐를 두려워하게 되는 과정에서 영아는 어떤 적극적인 역할을 하고 있는가?

고전적 조건형성(classical conditioning) 실험과정에서 동물이나 인간은 철저하게 수동적인 역할을 할 따름이다. 행동주의 학습이론의 관점에서 볼 때 인간은 자신의 발달과정에 아무런 주도적인 역할을 하지 못한 채 환경에 의해 통제되는 존재에 불과하다. 이와 같은 행동주의 학습이론의 인간관을 **환경결정론**(environmental determinism)이라 부른다. 아동의 발달과정에 선천적으로 부여된 소인이나 개인차를 인정하지 않는다(김영채 역, 1991)는 Watson의 말은 학습이론이 갖는 인간발달관을 잘 드러내는 예가 된다.

Skinner의 **조작적 조건형성**(operant conditioning)이론도 환경결정론적 인간관을 근거로 하고 있다. Skinner 상자에서 쥐가 지렛대를 누를 때 먹이를 주면 다른 반응들은 소멸되고 지렛대 누르는 반응만 남게 되는 과정을 생각해보자. 쥐는 왜 지렛대 누르는 행동을 획득하게 되는가? 이는 환경이 그 행동에만 결과적으로 보상을 주어 **강화**(reinforcement)했기 때문이다. 따라서 Skinner 이론에서 아동이 갖는 여러 심리적 특성은 환경이 아동 행동의 어느 측면을 강화하느냐에 따라 결정된다.

Skinner 이론에서 볼 때 발달은 강화의 역사에 불과하다. 다시 말해서 부모나 교사들이 아동이 일상생활 속에서 보여주는 다양한 행동들의 어느 측면을 강화하느냐에 따라 아동의 행동이 결정된다. 실제로 가정에서 아이들이 조르거나 짜증을 낼 때마다 부모가 아이들에게 관심과 주의를 기울이게 되면 이러한 바람직하지 못한 행동들이 급격하게 증가하는 것을 관찰할 수 있다(Vasta et al., 1992). 이러한 현상은 아동의 행동이나 성격 형성에 환경이 결정적인 영향을 미치고 있음을 반영하는 것이다.

(2) 사회학습이론적 접근

사회학습이론에 의하면 아동은 타인의 행동을 관찰하고 모방함으로써 새로운 행동을 획득하게 된다. Bandura(1965)의 한 고전적 실험결과에 의하면 공격적인 행동을 하는 또래 모델의 모습을 영화를 통해 관찰한 4세 아동들은 그러한 영화를 보지 않은 같은 조건의 아동들보다 자신의 행동에서 훨씬 더 많은 공격성을 나타냈다. Bandura는 이처럼 관찰학습이 이루어지는 것은 모델이 공격적 행동을 통해 얻게 되는 보상을 자신이 대리적으로 경험하는 **대리적 강화**(vicarious reinforcement)의 기제에 의한 것이라고 설명하였다. 이러한 Bandura의 사회학습이론은 아동이 성인들의 생각과 행동을 모방하거나 또래집단 속에서 서로 영향을 주고받음으로써 새로운 심리적 특성들을 획득하고 발달시켜가는 과정을 잘 설명해준다.

행동주의 학습이론과 사회학습이론을 포함해서 학습이론적 관점에서 볼 때 인간의 발달은 환경이 어떠한 경험을 제공하느냐에 의해 달라진다. 따라서 주어진 환경에 적절히 대처해나가는 개인의 능동적이며 주관적인 노력과 그 결과로 이루어지는 변화는 이 관점에서는 무시된다. 또한 이 입장에서 발달은 특정 자극에 대해 새로운 반응을 획득함으로써 학습경험이 서서히 누적되어 이루어지는, 일련의 점진적이며 연속적인 변화과정이다. 따라서 한 개인의 발달과정을 이해하기 위해서는 오랜 기간에 걸쳐 그 개인이 지녀온 독특한 경험내용들을 이해할 필요가 있다. 그러나 이와 같은 학습이론적 관점은 단편적인 행동이 획득되는 기제를 설명하는 데는 도움이 될지 모르지만, 자연적인 일상의 삶의 과정에 능동적으로 적응해가는 개개인의 발달을 총체적으로 이해하는 데는 한계가 있는 것으로 보인다.

2) 인지론적 접근

인간의 대부분의 심리적 특성들이 환경에 의해 수동적으로 획득되는 것으로 간주하는 학습이론가들과는 달리 **인지론**(cognitive theory)에서 인간은 능동적으로 환경에 적응하고,

스스로 사고하고, 정보를 처리하며, 새로운 표상과 지식을 저장하고 구성하며 창조해나가는 적극적이며 주도적인 존재이다. 따라서 인지론적 접근에서 볼 때 발달은 객관적인 환경적 요인에 의해 결정되는 것이 아니라 인간이 어떻게 환경적 요인들을 받아들이고 처리해가느냐의 주관적인 경험내용에 의해 결정되는 것이다.

최근에 인지론은 발달심리학의 가장 대표적인 접근이 되고 있으며, 이 책의 많은 부분들은 이 접근에 따르는 연구결과로 채워질 것이다. 여기서는 간략하게 Piaget의 **인지발달적 접근**(cognitive developmental perspective)과 **정보처리적 접근**(information processing perspective)으로 나누어 살펴보고자 한다.

(1) 인지발달적 접근

Piaget는 생물체가 주어진 환경에 적응하기 위해 자신의 신체구조를 바꾸어가듯이 인간은 주어진 환경 내의 사태를 이해하고 이에 적절히 적응하기 위해 자신의 내재적인 **정신구조**를 바꾸어간다고 생각한다. 따라서 인간의 성장에 따른 정신구조의 변화과정을 이해하는 것이 곧 인간발달 과정을 이해하는 것이 된다.

Piaget에 의하면 정신구조는 자신이 가진 기존의 구조에 새로운 정보를 받아들이는 **동화**(assimilation)와 외계의 새로운 정보에 맞추어 자신의 구조를 바꾸어가는 **조절**(accommodation)의 두 과정에 의해 발달한다. 예를 들어, 빨기구조를 가진 영아가 입에 닿는 것은 무엇이든 빠는 것은 동화의 과정이며, 매번 빨 때마다 대상의 크기와 모양에 맞추어 입모습을 바꾸어가는 것은 조절의 과정이다. 동화와 조절이 반복되면 아동의 정신구조는 항상 전진적인 발달이 일어나게 된다.

Piaget는 아동이 성장함에 따라 이루어지는 정신구조의 발달적 변화는 질적인 차이를 갖는 일련의 단계로 구성된다고 보며, 이를 감각운동기, 전조작기, 구체적 조작기, 형식적 조작기의 네 단계로 구분하고 있다. 이들 단계는 외적 행동의 양적 변화에 내재하는 정신구조의 질적 변화에 의해 구분되는 것이다. 각 단계의 인지발달적 특징은 이 책의 4장에서 자세히 설명하게 될 것이다.

(2) 정보처리적 접근

인간의 내재적인 정신작용의 변화를 발달의 주요 과제로 삼으면서도 인지발달적 접근과는 달리 정보처리적 접근에서는 아동이 바깥에서 들어오는 정보를 표상하고, 저장하며, 시간의 흐름에 따라 저장된 표상이 변용되며, 또한 효율적으로 인출하는 정보처리의 과정을 주요 연구의 대상으로 한다.

정보처리적 관점에서 발달이란 주로 아동이 동시에 정보를 처리해나갈 수 있는 **정보처**

리역량(information processing capacity)의 변화와, 적합한 정보에 주의를 기울이고 이를 부호화하며 처리해나갈 수 있는 **정보처리방략**(information processing strategy)의 효율성의 변화라는 두 가지 측면에서 다루어진다. Case(1984, 1985)와 Pascual-Leone(1978)은 전자의 대표적인 이론가이며, Siegler(1984, 1989)는 후자의 대표적인 학자이다. 이들 이론가들은 Piaget의 인지발달이론의 틀과 과제에 정보처리적 관점을 접목시켜 연구하고 있다는 점에서 흔히 신피아제(Neo-Piagetian)이론가라 불리기도 한다.

정보처리적 접근은 인지발달 분야의 핵심적인 이론적 위치를 차지하고 있다. 이 책의 4장에서는 Piaget 이론에 기초한 여러 발달이론들을 다루게 될 것이며, 5장에서는 정보처리적 관점에서 이루어진 최근의 기억발달에 관한 연구결과들을 검토하게 될 것이다.

3) 정신분석학적 접근

발달심리학에서 정신분석학적 접근은 유명한 정신과 의사인 Freud의 **정신분석이론**(psychoanalytic theory)을 인간의 성격, 정서 등 정의적 발달과정을 설명하는 데 적용함으로써 출발되었다. Erikson은 Freud의 전통을 이어받으면서 인간발달을 보다 폭넓은 관점에서 검토하였다.

Freud와 Erikson의 정신분석학적 접근에서는 인간의 생존을 위한 기본욕구와 이를 충족시켜주거나 억압하는 사회적 요인 간의 갈등과 그 극복과정을 통해 나타나는 성격구조를 중시하고 있다. 이들 이론에서도 인간의 연령에 따른 갈등극복 양상과 결과적으로 나타나는 성격구조는 질적인 변화를 갖는다고 가정하고, 성격발달단계를 설정하고 있다.

Freud와 Erikson은 같은 정신분석학적 접근에 속하면서도 내적 갈등을 설명하는 요인의 어느 측면을 강조하느냐에 따라 관점을 달리하고 있다. Freud는 성욕이나 공격욕 등 인간의 보다 본능적이고 무의식적인 욕구의 표출을 강조하는 반면에, Erikson은 이들 욕구를 충족시키거나 억압하는 사회적 요인의 역할에 보다 큰 비중을 두고 있다. 이러한 점에서 Freud의 이론을 **심리성적 이론**(psychosexual theory)이라 부르는 반면에 Erikson의 이론은 **심리사회적 이론**(psychosocial theory)이라 부른다.

(1) 심리성적 접근

Freud에 의하면 인간의 성격발달은 성격구조를 구성하는 **원욕**(id), **자아**(ego), **초자아**(superego) 세 요인의 구조와 기능의 변화과정이다. Freud는 인간은 태어날 때 자신의 생존을 유지하고자 하는 강력한 정신신체에너지인 **리비도**(libido)를 갖고 있다고 가정한다.

출생 시 영아의 리비도는 생존에 필요한 기본적 욕구를 충족시키고자 하는 **쾌락원리**(pleasure principle)에 지배되는 원욕만으로 이루어진다. 이러한 점에서 인간은 동물과 마찬가지로 본능적인 욕구의 지배를 받는 존재이다.

2세경에 아동의 신체운동적 기능이 성숙되어 자신의 욕구를 충족시킬 수 있는 수단을 갖게 되면 자아가 형성된다. 자아가 형성됨에 따라 영아는 점차 원욕에 의해 통제되는 초기단계로부터 사회적으로 적합한 수단에 의해 자신의 욕구를 충족시키고자 하는 **현실원리**(reality principle)에 지배되는 존재로 바뀌어간다. 대개 4~5세경에 성격구조를 형성하는 마지막 영역인 초자아가 형성되면서 아동은 도덕, 가치, 질서, 양심에 따라 자신의 행동을 통제할 수 있게 된다.

Freud는 인간의 성격발달을 리비도가 표출되는 양상의 변화에 따라 구강기, 항문기, 남근기, 잠복기, 성기기의 다섯 단계로 구분한다. 각 단계별 발달적 특성은 성격발달의 장에서 보다 상세히 다루게 될 것이다.

(2) 심리사회적 접근

인간은 자신의 생존에 필요한 기본적 욕구를 충족시키려는 생득적 경향성을 가지고 있으며, 이러한 내재적 욕구가 아동이 성장함에 따라 그 성격이 달라져 간다는 것을 인정하는 점에서 Erikson은 Freud와 같은 발달관을 가지고 있다. 그러나 Erikson은 발달의 초기에서부터 영아는 일방적으로 쾌락원리에 지배되는 것이 아니라 자신의 욕구를 충족시켜주거나 억압하는 사회적 요인들과 내재적 욕구 간의 갈등을 조정하고 통제하는 자아의 힘을 가지고 있다고 주장한다. Freud가 원욕의 기능과 역할을 보다 중시하는 데 반해 Erikson은 원욕과 사회적 요인을 조정하는 자아의 역할을 보다 강조한다.

Erikson은 인간의 발달을 일련의 **위기**(crisis)의 극복과정(Miller, 1993)으로 규정하고 있다. Erikson 이론에서 위기란 변화하는 내재적 욕구와 환경적 경험 간의 갈등에서 비롯된다. 예를 들어, 젖을 먹고 싶은 욕구를 가진 영아가 자신의 욕구를 충족시켜주는 환경적 요인을 만나게 되면 영아의 자아는 이러한 긍정적인 경험을 통해 안정과 신뢰감을 획득하게 되고, 반대로 자신의 욕구가 좌절되는 부정적 경험을 갖게 되면 자신의 존재에 때로는 불안감과 불신감을 느끼게 된다. 이러한 욕구와 환경적 요인 간의 관계에서 오는 부정적 경험 대 긍정적 경험이라는 양극적 위기를 영아의 자아가 어떻게 극복하고 통합하느냐에 따라 영아기의 성격발달양상이 결정된다.

Erikson은 출생에서 죽음에 이르기까지의 전 생애에 걸친 발달과정을 이론적으로 체계화한 최초의 학자이다. 그는 인간의 성격발달단계를 신뢰성 대 불신감, 자율성 대 수치감, 주도성 대 죄의식, 근면성 대 열등감, 자아정체성[3] 대 정체감 혼미, 친밀성 대 고립감, 생산성 대 침체감, 통정성 대 절망감의 여덟 단계로 구분하고 있다. 이들 단계별 발달 특성 또한 성격발달의 장에서 자세히 검토하게 될 것이다.

4) 생태학적 접근

생태학적 접근(ecological approach)은 인간의 발달을 개인이 몸담고 있는 실제 삶의 맥락 내에서 이해하고 연구하고자 하는 접근을 취한다. '실험실에서 삶으로(from lab to life)' (Datan et al., 1987)라는 말은 생태학적 접근이 지향하는 발달연구의 방향을 명료하게 보여주는 것이다. 생태학적 접근은 최근 발달심리학의 여러 영역에서 강하게 부각되고 있는 경향이며, 특히 지각발달과 성격 및 사회성 발달 연구에서 중시되고 있다.

생태학적 접근을 동물행동학적 관점(ethological perspective)과 생태학적 관점(ecological perspective)으로 나누어 살펴보고자 한다.

(1) 동물행동학적 관점

발달심리학에서 **동물행동학적 관점**은 초기 동물행동학자인 Lorenz와 Tinbergen 등의 **종 특유의 행동**(species-specific behavior)연구의 영향을 크게 받고 있다. 동물행동학자들은 가시고기의 구애행동, 거위의 어미추종행동 등 이전에 단순히 본능이라 생각했던 종 특유의 행동들이 실제로는 환경 내의 특정 유발자극(eliciting stimuli)에 대한 반응이라는 사실을 밝혀냈다.

알에서 깨어난 거위가 어미거위를 따라가는 행동은 움직이는 대상을 따르려는 생득적 경향성과 알에서 깨어난 후 일정시간 내의 환경 내에 실제로 움직이는 대상이 제공되는 환경이 만날 때 **각인**(imprinting)되는 종 특유의 행동이다.

동물의 종 특유의 행동이 획득되는 각인과정은 인간의 여러 행동 특성의 발달을 설명하는 데 매우 유용한 개념으로 적용되고 있다. 예를 들어, 갓난아기의 미소, 울음, 아기다운 귀여움은 아기를 보살피는 어머니의 모성행동을 유발하는 중요한 유발자극이다. 7장에서 다루게 될 아기와 어머니 간의 **애착**(attachment) 또한 생득적인 것이 아니라 출생 후 일정 기간 내에 각인을 통해 학습되는 것이다. 한마디로 말해서 동물행동학은 모든 문화권의 인간이 공통적으로 갖는 발달의 생물학적 뿌리를 탐색하는 이론이라고 말할 수 있다.

각인을 비롯한 동물행동학의 연구결과들은 인간의 발달을 이해하는 데 많은 시사점을

3) 자아정체성(ego-identity)은 자기정체성, 자아정체감, 자기정체감 등 여러 용어로 번역되어 사용되고 있다. 이처럼 번역어가 혼용되는 것은 'ego'와 'self'의 용어를 '자아'와 '자기'의 구분없이 번역하여 사용해왔기 때문이다. 이 책에서도 불가피하게 '자아'와 '자기'의 구분없이 친숙하게 사용되어온 용어를 채택하였다.

제공하고 있다. 각인이 출생 후 일정기간 내에만 이루어지며, 그 기간이 지난 후에는 종 특유의 행동 획득이 불가능하다는 사실은 발달에 있어서 **결정기**(critical period)[4] 개념의 타당성을 입증해준다. 특히 동물행동학은 일상생활 환경 속에서 나타나는 인간의 행동을 있는 그대로 관찰하여 이해하고자 하는 자연관찰방법의 중요성을 각성시켜주는 계기가 되었다.

(2) 생태학적 관점

생태학적 접근에서는 가족, 지역사회, 문화 등 인간이 몸담고 있는 생태환경을 보다 체계적으로 구조화하고, 이들 환경체계와 개인 간의 관계를 이해하는 것을 인간발달 연구의 주요 과제로 삼고 있다. 이 접근의 대표적 학자인 Bronfenbrenner의 이론을 간단히 살펴보자.

Bronfenbrenner는 인간을 둘러싸고 있는 생태환경을 〈그림 1-1〉과 같이 가장 가까운

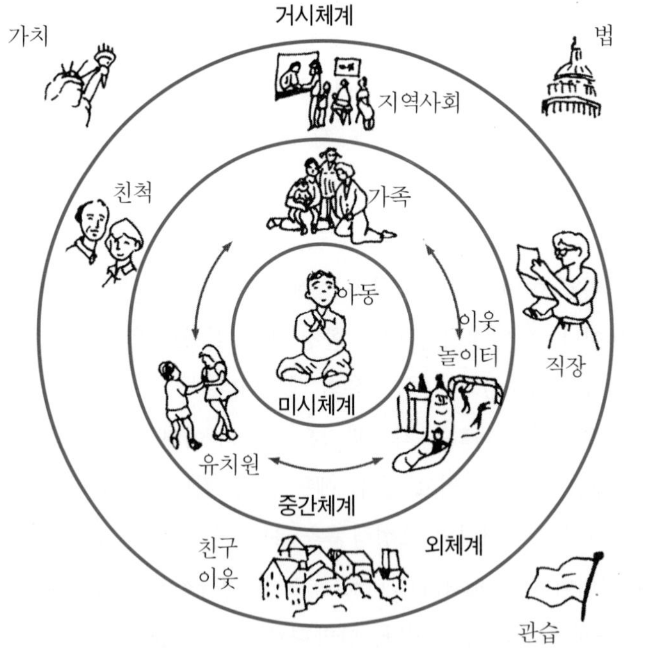

〈그림 1-1〉 생태학적 접근에 따른 인간환경의 네 가지 체계
(Kopp & Krakow, 1982에서 인용)

4) 결정기란 어떤 심리적 특성이나 행동이 특정시기에 획득되어야 하며, 그 시기가 지나면 획득 불가능하다는 발달의 비가역적 성격을 뜻하는 개념이다. 발달의 결정기가 있는가의 여부는 발달심리학자들 간에 논쟁의 대상이 되고 있는 문제이다(송명자, 1987; 이상로 · 이동화, 1995 참조).

것에서부터 가장 먼 것에 이르기까지 네 개의 층으로 구분하고 있다. 가장 가까운 층인 **미시체계**(microsystem)는 가정, 학교, 또래집단, 놀이마당처럼 아동들의 발달에 직접적으로 영향을 미치는 환경맥락이다. 이들 미시체계가 아동의 발달에 미치는 영향은, 유아기와 아동기에 중시되던 가정맥락이 청년기에 그 중요성을 잃게 되는 것처럼, 아동이 성장함에 따라 변화한다.

다음 층인 **중간체계**(mesosystem)는 아동이 적극적으로 참여하는 미시체계 맥락들 간의 상호관계를 포함한다. 예를 들어, 아동이 다니는 학교와 아동의 또래집단의 특성은 상호관계를 가지며 아동기의 중간체계를 형성한다.

외체계(exosystem)는 아동의 발달에 영향을 미치지만 직접적인 역할은 하지 않는 생태환경을 의미한다. 부모의 직장, 이웃, 교회 등은 아동기 외체계의 대표적인 예이다. 집을 자주 비우는 아버지의 직업은 아동이 직접 몸담고 있지는 않으나 아동의 발달에 중요한 영향을 미치게 되는 외체계의 기능을 잘 보여준다.

마지막으로 **거시체계**(macrosystem)는 중간체계와 외체계를 포괄하는 체계로서 각 문화권 특유의 가치, 태도, 신념, 이데올로기 등이 이에 속한다. 예를 들어, 한국에서 태어난 아이가 한국에서 자라는 것과 일찍이 미국에 이민 가서 자라는 경우에 그 아이가 보여주는 여러 발달적 특성들은 두 문화권의 차이에 의해 크게 달라질 것이다.

동물행동학적 접근과 생태학적 접근은 동일하게 개인과 환경맥락 간의 관계를 검토하고 있다. 그러나 동물행동학적 관점은 모든 문화권에 공통적인 발달적 뿌리를 찾으려는데 반해 생태학적 접근은 각 문화권 특유의 발달적 양상을 식별해내려는 점에서 차이가 있다. 최근에 부모와 교사의 신념이 아동의 성격형성에 미치는 영향(Goodnow, 1988), 특정 사회의 자녀양육방식이 아동발달에 미치는 영향(Crittenden, 1985), 부모의 직업특성과 그 변화가 아동발달에 미치는 영향(Hoffman, 1989) 등과 같이 생태학적 관점에서 많은 발달 연구들이 이루어지고 있다.

4 발달심리학의 연구방법

다른 분야의 심리학과 마찬가지로 발달심리학의 연구에서도 일반적으로 심리학에서 사용되는 여러 자료수집방법을 사용한다. 그러나 때로는 발달심리 특유의 목적에 따른 발달심리 특유의 방법을 적용하기도 한다. 앞에서 이미 설명했듯이 발달연구의 주목적은 특정단계에 있는 아동의 발달적 특징들을 이해하는 것과 동시에 이들 특징들이 연령에 따라 변화해가는 과정과 그 기제들을 밝히는 데 있다. 이러한 목적에 비추어 발달심리학의 연구방법을 크게 연구유형, 자료수집방법, 연구설계의 세 영역으로 나누어 살펴보고자 한다.

1) 연구유형

(1) 상관연구

상관연구(correlational study)는 인간의 발달에 영향을 미치는 여러 변인들의 상호관련성을 밝히기 위한 연구들이다. 아동의 TV 시청시간과 사회성발달수준 간의 관계, 어머니의 자녀양육방식과 아동의 공격적 행동 간의 관계, 사회경제적 계층과 인지발달수준 간의 관계에 관한 연구 등은 상관연구에 속한다.

상관연구는 단순히 변인들 간에 관련성이 있다는 사실을 보여줄 따름이지 인과적 관계를 보여주는 것은 아니다. 예를 들어, 상관연구를 통해 TV를 보는 시간이 길수록 아동의 사회성이 낮다는 연구결과를 얻었다면, 이를 TV 시청이 아동의 사회성을 낮추는 원인이 되는 것으로 해석해서는 안 된다. TV 시청시간이 길어서 사회성이 낮아질 수도 있으나, 반대로 사회성이 낮기 때문에 TV 시청에 더 많은 시간을 보낼 수도 있는 것이다. 이처럼 상관연구는 변인 간의 **양방적**인 관계를 알려주기는 하지만, 일방적인 인과관계를 밝혀주지 못하는 한계가 있다.

(2) 실험연구

실험연구(experimental study)는 인간의 발달에 영향을 미치는 변인들 간의 **인과관계**를 밝히기 위한 연구들이다. 앞에서 예를 든 아동의 TV 시청시간이 아동의 사회성발달에 미치는 영향의 인과적 관계는 실제로 아동에게 TV를 보는 시간량을 달리하여 시청시킨 뒤 또래관계에 미치는 영향을 검토하는 실험연구를 통해 밝혀볼 수 있다.

TV 시청이 아동의 공격적 행동에 미치는 영향에 관한 Bandura(1969)의 실험은 발달분야 실험연구의 대표적인 예가 된다. 이 실험에서 서로 조건이 유사한 두 집단의 아동을 선정하여 실험집단에게는 일정기간 동안 공격적인 놀이가 담긴 내용의 TV를 보여주는 반면에 통제집단에게는 이를 보여주지 않았다. 일정기간의 실험처치가 끝난 후 공격적인 내용의 TV를 시청한 실험집단의 아동들이 통제집단의 아동들보다 놀이장면에서 실제로 보다 많은 공격적 행동을 보인다는 사실을 확인하였다. 이처럼 실험연구는 공격적 TV 시청이라는 독립변인이 아동의 공격적 행동이라는 종속변인에 미치는 영향을 직접 실험적인 처치를 가해봄으로써 그 인과적인 관계를 밝혀내고 있다. 이외에도 친사회적 행동촉진훈련 효과를 검토하는 등 발달심리 분야에서 많은 인과적 연구들이 이루어지고 있다.

실험연구는 독립변인의 처치조건을 다양화함으로써 여러 형태의 인과관계를 밝혀볼 수 있는 장점이 있다. 예를 들어, TV 내용을 공격적 행동이 보상받는 경우와 처벌받는 경우로 구분하거나, 공격적 행동이 담긴 TV 내용을 시청하는 시간을 여러 조건으로 나누어보거나, 주인공의 성별 특성을 구분함으로써 TV 시청과 관련되는 제반 요인들이 아동의 공격적 행동발달에 미치는 영향을 면밀하게 검토해볼 수 있다.

실험연구는 인간발달에 관여되는 변인들 간의 인과적 관계를 보여주는 가치 있는 방법이기는 하지만, **실험조건의 인위성**으로 인해 많은 문제를 노출하기도 한다. 예를 들어, 친사회적 행동(prosocial behavior)을 촉진하는 훈련을 받은 집단의 아동들은 인위적인 실험장면에서는 다른 아이들을 돕거나 자신의 물건을 나누어주는 등 높은 수준의 친사회적 행동경향을 보이지만 그들의 일상생활에서는 이러한 행동이 급격하게 감소되는 경우를 볼 수 있다(황선희, 1994). 이와 같은 실험연구의 문제점을 해소하기 위해 인위적인 실험실 실험 대신에 흔히 유치원, 학교, 가정, 양로원 등 피험자의 일상생활 속에서 실험을 실시하는 현장실험(field experiment) 또는 자연적 실험(natural experiment)이 실시되고 있다(Hetherington & Parke, 1993).

(3) 사례연구

사례연구(case study)란 한두 명의 아동을 대상으로 얻은 연구결과를 바탕으로 발달의 일반적인 양상을 추론하는 연구를 의미한다. Piaget(1952)가 자신의 세 아이를 대상으로 한 관찰과 실험결과를 바탕으로 뛰어난 인지발달이론을 유추해낸 경우처럼 발달심리에서 사례연구는 일찍부터 사용되어온 중요한 연구유형이다. 소수의 피험자의 전 생애의 회고를 통해 인간의 삶의 발달적 변화과정과 그에 영향을 미치는 요인을 찾아내고자 하는 **자서전적 기억**(autobiographic memory)방법은 최근에 발달 분야에서 주목받는 사례연구의 새로운 형태이다.

사례연구는 관찰, 실험, 면접 등 다양한 기법을 동시에 사용하여 개인의 발달과정을 면밀히 분석해낼 수 있는 장점이 있으나, 소수의 사례를 전체적인 발달과정에 일반화하는 데는 문제가 따를 수 있다. Piaget의 연구결과들 중의 일부가 많은 아동을 대상으로 한 후속연구들에 의해 비판받고 있는 것은 사례연구의 한계를 보여주는 것이다.

2) 자료수집방법

상관연구, 실험연구, 사례연구의 어느 연구유형을 사용하든 간에, 모든 형태의 연구에서는 실제로 자료를 수집하는 구체적인 절차를 필요로 하게 된다. 심리학의 다른 분야에서와 마찬가지로 발달심리학에서도 검사법, 조사법, 관찰법, 면접법 등 다양한 자료수집 방법들을 사용하고 있다. 발달심리학에서 흔히 사용되는 자료수집방법을 다음의 두 범주로 묶어볼 수 있다.

(1) 자기보고법

자기보고(self-report)는 자신의 생각, 태도, 관점 등을 스스로 평가하고 보고하게 함으로써 개인의 심리적 특성에 관한 자료를 수집하는 방법이다. 각종 검사, 질문지 또는 면접이 자기보고에서 사용된다. 자기보고는 타인이 식별해내기 힘든 개인의 내재적 특성을 진단해낼 수 있는 장점이 있으나, 자신의 주관적 판단에 의해 경험 내용을 선택하거나 왜곡함으로써 자료의 객관적 타당성을 확보하기 힘든 단점이 있다. 특히 내적 성찰능력이나 언어능력에 한계가 있는 나이 어린 아동들에게는 적용하기 힘든 제한점이 있다.

어린 아동의 발달적 특징을 이해하기 위해서는 흔히 자녀에 대한 **부모보고**(parental report)를 대신 사용한다. 최근에 많이 연구되고 있는 유아의 기질연구는 대부분 부모보고에 의존하고 있다. 아동으로부터 직접 자기보고에 의한 자료를 수집하더라도 그 자료의 타당성을 높이기 위해 같은 내용을 부모, 또래, 교사의 보고를 통해 보완하는 방법도 흔히 사용된다. 예를 들어, 아동의 조망수용능력(perspective-taking ability)을 연구할 때 아동을 대상으로 한 면접에 의해 자기보고 자료를 수집하는 한편, 또래친구나 교사들과의 면접을 통해 그 아동에 대한 보고 자료를 수집하고 이들 자료를 통합하여 보다 신뢰할 수 있는 조망수용능력 수준을 진단할 수 있게 된다.

면접에 의한 자기보고는 구조화된 질문지에 의한 자기보고에 비해 연구 대상의 생각이나 관점을 있는 그대로 보다 자유스럽게 드러나게 하는 데에 효과적이다. Piaget의 **준임상적 면접**(semi-clinical interview)기법에서 볼 수 있듯이 대상의 응답에 따라 상황에 맞게 자유롭게 질문을 던져가는 방법(open ended questions)은 고전적이지만 지금도 발달심리 분야에서 크게 각광을 받고 있는 기법이다(Wellman & Gelman, 1992).

최근 성격발달연구에서 사용되고 있는 **사고표집방법**(thought sampling method)은 특히 흥미로운 자기보고법의 일종이다. 이 방법은 무작위로 특정 순간에 개인에게 무선호출기를 통해 신호를 보내고, 그 순간에 자신의 내면에 흘러가고 있는 생각을 말하게 하거나 기록하게 하는 기법이다. 때로 새로운 생각이 일어나면 피험자가 연구자에게 신호를 보내어 진술하기도 한다. 이 방법은 보다 자연적인 상황에서 개인의 생각을 있는 그대로 밝힐 수 있으므로 생태학적 측면에서 매우 가치 있는 현장중심의 방법이다(Singer & Colligian, 1987).

(2) 직접관찰법

발달심리학의 많은 연구들이 대상의 행동을 **직접 관찰**함으로써 자료를 수집하고 있다. 종래에는 관찰한 내용들을 자유기술식으로 기록하거나 미리 준비된 관찰대상 행동 목록 체크리스트에 해당 행동이 나타나면 체크해나가는 방법을 주로 사용해왔으나, 최근에는 VTR을 사용하여 관찰한 모든 행동을 녹화하고 뒤에 이를 분석하여 관찰대상 행동을 체계적으로 분류 · 기록하는 기법을 더욱 많이 사용한다. 이러한 녹화기법은 자료를 보존하고 언제나 재분석할 수 있으므로 관찰자료의 신뢰성과 타당성을 높이는 데 크게 기여하고 있다.

일반적으로 관찰연구는 관찰하고자 하는 행동이 나타날 수 있는 상황을 인위적으로 만들어놓고 그 상황에서의 행동을 관찰하는 **실험실적 관찰**(laboratory observation)을 많이 사용한다. 그러나 이 경우 자신의 행동이 관찰되고 있다는 사실을 피관찰자가 의식함으로써 사회적으로 보다 합당하거나 기대되는 행동을 나타내는 경향이 높다. 실험실에서 부모와 자녀 간의 상호작용을 관찰한 연구에 의하면, 대부분의 부모들은 일상생활보다 실험실에서 자녀들에게 훨씬 더 자상하고 긍정적인 양상의 반응을 한다는 사실이 밝혀지고 있다(Russell & Russell, 1987).

〈그림 1-2〉 일방경을 이용한 아동관찰방법
(Santrock, 1994에서 인용)

관찰법을 사용하는 많은 연구들이 학교나 연구소에 설치되어 있는 관찰실에서의 행동을 피관찰자는 의식하지 못하는 **일방경**(one-way mirror)을 통해 관찰하는 방법을 사용함으로써 실험실 관찰의 문제점을 해소하고자 시도하고 있다. 그러나 이 경우에도 피관찰자들이 낯선 환경에 있다는 사실을 의식하는 것만으로도 일상생활에서의 행동과 다른 반응을 보일 가능성을 배제하기 어렵다.

실험실적 관찰의 문제점을 해소하기 위해 사용되는 방법이 일상의 장면에서 나타나는 행동 그대로를 관찰하는 **자연적 관찰**(natural observation)이다. Piaget가 자신의 집에서 자신의 아이들의 성장과정을 관찰한 것이나, 유치원이나 학교에서 아동이 놀이장면에서 사용하는 모든 언어를 있는 그대로 녹음하고 이를 분석하여 아동의 일상의 대화에서 나타나는 유아기 특유의 사고양식을 밝혀낸 연구(송명자 · 이순형 역, 1988)는 그 대표적인 예이다.

근래에 크게 각광받고 있는 **참여관찰법**(participant observation)은 현장중심의 자연적 관찰법의 좋은 예가 된다. 이 방법에 의해 이루어진 연구 한 가지를 예로 들면, Rizzo(1989)

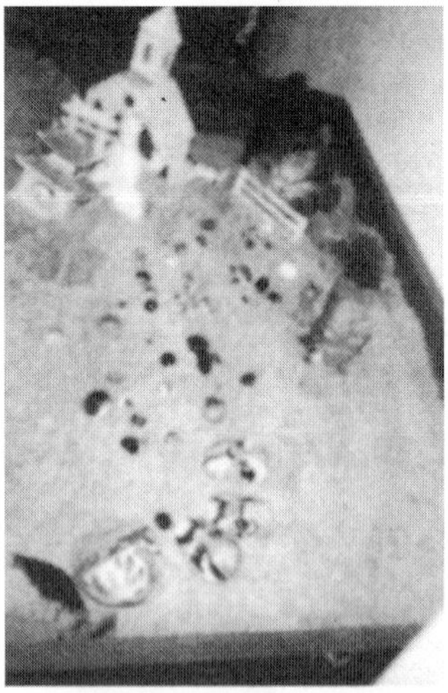

〈그림 1-3〉 관찰용 모래상자

는 아동의 우정관계를 연구하기 위해 5개월간 초등학교 교실에서 아동들과 함께 생활하면서 실제로 교실에서 일어나는 아동의 모든 또래관계 상호작용을 관찰하고 기록하였다. 이 기록을 통해 그는 아동의 또래관계에서의 갈등양상과 그 해결과정을 검토하고, 우정관계에 영향을 미치는 요인들을 식별해냈다. 이러한 참여관찰법은 일상생활 맥락 속에서의 행동발달을 있는 그대로 진단해낼 수 있는 이점이 있으므로 앞으로의 발달연구에서 널리 사용될 것으로 예상된다.

최근에는 〈그림 1-3〉에서 보는 것과 같은 모래상자에서 아동의 놀이행동을 관찰함으로써 아동의 억압되어 있는 내재적 욕구와 심층적인 사고를 진단하는 투사적 기법(projective technique)도 흔히 사용되고 있다.[5)]

3) 연구설계

발달연구는 연령에 따른 변화과정을 진단하려는 목적을 갖는 점에서 다른 심리학의 다른 분야의 연구와 구별되는 독특한 특징이 있다. 이러한 특징으로 인해 발달연구는 그 특유의 연구설계를 필요로 한다.

(1) 횡단적 설계

횡단적 설계(cross-sectional design)는 여러 연령집단을 동시에 표집하여 이들 집단으로부터 얻은 자료의 연령집단 간 차이를 발달적 변화의 지표로 간주하는 연구설계이다. 예를 들어, 아동의 자아존중감의 발달을 연구하기 위해 3, 6, 9, 12세 집단의 아동을 각각 50명씩 표집하여 이들을 대상으로 동일한 검사나 면접에 의해 자기보고자료를 수집한 후 이를 분석하여 얻은 각 연령집단 간 자아존중감의 정도 차이에 의해 자아존중감의 발달과정을 유추하는 것이다.

대부분의 발달연구가 횡단적 설계를 사용하고 있기는 하나 엄밀하게 말해서 횡단적 설계는 발달적 변화과정을 정확하게 보여주지 못하는 설계이다. 예를 들어, 12세 아동집단이 3세 아동에 비해 평균적으로 높은 자아존중감 점수를 얻었다고 해서 그 점수의 차이

5) 모래상자놀이(sand play, 일명 Erica method)는 1940년에 스웨덴에서 시작되었으며, 1967년에 Margaret Lowenfeld에 의해 미국에 도입되었다. 최근에는 우리나라에서도 이 기법에 관한 워크숍들이 이루어지고 있다.

를 자아존중감이 3세와 12세 사이에 증가하는 정도로 해석하는 데에는 무리가 있다.

연령집단 간 수행수준의 차이를 연령 간 발달적 변화로 간주하는 데 어려움이 따르는 가장 큰 이유는 **동시대 집단효과**(cohort effect) 때문이다. 1988년을 준거로 할 때, 만 3세 아동이 출생한 연도는 1985년이며, 12세 아동이 출생한 연도는 1976년이다. 1976년에 태어나서 자란 시대사회적 배경과 1985년에 태어나서 자란 시대사회적 배경이 아동의 자아존중감 형성에 같은 정도로 영향을 미쳤다고 보기는 어렵다. 따라서 횡단적 설계는 각 연령집단의 시대사회적 배경효과에 의한 자아존중감의 차이를 연령 간 차이로 간주함으로써 이를 발달적 변화로 고려하는 문제점을 안고 있다. 횡단적 설계에 의한 연구를 계획하거나 연구결과를 이해할 때에는 이 점에 특히 유의해야 한다.

(2) 종단적 설계

종단적 설계(longitudinal design)는 한 연령집단을 표집하여 일정기간 동안 그 집단 아동의 연령에 따른 발달적 변화과정을 추적 연구하는 설계를 뜻한다. 앞에서 예를 든 3~12세 사이 아동의 자아존중감의 발달을 연구하기 위하여 3세 아동을 표집하여 이 아동들이 6, 9, 12세가 되었을 때 각 연령단계에서의 자아존중감을 진단함으로써 연령의 변화에 따른 자아존중감의 발달과정에 대한 자료를 얻게 된다. 횡단적 설계에 비해 종단적 설계는 발달적 변화과정을 정확하게 추적 진단할 수 있는 장점이 있다.

종단적 설계는 연구기간이 길고, 대상집단을 추적해야 하는 어려움이 있으므로 쉽게 사용하기 어려운 설계이다. 그러나 발달심리 분야에서 오랜 기간에 걸쳐 많은 뛰어난 종단적 연구들이 이루어져 왔으며, 이들 연구를 통해 인간의 여러 특성의 발달과정에 관한 귀중한 자료들이 수집되었다. 1929년에 출생한 영아 89명을 18년간 추적하여 성격발달과정을 연구한 펠스연구소(Fels Research Institute)의 종단적 연구는 대표적인 예이다. 국내에서도 행동과학연구소에서 1975년부터 현재까지 우리나라 아동 및 청소년의 발달에 관한 종단적 연구를 실시하고 있다.

종단적 설계가 갖는 장점에 비해 이 설계에 의한 연구에 요구되는 시간과 비용은 큰 부담이 된다. 또한 특정 집단을 대표하는 소수의 대상에게서 얻은 자료를 일반화해야 하는 어려움이 있다. 특히 오랜 기간에 걸친 종단적 연구에서는 연구대상의 탈락과 학문적 발전에 따른 새로운 이론과 측정도구를 적용하지 못하는 방법론적 문제도 지적할 수 있다.

횡단적 설계와 종단적 설계는 각각 장단점을 갖고 있으므로 최근 이 두 설계를 통합함으로써 장점을 살리고자 하는 새로운 설계가 흔히 사용된다.

(3) 횡단적-단기종단적 설계

횡단적-단기종단적 설계(cross-sectional/short-term longitudinal design)는 횡단적 설계의 대상이 되는 소수의 집단을 단기간 동안 추적함으로써 종단적인 발달적 변화를 진단하고자 하는 설계이다. 앞에서 예를 든 3~12세의 자아존중감의 발달과정 연구의 경우 3, 6, 9, 12세의 4개 집단을 표집하여 같은 해에 자료를 얻으면 횡단적 설계이다. 이에 반해 종단적 설계는 3세 아동이 12세가 되기까지 9년의 기간이 소요된다. 횡단적-단기종단적 설계에서는 3, 6, 9세의 세 집단을 표집하여 3년 후에 이들 세 집단을 추적하여 진단한다. 이 설계를 도식화하면 다음 〈그림 1-4〉와 같다.

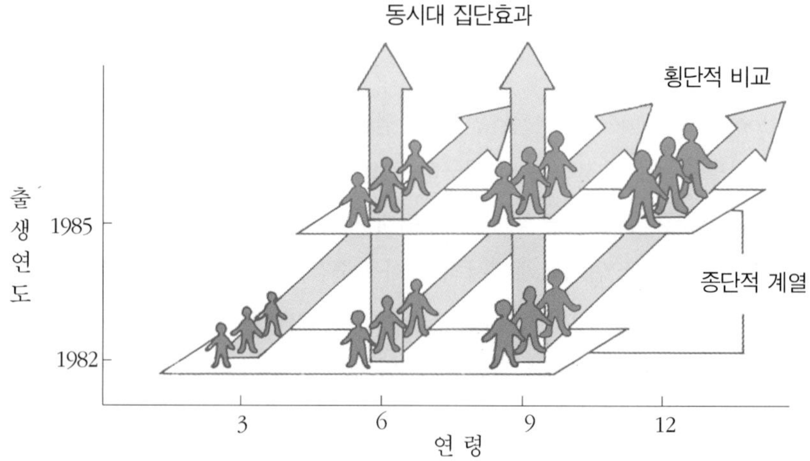

〈그림 1-4〉 연구설계도식
(Berk, 1994에서 인용)

위의 도식에서 보듯이 이 설계에서는 3~12세까지 모든 연령집단의 자아존중감 수준을 진단할 수 있는 동시에 3년이라는 비교적 짧은 기간 동안에 관련되는 모든 연령 간의 종단적 변화를 관찰할 수 있는 장점이 있다.

(4) 발생과정분석 설계

발생과정분석 설계(microgenetic design)는 종단적 설계를 수정하여 극히 적은 수의 아동의 특정 행동이 형성되고 변화해가는 과정을 면밀하게 추적하여 분석하는 최근에 각광받고 있는 발달심리 분야의 특수한 연구방법을 의미한다. 현재 이 방법은 주로 인지발달 분야에서 인지적 기술이 어떻게 발달하기 시작하여 숙련과정을 거쳐 안정적으로 획득하는가의 과정을 분석하는 데 활용된다. 이 설계에서는 관심의 대상이 되는 순간순간의 행동을 VTR에 녹화해 두었다가 반복 관찰하여 그 발생과정을 철저하게 규명하는 기법을 사용한다.

지금까지는 발생과정분석 설계가 주로 인지발달 분야에서 사용되고 있으나, 발달의 전 영역에 확대 사용해볼 가치가 있는 방법으로 생각된다. 예를 들어, 여러 유형의 아동이 또래집단 내에서 처음으로 인간관계를 시작하는 순간에서부터 포착하여 대인 간 사회적 기술이 안정적으로 획득되기까지의 과정을 분석해보면 가치 있는 자료들을 얻게 될 것이다.

지금까지 발달심리학에서 사용하는 다양한 연구방법들을 검토해보았으나 각 방법들은 각기 장단점이 있다. 따라서 발달심리학의 연구결과들을 볼 때는 항상 이들 방법의 한계와 문제점을 생각하여 그 결과를 이해할 필요가 있다.

앞에서 설명한 네 가지 연구설계의 장단점을 도식화하면 〈표 1-3〉과 같다.

표 1-3 연구설계의 장단점

설계	장점	단점
횡단적 설계	• 적은 경비 · 노력으로 짧은 시간에 필요한 정보수집 가능.	• 발달적 변화과정을 정확히 설명하지 못함. • 각 집단의 사회 · 역사적 배경 등의 차이에서 오는 동시대 집단효과로 인해 개인의 성장 · 발달에 있어서의 참모습을 알기 어려움.
종단적 설계	• 개인이나 집단의 발달적 변화과정을 정확하게 추적 · 진단.	• 시간 · 노력 · 경비가 많이 듦. • 연구대상의 선정 및 관리가 어려움. • 중도탈락이 많아 표집의 특성을 상실할 우려가 있음. • 반복적인 검사도구 사용으로 인한 신뢰성의 문제가 제기됨.
횡단적-단기 종단적 설계	• 비교적 짧은 기간 동안에 관련되는 모든 연령 간의 종단적 변화를 관찰.	• 횡단적 설계와 종단적 설계의 단점이 약화되긴 했으나 여전히 있음.
발생과정분석 설계	• 관심이 되는 행동을 반복 관찰함으로써 발생과정의 철저한 규명 가능.	• 반복적인 검사의 연습효과로 인해 신뢰성이 문제될 수 있음.

제2장 인간발달의 기저

제2장에서는 아기가 세상에 태어나기 이전까지 이루어지는 여러 가지 발달적 현상들을 인간발달의 기저(foundations of development)로서 다루어보고자 한다. 먼저 새로 태어나는 아기가 갖는 여러 가지 심리적 특성들이 어떻게 생물학적으로 결정되는가를 살펴본 후 인간의 제반 심리적 특성의 형성과 발달에 유전과 환경이 어떻게 상호 영향을 미치는가에 관한 개념적 모형과 실증적 연구결과들을 검토하고자 한다. 마지막으로 수정에서부터 출산하기까지 태내에서 이루어지는 발달과정을 알아보고자 한다.

1 발달의 생물학적 기저

인간의 발달은 난자와 정자가 결합하는 **수정**(fertilization)의 순간에서부터 시작된다. 수정된 수정체(zygote)가 세포분열을 시작할 때 이미 발달이 이루어지고 있는 것이다. 수정의 순간에 인간 생명체는 성의 구분, 유전적 특성과 정상성 여부 등 전 생애에 큰 영향을 미치는 여러 가지 발달적 특성을 갖게 된다. 이들 특성들이 수정 시에 어떠한 생물학적 기제에 의해 결정되는가를 아는 것은 인간발달의 기초를 이해하기 위한 중요한 과제이다.

1) 수정과 세포분열

수정 시에 정자(sperm)와 난자(ovum)가 결합하여 수정된 난자, 즉 **수정체**가 된다. 수정체의 세포가 세포분열에 의해 빠른 속도로 그 수를 늘려감으로써 발달이 시작된다. 난자와 정자가 결합된 수정체는 그 구조와 기능이 상이한 성세포(germ cells)와 체세포(body cells)의 두 유형의 세포로 구성된다. 성세포는 생식기를 형성하게 되며, 체세포는 뼈, 근육, 소화기, 순환기 및 신경계를 형성하게 한다.

정상적인 남녀의 **체세포**는 46개의 염색체로 구성된다. 체세포는 **유사분열**(mitosis)에 의해 증가한다. 유사분열은 양쪽 부모의 세포의 핵(nucleus) 내에 있는 23쌍 염색체가 분리되어 각 염색체가 이전의 자기 짝과 똑같은 염색체를 만들어냄으로써 동일한 다른 한 쌍의 염색체를 형성하는 과정이다. 〈그림 2-1〉은 유사분열에 의한 체세포의 증가과정을 보여준다.

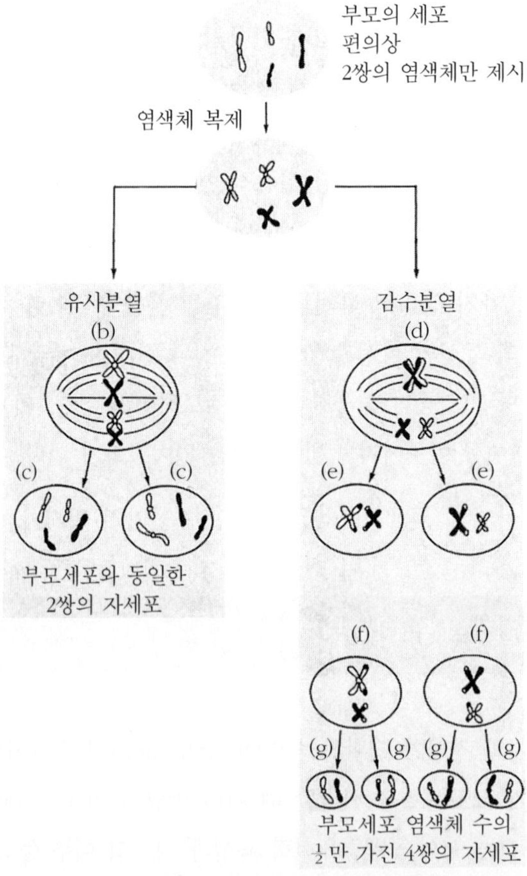

〈그림 2-1〉 유사분열과 감수분열
(Brum & McKane, 1989에서 인용)

성세포는 그 크기가 각각 다르다. 난자는 인체에서 가장 큰 세포이며, 정자는 가장 작은 세포이다. 난자는 정자의 9만 배의 무게를 가졌다고 하나 실제로 그 크기는 아주 작은 점보다 더 작은 것이다. 성세포는 체세포와 달리 **감수분열**(meiosis)에 의해 염색체 수를 반으로 줄여간다. 난자와 정자에게서 각각 23개씩의 염색체를 받아 23쌍의 염색체를 가진 수정체의 성세포는 〈그림 2-1〉과 같이 이를 반분하는 세포분열과정을 거쳐 난자와 정자가 각기 23개씩의 염색체만을 갖게 된다. 이렇게 해서 다시 난자와 정자가 만나면 46개의 염색체를 갖고 수정체를 형성할 수 있게 되는 것이다.

2) 성의 결정

앞에서 설명했듯이 난자와 정자는 각각 23개씩의 염색체를 가지고 있으며, 이들이 결합한 수정체는 46개의 염색체를 갖게 된다.

난자와 정자가 갖는 23개의 염색체 중 22개는 그 크기, 구조 그리고 기능이 유사한 **상동체**(autosomes)를 이룬다. 나머지 23번째의 염색체는 **성염색체**(sex chromosomes)이다. 어머니의 성염색체는 XX이므로 모든 난자는 X염색체만을 가지나 아버지의 성염색체는 XY이므로 정자의 일부는 X, 일부는 Y염색체를 갖고 있다. 따라서 수정 시에 X염색체를 가진 정자와 난자가 결합하면 XX로 여아가 되며, Y염색체를 가진 정자와 난자가 결합하면 XY로서 남자가 된다. 〈그림 2-2〉는 정상적인 남아와 여아의 염색체 구조를 보여주고 있다.

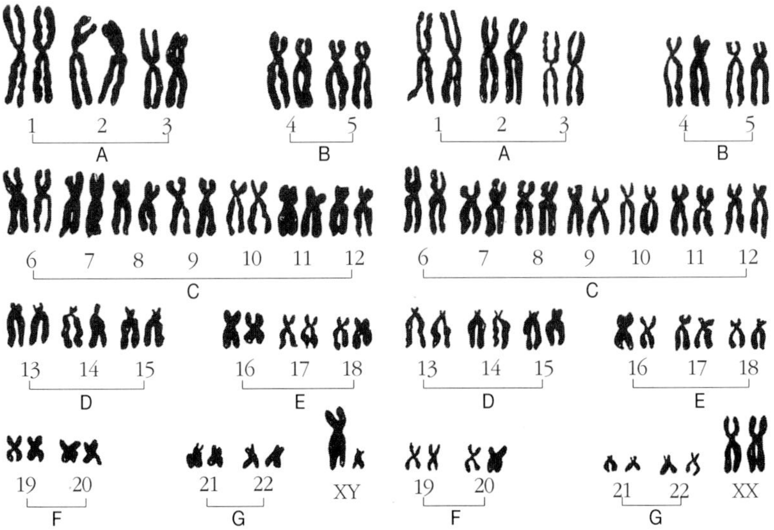

〈그림 2-2〉 남아와 여아의 염색체 구조
(Shaffer, 1993에서 인용)

남아와 여아가 수정되는 비율은 대체로 120:100이며, 실제로 출산되는 비율은 106:100으로 알려져 있다(Hetherington & Parke, 1993). 그러나 남아 출산의 수적인 우위는 뒤에 설명할 각종 성염색체와 관련된 질병과 후천적인 삶에서 남아가 여아보다 생명을 잃을 확률이 높기 때문에 자연스럽게 평형을 이루게 된다.

3) 유전적 특성의 결정

염색체에는 그 길이를 따라 수많은 **유전인자**(genes)들이 마치 사슬처럼 연결되어 있다. 46개의 염색체로 구성되는 하나의 세포에는 약 1억 개의 유전인자가 있는 것으로 추산되고 있다(Craig, 1989).

유전인자는 부모로부터 물려받은 유전적 특성을 결정하는 기본단위이다. 〈그림 2-3〉에서 보듯이 유전인자는 나선형 사다리꼴 모양을 한 디옥시리보핵산(deoxyribonucleic acid: DNA), 즉 **DNA**의 고리로 이루어져 있다. DNA의 바깥쪽 긴 고리는 당(sugar)과 인(phosphate)으로 이루어지며, 안쪽의 짧은 고리는 아데닌(adenine), 티민(thymine), 시토신(cytosine), 구아닌(guanine)의 네 종류의 상이한 질산염기(nitrogen bases)로 구성된다. 이 안쪽의 질산염기에 유전적 정보들이 저장되어 있다.

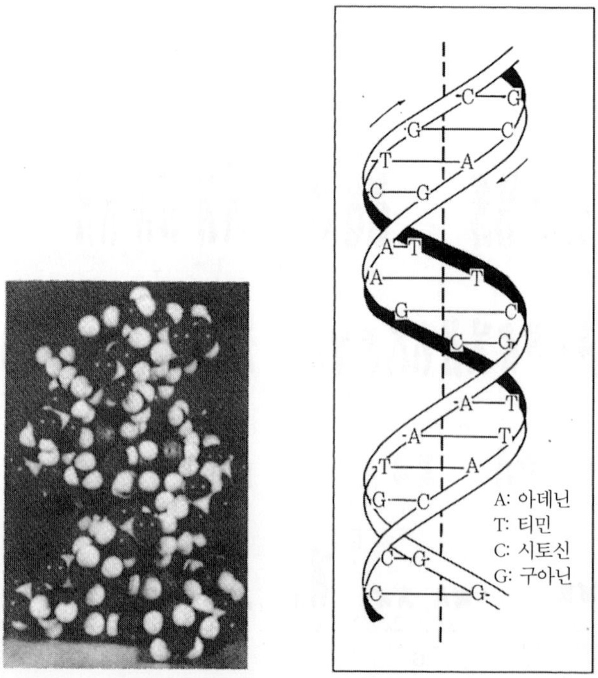

〈그림 2-3〉 DNA의 구조
(Craig, 1989에서 인용)

DNA는 리보핵산(ribosenucleic acid: RNA), 즉 **RNA**의 기능을 방향 짓는 주형(template)이다. RNA는 세포의 핵으로부터 DNA가 내린 지시를 세포 바깥쪽에 있는 세포질(cytoplasm)에 전달하는 기능을 한다. 이처럼 어떤 세포가 궁극적으로 장기, 피부, 뼈, 신경계, 근육 등 신체의 어느 부위를 형성하는가는 RNA에 보내는 DNA의 신호에 의해 결정된다. 따라서 유전인자들 중의 어느 하나에라도 결함이 있으면 정상아와 다른 발달장애가 나타나게 된다.

염색체에는 발달상의 각 특성을 결정하는 유전인자들이 특정 부위를 차지하고 있는데 이를 **대립유전자**(alleles)라 부른다. 어머니와 아버지 쪽에서 각각 상이한 대립유전자가 올 수 있으므로 둘 또는 그 이상의 다양한 대립유전자가 형성될 수 있다. 만일 양쪽 부모에게서 같은 대립유전자가 전수되면 이때 대립유전자의 결합형태는 **동질접합**(homozygous)이다. 반대로 서로 다른 대립유전자가 전달되면 **이질접합**(heterozygous)이 된다. 예를 들어, 아버지와 어머니 쪽에서 동일하게 갈색눈(B)의 대립유전자가 전달되면 이때 아이의 눈의 색깔 대립유전자는 BB로서 동질접합이다. 반면에 아버지로부터 갈색눈(B)의 대립유전자를 받은 한편 어머니로부터 검은색(b)의 대립유전자를 받으면 이때 형성된 대립유전자의 결합형태는 Bb로서 이질접합이다.

대립유전자의 결합형태가 동질접합이면 아이의 실제 눈의 색깔은 명백하게 갈색이다. 대립유전자의 결합형태가 이질접합이면 아이의 실제 눈의 색깔은 검은색과 갈색의 어느 쪽이 우성이며 어느 쪽이 열성인가에 의해 결정된다. 만일 갈색이 검은색에 비해 우성이면 아이의 눈의 색깔은 갈색이 된다. 이때 양쪽 부모로부터 물려받은 대립유전자의 결합형태인 유전인자의 특징을 **유전자형**(genotype)이라 하며, 겉으로 나타난 유전적 특징을 **표현형**(phenotype)이라 한다.

유전자형이 표현형으로 나타나는 과정은 반드시 우성과 열성 간의 관계만은 아니다. 때로 이들 두 특징이 합해져서 중간 색깔의 눈빛으로 나타나는 혼합형(blending)이 이루어지기도 한다. 인간의 여러 심리적 특성의 유전기제에 있어서 유전자형과 표현형의 관계는 눈의 색깔처럼 그렇게 단순한 것은 아니므로 이 문제는 다음 장에서 자세히 검토해 보기로 하자.

4) 염색체 결함

수정 시에 염색체 자체에 결함이 있거나 염색체의 결합에 잘못이 생기면 결과적으로 여러 가지 발달장애들이 나타날 수 있다. 새로 태어나는 신생아의 약 1%는 진단을 통해 식별해낼 수 있는 염색체 결함을 가지고 있는 것으로 알려져 있다(Hetherington & Parke,

1993). 이들 결함을 일반염색체 결함과 성염색체 결함으로 나누어 살펴보고자 한다.

(1) 일반염색체 결함

일반염색체 결함에서 오는 대표적인 장애가 **다운증후군**(Down syndrome)이다. 다운증후군은 앞의 〈그림 2-2〉에 나와 있는 염색체 배열에서 21번 염색체가 3개일 때 나타나는 장애이다. 다운증후군은 신체적인 장애와 지적인 장애를 함께 동반하며, 외모에서 뚜렷이 장애의 징후가 나타난다. 다운증후군의 아이들은 눈초리가 치켜 올라가고, 뒷머리 모양이 납작하며, 목이 짧고, 혀가 삐죽 나오며, 코가 작은 특징적인 얼굴을 하고 있다. 흔히 손가락의 길이가 매우 짧고, 걸음걸이가 어색하며, 불안정해 보이기도 한다. 백혈병, 심장병, 순환계 질환에 잘 감염되어 조기사망률이 높았으나, 근래에는 치료효과가 높아 생존율이 급격하게 증가하고 있다.

다운증후군은 생후 첫 1년 동안은 정상아와 구분이 어려우나 한 살 이후부터 환경 내의 여러 자극에 대한 변별이 어렵고, 반응이 느리며, 무감각하고, 정서적인 표현이 없는 등 여러 인지발달적 장애를 보이게 된다. 성장하면서 다운증후군 아이들은 일반적으로 낮은 지능의 정신지체를 보이지만, 부모와 주변의 따뜻한 관심과 교육적 배려가 있으면 스스로 기본 생활을 영위할 수 있을 만큼 훈련이 가능하다(Kopp, 1983). 성격은 밝고 사람을 좋아하며, 정상적인 사회성을 보이기도 한다.

왜 염색체의 수가 증가하여 다운증후군이 되는가에 대한 정확한 원인은 아직 밝혀지지 않고 있다. 다만 다운증후군은 산모의 연령과 밀접하게 관련된다. Hook과 Lindsjo(1978)의 보고에 의하면 산모가 30세일 때 다운증후군이 나타날 확률은 1:885이며, 35세일 때는 1:365, 40세에서는 1:109, 45세에서는 1:32, 49세에서는 1:12의 높은 확률로 증가한다.

이는 아마도 다운증후군이 산모의 연령의 증가에 따른 태내이상과 관련이 있을 것이라는 추측을 낳게 하나, 명확한 기제는 모르고 있다.

(2) 성염색체 결함

성염색체 결함으로 나타나는 장애는 여성 염색체 결함과 남성 염색체 결함으로 나누어 볼 수 있다.

가장 대표적인 여성 성염색체 결함이 **터너증후군**(Turner syndrome)이다. 터너증후군은 정상적인 여성의 성염색체가 XX인데 반해 XO로서 1개의 X염색체만을 가질 때 나타나는 증상이다. 터너증후군을 가진 여자는 대체로 몸집이 작고 손가락이 짧다. 지능은 일반적으로 정상적이며 언어능력도 정상적이나, 공간지각과제와 쓰기에 어려움을 보이는 경우가 있다. 성격은 유순하고 밝으며, 쉽게 흥분하지 않는 특징이 있다. 그러나 사회성이 낮아

대인관계가 미숙하며, 자기주장이 부족하다. 터너증후군은 사춘기에 이차 성징이 정상적으로 나타나지 않으므로 어린아이의 모습을 그대로 유지하여 임신이 불가능하다.

터너증후군보다 드문 경우이지만 X염색체가 하나 더 있는 **세 개의 X염색체 증후군**(triple X syndrome)도 있다. 이 증후군은 인지발달장애를 보인다.

남성의 성염색체 결함은 대체로 세 가지 증후군으로 나타난다. 첫째, 흔히 **클라인펠터증후군**(Kleinfelter's syndrome)으로 불리는 장애는 정상적인 남성의 성염색체가 XY인데 반해 X염색체가 하나 더 있는 XXY배열을 갖는다. 클라인펠터증후군의 남아는 고환은 있으나 정자를 배출하지 못하므로 불임이다. 또한 X염색체가 하나 더 있으므로 유방이 발달하고 엉덩이가 둥근 여성적 특징이 있다. 이러한 여성적 외모로 인해 클라인펠터증후군의 남아는 수줍고 자아존중감이 낮으며, 사춘기에 또래관계에 문제가 나타난다.

또 하나의 남성 성염색체 이상으로 **XYY증후군**을 들 수 있다. 한때 XYY증후군은 난폭하고 충동적이며, 범죄경향이 높은 것으로 알려졌으나, 근래에는 타당성이 없는 것으로 밝혀지고 있다(Schaivi et al., 1984).

비교적 최근에 알려진 성염색체 이상이 **X결함증후군**(fragile-X syndrome)이다(Barnes, 1989). X결함 증후군은 X염색체가 구부러져 있거나 너무 가늘어서 나타나는 결함이다. X염색체의 결함은 여성에게도 나타날 수 있으나 흔히 남성에게서 발생한다. 이는 어머니의 X염색체 결함이 아들에게 전달되는 경우가 많기 때문이다. X결함 증후군 남아의 지능은 정상적인 경우도 있으나 대체로 정신지체의 확률이 높다. 이외에도 X결함 증후군은 비정상적인 뇌파, 마비 등의 신체장애가 나타날 수 있고, 불안, 과잉활동, 주의결함, 비정상적 의사소통, 대인관계 결함 등의 심리적 장애가 수반되기도 한다.

2 발달의 유전 및 경험적 기저

발달의 유전 및 경험적 기저를 이해하기 위해 먼저 인간발달 과정에 작용하는 유전과 경험적 기제에 관한 개념적 모형을 살펴보고, 지능과 성격발달 영역에서의 구체적인 연구결과들을 통해 이 두 요인이 어떻게 상호작용하는가를 알아보고자 한다.

1) 유전-환경 상호작용의 개념적 모형

지능, 성격, 사회성 등 인간의 심리적 특성이 결정되는 과정에서 유전자형이 표현형으로 나타나는 기제는 눈의 색깔이 결정되는 생물학적인 유전기제처럼 그렇게 단순한 것이 아니다. 심리적 특성의 발달에 있어서 유전적 소인과 환경적 요인은 매우 복잡하게 상호작용하고 있으므로, 이 과정에서 구체적으로 인간의 심리적 특성의 얼마나 많은 부분이 유전에 의해 결정되며, 후천적인 환경적 경험이 이들 특성을 변화시키는 데 얼마나 크게 기여할 수 있는가를 밝힌다는 것은 매우 어려운 문제이다. 유전과 환경의 상대적인 영향력의 크기에 관한 문제는 오랫동안 심리학자들의 관심대상이 되어온 주제이며, 많은 연구들이 이루어져 왔음에도 불구하고 이 문제에 대해서는 아직도 많은 부분이 알려져 있지 않다.

발달심리학의 이론적 접근에서 간단히 살펴보았듯이 극단적인 **환경결정론적** 입장을 지닌 초기 행동주의 심리학자들은 인간의 여러 심리적 특성들이 후천적인 경험에 의해 결정되는 것으로 생각해왔다. 그러나 이러한 극단적인 환경결정론적 관점이 오늘날 발달심리학에서 더 이상 수용되지 못하고 있다는 점은 명백하다. 오히려 최근에는 **유전적 소인**에 의해 선천적으로 결정되는 발달적 특성들을 더욱 강하게 부각시키는 경향이 있다. 그러나 후천적인 경험에 의해 인간을 무한히 변화시킬 수 없는 것과 마찬가지로 인간의 모든 특성이 유전적으로 결정되지 않는 것 또한 사실이다. 유전과 환경은 끊임없이 복잡한 형태로 상호작용하면서 인간의 전 발달과정을 결정하고 있는 것이다. 유전과 환경이 어떠한 양상으로 상호작용하는가를 설명해주는 세 가지 개념적 모형을 살펴보자.

(1) 반응의 범위 모형

반응의 범위(range of reaction)란 유전자형이 표현형으로 나타나는 과정에서 유전적 소인이 환경적 경험의 힘에 의해 변화될 수 있는 크기를 의미한다(Gottesman, 1963). 반응의 범위 모형에서는 유전이 어떤 특성이나 행동을 결정하는 것이 아니라, 상이한 환경 내에서 개인이 발달시킬 수 있는 가능성의 범위를 결정하는 것으로 생각한다.

반응의 범위를 이해하기 위해 신장과 체중의 예를 들어보자. 아무리 후천적으로 가장 이상적인 환경에서 아이를 키운다고 가정하더라도 유전적으로 부여받은 소인의 범위를 무한정 넘어서서 신장과 체중을 늘릴 수는 없는 것이다. 그러나 이 경우 키보다는 체중이 환경의 영향을 더욱 크게 받는다는 것을 경험을 통해 쉽게 짐작할 수 있다. 이때 체중은 신장에 비해 보다 큰 반응의 범위를 갖고 있다고 말할 수 있다.

반응의 범위는 발달의 개인 간 차이를 이해하는 데 있어서도 중요한 개념이다. 동일하게 풍요한 환경조건에서 성장하더라도 보다 큰 폭의 발달적 증가를 보이는 유전자형을 가진 아이가 있는가 하면 같은 환경의 혜택에도 불구하고 나타나는 발달수준이 낮은 아이도 있다. 상이한 심리적 특성이나 유전자형이 상이한 환경조건이 주어졌을 때 나타날

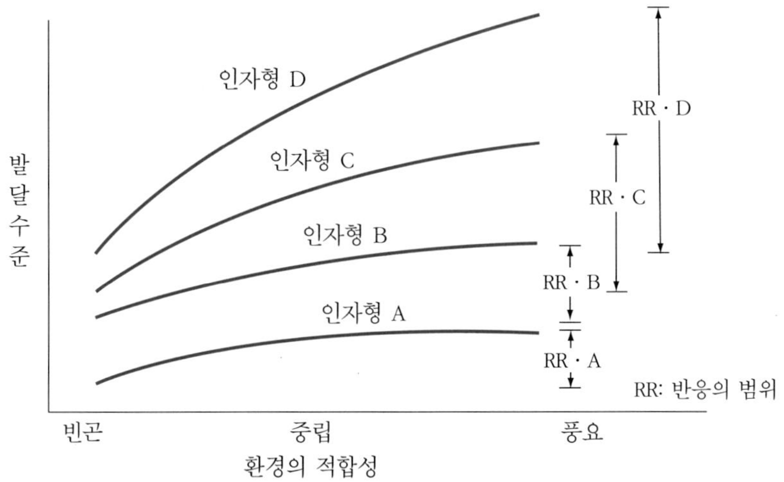

〈그림 2-4〉 반응의 범위 모형
(Gottesman, 1974에서 인용)

수 있는 반응의 범위의 차이를 도식화한 것이 〈그림 2-4〉이다.

반응의 범위모형은 아직도 가상적 모형이며, 각 특성이나 개인의 유전자형의 반응의 범위는 밝혀져 있지 않다. 다만 이 모형은 유전적 소인이 발달수준을 결정하는 데 큰 영향을 미친다는 사실을 각성시켜줌으로써 선천적으로 결정되는 개인의 잠재력의 한계를 인식하는 데 도움이 된다.

(2) 수로화 모형

수로화(canalization)란 강력한 환경력의 영향에도 불구하고 유전자형이 결과적으로 동일한 발달상태에 도달할 수 있도록 표현형을 한정 짓는 기제를 의미한다. 따라서 보다 강하게 수로화된 특성일수록 환경적인 경험의 차이에 의해 변화될 수 있는 가능성이 더 적다. 예를 들어, 앉기, 서기, 걷기 등의 초기 신체운동기능이나 옹알이와 같은 초기 언어능력들은 강하게 수로화되어 있는 특성이므로 아이들이 어떤 환경에서 성장하건 간에 비교적 정상적으로 나타나기 마련이다. 선천적으로 귀머거리 아이가 정상아와 같은 시기에 옹알이를 하는 것도 바로 이 특성이 강력하게 수로화되어 있음을 보여주는 것이다(Shaffer, 1993). 이에 반하여 지능은 후천적인 물리적, 사회적 및 교육적 경험에 의해 크게 변화될 수 있는 덜 수로화되어 있는 특성을 가진다.

〈그림 2-5〉는 수로화의 개념을 도식적으로 보여주고 있다. 이 그림에서 공은 발달하는 유기체를 뜻하며 각 결정점에서 유기체는 두 개의 통로 중에 하나를 택할 수 있다. 발달이 진행됨에 따라 다른 통로로 옮기는 것은 점차 더 어렵게 된다.

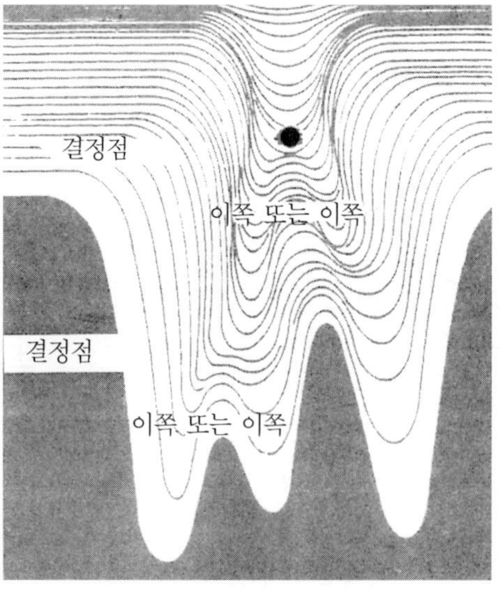

〈그림 2-5〉 **수로화 모형**
(Fishbein, 1976; Berk, 1994에서 인용)

개인 간 수로화의 차이를 단정적으로 말하기는 어려우나 이 모형이 아동의 **회복력**(resiliency)의 차이와 관련되어 있을 것으로 가정해볼 수 있다. 동일하게 바람직하지 못한 환경에 놓이더라도 스트레스에 대한 저항이 강한 아동은 그러한 환경을 극복하고 정상적인 발달상태에 도달할 수 있는 강한 회복력을 갖고 있는 반면에, 회복력이 약한 아동은 여러 형태의 비정상적 발달을 초래한다는 사실이 많은 연구를 통해 보고되어 왔다(Garmezy, 1981). 이러한 회복력의 차이가 어디에서 기인하는지는 명백하지 않으나, 개인의 유전자형의 수로화의 차이가 그 원인이 될 수 있는 가능성을 생각해볼 수 있을 것 같다.

(3) 거래적 상호작용 모형

반응의 범위 모형이나 수로화 모형에서 보듯이 종래의 유전과 환경 간의 상호작용은 주로 환경이 유전자형의 발달에 미치는 영향에 중점을 둔 것이다. 이에 반해 **거래적 상호작용 모형**(transactional model)은 유전자형이 환경에 미치는 영향과 그러한 영향이 다시 유전자형의 발달로 송환되는 과정에 관심을 기울이고 있다.

아동의 기질적 특성과 초기 가정환경을 예로 들어보자. 선천적으로 보다 활동적이고 적극적인 기질을 타고난 아이는 소극적이고 반응이 없는 기질의 아이에 비해 부모나 환경 내의 다른 요소들로부터 보다 많은 바람직한 자극들을 이끌어낼 수 있을 것이며, 이러한 과정은 나아가 아이의 성격을 보다 적극적이고 활동적이 될 수 있게 할 것이다. 이처럼 아동의 유전자형의 차이는 동일한 환경도 상이하게 작용할 수 있도록 환경을 변화시키며, 이처럼 변화된 환경의 차이는 개인의 유전자형의 발달에 큰 영향을 미치게 된다. 이와 같이 유전자형과 환경 간에 끊임없는 거래적 상호작용이 이루어지고 있다는 사실은 발달에 있어서 유전과 환경이 개인차 형성에 미치는 상대적 기여도를 분리해내는 것을 더욱 어렵게 한다(Baumrind, 1991).

2) 지능과 성격발달의 유전적 기저

(1) 지능연구

지능이 인간의 발달과 적응에 차지하는 중요성으로 인해 지능발달에 있어서 유전과 환경이 미치는 상대적 영향에 관한 여러 형태의 연구들이 이루어져 왔다.

혈연 및 양자 연구

지능발달에 미치는 유전적 기여도를 밝히기 위해 일찍부터 이루어져온 대표적인 두 유형의 연구로 **혈연관계연구**(kinship studies)와 **양자연구**(adoption studies)를 들 수 있다.

혈연관계가 가까울수록 두 개인 간 지능의 상관이 높게 나타난다면 이는 지능이 유전적 소인에 의해 결정되는 확률이 높다는 사실을 의미한다. 〈표 2-1〉에 제시되어 있는 혈연관계의 멀고 가까움에 따른 지능 간 상관계수의 차이는 지능이 유전적 영향을 크게 받고 있음을 반영하는 것이다.

표 2-1 혈연 간 지능의 상관계수

관계	상관계수
일란성 쌍생아	
함께 양육	.86
분리 양육	.79
이란성 쌍생아	
함께 양육	.60
형제	
함께 양육	.47
분리 양육	.24
부모-자녀	.40
양부모-자녀	.31
사촌	.15

(Bouchard & McGue, 1981에서 인용)

양자연구 또한 지적 발달에 있어서의 유전적 영향이 크게 작용하고 있음을 보여준다. Scarr와 Weinberg(1983)의 미네소타 양자연구결과에 의하면 출생 후 1년 이내에 양자로 간 아이의 지능을 18세에 측정했을 때 친부모와의 지능 상관이 .32로서 양부모와의 지능 상관인 .09보다 훨씬 높은 것으로 나타났다.

많은 혈연연구나 양자연구의 결과들이 지능발달에 미치는 유전적 소인의 중요성을 밝히고 있기는 하지만, 이러한 결과들을 지능발달에 환경이 영향력을 미칠 수 없는 것으로 받아들여서는 안 된다. 실제로 Duyme(1988)의 연구에서는 양부모의 사회경제적 계층의 차이가 양자의 지능발달에 결정적인 영향을 미친다는 사실을 밝힘으로써 동일한 양자연구를 통해서 지능발달에 미치는 환경의 영향력을 입증하고 있다.

Rosenzweig 등의 연구(Rosenzweig, 1966; Rosenzweig & Leiman, 1982)는 실험적 조작을 통해 환경의 영향력을 입증한 대표적인 연구이다. 이 연구에서 Rosenzweig 등은 한 집단의 쥐에게는 여러 가지를 탐색할 수 있는 대상물이 있는 **풍요로운 환경**(enriched condition)**조건**을 제공하고, 다른 한 집단의 쥐에게는 아무런 자극대상도 없는 사육상자인 **결핍환경**(impoverished condition)**조건**을 제공하여 한 마리씩 고립시켜 양육하였다. 일정기간이 지난 후 이 두 집단의 쥐로부터 쥐의 지적 능력을 진단하는 준거가 되는 뇌의 해부학적 및 생화학적 측정치와 미로에서의 주행속도 등 행동적 측정치를 얻은 결과, 풍요로운 환경에서 자란 쥐가 결핍환경에서 자란 쥐보다 모든 측정치에서 유의미하게 높은 수준을 보여주었다. 이 연구결과를 통해 Rosenzweig 등은 환경이 동물의 지능발달에 크게 기여할 수 있음을 입증해보이는 한편, 같은 과정이 인간의 지능발달에도 적용될 수 있을 것을 시사하고 있다.

유전가능비 연구

지능의 발달에 있어서 유전과 환경의 상대적 기여에 관한 보다 최근의 흥미로운 연구로서 Jensen(1969)의 **유전가능비**(heretability) 연구를 들 수 있다. 유전가능비는 개인과 개인 또는 인종과 인종 간의 표현형 수준에서의 지능의 차이를 결정하는 데 있어서 유전적 요인과 환경적 요인의 상대적 기여도를 이해하기 위한 유용한 개념이다.

Jensen에 의하면 유전가능비란 어떤 개인이나 집단 간의 전체 지능의 차이(Vt)를 유전에 의한 차이(Vh)와 환경에 의한 차이(Ve)로 구분할 때(Vt = Vh + Ve) 전체 지능 차이에 대해 유전에 의한 차이가 차지하는 비율(Vh/Vt)을 의미한다. 만일 어떤 집단이나 개인 간 지능 차의 전부가 유전 때문에 나타난다면 유전가능비는 1.0이 되며, 반대로 그 차이가 모두 환경에 기인한다면 유전가능비는 0이 된다.

Jensen은 가장 유사한 쥐끼리 계속적으로 교배시켜 유전적으로 거의 유사한 쥐를 얻은 후 이들을 서로 다른 환경에서 사육한 후 그 지능의 차를 검토하는 등 여러 가지 분석을 통해 유전가능비는 .80이라고 밝혀냈다. Jensen의 주장을 그대로 받아들인다면 개인과 개인 간 지능의 차이는 물론이거니와, 예컨대 백인과 흑인 간의 인종 간 지능 차의 80%는 유전에 기인한다는 결론을 얻게 되는 것이다.

유전가능비는 명확하게 개인의 지능지수의 얼마만큼이 유전적으로 결정되는지를 보여주는 개념은 아니다. 그러나 이 개념은 여러 면에서 논란의 대상이 되고 있기는 하지만 인간의 지능발달에 있어서 유전적 소인이 차지하는 비중이 크다는 것을 시사해주는 것이다.

(2) 성격연구

인간의 성격형성과 발달에 있어서도 유전과 환경의 상대적 기여는 논란의 대상이 되는 문제이다. 지능발달과 마찬가지로 환경결정론적인 관점에서 볼 때 인간의 성격은 경험에 의해 결정된다. 예를 들어, 공격적인 성격은 아동이 보이는 다양한 행동반응 중에서 공격적 반응이 누적적으로 강화될 때 생겨나는 것이다. Loehlin 등(1988)의 인간행동의 유전적 기저에 관한 개관논문에 의하면, 유전적 요인이 성격형성에 영향을 미치기는 하지만, 지능에 비해 그 영향력의 크기는 훨씬 미약한 것으로 알려지고 있어 성격발달에 있어서 환경의 중요성을 입증해준다.

성격발달 분야에서 각광을 받고 있는 Thomas 등(1968, 1986)의 기질연구는 인간의 성격의 핵심적인 부분이 생득적으로 결정된다는 사실을 보여주고 있다. **기질**(temperament)은 자극에 대한 반응, 정서의 표현, 각성수준, 자기규제 등 여러 측면에서 생물학적으로 결정된 개인차를 뜻한다. 이러한 기질의 개인차는 매우 안정적이며 환경에 의해 쉽게 변화하지 않는 것으로 알려지고 있어 성격특성이 유전적으로 결정될 수 있다는 것을 시사해준다(Hetherington & Parke, 1993).

기질이 생물학적으로 결정되는 특성이라 하더라도 일상생활의 경험을 통해 변화될 가능성은 있다. 예를 들어, 전체 영아의 약 10%에 해당하는 까다로운 기질은 일반적으로 사춘기까지 지속되나 아동에게 민감하고 따뜻하게 반응하는 부모와의 상호작용을 통해 까다로운 기질이 순화될 수 있다는 사실이 밝혀지고 있다(Dunn & Kendrick, 1980). 이러한 연구결과는 성격형성에 있어서도 유전과 환경은 끊임없이 영향력을 주고받으며 상호작용하고 있음을 알게 해준다.

인간의 발달에 있어서 가장 중요한 두 측면인 지적 능력과 성격이 유전과 환경 간의 끊임없는 상호작용에 의해 형성된다는 사실을 통해 알 수 있듯이, 발달에 있어서 유전과 환경의 영향을 분리하려는 시도는 어떤 면에서는 잘못된 것일지도 모른다. 이러한 점에서 Hebb(1980)이 인간의 발달은 100%의 유전과 100%의 환경의 힘이 함께 작용한다고 한

말은 설득력이 있는 것 같다.

3 태내발달

수정 후부터 약 280일 동안 태아는 어머니의 체내에서 자라게 된다. 이 기간 동안 태아의 여러 신체기관이 형성되고, 기능이 시작되며, 기관의 크기와 무게가 급속히 증가한다. 태내발달을 연구하는 학자들은 이 기간 동안의 발달을 난체기, 배아기, 태아기의 세 단계로 구분하여 설명하고 있다.

태내발달은 어머니의 체내에서 이루어지지만, 다른 어느 시기 못지않게 환경의 영향을 크게 받으며 또한 그 영향은 치명적일 수 있다. 태아의 발달에 영향을 미치는 환경적 요인들을 이해하는 것은 정상적인 태내발달을 이해하기 위한 중요한 과제가 될 것이다.

1) 태내발달단계

(1) 난체기

난체기(period of zygote)는 수정에서부터 수정체가 나팔관을 거쳐 자궁벽에 착상하기까지 2주간의 시기에 해당된다. 수정체가 자궁벽에 착상함으로써 전 태내발달 과정을 통해 지속될 모체와의 밀착된 의존관계가 시작된다.

(2) 배아기

배아기(period of embryo)는 수정 후 약 2~8주 사이에 해당되는 시기로서, 이 기간 동안에 중요한 신체기관과 신경계가 형성된다. 이 시기가 시작되는 3~4주경의 배아는 크기가 약 0.7cm이던 것이 이 시기의 끝 무렵이면 사람의 형태를 대체로 갖추게 되며, 무게는 약 0.9g, 키는 약 2.5cm 정도가 된다(Moore & Persaud, 1993).

배아기 동안에 수정체의 내면은 외배엽, 중배엽, 내배엽의 세 개의 층으로 분리된다. 외배엽으로부터는 머리카락, 손톱, 발톱, 피부의 외층, 감각세포 및 신경계가 형성된다. 중배엽으로부터는 근육, 골격, 순환계와 피부의 내층이 형성되며, 내배엽으로부터는 장기, 호흡기, 기관지, 폐, 췌장, 간 등의 기관들이 형성된다. 이 시기가 끝날 무렵이면 심장과 뇌 등 형성된 순환계와 신경계가 기능을 시작하게 된다. 이들 신체기관 외에도 태내발달에 중요한 역할을 할 양수주머니, 태반, 탯줄 등도 발달한다.

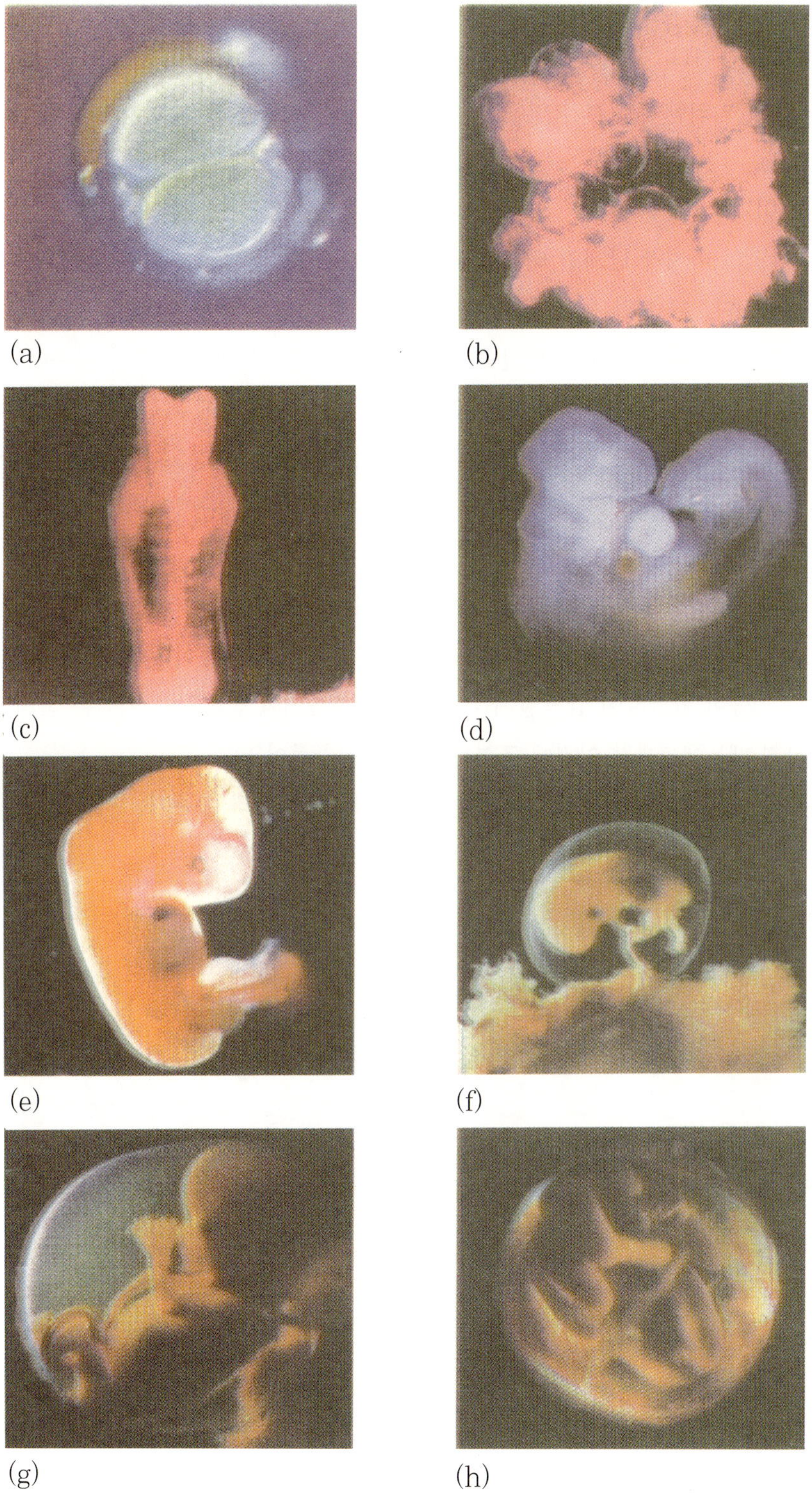

태내발달단계: (a) 두 개의 세포로 된 유기체, (b) $3\frac{1}{2}$일째 배아, (c) 21일의 배아, (d) 4주의 배아, (e) 5주의 배아, (f) 12주의 배아, (g) 16주의 배아, (h) 20주의 태아

배아기 동안에 각 기관이 급속하게 형성되는 만큼 바람직하지 못한 환경의 영향에 가장 민감하게 반응한다. 어머니의 질병, 영양결핍, 약물 등은 배아기 발달에 치명적인 영향을 줄 수 있다. 이러한 부정적인 영향은 자연유산이나 각종 발달장애로 나타날 수 있다.

(3) 태아기

태내발달의 마지막 단계인 **태아기**(period of fetus)는 수정 후 3개월부터 출산까지의 시기에 해당된다. 이 기간 동안 배아기에 형성된 각 기관의 구조가 더욱 정교화되며, 기능이 보다 원활해지는 등 빠른 발달을 보이게 된다. 근육발달도 급격히 이루어지며, 출생 후 몇 년이 지나서야 완성되지만 중추신경계도 이 기간 동안에 빠른 속도로 발달한다. 태아기가 시작되는 13~24주 사이의 태아의 크기는 약 30cm 정도이고 무게는 0.8kg이다. 태아기가 끝날 무렵인 25~38주에는 50cm와 3.4kg으로 증가한다(Moore & Persaud, 1993).

4개월 말경이면 모체는 태동을 느끼며, 5개월에는 빨기, 삼키기, 딸꾹질 등의 반응이 나타난다. 5개월 말에는 손톱과 발톱이 생기며, 부드러운 솜털이 나기 시작한다. 6개월에는 눈의 기능이 발달하여 깜빡일 수 있게 된다. 호흡기와 순환계는 기능은 하지만 완전하지 못하기 때문에 7개월 이전에 조산하면 생존할 확률이 낮다.

수정 후 28주를 흔히 생존가능연령(age of viability)이라 부른다. 7개월경부터 태아는

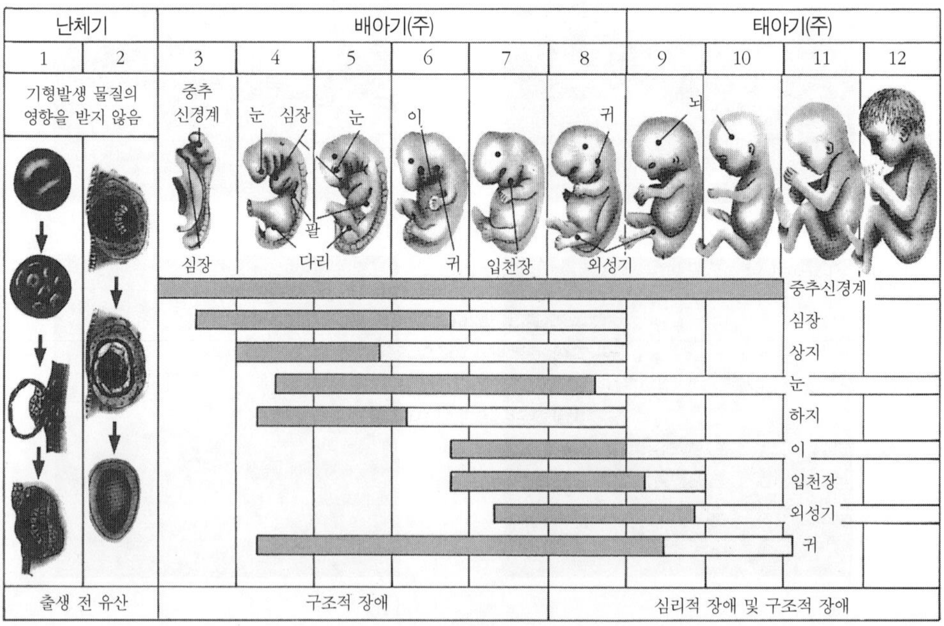

〈그림 2-6〉 태내발달에서의 민감기
(Moore & Persaud, 1993에서 인용)

스스로 호흡할 수 있는 조건과 기능을 갖추기 때문에 이때부터 생존가능성이 높아지게 되는 것이다.

2) 태내발달에 영향을 미치는 요인

태아는 생리적으로 모체와 밀착되어 있으므로 모체를 통해 들어오는 각종 바람직하지 못한 자극에 민감하게 반응하며 이로 인해 신체 및 정신적 장애를 초래하게 된다. 태내발달에 바람직하지 못한 영향을 미치는 태내환경조건들을 유형별로 살펴보자.

(1) 모의 영양상태

수정에서 출산 시까지 태아는 성장에 필요한 모든 영양분을 전적으로 모체가 섭취하는 영양에 의존하므로, 모의 **영양상태**는 태아의 발달에 결정적인 영향을 미치는 태내환경이 된다. 모체의 영양이 부족하면 유산과 사산의 가능성이 높고, 발육이 늦으며, 신체적으로 기형이 될 확률이 높다. 특히 임신 초기의 영양결핍은 뇌와 신경계의 발달에 지장을 초래한다. 우간다 등 모의 영양결핍이 심각한 문제가 되는 나라에서 보고된 사례를 보면, 초기 극심한 영양결핍으로 사산된 아기의 뇌의 무게는 정상 아기의 1/3에 불과하며, 신체기관의 크기는 6～25%에 그쳤다.

전체적인 영양상태뿐 아니라 특정 영양소의 결핍 또는 과잉 역시 태아의 성장에 영향을 미친다. 단백질 결핍은 골격, 콩팥, 장기관의 발육을 저해하며, 비타민 부족은 신체기형의 원인이 될 수 있다. 철분의 부족은 자율신경계의 손상으로 나타난다. 당뇨병을 앓는 모의 당분 섭취가 높아지면 태아에게 선천성 백내장이 나타날 수 있으며, 출생 직후 근육이 이완되거나 주의결핍이 나타날 수 있다. 요오드의 과도한 섭취는 태아의 갑상선 기능에 장애를 주기도 한다.

태아기의 영양부족이 지능발달에 미치는 영향은 출생 후의 성장환경에 크게 의존한다. 출생 후 정상적인 환경에서 충분한 영양이 공급되면 대부분의 아동들은 정상적인 지적 발달을 보인다. 심한 가난 속에서 태어난 아동을 좋은 환경의 가정에 양자로 보냈을 때 지적 발달장애가 없는 것은 그 예가 된다(Vasta et al., 1992). 그러나 출생 후에도 영양결핍이 계속되면 지적 발달의 지체가 나타나는 것은 물론이거니와 운동기능장애와 더불어 무관심, 무반응, 무기력 등 사회성발달의 결함을 보이게 된다.

(2) 모의 질병

모체의 여러 가지 질병은 태반을 통해 태아에게 전이되거나 출생 시 태아에게 감염된다. **풍진**은 태아에게 정신지체, 시각장애, 청각장애, 심장질환을 유발할 수 있는 두려운 질병이다. 통계적으로 신생아의 약 4%가 풍진에 걸린 모체에서 태어나는 것으로 보고되고 있다. 임신 후 첫 1개월 내에 어머니가 풍진에 걸리면 58%의 신생아가 장애를 보일 정도로 위험하며, 2개월까지도 위험률은 26~36%로 존속한다. 임신 5개월 후부터는 영향이 없는 것으로 알려져 있다.

허퍼스는 태아가 산도를 통해 출산되는 과정에서 태아에게 감염되는 질병이다. 허퍼스에 감염된 산도를 통해 출산되는 태아의 약 1/3은 사망하며, 1/4은 뇌손상을 보인다(Santrock, 1994). **당뇨** 또한 태아발달에 영향을 미친다. 임신 중에 당뇨병이 발생한 모체에서 태어나는 아기는 정상 모체에서 태어난 아기보다 기형아가 될 확률이 3배로 증가한다.

최근에 가장 관심의 대상이 되고 있는 모체의 질병이 **후천성 면역결핍증**(AIDS)이다. 1991년도 미국보고에 의하면 13세 이전 아동의 AIDS 감염 수는 3,123명이며, 이 중 모체로부터 감염되어 태어난 영아의 수가 점차 증가하는 추세이다(The Health of America's Children, 1992). 모체의 AIDS는 태반을 통하거나, 출산 시 모체의 혈액에 의해 감염되거나, 수유를 통해 감염될 수 있다.

(3) 모의 정서상태

임신 중 모의 **정서상태**가 태아의 발육에 영향을 미치는 것은 널리 알려진 사실이다. 심한 공포, 불안 등 모의 강한 정서적 경험은 아드레날린을 분비하게 되고 이것이 모의 혈액을 통해 태반으로 들어가게 된다. 또한 심한 정서적 충격은 일시적으로 태반에 혈액공급을 차단시켜 태아에게 산소결핍을 유발하게 된다. 이러한 상태가 반복되면 태아의 신체발육에 지장을 줄 수 있으며, 출생 후 잘 울고, 잘 놀라는 등 정서적인 불안정을 보일 수 있다.

(4) 모의 연령

일반적으로 모의 **연령**이 25~29세 사이에 있을 때 태어나면 성장에 가장 좋은 태내환경조건이 이루어지는 것으로 알려져 왔다. 그러나 근래에는 30~34세 사이의 임산모에게서 태어난 아기도 마찬가지로 최적의 발달을 보이는 것으로 보고되고 있다(Ventura, 1989).

모의 연령이 높아질수록 태아의 지적 발달장애가 나타날 가능성이 커진다는 사실은 다운증후군에 관한 설명에서 이미 언급한 바와 같다. 10대의 산모가 낳는 아기 또한 체중이 미달되거나 전반적인 미숙아가 될 위험이 크다.

(5) 약물

모의 음주, 흡연, 각종 약물의 섭취는 태아의 발달에 큰 지장을 초래할 수 있다. 1960년대 미국에서 있었던 탈리도마이드(Thalidomide) 사건은 **약물**이 태아에게 미치는 영향에 관한 충격적인 예이다. 임신 26일째 되는 날에 임신한 사실을 모르고 임산모가 신경안정제인 탈리도마이드를 복용한 후 태어난 아기가 한쪽 팔이 없으며, 임신 28일째에 약을 복용한 경우 한쪽 팔이 팔꿈치까지만 발육한 사례들이 보고되었다(Santrock, 1994).

마리화나, 헤로인, 코카인 등의 **마약류** 섭취가 태아의 발달에 미치는 영향은 치명적이다. 태아기 때 헤로인에 노출된 영아는 경기, 불안정, 비정상적 울음, 수면장애, 운동기능장애, 주의력결핍 등을 출생 직후부터 보이기 시작한다. 마리화나는 언어 및 기억 발달장애를 초래하기도 한다. 코카인은 키와 체중미달 등 신체장애를 유발하며, 지적 발달의 지체도 수반된다. 특히 임신 첫 3개월 내에 코카인을 섭취하면 출생 후 유아의 지나친 긴장, 심장기능장애, 발달지체 및 학습장애가 나타날 가능성이 더욱 커진다.

모의 습관적인 **음주**는 태아 알코올 증후군(Fetal Alcohol Syndrome)을 유발하게 된다. FAS 증후군의 아기들은 얼굴, 팔다리, 심장에 기형이 나타나며 정신지체가 수반된다. 매일 한두 잔 정도라도 반복적으로 알코올을 섭취하면 출생 후 영아에게 주의집중력 결함이 나타날 수 있다. 임신 후 첫 3개월 이내에 알코올의 영향이 가장 크게 나타난다.

모의 **흡연**에 의한 태아의 니코틴 섭취도 심각한 발달장애를 초래할 수 있다. 과도한 흡연은 유산, 조산, 신생아 사망의 원인이 되며, 소량의 지속적인 흡연은 체중미달아를 낳게 한다. 최근의 연구결과에 의하면, 태아기의 니코틴 중독은 4세의 언어 및 인지 발달에 지장을 초래하며, 수면장애, 과활동, 호흡장애 등을 유발한다(Fried & Watkinson, 1990; Schoendorf & Kiely, 1992).

(6) 환경공해

최근에 각종 **환경공해**가 태아에게 미치는 영향에 대한 관심이 고조되고 있다. 태아기에 X-ray 촬영 등으로 인해 반복적으로 라듐에 노출되면 출생 후 지각장애를 보일 위험이 크다. 동물실험에서 카본, 수은, 납 등의 중금속으로 오염된 물을 흡입시키면 태어나는 새끼의 신체기형이 될 빈도가 의미 있게 증가한다. 태아의 경우 뇌신경계 발육장애와 이에 따른 정신지체를 유발하는 것으로 알려지고 있다.

최근에 화학물질인 폴리염화비페닐(PCB)의 영향이 학계에서 관심의 대상이 되고 있다. PCB에 감염된 물고기를 섭취한 임신모의 태아는 신체발육이 늦고, 조산할 위험이 크다. 출생 후에도 감각적 반응이 느리고, 지각적인 변별장애가 있으며, 단기기억장애도 나타난다(Jacobson et al., 1992).

PART 2

아동기 인지적 특성의 발달

인간은 어떻게 해서 자신이 몸담고 있는 세계 속의 여러 대상들을 이해하게 되는 것인가? 어떠한 방식으로 여러 가지 정보를 받아들이고, 이를 필요할 때 활용할 수 있게 되는가? 어떠한 경로로 문제를 해결할 수 있는 각종 기술들을 획득하는가? 이 모든 물음들은 한마디로 인간의 인지(cognition)가 어떻게 발달하는가에 관한 의문이다.

이 책의 제2부는 네 개의 장으로 구성된다. 제3장에서는 인지발달 기초로서의 신체 · 운동 기능 및 지각능력의 발달을 다루고자 한다. 제4장에서는 Piaget의 인지발달이론의 틀 위에서 아동기의 인지발달 양상들을 살펴볼 것이며, 5장에서는 전통적인 심리측정적 접근에서의 아동기 지능발달 양상과 정보처리적 접근에서의 기억발달을 검토하게 될 것이다. 마지막으로 6장에서는 언어와 의사소통능력의 발달을 다루고자 한다.

제3장

신체 · 운동기능 및 지각능력의 발달

이 장에서는 지적 발달의 기초로서의 신체 및 운동 기능의 발달을 살펴본 후, 인간의 생존과 적응에 중요한 생태적 가치를 갖는 지각발달 양상을 검토해보고자 한다.

1 신체 및 운동 기능의 발달

아동의 신체 및 운동 기능의 발달을 이해하기 위해서 먼저 신체와 운동 기능의 발달이 이루어지는 원리를 알아보고, 신장과 체중, 뇌와 신경계 등 각 신체영역의 발달양상을 검토할 것이다. 나아가 영아가 갖는 각종 생득적 반사기능과 영아후기부터 크게 발달하는 이동운동능력 및 협응기능의 발달과정을 살펴본 후 아동기 운동 기능 발달이 갖는 심리적 의의를 검토하고자 한다.

1) 신체 및 운동 기능 발달의 원리

영아기 신체기능과 운동기능의 발달은 두 가지 원리에 따라 순서대로 일어난다.

첫째는, **머리 쪽에서 아래쪽**으로 발달하는 원리(cephalocaudal principle)이다. 〈그림 3-1〉과 같이 신생아의 머리는 전체 몸에 비해서 매우 크지만 성장함에 따라 그 비율이 점차 낮아지는 것은 이 원리에 따라 머리와 목이 먼저 발달하고 몸통과 다리가 뒤에 발달하기 때문이다. 운동 기능의 발달순서 또한 이 원리를 따른다. 영아를 엎어두면 먼저 머리를 들고, 약 1개월 후 가슴을 드는 것은 이 원리를 따르는 것이다.

신체와 운동 기능 발달의 두 번째 원리는 몸의 **중심부에서 말초부**로 발달하는 원리(proximodistal principle)이다. 신체는 먼저 몸통의 발달이 이루어진 후 팔, 다리, 손, 발의 신체지부가 발달한다. 운동 기능의 발달에 있어서도 마찬가지이다. 영아가 물건을 잡는 행동을 유심히 관찰하면 먼저 가슴으로 덮치고, 얼마 후 팔로 휘감아 끌어당기다가 〈그림 3-2〉에서처럼 손바닥으로 짚은 다음 손가락으로 물건을 집어올리는 발달순서를 관찰할 수 있다.

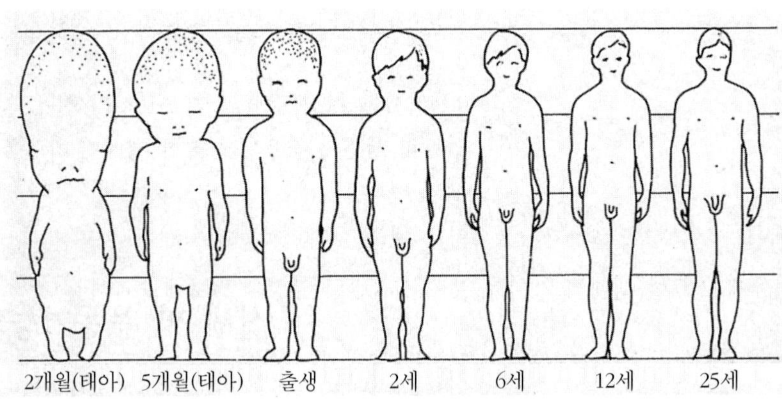

〈그림 3-1〉 태아기에서 성인기까지의 신체비율의 변화
(Robins et al., 1928; Shaffer, 1993에서 인용)

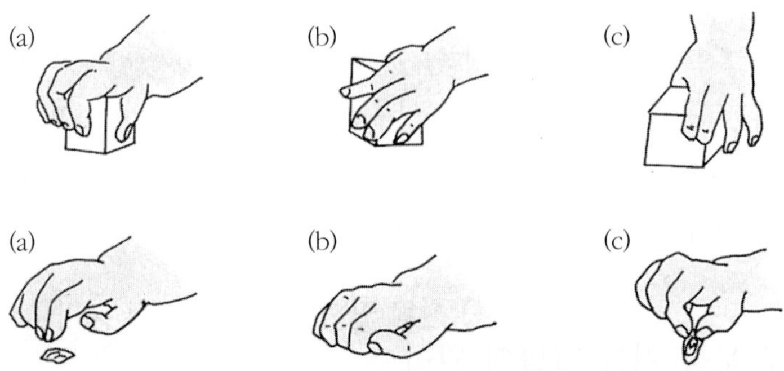

〈그림 3-2〉 영아의 잡기기능의 변화과정
(Halverson, 1931; Shaffer, 1993에서 인용)

2) 신장과 체중의 발달

출생 시 우리나라 신생아의 평균신장은 남아가 51.4cm, 여아가 50.5cm이며, 체중은 남아가 3.40kg, 여아가 3.24kg이다(대한소아과학회, 1992).

출생 후 2년 동안 영아는 급속하게 성장한다. 첫 3개월 동안 체중은 2배로 불어나며, 만 1세가 되면 3배가 된다. 만 2세가 되면 성인이 되었을 때의 신장의 반이 자라며, 출생 시 체중의 4배가 된다(Lipsitt & Werner, 1981).

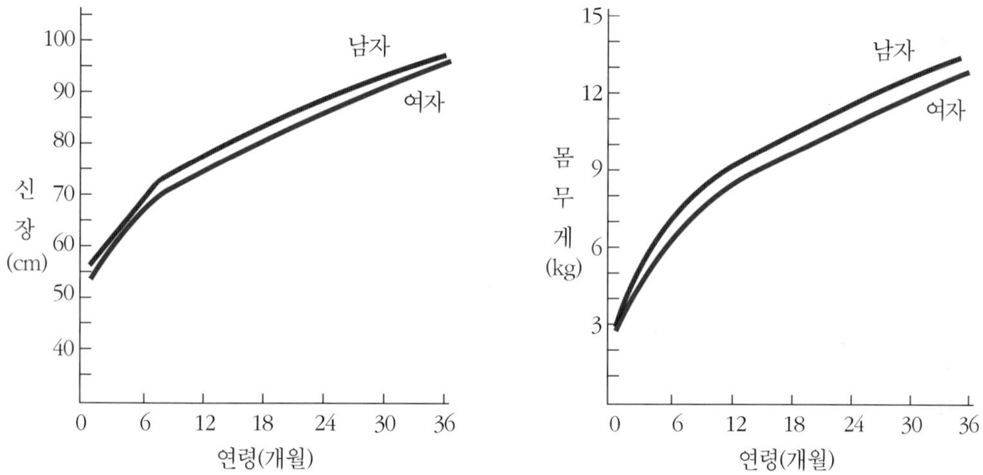

〈그림 3-3〉 출생 후 3년 동안의 신체적 급성장
(Cole & Cole, 1989에서 인용)

2세에서 신체적 급성장이 다시 일어나는 사춘기까지 아동의 신체적 성장은 〈그림 3-3〉과 같이 비교적 느리면서 꾸준한 발달곡선을 보인다. 이 시기 동안에 아동은 평균적으로 매년 신장은 5~8cm, 체중은 2.5~3.5kg이 증가한다. 아동의 평균신장과 체중의 연령별 규준은 〈표 3-1〉과 같다.

표 3-1 한국소아발육표준치(1985년)

남				연령	여			
체중(kg)		신장(cm)			체중(kg)		신장(cm)	
평균치	표준편차	평균치	표준편차		평균치	표준편차	평균치	표준편차
5.17	0.81	57.0	3.0	1(1~2)개월	4.87	0.69	56.2	2.7
8.45	0.97	69.0	3.0	6(6~7)개월	7.88	0.89	67.4	2.9
10.26	1.31	77.8	3.3	12(12~15)개월	9.49	1.26	76.2	3.3
12.56	1.51	87.9	4.2	2(2~2$\frac{1}{2}$)세	12.01	1.49	86.9	3.8
14.37	1.65	94.6	4.7	3(3~3$\frac{1}{2}$)세	13.63	1.55	92.9	4.9
16.04	1.85	101.8	4.9	4(4~4$\frac{1}{2}$)세	15.68	1.75	100.9	4.6
18.00	2.02	108.4	4.7	5(5~5$\frac{1}{2}$)세	17.32	1.67	108.1	4.4
19.70	2.42	113.9	4.9	6(6~6$\frac{1}{2}$)세	19.05	2.18	113.4	4.6
22.28	2.54	120.4	5.1	7(7~8)세	21.19	2.53	119.4	5.2
24.21	2.86	125.6	5.3	8(8~9)세	23.48	1.87	124.9	5.3
26.68	3.16	130.5	5.5	9(9~10)세	26.09	3.37	130.1	5.8
29.52	3.85	135.2	5.5	10(10~11)세	29.24	4.11	135.5	6.2
32.41	4.41	140.3	6.4	11(11~12)세	33.55	5.36	141.8	7.3
35.45	5.41	144.9	7.0	12(12~13)세	38.16	6.07	147.8	6.9

(대한소아과학회, 1992년에서 인용)

3) 뇌와 신경계의 발달

(1) 뇌의 발달

출생 시 영아의 **뇌**의 무게는 성인이 되었을 때 무게의 25%에 불과하다. 그러나 생후 첫 1년 사이에 성인 뇌의 66%, 2세에는 75%, 5세 말에는 90%에 다다른다(Shaffer, 1993). 몸무게가 출생 시 성인 무게의 5%, 2세에 24%, 10세에 50%에 도달하는 것에 비교해볼 때 뇌가 얼마나 일찍 발달하는가를 쉽게 알 수 있다. 출생에서 2세까지를 뇌의 급진적 성장시기라 부르는 이유가 여기에 있다.

뇌의 **피질부**(cortex)는 좌반구와 우반구로 기능이 분화되어 있다. 우반구는 사람 얼굴을 변별하거나 노랫가락을 구분하는 것과 같이 주로 시 · 공간적인 정보와 비언어적 소리정보를 처리한다. 이에 반하여 좌반구는 주로 언어를 이해하는 기능을 담당한다. 이러한 좌 · 우반구의 기능분화는 매우 일찍 일어나며, 3세경에는 거의 완성되는 것으로 알려져 있다(Hetherington & Parke, 1993).

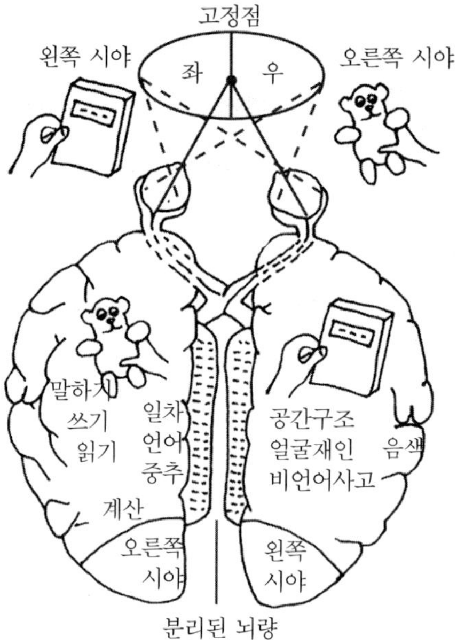

〈그림 3-4〉 뇌의 두 부분: 좌반구와 우반구
(Zanden, 1993에서 인용)

발달속도 또한 뇌의 각 부위마다 다르다. 출생 시에는 각성, 반사기능, 소화, 호흡, 배설 등 주로 생물학적 기능을 담당하는 뇌간과 중뇌가 먼저 발달해 있다. 생후 6개월경에는 피질부의 운동영역과 감각영역의 발달이 이루어진다. 이들 영역의 기능이 발달되어 의도적인 운동을 하게 되면 생득적인 반사기능들은 사라지게 된다.

(2) 신경계의 발달

우리의 뇌가 하는 기능은 실제로 **신경계**(nervous system)의 기능을 의미한다. 신경계는 신경원(neurons)과 신경교(glia) 세포로 구성된다. **신경원**은 신경충동을 전달하는 기능을 담당하며, **신경교**는 신경원에 영양을 공급하고 신경충동의 전달을 촉진하는 수초(myelin)로 신경원을 싸는 기능을 갖고 있다. 뇌만 해도 약 1,000억 개의 신경원이 있으며, 신경교는 이보다 더 많다.

최근에 뇌신경계의 생리적인 변화가 인지발달과 밀접하게 관련되어 있다는 연구결과들이 발표되고 있다. 인지발달과 관련될 수 있는 여러 가지 신경 · 생리적 변화들 중에서 시냅스 연결에 따른 시냅스 밀도의 변화와 수초화의 증가라는 두 가지 기제가 주로 관심의 대상이 되고 있다.

시냅스 밀도의 변화

시냅스란 신경원과 신경원 간의 신경충동 전달기제를 뜻한다. Greenough 등(Greenough et al., 1987; Turner & Greenough, 1985)에 의하면 시냅스 연결은 초기에 **과생성**되었다가 점차로 불필요한 시냅스는 소멸되고 필요한 시냅스만 선택적으로 보존된다. 예를 들어, 뇌의 특정 부위의 시냅스 연결 평균 수는 출생에서 1세 사이에 1만 개로부터 10만 개로 증가한다. 시냅스 밀도는 출생 후 2세까지 이처럼 급격히 증가하다가 그 후부터 서서히 감소하여 7세경에는 성인의 수준에 도달하게 된다. 6개월에서 7세 사이 아동 뇌의 시냅스 밀도는 성인보다 약 50% 더 높다(Huttenlocher, 1979). 〈그림 3-5〉는 시냅스 밀도의 연령에 따른 증가를 잘 보여준다.

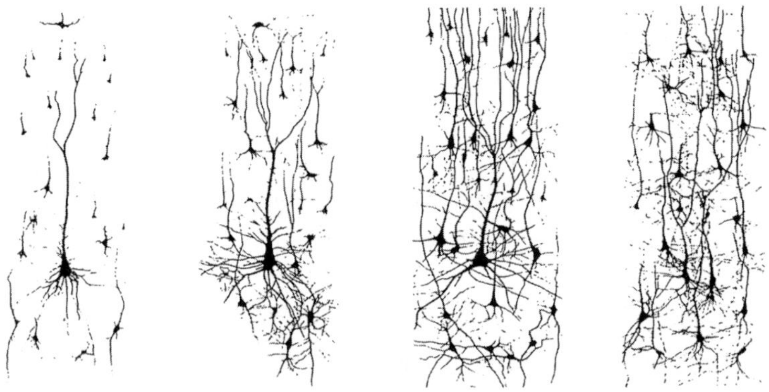

〈그림 3-5〉 연령에 따른 대뇌 피질부 뉴런 크기와 수의 증가
(Conel, 1939-1963; Cole & Cole, 1989에서 인용)

Greenough 등(1987)은 초기 시냅스의 생성은 **경험예기적 과정**(experience expectant process)에 따른다고 가정한다. 경험예기적 과정이란 유전인자의 명령체계에 따라 성숙에 의해 시냅스가 생성되는 과정을 뜻한다. 따라서 극히 비정상적인 환경경험이 있는 경우를 제외하고는 시냅스 생성은 유사한 발달을 보이게 된다. 그러나 풍부한 탐색기회가 주어진 쥐의 시각피질부 뉴런의 시냅스는 그러한 기회가 차단된 환경에서 성장한 쥐의 시냅스보다 20~25% 더 생성되었다는 보고(Turner & Greenough, 1985)로 미루어볼 때, 경험예기적 과정에도 환경이 영향을 미치고 있는 것으로 볼 수 있다.

과생성된 시냅스 중 어느 연결이 선택적으로 유지되느냐의 여부는 **경험의존적 과정**(experience dependent process)에 의한다. 경험의존적 과정은 환경이나 경험의 영향을 민감하게 받는 신경활동에 의해 이루어진다. 정상적인 환경에서 신경활동은 정상적인 시냅스 연결을 유지하지만, 비정상적인 환경은 비정상적인 신경활동을 초래하게 되며, 따라서 비정상적인 시냅스 보존을 일으키게 된다. 이러한 시냅스의 선택적 보존의 정상성 여부가 초기 인지발달의 정상적 여부를 결정하는 주요 요인이 된다.

시냅스가 과생성되었다가 환경적 경험에 의해 선택적으로 보존된다는 사실은 경험의 영향에 따라 뇌의 발달의 **가소성**(plasticity) 폭이 그만큼 크다는 사실을 뜻한다. 또한 초기 경험이 인지발달에 미치는 중요성을 보여주는 기제이기도 하다. 시냅스 연결의 강도는 되풀이해서 사용하는 경험의 정도에 따라 성인기에도 변화할 수 있지만, 시냅스의 선택적 보존은 대체로 7세경까지 완성되므로 이 시기의 경험이 결정적으로 중요한 의미를 갖는다. 이러한 점에서 신경계 발달이 일어나는 생리적 과정에 대한 최근의 연구결과들은 1장에서 설명했듯이 발달 분야에서 오랫동안 논쟁의 대상이 되어온 결정기의 타당성을 입증해주는 또 하나의 자료가 되고 있다.

수초화

수초화도 인지발달을 설명해주는 중요한 신경생리 기제이다. 앞에서 언급했듯이 수초는 신경충동의 전달을 촉진하므로 정보처리의 속도와 밀접하게 관련된다. 뇌의 피질부 연합영역 신경계의 수초화가 증가할수록 신경계의 정보전달능력이 촉진되며, 이는 나아가 정보처리의 속도와 효율성을 높이게 된다(Case et al., 1982; Dempster, 1985). 뇌피질부의 감각 및 운동 영역의 수초화는 출생 후 2년 내에 성인의 수준에 도달하지만 정보를 통합하는 고등사고능력을 관장하는 연합영역의 수초화는 사춘기와 그 이후까지 계속되므로, 이 시기까지 수초화의 증가에 따라 정보처리 효율성도 높아지게 된다(Bjorklund & Harnishfeger, 1990).

4) 반사 및 운동 기능의 발달

(1) 신생아의 정상성 판단

출생하는 순간부터 신생아는 신체적 움직임을 시작하며, 이 움직임의 강도와 민첩성이 신생아의 신체적 건강과 지적 정상성을 가름하는 기준이 된다.

신생아의 정상성 여부를 진단하는 데는 일반적으로 두 가지 도구가 사용된다. 애프가척도(Apgar Scale)는 출생 직후 아기의 상태를 관찰하여 건강 정도를 점수화하는 도구이다. 애프가척도는 심장박동, 호흡, 근육운동, 피부색깔, 울음 및 여타반사기능의 다섯 개 영역에 대해 각각 정도에 따라 0점에서 10점 사이의 점수를 얻도록 되어 있다. 일반적으로 7점 이상을 얻으면 정상으로 간주된다.

표 3-2 애프가 신생아 진단척도

영 역	점 수		
	0	1	2
심장박동	없음	느림(1분당 100회 미만)	1분당 100회 이상
호흡	없음	느림 또는 불규칙	좋음: 정상울음
근육운동	이완되고 축 처짐	약함: 약간의 움직임	강함: 능동적 움직임
피부색깔	청색 또는 창백	몸통은 분홍, 사지는 청색	완전 분홍
반사기능	무반응	찌푸림 또는 약한 울음	강한 울음, 기침 · 재채기

(Shaffer, 1993에서 인용)

브라젤턴 신생아 진단척도(Brazelton Neonatal Assessment Scale)는 신경계 기능과 사람에 대한 반응을 중점적으로 진단한다. 이 척도는 출생 후 3일에 최초로 실시하며, 2~3일 후에 반드시 반복 측정해야 한다. 이 척도는 20개의 반사기능과 26개의 자극상황에서의 반응을 측정하도록 되어 있다. 이들 반응 중에는 자극에 대해 관심을 보이다가 싫증을 내는 습관화, 사람에게 접근하려는 지향반응, 운동발달, 신체통제능력 등이 포함된다. 이 척도에서 극히 낮은 점수를 받는 신생아는 뇌손상이나 신경계 기능 이상이 있을 가능성이 있다.

표 3-3 브라젤턴 신생아 진단척도 예

영역	행동목록
습관화	불빛, 딸랑이, 종소리, 핀으로 가볍게 찌르기에 대한 반응의 감소
시각 및 청각 자극 지향성	사물 및 사람 얼굴에 대한 초점 맞추기 및 따라가기, 소리자극과 사람목소리에 반응하기, 사람얼굴과 목소리에 동시반응하기
운동발달	잡고 일어나기, 방어운동, 주의성 정도, 근육긴장, 운동신속성, 활동성
상태범위	흥분도, 불안정성, 상태 가변성
상태조정	매달리기, 달래면 울음 그치기, 흥분 가라앉히기, 손가락 빨기, 떨림, 놀람, 피부반응

(Shaffer, 1993에서 인용)

(2) 영아의 반사기능

신생아는 여러 형태의 선천적인 반사기능을 가지고 태어난다. 이들 반사기능은 인간의 생존에 필요하며 지속적으로 유지되는 생존반사와 종 특유의 반사기능이면서도 생후 일정기간이 지나면 사라지는 원시반사로 구분된다(Shaffer, 1993).

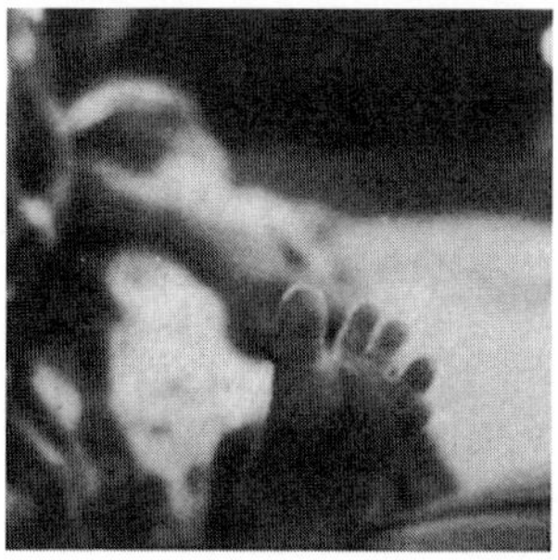

바빈스키 반사

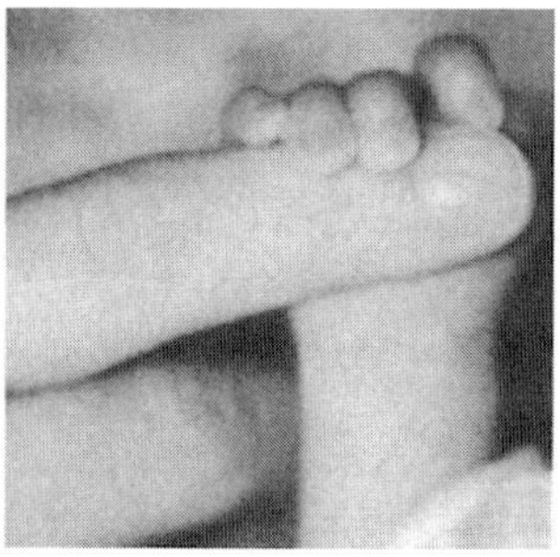

잡기반사

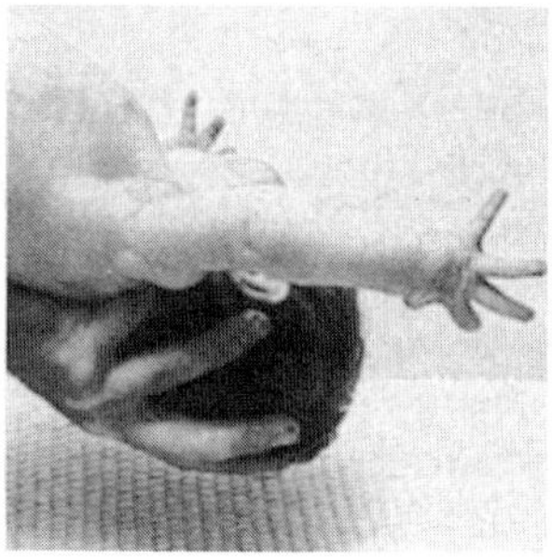

모로반사

〈그림 3-6〉 영아의 세 가지 원시반사
(Santrock, 1995에서 인용)

생존반사에는 숨 쉬는 호흡반사, 갑작스러운 자극이 다가오면 눈을 감는 눈 깜빡이기 반사, 광선의 강도에 반응하는 동공반사, 자극을 주는 쪽으로 입을 돌리는 입술 내밀기 반사, 빨기반사, 삼키기 반사 등이 포함된다.

원시반사에는 바빈스키 반사(Babinski reflex), 모로반사(Moro reflex), 잡기반사(grasping reflex)가 포함된다. **바빈스키 반사**는 발바닥을 간질이면 발가락을 부채살처럼 펴는 반사로서 생후 8개월에서 1년 사이에 사라진다. **모로반사**는 큰 소리가 나거나 몸이 불안정하게 되어 놀라면 등을 구부리고 손과 발을 앞으로 뻗는 반사이며, 생후 6~7개월에 사라진다. **잡기반사**는 손바닥에 물체를 대면 꼭 쥐는 반사로서, 생후 3~4개월에 의도적으로 잡는 행동이 대치되면서 사라진다. 이들 세 원시적 반사가 정상적으로 나타나고 사라지는 것은 영아기 신경계 발달의 정상성 여부를 진단하는 중요한 기준이 된다.

(3) 운동 기능의 발달

신생아뿐 아니라 생후 첫 몇 년 동안의 운동 기능의 정상적인 발달은 신경계의 정상적인 기능을 보여주는 중요한 지표이며, 인지발달의 정상성과도 밀접하게 관련된다. 초기 운동 기능의 발달은 대체로 이행운동(locomotor) 발달과 협응기능(coordination) 발달로 나누어진다.

이행운동 발달

출생에서부터 약 1년 반 사이에 영아는 가장 무력한 존재로부터 스스로 걸어다닐 수 있는 놀라운 이행운동의 발달을 보이게 된다. 이 시기 동안 **이행운동 기능**은 〈그림 3-7〉에서 보듯이 일정한 계열적 순서를 따라 발달한다.

〈그림 3-7〉 이행운동 발달
(Shirly, 1933; Hetherington & Parke, 1993에서 인용)

이 계열을 최초로 찾아낸 Shirly가 1933년에 발표한 발달연령과 〈표 3-4〉에서 제시한 Frankenburg와 Dodds의 1967년 규준을 비교해보면 흥미로울 것이다. Shirly(1933)를 포함해서 초기 발달심리학자들은 이행운동 발달은 성숙과정으로서 자연적으로 나타나는 것으로 생각했다. 근래에 일부 학자들도 이행운동 발달은 척추에 프로그램화되어 있는 성숙적 변화로 보고 있다.

다른 심리적 특성의 발달에 비해 이행운동 발달이 보다 성숙적 과정에 가까운 것에는 틀림없겠으나, 신체의 움직임을 촉진하는 환경적 요인이 이행운동 발달에 영향을 미치는 것 또한 명백한 사실이다. 실제로 항상 등에 아기를 업고 다녀서 많은 감각적 경험을 갖는 잠비아 족의 아기가 특수한 바구니 같은 것에 묶어두는 나바호 인디언 종족의 아기보다 생후 1년간의 이행운동 발달이 빠르다는 문화권 간의 비교연구결과는 이행운동 발달에 미치는 경험의 역할을 보여주는 것이다(Hetherington & Parke, 1993). 따라서 생후 첫 몇 년 동안의 이행운동의 발달과정에는 지각, 정서, 주의, 동기, 자율신경계 등 여러 요인들이 복합적으로 작용하는 것으로 보아야 한다.

표 3-4 유아의 운동발달기준

운동기준	연령(월)			
	25%	50%	75%	90%
머리 들기	1.3	2.2	2.6	3.2
뒤집기	2.3	2.8	3.8	4.7
혼자 앉기	4.8	5.5	6.5	7.8
혼자 서기	6.0	7.6	9.5	10.0
가구잡고 걷기	7.3	9.2	10.2	12.7
잘 걷기	11.3	12.1	13.3	14.3
계단오르기	14.0	17.0	21.0	22.0
공차기	15.0	20.0	22.3	24.0

(Frankenburg & Dodds, 1967에서 인용)

2세 이후부터 걸음마기에 들어서면서 이행운동 기능은 급격하게 발달한다. 2세경까지는 급하면 술 취한 사람처럼 뒤뚱거리며 걷던 유아가 3세가 되면 선을 따라 똑바로 걸을 수 있고, 달릴 수도 있게 된다. 그러나 이 시기 유아는 뛰고 있는 동안에는 갑자기 멈추거나 몸을 돌리지 못하므로, 유아를 보살피는 사람은 이 점에 유의해야 한다. 4세경에는 두 발을 모으고 뛰뛰기를 할 수 있고, 한 발로 뛸 수도 있으며, 달리는 속도는 더욱 빨라지고 안정된다. 5세가 되면 유아지방이 빠지고 근육이 발달하면서 자전거 타기 등 여러 가지 민첩한 운동 기능 발달이 이루어지게 된다(Shaffer, 1993).

협응기능 발달

성인들에 있어서도 고개를 돌리고, 손으로 물건을 잡고, 글씨를 쓰고, 자동차를 운전하는 등의 많은 운동 기능은 시각, 청각 등 감각기능과 운동 기능 간의 협응을 요하는 것이다. 생후 5개월의 영아도 초보적인 시각과 운동 기능 간의 협응은 가능하지만, 많은 경우 물건을 잡으려다 놓치고 마는 미성숙한 수준이다(Bower, 1982). 2세경까지 영아는 자발적인 연습과 숙달을 통해 **협응기능**을 발달시켜간다.

유아기 동안에 협응기능은 급격하게 발달한다. 만 2세경이면 대부분의 유아들은 서툴지만 스스로 숟가락으로 밥을 떠먹으려는 시도를 하며, 3세경에는 상당히 효율적으로 숟가락을 사용하게 된다. 3세에는 스스로 옷을 벗으며, 4세경에는 옷을 입고, 스스로 단추를 끼울 수 있다. 이 무렵에는 대소변 가리기도 가능하게 된다. 흔히 **자조기술**(self-help skill)이라 불리는 이러한 협응기능들은 이 시기 유아의 자율성과 자아존중감의 획득에 중요한 영향을 미칠 수 있다.

2 지각발달

지각(perception)은 감각기관에 들어온 자극에 통합성을 부여하여 경험으로 자각하기까지의 과정을 의미한다. 인간이 자신이 몸담고 있는 환경과 환경 내의 여러 대상을 정확하게 인식하고 변별하는 일은 생존과 적응에 대단히 중요한 의미를 갖는다. 따라서 이러한 인식의 기초로서의 지각발달을 이해하는 것은 인지발달 연구의 주요영역을 차지한다.

근래에 알려진 바로는 대부분의 중요한 기본적인 지각적 능력은 생후 1년 사이에 거의 발달이 완성된다. 따라서 이 절에서 다루어질 지각발달의 내용들은 주로 영아기의 지각발달에 관한 것이다. 이 절에서는 먼저 영아기 지각발달에 관한 여러 흥미 있는 사실들을 어떻게 밝혀냈는지를 이해하기 위해 영아기 지각을 연구하는 방법들을 알아보고자 한다. 다음으로 영아기의 시지각과 소리지각의 발달양상을 살펴본 후, 한정된 자료이지만 영아기 이후의 지각발달도 가능한 범위 내에서 검토해보고자 한다.

1) 지각발달 연구의 접근과 방법

(1) 정신물리학적 접근

정신물리학(psychophysics)은 물리적 자극과 심리적 경험 간의 양적 관계에 관심을 갖는 심리학의 한 분야이다. 따라서 정신물리학적 접근에서 지각발달을 연구하는 학자들은 형태나 소리를 식별하는 데 필요한 자극의 최소 강도인 **식역**(threshold), 자극이 바르게 식별되고 있는가를 검토하는 지각의 **정확성**(perceptual acuity), 어떤 자극에 더 많은 주의를 기울이는가에 관한 지각의 **선호성**(perceptual preference) 등에 관심을 기울인다. 영아의 시각 및 청각의 예민성, 변별력, 선호성 등에 관한 많은 지식들은 이 접근에 따라 이루어진 연구들로부터 얻은 것이다(Aslin & Smith, 1988).

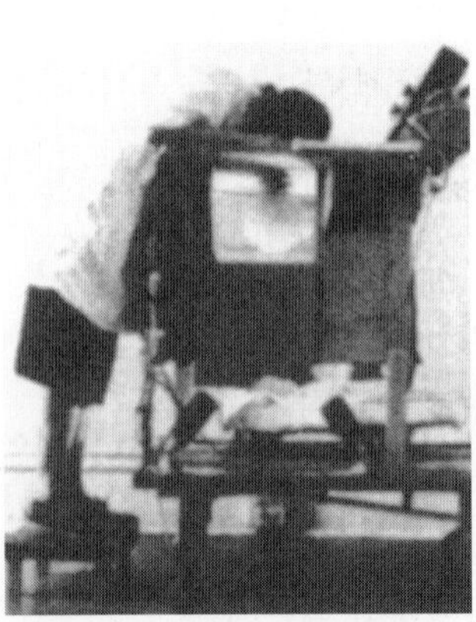
〈그림 3-8〉 영아지각실험장치
(Cole & Cole, 1989에서 인용)

정신물리학적 접근에서 영아기 지각연구에 일종의 방법론적 혁명을 가져다준 것이 Fantz(1961)의 **지각적 선호성 실험**이다, Fantz는 〈그림 3-8〉과 같은 **영아지각실험장치**를 고안해냈다. 이 장치는 여러 가지 형태의 물체를 영아의 눈앞에 제시해주고 영아가 그 물체를 응시하는 시간을 측정할 수 있도록 되어 있다. 만일 영아가 어떤 물체를 다른 물체보다 더 오래 바라보면 영아가 그 물체를 다른 물체보다 더 선호한다는 것을 의미하며, 이는 곧 영아가 두 물체를 변별하고 있음을 뜻하는 것이다.

영아의 지각적 선호성이나 변별실험은 주로 **습관화**(habituation)와 **탈습관화**(dishabituation) 과정에 의해 실시된다. 예를 들어, 영아에게 사람 얼굴을 보여주면 영아는 흥미를 가지고 사람 얼굴을 응시한다. 그러나 같은 사람의 얼굴을 계속 보여주면 영아는 싫증이 나서 더 이상 사람 얼굴을 보지 않으려 한다. 이 상태가 습관화된 것이다. 사람 얼굴에 습관화된 영아에게 강아지 얼굴을 보여준다고 가정하자. 만일 영아가 사람 얼굴과 강아지 얼굴을 구별하지 못한다면 영아는 습관화된 상태에서 벗어나지 못하므로 강아지 얼굴을 응시하지 않을 것이다. 그러나 강아지 얼굴이 사람 얼굴과 다르다는 것을 알면 습관화에서 벗어나 새로이 강아지 얼굴에 호기심을 가지고 응시하게 될 것이다. 이 상태가 탈습관화이다. 어떤 형태에 대해 탈습관화가 나타난다면 이는 곧 영아가 습관화되었던 이전의 형태와 새로운 형태를 변별하고 있음을 뜻하는 것이 된다. 또한 습관화되기 전의 첫 번째 형태를 응시하던 시간보다 새로운 형태를 더 오래 바라보면 이는 새로운 형태를 더 좋아한다는 사실을 의미한다.

습관화와 탈습관화 과정으로 이전에 몰랐던 영아의 지각능력에 대해 놀랄 만큼 많은 사실들이 알려지게 되었다. 영아는 예상 밖의 우수한 지각능력을 가지고 있는 것 같다. 예를 들어, 생후 6~9개월 된 영아는 두 개와 세 개의 물체를 변별할 수 있음이 밝혀졌으며, 이는 영아가 일찍부터 수개념을 갖고 있는 것으로 받아들여지고 있다(Starkey et al., 1980). 어떻게 이러한 능력을 진단할 수 있었는지는 각자가 생각해보기 바란다.

(2) 생태학적 접근

보다 최근에 지각발달 분야에서는 **생태학적 접근**(ecological approach)에 많은 관심을 기울이고 있다(Gibson, 1988; Goldfield & Sham, 1984). 지각발달의 생태학적 접근은 개인이 몸담고 있는 환경 내 요소들을 지각하는 능력이 어떻게 발달하며, 그러한 지각발달이 어떻게 생존과 적응에 영향을 미치는가를 주 연구대상으로 한다. 생태학적 접근의 대표적인 학자인 Gibson에 의하면, 지각이란 모든 잠재적 자극으로부터 외계에 관한 정보를 탐색하고, 발견하고, 분화하는 과정을 통해 그 의미를 획득하는 적극적인 과정이다. 예를 들어, 산삼을 캐는 사람이 산삼의 잎 모양과 닮은 모든 풀잎들을 탐색해가는 과정에서 점차 다른 사람은 알아내지 못하는 미세한 차이에 의해 산삼의 잎을 다른 잎과 변별하는 능력을 갖게 되는 과정이 곧 지각발달이다.

생태학적 접근에서는 우리의 삶에 실제적인 의미를 갖는 환경자극의 맥락적 특성을 강조한다. 일상의 환경 내에서 탐색활동을 통해 자신의 생존과 적응에 도움이 되는 환경의 의미를 찾는 지각발달 과정을 **적소추구**(niche-picking) **과정**이라 부른다. 생태학적 접근에서 볼 때 모든 지각발달은 곧 적소추구과정이다. 작곡가나 지휘자가 음의 미세한 차이에 대한 청각적 예민성을 키워가게 되는 것도 모두 적소추구에 따른 지각발달의 과정이다.

적소추구로서의 지각발달은 출생 후 1년 사이에 크게 이루어진다. 영아는 물체가 다가오고 사라지는 것과 같은 움직임으로부터 의미 있는 정보를 획득할 수 있는 지각적 능력이 있으므로, 다가오는 물체를 피하는 적응행동이 가능하다. 점차 성장함에 따라 천을 당겨 그 위에 있는 물건을 손에 넣거나, 원통의 크기와 자신의 몸의 크기를 시각적으로 비교하여 적절한 크기의 원통으로 들어가거나, 자신이 안전하게 뛰어내릴 수 있는 책상의 높이를 변별하거나, 장애물을 피해 걷는 등의 생태적 의미가 큰 여러 가지 지각적 발달양상들이 나타나게 된다(Gibson, 1988).

2) 영아기 시지각발달

사물이나 대상의 형태를 변별하고 선호하는 형태지각과 낭떠러지의 위험을 깨닫는 것과 같이 영아의 생존에 의미가 큰 깊이지각은 영아기 시지각 발달을 살펴볼 수 있는 대표적인 두 가지 지각적 측면이다.

(1) 형태지각

영아는 태어나는 순간부터 형태를 식별하는 시각적 능력을 가지고 있지만, 성인들의 시력과 비교해볼 때 다소 빈약한 것이다. 영아가 형태를 정확하게 식별하는 **시력**(visual acuity)은 대체로 20/200에서 20/600 스넬른(snellen)[1] 사이에 있는 것으로 알려져 있다. 정상 성인의 시력이 20/20 스넬른이며, 20/200 스넬른이 법적 맹인으로 분류된다는 사실을 생각해보면 신생아 시력의 정도를 짐작할 수 있을 것이다. 그러나 6개월 후면 영아의 시력은 20/70이 되며, 만 1세가 되면 성인의 수준에 이른다(Banks & Salapatek, 1983).

영아는 태어날 때 빨강, 초록, 하양은 서로 구별할 수 있으나 다른 색깔들은 구별하지 못하는 것으로 알려져 있다. 그러나 출생 후 4개월이 되면 성인과 같은 수준의 색깔 변별력을 갖게 된다(Adams, 1989).

영아가 어떤 형태를 더 **선호**하는가는 많은 영아기 지각발달 연구자들의 관심의 대상이 되어온 문제이다. 현재까지 알려진 바로는 영아는 직선보다는 곡선을, 규칙적인 형태보다

1) 스넬른은 네덜란드 안과의사인 Herman Snellen(1834~1908)에서 유래한 용어이다. 흔히 안과의 시력검사에서 사용되는 Snellen Chart(우리나라에서는 '한천석 시력표'라 칭함)로 진단된 20/200 스넬른은 일반적인 시력 0.1에 해당한다.

Eleanor J. Gibson(1910~2002)

Eleanor J. Gibson의 심리학 연구는 모교인 Smith 대학에서 시작되었다. 졸업 후 그녀는 강의조교로 일하였고, 젊은 심리학 교수인 James L. Gibson과 결혼하였다. 1933년에 Smith 대학에서 남편 Gibson의 지도하에 학습에 관한 주제로 석사학위를 취득하였고, Smith 대학에서 강사로 일하였다. 1938년 Yale 대학에서 학습이론의 거장인 Clark Hull의 지도로 박사학위를 취득하였다.

1950~1960년대에는 지각학습과 지각발달을 우선적으로 연구하였으며 이 분야를 발달시켰다. Cornell 대학에서 연구원으로 일하는 동안 깊이지각 실험장치인 '시각벼랑(Visual cliff)'을 창안하여 R. D. Walk와 함께 영아를 대상으로 지각실험에 몰두하였다. 1966년에 Cornell 대학의 교수가 되었다.

Gibson의 연구와 이론들은 축적되어 1969년에 『지각학습과 발달원리(*Principles of perceptual learning and development*)』가 출판되었으며, 이 책은 금세기 지각발달 분야에서 가장 영향력 있는 책 중의 하나이다. Gibson은 아동의 읽기학습 방법에도 많은 관심을 가져 Harry Levia와 함께 『읽기에 관한 심리학(*The psychology of reading*)』을 출판하였다.

Gibson은 Cornell 대학에서 석좌교수로 임명되었으며, 미국심리학회로부터 다수의 저명한 상을 수상하였다. 국립과학연구원, 국립교육연구원으로 피선되었으며, 동부미국심리학회장을 역임하였다. 동료와 학생에게 끼친 그녀의 영향력은 그녀에게 봉헌된 한 권의 책 *Perception and its development: A tribute to Eleanor J. Gibson*에 잘 나타나 있다.

는 불규칙적인 형태를, 윤곽이 열려 있는 형태보다는 닫힌 형태를, 비대칭형보다는 대칭형을 선호하는 것으로 알려져 있다. 또한 지나치게 단순한 형태보다 적당하게 복잡한 형태를 좋아한다(Olson & Sherman, 1983).

영아는 언제쯤 사람의 얼굴과 다른 형태를 구별하고 선호하게 될까? 사람 얼굴의 변별과 선호능력은 앞에서 언급한 생태학적인 접근에서 볼 때 매우 중요한 시각적 능력이다. 일반적으로 영아는 3개월경에 사람 얼굴을 다른 형태보다 선호하기 시작하며, 비슷한 시기에 친숙하지 않은 얼굴보다 친숙한 얼굴을 더 선호하게 된다.

Dannemiller와 Stephens(1988)는 〈그림 3-9〉에 제시한 것과 같은 형태를 6주와 12주

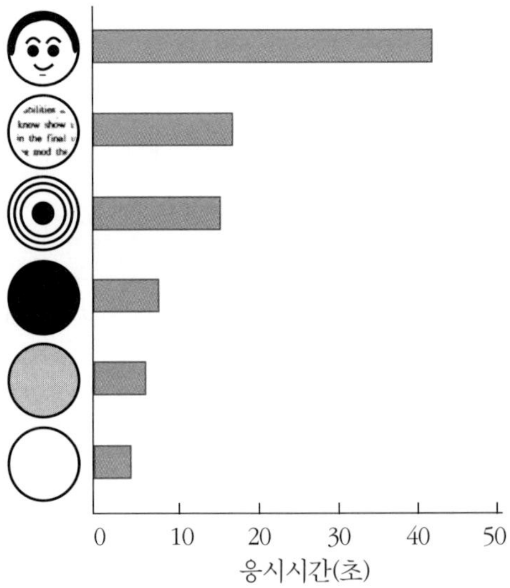

〈그림 3-9〉 영아의 형태선호

(Dannemiller & Stephens, 1988에서 인용)

의 영아에게 보여주었더니, 6주의 영아는 아무런 선호를 보이지 않았으나 12주의 영아는 사람 얼굴을 다른 형태에 비해 명백하게 선호하였다. 이러한 결과는 생후 3개월경에 영아는 단순한 윤곽이나 형태 대비에 관심을 두는 것이 아니라 사람 얼굴의 특성에 대해 분명히 호감을 갖기 시작하고 있음을 의미한다.

같은 무렵에 영아는 〈그림 3-10〉에서 보듯이 사람의 얼굴 중에서도 눈을 가장 오래 응시하기 시작한다(Haith, 1990; Salapatek, 1975). 이러한 사실은 영아가 사회적 상호작용의 중요한 신호로서 사람의 얼굴과 눈의 의미를 깨닫게 되었다는 사실을 시사해준다.

영아의 형태지각에 관한 연구 중에서 Spelke(1982, 1987, 1990)의 실험결과는 매우 흥미롭다. 가령 고양이가 소파에 앉아 있는 것을 본다면, 영아는 고양이와 소파를 분리된 대상으로 지각할 수 있는가? 이 물음에 답하기 위해서 Spelke(1982)는 고양이를 소파와 분리시켜 영아에게 다가오도록 조작한 화면과 소파에 앉아 있는 고양이를 한가운데로 갈라서 고양이 반쪽과 소파 반쪽이 영아에게 다가오도록 조작한 화면을 영아에게 보여주고 그 반응을 관찰하였다. 3개월 이전의 영아는 두 화면에 대한 반응에 차이가 없었으나, 3개월 된 영아는 성인과 마찬가지로 소파와 고양이 반쪽이 함께 다가오는 화면을 보자 명백하게 놀라고 당혹해하는 반응이 나타났다. 이는 3개월경에 영아가 서로 독립적인 물체를 하나의 통합된 형태로 지각한다는 사실을 보여주는 것이다.

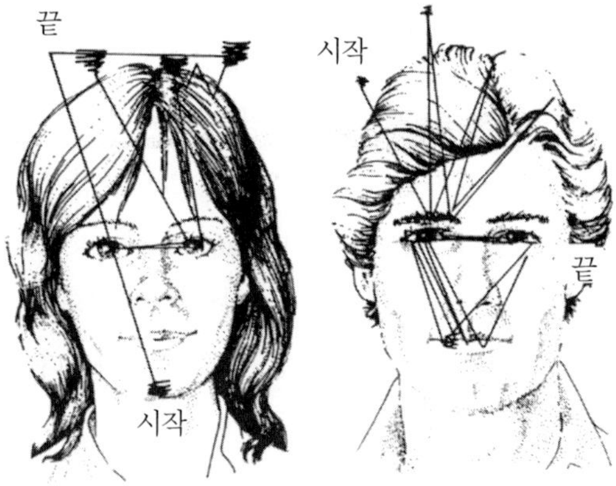

〈그림 3-10〉 사람의 얼굴 중 눈에 대한 영아의 지각적 선호도
(Salapatek, 1975에서 인용)

(2) 깊이지각

우리가 살고 있는 공간적 환경 내에는 장애물, 틈, 벼랑 등과 같은 여러 가지 위험요소들이 도사리고 있다. 영아가 이들 요소들을 정확하게 지각하고 피하는 것은 생존에 중요한 의미를 갖는다. 이러한 지각능력의 발달은 생태학자들이 말하는 적소추구의 대표적인 예가 될 것이다.

영아의 공간지각 중에서도 **깊이지각**은 가장 많은 연구와 논란이 진행된 주제이다. 이 연구를 최초로 시작한 Gibson과 Walk(1960)는 〈그림 3-11〉과 같은 **시각벼랑**(visual cliff) 실험장치를 고안하였다. 이 장치의 한쪽은 넓고 평평한 탁자의 표면 위에 바둑판무늬가 있는 천을 깔고 그 위에 수평으로 된 유리판을 놓았다. 장치의 다른 편은 탁자의 표면이 없는 데도 같은 바닥에 같은 무늬를 깔고, 탁자와 같은 높이에 투명한 유리판을 깔아 낭떠러지이지만 아기가 기어가도 떨어지지 않도록 해두었다. 이 장치의 탁자표면이 있는 쪽 끝에 이제 막 기기 시작한 영아를 엎어두고 벼랑 쪽 끝에는 어머니를 앉게 하여 아기가 기어오도록 유인하였다. 이 실험에서 확인하고자 한 것은 어머니를 향해 기어오던 영아가 시각벼랑 앞에서 기어오기를 멈추거나 무서워하는 등 낭떠러지를 지각하고 있음을 보여줄 것인가의 여부였다.

이 실험에서 7개월을 전후해서 길 수 있는 연령에 다다른 대부분의 영아는 시각벼랑 앞에서 기기를 멈추고 머뭇거리는 반응을 보인다. 이러한 반응은 이 시기의 영아가 낭떠러지의 위험을 인지할 수 있는 깊이지각을 갖고 있음을 반영한다.

시각벼랑 실험을 통해 이제 막 기기 시작하는 7개월경의 영아도 깊이지각 능력이 있다

〈그림 3-11〉 시각벼랑 실험
(Gibson & Walk, 1960;
Cole & Cole, 1989에서 인용)

는 사실은 명백해 보이지만, 학자들의 주 관심은 이 능력이 생득적인 것인가 또는 학습된 것인가의 여부에 있다. Richards와 Rader(1983)는 갓 태어난 염소, 병아리, 원숭이의 새끼들도 시각벼랑을 두려워하는 능력이 있음을 보고, 깊이지각은 **생득적**인 것이라고 주장한다. 이에 반하여 Campos 등(Bertenthal & Campos, 1990; Campos et al., 1978)은 고양이나 토끼와 같은 종의 새끼는 생후 수주일이 지나야 시각벼랑 지각이 나타난다는 사실을 바탕으로 이 능력이 **학습된** 것이라고 주장한다.

Campos 등(1978)은 2개월이 된 영아를 시각벼랑이 있는 곳에 엎어두면 공포를 나타내며 우는 대신에 오히려 심장박동이 느려지며 조용해지는 것을 발견하였다. 이러한 반응은 영아가 시각벼랑을 두려워하지는 않지만 주의를 기울이고 있음을 시사하는 것이다. 이에 반하여 기는 시기의 영아는 시각벼랑 앞에서 심장박동이 빨라지면서 공포반응을 보이게 된다. 이상과 같은 연구들을 종합해보면, 현재까지 밝혀진 바로는 영아가 시각벼랑을 변별하는 지각능력은 비교적 일찍 발달하지만, 시각벼랑에 대한 공포는 기기 시작할 무렵에야 비로소 나타나는 것으로 판단된다.

시각벼랑 공포가 영아가 기기 시작할 무렵에 나타나는 것은 기는 행동과 시각벼랑 지각 간에 관련성이 있음을 의미한다. 실제로 Bertenthal과 Campos(1990)는 기기 전의 영아를 보행기에 태우고 다니는 훈련을 시키면 시각벼랑 지각이 촉진된다는 사실을 실험으로 입증하였다. 이러한 사실들은 영아의 생존과 적응에 중요한 깊이지각이 환경을 탐색하는 행동경험과 관련되어 있음을 보여주는 것이다.

3) 영아기 소리지각발달

영아가 갖고 태어나는 **소리지각** 능력은 성인이 감기가 들었을 때 약간 귀가 먹은 것처럼 느껴지는 수준으로 알려져 있다(Flavell et al., 1993). 그러나 영아의 청각능력은 출생 후 얼마 되지 않아 곧 성인의 수준에 도달하게 된다.

전반적인 청각능력의 예민성에 비해 영아의 **소리변별** 능력은 매우 높다. DeCasper와 Fifer(1980)는 빨기조건형성 실험을 통해 영아가 출생 후 3일 만에 어머니의 음성을 낯선 사람의 음성과 구별할 수 있다는 사실을 발견하였다. 이 실험에서 연구자들은 영아에게 빈 젖꼭지를 물려주고 평균적으로 빠는 속도를 잰 다음에 보통보다 좀 더 빨리 빨 때마다 어머니의 음성을 들려주었다. 이렇게 해서 젖꼭지를 빨리 빠는 행동과 어머니의 음성이 결합되면 영아는 어머니의 음성을 들려줄 때마다 젖꼭지를 빨리 빠는 반응을 보이게 된다. 이렇게 조건형성된 영아에게 어머니가 아닌 다른 여자의 음성을 들려 주었을 때 젖꼭지를 빨리 빨면 이는 영아가 어머니와 다른 여인의 음성을 구별하지 못한다는 사실을 의미하게 되는 것이다. 영아는 출생 후 3일 만에 명백하게 두 음성을 구별하는 것으로 보고되고 있다.

언어발달의 장에서 자세히 설명하겠지만, 출생 후 2~3개월 된 영아는 b와 p, d와 t 같은 유사한 자음의 소리를 구분하는 능력도 보인다(Eimas, 1975). 이러한 일련의 연구결과들은 인간이 생태학적으로 중요한 소리지각능력을 매우 일찍부터 갖추고 있음을 보여주는 것이다.

영아가 **소리가 나는 방향**을 식별하는 능력은 흥미로운 발달양상을 따른다. 출생 직후부터 영아는 소리가 나는 방향을 식별할 수 있다. 그러나 2~3개월 후에는 이 능력이 사라졌다가 4~5개월경에 다시 나타나는 U형 발달현상을 보인다(Flavell et al., 1993). 이러한 현상은 출생 직후의 반사적 기능이 의도적 소리지각능력으로 대치되고 있음을 시사한다.

4) 영아기 이후의 지각발달

2세경에 접어들면서 유아의 지각능력은 보다 정교화된다. 유아는 점차 단순한 도형보다는 선과 윤곽이 보다 복잡한 도형을 선호하며, 새로운 형태를 탐색하고자 하는 호기심도 점차 커진다. 2세 이후 지각능력의 계속적인 발달에도 불구하고 이 시기 유아의 **지각적 탐색능력**은 몇 가지 한계를 갖는다.

첫째, 여러 대상에 대한 체계적인 탐색능력이 부족하다. 예를 들어, 〈그림 3-12〉의 왼

〈그림 3-12〉 지각탐색 그림자극
(Elkind & Weiss, 1967에서 인용)

쪽 그림처럼 대상을 가지런히 체계적으로 제시하면 4~5세와 6~8세 아동의 탐색능력에는 차이가 없으나, 오른쪽 그림처럼 비체계적으로 아무렇게나 제시하면 모든 대상을 빠뜨리지 않고 지각하는 능력은 6~8세가 4~5세보다 높게 나타난다(Elkind & Weiss, 1967).

둘째, 과제해결과 관련되는 가장 중요한 속성에 선택적으로 주의를 기울이는 능력이 부족하다. 〈그림 3-13〉과 같은 한 쌍의 서로 다른 그림을 보여주고, 두 그림이 같은가를 물으면, 유아들은 같다고 대답하는 오반응을 나타내는 빈도가 높다. 이는 그림 속의 창문들을 대략적으로 살펴볼 뿐 하나 하나의 창문모양을 선택적으로 면밀히 검토하는 지각적 능력이 결여되어 있기 때문이다(Cole & Cole, 1989; Vurpillot, 1968).

〈그림 3-13〉 시각탐색자극
(Vurpillot, 1968; Cole & Cole, 1989에서 인용)

셋째, 유아는 한 번에 두 개 이상의 속성을 동시에 지각하거나 이들을 통합하는 능력에 한계가 있다. 〈그림 3-14〉의 (a)와 같은 '부분-전체 도형'을 보고 대부분의 6~7세 이전 유아들은 전체를 무시한 채 부분만을 지각하여 기린, 과자 등으로 대답하거나 부분은 무시한 채 전체만을 지각하여 하트 모양, 자전거로 반응하는 경향을 보인다. 이에 반해 8~9세의 아동은 '기린으로 만든 하트 모양' '과자로 만든 자전거'로 반응하여, 부분과 전체를 통합하고 있음을 보여준다. 그림 (b)의 '역전가능도형'에서도 마찬가지로 유아는 나무/백조, 나비/얼굴의 두 개의 역전 가능한 형태를 식별해내는 능력이 없다. 그러나 아동기에 들어서면 두 개의 형태를 식별해낼 수 있다.

대상을 체계적으로 탐색하고, 관련 속성에 선택적으로 주의를 기울이며, 여러 대상을 동시에 통합할 수 있는 유아기 지각능력의 발달은 여러 인지적 조작이나 지적 과제 해결의 기초가 되는 매우 중요한 발달과제이다. 따라서 유아기에 이러한 지각능력의 발달을 촉진하는 교육적 배려가 필요하다.

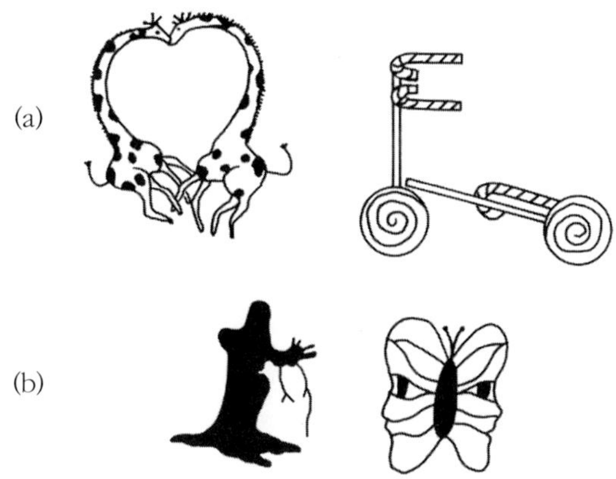

〈그림 3-14〉 부분-전체 및 역전가능 모형
(Elkind, 1978에서 인용)

제 4 장 Piaget 이론과 아동기 인지발달

이 장에서는 Piaget 인지발달이론의 기본적인 체계를 개관하며, 감각운동기, 전조작기, 구체적 조작기의 인지발달양상을 검토할 것이다. 아울러 최근의 Piaget의 이론을 보완하는 신피아제 이론가들의 인지발달이론들을 살펴보고자 한다.

1 인지발달의 기본과정

Piaget 이론에서 인간의 지적 능력이란 개인이 주어진 환경에 효과적으로 적응할 수 있는 능력을 의미한다. 따라서 인지발달을 이해하는 것은 곧 인간의 지적 능력이 환경과의 상호작용을 통하여 어떻게 변화되어가는가의 과정과 그 변화의 양상을 아는 것이다.

Piaget에 의하면 인간은 태어날 때 다른 동물과 마찬가지로 몇 개의 반사기능만을 갖고 있다. 이 반사기능을 바탕으로 마치 생물체가 환경에 순응하기 위하여 자신의 신체구조를 바꾸어가듯이 인간도 환경과의 적극적인 상호작용을 통해 끊임없이 자신의 **인지구조**(cognitive structure)를 재구성해나간다. 예를 들어, 아기는 여러 형태나 크기의 고무 젖꼭지를 빨아봄으로써 빠는 반사기능을 정교화시켜간다. 또한 손에 닿는 물건을 입으로 가져가 빪으로써 잡는 반사기능과 빠는 반사기능을 통합한다. Piaget는 이처럼 반사기능을 통합하여 획득한 새로운 감각운동기능을 **도식**(sheme 또는 schema)이라 부른다. 일반적으로 약 2세경까지 영아의 인지발달은 감각운동적 도식의 정교화 과정이다. 2세를 전후하여 표상(representation)이 형성되고 이를 바탕으로 한 인지구조의 발달이 이루어지게 되면 내적 사고가 가능하게 된다.

Piaget에 의하면 인지구조가 발달하는 데는 생득적 요인인 **성숙**(maturation)과 더불어 환경적 요인이 크게 작용한다. 환경적 요인은 사물을 대상으로 하는 지적 활동인 **물리적 경험**(physical experience)과 사람들과의 상호작용인 **사회적 요인**(social factors)으로 구성된다. 이처럼 성숙, 물리적 경험, 사회적 요인이 발달을 결정하는 주요 요인이기는 하지만, Piaget는 이들 요인들을 적합한 방식으로 통합하고 조정하는 개인의 내재적 능력이 필요하다고 보고 이를 **평형화**(equilibration)라 부르고 있다. 평형화는 개인이 스스로 자신의 인지구조를 형성하고 재구성하는 인지발달의 핵심기능이다.

1) 평형화

Piaget에 의하면 평형화는 기본적으로 **동화**(assimilation)와 **조절**(accommodation)의 두 기능의 통합과정이다. 동화란 자신이 이미 가지고 있는 도식(scheme) 또는 인지구조 속에 외계의 대상들을 받아들이는 인지과정이다. 예를 들어, 물건을 잡는 도식을 가진 아이가 손에 닿는 것은 무엇이나 잡는 과정이나, 물체가 물 위에 뜬다는 인지구조를 가진 유아가 여러 물체를 물 위에 띄워보는 과정은 동화에 속한다.

Piaget 이론에서 조절은 자신이 가진 기존의 도식이나 구조가 새로운 대상을 동화하는 데 적합하지 않을 때 새로운 대상에 맞게 이미 있는 도식이나 구조를 바꾸어가는 인지적 과정을 의미한다. 예를 들어, 자신이 잡기에 너무 큰 물체가 주어져 잡을 수 없을 때 유아가 자신의 잡는 방식을 적절히 바꾸어 그 물체를 잡을 수 있게 될 때 조절이 일어난 것이다. 조절은 기존 인지구조의 부적합성으로 인해 **인지갈등**(cognitive conflict)이 유발되고 이로 인해 평형상태가 깨어지면 다시 평형상태를 얻기 위해 재평형화가 이루어지는 일련의 과정 내에서 일어난다. 물체가 물에 뜬다는 인지구조를 가진 유아가 물에 가라앉는 물체를 보았을 때 당혹감을 느끼고 여러 물체를 물에 담가보아 급기야 어떤 물체는 뜨고 어떤 물체는 가라앉는다는 새로운 구조를 형성하게 되었을 때 조절이 일어난 것이다. 이처럼 동화와 조절 과정은 항상 보다 새로운 상위의 도식이나 구조를 생성함으로써 인지발달을 이루는 주요 기능이 된다(송명자 · 박충일, 1995; 장상호, 1982).

Piaget는 아동의 인지발달과정을 〈표 4-1〉과 같은 질적으로 상이한 네 개의 단계로 구분하고 있다(p. 94). 이들 각 단계의 주요 발달적 특징들을 다음 절에서부터 비교적 자세히 검토해보고자 한다.

동화와 조절에 의해 평형화가 이루어지는 과정은 모든 연령과 인지발달단계에서 동일하다. 예를 들어, 어머니의 젖꼭지를 빠는 데 익숙해져 있던 영아가 어머니의 외출로 인해 옆집 아주머니가 먹여주는 지나치게 큰 고무 젖꼭지를 빨게 되면 자신의 빨기기능에 새 젖꼭지를 동화하는 데 실패함으로써 인지갈등이 유발되고 아기의 필사적인 노력 끝에 젖꼭지에 맞게 입모양을 조절하는 것이다. 사용자와 고용인 간의 인간관계에 대해 지배적인 인지구조를 가진 회사 사장이 노사분규라는 인지갈등을 경험함으로써 자신의 인지구조의 부적합성을 깨닫고 사고를 보다 민주적인 인간관계 구조로 바꾸어가는 과정은 그 원리에 있어서 동일하다. 다시 말해서 평형화는 모든 연령단계에서의 인지발달을 설명해줄 수 있는 보편적 원리이다. 평형화가 갖는 이러한 특성을 Piaget는 **기능적 불변성**(functional invariant)이라 부른다.

2) 인지구조

다른 인지이론가들과 마찬가지로 Piaget도 아동의 모든 지적 활동의 기저에 있으면서 이를 가능하게 하는 인지구조의 존재를 가정하고 있다. 일반적으로 구조란 여러 요소들이 상호관련된 조직을 이룸으로써 보다 안정되고 광범위한 능력을 발휘할 수 있는 체계(Flavell, 1971)를 뜻한다. 예를 들어, 물건을 잡는 인지기능과 빠는 인지기능이 상호관련되어 조직을 이루면 잡아서 입으로 가져가 빠는 계열적 행동체계가 가능함으로써 단편적인 기능보다 더욱 효율적인 구조를 형성하게 된다. 마찬가지로 물체와 물이라는 두 요소가 상호 관련되면 '물체는 물위에 뜬다.' 거나 '물체는 물속으로 가라앉는다.' 는 인지구조가 이루어진다. 앞의 예처럼 감각운동적 기능이 상호관련되어 이루어진 구조를 Piaget는 **감각운동적 도식**(sensorimotor scheme)이라 부르며, 실제로 특정 물체나 물이 눈앞에 없이도 이들의 내재적 표상을 상호 관련 지어 형성한 내재적 구조를 **인지구조**(cognitive structure)라 부른다(Piaget, 1983).

인지구조는 직접 관찰될 수 없으며, 아동의 지적 행동을 통해 그 특징을 추론할 수 있을 따름이다. 아동에게 동물그림 4개와 식물그림 4개가 그려진 그림카드를 주었다고 가정해보자. 동물그림과 식물그림 중 반은 빨간색이며 나머지 반은 초록색이다. 아동에게 상자 두 개를 주고 이 그림카드를 같은 것끼리 한 상자에 모아보라고 지시하면 4세 이전의 보다 나이 어린 아동은 빨간색으로 칠해진 동물과 식물을 한 상자에 같이 담고, 초록색 동물과 식물을 다른 상자에 같이 담을 것이다. 이에 반하여 5세 이후의 보다 나이 든

Jean Piaget(1896~1980)

Piaget는 1896년 스위스의 Neuchatel이라는 작은 마을에서 태어났다. 아버지는 주의 깊고 논리적인 사고를 하는 중세의 역사가였고, 어머니는 감정적이며 정서적으로 불안정한 여인이었다. Piaget는 아버지에게서 성실성과 꾸준함을 배웠고, 연구에 몰두하면서 어머니가 야기하는 가족 갈등과 긴장감을 해소하였다.

Piaget는 어려서부터 과학자의 자질을 보였다. 10세 때 공원에서 본 albino 참새에 관한 논문을 발표했으며, 고등학교 시절 연체동물에 관한 연구는 자연을 연구하는 과학자들 사이에서 호평을 받았다. 10대 중반에 제네바에 있는 자연사 박물관의 연체동물연구부 관장이 되어달라는 요청을 받았으나 반바지를 입은 소년이라 응할 수 없어 정중히 사양했다는 일화를 남기고 있기도 하다. 21세인 1918년 Neuchatel 대학에서 연체동물에 관한 논문으로 동물학 박사학위를 취득하였다. 동물학 박사학위를 받은 후 Piaget의 관심은 생명체의 신체구조의 발생으로부터 정신구조의 발생으로 옮겨갔다. Piaget는 지식의 근원에 관한 발생학적 의문에 답을 얻기 위해 한동안 인식론적 철학에 몰두하였으나 지나치게 사변적인 철학적 접근에 과학자로서 실망했다고 털어놓고 있다.

23세 때 Piaget는 아동심리학 분야에서 처음으로 과학적 접근에 의해 '마음의 발달(the development of mind)' 을 연구하기 시작하였다. 그는 아동의 정신구조의 발생과 변화과정의 연구에 전 생애를 걸었으며, 스스로 자신의 연구분야를 '발생론적 인식론(genetic epistemology)' 이라 불렀다(Piaget, 1952). Piaget는 파리에 있는 Binet 연구소에서 아동용 지능검사 제작에 관여하면서 어린이들의 오답과 실수는 일정한 유형을 지니고 있음을 발견하고, 아동들의 사고체계는 전적으로 어른들과는 다르다는 사실을 확인하였다. 이러한 발견은 아동의 정신세계의 독특성과 사고의 질적 변화를 전제로 하는 그의 인지발달단계이론을 형성하는 계기가 되었다.

Piaget는 『아동의 언어와 사고(*The language and thought of the child*』(1923), 『아동의 판단과 추론(*Judgment and reasoning in the child*』(1924), 『아동의 세상개념(*The child' s conception of the world*』(1926), 『아동의 물리적 인과성 개념(*The child s conception of physical casualty*』(1927) 그리고 『아동의 도덕판단(*The moral judgement of the child*』(1932)을 출간하였다. 이 책들은 많은 사람들 사이에서 읽혀졌고 폭넓게 논의되었다. 심리학 분야의 학사학위조차 가지고 있지 않으면서도 아동심리학자로서의 그의 명성은 유럽에서 급진적으로 높아갔다.

1925년 Piaget의 첫 번째 아이 Jacqueline의 출생은 지능의 기원과 유아의 인지발달에 관한 중요한 연구를 시작하게 되는 계기가 되었다. Piaget와 그의 아내 Valentine Chatenay는 그의 세 자녀 Jacqueline, Lucienne와 Laurent의 행동들을 주의깊게 관찰하였으며, 그 결과는 『지능의 근원(*The origin of intelligence*)』 『아동의 심리(*Psychology of the child*)』 등의 저서에 담겨졌다.

1940년에 들어서면서 Piaget는 Bärbel Inhelder, Alina Szeminska, Marcel Lambercier 등과 함께 대상조작, 지각발달, 수, 양, 공간 등에 관심을 가지고 공동연구를 하였다. 또한 Piaget의 연구를 접한 Albert Einstein은 시간, 속도, 운동개념을 연구하도록 격려하였다. 이러한 격려의 결과로 두 권의 책, 『시간에 대한 아동의 이해(*The child s conception of time*』(1946, 『운동과 속도에 대한 아동의 이해(*The child s conception of movement and speed*』(1946)가 출판되었다.

Piaget는 아동심리학 분야에서만 40권 이상의 책과 100편 이상의 논문을 발표하였다. Geneva 대학과 Sorbonne 대학의 심리학과 교수, 과학교육 연구소장, 국제교육 연구국장이었으며, 철학자와 심리학자를 중심으로 발생학적 인식학센터인 Jean Jacques Rousseau 연구소를 설립하여 전 생애 동안 이곳에서 연구에 몰입하였다.

1960년대에 접어들어 Piaget의 연구들은 세계 도처 심리학자의 폭발적인 관심의 대상이 되었으나, 그 후 이해하기 힘든 연구방향과 수량적 증거를 무시하는 연구방법으로 인해 미국을 중심으로 하는 심리학자들 사이에서 비판의 대상이 되었다. 그러나 Piaget는 연구방법상의 문제는 아동의 풍부하고 자세한 사고(thinking)의 실례들보다 중요하지 않다고 생각하며, 통계학적 처리에 바탕을 둔 수량적 접근을 거부하였다. 그가 주로 사용한 준임상적 면접법(semi-clinical interview)은 오늘날 아동연구의 주요 방법으로 새롭게 각광받고 있다.

1970년대 이후부터 계속되던 Piaget에 대한 비판은 최근에 그의 연구의 인식론적 뿌리에 대한 새로운 관심으로 바뀌어가고 있으며, 수많은 영역에서 발달심리학 연구의 기초를 닦은 그의 학문적 기여에 대한 재평가가 시작되고 있다. 1969년 미국심리학회에서 Piaget에게 유럽인에게는 처음으로 '인간 지각과 지능의 본질에 관한 진화론적 측면' 연구에 대한 공헌으로 특별과학공헌상을 수여하였다.

1980년 9월 16일 임종까지 Piaget는 생의 마지막 해에도 그의 집에서 아동의 사고의 본질과 발달에 관한 저술과 연구를 계속하였다.

흩날리는 흰머리, 파이프, 베레모, 자전거는 Piaget의 마스코트이다.

아동은 동물은 동물끼리, 식물은 식물끼리 분류할 것이다. Piaget는 이처럼 관찰된 아동의 분류행동을 근거로 4세 이전의 아동은 지각적 분류구조를 갖는 반면, 5세 이후의 아동은 개념적 인지구조를 갖고 있는 것으로 추론한다. 이러한 추론은 아동의 지적 행동이 내재적 인지구조에 의해 지시되고 있다고 믿기 때문이다. 이처럼 아동의 지적 행동에 상응하는 인지구조의 존재를 가정하는 관계를 **구조동형성**(isomorphism)이라 부른다.

3) 인지발달단계

아동이 기존의 도식이나 구조의 부적합함을 느끼고 인지갈등을 극복하기 위한 평형화 과정을 거치게 되면 결과적으로 항상 이전의 도식이나 구조보다는 보다 정교화된 상위의 도식이나 인지구조가 형성된다. Piaget는 이처럼 새로이 형성되는 인지구조는 이전의 구조와 질적으로 상이하다고 믿는다. 이러한 인지구조의 질적 변화를 크게 묶어보면 인간은 일생 동안 네 개의 상이한 통합구조(structure d'ensemble)를 갖게 되는데, 이것이 바로 **인지발달단계**이다.

표 4-1 Piaget의 인지발달단계

발달단계	연 령	특 징
감각운동기	0~2세	• 대상에 대한 외현적 활동을 통해 세계를 이해함. • 감각운동적 도식의 상호통합에 의해 점진적 발달이 이루어짐. • 대상영속성 개념이 획득됨.
전조작기	2~6세	• 표상이 형성되며, 이를 통해 문제해결과 내재적 사고가 가능하나 자기중심성, 비가역성 등의 한계를 지님.
구체적 조작기	6~12세	• 가역적 조작의 획득과 더불어 논리적으로 문제해결이 가능하게 됨.
형식적 조작기	12세~성인	• 여러 형태의 보존개념이 형성되며, 분류와 관계적 추론능력이 획득됨. • 가설연역적 사고가 가능함. • 가능성과 실재 간의 체계적이며 논리적인 통합이 가능하게 됨.

2 감각운동기의 인지발달

아기가 태어날 때 생물학적으로 부여된 몇 개의 단순한 반사기능은 **감각운동기**(sensorimotor period) 동안에 물건을 잡고 빠는 등 여러 형태의 신체적 활동에 의해 다양한 감각운동적 도식으로 변화하며, 마침내는 의도적이며 체계적인 인지적 행동으로 발달해나간다. Piaget는 감각운동기 발달을 여섯 개의 하위단계로 구분하고 있다(Ginsburg & Opper, 1988; Piaget, 1952; 서봉연 · 송명자 역, 1990), 또한 감각운동기 동안 영아는 표상 형성의 기초가 되는 대상개념을 발달시켜간다.

1) 감각운동기 하위단계

1단계: 반사기능단계(출생~1개월)

출생 직후부터 영아는 입에 닿는 것은 무엇이든 빨고, 손에 닿는 것은 잡으며, 소리가 나는 쪽으로 고개를 돌리는 등 일련의 반사기능을 반복적으로 연습한다. 다시 말해서, 자신이 지닌 반사기능에 환경 내의 여러 자극들을 동화한다. 이러한 반복적인 동화과정 속에서도 젖꼭지의 크기에 따라 입술 모양을 조정하거나, 물체의 크기에 따라 잡는 방식을 순응하는 초보적인 조절도 일어나게 된다.

반사기능단계 동안에 이루어지는 발달적 변화는 극히 적으며, 영아는 단순히 환경의 자극에 대한 자동적 반응으로서 사물을 보고, 잡고, 빠는 행동반응들을 반복한다. 그러나 이 시기의 여러 감각운동적 기능들은 앞으로 영아가 자신이 몸담고 있는 세계의 여러 대상과 사태를 이해하는 중요한 초석이 된다.

2단계: 일차순환반응기(1~4개월)

2단계 동안에 반사기능들은 감각운동적 도식으로 발달하게 된다. 첫째, 개개의 도식은 보다 **정교화**된다. 손에 닿는 물건을 되는 대로 잡거나 빠는 단편적인 반사기능으로부터 잡고 빠는 방식을 물체의 모양과 크기에 따라 다양하게 조절함으로써 보다 숙련되고 조직화된 도식을 형성한다. 1개월 된 영아가 딸랑이 장난감을 잡는 방식과 4개월 된 영아가 잡는 방식을 비교해보면 도식의 정교화가 무엇을 의미하는지 쉽게 이해할 것이다. 둘째, 개개의 독립적인 도식들이 **통합**되어 보다 큰 단위의 도식을 이루게 된다. 잡거나, 보거나, 빠는 것과 같은 단편적인 반사기능들이 상호결합되어 물건을 잡아서 보거나, 입으로 가져가는 것과 같은 새로운 도식이 형성된다. '잡기-보기 도식' '잡기-빨기 도식'은 몇 가지 예이다. Piaget(1952)는 이처럼 최초의 도식이 통합되는 행동을 **일차순환반응**(primary circular reaction)[1]이라 부른다.

3단계: 이차순환반응기(4~8개월)

2단계까지 영아의 감각운동기능은 잡거나 빠는 등 단순히 자신의 신체를 움직이는 즐거움에 한정되는 데 반해 3단계의 영아는 최초로 환경 내에 있는 사물이나 사태에 관심을 가지고 이들을 탐색하는 행동을 보이게 된다. 침대에 누워서 손을 흔들다가 우연히 공중에 매달린 딸랑이 장난감을 건드리게 되면, 자신이 일으킨 환경 내의 변화가 흥미로워 계속해서 손으로 장난감을 치는 것은 이 시기에 흔히 볼 수 있는 대표적인 3단계 행동이다.

3단계에 영아는 자신의 행동으로 환경 내에서 어떤 결과를 얻게 될 수 있다는 초보적인 **인과성**(causality)이나 **수단목적관계**(method-ends relationship)에 대한 지식을 갖게 된다. 그러나 처음에 우연히 장난감을 건드려서 일련의 행동계열이 시작되듯이, 이러한 지식은 우연적이며, 처음부터 목적적이거나 의도적이지 못한 한계가 있다. 이처럼 환경과의 관계 속에서 단순행동을 반복하는 이 단계의 행동을 Piaget는 **이차순환반응**(secondary circular reaction)이라 부른다.

4단계: 이차도식협응기(8~12개월)

4단계에 들어서면 먼저 자신이 원하는 목표를 지각하고, 다음에 그것을 어떻게 성취할까를 찾게 되는 명백히 **의도적인 행동**(intentional behavior)을 보이게 된다. Piaget에 의하면 의도적인 행동은 수단과 목표를 구분하는 능력을 포함한다. 이 시기의 영아는 목표가 되는 하나의 도식에 도달하기 위한 수단이 되는 다른 도식을 사용하는 능력을 갖게 된다. 예를 들어, 아기가 좋아하는 딸랑이 장난감을 잡으려는데, 장난감과 아기의 손 사이에 베개가 있다고 상상해보라. 이때 4단계의 아기는 장난감을 잡으려는 목표도식에 도달하기 위해 먼저 베개를 치우는 수단적인 도식을 사용할 수 있게 된다. 이처럼 두 개의 도식을 연결하는 점에서 Piaget는 이 단계를 **이차도식의 협응기**(coordination of secondary schemes)라 부른다.

4단계 영아의 행동은 수단과 목표를 결합하는 최초의 의도적인 문제해결 행동이며, 실질적인 지적 행동이다(Piaget, 1952).

1) 순환반응이란 처음에 우연히 획득된 반응을 여러 다양한 형태로 적극적으로 재생해내는 과정을 의미한다.

5단계: 삼차순환반응기(12~18개월)

5단계에 들어서면 영아는 4단계에서 획득한 수단목적관계를 단순히 반복하거나 다소 변형시키는 것이 아니라 적극적인 탐색과 시행착오과정을 통해 새로운 **수단과 결과 간의 관계**를 탐색하게 된다. 예를 들어, 비누를 가지고 놀던 아기가 우연히 비누를 떨어뜨리게 되어 그 떨어지는 속성에 흥미를 갖게 되면, 이전 단계의 영아처럼 단순히 되풀이해서 비누를 떨어뜨리는 대신에 서로 다른 높이와 각도에서 비누를 떨어뜨려보거나 빵이나 다른 장난감들을 떨어뜨려서 그 떨어지는 양상의 차이를 살펴보는 것과 같다. 이처럼 이 시기의 영아는 마치 되풀이해서 새로운 실험을 하듯이 사물을 탐색하고, 속성을 파악하여 새로운 도식들을 형성하게 된다.

그러나 일련의 행동들이 감각운동적 차원에서 이루어지며 사고로 내면화되지 못하는 점에서 이 단계의 인지발달적인 한계가 있다. Piaget는 이 단계의 도식을 **삼차순환반응**(tertiary circular reaction)이라 부른다.

6단계: 내적 표상단계(18개월~2세)

6단계에서 영아의 인지발달은 전조작기로 이행하는 중요한 질적인 변화를 겪게 된다. 5단계까지의 영아는 외적이며 직접적인 행동에 의해서만 사물에 대한 인지작용이 가능하지만, 6단계에 들어서면 눈앞에 없는 사물이나 사태를 내재적으로 표상하는 **심상**(mental representation)을 형성할 수 있게 된다.

Piaget가 자신의 16개월 된 딸 Lucienne를 대상으로 한 작은 실험을 예로 들자. Piaget는 아기가 좋아하는 가느다란 시곗줄을 성냥갑 속에 넣어버렸다. 아기는 성냥갑 틈새로 손가락을 넣어 시곗줄을 꺼내려고 몇 번이나 시도해 보았으나 실패하고 만다. 그러자 아기는 자신의 입을 몇 번 열었다 닫았다 하더니, 재빨리 성냥갑을 열고 자랑스럽게 시계를 꺼내는 것이었다. Piaget는 이 과정에서 아기가 입을 열었다 닫았다 하는 것은 성냥갑의 구조를 내재적으로 표상하고 있음을 반영하는 것으로 간주헌다.

6단계에 표상이 형성됨으로써 이전 단계까지 불가능하던 **지연모방**(deferred imitation)이 가능하게 된다. 지연모방이란 아동이 목격한 사태를 그 자리에서 모방하는 것이 아니라 일정한 시간이 지난 후 자발적으로 재현하는 모방을 뜻한다. Piaget는 친구 집에서 친구의 딸이 방바닥에 뒹굴며 트집을 부리는 모습을 놀라서 지켜본 18개월 된 자신의 딸이 사흘 후에 그 행동을 그대로 모방하는 것을 관찰하고 이 무렵에 지연모방이 획득된다는 사실을 확인하였다. 지연모방이 가능하다는 것은 아동이 관찰한 사태를 **표상**의 형태로 저장하고 있음을 입증해주는 또 하나의 예가 된다.

표상이 형성되면서 눈앞에 없는 대상에 대한 사고가 가능하게 된다. 이렇게 해서 영아는 전조작기 사고의 단계로 이행하게 된다.

Piaget의 감각운동기 6단계의 발달적 특징을 간략히 요약하면 〈표 4-2〉와 같다.

표 4-2 감각운동기 하위단계의 특징

단 계	연령(개월)	특 징
1. 반사기능	0~1개월	빨기, 잡기 등 생득적 반사의 연습
2. 일차순환반응	1~4개월	반사기능으로부터 적응적 도식의 발달
3. 이차순환반응	4~8개월	흥미로운 사태를 재현하는 절차 발달
4. 이차도식협응	8~12개월	수단과 목표를 결합하는 의도적 행동 표출
5. 삼차순환반응	12~18개월	탐색과 시행착오를 통해 새로운 수단-목표 결합
6. 내적 표상	18개월~2세	표상 및 상징기능 출현

2) 대상개념발달

Piaget는 출생에서 2세 사이에 일어나는 중요한 인지발달적 변화의 하나로서 대상개념의 발달을 들고 있다. **대상개념** 또는 **대상영속성**(object permanence)**개념**이란 우리 자신을 포함하는 모든 대상들이 독립적인 실체로서 존재하며, 대상이 한 장소에서 다른 장소로 이동하였을 때, 시야에서 그 대상이 사라지더라도 다른 장소에 계속 존재한다는 사실에 대한 지식을 의미한다. 흔히 이러한 이해능력은 인간이 갖고 태어나는 것으로 생각하기 쉽지만, Piaget는 이 능력들이 감각운동기 동안에 단계적으로 서서히 발달하는 것임을 보여주고 있다.

Piaget는 대상개념도 감각운동기 하위단계에 준하는 여섯 개의 단계를 거쳐 발달한다고 믿는다. Piaget(1952)가 제시하는 대상개념의 발달단계는 다음과 같다.

1단계와 2단계(약 0~4개월)

이 단계의 영아는 대상이 시야에 있는 동안에는 흥미를 가지고 대상을 바라보지만, 대상물을 숨겨 시야에서 사라지게 하면 곧 흥미를 잃고 대상을 찾을 생각을 하지 않는다. 따라서 이 시기의 영아는 시야에서 사라진 대상이 존재한다는 사실을 이해하지 못하고 있는 것으로 판단된다.

3단계(약 4~8개월)

3단계가 되면 영아는 사라진 대상물을 찾는 행동을 보임으로써 대상영속성 개념이 형성되기 시작하고 있음을 알 수 있다. 그러나 이 단계 영아의 대상개념은 한계가 있다. 예를 들어, 젖병의 젖꼭지 부분만 보이도록 하고 나머지 부분을 보자기로 덮어두면 젖병을 찾아내지만, 젖병을 완전히 보자기 밑으로 숨겨버리면 시야에서 사라진 대상물을 찾으려 하지 않는다. 그러나 보자기 대신 안이 보이는 투명한 천으로 덮어두면 대상물을 찾는다(Harris, 1983). 이러한 특징은 3단계 영아의 대상개념이 대상과의 시각적이거나 지각적인 접촉에 의존하며, 이러한 한계로부터 벗어나지 못하고 있음을 시사하는 것이다.

4단계(약 8~12개월)

감각운동기의 4단계가 그러하듯이 대상개념 또한 4단계에 획기적인 발달을 하게 된다. 이제 영아는 완전히 가려지거나 사라진 대상물을 사라진 자리에서 찾아낼 수 있게 된다. 그러나 4단계의 영아는 흔히 **AB오류**(B가 아니라 A로 생각하는 오류)라 불리는 대단히 특이한 대상개념의 한계를 보여준다. Piaget가 자신의 딸을 대상으로 한 실험을 보자.

먼저 아기의 왼쪽에 있는 베개 밑에 장난감을 숨긴다. 아기는 서슴없이 베개를 밀치고 대상물을 꺼낸다. 이를 몇 차례 반복하면 그때마다 아기는 성공적으로 베개 밑에서 장난감을 찾아낸다. 이번에는 아기가 지켜보는 가운데 장난감을 아기의 오른쪽에 있는 담요 밑에 숨긴다. 이때 아기는 담요를 들춰서 장난감을 찾아내는 대신에 종전까지 장난감이 있던 베개 밑에서 장난감을 찾는 행동을 보인다. 이처럼 장소 A에서만 대상을 찾아낼 수 있을 뿐 장소 B로 옮긴 대상을 찾을 수 없는 이 단계에서의 대상개념의 한계가 AB오류이다.

Piaget는 이 시기의 영아가 자신의 행위와 대상물을 완전히 분화시키지 못한 채 대상물이 있는 장소와 그것을 찾는 감각운동적 행동을 결합하는 일종의 습관만을 형성하고 있기 때문에 4단계의 오류가 나타난다고 설명한다.

〈그림 4-1〉 대상영속성의 발달
(Zanden, 1993에서 인용)

5단계(약 12～18개월)

5단계 영아의 대상개념은 대상과 대상에 대한 행동이 완전히 구분되어 AB오류에서 벗어나게 된다. 이제 영아는 대상물을 어디에 숨기든 가장 최근에 사라진 곳에서 대상을 찾는 능력을 보이게 된다. 그러나 5단계 영아의 대상개념에도 한 가지 한계가 있다. 불투명한 컵 속에 대상물을 숨긴다고 가정하자. 영아는 컵 속에서 물건을 찾을 수 있다. 컵 위에 천을 대고 컵을 뒤집으면 대상물은 천으로 옮겨지게 되며, 이것을 엎어두면 대상물은 천 밑으로 숨겨지게 된다. 이렇게 컵으로부터 천 밑으로 대상물이 옮겨지는 과정을 영아는 직접 목격할 수 없다. 이 경우 5단계 영아는 천 밑에서 물건을 찾을 수 있는 능력을 갖지 못한다. 다시 말해서, 5단계 영아는 자신이 볼 수 있는 공간이동에서는 대상영속성이 가능하나, 볼 수 없는 공간이동에서는 대상의 숨겨진 위치를 정확하게 추적하는 능력을 갖고 있지 못하다.

3) 영아기 인지발달에 관한 보다 최근의 연구

이상에서 설명한 Piaget의 감각운동기 인지발달 및 대상개념의 발달양상에 관한 연구결과는 언어를 사용하지 못하는 2세 이전 영아의 인지적 능력을 알려주는 데 획기적인 기여를 하였다. 그러나 보다 최근에 이루어지고 있는 일련의 영아기 인지발달에 관한 연구들은 영아의 인지적 능력이 Piaget가 생각한 것보다 훨씬 높다는 결과들을 제시하고 있다.

Baillargeon(1987, 1991)의 실험은 영아기 인지능력의 우수성을 단적으로 보여준다. 〈그림 4-2〉에서 보듯이 영아에게 화면 (a)처럼 스크린이 오른쪽 수평에서 왼쪽 수평으로 180도 회전하는 모습을 보여준다. 이 모습을 되풀이해서 보면 영아는 싫증이 나서 더 이상 보지 않게 된다. 이는 영아가 스크린의 움직임을 친숙하게 알게 되었음을 의미한다. 다음에 영아에게 화면 (b)와 (c)를 보여준다. 화면 (c)는 스크린이 움직이는 중간에 상자를 세워두면 스크린이 상자에 부딪쳐서 더 이상 움직이지 못하는 모습이다. 단순히 스크린의 움직임만으로 볼 때 화면 (c)는 화면 (a)와 다르지만, 일상에서 흔히 예상되는 사태

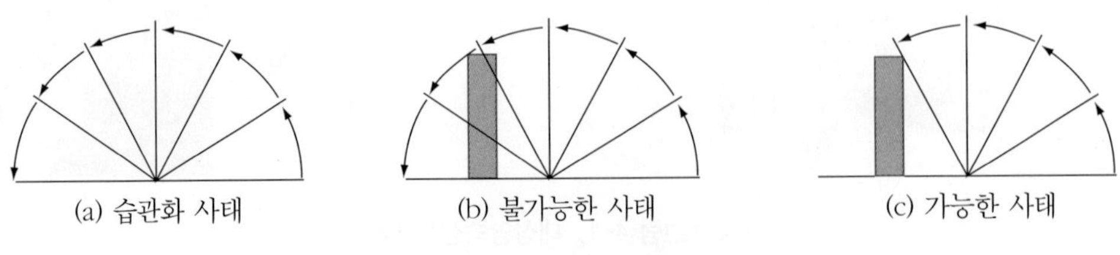

〈그림 4-2〉 Baillargeon의 대상영속성 실험
(Baillargeon, 1987에서 인용)

이다. 화면 (b)는 스크린이 다가오면 서 있던 상자가 갑자기 사라지면서 스크린은 계속해서 움직이는 모습이다. 스크린의 움직임으로 볼 때는 화면 (a)와 동일하지만, 우리의 일상에서 자연적으로 일어날 수 없는 불가능한 사태다. 영아는 화면 (b)와 (c) 중 어느 쪽에 더 관심을 갖고 보겠는가?

만일 영아가 일상 사물이 움직이는 궤적을 모르고 단순히 화면 (a)의 스크린의 움직임만 인지하고 있다면 화면 (a)에 습관화되어 있는 영아는 스크린의 움직임이 같은 화면 (b)에는 관심을 보이지 않는 반면에 스크린의 움직임이 다른 화면 (c)에 관심을 가질 것이다. 한편, 만일 영아가 화면 (b)에 더 관심을 가진다면 이는 영아가 일상에서 사물이 움직이는 궤적을 알고 있음을 뜻한다. 반대로 화면 (c)에 더 관심을 가진다면 이는 영아가 단순히 앞에서 본 화면 (a)와의 차이만을 알 수 있을 뿐 사물의 움직임에 대한 지식을 갖고 있지 못함을 반영하는 것이다.

Baillargeon은 4개월 반 된 영아도 일상에서 나타날 수 없는 불가능한 사태를 알고 있다는 사실을 관찰하였다. 영아들은 화면 (c)에는 별다른 관심을 보이지 않는 반면에 화면 (b)에서 스크린이 상자에 가까이 올 때까지는 무심히 보다가 상자가 사라지고 스크린이 계속 움직이면 놀라는 표정을 보이며 더 많은 주의를 기울인다. 이러한 반응은 4개월경의 영아가 자신이 속하는 세계에서 일어나는 사태들에 대해 우리가 상상할 수 있는 것보다 분명히 많은 지식을 갖고 있음을 입증하는 것이다. 이외에도 영아의 인지적 우수성을 입증하는 연구들은 흔히 찾아볼 수 있다.

영아의 대상개념도 Piaget가 주장하는 것보다 적어도 여러 달 일찍 형성되어 있을 것이라는 주장도 제기되고 있다(Diamond, 1991b). 4단계 영아가 보이는 AB오류가 사실은 대상영속성 개념이 형성되지 않은 것이 아니라, 영아의 단기기억능력의 한계이거나 또는 한곳에서 찾던 강한 습관형성에 따르고 있을 뿐이라는 것이 그 이유이다.

3장에서 설명한 습관화와 탈습관화 방법에 의해 Ross(1980)는 12~24개월 사이의 영아가 가구와 사과를 구별하는 범주적 지식을 갖추고 있음을 보여주고 있다. Starkey 등(1980)은 6개월에서 9개월 사이의 영아가 두 개와 세 개의 물건을 변별하는 기본적 수능력을 갖고 있음을 시사하고 있다. 물론 이러한 연구들의 방법론적 적합성과 한계에 대해서는 논란의 여지가 있으나 영아기 지적 능력의 우수성을 부정하기는 어려울 것 같다. 아울러 이러한 많은 능력들이 그렇게 짧은 기간 동안 학습된 것으로 보기는 어려우므로, 영아가 출생 시에 많은 인지적 능력들을 갖추고 있는 것으로 받아들이는 경향이 크다(Flavell et al., 1993).

3 전조작기의 인지발달

약 2세에서 7세 사이의 입학전 아동기를 Piaget는 **전조작기**(preoperational period)라 부른다. Piaget는 전조작적 단계를 다시 2~4세경의 **전개념적 사고**(preconceptual thinking) 단계와 4~7세 사이의 **직관적 사고**(intuitive thinking) 단계로 구분하고 있다(Piaget & Inhelder, 1969). 전개념적 사고기는 내재적으로 형성된 표상을 유아가 여러 형태의 상징 또는 기호로 표현하는 **기호적 기능**(semiotic function)[2)]이 인지발달의 주축을 이루는 시기이다. 직관적 사고기에 들어서면 여러 가지 개념들이 발달하나, 이 시기 특유의 직관적 사고의 한계가 있다.

1) 기호적 기능

감각운동기 끝 무렵에 유아가 **심상**을 형성하기 시작한다는 것은 앞에서 설명한 바와 같다. 최초에 형성되는 심상은 대상의 모습, 동작 등에 대한 영상적인 표상이 주를 이루며, 대상의 속성을 언어적인 개념을 통해 의미적으로 표상하기는 어렵다. 예를 들어, 4세 이전의 유아에게 '토끼'가 무엇이냐고 물으면 '털이 하얗다.' '눈이 빨갛다.' 등으로 모습을 설명하거나, 토끼가 뛰는 모습을 흉내 낸다. 이러한 반응은 이들이 토끼에 대해 갖고 있는 심상을 근거로 한 것이다. 그러나 이 단계의 유아들은 '토끼는 동물의 한 종류로서' 처럼 토끼를 개념적으로 규정하지는 못한다. 전개념적 사고는 바로 이러한 이 시기 유아의 표상적 사고의 한계를 지적하는 것이다.

전개념기 유아는 자신이 내재적으로 형성하고 있는 표상을 여러 형태의 상징으로 표현하게 된다. Piaget는 이러한 표상의 표출형태를 기호적 기능이라 부른다. 상징놀이 또는 가상놀이, 그림, 언어는 이 시기 유아의 대표적인 기호적 기능이다.

(1) 가상놀이

전조작기 기호적 기능 중에서 **가상놀이**는 유아기의 인지발달에 있어서 대단히 중요한 의미를 지니고 있다. 가상놀이란 가상적인 사물이나 상황을 실제 사물이나 상황으로 상

2) 기호적 기능 대신에 흔히 상징적 기능(symbolic function)이라는 용어가 사용되고 있다. 이 책에서 기호적 기능이라는 용어를 사용하는 것은 그림 · 언어 등을 포괄하는 Piaget 이론에서의 상징적 기능과 일반적으로 사용되는 상징적 기능을 구분하기 위함이다.

징화하는 놀이이다. 예를 들어, 나무토막으로 총놀이를 하는 유아는 실제로 나무토막을 가지고 논다기보다는 자신의 머릿속에 있는 표상을 나무토막이라는 상징물을 통해 재현하고 있는 것이다. 가상놀이를 통해 유아는 대상물, 사람, 사태 그리고 상황의 속성을 재현할 수 있다. 소꿉놀이, 기차놀이, 병원놀이, 학교놀이 등 입학 전 아동들의 대부분의 놀이는 가상놀이에 속한다.

가상놀이에는 몇 가지 특징과 중요성이 있다. 첫째, 가상놀이는 대체로 만 1세 이후부터 6세 사이에 나타나며, 6세 이후에는 사라지는 상징놀이 형태이다. 1~3세 사이에 가장 흔하며, 이 시기 인지발달에 큰 영향을 미친다. 가상놀이는 모든 문화권에서 이 연령의 아이들이 자연적으로 갖게 되는 공통적인 특성이다. 따라서 가상놀이는 학습된 것이라기보다는 생물학적으로 **진화된** 인지적 활동 중의 하나인 것 같다.

둘째, 가상놀이는 유아들의 **상상력**과 창의성을 기르는 가치 있는 인지적 수단이다. 대부분의 전조작기 유아들은 나무토막이 총이 아니라는 것, 즉 그들이 사용하는 상징물과 실제 대상의 차이를 알고 있다(Woolley & Wellman, 1990). 그럼에도 불구하고 이들 대상물을 내재적 표상에 의해 변용하고 확장하는 것은 성인들의 예술활동에 유사한 은유적 기능이다.

셋째, 가상놀이는 유아의 **사회성**과 사회인지적 능력의 발달을 촉진한다. 가상놀이 중에서도 두 명 이상의 유아들이 일정한 역할을 하는 **사회극놀이**(socio-dramatic play)는 자신과 타인을 구별하고, 타인의 입장을 이해하며, 사회적 역할과 상호작용을 연습할 수 있는 중요한 기회를 제공한다. 인형놀이를 하면서 '아기는 아파서 슬퍼요. 그래서 울어요.' 라고 말하는 유아는 가상놀이를 통해 슬픔과 기쁨, 행복, 아픔 등의 인간 내면의 마음과 이러한 마음이 어떻게 생기며 어떻게 행동으로 연결되는가에 관한 인과적 관계를 이해하는 것을 배우고 있는 것이다.

연령이 증가할수록 유아는 가상놀이를 통해 점차 구체적인 대상이나 상황으로부터 벗어나 독립적으로 그 속성을 재현할 수 있게 된다. 예를 들어, 처음에는 숟가락과 아주 유사한 것을 사용하여 밥 먹는 흉내를 내던 아이가 손으로 밥 먹는 흉내를 내는 것과 같다(Lillard, 1993; Overton & Jackson, 1973), 또한 유아의 가상놀이는 점차 사회화된다. 아기는 젖병으로 우유를 먹고, 어른은 컵으로 우유를 먹는 것을 구분하는 것처럼 놀이 속 각자의 역할들은 점차 사회적인 것으로 표준화되고 인습화된다. 가상놀이의 범위 또한 확대되어 혼자 하는 가상놀이로부터 **사회극놀이**로 바뀌어간다. 또한 점차 여러 명의 아이들이 함께 참여하며, 각자에게 부여하는 역할도 구분되고 명료해진다(Bretherton, 1989; Fein, 1979).

〈그림 4-3〉 가상놀이

우리나라 3~5세 유아의 전체놀이 중에서 가상놀이가 차지하는 비율은 45% 정도이며, 소꿉놀이가 가장 대표적인 형태이다(김온기, 1984). 5세경부터 사회극놀이가 나타나며, 사회극놀이에 적극적으로 참여함으로써 유아의 인지적 능력과 사회성발달이 촉진된다는 사실이 여러 연구를 통해 입증되고 있다(김온기, 1984; 오연주, 1987; 이남정, 1991).

(2) 그림

그림 또한 유아의 내적 표상이 표출되는 중요한 상징적 기능의 하나이다. 흔히 유아가 해를 그릴 때 눈, 코, 입을 그려 넣거나 버스에 타고 있는 사람들의 다리까지 그려 넣는 것은 이들이 눈에 보이는 것을 그리는 것이 아니라 자신의 머릿속에 있는 심상을 그리고 있음을 보여주는 것이다.

Piaget(Piaget & Inhelder, 1969)는 Luquet(1927)의 아동화 연구를 바탕으로 기호적 기능으로서의 그림의 발달과정을 체계화하였다. 2~3세경에 유아가 처음으로 연필을 잡을 수 있게 되면 아무 목적 없이 긁적거려 형태를 만들고 '우리 집' '불자동차' 등 의미를 발견하게 된다. 이처럼 우연히 나타난 단순한 형태에 의도적으로 의미를 붙이는 단계를 Piaget는 **우연적 사실성**(fortuitous realism) 단계라 지칭하였다.

두 번째 단계는 3~4세경의 **불확실한 사실성**(obscure realism) 단계이다. 이 단계에서 유아는 자신의 심상을 형태로 재현하려 하지만 매우 불확실하다. 예를 들어, 모자가 머리에서 떨어져 허공에 떠 있거나, 머리에 손이나 발이 붙어서 몸통이 없는 것과 같다.

〈그림 4-4〉 유아의 불확실한 사실성 그림

(Goodnow, 1977에서 인용)

세 번째로 5~7세 사이 **지적 사실성**(intellectual realism) 단계에서는 그림의 형태는 실제 모습에 가까워지나, 앞 단계와 같이 시각적으로 보이는 형태가 아니라 자신의 관념적 심상을 그림으로 표현한다. 사람에게 눈이 두 개인 것을 알고 옆얼굴에도 눈을 두 개 그린다든지, 감자를 먹은 아이의 뱃속에 있는 감자를 투명인간처럼 그려내는 것은 이 단계의 특징적인 예이다.

8~9세경이 되어 **시각적 사실성**(visual realism) 단계에 들어서면 아동들은 비로소 심상이 아닌 눈에 보이는 실제 세계를 그리게 된다.

(3) 언어

1세 6개월을 전후하여 표상이 형성되기 시작하면 영아는 자신의 표상을 언어라는 상징을 통해 표현하기 시작한다. Piaget에 의하면 언어도 상징놀이나 그림과 동일한 기호적 기능의 하나이며, 비슷한 시기에 발달하게 된다(Piaget & Inhelder, 1969). 따라서 전개념기 유아의 언어는 전개념기 특유의 사고를 반영하게 된다. 전개념기 상징적 언어의 특징은 자기중심적 언어에서 자세히 살펴보기로 하겠다.

2) 중심화

전조작기 유아들은 모든 현상의 한 가지 측면만 고려할 수 있을 따름이어서 두 개 이상의 측면을 동시에 고려하여 이를 통합하는 조작적 사고가 결여되어 있다. Piaget는 이러한 전조작기 사고의 한계를 **중심화**(centration)라 부른다.

사고의 중심화 경향은 전조작기 인지발달의 거의 모든 특성에서 나타나지만, 자기중심성(egocentrism)과 직관적 사고(intuitive thinking)를 통해 가장 잘 살펴볼 수 있다.

(1) 자기중심성

자기중심성이란 타인의 생각, 감정, 지각, 관점 등이 자신과 동일한 것으로 가정하는 전조작기 사고의 특징을 의미한다. 자기중심성은 Piaget가 밝혀낸 전조작기 유아의 여러 인지발달 특성들 중에서 가장 많은 관심과 연구의 대상이 되는 동시에 가장 많은 비판을 받은 개념이기도 하다. Piaget의 연구 중에서 전조작기 자기중심적 사고를 가장 명료하게 찾아볼 수 있는 것은 이 시기 유아의 시각적 조망과 언어에서이다(Vasta et al., 1992).

자기중심적 시각조망

유아의 **시각조망**(visual perspective)의 자기중심성은 유명한 Piaget의 **세 산 모형실험**에서 가장 잘 드러난다.

〈그림 4-5〉와 같이 세 개의 산의 모형이 있는 책상의 좌석 A에 4세 유아가 앉아 있다고 가정하자. 자신이 앉아 있는 자리에서 이 산의 모습이 어떻게 보이느냐고 물으면 대부분의 유아는 조망 A를 바르게 선택할 수 있을 것이다. 좌석 D에 인형을 하나 갖다 주고 좌석 A에 앉아 있는 유아에게 만일 네가 인형이 있는 자리에 앉아서 산을 보면 이 산이 어떻게 보이겠느냐고 물으면 대부분의 유아는 조망 D를 선택하지 못하고 여전히 조망 A를 선택하게 될 것이다. 이처럼 전조작기 유아는 자신의 위치에서만 사물을 이해할 뿐 타인의 위치에서 보이는 사물의 모습을 추론하지 못하는 사고의 한계를 보인다.

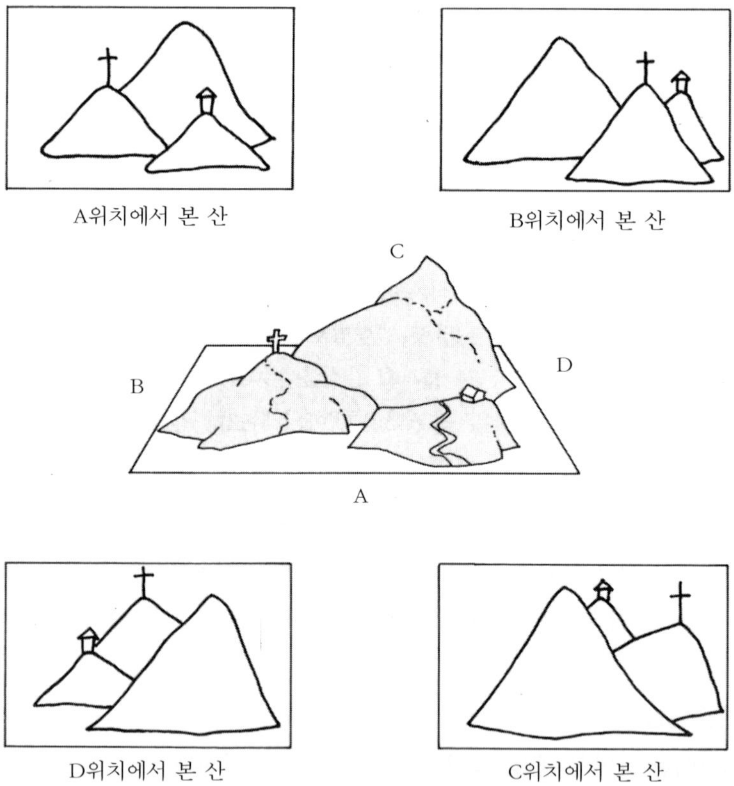

〈그림 4-5〉 Piaget의 세 산 모형 실험*

* 각 조망에서 본 산의 모습은 저자의 제자들이 유토로 모형을 만들어놓고 보이는 모습을 그대로 그린 것이다. 같은 방식으로 아동들에게 그려보게 하는 것은 조망수용능력을 훈련하는 한 방법이 될 것 같다.

연령이 증가할수록 유아는 차츰 다른 자리에서 보는 산의 모습이 자기가 보는 산의 모습과 다를 것이라는 사실을 깨달을 수 있게 된다. 최초에 유아는 다른 위치에서 보는 산의 모습이 다른 것이라는 것을 이해하게 된다. Piaget는 이를 **탈중심화**라 지칭한다. 탈중심화가 된 유아라도 다른 자리에서 보는 산의 모습이 어떠한가를 정확하게 추론해내는 데는 시간이 걸린다. 타인의 시각에서 보는 조망을 정확하게 추론해내는 **조망수용능력**(perspective-taking ability)은 7~8세 이후의 아동기에 가서야 획득된다(Piaget, 1950).

자기중심적 언어

자기중심적 언어(egocentric speech)는 듣는 사람이 자신이 하는 말을 이해할 수 있는가의 여부를 고려하지 않은 채 자신의 생각만을 전달하는 전조작기 특유의 의사소통 양상을 뜻한다. 자기중심적 언어는 조망수용능력의 결핍으로 인해 나타나는 의사소통능력의 한계이다. Piaget의 저서 『아동의 언어와 사고』에 제시되어 있는 5세와 6세 유아의 대화를 예로 들어보자(송명자 · 이순형 역, 1988에서 인용).

Pie 어제 대단했어. (자신이 본 비행시범이 대단했음을 뜻함)
Jacg 파란 것이 있었어. 많이 있었는데 전부 한 줄로 갔어.
(자신이 본 비행기 편대를 뜻함)
Pie 나는 어제 자동차를 타고 갔어. 차에서 보니 빈 차들이 많이 지나갔어.
(비행기 편대에 의해 연상된 것임)
Jacg 나는 그걸 그리고 싶어. (비행기를 그리고 싶다는 뜻임)

괄호 안의 설명 없이 두 유아의 대화의 의미를 이해하는 것은 거의 불가능하다는 사실을 깨닫게 될 것이다. Piaget는 이와 같이 자기중심성으로 인해 의미전달이 어려운 유아기 특유의 대화형태를 **집단적 독백**(collective monologue)이라 부르고 있다.

Piaget(1926, 1973)가 유아의 전체 언어 중 자기중심적 언어가 차지하는 비율을 연령별로 분석한 자료인 〈표 4-3〉에 의하면 7세부터 자기중심적 언어는 급격히 감소하여 **사회화된 언어**(socialized speech)를 사용할 수 있게 된다.

표 4-3 자기중심적 언어비율의 변화

연 령	비 율
3세	51%
4세	48%
5세	46%
6세	45%
7세	28%

(송명자 · 이순형 역, 1988에서 인용)

전조작기 유아의 사고가 자기중심적이라는 Piaget의 주장은 최근에 많은 비판의 대상이 되고 있다. 뒤에 다시 설명하겠지만, 전조작기 유아도 대상에 따라 자신이 하는 언어적 표현을 적절히 조정하는 능력을 갖고 있으며, 타인의 시각조망을 이해하고 있다는 사실이 많은 연구자들에 의해 밝혀지고 있다(Borke, 1975; Dunn, 1988; Shatz & Gelman, 1973; Warren-Lenbecker & Bohannon, 1989). 이러한 연구결과들을 묶어 Flavell 등(1981)은 3～4세 유아가 탈중심화된 사고를 하고 있다고 단정한다.

(2) 직관적 사고

직관적 사고(intuitive thinking)란 대상이나 사태가 갖는 단 한 가지의 가장 현저한 지각적 속성에 의해 그 대상이나 사태의 성격을 판단하는 유아기의 중심화된 사고양상을 의미한다. Piaget는 4～7세 사이를 직관적 사고단계라 부른다. Piaget에 의하면 자기중심성과 직관적 사고는 7～8세경에 아동이 구체적 조작기에 접어들면서 동시에 극복된다(Piaget, 1983; Piaget & Inhelder, 1969).

보존개념의 직관적 사고

보존개념(conservation)이란 어떤 대상의 외양이 바뀌어도 그 양적 속성이나 실체는 바뀌지 않는다는 사실을 이해하는 것을 의미한다. 예를 들어, 모양과 크기가 같은 A와 B의 두 잔에 든 주스의 양이 같다는 것을 유아에게 확인시킨 후 B잔의 주스를 C잔에 부으면 〈그림 4-6〉과 같이 주스의 외양이 바뀌게 된다. 이때 보존개념이 형성된 아동은 외양이 달라졌어도 A와 C잔의 주스의 양이 같다고 판단하나, 보존개념이 형성되지 못한 아동은 C잔의 주스량이 많다고 반응한다. 전조각기 아동이 C잔의 주스량이 많다고 판단하는 것은 C잔의 주스가 잔의 윗부분까지 올라와 있다는 **지각적 특성**에 의해 양을 판단하는 직관

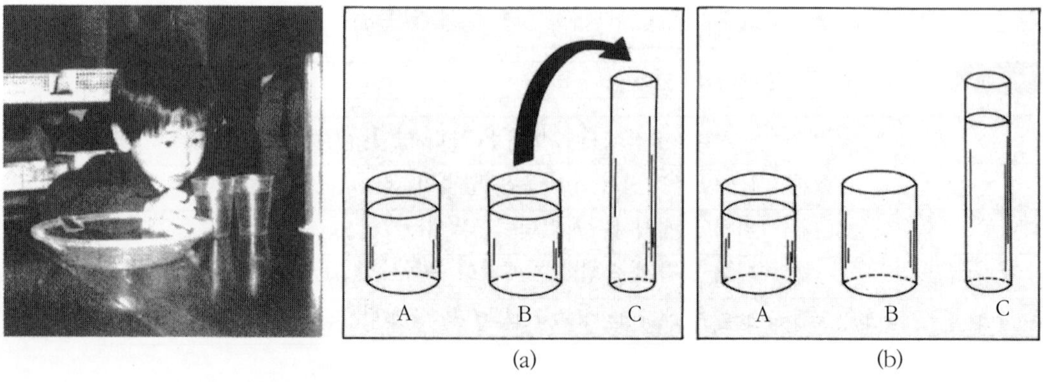

〈그림 4-6〉 액체량 보존실험

적 사고에 지배되고 있기 때문이다. 이에 반해 구체적 조작기 아동은 지각적 특성을 넘어서서 요소들을 관련짓고 통합하는 논리적 사고가 가능하므로 보존개념이 형성된다.

전조작기 유아가 직관적 사고에 지배되는 것은 **가역성**(reversibility)이라는 논리적 조작을 획득하지 못했기 때문이다. 가역성은 **반환성**(inversion)과 **상보성**(compensation)의 두 조작 형태로 나타난다. 보존개념 실험을 예로 들면, 유아에게 A잔과 C잔의 주스량의 같고 다름을 판단한 이유를 물으면 어떤 유아는 C잔의 주스를 원래 B잔에 다시 부으면 주스의 양이 같아질 것이라고 설명한다. 이처럼 가했던 조작을 철회하면 항상 원래의 상태로 돌아가는 것을 생각하는 조작이 반환성이다. 어떤 유아는 C잔은 주스 높이가 높아서 많아 보여도 밑이 좁은 데 비해서 A잔은 주스 높이는 낮지만 밑이 넓으므로 두 잔의 주스의 양은 같다고 대답한다. 이처럼 주스 잔의 높이와 너비라는 두 특성을 상호 비교하고 그 관계를 통합하는 조작이 상보성이다. Piaget는 상보성과 반환성을 포괄하여 가역성이라 부르고 있다. 7~8세경에 아동이 가역성을 획득하게 되면 직관적 사고에서 벗어나게 된다.

유목포함조작에서의 직관적 사고

유목포함(class-inclusion)**조작**은 아동이 부분과 전체의 논리적 관계 및 상위유목과 하위유목 간의 위계적 관계를 이해함으로써 전체는 부분보다, 상위유목은 하위유목보다 그 양이 항상 많다는 것을 이해하는 능력이다. Piaget의 최초의 유목포함실험(Inhelder & Piaget, 1964)을 통해 직관적 사고의 특징을 알아보자.

Piaget는 5~10세 사이의 아동에게 노란 달맞이꽃 4송이, 보라색, 파란색, 빨간색, 분홍색 달맞이꽃 각 1송이씩 모두 8송이의 달맞이꽃과 여러 가지 색깔의 다른 꽃 8송이와 꽃이 아닌 다른 물건 4개가 그려진 20개의 그림 카드를 제시하였다. 이 실험에서 Piaget가 알고 싶었던 것은 A(노란 달맞이꽃)<B(달맞이꽃)<C(꽃)의 관계를 아동이 이해하고 있는가의 여부였다. Piaget는 '노란 달맞이꽃이 많니, 달맞이꽃이 많니(A<B)?' 또는 '달맞이꽃이 많니, 꽃이 많니(B<C)?'라는 질문에 대한 아동의 반응을 분석하여 〈표 4-4〉와 같은 결과를 얻었다.

표 4-4 유목포함과제에서 정반응 백분율(%)

반응 \ 연령	5~6세	7세	8세	9~10세
A < B	30	38	67	96
B < C	46	47	82	77
양자 모두	24	26	61	73

(Inhelder & Piaget, 1964에서 인용)

A<B 조작에서 오반응은 노란 달맞이꽃이 달맞이꽃보다 많다고 한 반응과 B<C 조작에서 오반응은 달맞이꽃이 꽃보다 많다고 한 반응을 포함한다. 앞의 표에서 볼 수 있듯이 5세에서 7세 사이 아동의 50% 이상이 색깔이나 형태의 지각적 속성에 지배되어 유목포함조작에 실패하고 있다. 8세가 되면 정반응이 60%를 상회하게 된다. 이러한 실험결과를 바탕으로 Piaget는 아동의 유목포함조작은 7~8세경에 획득된다고 주장하였다.

아동이 7~8세경에 직관적 사고에서 벗어나 유목포함조작을 획득한다는 Piaget의 주장은 많은 연구자들에 의해 지지되었다(Ahr & Youniss, 1970; Tatarsky, 1974).

3) 개념발달 특성

전조작기 동안에 유아는 불완전하지만 나름대로의 독특한 개념을 발달시켜간다. Piaget의 아동기 인지발달이론이 가장 크게 기여한 것이 아마도 전조작기 유아 특유의 개념발달 연구일 것이다. 그럼에도 불구하고 Piaget의 전조작기 유아의 개념발달 연구는 최근에 가장 많은 비판의 대상이 되고 있기도 하다. 전조작기 유아의 개념발달 특성을 먼저 Piaget의 연구를 통해 살펴본 후 이 분야의 보다 최근 연구들을 검토해보기로 하자.

(1) 분류개념

여러 사물과 현상들을 그 속성의 유사성에 따라 분류하여 이들의 공통적인 범주를 찾아내는 **분류개념**(concept of classification)은 유아의 일상의 적응에 대단히 중요한 지적 능력이다.

Piaget(Inhelder & Piaget, 1964)는 2~5세 사이의 유아를 대상으로 여러 형태와 색깔의 동그라미, 네모, 세모꼴 등 기하학적 도형들을 제시하고 이들을 서로 같은 것끼리 모아보라고 지시하였다. 유아들은 도형 두 개를 가지고 간단한 형태를 만들거나, 여러 개를 늘어놓아 다리나 탑 같은 보다 복잡한 형태를 구성하였다. 또한 사람, 집, 동물 등 작은 장난감들을 주고 같은 것을 모아보라고 지시했을 때에도 마찬가지로 인형을 요람 속에 넣고 말을 요람 앞에 배열하여 나름대로 어떤 형태를 만드는 반응을 보였다. 이러한 관찰결과를 통하여 Piaget는 이 시기의 유아는 아직 사물들의 유사성에 따른 공통적 속성을 이해하는 **내포**(intension)나 같은 속성에 속하는 대상들을 함께 모으는 **외연**(extension)과 같은 기본적인 분류능력이 발달되지 않았으므로 엄밀한 의미에서 유목개념이 형성되지 않은 것으로 주장하고 있다. 앞에서 언급했듯이 이 시기를 전개념기라 지칭한 것은 바로 이러한 관찰에 의거한 것이다.

5~7세 사이의 유아는 네모꼴과 세모꼴을 구분하거나, 동물인형과 사람인형을 분류함

으로써 내포와 외연을 통합하는 유목개념을 나타낸다. 이러한 유목개념은 자연히 토끼와 고양이는 동물이라는 동일한 상위유목에 포함된다는 것을 깨닫게 하는 유목포함개념으로 발전하게 된다.

우리나라 아동의 분류능력 발달에 관한 연구는 비교적 많다. 먼저 한 개의 기준으로 대상을 분류하는 단순분류능력은 4세 유아에서는 거의 100%가 해결된다는 결과(이미혜, 1983; 한미라, 1983)로부터 90%(오순복, 1985), 80%(정한금, 1978) 또는 약 50%(허형 등 1978)의 유아만이 획득 가능하다는 서로 다른 결과를 찾아볼 수 있다. 분류준거는 색깔, 모양, 크기의 순서로 나타났다(오순복, 1985; 이상로 · 송명자, 1982).

(2) 서열개념

여러 사물이나 현상들을 특정 속성에 따라 순서를 짓는 **서열개념**(concept of ordinal relations) 또한 아동기에 발달하는 매우 중요한 능력이다. 예를 들어, 여러 대상을 놓고 어느 것이 더 많은가 또는 더 큰가를 바르게 비교하는 능력이나, 어떤 일이 일어날 시간에 따라 순서를 짓는 능력의 중요성은 설명할 필요가 없을 정도로 명백해 보인다. 서열개념은 대체로 다음과 같은 세 단계에 걸친 발달적 과정을 보인다(Piaget & Inhelder, 1969).

제1단계는 약 4~5세 사이에 해당하는 단계이다. Piaget는 길이가 다른 막대기를 유아에게 주고 가장 작은 것을 먼저 놓고, 그 다음에 조금 큰 것, 또 조금 더 큰 것을 순서대로 놓아서 사다리처럼 만들어보라고 지시하였다. 제1단계의 유아들은 예컨대 〈그림 4-7〉의 왼쪽과 같은 형태로 막대기를 배열하였다. 이러한 결과는 1단계의 유아가 정확한 서열개념을 갖지 못하고 있음을 반영한다.

5~6세 사이에 해당되는 제2단계의 유아는 막대기를 전체적으로 바르게 배열하지만 때로 하나를 빠뜨리거나 가운데 두 개 막대기의 순서를 바꾸는 등 시행착오와 오류를 거

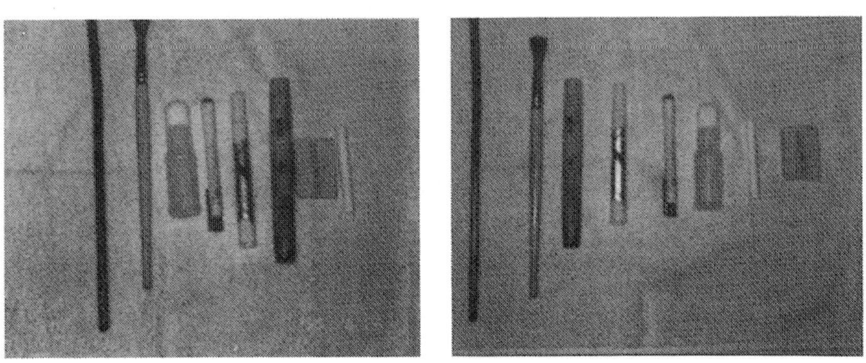

4세의 서열조작 7세의 서열조작

〈그림 4-7〉 부정확한 서열개념

치면서 배열한다. 또한 이 단계의 유아는 막대기 색깔을 달리하는 등 지각적인 혼란을 야기하는 요인을 약간만 첨가하여도 막대기를 서열화하는 데 실패함으로써 매우 불안정한 서열능력을 갖고 있음을 보여준다. Piaget가 주장하는 마지막 단계인 7세 이후라야 안정된 서열개념을 보이게 된다.

우리나라 아동의 단순서열능력은 Piaget 이론에서와 마찬가지로 7세경에 획득된다. 그러나 지각적 혼란을 유발할 수 있는 막대기를 삽입시키면 7세 아동의 극소수만 서열능력이 획득된 것으로 나타난다(이효정, 1986). 6세 유아의 과제별 서열능력 발달수준을 비교한 연구(박명인, 1986)에 의하면 수 서열은 71.7%, 크기는 58.3%, 길이는 55.0%, 양은 43.3%, 무게는 20.0%로 나타났다.

(3) 공간개념

위, 아래, 오른쪽, 왼쪽, 먼 곳, 가까운 곳 등 대상의 위치, 방향, 거리 등을 정확하게 이해하는 것은 다른 어느 개념 못지않게 유아의 일상생활에서 중요한 능력이다.

Piaget와 Inhelder(1956)는 아동의 **공간개념** 발달을 세 단계로 구분하고 있다. 첫 번째 단계는 **위상적**(topological) 공간개념으로서 4~6세경에 나타난다. 이 시기 유아는 도형의 형태가 갖는 위상적 특징에 의해 특정 공간 내에서 도형의 위치를 변별해낸다. 그러나 물체를 거꾸로 배열해내는 것과 같이 공간 내에서 도형의 위치를 변형시켜 추론하는 능력에는 한계가 있다.

7~8세경에 나타나는 두 번째 단계는 **투사적**(projective) 공간개념이다. 이 단계는 참조체계를 제대로 사용하지 못하고 사물 자체의 속성만을 파악한다.

9~10세경에 세 번째 단계인 **유클리드적** 공간개념이 나타난다. 이 단계에 들어서면 모든 공간적 관계는 보는 이의 시각과는 무관하게 유지되며, 여러 각도에서 보는 사물의 위치관계를 정확하게 파악할 수 있다. 〈그림 4-8〉의 수평 · 수직 개념의 발달단계는 이러한 공간개념의 발달과정을 잘 보여준다.

〈그림 4-8〉에서 보는 것과 같이 Piaget는 물감을 푼 물이 든 네모 병과 둥근 유리병을 아동에게 제시하고 이 병을 기울이거나 눕히거나 또는 거꾸로 하였을 때 병 속의 물의 위치를 예상해보도록 지시하여 유아의 **수평개념** 획득과정을 관찰하였다. 또한 경사가 있는 모래산에 나무를 심었을 경우, 나무의 모습을 예상하게 하여 **수직개념**을 진단하였다. 이들 연구를 통해 Piaget는 대체로 다음과 같은 단계적인 수평 및 수직개념의 발달양상을 밝히고 있다(Piaget & Inhelder, 1956).

약 4~5세에 해당되는 첫 번째 단계의 유아는 그림과 같이 병 안에 물이 있다는 것만 이해할 뿐 기본적인 수평개념을 갖추지 못하고 있다. 수직개념 또한 산과 나무가 공간적

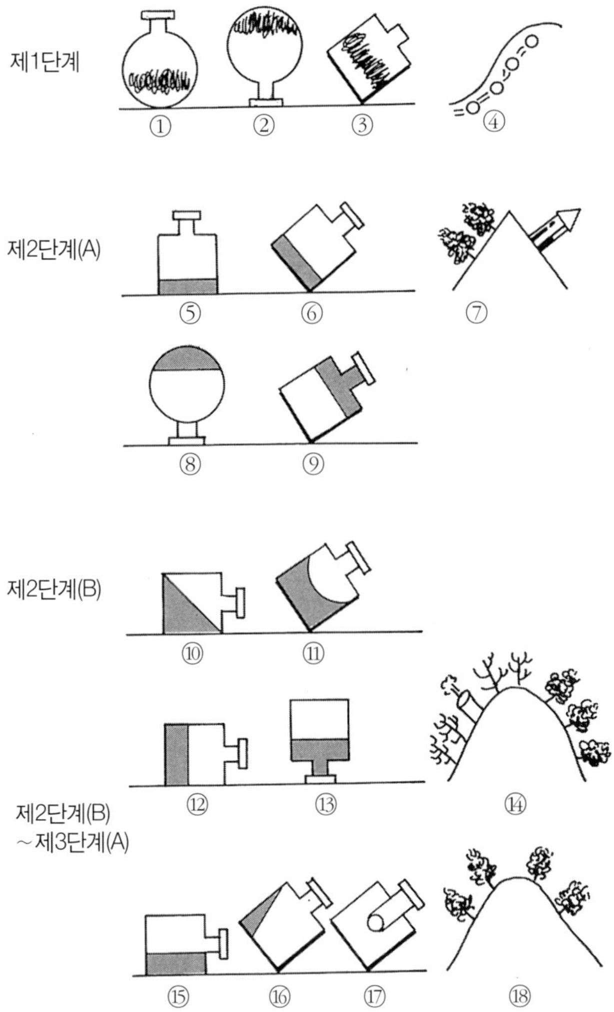

〈그림 4-8〉 수평 · 수직개념 발달단계
(Piaget & Inhelder, 1956에서 인용)

으로 근접해 있음을 이해할 뿐 산의 능선을 따라 서 있는 나무의 모습을 전혀 이해하지 못하는 것으로 보인다.

5세부터 시작되는 제2단계는 다시 A와 B의 두 하위단계로 나누어진다. 2단계 A에서 유아는 병의 기울기와는 관계없이 모든 경우에 수면은 밑면과 평행하는 것으로 생각한다. 따라서 병을 거꾸로 하면 물은 그림 ⑧이나 ⑨처럼 공중에 떠 있게 된다. 2단계 B가 되면 유아는 병의 밑면 외에 다른 수평의 기준을 찾기 시작하지만 그림 ⑩처럼 병의 구석과 같은 잘못된 기준을 찾으므로 올바른 수평개념을 보이지 못한다.

수평개념에서 밑면을 준거로 삼는 것과 마찬가지로 2단계의 유아는 수직 개념에서도 산의 능선을 기준으로 하여 90°를 고려하므로 그림과 같은 누워 있는 나무를 그리게 된다. 8~9세 이후의 3단계에 이르러서야 아동은 비로소 정확한 수평 및 수직 개념을 형성하게 된다.

윤경혜(1990)에 의하면 우리나라 5~11세 아동의 공간개념의 발달은 Piaget와 Inhelder(1956)의 결과와 일치하지 않았고, 위상적, 투사적, 유클리드적 공간개념이 9~11세 사이에 거의 동시에 획득되었다. 그러나 유아의 도형그리기를 통해 공간개념 발달을 진단한 연구(윤혜선, 1985)에서는 위상도형이 먼저 나타나고 유클리드 도형이 뒤에 나타나서 Piaget의 발달단계 모형의 순서대로 발달이 이루어졌다.

(4) 인과개념

인과개념(causal concept)이란 어떤 현상의 원인과 결과 간의 관계를 추론하는 능력을 의미한다.

3세부터 시작하여 전조작기 동안 유아들은 자신의 주변에서 일어나는 여러 현상의 원인에 대해 많은 질문을 던지게 된다. Piaget(1973)의 입학 전 유아의 '왜'로 시작된 질문 360개를 분석한 자료에 의하면 질문의 29%는 물체나 동식물 등 자연현상의 인과성에 관한 질문이며, 50%는 사람들의 행동의 원인을 알고자 하는 심리적 동기에 관한 질문이었다. 나머지 21%는 사회적 규칙의 타당성을 묻는 질문이었다. 이처럼 유아들은 인과성에 관해 많은 질문을 던지는 동시에 나름대로 인과관계에 대한 개념들을 발달시켜간다.

Piaget는 전조작기 유아는 원인과 결과 간의 관계에 대한 정확한 논리적 추론능력이 결여되어 있으므로 이 시기에는 매우 독특한 인과적 사고가 나타난다고 주장한다. 이러한 전조작기 특유의 인과개념을 전인과성(precausality)이라 부른다. 전인과성은 다음과 같은 세 가지 특징을 갖는다.

목적론(finalism)은 우연히 존재하게 된 현상의 원인을 찾아내려는 전조작기 유아의 인과적 사고를 뜻한다. 예를 들어, 6세 남자아이가 또래 친구에게 "왜 살레브(Saleve) 산은 큰 산과 작은 산 두 개가 있지?"라고 물었을 때 "큰 산은 한참 걷는 데 필요하고, 작은 산은 조금 걷는 데 필요하다."라고 답하는 것은 목적론의 한 예이다(김재은 역, 1972).

목적론적 사고가 전조작기 자기중심성과 결합하면 이 시기 특유의 자기중심적인 목적론적 사고가 나타난다. '복숭아나무는 내가 복숭아 따 먹으라고 존재한다.'고 말하거나 '천체는 내가 태어났을 때 생겨난 것이다. 왜냐하면 그전에는 해님 같은 게 필요 없었으니까.'라고 생각하는 것은 자기중심적인 목적론적 사고를 잘 보여주는 예이다.

인공론(artificialism)은 모든 존재하는 현상이 사람에 의해 만들어졌다고 믿는 전조작기

인과적 사고를 의미한다. '해는 사람이 공중에 던져 올린 작은 공이 커져서 된 것' 이라든가, '호수는 어른들이 파서 그 속에 물을 넣은 것' 이라는 설명은 전조작기 인공론적 인과성을 보여주는 예들이다.

Piaget는 전조작기 인공론은 이 시기 유아의 사고를 대단히 강력하게 지배하고 있는 것으로 보고 있다. 예를 들어, Piaget는 자신의 아들이 '호수는 큰 거인이 바위를 던져서 만든 것' 이라고 말하는 것을 듣고 호수가 형성되는 과정을 과학적으로 충분히 설명해주고 이를 이해했음을 확인하였다. 그러나 몇 개월 후 다시 같은 질문을 던졌을 때 아이는 여전히 거인이 바위를 던져 호수를 만들었다고 답함으로써 인공론적 인과성이 지속되고 있음을 보여주었다.

전환적 추론(transductive inference)은 두 개의 사태가 동시에 일어났을 때, 한 사태가 다른 사태의 원인이 된다고 생각함으로써 하나의 특정 사태로부터 다른 특정 사태를 추론하는 전조작기 인과추론의 특징적인 양상을 뜻한다. 예를 들어, Piaget의 딸이 낮에는 항상 낮잠을 자는데, 어느 날 낮잠을 자지 않았다. 아이는 "나는 낮잠을 안 잤어요. 그러니까 낮이 아니에요."라고 말함으로써 '낮잠' 이라는 특정사태가 '낮' 이라는 다른 특정 사태를 결정하는 원인이 되는 것으로 추론하고 있음을 보여주었다.

(5) 실재론

실재론(realism)은 정신적인 것과 물리적인 것이 미분화된 상태로 존재하여 정신적인 현상에 물리적인 속성을 부여하는 전조작기 유아 특유의 현상개념을 뜻한다. 예를 들어, 유아에게 '생각(thinking)' 이 무엇인가를 물으면 '머리 뒤쪽에 있으면서 앞쪽에 있는 입을 향해 이야기하고 있는 입' 이라고 답함으로써 정신적 현상을 물질적 실재로 그려내고 있음을 보여준다(김재은 역, 1972).

유아의 실재론적 사고가 가장 잘 나타나는 것이 '꿈' 에 대한 유아의 생각이다. 4세경의 유아는 꿈이 전적으로 실재한다고 믿는다. 예를 들어, 꿈에 거인을 본 4세 유아는 "정말로 거기 있었어요. 하지만 내가 깼을 때 사라져버렸어요. 마루 위에서 발자국을 보았어요."라고 말한다(서봉연 역, 1985). 아울러 이 시기 유아들은 자신의 꿈을 다른 사람이 볼 수 있으며, 창문을 통해 바깥으로부터 들어오며, 방 안에서 볼 수 있는 물리적인 광경으로 남아 있다고 믿는다. 6~7세경에 구체적 조작기가 되어서야 아동은 실재론적 사고에서 벗어나 정신적 현상과 물리적 현상을 구별할 수 있게 된다.

4) 입학전 아동기 인지발달에 관한 보다 최근의 연구

Piaget가 전조작기라 명명한 입학전 아동기 인지발달에 관한 보다 최근의 연구결과들은 앞에서 지적한 바와 같이 이 시기 아동의 인지발달 수준이 그가 생각한 것보다 훨씬 앞서 있다는 사실을 여러 측면에서 입증하고 있다(Gelman & Baillargeon, 1983; Shaffer, 1993). Piaget가 입학 전 아동의 인지발달을 과소평가하게 된 원인은 다음과 같이 설명할 수 있다.

첫째, 지나치게 아동의 언어적 설명에 의존하는 Piaget의 **자료수집방법**의 문제이다. Piaget가 주로 준임상적 면접에 의해 유아의 내재적 사고를 진단해낸 것은 널리 알려진 사실이다. 이러한 준임상적 면접은 유아의 언어능력에 크게 의존하므로, 언어발달이 완전하지 못한 입학 전 아동들은 자신의 생각을 충분히 전달하지 못하는 한계가 있다. 예를 들어, '무엇이 바람을 불게 하지?'라는 질문을 이해하는 능력이 부족하거나 표현하는 능력이 부족할 때는 실제로 아동이 자연현상에 대한 정확한 인과개념을 갖고 있다 하더라도 인과성의 발달이 낮은 것으로 측정될 수 있는 것이다. 이와 같은 내재적 능력과 수행수준 간의 차이는 일찍부터 Piaget 연구의 문제점으로 지적되어 왔다(송명자, 1982; Flavell & Wohlwill, 1969).

둘째, Piaget가 사용한 과제들이 유아가 처리하기에 너무 많고 복잡한 **정보처리부하량**을 갖고 있어서 유아가 필요한 조작을 획득하고 있으면서도 지나치게 높은 과제의 난이도로 인해 이해 발달수준이 낮아 보인다는 지적이다. 최근의 정보처리적인 입장에서 유아의 인지발달을 연구하는 학자들에게서 특히 이러한 비판의 소리가 높다(Case, 1985; Gelman, 1978; Pasucal-Leone, 1984).

앞의 설명에서 보았듯이, 20개의 대상물을 주고 아동의 유목포함조작을 측정한 Piaget의 과제가 4～5세 유아의 정보처리능력에 과중하다는 것은 쉽게 짐작할 수 있다. 빨간 장미 세 송이와 노란 장미 두 송이로 과제를 단순화시키거나, 수 보존과제에서 물건의 수를 둘 또는 세 개로 줄여주었을 때 유아의 조작획득 수준은 훨씬 앞당겨진다는 연구결과(Gelman, 1978)는 이러한 비판이 타당함을 보여준다. 과제를 단순화시키면 우리나라 4～5세 유아의 63%가 공변관계에서의 인과추론이 가능하다는 보고(권오식, 1994)도 한 가지 예가 된다.

셋째, Piaget가 사용한 과제나 방법의 **생태적 타당성**(ecological validity)에 대해서도 비판이 제기되고 있다. 입학 전 아동들은 자신의 일상의 경험 속에서 접하는 친숙한 대상이나 상황이 아닌 경우에 자신의 인지적 역량을 드러내기 힘들다. 유아에게 친숙한 장난감이나 자연적 상황에서 공간지각을 진단하거나, 나무토막이 아닌 과자로 보존개념 형성 여부를 실험하면 그 획득 시기가 빨라지는 것(Borke, 1975; Cuneo, 1980)은 도구의 생태적 타당성에 기인하는 것이다. 유아의 일상생활에 친숙한 스크립트를 바탕으로 사태를 순서 짓게 하면 5세경의 우리나라 유아는 단일방향의 인과추론이 가능하다는 연구결과들(송명자 · 김지영, 1993; 양혜영, 1986)은 생태적 타당성의 중요성을 보여주는 것이다.

(1) 유목포함조작

아동의 **유목포함조작**의 발달은 논리수학적 사고의 기초가 되는 유목의 위계구조 이해능력의 발달양상을 보여주는 아동기 인지발달의 주요 지표이다. 이러한 점에서 유목포함조작의 획득 시기는 많은 학자들의 관심의 대상이 되고 있다. Piaget 이후에 이루어진 여러 연구결과에 의하면 아동의 유목포함 조작능력은 4~6세경에 이미 획득되는 것으로 알려지고 있다(Smith, 1979). 따라서 이러한 획득 시기의 차이를 야기하는 요인들을 찾아내려는 연구들이 이루어졌다. 예를 들어, 유목포함조작은 수 헤아리기 능력에 의존하므로 장미꽃 두 송이와 백합꽃 한 송이처럼 각 유목의 수를 적게 해주면 5~6세경의 유아도 유목포함조작이 가능하다(Markman, 1978). 또한 꽃이나 동물 중에서도 아동에게 친숙하거나 전형성이 높은 과제를 사용하면 유목포함조작 획득 시기가 빨라진다(Carlson & Abrabmson, 1976). 이외에도 질문양식, 과제의 지각적 특성, 실물과제 대 그림과제 여부 등 여러 요인이 유목포한조작 수행에 영향을 미친다.

아동의 유목포함조작에 관한 국내 연구를 보면, 전통적인 Piaget 과제에서 우리나라 아동이 유목포함조작을 획득하는 연령은 상당히 낮은 것으로 보인다. 예를 들어, 6세 아동의 15.8%, 9세 아동의 53%만이 유목포함조작이 가능하며, 11세에야 비로소 유목포함조작이 획득되는 것으로 나타났다(김혜리 · 조경자, 1993; 전연숙, 1982), 추성경(1992)의 연구에서는 항목의 수, 질문형태, 유목종목, 과제 전형성 등에 관계없이 모든 형태의 과제 제시조건에서 유목포함조작에 성공하는 비율은 6~7세 아동이 5~6%, 8~9세 아동이 44.4%에 불과하였다.

이러한 연구결과들을 종합해보면 우리나라 아동의 유목포함 수행수준은 전통적인 Piaget 학파의 연구결과와 유사한 것으로 볼 수 있다. 그러나 4~6세 유아도 관련 요인들을 최적화하여 유목포함조작을 훈련시키면 60~80% 유아가 조작을 획득할 수 있다는 사실이나, 유목포함조작에 혼란을 주는 수 정보나 지각 정보를 제거하면 수행수준이 증가한다는 연구결과(이경영, 1984; 전연숙, 1982)는 Piaget 이후 인지발달이론가들의 주장을 뒷받침하고 있다.

최근에 Brainerd와 Kingma 등(Brainerd & Kingma, 1984; Brainerd & Reyna, 1992)은 유목포함조작을 정보처리과정과 관련지어 유목포함조작의 실패는 두 개의 유목을 동시에 표상해야 하는 **기억흔적의 불명료성**(fuzzy trace) 때문이라는 가설을 제시하고 있다. 예를 들어, 장미가 네 송이고 백합이 두 송이라면 장미가 많다는 관계적인 기억흔적이 꽃이 장미보다 많다는 유목적 기억흔적보다 강하게 부호화되어 있어서, 직감적으로 보다 강력한 관계적 기억내용이 정확한 유목포함과제 해결을 방해한다는 주장이다.

Brainerd와 Reyna(1990)는 예컨대, 동물(소, 말)과 식물(꽃, 과일)을 유목으로 한 과제를 사용하여 한 집단에게는 일반적인 절차를 그냥 사용한 반면에 다른 한 집단에게는 모든 동물과 식물을 같은 색깔로 칠하거나(색깔단서) 목에 방울을 달게 하여(형태단서) 상위유목의 부호화를 돕는 단서를 주었다. 결과적으로 단서를 준 집단이 일반적인 절차집단보다 현저하게 수행이 높았다. 이러한 결과는 유목포함추론에 있어서 부적절한 부호화와 이에 따른 인출실패가 유목포함과제 수행에 영향을 미치고 있음을 반영하는 것이다.

국내에서도 김석영(1994)이 정보처리적 관점에서 유목포함조작을 연구하였다. 이 연구에서는 Kobashigawa(1974)가 유아의 기억수행을 높이기 위해 인출단서로 사용한 범주단서(category cue)를 지각단서로 제공할 때 유아의 유목포함조작 수행이 높아진다는 것을 확인하였다. 예를 들어, 장미꽃과 백합꽃을 과제로 사용할 때 꽃가게의 그림을 범주단서로 보여주면 이러한 상위유목의 범주단서가 하위유목은 상위유목에 포섭된다는 유목포함관계를 이해하는 것을 명백하게 도와주었다.

(2) 자기중심성

3~4세경의 유아도 자기중심성에서 벗어난 조망수용능력을 갖고 있다는 사실이 밝혀지고 있다. Flavell(1981a)은 한 면에는 강아지가, 다른 쪽 면에는 고양이가 그려진 카드 한 장을 3세 유아에게 보여준 뒤, 유아는 강아지를 볼 수 있고 실험자는 고양이를 볼 수 있도록 유아와 실험자 사이에 카드를 세워놓았다. 실험자가 어느 동물을 볼 수 있느냐고 물었을 때 대부분의 3세 유아는 고양이라고 대답함으로써 실험자의 위치에서의 시각적 조망을 정확하게 이해하고 있음을 보여주었다.

Borke(1975)는 Piaget의 세 산 모형 실험을 작은 호수와 장난감 배, 집과 소와 말 등 아동에게 친숙한 대상물을 사용하여 자연적 상황에서 제시한 결과 3~4세 유아의 79~93%까지가 자신과 다른 세 위치에서의 조망을 정확하게 이해할 수 있다는 결과를 얻었다. 이들 결과를 종합해보면 3세경의 유아도 **탈중심화된 시각조망**을 갖고 있는 것으로 보인다.

과제의 친숙성 정도에 따른 조망수용능력 발달의 차이를 국내에서도 연구하였다. 인형이나 동물을 사용한 친숙성이 높은 과제에서 유아의 조망수행 수준은 5세 유아의 경우 90%에 달한다. 반대로 친숙성이 낮은 과제에서의 조망수행 수준은 40% 이하로 낮아진

〈그림 4-9〉 Piaget의 세 산 조망과제에 대한 Borke의 수정 과제
(Cole & Cole, 1989에서 인용)

다. 또한 친숙성이 높은 과제에서는 유치원과 2학년의 10%만이 자기중심적 반응을 보이지만 친숙성이 낮은 과제에서 자기중심적 반응률은 50% 이상으로 증가한다(이춘재, 1982). 이러한 결과는 우리나라 아동도 친숙한 과제에서는 조망수용능력 발달이 촉진되고 있음을 보여준다.

(3) 생명 및 죽음의 개념

최근에 유아들이 Piaget가 생각하는 것처럼 물활론적인 **생명개념**을 갖고 있지 않다는 연구결과들이 제시되고 있다. Massey와 Gelman(1988)은 3세 유아도 생명이 없는 대상을 살아있는 것으로 생각하지 않는다고 주장한다. 이들은 3세 유아가 로봇이나 실물과 아주 닮은 동물 모형이 생명이 없다는 사실까지도 알고 있다는 사실을 밝혀내고 있다. Keil(1979)도 3세 유아가 생명이 있는 대상에게만 감정과 정서를 부여함으로써 생명이 없는 대상과 구분할 수 있는 능력을 갖고 있음을 보여주었다. 심지어는 2세 유아도 의자가 스스로 움직이는 것을 보고 명백하게 놀라는 반응을 보여 기본적인 생명개념을 갖추고 있음을 보인다.

Piaget 등의 초기 연구에서 무생물이 감정을 가지고 있는 것처럼 느끼는 물활론적 특성이 나타난 것은 이들 연구에서 바람, 달과 같이 성인들에게도 생명개념의 혼돈이 올 수 있는 친숙하지 않은 대상을 사용하는 데 기인한다고 설명하고 있다(Dolgin & Behrend, 1984).

6~14세까지 아동과 대학생을 대상으로 물활론의 발달양상을 연구한 국내 연구에 의하면 6~11세까지는 물활론적 사고가 감소하다가 14세와 대학생 시기에 증가하는 경향

을 보여준다. 특히 이 연구에서는 해와 구름은 연령에 관계없이 물활론적 사고가 높게 나타나 Dolgin과 Behrend의 입장을 지지해주고 있다. 또한 우리나라 아동은 약 7세가 되면 숨을 쉰다, 자란다, 음식을 섭취한다, 죽는다의 생물의 기본적인 네 가지 속성을 성인만큼 이해하였다. 특히 동물의 생명에 대한 지식은 식물에 대한 지식보다 더 낮은 연령에서 습득되고 있다. 따라서 우리나라 아동의 생명개념 획득은 Piaget 중심의 연구자들이 생각하는 것보다 훨씬 어린 연령에서 나타난다(고윤주, 1988).

Dolgin과 Behrend(1984)가 사용한 과제를 그대로 사용하여 3～9세를 대상으로 한 연구에 의하면 5세 이전 유아의 10%만이 생명개념을 가지고 있으며, 9세경에야 70%가 획득된다. 따라서 Dolgin과 Behrend가 제시한 것보다 훨씬 늦은 9세경이 지나야 생물과 무생물을 구분하는 것으로 나타났다(단희정, 1987). 생명개념은 대상물의 범주에 따라 발달순서에 차이를 보여 인간, 동물, 바위, 인형, 기계, 주검, 식물, 해의 순서로 나타났다(윤복희, 1984).

생명개념과 함께 유아의 **죽음개념** 또한 최근에 관심의 대상이 되고 있는 연구분야이다. 죽음개념에 관한 대부분의 연구는 이 분야의 고전적 연구라 할 수 있는 Nagy(1948)의 연령 증가에 따라 나타나는 아동의 죽음개념 발달의 3단계 모형을 따르고 있다. 제1단계는 '죽음' 이 마지막이며 모든 기능이 정지된다는 것을 깨닫지 못하는 상태로서 주로 3～5세들이 여기에 속한다. 그들은 죽음을 단순히 '잠자는 것' 이나 '어디론가 여행을 떠나는 것' 으로 생각하기 때문에 일시적이며, 언제나 다시 살아날 수 있다고 생각한다. 주로 5～9세들이 해당하는 제2단계에서는 죽음이 마지막이며, 다시 살아날 수 없으므로 비가역적(irreversible)이라는 것을 이해는 하지만 아직까지 자기중심적 사고를 하기 때문에 자신은 죽음을 피할 수 있다고 생각한다. 제3단계는 죽음이란 최종적인 것이며 피할 수 없고 모든 사람이 언젠가는 죽게 된다는 보편성까지도 알게 되는 단계로서, 주로 9～10세들이 이에 속한다.

이처럼 아동의 죽음개념은 **비기능성**(non-functionality), **비가역성**(irreversibility), **보편성**(universality)의 세 준거에 따라 획득된다. 학자들에 따라 다소 차이가 있지만 보다 최근의 연구에서는 이들 세 준거가 획득되는 시기는 대체로 5～7세 사이이며, 8세에는 거의 완성되는 것으로 알려져 있다(이정희, 1988; Bolduc, 1972; Lonetto, 1980; Molear, 1973).

우리나라 아동의 죽음개념 발달과정을 보면 죽음의 보편성과 비가역성 개념에 있어서 흥미로운 문화적 차이를 보여준다. 서구의 경우 대부분의 아동들은 다른 사람의 죽음에 대해서 모든 사람이 반드시 죽는다는 죽음의 보편적인 필연성을 이해하는 것이 자신의 죽음의 보편성을 이해하는 것보다 빨리 나타난다. 이에 반하여 우리나라 아동들은 다른 특정인은 죽지 않는다고 대답하면서도 자신은 나쁜 일을 했거나, 거짓말을 했거나 또는 건강하지 못하기 때문에 죽는다고 대답한다. 이러한 문화권 간 차이가 나타나는 것은 우리나라 부모들이 아동의 잘못된 행동이나 죄에 대한 처벌로서 죽음을 연관시킴으로써 아동이 죽음에 대해 공포감을 갖는 데에 기인하는 것으로 설명되고 있다. 이는 우리나라 사람들이 잠재의식 속에 죽음을 죄에 대한 보상으로 인식하고 있는 문화적 특성에 기인하는 것으로 생각된다(김상희, 1986; 이정희, 1988).

우리나라 아동은 연령이 증가함에 따라 죽음의 보편성 개념을 오히려 부정하는 것으로 나타나고 있다. 우리나라 아동은 죽음을 선악의 개념이나 종교적 본질과 관련지어 착한 일을 많이 한 사람은 다시 살아나는 것으로 생각하며, 연령이 증가함에 따라 이러한 생각이 증가하는 경향이 있다(권성자, 1983; 김남주, 1984; 김상희, 1986; 이정희, 1988). 1980년대 중반에 방영했던 '전설의 고향'과 같은 TV 매체의 내용은 그 은유성을 이해하지 못하는 아동의 죽음의 비가역성 개념 발달을 저해할 수 있다.

우리나라 아동이 죽음개념을 획득하는 연령은 연구자에 따라 상당한 차이가 있다. 정경숙(1985)은 비기능성은 5~6세 사이에 획득되며, 보편성과 비가역성은 6~7세 사이에 획득된다고 보고하고 있다. 김상희(1986)는 7세 아동의 55%, 8세 아동의 66.7%가 보편성을 획득하고 있으며, 비가역성은 7세에 65%에 도달했다가 8세에 다시 48.3%로 낮아지는 반응을 보인다. 이정희(1988)의 연구에서는 초등학교 4학년이 되어서야 죽음의 세 가지 하위개념이 모두 획득되는 것으로 나타났다. 전반적으로 보아 우리나라 아동의 죽음개념 발달은 서구 아동보다 다소 늦은 것으로 판단된다.

(4) 시각적 표상물의 이해능력 연구

전조작기 표상과 상징 간의 관계를 다루는 기호적 기능의 발달에 관해 최근에 이루어지고 있는 흥미로운 연구들 중 하나가 시각적 표상물의 이해능력 발달에 관한 것이다. **시각적 표상물**(pictorial representation)이란 그림, 만화, TV, 영화 등에서 볼 수 있는 표상을 재현시켜 놓은 상징적 대상물을 뜻한다.

2세경부터 유아들은 동화책 속의 그림이나 TV의 만화 속에 나오는 여러 대상의 모습을 대단히 흥미롭게 지켜본다. 또한 이들은 만화 속의 강아지와 실제 강아지의 사소한 차이를 이해하며 실제로 강아지와 전혀 다른 소리로 짖으면 그 잘못을 지적할 수도 있다. 이처럼 이 시기의 유아는 시각적 표상물과 실제 대상과의 유사성과 차이점을 비교적 명확하게 인지할 수 있다(Flavell et al., 1993).

2~4세 사이 유아의 시각적 표상물에 대한 이해능력은 실제의 표상물에 객관화되지 못하고 자신의 심상에 치중하는 주관적인 한계를 갖는다. 예를 들어, 3세 유아에게 목욕통에 물이 담긴 장면과 오리가 침대 안에 있는 장면을 보여주고, 유아가 보는 앞에서 그 장

면의 사진을 찍었다. 유아들에게 무엇을 보았느냐고 물으면 '물이 담긴 목욕탕'과 '침대 안에 있는 오리'라고 정확하게 답하고 있음을 확인하였다. 그러나 유아들에게 이 장면을 찍은 사진에서 무엇을 볼 수 있을지 물으면 '오리가 목욕탕에 있는 모습'이라는 자신의 심상에 근거한 답을 하는 경향이 있었다(Zaitchik, 1990).

TV 속의 시각적 표상물에 대한 인지에도 유사한 한계가 있다. Flavell 등(1990)은 유아에게 TV 화면에서 풍선이 떠다니는 모습을 보여주고 TV 뚜껑을 열고 흔들면 풍선이 방으로 나올지 물었다. 대부분의 3세 유아들은 '그렇다'라고 반응하였지만 화면 속의 대상과 실제 대상의 차이를 설명해주면 곧 알아듣고 TV 속의 시각적 표상물과 실물과의 차이점을 이해하였다.

시각적 표상물의 이해능력에 관한 이들 연구결과들은 한마디로 말해서, 2~4세 사이 유아들은 실제 대상과 이에 상응하는 시각적 표상물 간의 관계에 대한 기본적인 이해능력은 갖추고 있으나, 시각적 표상물의 구체적인 속성을 정확하게 이해하는 데에는 한계가 있음을 보여주고 있다.

(5) 외양-실재구분 연구

Piaget의 주장대로 전조작기 유아의 사고가 중심화되어 한 번에 대상의 한 가지 측면밖에 고려할 수 없다면, 유아는 대상의 외양과 실재를 동시에 고려하는 능력을 가질 수 없게 된다. 유아의 **외양-실재구분** 능력은 전조작기 인지발달에 관한 재미있는 연구주제이다.

외양-실재구분에 관한 DeVries(1969)의 고전적 연구를 살펴보자. 3~6세 유아에게 〈그림 4-10〉의 왼쪽에 제시된 것과 같은 고양이를 한 마리 보여준다. 유아에게 고양이를

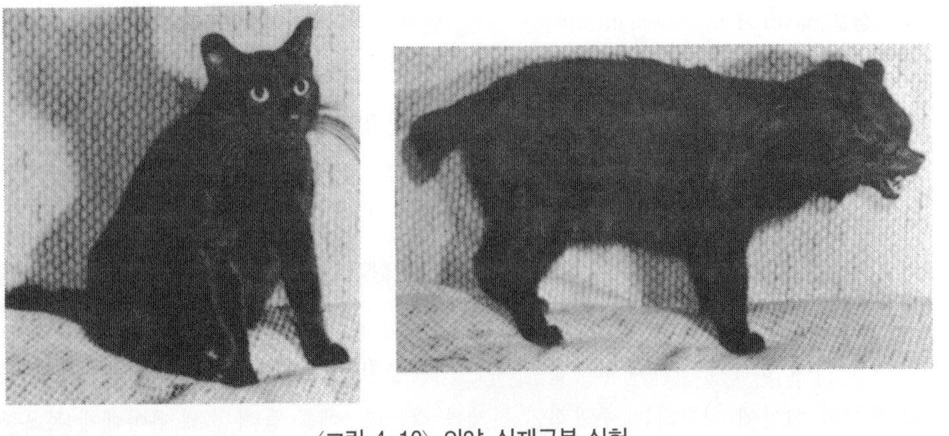

〈그림 4-10〉 외양-실재구분 실험
(DeVries, 1969; Flavell, 1986에서 인용)

쓰다듬게 해서 고양이임을 확인시킨다. 고양이의 머리와 어깨를 스크린으로 가린 후 〈그림 4-10〉의 오른쪽과 같이 정교하게 만들어진 개얼굴 가면을 고양이에게 씌운다. 스크린을 치운 후 유아에게 '이제 이건 무슨 동물이지?' '이건 '야옹' 하고 울까 아니면 '멍멍' 하고 짖을까?' 라고 질문한다.

이 실험에서 거의 모든 3세 유아는 개의 가면을 쓴 동물이 실제로 개라고 판단하였다. 이에 반해 6세 유아는 개처럼 보이는 고양이라고 반응함으로써 외양과 실재의 두 측면을 구분하여 고려하는 능력이 형성되어 있음을 입증해 보였다. 이러한 DeVries의 연구결과는 Piaget의 전조작기 중심화된 사고의 특징을 지지하지 않는 것이다.

4 구체적 조작기의 인지발달

구체적 조작기(concrete operational period)는 6~7세경부터 11~12세경에 해당하며, 이 시기 동안에 체계적인 논리적 사고가 발달하게 된다. Piaget에 의하면 조작은 내면화된 행동체계를 의미한다. 조약돌 10개를 한 줄로 펼쳐 놓고 헤아리면서 왼쪽 끝에서부터 헤아려도 10개, 오른쪽 끝에서부터 헤아려도 마찬가지로 10개가 되는 것을 알고 수량의 본질은 형태의 변화에도 불구하고 동일하게 유지된다는 것을 내재적으로 깨닫는 것이나, 사탕을 두 개 가진 아이가 동생에게서 사탕을 한 개 더 빼앗아오면 두 개에 한 개가 붙어서 세 개가 되지만, 형에게 한 개를 빼앗기면 원래대로 두 개가 될 것이라고 마음속으로 생각하는 것은 조작적 사고의 대표적인 예이다. 구체적 조작기에 들어서면 여러 형태의 조작에 의해 과학적인 사고와 문제해결이 가능하게 된다.

Piaget가 구체적 조작기 아동의 조작행동 속에 나타나는 논리적 사고의 가장 중요한 특징으로서 가역성의 개념을 들고 있다는 것은 앞에서 지적한 바와 같다. 구체적 조작기의 가역적 사고는 여러 형태의 조작을 통해 검증될 수 있다. 이 시기 가역적 사고가 가장 잘 드러나는 대표적인 세 개의 조작형태가 보존개념, 분류조작, 서열조작이다.

1) 보존개념

구체적 조작기 동안에 아동은 길이, 무게, 부피 등 여러 형태의 보존개념을 획득하게 된다. 이들 보존과제는 그 형태는 다르나 가역적 사고과정은 동일하다. 〈그림 4-11〉에 제시된 두 덩어리의 유토의 질량의 보존개념을 예로 들어보자. 원래 똑같은 둥근 모양의

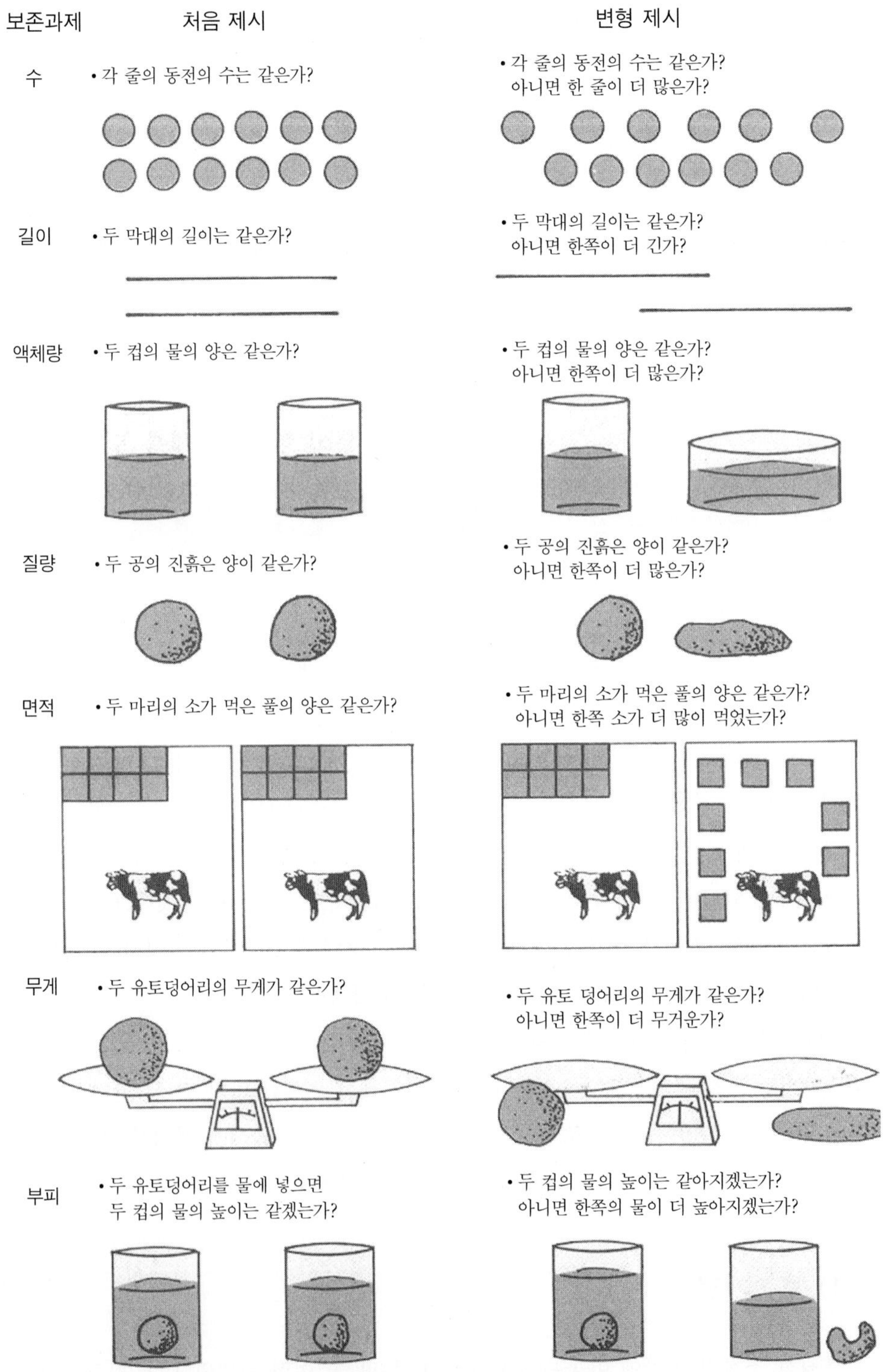

〈그림 4-11〉 수, 길이, 양 등의 보존개념

(Berk, 1994에서 인용)

유토 중 한 덩어리의 유토를 넓적하게 형태를 바꾸면 둥근 유토보다 커 보인다. 그러나 넓적한 유토를 원래의 둥근 형태로 되돌리면 그 질량은 같아진다. 마찬가지로 둥근 유토와 넓적한 유토의 두께와 너비의 두 요소를 통합해보면 질량이 같음을 알 수 있다. 이처럼 그 원리는 동일함에도 불구하고 〈그림 4-11〉에서 보듯이 질량의 보존개념은 액체량보다 훨씬 늦게 획득된다. 이처럼 동일한 가역성의 논리적 조작에 근거를 두고 있으면서도 과제의 형태에 따라 조작의 획득 시기가 달라지는 현상을 Piaget는 **수평적 격차**(horizontal decalage)라 부른다.

Piaget에 의하면 일반적으로 길이, 크기, 양, 수의 보존은 6~7세에, 무게는 8~9세에, 넓이와 부피의 보존개념은 11~12세경에 획득된다(Piaget, 1941, 1973). 그러나 Cuneo 등(Anderson & Cuneo, 1978; Cuneo, 1981)은 너비와 높이가 서로 다른 직방형 모양의 과자를 나누어주고 똑같이 나누어 먹으라고 지시한 과제에서 3~5세 사이의 유아는 두 요인을 통합하여 과자의 양의 보존개념을 정확히 이해할 수 있음을 확인하였다. Gelman(1978)은 수 보존 실험과제의 수를 3~4개로 줄여서 3~4세 유아를 대상으로 실험한 결과, 이들이 수 보존을 획득하고 있음을 알 수 있었다. 이처럼 낮은 연령에서 보존개념이 형성된다는 연구결과들은 7세를 전후하여 전조작기로부터 구체적 조작기로 이행한다는 Piaget의 인지발달단계 이론을 위협하는 것이다.

우리나라 아동의 보존개념 형성에 관한 연구를 보면, 수의 보존개념은 6~7세에 급격히 발달한다. 물질량은 7~9세에, 무게는 10~11세, 부피는 11~12세에 발달하는 것으로 나타났다(조복희, 1981; 황선덕, 1990). 이러한 결과는 Piaget 연구의 보존개념 획득연령과 거의 일치하는 것이다.

2) 분류조작

구체적 조작기에 반환성의 논리적 사고가 획득됨에 따라 유목에 근거한 **분류조작**이 가능하게 된다. 앞에서 예를 든 것과 같이, 색깔과 유목이 다른 과제를 주고 아동에게 같은 것끼리 모아보라고 지시하면, 전조작기 유아는 색깔에 의해 묶는 지각적인 분류행동을 보인다. 이에 반하여 구체적 조작기 아동은 같은 유목의 사물을 같은 것으로 분류한다. 이러한 차이는 구체적 조작기 아동이 유목개념을 획득하고 있음을 보여주는 것이다.

수의 가감조작은 아동기 반환성조작이 가장 잘 나타나는 예이다. 사탕을 두 개 갖고 있는데 동생이 한 개를 더 주면 세 개가 되지만(2+1=3), 조작의 개념에서 예를 들었듯이 형이 한 개를 다시 가져가면 원래의 두 개로 돌아간다는 사실(3-1=2)에 대한 인식은 반환성이 수조작에 적용되는 예이다. 수의 결합과 분리라는 초기 수학습의 핵심개념은 반환성조작을 기초로 하고 있는 것이다. 수조작과 마찬가지로 유목의 분류와 결합 또한 구체적 조작사고의 주요 국면이다. 구체적 조작기 아동들은 남자와 여자가 합쳐서 사람이 되며, 사람 중에서 여자를 빼면 남자만 남는다는 반환성에 기초한 유목조작을 할 수 있게 된다.

유목의 분류와 결합이 가능한 아동은 전조작기 발달에서 설명한 기본적인 유목포함조작을 할 수 있게 된다. 이 시기 동안에 아동은 여러 사물이나 현상들을 그 속성에 따라 다양하게 분류하고 통합하여 유목의 위계적 망을 형성해가는 구체적 조작사고를 숙달시켜간다.

구체적 조작기 분류조작 중에서 가장 많은 연구의 대상이 되고 있는 것이 **중다분류**(multiplicative classification)조작이다. 중다분류조작은 두 개 이상의 기준을 동시에 고려하여 대상을 분류하는 능력을 뜻한다. 〈그림 4-12〉에 제시한 Inhelder와 Piaget(1964)가 사용한 두 과제를 예로 들어보자.

그림 A에서 빈칸에 들어갈 카드를 고르기 위해서는 색깔과 형태의 두 기준만 고려하면 된다. 그러나 그림 B에서는 색깔, 형태, 방향의 세 기준을 동시에 고려할 수 있어야 한다. Piaget는 이처럼 두 개 이상의 기준을 통합하는 중다중분류조작능력도 유목포함조작능력과 마찬가지로 7~8세경에 획득된다고 주장한다.

아동기 중다분류조작능력의 발달과 관련된 한 가지 흥미로운 사실이 보고되고 있다. Inhelder와 Piaget(1964)는 그림 A에서처럼 기준이 두 개인 과제에서 아동의 중다분류조작능력은 아동의 연령이 증가함에 따라 직선적으로 발달하지만, 그림 B에서와 같이 세

〈그림 4-12〉 중다분류조작 실험
(Inhelder & Piaget, 1964에서 인용)

개의 기준을 고려해야 하는 과제에서는 4세와 7세의 수행수준이 유사하게 높으며, 6세가 4세보다 낮은 수행을 보이는 U형 발달현상[3]을 발견하였다. Piaget는 이러한 U형 발달은 아동의 분류준거가 지각적 속성으로부터 개념적이며 논리적 기준으로 이행하는 인지구조의 질적 변환기에 나타나는 현상이라 설명하였다.

중다분류에서 U형 발달현상은 Odom 등(1975)을 위시하여 많은 연구에서 밝혀왔으며, 우리나라 아동들에게서도 중다분류의 U형 발달현상이 있음이 입증되었다(이상로 · 송명자, 1982).

4~8세 아동을 대상으로 세 가지 기준을 통합하여 분류하는 과제를 주었을 때 5세와 7세 아동의 수행수준은 유사한 반면에 6세 아동의 수행이 의미 있게 낮았다. 이러한 결과는 U형 발달이 모든 문화권에서 나타나는 현상임을 보여준다.

3) 서열조작

구체적 조작기에 들어설 무렵의 아동들은 사물을 길이나 크기 등의 기준에 따라 순서 짓는 서열조작능력을 갖추고 있다. 이 시기의 아동은 막대기의 색깔을 달리하는 등 지각적으로 혼란을 일으키는 요인이 첨가되면 서열조작에 실패하는 유아기의 한계를 극복하고 비교적 안정된 서열조작을 보이게 된다.

구체적 조작기에 획득되는 서열조작능력의 하나인 **추이성**(transitivity)조작은 연구자들의 관심의 대상이 되고 있다. 길이가 다른 A, B, C 세 개의 막대를 주고 A와 B의 길이를 비교해보게 하면 아동들은 A가 B보다 길다(A>B)는 것을 알게 된다. 이번에는 B막대와 C막대를 비교하여 B>C임을 확인시킨다. 그 후 직접 비교하지 않고 A막대와 C막대 중 어느 쪽이 더 긴가를 예상하게 한다. 이 실험에서 아동들은 7~8세경에야 A>C임을 정확하게 추론할 수 있다. 아동의 서열추론능력인 추이성조작이 유목포함조작과 매우 유사한 시기에 획득되고 있음을 알 수 있다.

구체적 조작기 동안에 두 개 이상의 요인을 동시에 비교하고 통합하는 서열조작이 발달하게 된다. Piaget(Inhelder & Piaget, 1964)는 아동들에게 크기와 색깔의 정도에 따라 순서대로 배열될 수 있는 49개의 나뭇잎을 주고, 가로는 크기가 점차 커지며 세로는 색깔이 점점 짙어지도록 배열할 수 있는 행렬판(matrix)에 나뭇잎을 적절히 배열하도록 지시하였다. 결과적으로 5세 이전의 유아들은 체계적인 서열조작능력을 보여주지 못하였다.

3) U형 발달은 아동의 발달과정에서 일시적인 퇴보가 실제로 발달의 지체가 아니라 질적인 도약을 위한 중요한 전진적 과정임을 보여주는 중요한 현상이다. 발달의 여러 영역에서 나타나는 U형 현상에 대해서는 Strauss (1982), 송명자(1990)를 참조할 것.

5~6세들은 크기나 색깔 중 하나의 기준에 따라 순서대로 배열하였으나 두 기준을 통합하는 능력은 없었다. 7~8세경에 비로소 크기와 색깔의 두 기준을 동시에 고려하여 순서짓는 **다중서열**(multiple seriation)조작능력이 나타난다.

유목포함조작, 중다분류조작, 추이성조작, 다중서열조작 등 구체적 조작기 인지발달을 대표하는 네 가지 조작능력이 동일하게 7~8세경에 획득되는 현상을 Piaget(Inhelder & Piaget, 1964)는 **동시성**(synchrony) 현상이라 부른다. 서로 다른 조작들이 같은 시기에 나타나는 동시성이 입증되는 것은 이들 조작을 통합하는 통합구조가 존재한다는 사실을 입증하는 것이며, 나아가 Piaget 이론에서 아동의 인지발달을 크게 네 가지 단계로 구분하는 단계이론의 타당성을 입증해주는 중요한 경험적 근거가 된다.

4) 구체적 조작기 아동의 인지발달에 관한 보다 최근의 연구

구체적 조작기의 아동은 학교에서 여러 형태의 지적 과제들을 해결하는 과정을 통해 인지발달을 이루어간다. Piaget가 가역성이라는 논리적 개념에 의해 이 시기 아동의 지적 발달과 과제해결능력을 이해하고자 한 것에 대해 최근의 정보처리이론가들 사이에서 비판이 제기되고 있다. 이들은 실제로 과제를 해결해나가는 과정에서 아동이 보여주는 지적 역량에 의해 구체적 조작기 아동의 지적 능력 발달을 고려해야 한다고 주장한다. 이러한 입장의 대표적인 두 학자로서 흔히 신피아제이론가(Neo-Piagetian theorists)라 불리는 Pascual-Leone과 Case의 이론을 간단히 살펴보자.

(1) Pascual-Leone의 이론

Pascual-Leone 등(1978)은 아동이 특정과제를 해결하기 위해 동시에 작용시킬 수 있는 **스킴**(scheme)의 수를 늘려나가는 것이 구체적 조작기 동안의 중요한 인지발달이라 주장한다. 〈그림 4-13〉과 같은 행렬과제를 예로 들자. 과제 A를 해결하기 위해 아동은 모양과 크기라는 두 개의 형상적 스킴만 고려하면 된다. 이에 반하여 과제 B의 해결을 위해서 아동이 동시에 작용시켜야 할 스킴의 수는 모양, 크기, 색깔, 수의 네 개로 증가한다. Piaget의 구체적 조작기 분류조작능력 발달이론은 이러한 과제의 정보처리 요구의 증가에 따른 아동의 과제해결능력의 연령 간 차이를 설명하기 어렵다.

Pascual-Leone은 특정 연령단계에서 아동이 동시에 처리할 수 있는 최대 스킴의 수를 **최대 지적 역량**(M-power)이라 지칭하고, 그 양적 변화를 인지발달단계로 설정하고 있다. 〈표 4-5〉는 3~4세경에 해당하는 e+1의 최대 지적 역량으로부터 15세 이후 성인기의 e+7의 역량에 도달하기까지의 발달적 변화를 준다.

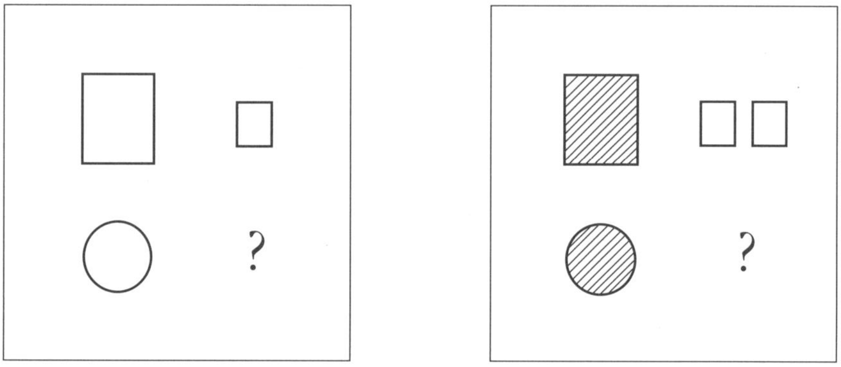

A: 2요인 과제　　　B: 4요인 과제

〈그림 4-13〉 행렬과제

표 4-5 최대 지적 역량의 발달적 변화

예상되는 최대 역량	Piaget 단계	평균연령(세)
e+1	전조작 초기	3~4
e+2	전조작 후기	5~6
e+3	구체적 조작 초기	7~8
e+4	구체적 조작 후기	9~10
e+5	형식적 조작도 입기	11~12
e+6	형식적 조작 초기	13~14
e+7	형식적 조작 후기	15~성인

(Pascual-Leone et al., 1978에서 인용)

6~11세 사이의 우리나라 아동을 대상으로 행렬과제에서 스킴의 수를 2개에서 6개까지로 다양화시켜 분류조작수행을 진단한 결과(송명자, 1982)는 Pascual-Leone의 최대 지적 역량의 발달단계와 유사한 발달적 경향을 보여주었다.

(2) Case의 이론

Case(1985)는 구체적 조작기 아동의 인지발달의 주요과제는 조작의 효율성 증가라고 주장한다. Case도 Pascual-Leone과 유사하게 아동이 과제를 처리하는 **작업기억 역량**(working memory capacity)의 증가를 인지발달로 고려한다. Case는 〈그림 4-14〉에서 보듯이 아동의 작업기억은 **조작공간**과 **저장공간**으로 구성된다고 생각한다. 조작공간은 실제로 과제를 해결하는 과정에서 아동이 필요로 하는 작업기억량을 뜻하며, 반면에 저장공간은 처리된 정보들을 필요할 때 인출할 수 있도록 저장해두는 공간을 뜻한다.

〈그림 4-14〉 작업공간 감소모형
(Case, 1984에서 인용)

〈그림 4-15〉와 같이 아동이 머릿속에서 계산하는 과정을 예로 들어보자. 12×11의 도식을 그려서 한 단계씩 절차를 거쳐서 계산해간다면 엄청난 양의 정보처리 역량이 요구될 것이다. Case에 의하면 아동이 정보를 처리하는 전체공간은 한정되어 있으므로 조작공간이 커지면 그만큼 저장공간은 줄어들게 된다. 이에 반하여 12×11의 계산절차가 자동화되어 120과 12의 합으로 효율적으로 처리되면 조작공간은 작아지고 그만큼 저장공간이 커지게 된다. 저장공간이 클수록 아동의 인지적 능력은 유능한 것으로 나타난다.

초등학교 시기 동안 아동이 반복적인 연습과 숙달에 의해 과제처리능력을 길러가는 것은 자동화를 통한 조작의 효율성을 증가시키기 위한 것이다. Case에 의하면 조작의 효율성이 증가하면 곧 조작공간은 감소하며 저장공간은 증가하게 되므로 이 시기 아동의 인지발달은 촉진된다.

Piaget의 인지발달이론에서 구체적 조작기가 끝나는 11~12세경부터 아동들은 **형식적 조작기**(formal operational stage)의 사고를 획득하기 시작한다. 앞에서 보았듯이 구체적 조작기 아동들은 가시적이며 구체적인 사물이나 사태에 대해서는 내재적인 사고를 통해 논리적으로 조작할 수 있다. 그러나 형식적 조작기에 들어서면 아동들은 실제적이며 관찰가능한 대상에 대한 조작의 한계에서 벗어나 가설적이며 명제적인 사태에 대해서도 체계

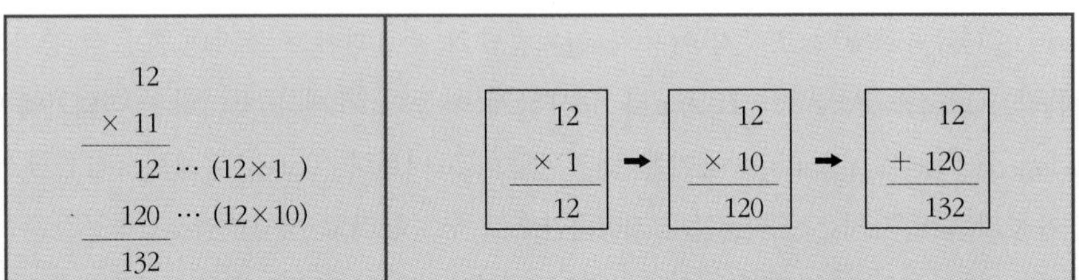

〈그림 4-15〉 12×11 도식

적인 논리적 사고가 가능하게 된다. 구체적 조작기의 군성체 구조는 분류와 서열의 조작을 각각 별개로만 논리적으로 조작할 수 있는 데 반해, 형식적 조작기에는 이들 두 개의 질적 조작을 통합하는 INRC구조[4)]가 획득된다. 형식적 조작사고기의 인지발달의 특징은 청년기 발달에서 자세히 살펴보고자 한다.

4) INRC 구조는 청년기 인지발달에서 다루게 될 것이다

제5장

지능 및 기억발달

인간의 지적 능력의 발달을 연구하는 심리학적 접근을 크게 인지발달적 접근, 심리측정적 접근(psychometric approach), 정보처리적 접근(information processing approach)으로 나누고 있다. Piaget의 인지발달론적 접근은 앞의 4장에서 이미 살펴보았다. 이 장에서는 심리측정적 접근에서 지능의 이론과 지적 발달양상을 먼저 살펴보고, 정보처리적 접근에서 기억과정과 그 발달양상을 검토하고자 한다.

1 지능의 이론과 지적 능력의 발달

심리측정적 접근에서도 지능의 개념과 본질을 설명하는 다양한 이론들이 있다. 이들 이론들을 간단히 살펴본 후, 지능의 진단, 지능의 발달, 지능발달에 영향을 미치는 요인들을 검토하고자 한다. 아울러 전통적인 지능개념에 대한 비판과 최근에 제시되고 있는 대안적인 접근들을 살펴보고자 한다.

1) 지능의 개념과 이론

(1) 지능의 개념

앞장에서 제시한 Piaget의 인지발달이론은 아동의 지적 능력의 발달과정과 수준을 이해하는 데 좋은 이론적인 틀을 제공해주기는 하지만, 보다 구체적이며 실용적으로 한 아동이 지니고 있는 지적 능력의 크기를 보여주는 데에는 한계가 있다. 지능의 **심리측정적 접근**은 이러한 점에서 인지발달적 접근의 한계를 보완해주는 장점이 있다. 심리측정적 접근에서는 지능을 개인 간 능력의 차이를 야기하는 특성으로 간주한다. 따라서 심리측정적 접근의 연구자들은 지적 능력의 발달을 지능지수(IQ)의 개념으로 수량화하고 이를 비교함으로써 개인차를 진단하는 데 주력한다. 심리측정적 접근은 인지발달적 접근과 더불어 오랫동안 아동의 지적 발달을 연구하는 주요 이론체계가 되어 왔다.

대표적인 초기 지능이론가인 Terman(1921)은 지능을 추상적 사고를 수행하는 능력이라고 규정하였다. Wechsler(1958)는 지능을 개인이 목적에 따라 행동하고, 합리적으로 사고하며, 환경에 효율적으로 대응할 수 있는 능력이라고 정의하고 있다. 이러한 능력이 보다 구체적으로 어떠한 특성 또는 요인으로 구성되는가를 밝히기 위해 지능의 본질에 관한 여러 가지 이론적 관점들이 제시되어 왔다.

(2) 지능의 이론

일찍이 Spearman(1927)은 여러 하위 형태의 인지적 능력검사에서 개인이 얻은 점수의 상관을 분석한 결과 개인의 지능은 모든 하위검사 점수에 고르게 영향을 미치는 일반적인 능력과 특정 하위검사에서 개인에 따른 능력의 차이를 야기하는 특수능력으로 구분된다는 사실을 알아냈다. Spearman은 일반적인 능력을 일반요인(g-factor)이라 명명하고 개인 특유의 특수능력을 특수요인(s-factor)이라 불렀다. 이러한 Spearman의 이론을 지능의 **양요인설**(two factor theory)이라 부른다.

Thurstone(1938)은 중학교 2학년과 대학생을 대상으로 실시한 50여 개의 지능검사결과를 분석해 Spearman의 주장과 달리 인간의 지능은 서로 독립적인 일곱 개의 능력으로 구성된다는 사실을 밝혀냈다. Thurstone은 이들 능력을 언어이해력, 언어유창성, 수리력, 공간지각, 기억, 추론, 지각 속도로 규정하고 이를 **기초 정신능력**(primary mental abilities)이라 불렀다. 이들 7개 능력은 상호 독립적이기는 하지만, 하나로 통합되어 개인의 일반적인 지능을 구성하게 된다.

보다 근래에 Guilford(1988)는 **지능의 구조모형**(structure of the intellect model)을 제시하였다. 이 모형에서 지능은 5개의 내용차원, 6개의 조작차원, 6개의 산출차원의 세 차원을 구성하는 요소들이 상호 결합하여 얻어지는 180개의 상이한 정신능력으로 구성된다.[1] 〈그림 5-1〉에 Guilford의 지능구조모형에서 규정하고 있는 세 차원의 요소들의 성격을 정리해 두었다.

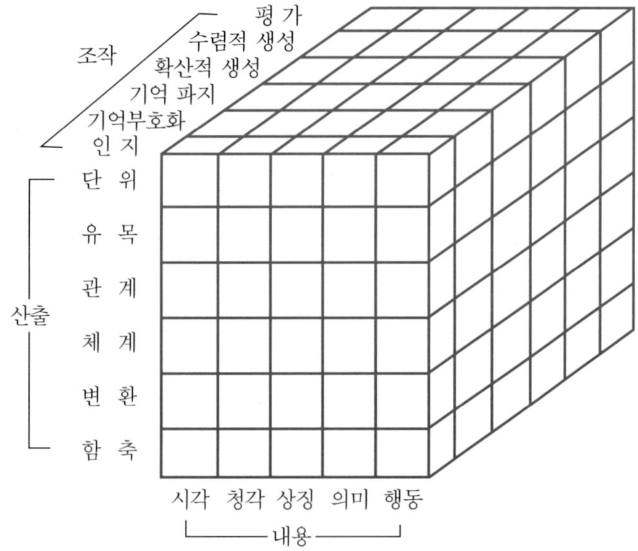

〈그림 5-1〉 Guilford의 지능의 구조
(Guilford, 1988에서 인용)

Guilford의 지능구조모형이 제시하고 있는 180개의 기본 정신능력 중 100개 이상의 능력을 진단하는 검사들이 개발되어 있는 것으로 알려져 있다(Shaffer, 1993). 그중 '사회적 지능' 검사를 예로 들어보자. 〈그림 5-2〉에서 화살표가 지시하는 사람의 표정을 보고 이 사람의 생각을 바르게 표현하고 있는 문장을 고르게 한다.

이 검사 수행에 필요한 지능을 Guilford 모형의 세 차원에서 찾아보자. 이 검사의 내용차원은 타인의 표정이라는 '행동' 적 내용과, 조작차원은 특정 해답을 식별해내는 '인지' 조작과, 산출차원은 표정의 가능한 의미를 '함축' 적으로 찾아내는 세 차원으로 구성된 능력을 진단하고 있음을 알 수 있을 것이다.

Cattell과 Horn(Cattell, 1963; Horn & Cattell, 1982)은 지능을 **유동성 지능**(fluid intelligence)과 **결정성 지능**(crystallized intelligence)의 두 차원으로 구분하였다. 유동성 지능은 학습된 능력이 아니면서 비교적 모든 문화권에 보편적인 문제해결능력을 뜻한다.

1) Guilford의 지능구조모형에서 차원의 수가 점차적으로 늘어가고 있다. 최초의 이론(Guilford, 1967)에서는 내용차원이 4개, 조작차원이 6개, 산출차원이 5개로서 120개의 요인이 제시되었었다.

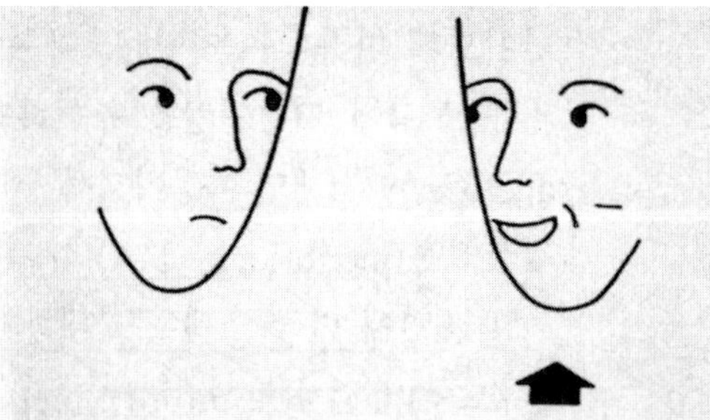

〈그림 5-2〉 사회적 지능검사 예
(Shaffer, 1993에서 인용)

유동성 지능은 언어적 유추능력, 단순암기능력, 추상적 도형 간 관계이해능력을 포함한다. 이에 반하여 결정성 지능은 학교학습이나 경험을 통해 획득된 능력으로서 어휘이해력, 수리력, 일반적 지식을 의미한다. 유동성 지능과 결정성 지능에 대해서는 성인기 인지발달에서 자세히 설명하게 될 것이다.

2) 지능의 진단

(1) 초기 지능검사

최초의 지능검사인 **비네-시몽 검사**(Binet-Simon test)는 1905년 Binet와 Simon에 의해 제작되었다. 이들은 형태 맞추기, 사물의 이름 대기, 낱말의 의미 구별하기 등과 같이 성공적인 학교학습의 기초가 되는 지각, 주의, 기억, 추론, 언어이해력 등을 진단할 수 있는 문항들을 개발하고, 이들 문항을 난이도에 따라 배열하였다. 각 연령집단의 아동 중 50～75%가 맞힐 수 있는 문항에 해당연령을 부여하였다. 예를 들어, 생활연령(chronological age: CA)이 4세인 아동이 4세 6개월 문항까지를 풀었다면 이 아동의 지능은 정신연령(mental age: MA) 4세 6개월 수준으로 진단할 수 있도록 하였다.

1916년에 미국 스탠퍼드 대학의 Terman이 비네-시몽 검사를 기초로 **스탠퍼드-비네검사**(Stanford-Binet test)를 개발하였다. 이 검사는 3～13세까지의 아동을 대상으로 제작되었으며, 언어 · 수리능력 등 학교학습의 기초능력을 진단하는 점에서 검사의 기본적인 목적과 구성은 비네-시몽 검사와 유사하였다. 다만 Terman은 정신연령 대신에 **지능지수**(intelligence quotient: IQ)의 개념을 사용하였다. 최초에 IQ는 생활연령에 대한 비를 100으로 곱한 수치(IQ=MA/CA×100)로 표기되었다. 그러나 오늘날 대부분의 지능검사가 사용하는 IQ는 같은 연령집단에서의 상대적인 위치를 보여주는 편차 IQ(deviation IQ)이다.

스탠퍼드-비네 검사에 이어 Wechsler에 의해 6세에서 16세 아동을 대상으로 하는 **웩슬러 아동용 지능검사**(Wechsler Intelligence Scale for Children: WISC)와 4세에서 6세 6개월까지를 대상으로 하는 **웩슬러 입학 전 및 초기아동 지능검사**(Wechsler Preschool and Primary Scale of Intelligence: WPPSI)가 개발되었다. 이 검사들도 학업관련 능력을 진단하는 점에서는 이전의 검사들과 근본적으로 유사하지만, 언어적 질문에 답하게 하는 언어성 척도와 실제로 퍼즐 맞추기를 시켜보는 것과 같은 동작성 척도로 지능지수를 분리하여 보여주는 점에서 다른 검사와 차이가 있다. 개정된 웩슬러 아동용 지능검사(WISC-R)의 문항을 예시하면 〈표 5-1〉과 같다.

국내에서도 변창진(1973)에 의해 **CFIT 지능검사**가 개발되었으며, 이창우와 서봉연(1974)이 **한국판 아동용 웩슬러 지능검사**(K-WISC)를, 한국교육개발원(1987)이 **아동용 웩슬러 지능검사**(KEDI-WISC)를 개발하였다. 최근에는 박혜원 등(1996)이 **한국판 웩슬러 유아 지능검사**(WPPSI-R)를 개발하였다.

표 5-1 웩슬러 지능검사 문항 예

하위검사	언어척도
정 보	새는 날개가 몇 개인가? 5센트 동전 몇 개가 있으면 10센트 동전이 되는가? 추측이란 무슨 뜻인가?
산 수	Sam은 과자가 3개 있었는데, Joe가 네 개를 더 주었다. Sam은 과자가 모두 몇 개인가? 사과 두 개가 15불이면 12개는 얼마인가?
어 휘	____은 무엇인가? 또는 _____은 무엇을 뜻하는가? 망치 보호하다
하위검사	**수행척도**
사물 맞추기	조각을 맞추어서 친숙한 사물을 만들어 보자. 

(Vasta et al., 1992에서 인용)

(2) 새로운 검사

스탠퍼드-비네 검사나 웩슬러 검사는 언어적 수단에 크게 의존하므로 영아나 언어발달이 느린 저소득 계층 아동의 지능을 측정하는 데에는 적합하지 않다. 또한 다른 영역의 능력은 우수하면서 언어능력이 낮은 아동의 지능을 제대로 진단해내지 못하는 문제점이 있다. 이러한 문제점을 보완하기 위한 새로운 검사들이 개발되고 있다.

Kaufman과 Kaufman(1983)이 제작한 **카우프만 아동용 진단검사**(Kaufman Assessment Battery for Children: K-ABC)는 대체로 비언어적이며, 선택된 문항이 모든 계층의 아동에게 고르게 적합하고, 적절히 힌트를 주는 등 검사실시방법의 유연성이 높은 점에서 최근에 보다 좋은 아동기 지능진단검사로 대두되고 있다. **Raven 행렬검사**(Raven' s Matrix Task)는 대표적인 문화평형검사(culture fair test)의 하나이다.

대표적인 영아용 지능진단검사로서 **베일리 영아발달 척도**(Bayley Scale of Infant Development; Bayley, 1969)를 들 수 있다. 이 검사는 2개월~2세 6개월 사이에 영아를 대상으로 하고 있으며, 세 개의 하위검사로 구성되어 있다. 운동성 척도는 서기, 걷기와 같은 대근육 운동과 공 던지기, 컵 잡기와 같은 소근육 운동능력을 진단하며, 정신성 척도는 다양한 적응행동을 진단한다. 영아행동기록 하위검사는 공포반응, 사회적 반응성 등의 발달수준을 측정하도록 되어 있다. 이들 세 하위영역에서의 검사점수는 발달지수로 환산된다. 발달지수는 같은 연령집단의 평균 발달수준인 100을 중심으로 표기하도록 되어 있다. 베일리 척도는 영아의 감각적, 신경생리적 결함이나 정서적 부적응 행동을 초기에 찾아내는 데 활용 가능성이 높다.

Uzgiris와 Hunt(1975)는 Piaget의 감각운동기 발달수준을 정신측정적 접근에서 표준화하여 출생에서 2세 사이 영아에 사용할 수 있는 **영아심리발달척도**(Infant Psychological Development Scale: IPDS)를 개발하였다. 이 척도는 모방, 대상영속성 등 감각운동기의 주요 인지적 기능을 진단하는 8개의 하위검사로 구성되어 있다.

3) 지능의 발달

심리측정적 관점에서 볼 때 아동의 연령이 증가함에 따라 나타나는 지적 능력의 발달적 변화는 크게 지능구조의 변화와 안정성의 증가로 대별된다.

(1) 지능구조의 변화

심리측정적 접근의 이론가들은 아동의 나이가 증가하면 지능을 구성하는 하위특성들의 구조에 변화가 일어나는 것으로 가정하고 있다.

아동 연령의 증가에 따른 **지능구조의 발달적 변화**에 관해서는 두 가지 가설이 제시되고 있다(Vasta et al., 1992). 첫째는 낮은 연령에서 아동의 지능은 상대적으로 미분화된 일반적 지능으로 구성되나, 연령이 증가함에 따라 점차로 **분화**되어 독립적인 여러 특수 능력들이 나타나게 된다는 가정이다. 두 번째 가설은 지능을 구성하는 **하위요인의 본질의 변화**에 관한 것이다. Piaget의 인지발달이론에서도 지적했듯이 영아기 지능은 주로 지각 및 운동 기능으로 구성된다. 연령이 증가함에 따라 점차 상징적이며 언어적인 능력이 나타나게 되어, 보다 추상적인 사고가 감각운동적 능력에 대치된다.

지능구조의 발달적 변화에 대한 이들 두 가설은 최근에 그 타당성이 경험적으로 입증되고 있다(Sternberg, 1988a; Sternberg & Powell, 1983).

(2) 지능의 안정성

지능발달에 관한 또 하나의 관심은 한 아동의 지능을 여러 연령수준에서 진단했을 때 그 결과가 서로 얼마나 일치하는가와 관련되는 **안정성**(stability)의 문제이다. 이 문제에 대한 한 가지 명백한 해답은 2세 이전의 영아기 지능은 그 후의 아동기나 청년기 지능과 일치하지 않는다는 것이다. 실제로 Bayley 척도상의 발달지수와 후의 지능지수 간의 상관은 0에 가까운 것으로 보고되고 있다(Harris, 1983). 이는 영아기 지능의 측정대상이 되는 감각운동적 능력과 아동기 지능의 측정내용인 상징적이며 언어적 능력이 상이한 데에서 오는 측정내용의 차이에 기인하는 것으로 설명된다.

영아기 지적 특성 중 **신기성**(novelty)에 대한 반응은 후의 아동기 지능과 높은 관련성이 있는 것으로 보고되고 있다(Colombo & Fagan 1990; Fagan et al., 1991; McCall, 1990). 예를 들어, 영아기에 낯선 물건에 강한 선호를 보이거나 친숙한 자극에 빨리 습관화되는 아기일수록 아동기에 높은 지능을 보인다. Fagan은 이러한 연구결과들을 바탕으로 영아의 신기성에 대한 반응을 진단하는 **페이건 영아지능검사**(Fagen Test of Infant Intelligence)를 개발하였다(Fagan & Shopherd, 1986). 페이건 영아지능검사는 우리나라에서도 활용되고 있다(박혜원 등, 1994).

2세 이후부터 지능의 안정성은 크게 증가한다. 〈표 5-2〉에서 제시한 3세에서 18세 사이의 지능의 상관에서 보면 3세 때 지능과 18세 때 지능의 상관계수는 .35로 상당히 유사한 것으로 나타나고 있다. 또한 9세와 12세 간의 상관은 .90으로 매우 높은 유사성을 보인다. 이처럼 아동의 연령이 증가할수록 지능의 안정성이 높아지며 따라서 예언력 또한 커진다. 다시 말해서 아동이 나이가 들수록 지능이 변화하는 폭은 줄어든다.

표 5-2 연령 간 지능의 상관

연령(세)	3	6	9	12	18
3		.57	.53	.36	.35
6			.80	.74	.61
9				.90	.76
12					.78

(Honzik et al., 1948; Vasta et al., 1992에서 인용)

4) 지능발달의 개인차

왜 어떤 아동은 높은 지능지수를 얻는데 어떤 아동은 낮은 지능수준을 보이는 것일까? 왜 일반적으로 저소득 계층의 아동들은 중상계층의 아동에 비해 지능이 낮은 것으로 보고되고 있을까? 지능의 개인 간 차나 집단 간 차가 나타나는 원인을 찾는 일은 오랫동안 발달심리학자들의 관심의 대상이 되어온 분야이다. 지능의 개인차를 규명하기 위한 연구 결과들은 유전적 소인과 환경적 요인의 중요성을 제시하고 있다.

(1) 유전적 요인

가족연구(family studies)는 지능발달의 개인차가 **유전적 소인**에 기인하고 있음을 보여주고 있다. 가족연구에 의하면 일란성 쌍생아 간의 지능의 상관은 .82이고 이란성 쌍생아는 .59, 형제간의 상관은 .55, 부모-자녀 간은 .50, 조부모와 손자녀 간은 .27, 사촌 간은 .26으로 보고되고 있다(Nichols, 1978). 이처럼 혈통이 가까울수록 지능의 상관이 높은 것은 지능발달이 유전적 요인에 의해 영향받고 있음을 보여주는 것이다.

일련의 양자연구(adoption studies) 또한 유전적 소인의 중요성을 입증해준다. 출생 직후 양자로 입양되어 자란 아동의 지능과 친부모의 지능과의 상관은 양부모와의 상관보다 일관성 있게 높은 것으로 보고되고 있다. 아동의 성장환경과 전혀 무관한 친부모가 자녀의 지능발달수준과 갖는 관련성은 유전적 소인의 중요성을 보여주는 것이다. 같은 환경에서 자란 일란성 쌍생아 간의 지능의 상관은 .85이다. 그러나 이들을 출생 직후부터 다른 환경에서 양육시켰을 때의 상관은 .74이고 같은 환경에서 자란 형제간의 지능상관은 .54로 보고되고 있는 것은 유전적 영향력을 확인시켜준다(Loehlin et al., 1989; Plomin et al., 1988).

2장에서 설명한 Jensen의 **유전가능비**(heritability) 연구 또한 지능의 개인차에 있어서 유전적 소인의 중요성을 보여주는 중요한 자료가 된다. 나아가 Jensen은 개인의 지능을 주의과정, 단기기억, 연상기술 등과 같은 단순 암기 학습의 기초가 되는 수준1 능력과 개념 학습이나 문제해결의 기저가 되는 추상적 사고력과 언어사용능력을 포괄하는 수준2 능력으로 구분하고 있다. 수준1 능력은 모든 민족이나 사회계층에서 유사한 발달양상을 보이지만 수준2 능력은 중상계층이나 백인이 저소득 계층이나 흑인에 비해 높은 발달수준을 보인다(Jensen, 1980, 1985). Jensen은 이러한 능력 유형에 따른 집단 간 차는 유전적 소인에 기인하는 것으로 주장하고 있다.

(2) 환경적 요인

지능의 개인차 원인을 유전적 소인에서 찾는 입장과는 달리 개인이나 집단 간 지능차 원인이 주로 환경적 요인에 있는 것으로 주장하는 학자들 또한 적지 않다. 이와 관련하여 Klineberg(1963)는 **누적적 결함가설**(cumulative deficit hypothesis)을 제시한 바 있다. 이 가설에 의하면 빈곤한 환경이 아동의 지적 성장을 억제하며, 이러한 억제효과는 시간이 경과함에 따라 누적되어간다는 것이다. 따라서 아동이 빈곤한 환경에 오래 있을수록 지능발달은 그만큼 지체된다. Ginsburg(1972)는 이 가설에 따라 저소득 계층의 아동들이 빈곤한 환경으로 인해 어떻게 지능발달이 지체되는가를 잘 설명해주고 있다.

지능발달에 미치는 환경적 요인의 영향을 잘 설명해주는 고전적 연구들 중의 하나로서 Skeels(1966)의 연구를 들 수 있다. 이 연구에서는 고아원 등에서 적절한 보살핌이나 지적 자극을 받지 못한 채 자라고 있는 18개월 된 영아들 중 일부를 정상적인 가정으로 옮겨 2년간 양육한 후 이들의 지능발달을 고아원에 남아 있던 유아들과 비교하였다. 좋은 환경에서 자란 유아는 2년 사이에 지능지수가 평균 28점 증가한 데 비해 고아원에서 자란 유아는 같은 기간에 26점 감소하였다. 방법론적 엄밀성의 문제를 감안하더라도 이러한 연구결과는 지능발달에 있어서 환경이 차지하는 중요성을 입증해 주는 것이다.

아동이 성장하는 **초기환경**은 가정이 중심이 되므로 아동의 지능발달에 미치는 가정환경의 영향에 관한 많은 연구들이 이루어져 오고 있다. 이들 연구들은 대체로 가정의 구조적 요인을 중시하는 연구와 과정적 요인을 중시하는 연구로 대별된다. 가정의 구조적 요인으로서 사회경제적 계층, 가족의 크기, 출생순위, 형제간 터울, 부친부재 여부 등이 지적되고 있으며, 과정적 요인은 부모와 자녀 상호작용 양상, 부모의 양육방식 등이 주 연구의 대상이 된다(송명자, 1987 참조). 이들 환경적 요인에 대해서는 제7부의 생태적 맥락과 발달 중 가정환경과 가족 내 상호작용의 장에서 상세히 다루도록 하겠다.

(3) 기타요인

지능의 개인차 중에서도 특히 저소득 계층 아동이 상대적으로 낮은 지능발달수준을 보이는 이유에 대해서 유전 또는 환경적 요인과는 별개의 요인들이 제시되고 있다. 하나는 **검사편향가설**(test bias hypothesis)이다. 이 가설에서는 현재 개발되어 사용되고 있는 지능검사 문항의 내용이나 문항진술에 포함되는 어휘들이 중상계층의 생활경험과 일치되는 것이므로 저소득 계층의 아동들이 지능검사에서 낮은 점수를 보이는 것은 실제로 이들의 지능이 낮아서가 아니라 검사가 지닌 편향성으로 인해 이들의 능력이 제대로 진단되지 못하기 때문으로 설명되고 있다. 이러한 점에서 근래에 〈그림 5-3〉에 제시한 것과 같은

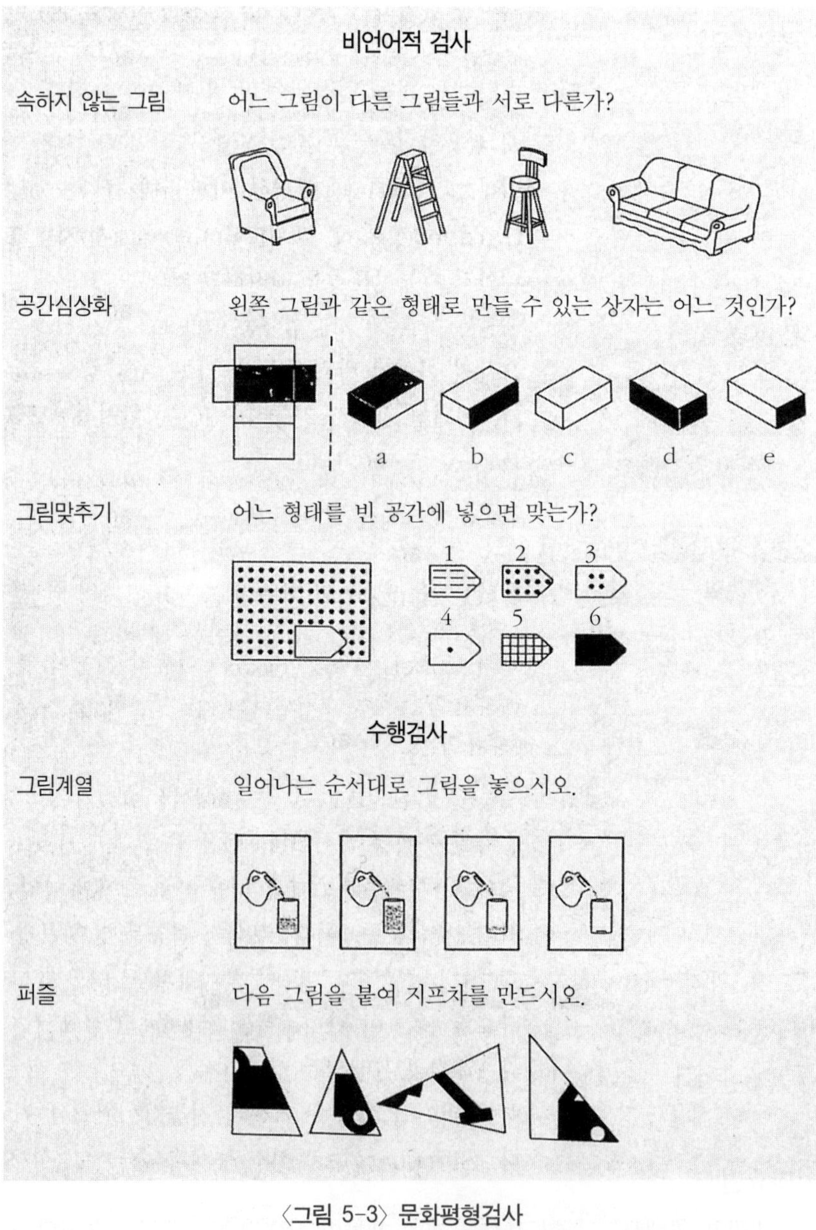

〈그림 5-3〉 문화평형검사
(Berk, 1994에서 인용)

문화평형검사들이 많이 사용되고 있다.

검사편향가설과 같은 취지로 저소득 계층 아동의 낮은 지능발달수준을 설명해주는 요인으로 **동기가설**(motivational hypothesis)을 들 수 있다. Zigler 등(1982)은 일단의 아동들에게 1차 지능검사를 실시한 후 이들과 검사자가 함께 시간을 보내 서로 친숙하게 만든 뒤에 2차 지능검사를 실시하였다. 중상계층 아동은 오차범위 내의 우연적인 변화만을 보인 반면, 저소득 계층의 아동들은 1차와 2차 검사점수 간에 평균 9~11점의 증가가 있었다. 이 연구를 통해 Zigler는 저소득 계층 아동의 낮은 지능수준은 누적된 학업실패나 일반적인 좌절감으로 인해 지능검사를 통해 자신의 능력을 드러내려는 동기가 결여되어 있는 데 기인한다는 결론을 내렸다.

5) 대안적 지능발달이론

최근에 심리측정적 접근에서의 지능발달이론에 대해 많은 비난이 가해지고 있다. 이러한 비판은 주로 심리측정적 접근의 이론가들이 지능발달의 개인차를 판별하는 준거로 삼고 있는 지능검사의 타당성에 대한 것이다.

첫째, 기존의 지능검사는 한정된 학업적 지능을 진단하는 데 그칠 뿐이므로 아동의 학교학습능력을 예언하는 지표는 되지만 성인이 실제 사회생활에서 활용할 수 있는 보다 포괄적인 지적 능력의 발달수준을 보여주지는 못하고 있다는 지적이다. 이러한 비판 위에서 최근에 Sternberg(1984, 1985)와 Gardner(1983)는 **비학업적 지능**, **실용적 지능** 또는 **사회적 지능**을 포괄하는 대안적 지능이론들을 제시하고 있다.

둘째, 기존의 지능검사는 이미 경험하거나 학습된 지적 수행수준을 진단함으로써 아동이 발휘해낼 수 있는 지적 잠재력을 보여주지 못한다는 지적이다. 이러한 점에서 지능지수(IQ)는 학업성취도 검사점수와 크게 다를 바 없다는 비판도 제기되고 있다. 뒤에 소개할 Vygotsky의 근접발달영역 개념은 이러한 입장의 시도로 볼 수 있다.

(1) Sternberg의 지능의 삼원이론

Sternberg(1984, 1985)는 아동의 지능이 분석적 능력, 경험적 능력 및 맥락적 능력으로 구성된다는 **지능의 삼원이론**(triarchic theory of intelligence)을 제시하였다.

먼저 **분석적 능력**은 새로운 지식을 획득하고, 이를 논리적인 과제해결에 적용하는 능력을 의미한다. 예를 들어, 학교와 학생의 관계는 식당과 길의 관계와 같다는 유추문제에서 빈 곳에 들어갈 낱말을 고르기 위해 작용하는 능력이 분석적 능력이다. 분석적 기능은 먼저 문장 속에 들어 있는 어휘들을 바르게 부호화하고, 학교와 학생 간의 관계를 추론하

Robert J. Sternberg(1949~)

Sternberg는 1975년에 스탠퍼드 대학에서 Gordon Bower 교수의 지도하에 실험심리학으로 박사학위를 취득하였다. 스탠퍼드에서 수학 중 그는 검사분야의 대가인 Lee J. Cronbach 교수로부터 현존의 지능검사는 이제 그 유용성이 끝났다는 강의를 들었으며, 이 경험은 그 후 그의 지능연구의 방향을 시사하는 계기가 되었다(Trotter, 1986).

1970년대에 Sternberg는 종래의 지능발달연구의 주류를 이루던 심리측정적 접근에 정보처리이론을 도입하여 성분이론(componential theory)을 제시하였다. 그는 처음에 자신의 성분이론이 인간의 지적 능력의 모든 것을 설명해줄 수 있다고 믿었으나, 머지않아 그것이 자신의 망상이었음을 고백하고 있다. 최근에 그는 지능의 삼원이론(triarchic theory)으로 지적 능력의 실용적 측면에 지대한 관심을 보이고 있다. 그가 1984년에 저술한 『IQ를 넘어서서: 지능의 삼원이론(*Beyond IQ: A triarchic theory of intelligence*)』은 1987년 미국교육연구협회로부터 '최우수 저술상'을 수상하였다.

Sternberg는 1975년 이래로 예일 대학의 심리학과 교수로 재직 중이며, IBM 석좌교수이다. 그는 지난 10년간 5백만 불이 넘는 연구비를 받고 수많은 연구들을 수행하였다. 1986년에는 *Esquire*지의 '40세 이하의 저명한 남녀'에 선정되었으며, *Science Digest*가 선정한 '미국의 젊은 과학자 100명'에도 지명되었다.

Sternberg는 『실용적 지능(*Practical Intelligence*)』 『지적 발달 본질(*Intellectual development*)』 등 많은 책을 편집하였으며, 최근에는 『창의성의 본질(*The nature of creativity*)』을 편집하는 등 관심의 범위를 넓혀가고 있다.

며, 이를 체계적인 형태로 관계화하고, 이 관계체계를 적용하는 인지과정을 거치게 된다. 종래의 학교 과제해결과 관련되는 인지과정은 주로 분석적 능력에 의존하므로 분석적 능력이 뛰어난 아동은 기존의 지능검사나 성취도검사에서 높은 점수를 얻는다. Sternberg는 분석적 능력의 중요성을 지능의 성분이론(componential theory)으로 체계화하였다.

둘째, **경험적 능력**은 주로 **통찰력**(insight)을 의미한다. 통찰력은 선택적 부호화, 선택적 결합 및 선택적 비교능력으로 구성된다(Trotter, 1990). 선택적 부호화는 사고나 문제해결 과정에서 중요하고 적절한 정보에 주의를 기울이는 능력이다. 수평저울 문제를 푸는 아동이 추의 무게만 고려하고 중심으로부터 거리를 고려하지 않으면 정답을 얻을 수 없다. 새로운 사업을 구상하는 실업가가 사업을 실패하게 할 치명적인 위험을 내포하고 있는 요인에 주의를 기울이지 않으면 그 사업계획은 실패할 수 있다. 이는 선택적 부호화가 흔히 일상생활에서 일어나는 잘못된 지적 판단의 원인이 된다는 것을 잘 보여주는 예이다. 반대로 박테리아 배양실험을 망친 곰팡이에 주의를 기울여 페니실린을 발명한 Fleming의 일화는 뛰어난 선택적 부호화의 중요성을 보여준 유명한 실례이다.

선택적 결합은 최초에 서로 관련없는 요소들을 연관시켜 다소 다르거나 새로운 것을 창출해내는 능력이다.

선택적 비교는 이미 있는 것들을 새로운 각도에서 보고 이로부터 새로운 것을 유추해 낼 수 있는 능력을 뜻한다. 색종이를 접어 액자에 넣어 장식하거나 장신구를 만드는 종이 공예는 단순한 색종이를 새로운 각도에서 봄으로써 특이한 예술로 발전시킨 선택적 비교의 한 예이다. 꿈에 뱀이 똬리를 틀고 있는 모습을 보고 벤젠의 분자구조를 해결해냈다는 Kekule의 일화는 선택적 비교능력이 과학적 사고의 중요한 단면임을 보여준다.

Sternberg의 지능이론에서 경험적 능력은 대단히 중요한 위치를 차지한다. 새로운 이론을 개발해내는 통찰력 있는 학자, 창의적인 과학자나 예술가, 전문적 경영인 등 많은 분야에서 탁월한 능력을 보이는 사람들은 경험적 능력이 우수한 사람이라 할 수 있다.

마지막으로 **맥락적 능력**은 현실상황에의 적응력을 강조한다. Sternberg(Wagner & Sternberg, 1985)는 맥락적 능력은 전통적인 지능검사에서 얻은 IQ나 학업성적과는 무관한 능력으로 보고 있다. 이 능력은 정규학교 교육을 통해 길러지는 능력이 아니라 일상의 경험에 의해 획득되고 발달하는 능력이다. 맥락적 능력은 최근에 **실용적 지능**의 개념으로 지능발달 분야에서 크게 각광받고 있다. Sternberg는 실제적 지능은 일상의 문제해결능

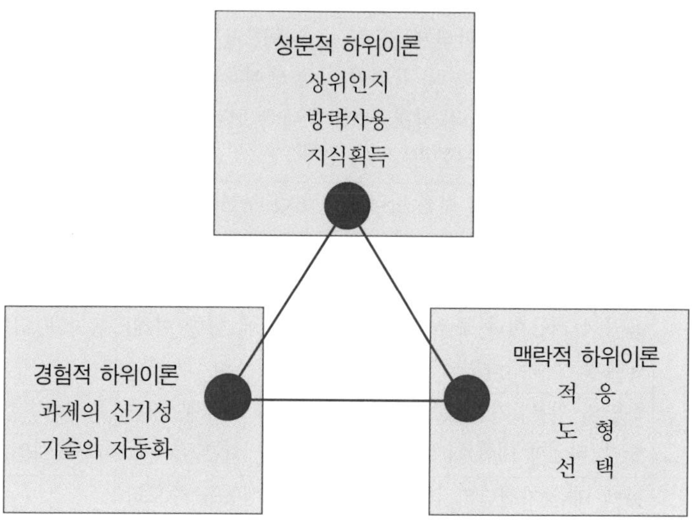

〈그림 5-4〉 Sternberg의 삼원이론
(Berk, 1994에서 인용)

력, 실제적인 적응능력 및 사회적 유능성을 포괄하는 것으로 보고 있다(임인제, 1989; Sternberg & Wagner, 1988; Sternberg et al., 1981).

Sternberg는 종래의 심리측정적 접근에서 개발된 지능검사는 사고의 속도와 수행의 정확성만 강조함으로써 실제 삶에서 필요한 지능의 주요 측면들을 진단하는 데 실패했다고 주장한다. Sternberg가 제시하는 지능의 여러 측면을 포괄적으로 진단하는 데 목표를 둔 Sternberg 다차원 능력검사(Sternberg Multidimensional Abilities Test)가 제작 중에 있다(Trotter, 1986).

(2) Gardner의 다면적 지능이론

Gardner(1983)는 지능이 높은 아동은 모든 영역에서 우수하다는 종래의 획일주의적인 지능관을 통렬히 비난하고, 인간의 지적 능력이 서로 독립적이며 상이한 여러 유형의 능력으로 구성된다는 **다면적 지능이론**(Theory of multiple intelligence)을 제시하였다. Gardner가 제시하는 7개의 지능은 〈표 5-3〉과 같다.

표 5-3 Gardner의 다면적 지능이론

지능의 유형	설 명	예
언어적 지능	단어의 의미와 소리에 대한 민감성; 문장 구성법의 숙련; 언어사용방법에 대한 이해	시인, 정치, 연설가, 교사
논리수학적 지능	사물과 상징, 그 작용 및 작용 간의 관계에 대한 이해; 추상적 사고능력; 문제를 인지할 수 있는 능력과 이유를 찾으려는 능력	수학자, 과학자
공간적 지능	시각적 세계를 정확하게 지각하는 능력; 지각된 것을 변형시킬 수 있는 능력; 물리적 자극 없이 시각경험을 재생할 수 있는 능력; 균형, 구성에 대한 민감성; 유사한 양식을 감지하는 능력	예술가, 항해사, 기술자, 건축가, 외과의사
신체운동적 지능	표현하거나 목적을 직접 나타내기 위해 자신의 신체를 숙련되게 사용; 사물을 능숙하게 다루는 능력	무용가, 외과의사, 운동선수, 공예인, 배우
음악적 지능	개개의 음과 음절에 대한 민감성; 음과 음절들을 더 큰 음악적 리듬이나 구조로 결합하는 방법에 대한 이해; 음악의 정서적 측면에 대한 이해	음악가, 작곡가
개인 간 지능	타인의 기분, 기질, 동기, 의도를 파악하고 구분 짓는 능력; 타인에 대한 지식에 따라 행동할 수 있는 잠재력	정치가, 종교인, 부모, 교사, 사업가, 행정가
개인 내 지능	삶에 대한 자신만의 감정에 대한 접근; 행동을 주도하고 이해시키기 위해 감정을 유도하는 능력	소설가, 임상가

(Hetheringon & Parke, 1993에서 인용)

Gardner는 종래의 지능이론들은 언어적 지능과 논리수학적 지능만을 지나치게 강조한 나머지 학교나 가정에서 그 외의 지능이 우수한 아동들의 능력을 제대로 인정하거나 개발해주지 못했다고 지적한다. 실제로 일상의 많은 전문적 직업들, 예컨대 교육자, 의사, 정치가, 건축가, 사업가, 행정가, 예술인, 종교인 등에게 요구되는 능력을 분석해보면, 이들 직업에서의 성공이 언어적 지능과 논리수학적 능력에만 의존하지 않는다는 것을 명확하게 깨달을 수 있다. 교육자에게는 개인 간 지능이, 외과의사나 건축자에게는 공간적 지능이, 작가에게는 개인 내 지능이, 운동가에게는 신체운동적 지능이 필수적이다. Gardner는 사회의 각 전문분야에서 성공한 사람들의 지능을 분석하여 이들이 언어적 또는 논리수학적 지능이 아니라 그 직업이 요구하는 특정 지능을 우수하게 갖추고 있다는 경험적 자료들을 제시하고 있다(Gardner, 1993).

Gardner는 인지과학 및 신경과학의 이론, 뇌손상 환자들에 대한 임상적 자료, 천재, 자폐아 등 특수집단의 지적 능력에 관한 자료들에 근거하여 일곱 개의 지능을 모두 우수하게 갖추고 있는 전능한 사람은 없다고 주장한다. 마찬가지로 정신지체아라도 이들 지능 모두가 박약한 것은 아니다. 따라서 아동의 지적 능력 발달을 이해하고 지도하는 데 있어서 중요한 것은 가능한 한 일찍부터 개개 아동이 지니고 있는 특수한 능력을 바르게 진단하고 교육을 통해 이를 촉진하는 일이다. 현재 Gardner는 하버드 대학의 Project Zero 개발집단을 이끌며 자신의 다면적 지능이론의 연구와 적용에 박차를 가하고 있다.

(3) Vygotsky의 근접발달영역

Vygotsky는 아동의 지적 능력을 **근접발달영역**(zone of proximal development: ZPD)의 개념으로 설명하고 있다. 근접발달영역은 지능검사점수나 학업성취도 등 아동이 현재 스스로 과제를 해결할 수 있는 **실제적 발달수준**(level of actual development)과 자신보다 인지적으로 유능한 성인이나 또래의 도움을 받아 과제를 해결할 수 있을 것으로 기대되는 **잠재적 발달수준**(level of potential development) 간의 격차를 의미한다(Vygotsky, 1978). 현재 동일한 지적 발달수준에 있는 두 아동도 성인의 도움을 받아 개발될 수 있는 능력의 크기인 근접발달영역이 다르다면 이 두 아동의 지능은 동일한 것이 아니다.

Vygotsky는 개인의 지적 발달은 문화적 영향을 크게 받는 것으로 생각한다. 그는 모든 지식은 한 공동체로서의 사회집단의 긴 역사를 통해 누적된 문화적 형태로 존재하고 있으며, 아동은 성인의 도움을 받아 문화적 산물로서의 지식을 **내면화**함으로써 개인적인 인지발달이 가능하게 된다. 따라서 아동의 지적 발달은 내면화를 가능하게 하는 성인과 아동의 상호참여활동을 통해 촉진되는 것이다. 근접발달영역은 바로 이러한 상호참여활동에 의해 진단될 수 있다.

Lev Semenovich Vygotsky(1896~1934)

Vygotsky는 러시아 서쪽에 위치한 항구도시 Gomel에서 1896년 태어났으며, 은행원인 아버지, 교사인 어머니 그리고 7명의 형제들 사이에서 성장하였다. 토론하기를 좋아하는 가족 사이에서 자란 Vygotsky는 모의재판이나 논쟁에서 항상 친구들을 주도했기 때문에 '작은 교수'로 불렸다. 그는 역사, 문학, 시를 좋아했다.

Vygotsky가 17세 때 유태인에게는 대학입학정원의 단지 3%만이 허용되는 모스크바 대학에 추첨되어 입학하게 되었다. 대학에서 Vygotsky는 문학을 전공하였고, 1917년 모스크바 대학에서 문학사를 취득한 후 Gomel로 귀향하였다.

1917년과 1924년 사이 Vygotsky는 고등학교에서 문학을, 지방사범대학에서 심리학을 가르쳤으며, 신체부자유아에 대한 교육에도 관심을 가졌다. 1924년 1월 6일 Vygotsky는 레닌그라드에서 의식심리학에 관한 강연을 하였으며, 그의 명료한 강연은 청중들을 흥분시켰다. A. R. Luria(1902~1977)의 추천에 의해 Vygotsky는 모스크바 심리학연구소의 연구원이 되었으며, 1925년에 예술심리학에 관한 박사논문을 출판하였다. 특히 Vygotsky는 Gesell, Werner, Piaget의 초기 저서들을 읽고 그들이 강조한 내적 인지발달의 중요성을 인지하였을 뿐만 아니라 사회역사적 맥락 내에서의 발달을 고려하였다.

폐결핵으로 인해 그의 삶이 다해감을 알고 있었던 Vygotsky는 무서운 속도로 일을 하였다. 가능한 한 빨리 많은 책을 읽고, 강의하고, 연구를 수행하고 또한 신경증 질환을 앓고 있는 아동과 성인들을 치료하는 사람들을 돕기 위해 도처를 방문하였다. Vygotsky의 하루일과는 너무나 바빠서 새벽 2시 이후에나 자신의 글을 쓰곤 했다. 생의 마지막 3년 동안 그의 폐결핵은 극도로 심해져 때때로 며칠 동안 혼절하기도 하였다. 그럼에도 불구하고 그는 38년의 생을 마칠 때까지 계속 일을 하였다(Wertsch, 1985).

Vygotsky의 일부 저서는 그의 사후 1934년에 출판되었으나, 1936~1956년에는 공산당이 비난했던 지능검사 연구를 수행하였다는 이유로 소련정부에 의해 금서가 되었다. 다행히도 Vygotsky의 동료들과 학생들은 그의 연구를 계속하였으며, 1960년대에 서구사회에 그의 연구가 도입되면서부터 그에 대한 관심이 고조되었다. 최근에 러시아어로 된 Vygotsky의 저서들이 영어와 우리말로 많이 번역되어 읽히고 있다. *Thought and language*, *Mind in society*는 대표적 저서이다.

최근에 근접발달영역의 개념에 근거하여 아동의 지능을 진단하려는 시도들이 이루어지고 있다. 이러한 시도들은 대체로 검사-훈련-재검사의 절차를 따르고 있다. 먼저 기존의 지능검사와 유사한 검사를 통해 아동의 실제 지능수준을 진단한 후 일련의 과제를 주고 검사자가 그 과제해결에 필요한 도움을 준다. 훈련이 끝난 후 유사한 과제를 주어 재검사하여 성인의 도움으로 학습한 능력이 전이되는 정도를 진단한다. 아동의 근접발달영역은 스스로 과제를 해결하기까지에 필요한 도움의 양과 훈련결과가 전이되는 정도에 의해 진단된다.

Brown과 Ferrara(1985)의 연구를 예로 들어보자. 이들은 〈표 5-4〉에서와 같은 영어 알파벳을 순서에 따라 배열하는 계열과제를 제시하고 다른 사람의 도움 없이 스스로 과제를 해결할 수 있는 최초의 수행수준을 진단하였다. 그런 다음 아동이 이 과제를 완전히 이해할 수 있을 때까지 실험자가 계속적으로 도움을 주는 훈련절차를 거치고, 그 효과를 측정하여 학습속도를 진단하였다. 마지막으로 쉬운 전이과제와 어려운 전이과제를 주어 훈련효과가 전이된 정도를 확인하였다.

표 5-4 Brown 등의 전이과제

훈련과제

유형 NN(두 개를 한 쌍으로 하여 철자를 순서대로(N) 배열)
N G O H P I Q J_ _ _ _(정답 : RKSL)
NINI(네 개를 한 쌍으로 하며 첫 철자는 순서대로(N), 다음 철자는 같은 것으로(I) 배열)
P Z U F Q Z U F_ _ _ _(정답 : RZUF)

쉬운 전이과제: 학습된 배열과제원리 적용

유형 NI D U E U F U G U_ _ _ _ _ (정답 : HUIU)
NNNN V H D P W I E Q_ _ _ _ _ (정답 : XJFR)

어려운 전이과제: 거꾸로 배열(B)하는 새로운 원리 적용

유형 BN U C T D S E R F_ _ _ _(정답 : QGPH)
NBNI J P B X K O C X_ _ _ _(정답 : LNDX)
NIN P A D Q A E R A_ _ _ _(정답 : FSAG)

(Brown & Ferrara, 1985에서 인용)

Brown 등의 연구에서 얻은 학습속도와 전이 정도를 기존의 지능검사에서 얻은 지능지수(IQ)와 관련지어 분석해본 결과 〈그림 5-5〉와 같이 (1) 지능이 낮으면서 학습속도와 전이 정도가 낮은 집단(약 28%), (2) 지능이 높으면서 학습속도와 전이 정도가 높은 집단(약 23%), (3) 지능과 학습속도 및 전이 정도가 일치하지 않는 집단(약 48%)으로 구분될 수

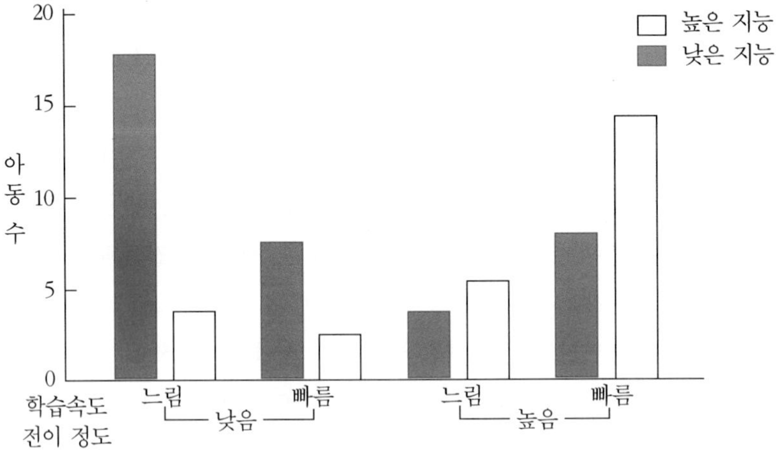

〈그림 5-5〉 학습속도와 전이 정도의 지능지수와의 관계
(Brown & Ferrara, 1985에서 인용)

있음을 확인하였다.

기존의 지능검사를 통해서는 지능과 학습속도 및 전이 정도가 일치하는 약 50% 아동의 지능은 정확하게 진단할 수 있으나, 지능은 낮으나 학습속도와 전이 정도가 높거나 지능은 높지만 학습속도가 낮은 나머지 50% 아동의 지적 능력은 기존의 지능검사가 제대로 진단하지 못하고 있음을 알 수 있다.

최근 우리나라에서 Vygotsky의 이론에 따라 아동의 잠재능력으로서의 ZPD를 진단하고 적용하려는 연구들이 이루어지고 있다. 황해익과 조희숙(1992)은 Vygotsky 이론을 바탕으로 유아의 학습잠재력 측정도구를 개발하여 그 신뢰성과 타당성을 검증하였다. 이들은 학습훈련과 학습전이를 도입한 역동적인 인지능력 평가방법으로서 ZPD가 높은 진단적 기능을 지니고 있음을 입증하였다. 최혜린(1994)은 ZPD에 의해 아동의 산수학습능력을 측정한 결과 산수학습 수행과 높은 상관을 얻은 반면에 종래의 지능검사에서 얻은 지능은 산수학습 잠재력과 상관이 낮다는 사실을 발견해내었다. 송연숙(1993)은 ZPD로 진단한 학습잠재력이 아동의 쓰기 준비도를 높게 예언해줄 수 있다는 사실을 밝히고 있다. 이러한 결과는 ZPD의 진단적 타당성이 우리나라 아동들에게도 적용되고 있음을 보여주는 것이다.

Vygotsky 이론에서 성인과 아동 간의 상호참여 활동은 단순한 지능의 진단뿐 아니라 아동의 인지발달을 촉진하는 방안으로서 많은 연구의 대상이 되고 있다(Diaz et al., 1991; Rogoff, 1990). 아동이 스스로 문제를 해결할 수 있는 수준에 도달하기까지 매 단계마다 아동의 수행수준에 맞추어 도움을 주는 수준과 양을 적절히 조절하는 방안을 흔히 **발판화**

(scaffolding)라 부른다(Bruner, 1981). 발판화는 성인의 일방적인 가르침에 의존하는 성인 중심의 인지발달 촉진방안과 아동의 자발적인 활동에 의존하는 극단적인 아동중심 방안을 적절히 통합하여 성인이 아동의 수행수준에 적응해가며 궁극적으로는 아동이 독자적인 문제해결수준에 도달할 수 있도록 촉진하는 효율적인 성인과 아동 간의 **거래적 상호작용모형**(transactional interaction model)으로 알려지고 있다.

Vygotsky 이론을 토대로 우리나라 아동과 부모 또는 교사와의 상호작용을 분석한 연구들이 이루어졌다. 이정란(1989)은 3~5세 유아를 대상으로 어머니와 유아 간의 상호작용을 분석한 결과, 우리나라 어머니들도 유아의 연령에 따라 상호작용방략을 적절히 변화시켜가고 있는 것을 발견하였다. 어머니의 상호작용방략이 효율적일수록 유아의 독자적인 자기조절적 과제해결능력이 높았다. 김선옥(1990)은 교사와 유아 간의 상호작용을 Vygotsky 이론에 따라 분석한 결과 교사가 유아의 과제해결을 중재하고 방법이 구체적일수록 유아의 과제에 대한 성공적인 참여율이 높다는 사실을 발견하였다. 교사는 유아 간의 상호작용이 진행됨에 따라 보다 효율적으로 유아의 수준에 맞추어 중재해나가는 능력을 보여주었다.

2 기억발달

아동기 기억과정과 지식구조의 발달을 이해하기 위해 먼저 정보처리이론에서 설명하고 있는 기본 기억과정과 구조를 간단히 살펴보고자 한다. 최초로 표상이 형성되는 영아기의 기억발달을 검토한 후 기억방략의 발달과 지식구조 및 상위기억의 발달을 살펴보겠다.

1) 기억의 과정과 구조

아동기의 기억발달을 이해하기 위하여 우선 인간의 기억과정과 지식구조에 관한 기본 개념들을 검토해보자.

(1) 기억과정

인간의 **기억과정**은 정보를 받아들이는 **감각기명**(sensory register)과정, 받아들인 정보의 **저장**(storage)과정, 저장된 정보를 꺼내 쓰는 **인출**(retrieval)과정을 포함한다.

감각기명과정에서는 우선 필요한 정보에 주의를 기울이고, 이를 선택적으로 **부호화**하는 것이 필요하다. 따라서 아동이 어떻게 환경 내의 자극정보에 주의를 기울이며, 그러한 능력이 연령에 따라 어떻게 변화해가는가를 검토하는 것은 아동기 기억발달의 주요 과제가 된다.

정보의 **저장**과정에 대해서는 두 가지 상이한 이론적 모형이 제시되고 있다. 먼저 기억의 **이중장치모형**(Atkinson & Shiffrin, 1968)에서는 정보가 저장되는 과정을 단기기억(short-term memory: STM)과 장기기억(long-term memory: LTM)으로 구분한다.

단기기억에서는 정보가 **청각부호**로 처리되는 것으로 알려져 있다. 따라서 정보를 단기기억에 저장하기 위해서는 되풀이해서 암송하는 언어적 시연이 필요하게 된다. 단기기억은 한정된 용량만을 가지고 있으며, 장기기억으로 전이시키지 못하면 약 20초 내에 저장된 정보는 소멸된다.

장기기억에서 정보는 **의미적 부호**(semantic code)로 처리되는 것으로 알려져 있다. 따라서 정보를 단기기억으로부터 장기기억으로 효율적으로 전이시켜 저장하기 위해서는 장기기억의 특성에 맞게 정보를 의미적으로 조직화하거나 기존의 정보와 관련짓는 정교화 과정이 필요하게 된다.

기억을 연구하는 학자들은 시연, 조직화, 정교화 등을 묶어 **기억방략**(memory strategy)이라 부른다. 아동이 이들 기억방략을 사용하는 능력이 어떻게 발달하는가의 문제는 아동기 기억발달연구의 주요 주제가 되어왔으며, 이 책에서 자세히 살펴보게 될 것이다.

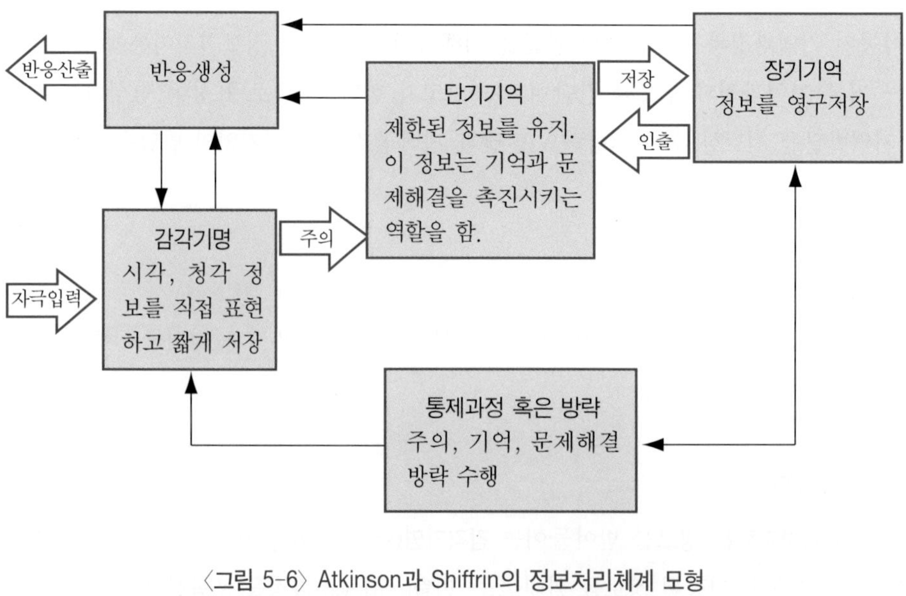

〈그림 5-6〉 Atkinson과 Shiffrin의 정보처리체계 모형
(Shiffrin & Atkinson, 1969; Berk 1994에서 인용)

정보가 저장되는 과정을 설명하는 또 하나의 모형인 **처리수준모형**(level of processing model)에서는 새로운 정보를 이미 저장되어 있는 기존의 지식과 관련시켜 의미적으로 심도 있게 처리함으로써 보다 효율적인 기억을 기대할 수 있다고 주장한다. 따라서 이 모형에서는 이미 저장되어 있는 기억구조 내의 정보와 새로운 정보 간의 정교화 과정이 주요 관심의 대상이 되고 있다.

인출과정은 대체로 재인(recognition)과 회상(recall)과정으로 구분된다. **재인**은 저장되어 있는 정보를 꺼낼 수 있게 하는 인출단서가 주어질 때 정보가 인출되는 과정이다. **회상**은 환경 내에 단서가 없이 머릿속에 저장된 정보로부터 기억을 재구성하는 과정이다. 아동이 일상에서 얼마나 많은 정보를 효율적으로 인출해내느냐의 문제 또한 아동기 기억발달의 흥미로운 주제가 된다.

(2) 지식구조

인간이 어떤 형태로 정보를 장기기억 속에 저장하고 있는가는 중요한 기억 연구 과제의 하나이다. 일반적으로 장기기억 속의 정보들은 어떤 형태로든 상호관련된 구조를 형성하는 것으로 알려져 있다. **지식구조**(knowledge structure)는 이처럼 장기기억에 저장되어 있는 구조화된 정보를 의미한다(Flavell et al., 1993). 이들 저장된 지식이 새로 들어오는 정보의 처리와 저장에 직접적인 역할을 하는 점에서 **지식기반**(knowledge base)이라 지칭하기도 한다(Bjorklund, 1987).

인간의 장기기억구조와 그 기능은 상당한 발달적 변화를 겪는 것으로 알려져 있다. 아동기 일상의 경험 내용으로 구성되는 일화적 기억(episodic memory)은 사건이 일어나는 순서에 따라 계열화하는 도식구조(schema structure) 또는 사태도식(event schema)으로 저장된다. 그러나 아동의 인지적 능력이 발달함에 따라 점차 추상적인 일반적 지식으로 구성되는 의미적 기억이 형성되며, 의미적 기억은 대체로 위계망구조의 형태를 취한다. 이들 기억구조와 그 기능의 변화과정 또한 아동기 기억발달의 주요 연구과제이다.

인간의 기억은 사진을 찍는 것과 같은 단순한 모사가 아니다. 저장된 정보는 시간의 경과와 더불어 변용되기도 하며, 이렇게 해서 인출된 정보는 부호화되는 당시의 정보와 다른 형태로 나타나기도 한다. 학자들이 구성기억(constructive memory)이라 부르는 이러한 기억구조 변용과정 또한 발달심리학자들의 관심의 대상이 되고 있다.

2) 영아기 기억발달

1세 이전의 영아는 기억능력을 가지고 있을까? 이 의문은 분명히 흥미로운 연구과제이다. 일찍이 Piaget는 대상영속성 개념이 발달하는 8~9개월경부터 영아는 이전에 본 것을 다시 볼 때 알아보는 **재인기억**을 가지고 있다고 생각하였다. 그러나 영아가 눈앞에 없는 대상을 기억 속에서 이끌어내는 회상기억은 지연모방이 시작되는 18개월 이후에야 가능하다고 주장하였다(Piaget, 1952). 그러나 최근에 영아의 기억을 연구하는 학자들은 영아가 Piaget가 생각한 것보다 훨씬 많은 기억능력을 가지고 있다고 믿고 있다. 어떻게 그러한 믿음을 갖게 되었는지 영아기 기억에 관한 일련의 연구결과들을 통해 살펴보기로 하자.

(1) 재인기억의 발달

영아의 **재인기억**능력은 놀라운 것 같다. Werner와 Siqueland(1978)는 신생아에게 색깔과 형태가 다른 시각 자극에 빨기 반응을 선택적으로 조건형성시킨 결과 이들이 24시간 후에 대상을 재인할 수 있음을 확인하였다.[2)] Ungerer 등(1978)은 생후 14일된 아기에게 약 2주 동안 특정 낱말을 반복해서 들려준 결과, 각 낱말을 기억하여 변별할 수 있음을 발견하고 이 시기의 영아가 음성언어에 대한 상당한 재인기억을 가지고 있다고 주장하였다.

영아의 재인기억에 관한 Rovee-Collier 등(1986, 1987)의 실험은 매우 흥미롭다. 이들은 3개월 된 영아에게 발을 차면 묶인 끈을 당기게 되어 침대 위에 매달려 있는 딸랑이 장난감 틀을 움직이게 되는 일련의 행동계열을 훈련시켰다. 연구자들은 영아가 이 행동계열을 기억했다가 장난감을 보면 발로 차는 행동을 하는 것을 관찰하고 3개월 된 영아가 재인기억이 있다는 사실을 알아냈다. 8일 후에 영아가 행동계열을 잊어버렸을 때 장난감을 지켜보게 하는 것과 같이 이를 환기시킬 수 있는 자극을 제공해주면 영아는 무려 4주 동안이나 이 행동계열을 기억할 수 있다는 사실도 실험을 통해 확인되었다.

이처럼 영아는 일찍부터 상당한 재인기억능력을 가지고 있지만, 이 시기 동안에 재인기억능력은 더욱 크게 발달하게 된다. 이 기간 동안에 영아의 정보파지 기간은 점차 증가하며, 짧은 시간 내에 기억해야 할 자극을 부호화할 수 있게 된다. 또한 일상의 경험 속에서 더 많은 대상이나 사태를 기억하게 된다. 한마디로 영아의 재인기억은 출생 후 1년 사이에 상당히 정교화되는 발달적 변화를 겪게 된다(Flavell et al., 1993).

(2) 회상기억의 발달

영아의 **회상기억**의 발달에 관한 연구는 주로 Piaget 이론에서 이미 설명한 **지연모방**

---

2) 이 절차가 이해되지 않는 독자는 3장의 영아기 소리지각발달 부분을 읽어보기 바란다.

(deferred imitation) 과제를 사용하여 이루어지고 있다. 최근의 연구결과에 의하면 영아의 지연모방능력이 Piaget가 주장한 것보다 훨씬 빠른 9개월경에 이미 나타나며, 이는 이 시기 영아가 회상기억능력을 갖고 있음을 보여주는 것이다. 한 가지 예를 들면, Meltzoff(1988)는 9개월 된 영아가 달걀을 흔들거나 버튼을 누르는 성인모델의 행동을 관찰한 직후와 24시간이 경과된 후 그 행동을 재생할 수 있는가를 관찰하였다. Meltzoff는 영아가 관찰한 행동을 재인시킬 만한 아무런 지각단서가 없는데도 자신의 표상을 통해 재생해낼 수 있음을 발견하였다. 심지어 보다 최근에 Meltzoff(1990)는 영아의 표상과 회상기억이 9개월보다 훨씬 이전에 발달한다는 사실을 시사하고 있다.

지연모방뿐만 아니라 일상생활에서 영아가 사물의 장소를 기억하는 것을 쉽게 목격할 수 있다. 예를 들어, 항상 같은 곳에 영아가 좋아하는 장난감을 두었다가 치워버리면 7개월 된 영아는 분명히 놀란 표정을 보이게 된다. 이는 영아가 그 장소에 있는 물건에 대한 장기기억을 파지하고 있음을 입증하는 것이다. 대부분의 영아들은 친숙한 사물이 있는 장소에 대한 장기기억을 1세 말경까지는 충분히 저장하고 이를 재생해낼 수 있는 것으로 보고되고 있다(Ashmead & Perlmutter, 1980).

Mandler 등(Bauer & Mandler, 1989, 1990; Mandler, 1990)의 영아의 사태기억 가능성에 관한 연구도 흥미롭다. 이들은 강아지를 목욕시키고 털을 말리는 것과 같은 일련의 행동계열을 관찰시킨 결과 11개월 된 영아는 실험이 이루어지는 기간 동안 모델의 행동계열을 스스로 회상해냈다. 20개월 된 영아는 2주 후에 모델의 행동계열을 회상하여 혼자서 자신의 표상을 따라 강아지를 목욕시키는 절차를 재연할 수 있었다. 이러한 연구결과는 앞에서 제시한 일련의 실험들과 마찬가지로 사태표상이나 이를 바탕으로 하는 회상기억이 종래에 생각했던 것보다 빨리 발달하고 있음을 시사하는 것이다.

3) 기억방략의 발달

(1) 주의집중과 배분능력의 발달

연령의 증가와 더불어 아동의 **주의집중시간**은 점차 길어진다. 한 연구에 의하면 관심 있는 장난감에 대한 1세 영아의 주의집중시간은 3.5초이나, 3세 6개월에는 8초로 증가한다(Ruff & Lawson, 1990).

2~4세 유아에게 반복적으로 해야 하는 과제를 주면 이들의 과제 집중시간은 2~3분에 불과하다(Wellman et al., 1975). 심지어 그들이 좋아하는 TV에 대한 주의집중 연구에서도 2~3세 유아는 TV에 방영되는 정보에 3~4분 이상 주의를 기울이는 것이 어려우나, 3~5세경에는 특정 정보에 대한 주의집중능력이 현저히 증가한다(Anderson et al,

1986).

아동기 동안에는 단순히 주의지속시간의 증가뿐 아니라 필요한 정보에 선택적으로 주의를 할당하는 **주의배분**(attention allocation)능력 또한 크게 발달한다. Miller와 Weiss(1981)의 우연학습과제 실험은 효율적인 주의배분능력의 발달양상을 잘 보여준다. 이 실험에서 연구자들은 7, 10, 13세 아동들에게 각종 작은 동물장난감들을 여러 곳에 숨기는 것을 관찰하게 한 후 장난감이 숨겨져 있는 곳과 유사한 장소에 집에서 쓰는 각종 친숙한 물건들을 숨겨두었다. 이 연구의 과제는 아동들에게 장난감이 숨겨 있는 장소에서 장난감을 찾아내도록 하는 것이었다. 연구결과에서 장난감이 있는 장소를 기억하는 **의도적 기억량**은 아동의 연령이 높아질수록 증가하는 반면, 집에서 쓰는 물건들이 있는 장소를 기억하여 찾아내는 **우연적 기억량**은 나이가 어릴수록 더 많은 것으로 나타났다. 이러한 연구결과는 아동의 연령이 증가함에 따라 과제와 관련되는 정보에만 주의를 집중시키며 관련되지 않는 정보에 대한 주의를 차단하는 효율적인 주의배분능력이 발달하고 있음을 보여준다.

주의집중능력은 아동의 기억과제 수행을 높이는 데 크게 도움이 된다. 이 때문에 연구자들은 아동들에게 주의집중력을 훈련시켜 그 효과를 검토해 보고 있다. 일반적으로 7세경의 아동은 훈련을 통해 관련 없는 과제에 대한 주의를 차단하고 중심과제에 주의를 집중시키는 능력을 증진시킬 수 있는 것으로 보고되고 있다(Shaffer, 1993). 4～5세경의 유아도 주의집중훈련이 보존과제 수행에 도움이 된다는 연구가 있으나(Field, 1981), 기억에 영향을 미칠 수 있는지의 여부는 알려져 있지 않다.

(2) 시연방략의 발달

입학전 아동기 동안에도 기억방략과 유사해 보이는 행동들이 가끔 나타나기는 하나, 일반적으로 기억방략은 초등학교 입학 후에 발달하는 능력으로 판단된다(Flavell et al., 1966, 1993). 특히 주어진 정보를 기억하기 위한 가장 단순하면서도 중요한 방법인 **언어적 시연방략**(verbal rehearsal strategy)은 초등학교 1학년 이후부터 급격하게 발달한다.

Flavell 등(Flavell et al., 1966; Keenny et al., 1967)은 시연방략 발달에 중요한 변화가 나타나는 시기로 예상되는 유치원에서 초등학교 5학년까지의 아동을 대상으로 일곱 개의 사물그림 중에서 임의적으로 세 개를 선택해서 보여주고 그것을 기억하도록 하는 과제를 실시하였다. 실험과정 중에 연구자들은 아동의 입술의 움직임에 의해 아동이 자발적으로 사물의 이름을 암송하는 시연방략을 사용하는가의 여부를 진단하였다. 이 실험결과에서 연구자들은 유치원 아동의 10%만이 자발적으로 사물의 이름을 되풀이해서 외우는 반면, 초등학교 2학년 아동은 60%, 5학년 아동은 85%가 자발적인 시연을 하고 있음을 발견하였다. 자발적으로 시연을 하는 아동의 과제기억수준은 시연을 하지 않는 아동의 기억수준보다 의미 있게 높았다.

Flavell 등의 연구에서 가장 흥미로운 결과를 보여준 것은 초등학교 1학년 아동들이었다. 이들은 자발적으로는 시연을 하지 않지만 연구자가 약간의 암시만 해주어도 곧 시연을 시작하였다. 일단 시연방략을 쓰기 시작하면서 이들의 과제기억량은 연구자의 도움 없이 자발적으로 시연을 한 아동의 수준과 유사한 정도로 높아졌다. 그러나 흥미롭게도 다음에 같은 과제를 시켰을 때 이들 중 반 이상은 자발적으로 시연을 하지 않는 이전의 상태로 돌아가는 것이었다. Flavell 등(1993)은 이처럼 시연하는 방법을 알고 있으면서도 타인의 도움이 있어야 시연방략을 효율적으로 사용할 수 있으며, 스스로 방략을 생성해내지는 못하는 이 시기 방략사용능력의 한계를 **생성결함**(production deficiency)이라 부른다.

Flavell 등이 발견한 생성결함현상은 아동의 시연방략 사용능력의 발달과정에 일종의 과도기가 있음을 시사한다. 아동은 방략을 자발적으로 생성할 수도 없거니와 가르쳐주어도 이를 사용할 줄 모르는 **방략부재단계**로부터, 스스로 생성할 수는 없으나 가르쳐주면 효율적으로 사용할 수 있는 생성결함의 과도기적 단계를 거쳐, 스스로 생성하여 사용할 수 있는 성숙한 **방략사용단계**로 이행하게 되는 것이다. 이와 같은 Flavell 등의 연구결과는 아동들에게 어느 시기에 방략을 훈련시키는 것이 효과적인가를 보여주는 귀중한 자료가 된다.

비록 Flavell 등의 실험에서는 초등학교 1학년이 생성결함을 보였지만, 모든 아동이 초등학교 1학년 시기에 생성결함단계를 거친다고 보기는 어렵다. 정확하게 어느 연령에서 생성결함이 나타나며 따라서 훈련효과가 가장 높은가는 개인차가 있으며, 개인 내에 있어서도 과제에 따라 다르다. 다만 기억해야 할 내용이나 목표가 명료하며, 기억과제가 아동에게 친숙하거나 흥미롭고, 과제의 난이도가 적절하며, 방략사용의 지시방법이 고무적일 때 방략훈련 효과가 증대한다는 사실(Folds et al., 1990)은 중요해 보인다. 아동이 완전하게 방략을 사용할 수 있는 단계에 도달하기 전에 **사용결함**(utilization deficiency)**단계**라는 또 하나의 흥미로운 과도기를 거치는 것으로 알려지고 있다. 사용결함은 아동이 자발적으로 방략을 생성할 수 있게 되어도 이를 효율적으로 사용하지 못하는 한계를 뜻한다. 사용결함은 방략을 수행하는 데에 많은 노력이 요구되는 과제에서 나타난다. 생성결함과 사용결함의 개념을 통해 볼 때 아동이 모든 과제에 가장 효능적인 방략을 자동적으로 적용할 수 있기까지는 상당한 시간이 걸리는 것으로 보인다(Flavell et al., 1988).

(3) 조직화방략의 발달

다음과 같은 서로 다른 10개의 낱말목록을 아이들에게 외우도록 시킨다고 가정해보자.

과제 1 : 사과, 놀이, 망치, 양복, 꽃, 집, 연필, 개, 컵, 그림

과제 2 : 칼, 바지, 자동차, 숟가락, 비행기, 모자, 양말, 트럭, 접시, 냄비

과제 1과 과제 2 중 어느 쪽이 더 기억하기 쉬운 과제인가? 주어진 과제를 단순히 암기하는 시연방략의 관점에서 보면 두 과제의 난이도는 동일하다. 그러나 이 글을 읽는 대부분의 독자들은 과제 2가 더 기억하기 쉽다고 판단할 것이다. 그 이유는 과제 2는 부엌 용구, 의복, 타고 다니는 수송수단의 세 범주의 낱말들로 묶이는 데 반해 과제 1은 10개의 낱말이 각각 독립적인 범주에 속해서 이들을 묶는 것이 어렵기 때문이다.

위의 예에서 보듯이 **조직화방략**(organization strategy)은 기억과제를 의미적으로 관련 있는 것끼리 묶어서 범주화하는 기억방법을 뜻한다. 이러한 점에서 이 방략을 **의미적 조직화**라 부르기도 한다(Hetherington & Parke, 1993). 일반적으로 아동기 이후의 기억과제들이 의미성을 갖는 과제인 것을 생각할 때 조직화방략은 아동의 일상학습에 있어서 대단히 중요한 기능을 담당하게 된다.

초기 연구결과에 의하면 아동의 조직화방략 사용능력은 9~10세경이 되어야 발달하는 것으로 나타났다. 예를 들어, Liberty와 Ornstein(1973)의 연구에서는 꽃, 씨앗, 나무를 같은 범주로 묶어서 기억하는 아동이 초등학교 4학년의 경우도 60%에 미치지 못했다. 이처럼 조직화방략이 늦게 발달하는 것은 유목포함조작능력의 발달과 관련이 있다. 조직화방략을 사용할 수 있기 위해서 아동은 필연적으로 유목포함조작을 할 수 있어야 하는데, Piaget에 의하면 유목포함조작은 8~9세경이 되어야 획득된다.

그러나 보다 최근의 연구결과에 의하면 7세 이전의 아동도 조직화방략을 사용할 수 있는 것으로 보인다(Cox et al., 1989). 이는 아동의 유목포함조작능력이 8~9세 이후에야 획득된다는 Piaget의 주장이 잘못되었음을 뜻한다. 이에 반하여 입학 전 아동이 사용하는 조직화방략은 실제로는 의미적 관련성이라기보다는 '개' 하면 '고양이'가 생각나듯이 단순한 연합에 의한 **군집화**(clustering)라는 주장도 있다(Bjorklund, 1987). 유목포함조작능력의 획득과 맞물려서 아동의 조직화방략 발달과정은 아직도 많은 연구와 논란의 여지를 남겨두고 있는 문제이다.

우리나라 아동을 대상으로 한 조직화방략의 발달연구를 보면 6~8세 사이에 조직화방략 사용능력이 크게 발달하며, 그 기준 또한 지각적 방략으로부터 개념적 방략으로 바뀌고 있다(조미혜, 1989). 그러나 7세와 9세 아동을 대상으로 한 다른 연구(이혜련, 1992)에

서는 9세 아동도 범주전형성[3]이 높은 과제에서만 범주적 조직화방략을 사용할 수 있다는 서로 다른 연구결과를 보여주고 있다. 특히 유연옥(1993)은 4세 유아가 분류학적 범주에 따른 조직화방략은 사용하기 어려우나 스크립트적 범주에 의한 조직화방략을 효율적으로 사용할 수 있다는 흥미로운 연구결과를 보여주고 있다. 예를 들어, 단순히 '옷'으로 범주를 주는 대신에 '학교갈 때 입는 옷'으로 범주를 주면 4세 유아의 조직화 수행수준은 크게 증진된다.

(4) 정교화방략의 발달

정교화방략(elaboration strategy)은 기억해야 할 정보에 무언가를 덧붙이거나 다른 정보와 서로 관련시킴으로써 기억을 돕는 방략을 뜻한다.

전통적으로 정교화방략은 두 개의 낱말을 서로 관련지우는 쌍연합 학습(paired association learning) 과제에서 주로 사용되어 왔다. 예를 들어, 도시 이름과 그 도시에서 많이 나는 산물을 짝지어 암기하고자 할 때 그 도시의 모습과 광부가 석탄 캐는 모습을 하나의 연합 속에 연결시켜 암기하는 방법이 이에 속한다.

정교화방략은 조직화방략과 마찬가지로 늦게 발달한다. Pressley(1982)에 의하면 자발적인 정교화방략의 사용은 청년기에 가능한 능력이다. 이처럼 정교화방략이 늦게 나타나는 것은 두 개의 서로 무관한 정보를 관련짓기 위해서는 주어진 정보의 의미를 확대하고 통합하는 능력과 배경지식을 필요로 하기 때문인 것으로 보인다. 그러나 보다 최근의 연구에서 초보적인 정교화방략을 5세 유아에게 가르쳐서 기억수행이 증가된다는 사실이 보고되고 있어 주목된다(Ryan et al., 1987).

정교화방략의 다른 한 가지 중요한 측면은 새로 들어오는 정보를 기존의 지식과 관련짓는 능력의 발달과 관련된다. 이 문제는 다음 절인 '지식의 구조'에서 다루기로 하겠다.

(5) 인출방략의 발달

인출방략(retrieval strategy)은 저장되어 있는 정보 중에서 필요한 정보를 실패하지 않고 신속하게 꺼내 쓸 수 있는 효율적인 방법을 뜻한다. 아동이 정보를 효율적으로 인출할 수 있기 위해서는 머릿속에 저장되어 있는 내재적 정보를 체계적으로 하나하나 탐색해낼 수 있는 능력이 있어야 하며, 저장된 정보가 떠오르지 않을 때에는 이들 정보를 연상할 수 있게 하는 여러 가지 **인출단서**들을 활용할 수 있어야 한다. 이와 같은 특성 때문에 아동의

3) 범주전형성(category typicality)이란 어떤 범주가 가진 특성을 가장 잘 대표할 수 있는 항목의 성질을 의미한다. 예를 들어, 배추, 무는 채소라는 범주를 가장 잘 대표하는 항목이므로 범주전형성이 높다. 유목전형성(class typicality)이라고도 지칭한다.

인출방략 사용능력 또한 초등학교에 입학한 아동기 이후에야 발달하는 것으로 믿어왔다(Beal, 1985).

그러나 최근에 아동의 인출방략 사용능력의 발달이 좀 더 빨리 이루어질지 모른다는 가설이 제기되고 있다(Flavell et al., 1993). 그 이유의 하나는 인출이 내재적 정보를 체계적으로 탐색하는 능력에 의존한다면 아동의 인출능력은 일상에서 숨겨진 물건을 체계적으로 찾아내는 외적 정보탐색능력과 밀접하게 관련될 것이며, 이러한 외적 정보탐색능력이 입학전 아동기 동안에 급격하게 발달하기 때문이다(Somerville & Haake, 1986; Wellman, 1985a). 따라서 앞으로 좀 더 면밀히 연구해본다면 아동의 기억정보탐색능력은 지금까지 생각해오던 것보다 빨리 발달한다는 사실을 확인할 수 있을지도 모른다.

아동의 인출방략 사용능력의 발달이 보다 빨리 이루어질 것으로 예상하는 또 하나의 이유는 기억과제에서 아동에게 인출단서를 제공했을 때 낮은 연령에서도 그 효과가 나타난다는 사실에 기인한다. Kee와 Bell(1981)의 연구에서 7세, 11세, 대학생 피험자들에게 동물원에 있는 동물, 목욕탕에서 쓰는 물건 등 6종류의 범주에 해당하는 물건들의 그림을 보여주고 기억하게 하였다. 이 과제에서 한 집단에게는 정보를 저장할 때와 인출할 때 동물원 그림, 목욕탕 그림과 같은 인출단서를 보여주고 다른 한 집단은 보여주지 않은 뒤 인출단서를 보여준 집단의 기억량을 인출단서를 주지 않은 집단과 비교하였다. 대학생은 인출단서 제시 여부에 따른 기억량에 차이가 없었으나 7세 아동은 상당한 정도의 인출단서 제시 효과가 나타났다. 이는 대학생은 인출단서를 주지 않아도 스스로 정보를 조직화하여 인출할 수 있으나, 7세 아동은 스스로 인출단서를 사용하는 것은 불가능하지만 어른이 도움을 주면 인출방략을 사용할 수 있다는 사실을 보여주는 것이다.

비슷한 연구에서 Pressley와 Levin(1980)은 6세와 11세 아동에게 인출 시에 정보를 정교화하도록 가르친 결과 11세 집단에서는 기억량의 차이가 없었으나 6세 집단은 정교화 훈련을 받지 않은 집단의 회상률이 23%인 데 비해 정교화 훈련을 받은 집단의 회상률은 42.5%로 높게 나타났다. 이처럼 스스로 인출방략을 사용하지 못하는 6~7세 아동도 성인이 제공하는 인출단서를 효율적으로 사용할 수 있다.

인출방략 사용에 관한 국내 연구를 살펴보면, 우리나라 아동은 그림으로 된 범주를 인출단서로 제공하면 초등학교 1학년도 회상수행률이 증가된다는 사실이 밝혀졌다(박명자 · 최경숙, 1990). 이러한 결과는 아동의 인출단서 사용능력의 발달은 문화권 간에 차가 없음을 반영한다. 오선영(1991)의 연구에서는 5세도 초보적인 단서활용능력을 갖고 있는 것으로 보고하고 있다.

4) 지식구조의 발달

아동은 어떻게 정보를 장기기억 속에 저장하는가? 아동이 최초로 형성하는 기억구조의 기본형태는 어떤 것인가? 더 쉽게 말해서 아동의 머릿속에 지식들은 어떤 모양으로 자리 잡고 있는가? 참으로 쉽게 대답하기 힘든 질문이다.

이번에는 더욱 대답하기 힘든 질문을 던져보자. 아동이 정보를 관련지어 저장하는 형태는 모든 연령에서 동일한가? 또는 연령이 증가함에 따라 발달적 변화를 보이는가? 아동이 이미 저장하고 있는 장기기억구조 내의 지식들은 새로 기억해야 할 정보들의 저장에 어떠한 방식으로 영향을 미치는가?

아동기 지식구조에 관한 일련의 연구결과들은 이들 힘든 질문에 대한 답을 시사해줄 수 있을 것으로 기대된다.

(1) 표상의 형성

아동기 장기기억 속에 저장하는 정보들의 기본단위는 **표상**(representation)이다. 어머니 얼굴, 젖병, 사과, 토끼, 인형 등 일상에서 접하는 수많은 대상의 표상들을 저장하기 시작하면서 아동의 기억발달이 시작된다. Piaget는 감각운동기의 마지막 단계인 약 18개월경에 최초의 표상이 형성되는 것으로 생각하였다. 그러나 근래에 학자들은 대상영속성이 획득되는 8개월경에 이미 표상이 형성되는 것으로 주장하고 있다. 영아의 회상기억 발달에서 언급한 Meltzoff의 9개월 된 영아의 지연모방실험은 이 시기에 표상이 형성된다는 사실을 확인시켜준다. 근래에는 영아가 8~9개월경에 표상을 형성한다는 것에 대해서 대체로 학자들 간에 의견이 일치되는 것 같다(Flavell et al., 1993; Mandler, 1988, 1990; Meltzoff, 1988).

영아기에 최초로 형성되는 표상뿐만 아니라 유아기 동안에 발달하는 대부분의 표상은 **영상적 표상**(iconic representation)이다. 영상적 표상이란 추상적 개념이나 언어에 의해 매개되지 않고 직접 사물이나 사태의 모습이 저장된 표상을 뜻한다. 앞에서 지적한 토끼, 사과, 책, 강아지 등에 대한 수많은 표상들은 모두 영상적 표상이다.

인간이 저장하고 있는 정보가 모두 영상적 표상이 아닌 것은 분명하다. 사랑, 생각, 철학 등 사람들은 구체적인 영상이 없는 수많은 추상적 개념들을 장기기억 속에 저장하고 있다. 이러한 표상을 **의미적 표상**(semantic representation)이라 부른다. 의미적 표상이 형성되기 위해서는 상당한 정도의 언어적 능력이 필요한 것 같다.

유아기 동안에 다양한 경험을 통해 가능한 한 많은 표상을 형성해가는 것은 기억발달뿐 아니라 유아기 전반적인 인지발달과정에서 매우 중요하다. 이렇게 해서 형성되는 초기 표상들이 **사고**의 기본단위가 되기 때문이다. 그림책은 간접적인 경험에 의해 표상을 형성하는 좋은 수단이 된다. 그러나 그림책이나 이야기에 의해 형성된 표상은 한계가 있다. 그림책만으로 '케이블카'에 대한 표상을 형성한 아이는 케이블카가 공중에 매달려 있다는 사실에 대한 정확한 인식이 어려우므로 실제로 케이블카를 봤을 때 비로소 '왜 케이블카가 떨어지지 않는가?'에 대한 강한 의문과 공포를 자아낸다. 이러한 예는 아동의 인지발달에 왜 직접적인 경험이 중요한 역할을 하는가를 잘 보여주는 것이다.

(2) 지식구조의 유형과 발달

아동이 장기기억에 정보를 저장하는 기억구조의 형태가 크게 사태도식과 위계망구조로 구성되는 것은 이 장의 기억발달 첫 부분에서 지적한 바와 같다. 사태도식은 주로 유아기 동안에 발달하며, 최근에 많은 연구들이 이루어지고 있다.

초등학교 입학 후부터 아동기 동안에 개념들을 관련짓는 위계망구조가 발달하는데, 흔히 이를 **내용지식구조**(content knowledge structure)라 부른다.

사태도식과 스크립트

유아가 형성하는 다양한 표상들은 어떤 형태로 상호관련지어 저장되어 있는 것일까? 아기 인형을 목욕시키는 놀이를 하고 있는 두 살 된 아이의 행동을 생각해보자. 인형의 옷을 벗기고, 물에 담가서 비누를 묻혀 씻기고, 수건으로 닦아준다. 이와 같은 일련의 행동계열을 가능하게 하는 지식은 어디에서 오는 것일까? Nelson(1986)의 사태도식(event schema)의 개념은 이와 같은 의문에 비교적 명료한 해답을 줄 수 있을 것이다.

사태도식이란 우리의 일상에서 어떤 일이 진행되는 순서에 따라 표상을 연결시켜놓은 기억구조를 뜻한다. 만 2세경부터 유아들이 하는 소꿉놀이, 학교놀이, 병원놀이, 기차놀이 등을 유심히 관찰해보면 이 시기의 유아들이 여러 가지 일상의 사태들에 대한 다양한 지식구조를 가지고 있음을 알게 된다. 흔히 놀이장면에서 유아들 간의 갈등과 다툼이 각자가 형성하고 있는 사태구조의 차이에 기인한다는 사실을 생각해보면, 이 시기에 이미 내재적 지식구조가 일상의 행동을 지배한다는 사실을 깨닫게 될 것이다.

유사한 상황에서 여러 사태들을 반복적으로 경험하게 되면 아동은 일반화되고 추상화된 형태의 사태구조를 갖게 된다. 예를 들어, 목욕탕에 여러 번 가본 아이는 몸을 씻고, 탕에 들어가고, 때를 밀고, 헹구는 것과 같은 '목욕하기'에 대한 일반화된 지식을 갖게 된다. 마찬가지로 피자가게에 여러 번 가본 아이는 음식을 주문하고, 돈을 내고, 가져다 먹고, 접시를 치우는 것과 같이 '피자가게 가기'에 대한 일반화된 사태지식구조를 갖게 된다. 이처럼 특정 사회적 맥락에서 이루어지는 일련의 행위를 순서대로 구조화하는 시공간적으로 조직된 틀을 **스크립트**(script)라 부른다(서봉연, 1995; Mandler, 1979; Nelson, 1981; Schank & Abelson, 1977).

어린 아동의 최초의 스크립트는 몇 개의 단순한 주요 행위구조로 시작된다. 예를 들어, 3세 유아의 식당 스크립트는 '가서, 먹고, 돈을 내는' 행동으로 구성되어 있을 따름이다. 그러나 이들 행동은 논리적 순서를 따라 일어나며, 거의 언제나 정확한 순서로 기억되는 특징이 있다(Fivush & Slackman, 1986). 이처럼 스크립트는 몇 개의 핵심적인 행위로 구성되는 단순한 주요구조로부터 보다 구체적인 세부항목들이 점차 채워짐으로써 보다 정교화된 구조로 발달한다. 예를 들어, '음식점 가기' 스크립트는 '가요' '먹어요' '돌아와요' 의 3개 세부항목 행위로 구성되는 골격구조로부터 '식탁에 앉아요' '주문해요' '돈 내요' 등의 세부항목들이 점차로 추가되게 된다. 학교와 집, 두 맥락에서의 스크립트 연구(Nelson & Grundel, 1986)에 의하면 3세 유아의 스크립트에 포함된 세부항목 행위의 수는 3.62개이며, 4세 유아는 4.97개로 보고되고 있다.

스크립트의 발달은 유아의 경험과 밀접한 관계를 갖는다. 미국의 경우 '생일파티' 와 같은 친숙한 사태에 대한 스크립트는 3세 유아의 약 90%가 거의 완벽하게 갖추고 있는 것으로 보고되고 있다(Nelson, 1986). Nelson과 Grundel(1986)의 연구에 의하면 보육원에 처음 들어온 4세 유아의 스크립트에 포함된 세부항목 행위의 수가 3개월 동안 약 3.2개 증가하는 것으로 보고하고 있다. 이는 보육원에서의 지적 경험이 이 시기 유아의 지적 발달에 긍정적인 영향을 미칠 수 있음을 반영한다.

초기 아동들이 형성하는 스크립트는 아동의 인지발달에 몇 가지 중요한 의미를 갖는다(서봉연, 1995; Flavell, 1994). 첫째, 스크립트는 특정 상황에서의 행위계열 구조이므로 아동에게 그 상황에서 어떻게 행동해야 할 것인가를 예견할 수 있게 하는 기능을 갖는다. 예컨대, 유치원 스크립트는 아동이 유치원에서 어떻게 행동할 것인가를 스스로 알게 하는 중요한 안내자가 된다. '유치원에서 집에 돌아오기' 에 대한 정확한 스크립트를 가진 아동은 통학버스를 놓치는 상황에서도 집을 찾아올 수 있을 것이다.

둘째, 같은 사회문화적 배경 속에서 자라는 아동들은 같은 상황에 대해 대체로 유사한 스크립트를 공유함으로써 스크립트는 아동의 사회적 상호작용을 촉진하는 기능을 한다. 학교놀이, 병원놀이 등 대부분의 가상놀이는 이들이 공유하는 스크립트에 기초를 둔 활동이다. 아동들이 공유하는 스크립트가 많을수록 이들의 대화 또한 자기중심성에서 벗어나 탈중심화된 대화가 가능하게 될 것이다. 이처럼 스크립트의 사회문화적 공통점은 아동기 사회적 관계를 형성하는 중요한 수단이 된다.

셋째, 스크립트는 인과성, 유목개념 등 아동기 인지발달을 촉진하는 기제가 된다. 아동들은 스크립트의 시간적 순서에 따라 앞의 사건이 뒤에 나타나는 사건의 원인이 된다는 사실을 터득하게 된다. 예를 들어, 교통사고가 나고, 사람이 다치고, 병원 차에 실려 병원으로 가는 '교통사고 스크립트'에 의해 아동은 일련의 사태의 원인과 결과 간의 관계를 이해하게 된다.

마지막으로 아동은 스크립트 내에서 범주를 학습하게 된다. 예를 들어, 아침에는 빵을 먹고, 점심에는 밥을 먹는 등의 '식사하기' 스크립트에 의해 빵과 밥이 음식 범주에 속하는 것을 알아가게 된다. 이처럼 일상의 경험에 바탕을 둔 스크립트는 초기 아동의 인지발달에 많은 것을 기여하는 지식구조의 형태이다.

내용지식구조

유아기 말경부터 초등학교시기에 접어들면서 자신이 표상하고 있는 대상의 속성과 그 관계에 따라 표상들을 관련짓는 새로운 형태의 기억구조인 **내용지식구조**(content knowledge structure)가 발달하게 된다. 내용지식구조는 장기기억 속에 저장하고 있는 대상의 속성과 그 관계에 대한 일종의 내재적인 정신적 사전(mental dictionary)이다(Bjorklund, 1987; Chi, 1985; Flavell et al., 1993).

내용지식들은 흔히 분류학적 위계망구조(hierarchical structure)를 형성한다. 예를 들어, 〈그림 5-7〉에서 보듯이 개나 고양이는 집에서 기르는 동물, 닭, 토끼, 말은 농장에서 기르는 동물, 사자와 코끼리는 밀림에서 사는 동물로 아동이 구분하고 있다면, 이 아동의 내용지식구조는 그림에 표기한 것과 같은 상위수준과 하위수준을 갖는 위계망으로 나타내볼 수 있다.

아동은 연령이 증가할수록 더 많은 동물들을 알게 되어 위의 예에서 본 동물에 대한 의미적 지식구조는 더 많은 항목을 갖게 되고, 이들 항목 간의 연결망 또한 더욱 복잡해져서 보다 정교한 내용구조를 형성하게 된다.

잘 발달된 특정 분야의 내용지식구조는 이와 관련되는 새로운 정보나 지식의 기억을

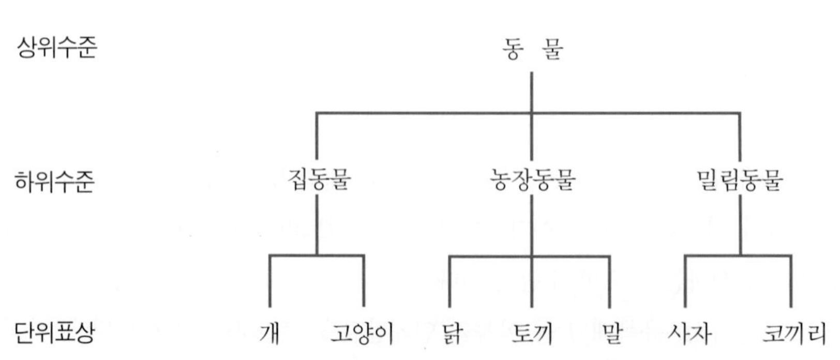

〈그림 5-7〉 아동의 내용지식구조 위계망 예

크게 돕는다. 한 가지 예로서, 바둑을 잘 둘 줄 아는 전문가인 10세 아동과 바둑을 전혀 둘 줄 모르는 초보자인 어른이 있다고 가정해보자. 이 두 사람에게 흑과 백이 각각 50수까지 바둑을 둔 바둑판을 20초간 보여준 후 판을 흩뜨린 후 두 사람에게 원래대로 바둑알을 놓아보라고 한다면 어느 쪽이 더 많은 바둑알의 정확한 위치를 기억하겠는가? 이와 유사한 실험을 서양장기를 가지고 한 결과 장기의 전문가인 아동이 초보자인 성인보다 훨씬 많고 정확한 기억을 해냈다(Chi, 1978). 그 외에도 여러 심리학자들이 축구경기(Schneider et al., 1989), 공룡이름(Chi & Koeske, 1983), 만화 주인공들(Lindberg, 1980) 등으로 여러 영역에서 비슷한 실험을 한 결과, 그 영역에 보다 풍부하고 정교화된 지식구조를 가진 아동이 그렇지 못한 어른에 비해 훨씬 높은 기억수행수준을 나타냈다. 이러한 실험결과는 연령이 증가할수록 발달수준이 높아간다는 연령과 발달 간의 일반적인 정적 관계가 특정 영역의 내용지식과 기억량 간의 관계에서는 성립되지 않는다는 것을 보여준다.

최근에 많은 발달심리학자들은 앞에서 예를 든 것과 같은 특정 분야에 대한 잘 발달된 개인의 내용지식구조를 **영역특정지식**(domain-specific knowledge)이라 부른다(Bjorklund, 1987; Ornstein & Naus, 1985). 이러한 영역특정지식은 아동의 일반적인 지능이나 학습능력보다 과제의 기억과 학습에 더 큰 영향을 미치는 것으로 알려져 있다. 따라서 일반적인 지능이나 학습능력이 낮은 아동에게 학습할 자료와 관련되는 영역에 대한 배경지식이나 내용지식을 사전에 충분히 넣어주면 보다 효과적인 학습효과를 기대할 수 있게 될 것이다.

(3) 구성기억

앞에서도 지적했듯이 인간의 기억은 정보를 저장할 때 단순히 사진을 찍거나 복사하듯이 기억구조 속에 흔적을 남기는 것이 아니다. 인간의 기억에 있어서 정보를 받아들이는 부호화 과정은 Piaget가 말하는 일종의 동화과정이다. 의식적이건 무의식적이건 간에 아동은 자신에게 필요하거나 의미 있는 정보만을 선택적으로 받아들이며, 전체 이야기 중의 요점만을 저장하거나, 통합하거나, 심지어는 새로운 정보를 더 첨가하여 저장하기도 한다.

인출과정에서도 같은 일이 이루어진다. 아동은 받아들인 정보의 인출 시에 기존의 경험이나 지식과 관련지어 새로운 정보를 추론하거나, 재구성하거나 또는 창조해내는 것을 볼 수 있다. 저장단계에서건 인출단계에서건 분명히 인간의 기억장치는 녹음기나 카메라처럼 작용하지는 않는 것이다(Flavell et al., 1993). 심리학자들은 인간 기억의 이러한 특성을 가리켜 **구성기억**(constructive memory)이라 부른다.

아동들에게 다음과 같은 이야기를 들려준 뒤에 기억한 내용을 바탕으로 다음의 질문에 답하도록 한다고 가정해보자.

어느 날 철수가 학교에서 오는 길이었습니다. 철수는 낯선 집 대문 앞에서 비를 맞은 강아지 한 마리가 끙끙거리며 앞발로 대문을 긁고 있는 것을 보았습니다. 그 광경을 본 철수는 잠시 망설이다가 그 집 대문의 초인종을 눌렀습니다. 안에서 '누구세요?'라는 날카로운 여자의 음성이 들렸습니다. 철수는 도망치듯 그 집 앞을 떠났습니다.

질문 1. 철수는 큰 개를 보았습니까?
2. 철수는 학교에 다닙니까?
3. 철수는 아는 집 앞에서 개를 보았습니까?

4. 철수는 동물을 좋아합니까?
5. 강아지는 추워하고 있었습니까?
6. 철수는 대담한 아이입니까?

질문 1, 2, 3과 4, 5, 6에 대한 아동의 대답에 어떠한 차이가 있을까? 질문 1, 2, 3과 달리 4, 5, 6은 아동의 구성기억을 진단하고 있다. 질문 4, 5, 6에 답하기 위하여 아동들은 주어진 정보에 대하여 단순기억을 넘어서는 능력을 갖고 있어야 한다. 이러한 능력은 아동기 이전의 경험을 통해 저장하고 있는 일반적인 지식(예를 들어, '비를 맞고 몸이 젖으면 춥다')과 기존의 정보로부터 새로운 정보를 추론하는 능력(예를 들어, '강아지를 집에 들어가게 하려고 낯선 집의 초인종을 누를 정도라면 철수는 틀림없이 동물을 좋아할 것이다')에 의존한다. 이처럼 정보를 자발적으로 추론하고 재해석하는 능력은 학교학습을 비롯한 아동기의 전반적인 인지작용에 중요한 기초가 된다.

아동은 몇 살경부터 질문 4, 5, 6에 대답할 수 있는가? 다시 말해서 구성기억은 인간의 기억과정이 시작될 때부터 나타나는 현상인가 또는 특정 연령이 되어서야 발달하기 시작하는 능력인가?

Nelson 등(Hudson, 1986; Nelson, 1986; Nelson & Hudson, 1988)은 3세경의 유아도 주어진 정보를 재구성하는 능력이 있다고 보고 있다. 예를 들어, 동물원에 관한 이야기를 유아에게 들려주고 일정 시간이 지난 뒤 기억하는 내용을 물어보면, 자신의 경험을 통해 형성되어 있는 동물원에 대한 스크립트와 매우 유사하게 기억내용을 바꾸어가는 것을 볼 수 있다. 또는 동물원의 스크립트와 맞지 않거나 순서가 뒤바뀐 내용을 이야기 속에 섞어 넣어두면 인출 시에 이를 동물원의 스크립트에 맞게 바꾸어놓거나 관련 없는 내용을 버리는 것을 볼 수 있다(Farrar & Goodman, 1990). 이러한 연구결과들을 통해 볼 때 아동의 구성기억은 일찍부터 나타나는 현상임에 틀림없다.

5) 상위기억능력의 발달

상위기억(metamemory)은 기억현상에 관한 지식과 기억과정을 통제하는 능력을 뜻한다. Flavell 등(1993)에 의하면 상위기억이란 기억에 관한 상위 인지적 지식(metacognitive knowledge)과 상위인지적 조정 및 자기규제(metacognitive monitering and self-regulation)를 포함한다. 상위인지가 아동의 인지과제수행에 중요한 기능을 담당하고 있듯이, 상위기억능력은 아동이 기억과제를 처리하고 수행하는 과정의 효율성에 큰 영향을 미친다. 따라서 아동의 상위기억 발달은 전반적인 기억발달과정에서 중요한 영역을 차지한다.

(1) 기억에 대한 상위인지적 지식의 발달

기억에 관한 상위인지적 지식은 사람, 과제, 방략의 세 범주로 나누어 생각해볼 수 있다.

아동이 자신과 타인을 포함하여 **사람**의 기억능력에 대해 정확한 판단과 예측을 할 수 있게 되는 것은 매우 중요한 기억발달과정이다. 일반적으로 아동은 나이가 들수록 자신의 기억능력과 한계에 대해 보다 현실적이고 정확한 판단능력을 갖게 되는 것 같다. 이와 관련하여 한 실험에서는 유치원과 초등학교 아동들에게 한 번에 한 개씩 10장의 그림을 보여주고, 자신이 한꺼번에 몇 개의 그림 이름을 정확하게 암기할 수 있을 것인가를 예언하게 하는 과제를 주었다. 이 실험에서 유치원 아동은 반 이상이 10장 모두를 한꺼번에 외울 수 있다고 대답하고 실제로는 몇 개 기억해내지 못하는 부정확한 예언을 하였다. 이에 반해 초등학교 아동들은 예언량과 실제 기억량이 거의 일치하는 정확한 판단력을 보여주었다(Flavell et al., 1993). 이러한 실험이 보여주듯이 아동이 자신이나 타인의 기억량을 정확하게 판단하는 상위인지적 지식은 초등학교 입학 이후 아동기에 발달한다. 이러한 사실은 상위기억의 발달이 상위인지능력 자체의 발달과 밀접하게 관련되어 있음을 시사한다. 그러나 판단해야 할 과제가 대단히 친숙한 경우에는 유치원 아동들도 비교적 정확한 기억판단능력을 보이는 경우도 있다.

기억해야 할 과제가 요구하는 작업량이나 난이도를 정확하게 판단하는 과제에 대한 지식 또한 일상의 학습이나 작업에 필요한 시간을 결정하거나 과업수행을 효율적으로 계획하기 위해 요구되는 중요한 상위인지능력이다. 예상했던 것보다 자료를 암기하는 데 더 많은 시간이 걸려 시험을 망친 경험을 누구나 한두 번은 갖고 있을 것이다. 이처럼 상위인지적 능력은 성공과 실패의 경험을 통해 서서히 발달한다.

기억과제의 난이도는 과제의 절대적인 양, 이전의 학습경험 여부, 방략사용 가능성 등에 의해 결정된다. 유치원 아동도 과제의 양이 많을수록 암기하는 데 시간이 더 걸리며, 이전에 학습했던 일이 있는 과제를 다시 암기하는 경우에는 처음 외우는 것보다 훨씬 기억하기 쉽다는 사실을 알고 있는 것 같다(Kreutzer et al., 1975). 그러나 앞의 기억과제에서 예를 든 것처럼 같은 범주에 속해 있어서 조직화방략을 사용할 수 있는 항목들이 독립적인 범주에 속해서 조직화방략 사용이 불가능한 항목들에 비해 기억하기 어렵다는 사실을 판단하는 능력은 초등학교 아동기 이후에야 발달하기 시작한다.

아동들은 스스로 어떤 방략을 사용하면 기억하기에 도움이 된다는 사실을 터득하고 있을까? 방략사용의 효과에 대한 상위인지적 지식은 과제가 단순하고 친숙한 경우 유치원 아동에게서도 발견할 수 있다. 4～5세 아이들도 보물찾기 놀이를 할 때 보물을 숨겨둔 곳을 유심히 보아두거나 어떤 표시를 해두면 나중에 찾기 쉽다는 것을 충분히 이해한다(Justice, 1985).

아동들의 **방략사용에 대한 지식**은 연령이 증가함에 따라 어떻게 달라지는가? 유치원부터 초등학교 아이들에게 내일 학교에 실내화를 잊지 않고 가져가려면 어떻게 하는 게 좋겠느냐고 물어본다고 가정하자. 흥미롭게도 이 경우에 아동들이 생각하내는 방략은 성인들이 일반적으로 생각해 낼 수 있는 방략과 다르다. 성인들은 잊지 않도록 되풀이해서 생각하거나 시연하는 것과 같이 내적인 사고에 의존하는 방략을 많이 찾아내는 데 반해 아동들은 눈에 잘 띄는 곳에 둔다거나, 어머니에게 부탁한다거나, 글을 쓸 줄도 모르면서 메모를 해둔다거나, 심지어는 실내화를 신고 잔다든가 하는 등 외적인 행동에 의존하는 방략이 지배적이다(Flavell et al., 1993; Kreutzer et al., 1975; Neisser, 1982). 보다 나이가 든 아동은 어린 아동에 비해 생각해 내는 방략의 수가 많으며, 더욱 체계적이고 계획적이며, 성인의 방략에 닮아간다. 다시 말해서 아동기 동안에 방략에 대한 상위인지적 지식은 양적인 증가와 더불어 질적인 변화가 나타난다.

(2) 기억에 대한 자기조정능력의 발달

기억에 대한 **자기조정**(self-monitering)**능력**은 과제가 요구하는 방향에 따라 자신의 기억수행 행동을 계획하고, 평가하는 전체적인 기억작용의 통제과정을 뜻한다. 이 과정 속에는 앞에서 살펴본 기억하는 사람, 과제, 방략에 대한 상위인지적 지식이 포함되는 것은 물론이다. 3일 동안 계속되는 10과목에 대한 학기말 시험을 준비하는 학생이나, 기억과제를 내주는 교사의 행동 속에는 이러한 자기조정과정이 필연적으로 내재되어 있다.

앞에서 예를 든 실내화를 미리 신고 자는 유치원 아동의 행동에도 기억의 자기조정능력의 흔적이 전혀 보이지 않는 것은 아니지만, 대체로 상위기억 조정능력은 초등학교 입학 이후에 여러 형태의 성공과 실패를 경험하면서 발달하는 능력이다(Pressley et al., 1987). 특히 초등학교 아동들에게 상위기억 조정방략훈련을 통해 이 능력을 길러줄 수 있다는 연구결과는 주목된다(Pressley et al., 1984; Verdornik, 1988).

우리나라 유아의 상위기억능력의 발달을 연구한 결과에 의하면 유아들은 상위기억능력이 없다는 종래의 주장과는 달리 3세 유아도 상위기억능력이 발달하기 시작하고 있음을 보여준다. 특히 유아가 같은 연령의 또래와 상호작용하면서 기억과제를 수행할 때 상위인지지식을 더욱 많이 사용한다는 사실은 흥미로운 것이다(정갑순, 1993).

제 6 장 언어와 의사소통능력의 발달

여러 영역에 걸친 매우 복잡한 언어능력의 발달이 어떻게 아동기에 그토록 빠른 속도로 급격히 이루어지는가? 이 문제는 오랫동안 많은 발달심리학자들의 관심의 대상이 되어왔다. 이 장에서는 먼저 아동기 언어가 획득되는 기제를 설명하는 이론적 접근들을 개관하고, 언어발달과정과 단계들을 살펴보고자 한다. 다음으로 듣기와 말하기 등 아동의 일상생활에서의 의사소통능력의 발달을 검토하게 될 것이다.

1 아동기 언어발달 특성

아동들에게 있어서 언어는 여러 가지 현상들을 이해하고 개념화하는 중요한 인지적 수단이다. 또한 언어는 다른 사람의 생각과 의도를 바르게 이해하고 자신의 생각을 표현할 수 있게 함으로써 대인관계의 기본적인 수단이 된다. 나아가 언어는 아동이 자신이 정서를 표출하거나 통제하는 정서적 창구가 되기도 한다. 이처럼 언어구사능력은 아동기 발달의 중요한 부분을 차지한다. 아동기의 언어발달은 언어학자들이 지적하는 언어의 네 가지 특성이 모든 측면에서 고르게 나타난다.

첫째, 아동기 동안에 **음운론적 발달**(phonological development)이 이루어진다. 아동이 개개 자음과 모음을 구분하고 그 발성적 특징을 이해하게 되는 것은 음운론적 발달의 대표적인 예이다. 자국어 음소의 발음과 억양을 정확하게 구사하는 능력을 획득하는 것 또한 음운론적 발달에 속한다. 또한 아동은 '영시기가하꾜에가따'와 같은 일상의 빠르고 긴 대화의 흐름 속에서 낱말이 연결되어 문장을 구성하는 음운론적 규칙을 터득함으로써 개개 낱말을 정확하게 분리해내는 능력을 발달시켜간다.

둘째, **의미론적 발달**(semantic development)이 이루어진다. 아동들은 자신을 둘러싸고 있는 세계의 수많은 대상과 현상들이 각기 독특한 낱말로 지칭된다는 것을 이해하고 이들 낱말의 의미들을 획득해간다. 또한 아동은 '자다'와 '졸다'의 차이, '빨갛다'와 '벌겋다'의 차이와 같은 유사한 대상이나 현상을 지칭하는 낱말 간의 미묘한 의미의 차이를 구분하는 능력도 획득하기 시작한다.

셋째, **통사론적 발달**(syntactic development) 또한 아동기 언어발달의 주요 양상이다. 아동이 낱말들을 문법적으로 정확한 순서로 배열하여 문장으로 만드는 능력이 발달해가는 속도는 가히 경이적이라고 표현할 만하다. 또한 아동은 '잔다' '먹는다' '간다'와 같은 행동이 과거에 이미 이루어졌을 때는 '잤다' '먹었다' '갔다'와 같이 'ㄴ'이 'ㅆ'으로 바뀐다는 일련의 문법적 법칙들을 이해하고 구사하는 능력을 발달시켜간다.

마지막으로, 의사소통의 다양성을 낳게 하는 **화용론적 발달**(pragmatic development)이 이루어진다. 아동은 같은 뜻을 가진 낱말이나 문장도 지시하거나 주장할 때와 간청하거나 애걸할 때 어떻게 달리 표현되는가의 언어행동(speech acts)에 관한 지식을 터득하고 이를 구사할 수 있게 된다. 또한 아동은 같은 '잘했어'라는 표현도 사용되는 상황이나 맥락에 따라 일을 성공적으로 수행했다는 것인지 또는 그렇지 못했다는 비난의 소리인지를 구분하고 이에 적절하게 대처하는 능력을 획득하게 된다.

2 언어발달의 이론적 접근

1) 학습이론적 접근

아이들이 어른의 언어를 모방하면서 학습한다는 사실은 명백해 보인다. 6개월경에 나타나는 옹알이(babbling)에서 아기들이 발성하는 음소는 모든 언어권에서 동일한 것으로 알려져 있다. 그러나 아기들은 성인들의 발성을 **모방**하는 과정에서 자국어에 없는 음소는 점차 사용하지 않게 되어 탈락(음소탈락)되고, 자국어의 음소는 보다 정교화하는 과정(음소확장)을 통해 점차 자신의 언어권 특유의 음소들을 학습하게 된다. 이러한 음소탈락과 확장과정은 초기 언어발달과정에서 학습의 중요성을 보여주는 것이다(Elkind & Weiner, 1978).

아동의 언어발달을 **학습이론**(learning theory)으로 체계화한 이론가는 Skinner이다. 1957년에 출간한 『언어행동(*verbal behavior*)』이란 저서에서 그는 언어도 다른 형태의 행동과 마찬가지로 성인의 언어에 가까워질 때까지 **행동조성**의 과정을 거쳐 발달해간다고 주장하고 있다. 아동은 주변의 어른들이 사용하고 있는 낱말, 구, 문장들을 모방하여 사용하기 시작하며, 부모는 강화에 의해 아동의 언어가 바람직하게 형성되도록 조형시켜나가는 과정을 통해 언어발달이 이루어진다.

아동의 언어발달과정에서 모방과 강화의 역할을 부정하기는 어렵다. 그러나 실제로 아동이 사용하는 언어 속에서 '영숙**가** 미워' 'I eat**ed**'와 같이 전혀 모방이나 강화가 될 수 없는 표현들이 나타난다면 이러한 예들은 아동의 언어발달을 학습이론으로 설명하기 어렵게 하는 요인이 된다.

2) 생득이론적 접근

생득이론(nativist theory)에서는 인간의 언어발달이 후천적인 학습이 아니라 선천적인 언어획득기제에 의해 이루어진다고 주장한다. 이 이론의 대표적인 학자인 Chomsky (1968)는 인간의 언어구조가 단편적인 학습에 의해 획득되기에는 지나치게 복잡함에도 불구하고 아동들은 한정된 언어적 경험을 바탕으로 복잡한 문장구조를 재빨리 터득하고 이를 구사하고 있다는 사실에 주목하였다. 이러한 관찰을 바탕으로 그는 인간은 태어날 때 **언어획득장치**(Language Acquisition Device: LAD)를 선천적으로 갖추고 있다고 가정하였다.

언어획득장치란 뇌의 특정 구조나 부위를 뜻하는 것이 아니라 외부로부터 들어오는 언어자극을 분석하는 일단의 지각적 및 인지적 능력을 뜻한다(Chomsky, 1968). 이러한 선천적인 언어처리능력에 의해 아동은 주변으로부터 듣는 여러 언어자극들의 의미를 이해하고, 낱말을 연결시켜 문법적으로 정확한 문장을 스스로 만들어내는 언어구사능력을 보이게 되는 것이다. 통사론적 발달의 과일반화 예에서 6세 아동이 영어와 한글낱말을 섞어 만들어낸 문장은 언어획득장치에 의한 문장창조능력을 단적으로 보여주는 것이다.

모든 문화권의 아동들이 공통적으로 생의 일정기간 내에 빠른 속도로 언어를 획득해간다는 사실은 언어발달의 생득이론의 타당성을 지지해주는 것이다. 언어학자들이 **'언어적 보편성**(linguistic universals)' 이라 부르는 모든 언어에 공통적인 어순과 문법적 특성들이

Noam Chomsky(1928~)

Chomsky는 1928년 미국의 필라델피아에서 태어났으며, 존경받는 히브리어 학자인 그의 아버지로 인해 언어학에 눈떴다. 그는 펜실베이니아 대학에서 언어학, 수학, 철학을 공부하였으나, 대학생활 2년 동안 너무나 지루하여 거의 대학을 자퇴하려고 하였다. 그는 언어학자 Zelig Harris와의 만남으로 언어연구에 몰두하기 시작했으며, 자신의 이론을 만드는 일에 착수하였다.

Chomsky는 하버드 대학의 특별 프로그램으로 몇 년 동안 자신의 뜻대로 공부하였으며, 같은 기간 동안 펜실베이니아 대학에서 학사학위와 박사학위를 취득했다. 수학과 언어학이 혼합된 Chomsky의 새로운 이론은 기존의 이론들과 상당히 달라서 전통학파들로부터 배척당하기도 하였다. 그는 1955년 이래로 MIT에 재직하고 있다.

1957년 Chomsky는 『통사 구조론(*Syntactic Structures*)』을 발표함으로써 그동안 아동언어연구에서 무시해왔던 통사론에 관심을 돌리게 함과 아울러 언어심리발달에 새로운 장을 열게 했다. Chomsky는 아동의 문법취급능력을 설명하기 위한 하나의 정신기제로서 '언어획득장치(Language Acquisition Device: LAD)' 의 발달적 필요성을 강조하였다.

Chomsky는 언어학뿐만 아니라 정치적 활동이나 저서에서도 새로운 혁신을 불러일으켰다. 그는 급진적인 유태인 사회라고 불리는 지역에서 자랐으며, 베트남 전쟁을 반박하는 성명을 발표한 지성인 중의 한 명이다. 그는 또한 미국의 외국인 정책과 다른 나라 군사개입에 반대하는 글을 게재하곤 했다. 지금까지 그는 8개의 명예박사학위를 받았으며, 여러 형태로 업적과 능력을 인정받고 있다.

있다는 사실 또한 모든 인간에게 보편적인 언어획득장치가 존재할 것이라는 가능성을 시사하는 것이다. 사춘기 이전의 뇌의 손상으로 인한 언어장애는 비교적 빠르고 쉽게 치유되나 사춘기 이후의 언어손상은 회복이 거의 불가능하다는 사실(Lenneberg, 1967) 또한 생득론적 관점을 지지한다. 더욱이 1세경부터 사춘기 사이에는 언어가 쉽게 획득되나 이 시기를 넘기면 언어획득이 극히 어려워지는 언어발달의 결정기가 나타나는 것은 언어획득장치가 선천적으로 프로그램화되어 있기 때문인 것으로 생각된다.

이와 관련하여 Johnson과 Newport(1989)가 미국에 이민 온 3세에서 39세 사이의 중국계와 한국계 사람들의 언어구사능력을 연구한 결과는 매우 흥미롭다. 이들의 연구결과에 의하면 이민 온 연령과 영어구사능력은 뚜렷한 부적인 상관관계를 보여서 이민 온 연령이 낮을수록 영어구사능력은 높아지는 경향이 나타났다. 그러나 이러한 연령과 언어능력 간의 관계는 사춘기까지만 의미 있게 나타날 뿐 사춘기 이후의 영어구사능력은 이민 온 연령과 무관한 것으로 밝혀졌다. 이 연구결과는 언어발달은 언어획득장치가 활발하게 작용하도록 생득적으로 프로그램화된 기간과 밀접하게 관련되어 있음을 보여주는 것이다.

언어발달의 생득적 이론이 많은 타당성을 가지고 있기는 하지만, 아이들이 사용하는 언어가 때로 문법적으로 매우 부적절하며, 이들 부적절한 표현들은 많은 경우 모방된 것이며, 사춘기 이후에도 여러 형태의 언어발달이 서서히 이루어진다는 사실들이 생득이론의 문제점으로 지적되고 있다(Maratsos, 1989).

3) 인지발달론적 접근

인지발달이론(cognitive developmental theory)가들은 언어를 사고의 발달과 밀접하게 관련된 과정으로 고려한다. Piaget와 Vygotsky가 이 입장의 대표적인 학자들이지만, 두 사람이 언어와 사고 간의 관계를 설명하는 입장에 차이가 있으므로 두 이론가의 견해를 나누어 살펴보기로 한다. 또한 최근에 관심의 대상이 되고 있는 의미론적 관점에서의 언어발달기제도 간략하게 검토해보고자 한다.

(1) Piaget의 관점

Piaget는 아동의 언어발달은 일반적으로 인지능력의 발달에 기초를 두고 있다고 생각한다. 이러한 그의 주장은 두 가지 측면에서 설득력이 있어 보인다.

첫째, 언어가 **기호적 기능**(semiotic function)의 한 형태라는 점이다. 앞의 인지발달이론의 장에서 이미 설명했듯이 전조작기에 들어서면 유아는 다양한 표상과 개념들을 획득하고 형성하게 된다. 유아는 놀이, 그림 등 여러 가지 형태의 기호적 기능으로 자신이 가진 내적 표상들을 표현하게 되는데, 이러한 표상의 표현형태 중의 하나가 언어이다. 흔히 Piaget 이론에서 인지와 언어발달 간의 관계를 사고와 인지발달이 선행하고 언어발달이 뒤따르는 '사고 → 언어' 의 도식으로 나타내는 것은 이러한 이유에서이다.

둘째, 초기 아동의 언어 속에는 자신이 새로이 획득한 인지적 지식들이 내포되어 있다는 점이다. 이와 같은 **인지언어적 연관성**(cognitive-linguistic links)에 관한 예들은 쉽게 찾아볼 수 있다. 영아가 대상영속성의 개념을 명확하게 확립할 시기에 이들의 일상 속에서

'갔어' '없어' 등의 낱말이 나타나기 시작한다(Gopnik & Meltzoff, 1986). 마찬가지로 아동이 인과적 관계에 대한 지식을 획득한 무렵에 이들의 언어에서 '(아가) 때문에' '(엄마) 없어서(울어)' 등의 표현이 사용되기 시작한다(French & Nelson, 1985).

(2) Vygotsky의 관점

Piaget 이론에서 언어는 아동의 사고나 개념을 표현하는 수단으로서 발달되지만, Vygotsky의 이론에서 언어는 사고와 인지발달을 촉진하는 **매개적 기능**(mediated function)을 갖는다. 이러한 인지언어적 연관성에 대한 관점의 차이는 앞의 인지발달이론의 장에서 이미 설명했듯이 근본적으로 아동이 지식을 획득하는 과정에 대한 두 이론가의 입장의 차이에 기인한다.

Piaget 이론에서 아동은 외계의 물리적 대상과 상호작용하는 경험을 통해 스스로 지식을 구성한다. 따라서 근본적으로 인지발달은 자기주도적인 과정(self-guided process)이다. 이에 반해 Vygotsky는 지식이란 한 사회나 문화가 오랜 역사와 전통을 통해 축적해 놓은 외적 산물이며, 아동은 자기보다 유능한 성인이나 또래가 함께 참여하는 참여활동을 통해 인지적으로 발달해간다. 따라서 인지발달은 성인의 도움이 주도적인 역할을 하는 타인 주도적(other-guided)인 단계로부터 성인이 도와준 내용을 아동이 내면화하여 보다 높은 수준의 정신과정에 도달하는 것을 의미한다(Vygotsky, 1978). 언어는 이러한 지식의 내면화 과정에 필수적인 도구이므로 인지발달을 촉진시키기 위한 매개적 수단으로서 언어가 발달하게 된다. 흔히 Vygotsky 이론에서 '언어 → 사고'의 도식으로 양자를 관련짓는 것은 이러한 언어의 기능에 대한 관점 때문이다.

인지언어 연관성에 대한 Piaget와 Vygotsky의 관점의 차이는 유아들의 **혼잣말**(private speech)에 대한 설명에서 잘 드러난다. 혼잣말은 유아가 혼자 있을 때나 또래와 함께 있으면서도 상대방이 아닌 자신에게 소리 내어 하는 말을 뜻한다. Vygotsky는 성인과의 참여활동에서 주고받는 외적 언어를 충분히 내면화하여 유아 자신의 내재적 사고로 바꾸어 가는 과정에서 유아가 소리 내어 자신의 사고를 표현하는 과도기적 특성으로 나타나는 것이라고 설명한다. 이에 반하여 Piaget는 유아의 혼잣말은 이 시기 아이들의 자기중심적 사고라는 인지발달적 특성이 언어를 통해 표현된 한 양상에 불과하다고 주장한다. 유아의 사고가 탈중심화되면 이들의 언어 또한 사회화된 언어로 바뀌어가게 될 것이다.

인지와 언어를 관련짓는 방식의 차이에도 불구하고 Piaget와 Vygotsky는 아동의 언어발달이 인지발달과 밀접하게 관련되어 있다고 생각하는 점에서 명백하게 공통성이 있다. Piaget와 Vygotsky의 언어발달과 인지발달 간의 관계를 〈그림 6-1〉에 제시하였다.

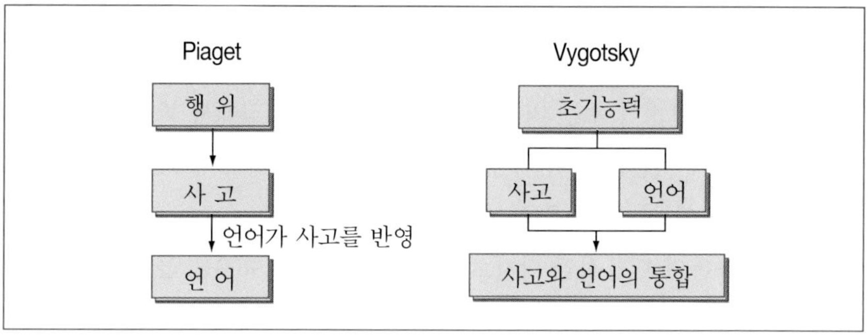

〈그림 6-1〉 Piaget와 Vygotsky의 언어발달과 인지발달 간의 관계

(3) 의미론적 관점

언어발달을 설명하는 **의미론적 관점**(semantic perspective)에서는 아동이 특정 낱말의 의미를 획득하는 것은 아동의 기존 인지구조나 지식기반 내의 지식들이 그 낱말이 사용되는 맥락적 단서와 결합하여 의미를 추론하는 과정에 의존한다고 믿는다(Flavell et al., 1993). Carey(1978, 1982)는 이러한 과정을 **신속표상대응**(fast mapping)이라 부른다. 2~6세 사이의 아동이 하루에 그 의미를 획득하는 어휘의 수는 평균 9개이며, 이를 6개월 단위로 보면 1,600개에 달한다는 사실(Carey, 1978)을 고려할 때 신속표상대응은 의미론적 측면에서 언어발달을 가장 설득력 있게 설명하는 개념인 것으로 생각된다.

예를 들어, 아동이 TV에서 '푸른빛이 아닌 청잣빛' 이란 표현을 들었다고 가정하자. 청잣빛이라는 낱말을 이전에 한 번도 들은 적이 없는 아동은 언어구조에 관한 기존의 지식과 이 낱말이 사용된 맥락적 단서를 통해 우선 청잣빛이 푸른색이 아니면서 푸른색과 관련이 있는 어떤 색깔이라는 사실을 추론할 수 있게 될 것이다. 만일 이 아동이 이전에 박물관에서 고려청자를 본 경험이 있고 그 기억이 아동의 지식기반 속에 저장되어 있다면, '청잣빛'이라는 이전에 모르던 색깔을 지칭하는 새로운 낱말의 의미 획득이 훨씬 수월해질 것이다. 반대로 만일 청자에 관한 기존의 지식이 없다면 아동의 청잣빛에 대한 의미추론은 '푸른빛과 관련된 어떤 색깔' 의 수준에서 멈추게 될 것이다.

이처럼 신속표상대응은 아동이 기존의 인지발달적 경험과 지식들을 활용하여 이를 새로운 언어적 경험에 통합함으로써 언어능력을 발달시켜가는 인지언어 관련성의 새로운 측면을 보여주는 언어발달기제라 하겠다.

(4) 사회적 상호작용론적 관점

언어발달의 **사회적 상호작용론**(social interaction theory)은 아동이 주변으로부터 받아들이는 언어적 정보들을 통합하여 스스로 의미를 추출하고 언어를 구성해가는 능력이 있다고 믿는 점에서는 생득론이나 인지발달론과 입장을 같이 한다. 동시에 이 입장은 아동이 몸담고 있는 언어적 환경이 주는 자극과 강화를 강조하는 점에서 학습론적 전통을 내포하고 있다. 그러나 이 이론은 초기 아동의 언어발달을 촉진하는 부모의 역할을 통해 나타나는 아동과 환경 간의 상호작용을 특히 중시한다.

사회적 상호작용론의 대표적인 학자로서 Bruner(1975, 1983)를 들 수 있다. Bruner는 아동의 언어발달에 기여하는 부모의 역할을 언어획득 지지체계(language acquisition support system)라 부른다(Bruner, 1983). Bruner에 의하면 이러한 지지체계로서의 부모의 역할은 옹알이기에서부터 찾아볼 수 있다.

영아가 옹알이를 시작할 때 부모가 아기의 발성에 맞추어 적절한 소리로 반응해주면 아기의 옹알이량은 급격하게 증가한다. 반대로 부모가 영아의 옹알이에 냉담한 반응을 보이면 옹알이는 급속히 사라진다. 이러한 언어 이전 시기의 부모와 영아 간의 사회적 상호작용은 초기 언어획득 지지체계의 좋은 예가 된다. 옹알이에 대한 반응 외에도 부모들은 까꿍놀이, 나무토막 쌓기 등의 각종 놀이를 함께하면서 아이들의 언어구사를 격려하고 고무한다. 이처럼 아기와 부모가 놀이를 통해 아동의 언어 및 인지 발달을 촉진하는 사회적 상호작용 과정을 **발판화**(scaffolding)라 부른다는 것은 5장에서 이미 언급하였다(Bruner, 1983; Rogoff, 1990).

부모가 초기 아동의 언어발달을 돕는 또 하나의 사회적 상호작용 양상으로서 '**어머니 말투**(motherese)'를 들 수 있다. '어머니 말투'란 '아빠 가쩌' '아가 쉬'처럼 어머니가 아기의 언어발달수준에 맞게 문장의 길이나 구조를 단순화하고, 억양과 음조를 조정하는 말씨를 뜻한다. 많은 부모들이 일상에서 무의식적으로 사용하고 있는 이러한 '어머니 말투'는 아이들의 언어에 대한 흥미를 높여주며, 문장구조의 식별을 돕는 것으로 알려져 있다(Fernald, 1985; Nelson, 1989). 그러나 일부 학자들은 '어머니 말투'의 사용이 아동의 언어발달과 무관하다는 상반된 연구결과를 제시하고 있어, 이 문제는 논란의 여지를 남겨두고 있다(Flavell et al., 1993).

일찍이 Slobin(1968)은 어머니와 아동 간의 **언어상호작용 유형**을 확장되지 않은 모방, 축소된 모방, 확장된 모방으로 구분하였다. 확장되지 않은 모방은 아동과 어머니가 같은 길이와 구조의 문장을 서로 주고받는 대화양식을 뜻한다. 축소된 모방은 다음의 예에서와 같이 어머니가 사용하는 문장의 길이와 구조가 더욱 단순화되어가는 양상을 의미한다.

아 동 : 지금 학교에 가.

어머니 : 그래, 가.

확장된 모방은 어머니가 아동의 불완전한 문장을 완전한 문장으로 정교화시켜주는 대화양식을 의미한다. 어머니의 언어확장은 2세 전후 아동의 문장구성능력의 발달에 상당한 영향을 미친다(Hovell et al., 1978).

아 동 : 아빠 갔어.
어머니 : 아빠가 회사에 갔어.
아 동 : 아빠 회사 갔어.
어머니 : 아니, 아빠가 회사에 갔어.
아 동 : 아빠가 회사에 갔어.

미국 중류가정에서 부모와 자녀가 나눈 하루 동안 대화의 30%가 확장된 언어유형인데 반해, 저소득 계층의 부모들은 확장된 유형을 훨씬 적게 사용하는 것으로 보고되고 있다(Bohannon & Stanowicz, 1988; Brown 1973). 우리나라에서 두 쌍의 어머니와 만 2세 유아 간 대화내용을 1년 가까이 종단적으로 추적하여 수집한 자료에 의하면 일반적인 서술형태에 있어서 우리나라 어머니는 약 40%가 확장된 언어유형을 사용하고 있는 것으로 밝혀졌다(이현진, 1992). 또한 어머니의 교육 정도가 높고 중·상류계층에 속할수록 언어유형이 보다 아동의 사고를 촉진하는 설명적 유형인 것으로 나타났다(박경주, 1989). 어머니의 언어유형과 유아의 언어유형의 유사성을 보고한 논문도 찾아볼 수 있다(김영희, 1992).

3 언어발달단계

인간의 언어발달은 낱말을 사용하여 의사를 전달하기 훨씬 이전부터 시작된다. 낱말 사용능력을 기준으로 하여 초기 언어발달을 언어 전단계와 언어 후단계로 구분하여 살펴보기로 하자.

1) 언어 전단계

일반적으로 사람은 출생에서 1세까지 영아기 동안 언어능력을 발달시켜간다. 비록 낱말을 사용하지는 못하지만 영아는 여러 가지 형태로 자신의 의사를 전달할 수 있으며, 이러한 의미에서 이 시기를 **언어 전단계**(preverbal period)라 부른다. 언어 전단계의 언어발달을 사람의 음성을 지각하는 능력과 음성언어를 생성하는 능력으로 나누어 살펴보자.

(1) 언어음 지각능력의 발달

어린 아기는 사람의 음성을 다른 소리보다 더 좋아하는가? 더 근본적으로 영아는 사람의 소리를 다른 소리와 구별할 수 있는 능력이 있는가? 이 두 가지 의문은 언어발달 심리학자들이 영아의 **언어음 지각**(perception of speech sounds)에 대해 주로 관심을 갖는 이유이다(Flavell et al., 1993).

영아는 분명히 다른 소리에 비해 사람의 음성을 선호하는 것으로 보인다. 예를 들어, de Villiers와 de Villers(1979)는 출생 후 며칠밖에 안 된 신생아도 다른 소리에 비해 사람의 음성을 듣기 좋아하며, 또 듣고자 원한다는 사실을 조건형성 실험을 통해 입증하였다. 이러한 결과는 인간은 태어날 때 이미 음성자극을 선호하고 이에 민감하게 반응하는 선천적인 생물학적 경향성을 갖고 있음을 보여주는 것이다.

영아의 음성언어 선호성은 '어머니 말투' 에 대한 영아의 반응을 통해서도 쉽게 진단할 수 있다. 우리 주변에서 흔히 목격할 수 있는 광경으로서 어른들이 아기에게 '어머니 말투' 로 어르면 영아는 이에 대해 미소, 옹알이 등으로 호의적인 반응을 하는 것을 떠올릴 수 있다. Fernald 등(1985, 1987)은 여러 형태의 실험을 통해 실제로 영아가 '어머니 말투' 를 선호한다는 사실을 입증한 바 있다. 이러한 '어머니 말투' 에 대한 선호는 생후 며칠 내에 나타난다는 보고도 있다(Cooper & Aslin, 1990). 이는 영아의 언어음 선호성의 생득적 경향성을 확실히 보여주는 것이다.

갓 태어난 신생아도 일반적으로 생각하는 것보다 높은 언어음 지각능력을 갖추고 있다. 생후 1개월 된 영아의 **범주적 언어음 지각**(categorical speech perception)**능력**에 대한 Eimas 등(1971, 1987)의 실험은 영아의 선천적 언어지각능력을 명백히 보여주는 것이다. 이 실험에서 Eimas 등은 1개월 된 신생아에게 'ba' 음이 들릴 때 고무젖꼭지를 빨면 우유가 나오도록 하고, 'pa' 음이 들릴 때는 젖꼭지를 빨아도 우유가 나오지 않도록 하여 'ba' 음과 'pa' 음을 구별할 수 있도록 학습시켰다. 이렇게 학습된 아기는 'ba' 음을 들려주면 젖꼭지를 빨지만 'pa' 음을 들려주면 젖꼭지를 빨지 않음으로써 두 자음을 구별하고 있음을 보여준다. Eimas 등은 'ba' 음으로부터 'pa' 음으로 이행되는 과정의 소리를 6단계로 세분화하였다. 예컨대, 1단계 음은 가장 명백한 'ba' 음인 반면에 6단계 음은 명백하게' pa' 음이며, 2, 3으로부터 4, 5로 갈수록 'ba' 로부터 'pa' 에 가까워지는 자음의 소리 계열을 만들었다. 이렇게 만들어진 음의 계열을 신생아에게 들려주었을 때 이들은 1, 2, 3의 음에는 'ba' 와 같이 빨기반응을 보여주는 반면에 4, 5, 6의 음에 대해서는 빨기반응이 나타나지 않았다. 이는 신생아가 'ba'와 'pa'를 상당히 정밀한 수준에서 변별하는 능력을 갖추고 있음을 보여주는 것이다.

영아가 사람의 음성에 대한 높은 선호도와 언어음 지각 변별능력을 갖추고 있다는 사실은 인간이 일상언어에서 사용되는 음을 구분하고, 이에 적극적으로 반응하며, 적절히 처리하는 일종의 **언어양식**을 갖고 태어남을 시사하는 것이다(Aslin et al., 1983).

(2) 언어음 생성능력의 발달

출생 후 첫 1년 사이에 영아는 대체로 세 단계를 거치면서 소리 내는 능력을 발달시켜 간다(Hetherington & Parke, 1993). 출생 시부터 시작되는 울음은 최초로 형성되는 언어음이라 할 수 있으며, 다양한 형태의 울음소리는 영아의 첫 단계 의사소통수단이 된다. 두 번째 단계인 생후 1개월경부터 영아는 '오오…' '아아…'를 비롯한 여러 가지 부드럽고 중얼거리는 듯한 소리(cooing)를 내며, 이를 통해 자신의 정서상태를 표출한다.

세 번째 단계에 가까이 가면 **옹알이**(babbling)가 시작된다. 영아기 동안 언어음 생성능력의 발달과정에서 옹알이가 차지하는 중요성은 매우 크다. 모든 문화권의 영아가 비슷한 시기에 옹알이를 시작하며, 그 발성내용이 유사하다는 점에서 생득적인 과정으로 생각되어 왔다. 그러나 보다 최근에 영아가 옹알이를 통해 발성하는 음의 수가 점차 증가하며, 상황에 따라 자신의 발성을 조정한다는 사실이 밝혀짐에 따라 옹알이가 갖는 발달적 특성이 부각되고 있다(Sachs, 1985).

옹알이의 언어발달상의 의의에 관한 학자들의 주 관심은 옹알이가 1세 이후의 언어발달과 관계가 있는가의 문제에 있다. 이와 관련하여 초기 학자들의 견해는 양자 간에 관계가 없다는 주장이 우세하였으나(Jakobson, 1968), 근래에는 정상적인 옹알이가 후의 언어발달에 필수적인 것은 아니나 상당한 관련성이 있다는 **연속성 가설**(continuity hypothesis)이 지배적이다(Elbers & Ton, 1985; Flavell et al., 1993).

2) 언어 후단계

1세를 전후해서 영아가 낱말을 사용하기 시작하면서부터 본격적인 언어발달이 시작된다. 이 시기의 언어발달은 대체로 일어문기, 이어문기, 후기 언어발달의 세 단계로 나누어진다.

(1) 일어문기

일어문기(one-word utterance phase)는 영아가 첫 낱말을 말하기 시작하는 10개월에서

13개월경으로부터 두 개의 낱말을 연결해서 사용할 수 있게 되는 약 18개월 전후까지의 시기를 뜻한다. 이 시기에 영아는 한 번에 하나의 낱말로 자신의 의사를 표현한다. 그러나 실제로 영아가 알아듣는 낱말의 수는 이들이 사용하는 낱말의 수보다 많다. 일어문기 동안에 영아의 낱말획득 속도는 느린 것 같으나, 약 18개월을 전후해서부터 영아가 사용하는 낱말의 폭발적인 증가가 나타난다(Markman, 1991).

영아가 일어문기에 사용하는 낱말은 〈그림 6-2〉에서 보듯이 대체로 6개의 범주로 나뉜다. 이 중에는 친숙한 사물이나 대상의 이름이 약 60~70%를 차지하며, 행위어가 약 10~30%를 차지한다(Gentner, 1982; Nelson, 1973). 사물의 이름 중에서도 꽃, 개와 같은 기저수준 범주의 이름이 장미꽃, 삽살개와 같은 구체적인 이름이나 식물, 동물과 같은 보다 추상적이고 일반적인 명사보다 빨리 획득된다.

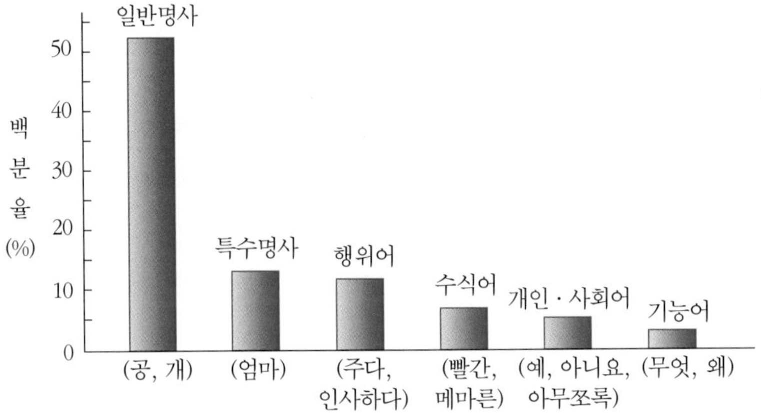

〈그림 6-2〉 일어문기의 사용낱말 유형
(Nelson, 1973에서 인용)

일어문이란 영아가 하나의 낱말을 단순히 하나의 대상을 지칭하는 것에 그치는 것이 아니라 하나의 낱말로 문장의 의미를 전달하려 한다는 뜻을 내포하고 있다. 예를 들어, 영아가 '공' 이라 할 때는 '이것은 형의 공이다.' '나도 공을 갖고 싶다.' '공던지기를 하자.' 등의 상황에 따라 다양한 의미를 내포하고 있다. 대부분의 부모들은 이러한 영아의 일어문의 의미를 잘 이해하는 것 같다. 그러나 구체적으로 아동이 전달하려는 의미를 정확하게 분석해내는 일은 생각보다 쉽지 않다(Ingram, 1989).

일어문기의 영아는 자신이 획득한 낱말을 흔히 부적절하게 사용한다. **과잉확대**(over extension)는 하나의 낱말을 적절하지 않은 다른 대상에게까지 일반화시켜 사용하는 오류를 범한다. 예를 들어, 영아는 '개' 를 고양이, 송아지 등 다른 대상을 지칭하는 데 사용할 수 있다. 이러한 과잉확대는 대체로 모양이 지각적으로 유사하거나 그 기능에 공통성이 있거나, 같은 범주에 속하는 대상에 대해 나타나게 된다(Clark, 1983). 특히 지각적 유사성을 주장하는 **의미자질 가설**(semantic feature hypothesis)과 기능의 공통성을 주장하는 **기능적 유사성 가설**(functional similarity hypothesis)은 한때 연구자들의 관심의 대상이 되었으며, 두 가설의 타당성을 검증하려는 시도도 이루어졌다. 그러나 이를 배타적인 것으로 받아들이기 어렵다는 것이 일반적인 결론이다(Shaffer, 1993). 1세 영아가 사용하는 75개의 낱말을 분석한 연구에 의하면, 이 낱말들을 과잉확대해서 사용하는 비율은 약 33%에 달했다(Rescorla, 1980).

과잉축소(under extension) 현상은 어떤 범주에 속하는 하나의 낱말을 그 범주 전체가 아닌 특정 대상에 국한하여 사용하려는 지칭오류를 뜻한다. 집에서 기르는 진돗개를 '개' 라고 부르는 영아가 다른 종류의 개는 '개'가 아니라고 고집하고 부르기를 거부하는 예는 주변에서 흔히 접하는 것이다.

(2) 이어문기

대체로 18~20개월 사이에 두 개의 낱말을 연결하여 문장을 만들 수 있게 되면 **이어문기**(two-word utterance phase)가 시작된다. 흔히 전신어(telegraphic speech)라고 부른 표현 속에서 읽을 수 있듯이 이 시기에 유아가 사용하는 이어문은 조사(…이, …는, …가 등)나 연결사(…와, …그리고 등)가 생략된 채 단순히 두 개의 명사와 명사(엄마 가방), 명사와 동사(아가 자) 또는 형용사와 명사(예쁜 옷)를 결합하여 문장을 만든다.

이어문은 그 구조의 단순성에도 불구하고 〈표 6-1〉과 같이 여러 가지 기능을 갖는다. 〈표 6-1〉에서 우리말과 영어에서 사용되는 이어문의 유사성을 볼 수 있듯이, 이 시기 유아가 사용하는 이어문의 기능과 의미관계는 대부분의 상이한 언어권에서 유사하게 나타난다(Slobin, 1985). 이는 앞의 언어발달이론에서 언급한 바와 같이 언어발달이 단순히 학

표 6-1 이어문의 기능

기 능	우리말	영 어
장소와 이름	저기 책	there book
요구 또는 소원	우유 더	more milk
부정	안 먹어	no eat
사태나 상황의 묘사	엄마 자	mommy sleep
소유 지칭	내 신발	my shoes
수식, 한정	예쁜 옷	pretty dress
질문	어디 가	where go

(영어의 예는 Hetherington & Parke, 1993에서 인용)

습된 결과가 아니라 인간 고유의 생득적 경향성을 따르고 있음을 시사하는 것일 수 있다. 또한 이러한 언어권 간의 보편적인 발달현상은 사고와 개념의 획득을 포괄하는 인지발달의 보편성에 기인할 수도 있으며, 이 시기 부모와 유아 간 상호작용의 공통성에 기인할 수도 있을 것이다.

(3) 이어문기 이후의 언어발달

이어문기가 지나면서 아동은 3개 이상의 낱말을 연결하여 보다 길고 복잡한 문장을 만들어 사용하기 시작한다. 따라서 이 시기에는 정확한 문법적 지식이 필요하게 되며, 보다 깊은 수준의 의미론적 지식이 요구된다.

평균발화길이

이어문기 이후 아동의 언어발달수준을 진단하기 위한 하나의 지표로서 문장의 길이를 보여주는 **평균발화길이**(mean length of utterence: MLU)가 흔히 사용된다. 평균발화길이는 아동이 한 문장 내에서 사용하는 낱말의 수가 아니라 기본 의미단위인 형태소(morpheme)의 수에 의해 결정된다. 예를 들어, '개 간다.'는 두 개의 낱말에 두 개의 형태소가 연결된 문장이다. '개들 간다.'도 마찬가지로 두 개의 낱말로 연결되어 있으나 '들'이라는 복수를 지칭하는 형태소가 첨가되어 세 개의 형태소가 된다. 영어에서 'see dog'는 두 개의 형태소를 가진 문장이지만 'see dogs'는 세 개의 형태소를 포함한 문장이다. 'daddy want'와 'daddy wanted'도 마찬가지이다.

이렇게 볼 때 평균발화길이는 단순히 문장의 양적인 길이가 아니라 문법적 지식의 정교화와 밀접하게 관련되어 있다.

통사론적 발달

이어문기 이후 언어발달에서 문법적 지식과 구사능력은 대단히 중요한 의미를 갖는다. Brown(1973)은 세 명의 아동을 종단적으로 추적하여 이들의 문법적 지식의 발달과정을 검토한 결과, 문법적 지식이 체계적인 순서를 따라 발달해간다는 사실을 확인하였다. 예를 들어, 아동은 같은 s 굴절어라도 복수의 s를 가장 먼저, 소유격 s를 그 다음에 그리고 삼인칭 단수동사에 붙이는 s를 가장 뒤에 사용할 수 있게 된다. 이러한 Brown의 연구결과는 de Villiers와 de Villiers(1973), Maratsos(1989) 등에 의해 지지되고 있다.

영어권 아동의 **통사론적 지식의 발달**에 관한 연구에서 많은 관심과 흥미의 대상이 되고 있는 문제가 **의문문**과 **부정문**의 정확한 사용에 관한 것이다. 의문문에 관한 예를 들면 다음 〈표 6-2〉와 같다.

표 6-2 통사론적 지식의 발달(의문문)

언어 / 문장형태	우리말	영 어
서 술	우유 있어요.	You have milk.
의 문	우유 있어요?	You have milk? Do you have milk? Have you milk?

(영어의 예는 Hetherington & Parke, 1993에서 인용)

우리말에서 의문은 어순의 변화나 첨가어 없이 억양과 물음표에 의해서 표현되므로 아이들에게 크게 어려움이 없다. 이에 반해 영어에서는 조동사가 첨가되거나 동사와 주어의 순서가 바뀌어야 문법적으로 정확한 문장이 되므로 영어권의 아동에게 의문문 사용은 중요한 문법적 능력발달의 한 양상이 된다.

부정어의 경우도 유사하다. 다음 〈표 6-3〉에 영어권 아이들에게서 흔히 사용되는 문법적으로 부정확한 부정어 사용의 예를 우리말과 대비시켜 제시해보겠다.

표 6-3 통사론적 지식의 발달(부정문)

언어 / 기능	영어에서 흔한 오류	우리말 대비
사물의 부재	no milk	안 우유(나타나지 않음) 우유 아니야(나타나며 정확)
부 정	that not my bear	그거 아니야 내 곰(나타나지 않음) 그거 내 곰 아니야(나타나며 정확)
거 부	no go	안 가(나타나며 정확)

(영어의 예는 Hetherington & Parke, 1993에서 인용)

위의 표에서 볼 수 있듯이 영어권의 아이들이 사용하는 부정오류가 우리나라 아동에게는 좀처럼 나타나지 않거나 또는 그 자체가 정확한 용법이 된다. 이렇게 분석해볼 때 우리말이 가진 문법적 구조가 초기 아동의 언어능력발달에 크게 도움이 되고 있음을 알 수 있다.

과일반화(over-generalization)는 이어문기 이후의 아동의 문법적 지식 발달을 이해하는 데에 도움이 되는 중요한 현상이다. 다음의 세 문장을 예로 들어보자.

영숙**가** 갔어.

Daddy **goed**.

Mommy is **개닝 빨래**.

첫 번째 문장은 우리나라 아이들에게 흔히 들을 수 있는 문장이다. 철수가, 영이가 등에서 쓰이는 조사 '가'를 성인들이 사용하지 않는 맥락인 '영숙가'에 과일반화시키고 있는 것이다. 두 번째 문장은 미국 아이들에게 흔히 찾아볼 수 있는 표현이다. 이들은 과거시제에 통용되는 ed를 성인들이 사용하지 않는 동사에 붙여 'goed' 'beated' 등의 낱말을 만들거나, 복수 접미어 's'를 붙여 'foots' 등 영어에 없는 낱말을 만들어 사용하는 과일반화 현상을 보여준다.

세 번째 문장은 미국에 이민 간 6세의 한국 아동이 어머니의 친구에게 사용한 문장이다. '엄마가 빨래를 개고 있다.'는 뜻을 전달하기 위해 영어문장 속에 우리 낱말을 적절하게 변형시킨 이 문장은 얼마나 독창적인가?

〈그림 6-3〉 Berko의 wug 검사
(Berko, 1958; Berk, 1994에서 인용)

〈그림 6-3〉의 빈칸에 들어갈 말을 생각해보자. 왼쪽 그림에서 'wug'은 뜻 없는 명사이며, 오른쪽의 'rick'도 사전에 없는 동사이다. 그럼에도 불구하고 미국 아동들은 입학 전 유아도 'wugs' 'ricked'를 어려움 없이 찾아낸다. 이것은 문법적인 변형생성능력이 생득적이라는 Chomsky의 주장에 수긍할 수밖에 없게 하는 예이다.

의미론적 발달

이어문기 이후 아동은 자신이 말하고자 하는 의도에 적합한 낱말을 선택하고, 이들 낱말을 결합하여, 자신이 의도하는 바와 그 의미가 일치하는 문장을 만들어 전달하는 능력을 발달시키게 된다. 이러한 아동의 의미전달능력은 **어휘의미**(lexical semantics)의 이해 및 구사능력 발달과 **명제적 의미**(propositional semantics)의 발달을 전제로 하는 것이다.

어휘의미능력은 개개 낱말의 다양하고 정확한 의미를 이해하고 이를 적절히 활용할 수 있는 능력을 뜻한다. 명제적 의미란 '저 꽃은 백합이다.' '철수는 학교에 갔다.' 등과 같이 어떤 사물, 현상, 사태에 대한 선언적 지식을 뜻한다. 아동은 정확한 어휘의 선택과 어순배열능력, 문법적으로 정확한 기능어와 굴절어의 사용능력을 바탕으로 하여 명제적 의미전달능력을 발달시켜간다.

명제적 의미전달능력의 발달은 다음 절인 의사소통능력에서 다루기로 하고, 여기서는 약 2~6세 사이에 이루어지는 어휘의미의 이해와 사용능력의 눈부신 발달을 살펴보고자 한다.

대립관계어 의미발달

2~6세 사이에 유아는 그 자체가 절대적인 의미를 갖지 않으면서 상호관계나 비교에 의해 의미가 이해되는 일단의 **관계어**(relational words)의 의미를 이해하기 시작한다. 이들 관계어 중에서도 '크다-작다' '많다-적다' '갔다-왔다' 등과 같이 맥락에 따라 다른 상대적 의미를 보여주는 **대립관계어**(relational contrasts)의 의미이해능력의 발달은 흥미롭다. 예를 들어, '영이는 더 많고요, 나는 더 적어요.'라는 문장은 유아가 같은 양을 상대적으로 이해하고 있음을 보여주는 표현이다.

'더 많다(more)'는 영어에서 일어문에 흔히 나타나며, 비교적 그 의미를 빨리 획득하는 관계어이다. 그러나 반대어인 '더 적다(less)'는 유아가 이해하거나 사용하기 어려운 낱말로 알려져 있다. 유아들도 사과가 상대적으로 많이 달린 나무의 그림과 적게 달린 나무의 그림을 보여주고 사과가 '더 많은' 나무를 가리키라고 하면 정확하게 반응하지만, '더 적은' 나무를 지적하라는 지시에는 더 많은 나무를 가리키는 것과 같은 혼동과 오반응을 보이고 있다(Donaldson & Wales, 1970).

de Villiers와 de Villiers(1978)의 연구결과에 의하면 '크다(big)' '작다(little)'는 4~5세 경의 유아가 친숙하게 사용하는 공간적 관계어이다. 이들에 의하면 유아의 공간적 관계어의 사용은 다음 〈그림 6-4〉와 같은 순서를 따른다.

대립관계어 발달순서는 이들 낱말이 일상생활에서 사용되는 빈도와 의미복잡성에 의해 결정된다. 우리나라 아이들은 몇 세경에 이들 낱말을 사용하며, 이와 같은 순서를 따르는

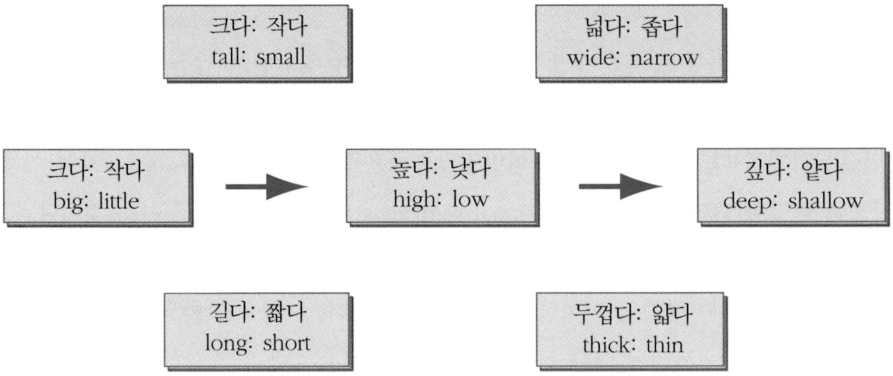

〈그림 6-4〉 대립관계어의 의미발달
(Shaffer, 1993에서 인용)

지는 연구되어야 할 문제이다.

우리나라 3~6세 유아를 대상으로 색깔이나 모양에 대한 새로운 단어를 가르칠 때 대립관계어를 제시하는 것이 새로운 단어의 의미를 이해하는 데에 도움이 되는가를 연구한 결과에서 4세부터 대립관계어의 제시효과가 나타났다(김은희 · 이기옥, 1993). 이러한 결과는 우리나라 유아가 4세경부터 일상에서 친숙한 대립관계어를 이해하고 사용할 수 있는 능력을 갖고 있음을 반영한다.

시간적 관계어 의미발달

아동들은 언제부터 전이나 후, 뒤 또는 다음과 같이 순서를 나타내는 **시간적 관계어**(temporal relational terms)를 바르게 사용할 수 있는가? Clark(1971)의 초기 연구에 의하면 입학 전 유아들은 시간의 순서를 나타내는 용어를 정확하게 사용하는 능력이 없는 것으로 알려져 있다.

그러나 보다 최근의 연구들은 유아가 종래에 생각했던 것보다 시간적 어휘를 잘 사용하며, 특히 논리적으로 순서가 명확한 사태의 경우 그 사용의 빈도나 정확성이 높아진다고 주장한다(French & Brown, 1977; Kavanaugh, 1979). 예를 들어, '얼굴 씻은 **뒤**에 밥 먹어요.' '자기 **전**에 숙제해요.' 처럼 유아의 일상의 스크립트 속에서 그 순서가 친숙하며 비교적 일정한 사태에 대해서 유아는 시간적 용어를 정확하게 사용할 수 있다. 실제로 2세 11개월~5세 6개월 사이의 미국 유아 43명이 6개의 놀이장면에서 사용하는 언어를 분석한 결과 'after' 는 33회, 'before' 는 14회 사용하였으며, after' 는 3세 1개월, 'before' 는 3세 9개월에 사용하기 시작하였다(French & Nelson, 1985).

영어에서 'before' 와 'after' 는 각각 두 가지 방식으로 사용된다. 영어권의 아동들은

〈표 6-4〉에 제시해두었듯이, 'before Y, X'를 'X before Y' 보다 빨리, 'after X, Y'를 'Y after X' 보다 빨리 습득한다. 그러나 우리말에서 '전'과 '후'는 단 한 가지 방식으로만 사용하며 그것도 영어권의 아동들이 빨리 배우는 방식으로 사용하므로 그들에 비해 시간적 어휘의 의미이해와 사용능력이 보다 빨리 발달할 것으로 생각된다.

표 6-4 우리말과 영어의 시간어휘 사용유형

	우리말	영어	획득순서
before, Y, X	자기 전에 씻어요.	before I go to bed, I wash my face.	빠름
X before Y	(거의 사용 않음)	I wash my face before, I go to bed.	늦음
after X, Y	씻은 뒤에 자요.	After I wash my face, I go to bed.	빠름
Y after X	(거의 사용 않음)	I go to bed after I wash my face.	늦음

(영어 예는 French & Nelson, 1985에서 인용)

인과적 관계어 의미발달

인과적 관계어(causal relational terms)는 사태의 원인과 결과 간의 관계를 나타내는 어휘이다. 때문에(because)와 그래서(so)는 유아기에 가장 먼저 사용하는 대표적인 인과적 관계어이다.

Bebout 등(1980)이 유치원에서 초등학교 4학년까지 아동들이 사용하는 문장을 분석한 결과에 의하면 'so'는 항상 'A so B'의 형태로만 사용된다. 이에 반하여 because는 'Because A, B'와 'B because A'의 두 형태로 사용된다. 〈표 6-5〉에서 영어에서 'so'와 'because'의 사용을 우리말과 대비시켜 제시해보겠다.

표 6-5 '그래서(so)'와 '때문에(because)'의 사용대비

	우리말	영어	획득순서
A, so B	철수가 때렸어요. 그래서 나도 때렸어요.	Jim hit me, so I hit him.	
Because A, B	철수가 때려서(때렸기 때문에) 나도 때렸어요.	Because Jim hit me, I hit him.	빠름
B because A	(거의 사용 않음)	I hit Jim because he hit me.	늦음

(영어 예는 French & Nelson, 1985에서 인용)

Bebout(1980)의 연구에서 보면 미국 아동은 우리나라 아동도 사용하는 'because A, B'는 큰 어려움 없이 배워서 사용한다. 그러나 'B because A'는 초등학교 3학년까지도 정확하게 이해하고 사용하는 아동이 절반에도 달하지 못하며, 4학년에 가서야 비교적 정확하게 사용할 수 있게 된다. 미국 아동들이 어려움을 느끼는 용법이 우리말에 없는 것을 볼 때 인과적 관계어 사용능력 또한 우리나라 아동이 미국 아동에 비해 앞설 것으로 예상된다.

4 의사소통능력의 발달

인간의 의사소통능력의 발달은 매우 일찍이, 언어를 사용할 수 있기 이전부터 발달하기 시작한다. 울음, 미소, 표정, 몸짓, 응시 등은 언어 전단계의 영아가 갖는 중요한 의사소통수단이다. 이들 언어 이전의 의사소통수단은 언어를 획득한 뒤에도 소멸되는 것이 아니라 흔히 **신체언어**(body language)라 지칭되는 강력한 의사소통수단으로 성인기까지 지속된다.

아동이 언어를 구사하기 시작하면서부터 실제로 대부분의 의사소통은 언어적 수단에 의존한다. 아동은 2세경부터 기본적인 언어적 의사소통기술과 대상과 사회적 상황에 맞추어 자신의 언어를 적절하게 사용하는 **화용론적** 능력을 발달시켜간다.

아동의 의사소통기술은 몇 가지 능력을 필요로 한다. 첫째, 상대방의 말에 주의를 기울여 듣고 상대방이 하는 말의 뜻을 이해하는 능력, 둘째, 상대방의 연령, 성, 사회적 지위 또는 상황적 조건에 맞게 자신의 언어적 표현을 조정하는 능력, 셋째, 자신이 하는 말을 상대방이 이해하고 있는가의 여부를 상대방의 반응으로부터 감시하고 조정해나가는 능력이 그것이다. 이들 세 능력을 보다 구체적으로 살펴보기로 하자.

1) 듣기능력의 발달

상대방이 하는 말을 주의 깊게 듣고, 그 의미를 정확하게 이해하며, 전달내용이 가지고 있는 모순을 파악해내는 능력은 의사소통의 기초가 된다.

Markman(1977)은 초등학교 1학년과 3학년 학생을 대상으로 놀이방법에 대한 지시내용을 설명하면서, 설명내용이 부적절하여 그대로 따라서 놀이를 하는 것이 불가능하도록 조작하는 실험을 하였다. 이 실험결과에서 Markman은 1학년 아동은 설명내용의 부적절

John H. Flavell(1928～)

Flavell은 현존하는 미국의 가장 영향력 있는 발달심리학자 중의 한 사람이다. 그는 노스이스턴 대학에서 학사학위를 취득하고, 클라크 대학에서 박사학위를 취득하였다. 로체스터 대학과 미네소타 대학의 교수를 역임하였으며, 1976년부터 현재까지 스탠퍼드 대학에 재직하고 있다.

Flavell은 1963년 『장 피아제의 발달심리학(*The Developmental Psychology of Jean Piaget*)』을 출간한 이래로 Piaget 이론에 뿌리를 둔 인지발달 전 분야에 걸친 광범위한 연구를 하고 있다. 특히 기억, 의사소통, 사회인지는 Flavell의 주 연구 분야이다. 외양-실제 구분, 상위인지, 사회인지영역에서 Flavell의 독창성이 돋보이는 연구들이 이루어졌다.

Flavell은 미국아동발달학회(SRCD) 회장과 미국심리학회(APA) 발달분과 회장을 역임하였다. 미국심리학회가 수여하는 특별과학공헌상을 수상하였으며, 파리 3대학과 로체스터 대학에서 명예박사학위를 수여받았다.

Flavell은 6권의 저서를 발간하였으며, 『인지발달(*Cognitive Development*)』은 그의 대표적인 저서이다.

성을 파악하지 못한 채 그대로 놀이를 해보려고 시도하는 반면에, 3학년 아동들은 지시내용의 부적절성을 정확하게 지적해낸다는 사실을 발견하였다.

Flavell 등(1981)의 연구에서도 유치원 아동은 초등학교 2학년 아동에 비해 의사소통 내용의 모순을 감지하는 능력이 낮다는 사실이 밝혀졌다. 이들 연구결과는 초등학교 저학년 아동기 동안에 듣기능력이 크게 발달하고 있음을 보여주는 것이다. 실제로 Patterson과 Kister(1981)의 연구에서 듣기훈련을 시켰을 때 6～10세 아동의 훈련을 통해 상대방의 지시내용을 명료히 이해하는 능력이 증가하였다.

일반적으로 동양계 아이들이 서양 아이들에 비해 상대방의 이야기를 듣는 **수용언어**(receptive language)능력이 높은 것으로 알려지고 있다(French & Song, 출판 중). 동양계 아이들이 상대방의 이야기에 대한 주의집중시간이 길고, 관심과 흥미도가 높은 것은 명백하나, 이러한 초기 수용언어능력이 후에 발달할 읽기능력과 쓰기능력에 어떤 영향을 주는지는 앞으로 밝혀내야 할 과제이다.

2) 말하기능력의 발달

듣는 사람의 연령, 성, 사회적 지위에 따라 자신의 언어적 표현을 조정하는 말하기능력은 비교적 빨리 발달한다. Dunn(1988)은 2세 유아도 자신보다 어린 동생에게 말할 때와 어머니에게 말할 때에 서로 다른 표현을 쓰고 있다는 사실을 관찰하였다. Wellman과 Lempers(1977)의 연구에서도 2세 유아가 또래 간에 서로의 입장을 고려하며 훌륭하게 대화를 이끌어 갈 수 있음을 발견하였다. Shatz와 Gelman(1973)의 연구에서 보면, 4세 유아는 자신보다 어린 2세 유아에게 이야기할 경우에 또래나 성인에게 말할 때보다 쉬운 낱말과 짧은 문장을 사용하려 애쓴다.

입학 전 유아들은 단순히 대상의 특성에 맞게 자신의 표현을 적응시킬 뿐 아니라, 상대방의 반응을 감지하고 이에 따라 자신의 말을 조정하는 능력을 보여준다. 연구결과를 보면 유아들은 성인이나 또래가 자신의 말을 못 알아듣는다고 느꼈을 때 성인에게는 표현을 좀 더 어렵게 바꾸는 대신에 또래에게는 좀 더 쉽게 설명하려고 시도할 수 있다(Warren-Lenbecker & Bohannon, 1989). 입학 전 유아가 어떤 사건이 일어나고 일주일이 지난 뒤 그 자리에 있어서 사건을 목격한 사람과 그 자리에 없었던 사람에게 그 사건을 설명하는 방식을 달리한다는 유명한 Menig-Peterson(1975)의 실험결과는 대상과 상황을 통합하고 그에 적응하는 유아의 의사소통 조절능력을 보여주는 것이다.

위에서 제시한 일련의 연구결과들은 2세경부터 유아가 대상과 상황에 맞게 의사소통을 해나가는 기술을 갖추고 있음을 명백하게 보여준다. 이러한 사실은 유아는 자신의 관점에서만 이야기할 뿐 상대방의 입장을 고려하는 능력이 결여되어 있다는 Piaget(1926)의 유아기 자기중심적 언어에 대한 주장이 더 이상 지지될 수 없음을 시사하는 것이다.

3) 상위의사소통능력의 발달

상위의사소통(metacommunication)은 아동이 자신이나 상대방의 의사소통능력에 관해 정확한 지식을 가지고 이에 맞추어 의사소통을 조정하는 능력을 뜻한다(Flavell, 1976; Flavell et al., 1993). 2세 유아도 대상과 상황에 맞추어 자신의 말을 조절하는 기본적인 기술을 갖고 있음에도 불구하고 입학 전 아동의 의사소통능력은 결함이 많다(Asher, 1979; Beal & Belgrad, 1990; Flavell, 1981a; Markman, 1981a).

유아의 상위의사소통 결함은 자신을 보지 못하는 상대방에게 어떤 내용을 설명하도록 하는 과제에서 흔히 나타난다(Flavell et al., 1993). Krauss와 Glucksberg(1977)의 연구를 예로 들어보자.

두 명의 아이가 서로 보이지 않도록 칸막이를 한 책상 양쪽에 앉아 있다. 두 아이는 여러 색깔과 모양의 나무토막이 들어 있는 같은 상자를 가지고 있다. 과제 내용은 한쪽의 아이가 칸막이 반대쪽에 앉아 있는 자기와 같은 또래의 아이에게 자기가 집은 것과 같은 토막을 고를 수 있도록 설명하여 똑같은 나무토막 쌓기를 하게 하는 것이다. 만일 한쪽의 아이가 '동그란 나무토막이야.' 라든가 '빨간 거야.' 라고 하는 경우, 통 속에는 같은 색깔의 네모, 세모, 동그라미 토막도 있고, 같은 모양의 여러 색깔 토막들이 섞여 있으므로, 이는 적절하지 못한 표현이다. 4~10세인 유치원생에서부터 초등학교 5학년까지의 아동을 대상으로 이 과제를 시켜보면, 유치원생과 초등학교 1학년은 명백하게 상위의사소통능력에 결함을 보이며, 시행횟수가 거듭되어도 학습효과가 없었다. 이에 반하여 3학년과 5학년은 빠른 속도의 학습효과를 나타냈다. 유치원생과 초등학교 1학년이 이와 같이 상위의사소통의 결함을 보이는 이유는 앞에서 설명한 바와 같이 전반적인 상위인지능력이 비교적 늦게 유아기 이후에야 발달해 상위인지능력에 기초를 둔 상위의사소통능력 또한 늦게 발달하기 때문인 것으로 보인다.

초등학교에 입학하여 구체적인 과제에서도 자신의 판단을 여러 사람에게 반복적으로 설명하는 능력을 훈련받게 되면 아동의 상위의사소통능력은 빨리 발달한다. 독해와 작문 훈련 또한 상위의사소통능력을 촉진해준다(Flavell et al., 1981; 1993).

우리나라 유치원생과 초등학교 2학년과 4학년을 대상으로 상위의사소통능력의 발달을 연구한 자료에 의하면 유아기 이후부터 상위의사소통능력은 꾸준히 발달하는 것으로 나타나고 있다. 특히 유아의 상위의사소통능력은 가정의 사회경제적 계층에 따라 차이가 있으나, 중학교 이후에는 차이가 없었다. 이러한 결과는 아동의 상위의사소통능력이 초등학교 교육경험을 통해 모든 계층에서 고르게 발달이 촉진되고 있음을 시사하는 것이다(하정연, 1985).

PART 3

아동기 정의적 특성의 발달

인간은 사회적 존재이다. 인간은 타인과 더불어 살아가며, 타인과의 관계 속에서 삶의 활력을 얻는다. 원만한 성격을 유지하고 자신과 타인을 정확히 이해하고 수용하며, 적절히 자기를 주장하거나 통제하는 일은 전 생애에 걸쳐 조화로운 삶을 살아가기 위한 중요한 적응적 가치를 갖는다. 이러한 점에서 아동기 건전한 정의적 특성의 발달은 인지적 특성의 발달과 더불어 중요한 의미를 지닌다.

이 책의 제3부는 네 개의 장으로 구성된다. 7장에서는 정의적 발달의 기저가 되는 기질과 애착을 다루게 될 것이며, 8장에서는 성격과 사회성발달을, 9장에서는 자아와 도덕성발달을 검토할 것이다. 마지막으로 10장에서는 아동기 성역할의 발달과 성차의 문제를 고려해보기로 한다.

제 7 장
정의적 발달의 기저

이 장에서는 출생 후 1년 사이에 식별되거나 형성되는 두 가지 중요한 발달적 특성인 **기질**(temperament)과 **애착**(attachment)에 관한 주요 이론과 연구결과들을 살펴보고자 한다. 기질과 애착은 생의 초기에 형성되지만 인간의 전 생애발달에 결정적인 영향을 미치는 정의적 특성으로서 많은 발달심리학자들의 관심의 대상이 되고 있는 주제이다.

1 기질의 유형과 발달

갓 태어난 아기의 키, 몸무게, 얼굴 모습이 서로 다르듯이, 아기의 행동유형 또한 출생 시부터 상당한 차이를 보인다. 예를 들어, 어떤 아기는 조금만 배가 고파도 자지러질 듯 울지만 어떤 아기는 아주 느리고 순한 울음소리를 낸다. 어른이 안아주면 좋아하고 달라붙는 아기가 있는 반면에, 혼자 놀기를 더 선호하는 아기도 있다. 이처럼 정서적 표현양식과 환경의 자극에 대한 반응양상의 차이를 통해 식별할 수 있는 영아 성격의 개인차를 **기질**이라 부른다.

기질에 관한 최초의 연구는 1956년 Thomas 등에 의해 시작된 **뉴욕 종단적 연구**(New

York Longitudinal Study: NYLS)이다. 133명의 영아들을 대상으로 해서 출발한 이 연구는 근래에 성인초기까지 관찰한 보고서가 나와 있다(Thomas & Chess, 1986; Thomas, Chess, & Birch, 1968).

1) 기질의 특성

기질이 어떤 심리적 특성인가에 대해서는 다음의 두 가지 문제를 둘러싸고 학자들 간에 이견이 있다. 첫째, 아동의 기질은 선천적으로 결정되는가? 또는 후천적 경험에 의해 형성되는가? 둘째, 아동의 기질은 지속적인가 또는 변화하는가의 문제이다.

기질의 차이가 비교적 일찍부터 나타나며, 이란성 쌍생아에 비해 일란성 쌍생아의 기질이 더욱 유사하다는 사실을 바탕으로 흔히 기질은 선천적으로 결정되는 것으로 생각되어 왔다(Buss & Plomin, 1986; Plomin & Stocker, 1989; Thomas & Chess, 1984). 그러나 아동의 기질형성에 환경이 강력한 영향력을 미친다는 주장도 제기되고 있어 현재로서는 이 문제에 대해 단정적인 결론을 내리기 어렵다(Bates, 1987).

기질의 선천성 여부와 더불어 안정성 또한 논란의 대상이 되고 있다. 예를 들어, 6개월에 낯가림을 심하게 하는 아기는 4세경에도 낯선 또래에 대해 마찬가지로 거부반응을 보이는가에 대해 명확한 결론을 내리기가 쉽지 않다. 일반적으로 기질이 선천적으로 결정된다고 믿는 학자들은 아동의 성장과정을 통해 기질은 일관성 있게 안정적으로 유지된다고 믿고 있다. 예컨대, 공포반응과 같은 부정적 정서, 활동수준, 낯선 상황에 대한 반응양상들은 대단히 안정적인 것으로 알려지고 있다(Campos et al., 1989; Fox, 1989). 그러나 부모의 죽음과 같은 갑작스러운 환경 변화나 부모의 거부적인 양육태도가 가져오는 지속적인 환경의 영향력에 의해 기질의 변화가 일어날 수 있다(Lerner & Galambos, 1985; Thomas & Chess, 1984).

지금까지의 연구결과를 종합하면 기질은 생득적이며 지속적인 특성이 강하다는 주장이 우세하다. 그럼에도 불구하고 기질의 형성과 변화에 미치는 환경의 영향을 간과해서는 안 될 것 같다.

2) 기질의 진단

Thomas 등(Thomas & Chess, 1984, 1986; Thomas et al., 1968)에 의해 시작된 최초의 기질연구에서는 아동의 기질을 특정 유형으로 분류하였다. 그러나 보다 최근의 기질연구는 기질을 유형화하기보다는 여러 행동차원에서의 개인차를 진단하는 방법을 사용하고 있다(Vasts et al., 1992). 기질의 진단방법을 세 가지 기질연구모형을 통해 살펴보기로 하자.

(1) 뉴욕 종단적 연구 모형

뉴욕 종단적 연구(NYLS) **모형**에서는 〈표 7-1〉에 제시한 것과 같이 영아의 반응을 평정할 수 있는 9개의 행동차원을 설정하고 있다. Thomas 등은 9개 행동차원에서의 영아의 행동을 부모 등에게 설문지를 주어 관찰하게 하거나 부모와의 면접을 통해 평정하였다. Thomas 등은 많은 영아들에게서 얻은 평정결과를 토대로 3개의 기질유형을 식별해냈다(Thomas & Chess, 1984, 1986; Thomas et al., 1968).

표 7-1 기질진단 행동차원

활동성	젖 먹기, 목욕하기, 옷 입기 등 일상상황에서 영아가 하는 신체활동량
규칙성	수유시간, 수면주기, 배변습관 등의 예측가능성
접근/기피	새로운 사태나 장난감, 음식 등 새로운 자극에 대한 기분, 행동을 포함
적응성	상황의 변화에 대한 적응의 용이성
강도	긍정 및 부정적인 반응의 에너지 수준
식역	영아의 반응을 유발하는 데 필요한 자극의 양
기분	불행하거나 부정적인 행동에 대한 행복하고 기분 좋은 반응의 빈도
산만성	외부의 사태나 자극에 의해 영아의 진행 중인 행동이 쉽게 방해받는 정도
주의범위와 지속성	영아의 활동 지속기간과 장애에 직면했을 때 활동을 계속하려는 의지

(Thomas & Chess, 1986에서 인용)

첫째, **순한 아동**(easy child)은 수면, 음식섭취, 배설 등의 일상생활습관에 있어서 대체로 규칙적이며, 반응강도는 보통이다. 새로운 음식을 잘 받아들이고, 낯선 대상에게도 스스럼없이 잘 접근하며, 환경 변화에 대한 적응력도 높다. 대체로 평온하고 행복한 정서가 지배적이다. Thomas와 Chess의 연구(1984)에 의하면 약 40%의 영아가 이 유형에 속한다.

둘째, **까다로운 아동**(difficult child)은 순한 아동과 정반대이다. 생활습관은 불규칙적이며 예측하기 어렵고, 환경으로부터의 자극이나 욕구좌절에 대한 반응강도가 강하다. 새로운 음식을 받아들이는 속도가 늦고, 낯선 사람에게 의심을 보이며, 환경 변화에 대한 적응도 늦다. 크게 울거나 웃는 등 강한 정서가 자주 나타나며, 부정적인 정서도 자주 보인다. 약 10%의 영아가 이 유형에 속한다.

셋째, **더딘 아동**(slow to warm up child)은 상황의 변화에 대한 적응이 늦고, 낯선 사람이나 사물에 부정적인 반응을 보이는 점에서는 까다로운 아동과 유사하다. 그러나 까다로운 아동과 달리 활동이 적고 반응강도 또한 약하다. 수면, 음식섭취 등의 생활습관은 까다로운 아동보다 규칙적이지만, 순한 아동보다는 불규칙하다. 전체 아동의 약 15%가 이 유형에 속하는 것으로 보고되고 있다.

(2) 정서 · 활동 · 사회성 모형

Plomin(Buss & Plomin, 1984, 1986)의 **정서 · 활동 · 사회성**(EAS) **모형**에서는 주로 부모들의 질문지 반응에 의해 정서성(emotionality), 활동성(activity), 사회성(sociability)의 세 차원에서 기질유형을 진단한다.

첫째, **정서성**은 아동이 환경으로부터의 자극에 대해 얼마나 빨리 부정적인 반응을 나타내는가를 의미한다. 예를 들어, 정서성의 반응경향이 높은 아동은 갑작스러운 소리에 쉽게 놀라거나 잠에서 깨어나고, 큰 소리로 우는 반응을 보인다. 울음, 공포, 분노반응 등은 정서성 강도를 잘 보여주는 지표이다. 둘째, **활동성**은 아동의 일상활동의 속도와 강도를 뜻한다. 계속 움직이거나, 끊임없이 새로운 것을 찾아다니며 격렬한 활동을 보이는 아이는 활동성이 높다. 셋째, **사회성**은 아동이 타인과 함께 있는 것을 선호하는 정도에 따라 진단된다. 혼자 있기를 싫어하거나 낯선 사람에게도 쉽게 다가가는 아동은 사회성이 높다.

(3) 로스바트 모형

로스바트(Rothbart, 1986, 1989) **모형**에서는 기질을 반응성(reactivity)과 자기규제(self-regulation) 두 차원에 있어서 아동의 생리적 기능의 개인차로 본다. 첫째, 반응성은 EAS 모형에서의 정서성과 유사한 것으로서 자극에 대한 반응속도와 강도를 의미한다. 둘째, 이 모형에서 특이하게 제시하는 것으로 자기규제는 아동이 스스로 자신의 반응을 증가 또는 감소하는 통제능력을 뜻한다. 예를 들어, 낯선 장난감을 아기에게 주면 망설이지 않고 잡는가 또는 조심스럽게 장난감에 다가가는가 또는 장난감을 갖고 노는 아기에게 엄마가 오라고 손짓하면 엄마에게 고개를 돌리기 전에 얼마나 오랫동안 장난감을 갖고 있는가 등은 일찍부터 나타나는 자기규제의 기질적 차이이다.

로스바트 모형에서도 부모를 대상으로 하는 설문지를 사용하지만, 전문적인 관찰자가 가정에 가서 관찰하거나 실험실에서 반응을 진단하기도 한다.

3) 기질과 적응

아동의 기질을 식별해내려는 연구의 궁극적인 목적은 개개 아동의 기질에 맞도록 양육함으로써 보다 나은 발달과 적응을 돕고자 하는 데 있다. 이러한 점에서 아동의 기질과 성장환경 간의 **조화의 적합성**(goodness of fit) 개념은 많은 관심의 대상이 되고 있다(Lerner et al., 1985, 1986).

(1) 조화의 적합성

영아의 기질과 어머니의 성격 또는 양육방식 간의 조화는 매우 중요한 요인이다. 예를 들어, 깔끔하고 규칙적인 성격의 어머니가 생활습관이 불규칙한 아기를 기르는 데에는 어려움이 따르게 마련이다. 이 경우 어머니들은 아기가 원치 않는 시간에 억지로 먹이거나 재우려는 경우가 많으며, 이러한 어머니의 양육방식은 어머니와 아기 간에 갈등과 긴장을 유발할 수 있다. 그러나 생활습관이 불규칙한 아기라도 어머니의 성격이 너그럽고 관용적일 때는 보다 나은 조화를 기대할 수 있다. 따라서 만일 어머니가 이러한 조화의 적합성을 중요하게 여긴다면 아기의 타고난 기질적인 성향을 가능한 한 빨리 파악하고 이를 수용할 수 있을 것이며, 기질에 따라 자신의 양육방식을 적절히 조절할 수 있을 것이다.

일반적으로 순한 기질의 아동에 비해 까다로운 기질의 아동이 보다 많은 적응상의 문제를 갖는 것으로 알려져 있으나, 반드시 그러한 것은 아니다. 대단히 활동적이고 정력적인 부모에게는 순한 아기보다 까다로운 기질의 아기가 보다 잘 조화될 수 있다. 실제로 뉴욕 종단적 연구에서 중상류층 백인 부모들은 순한 기질의 아기를 선호하는 반면에 저소득 계층의 소수민족 부모는 오히려 까다로운 기질의 아기를 선호하고 잘 조화하는 것으로 밝혀졌다(Lerner & Galambos, 1985; Thomas & Chess, 1977).

(2) 기질과 문제행동

Thomas 등(1968)의 최초의 종단적 연구에서 영아기에 까다로운 기질로 분류된 아동은 다른 기질의 아동에 비해 보다 많은 문제행동을 보이는 것으로 밝혀졌다. 이처럼 영아기의 기질이 문제행동 경향과 상관이 있다는 주장은 근래에도 많은 연구결과에 의해 입증을 받고 있다(Bates, 1987; Bates et al., 1985).

왜 까다로운 기질이 문제행동을 유발하는가에 대해 몇 가지 설명이 가능하다. 첫째, 까다로운 기질 자체가 문제행동의 가능성을 내포하고 있으며, 이것이 상당기간 지속되는 것으로 생각해볼 수 있다. 그러나 이러한 설명을 입증해줄 수 있는 과학적인 근거는 현재로서는 별로 없는 것 같다. 둘째, 까다로운 기질의 아동은 바람직하지 못한 부모양육행동과 부모-자녀 관계의 갈등을 유발하며, 이러한 갈등은 나아가 아동의 문제행동으로 연결된다는 설명이다. 이러한 설명은 조화의 적합성 관점에서 그 타당성이 인정된다. 셋째, 까다로운 기질과 문제행동 간의 관계는 실제로 아동의 기질과 행동 자체의 문제라기보다는 부모가 그렇게 지각하는 데에 문제가 있다는 설명이다. 문제행동은 대부분 부모의 질문지에 대한 반응에 의해 진단되므로 부모가 까다로운 기질로 지각하게 되는 아동은 마찬가지로 많은 문제행동을 갖는 것으로 보고될 가능성이 높다. 이 문제는 기질 진단방법의 타당성과 관련지어 많은 논란의 대상이 되고 있다(Shaffer, 1993).

까다로운 기질과 더불어 문제행동과 관련성이 높은 기질로 부각되고 있는 것이 Kagan(1989), Reznick(1989) 등이 제시한 **억압적 기질**(inhibited temperament)이다. 억압적 기질은 낯선 상황이나 사람에 대해 수줍어하거나 주뼛거리며 두려워하는 기질적 특성을 의미한다.

Kagan 등은 일단의 2세 유아를 실험실에서 관찰한 결과 약 15%의 유아가 억압적인 기질을 갖고 있는 것으로 식별해냈다. 이들 유아를 종단적으로 추적하여 5.5세와 7.5세에서 재진단하여 억압적 기질이 지속되고 있음을 확인하였다. 억압적 기질의 아동은 유치원이나 초등학교에서 낯선 어른을 대할 때나 혹은 또래와 함께 놀거나 과제를 해결하는 사회적 상호작용 상황에서 상당한 어려움을 겪는 것으로 보였다. 이들 억압적 유형의 아동들은 어두움, 낯선 상황 또는 사람에 대해 높은 불안과 공포반응을 보이는 것으로 보고되고 있다(Kagan et al., 1988; Reznick et al., 1986).

그러나 기질과 문제행동 경향성 간의 상관에 관한 한정된 연구결과를 바탕으로 까다로운 기질이나 억압적 기질이 부적응과 문제행동을 유발하는 것으로 속단해서는 안 된다. Thomas와 Chess의 최근 종단적 연구(1984)에서는 아동의 까다로운 기질과 성인기 초기의 문제행동 간에 상관이 없는 것으로 밝혀졌다. 그 외에도 기질과 문제행동 간의 상관을 부인하는 연구들이 제시되고 있다(Daniel et al., 1984).

우리나라에서는 아동의 기질에 관한 대부분의 연구에서 뉴욕 종단적 연구(NYLS)에서 사용한 까다로운, 순한, 더딘 기질로 유형을 분류하기보다는 활동성, 사회성 등 각 차원의 기질의 정도를 진단하는 방법을 주로 사용하고 있다. 그 이유는 NYLS에서 분석해낸 세 유형이 전체 아동의 65%밖에 설명해주지 못하는 데다 서구의 유형이 우리나라 아동에게도 적합한가의 의문이 제기되기 때문인 것으로 보인다. 최근에는 우리나라 아동에게 적합한 기질 검사를 얻기 위해 서구에서 사용하는 기질검사들을 번안하여 그 타당성을 검증하는 연구(위영희, 1994; 최영희, 1989)들이 이루어지고 있다.

국내에서도 아동의 기질과 관련 변인들 간의 관계에 대한 많은 연구들이 이루어지고 있다. 영아의 기질과 지능 간의 관계를 분석하여 활동수준이 낮은 아동이 지능이 낮다는 결과를 얻은 박혜원 등(1994)의 연구, 까다로운 기질 경향성이 유치원 생활의 적응도를 낮춘다는 연구(원영미, 1990)는 대표적인 예이다. 특히 '조화의 적합성' 측면에서 부모가 유아의 기질에 만족할수록 자녀만족도가 높으며, 아동의 자기능력에 대한 긍정적 지각도 높다(진예봉, 1993; 최영희, 1994)는 연구결과들을 찾아볼 수 있다.

2 애착의 형성과 발달

애착(attachment)은 한 개인이 자신과 가장 가까운 사람에 대해서 느끼는 강한 감정적 유대관계를 뜻한다(Ainsworth et al., 1978; Bowlby, 1958). 애착은 근본적으로 선택적인 특성을 갖고 있어서 극히 소수의 제한된 대상에 대해서 형성되며, 애착이 형성된 대상에 대해서는 가까이 다가가고 싶고 근접해 있고 싶은 욕구를 갖게 된다.

발달심리학에서 애착이 연구자들의 큰 관심 대상이 되는 것은 출생 후 1년 이내에 영아와 어머니 또는 자신을 돌봐주는 사람 간에 이루어지는 애착형성의 결과가 후에 발달하는 정서적 안정성과 대인관계의 중요한 기초가 되기 때문이다. 실제로 발달심리학 분야에서 애착이 지속적으로 영향을 미친다는 결과는 초기 경험의 중요성을 지지해주는 가장 강력한 요인이 되고 있다.

1) 애착형성이론

애착형성은 모든 영아의 공통적인 특성일 뿐 아니라 침팬지와 같은 고등동물에게서도 나타나는 특성이다. 이와 같이 보편적 특성인 애착이 형성되는 이유와 발달과정을 설명하기 위한 몇 가지 이론적 관점들이 제시되고 있다.

(1) 정신분석이론

Freud의 **정신분석이론**(psychoanalytic theory)에서 애착은 영아가 빨고자 하는 **구순욕구**(oral need)를 충족시켜주는 대상과의 사이에서 형성하는 밀접한 관계이다. 따라서 영아에게 편안한 상태에서 젖을 먹여주고, 만족감을 주는 부모의 양육행동은 좋은 애착형성의 중요한 요건이 된다(Hetherington & Parke, 1993; Shaffer, 1993).

Erikson도 영아의 수유욕구를 만족시켜주는 일은 영아기의 안정된 애착관계 형성뿐 아니라 성장한 후 아동이 자신이 몸담고 있는 세계에 대해 느끼는 신뢰감의 기초가 된다고 생각한다(윤진 · 김인경 역, 1988).

(2) 인지발달이론

인지발달이론(cognitive developmental theory)의 관점에서 볼 때 사회적 애착을 형성하는 영아의 능력은 전반적인 인지발달과정과 밀접하게 관련되어 있다. 애착을 형성하기 위해서 영아는 우선 애착대상과 다른 대상을 구별할 수 있는 지각적 변별력을 갖추어야 한다. 안정된 애착관계를 갖기 위해서는 애착대상이 시야에서 사라져도 어딘가에 존재한다는 것을 아는 대상영속성도 획득되어 있어야 한다.

영아기 애착은 영아가 성인과의 상호작용에 대한 기대를 형성하고, 상황에 따라 자신의 행동을 지시하는 **내재적 작용모델**(internal working model)로서 그 기대를 사용하는 능력을 갖추고 있을 때 형성된다(Bretherton, 1991; Flavell et al., 1993). 예를 들어, 어머니가 방을 떠나자 소리 내어 울던 아기가 옆방에서 달래는 어머니의 음성을 듣고 울음을 그치는 것은, 어머니가 가까이 있으며 곧 다시 올 것이라는 기대를 갖고 이에 따라 행동하기 때문이다. 그러나 계속해서 음성만 들리고 어머니가 나타나지 않으면 영아는 자신의 내재적 작용모델이 틀렸다는 것을 알고 곧 다시 울기 시작할 것이다. 애착형성과정의 한 양상인 영아의 낯가림이나 격리불안도 내재적 작용모델에 의해 나타나는 것이다.

정상적인 애착발달과정에서 애착이 보통 7～9개월 사이 대상영속성이 획득되는 시기와 유사한 기간에 형성되는 것은 애착형성이 전반적인 인지발달과정과 밀접하게 관련된다는 사실을 시사하는 것이다.

(3) 동물행동학적 이론

Bowlby의 **동물행동학적 이론**(ethological theory)에서는 애착형성을 종(species)의 보존과 생존에 중요한 의미를 갖는 본능적 반응의 결과로 보고 있다. 이 입장에서 이론가들은 영아는 미소, 울음, 매달리기와 같이 자신의 생존에 필요한 부모의 보살핌과 보호를 이끌어낼 수 있는 일련의 유발자극을 생득적으로 가지고 있으며, 어머니는 이러한 유발자극에 반응하도록 생물학적으로 프로그램화되어 있다고 믿는다.

동물행동학적 관점에서 볼 때 애착형성과정에 있어서 영아는 단순히 보살핌을 받는 피동적인 존재가 아니라 스스로 보살핌을 이끌어내는 적극적인 역할을 하고 있으며, 따라서 애착은 어머니와 영아 간의 상호적인 관계 속에서 형성되는 것이다.

(4) 기질가설

애착형성에 관한 **기질가설**(temperamental hypothesis)에서는 애착이 어머니의 양육행동보다는 영아의 기질과 밀접하게 관련된다고 주장한다(Kagan, 1984). 예를 들어, Ainsworth의 낯선 상황에서 까다로운 기질의 아기는 순한 기질의 아기에 비해 격리불안(separation anxiety)을 강하게 표출하므로 애착형성이 불안정한 것으로 인지되기 쉽다. 마찬가지로 더딘 아이는 애착대상을 회피하는 반응행동을 보일 확률이 높다. Kagan(1984)은 낯선 상황에서 실제로 측정하고 있는 것은 애착유형이 아니라 영아의 기질이라고까지 말하고 있다.

(5) 이론의 평가와 종합

앞에서 살펴본 애착형성이론 중 정신분석학적 이론은 수유를 중심으로 하는 영아의 욕구충족을 강조하고 있다. 초기 영아의 성장과정에서 수유는 중요한 발달적 요인이기는 하나, 근래에 애착형성 연구에서 이 관점은 비판의 대상이 되고 있다. Harlow와 Zimmerman(1959)의 원숭이를 대상으로 한 **대리모 실험**을 예로 들어보자.

이 실험에서 연구자들은 태어나자마자 어미에게서 뗀 새끼원숭이들을 165일 동안 〈그림 7-1〉에서 보는 것과 같이 두 개의 대리모와 함께 길렀다. 하나는 부드럽고 물렁한 고무를 보드라운 벨벳 천으로 싼 천 대리모였으며, 다른 하나는 철사로 만든 대리모였다. 원숭이를 두 집단으로 나누어 한 집단은 천 대리모에게 젖을 먹게 했으며, 다른 한 집단은 철사 대리모에게 젖을 먹게 하였다.

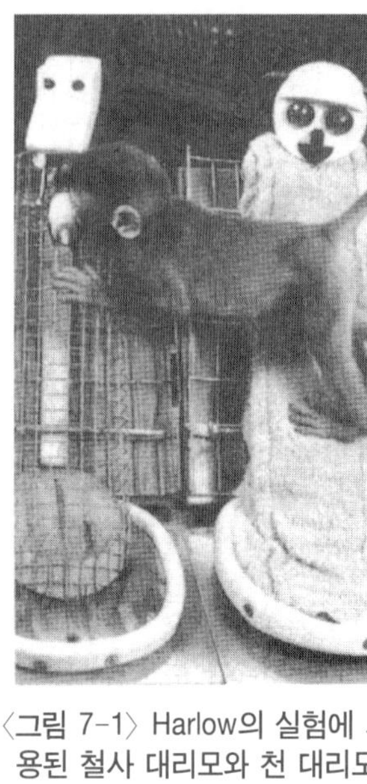

〈그림 7-1〉 Harlow의 실험에 사용된 철사 대리모와 천 대리모
(Shaffer, 1993에서 인용)

이 실험과정에서 천 대리모와 철사 대리모의 어느 쪽으로부터 젖을 먹는가와 전혀 관계없이 모든 원숭이들은 대부분의 시간을 천 대리모에 매달려 보냈다. 〈그림 7-1〉과 같이 철사 대리모에게서 젖을 먹는 시간에도 몸은 천 대리모에 밀착한 채 목만 뻗고 있는 모습은 천 대리모와의 애착 정도를 짐작하게 한다.

원숭이에게 이상한 소리를 내며 움직여서 공포를 유발하는 로봇을 넣어주면, 철사 대리모에게서 젖을 먹는 원숭이를 포함하여 모든 원숭이들은 천 대리모에게로 달려가 매달렸다. 일단 이들 새끼원숭이들이 천 대리모에게 몸을 밀착시키면 얼굴에서 공포가 사라지고, 몇 분 후에는 대부분의 원숭이들이 그렇게 두려워하던 로봇에게 다가가서 유심히 살펴보는 것을 관찰할 수 있었다(Harlow & Zimmerman, 1959). 이 실험결과를 통해 Harlow와 Zimmerman(1959)은 애착발달의 주요인이 정신분석이론가나 학습이론가들이 주장하는 것과 같이 수유욕구의 충족이 아니라 **접촉위안**(contact comfort)이라는 사실을 밝혀냈다.

인간의 유아를 대상으로 유사한 과정을 관찰한 초기 연구에서는 어머니의 아기에 대한 반응의 민감성과 신속성, 어머니와 아기의 접촉의 양이 애착형성의 중요한 요인이라는 사실을 확인하였다(Shaffer & Emerson, 1964).

2) 애착발달 과정

(1) 초기 애착형성 과정

애착을 설명하는 동물행동학적 관점에서 이미 보았듯이, 애착발달은 아기가 태어난 직후부터 시작되는 과정이다. 이러한 초기 **애착형성 과정**을 크게 세 단계로 나누어볼 수 있다(Hertherington & Parke, 1993).

애착형성의 첫째 단계는, 영아가 다른 대상에 비해 사람을 비롯한 사회적 대상을 선호하면서 특정 대상을 구별하지 않고 모든 대상에게 애착을 보이는 단계이다. 대체로 출생 후 2주간이 이 단계에 속한다.

애착형성의 두 번째 단계는, 영아가 어머니와 타인을 구분하면서 시작되며, 본격적인 애착이 형성되는 6~8개월까지 지속된다. 영아는 냄새, 음성, 안는 방법, 얼굴 모습 등 여러 감각 및 지각적 단서들을 통합하여 어머니를 알게 된다. 이 기간에 어머니도 마찬가지로 아기의 독특성을 알게 되고, 아기에게 맞도록 보살피는 방식을 조정하게 된다. 이 과정에서 상호적 애착의 기초가 형성되나, 애착대상과 떨어지는 데 대한 저항은 보이지 않는다.

애착형성의 마지막 과정인 세 번째 단계에서, 영아는 비로소 특정 대상에 대한 강한 집착을 보이며, 애착대상과 떨어질 때에는 격리불안을 나타낸다. 애착대상 외의 다른 사람에 대한 **낯가림**(stranger anxiety)도 이 기간 동안에 서서히 나타나기 시작한다.

격리불안은 영아가 애착대상인 어머니에게서 떨어질 때 나타나는 불안반응으로서, 어머니로부터 떨어지는 경험이 늘어날수록 더욱 강해지는 특징이 있다. 서구의 경우 격리불안은 6~8개월경에 나타나기 시작하며, 10~12개월에 절정에 다다르다가, 2세경에 소멸된다(Bowlby, 1969). 우리나라 영아의 경우 격리불안이 시작되는 시기와 절정기는 각각 7개월과 12개월로 서구와 일치하나, 사라지는 시기는 4세로 격리불안이 서구에 비해 오래 지속되는 것으로 보고되고 있다(정영숙, 1976; 차재호, 1985).

낯가림은 영아가 자신에게 친숙한 애착대상에 대해 형성해놓은 도식과 어긋나는 대상에 대해 나타내는 불안 또는 공포반응이다. 낯가림은 대체로 6개월경에 시작되어 2세경까지 지속된다(Bowlby, 1969; Schaffer, 1966). 성현란(1978)에 의하면 우리나라 5개월 된 영아의 35%, 6개월 된 영아의 63%, 7개월 된 영아의 69%가 낯가림을 하며, 8개월부터 모든 영아가 낯가림을 한다. 우리나라 영아를 대상으로 한 연구에서 아기를 데리고 외출을 자주 하면 낯가림이 적어진다는 보고(성현란, 1978; 장영미, 1978)를 찾아볼 수 있는데, 이는 반복적 경험에 의해 낯선이에 대한 불안이나 공포가 감소될 수 있음을 시사한다.

(2) 애착유형

어머니가 아기에게 주는 자극의 양, 반응의 민감성과 안정성 등 어머니와 아기 간의 상호작용 양상에 따라 상이한 **애착유형**이 나타나게 된다. Ainsworth(1973)가 구분한 세 가지 애착유형은 영아의 애착발달을 이해하는 데 많은 도움을 주고 있다.

Ainsworth는 아기가 출생해서 만 1년이 넘는 54주까지 매 3주마다 한 번에 네 시간씩 실험실에서 아기와 어머니가 상호작용하는 양상을 관찰하였다. 관찰이 끝난 직후부터 그는 자신이 고안해낸 '**낯선 상황**(strange situation)'에서 어머니가 사라지거나 낯선 사람이 다가오거나 할 때의 영아의 행동을 관찰하고, 그 결과에 따라 애착유형을 식별해냈다. 낯선 상황에서 Ainsworth가 한 일련의 실험계열을 〈표 7-2〉에 제시한다.

안정애착(secure attachment)유형의 아기는 낯선 상황에서 어머니가 있는 동안에는 이따금 어머니에게 가까이 가서 몸을 대보며, 어머니가 떠났다가 들어오면 열렬하게 반긴다. 어머니만 있으면 두려움 없이 낯선 상황을 탐색하며, 낯선 장난감에 호기심을 보이거나 가지고 논다. 친숙한 상황에서는 어머니가 잠시 떠나는 데 대해 크게 격리불안을 보이지 않는다. 이 유형에 속하는 아기의 어머니는 아기의 요구에 민감하게 반응하고, 아기 스스로 노는 것을 충분히 허용해준다. Ainsworth는 이러한 아기를 **B유형**(type B)이라 부르는데, 미국의 경우 약 60～65%의 아기가 이 유형에 속한다.

나머지 두 유형은 불안정하게 애착된 유형이다. 먼저 **A유형**에 해당하는 **불안정 회피애착**(insecure-avoidant attachment)유형의 아기는 어머니가 떠나도 별 동요를 보이지 않으며, 어머니가 들어와도 다가가려 하지 않고 무시한다. 이 유형의 어머니는 아기의 요구에 무감각하며, 아기와의 신체적인 접촉이 적고, 화가 나 있거나 초조하며, 거부하듯이 아기를 다룬다. 전체 영아의 약 20%가 이 유형에 속한다.

마지막으로, **불안정 저항애착**(insecure-resistant attachment)인 **C유형**은 일반적으로 어머니의 접촉시도에 저항하는 경향이 높다. 어머니가 있어도 잘 울고 보채지만, 어머니가 떠나면 극심한 불안을 보인다. 어머니가 돌아오면 화를 내지만, 불안정 회피유형과는 달리 어머니 곁에 머물러 있으려고 한다. 어머니와의 접촉에 관심이 없거나 또는 다가가서 안겼다가는 이내 화난 듯이 밀어내버리는 양극적 반응을 보인다. 이 유형의 어머니는 아기의 요구에 무감각하고 아기를 다루는 방식이 어색하지만, 화가 나 있거나 아기를 거부하

표 7-2 Ainsworth의 낯선 상황

계열번호	등장인물	지속시간	행동기술
1	어머니, 아기와 관찰자	30초	관찰자가 어머니와 아기를 장난감과 여러 가지 놀이기구들이 있는 실험실에 인도한 후 둘을 남겨두고 나간다.
2	어머니와 아기	3분	어머니는 아기가 방안을 탐색하도록 내버려둔다. 아기가 아무것도 하지 않은 채 2분이 지나면 놀이를 하도록 고무한다.
3	낯선이, 어머니와 아기	3분	낯선이가 들어온다. 최초의 1분은 침묵, 두 번째 1분은 낯선이가 어머니와 대화, 세 번째 1분은 낯선이가 아기에게 접근, 3분이 다 지난 후 어머니가 가만히 방을 나간다.
4	낯선이와 아기	3분 또는 보다 짧게	첫 번째 격리계열. 낯선이의 행동은 아기의 행동에 맞추어 조정한다.
5	어머니와 아기	3분 또는 보다 길게	첫 번째 재회계열. 어머니가 아기를 반기거나 달랜 후, 아기가 다시 놀이를 하도록 도와준다. 그런 다음 어머니가 '안녕' 이라고 말하며 방을 나간다.
6	아기 혼자	3분 또는 보다 짧게	두 번째 격리계열.
7	낯선이와 아기	3분 또는 보다 짧게	두 번째 격리의 계속. 낯선이가 들어와서 아동의 행동에 맞추어 행동한다.
8	어머니와 아기	3분	두 번째 재회계열. 어머니가 들어와서 아기를 반기고 안아준다. 그 사이에 낯선이는 가만히 방을 나간다.

(Ainsworth, Blehar, Waters, & Wall, 1978에서 인용)

는 느낌은 없다. 전체 영아의 약 10～15%가 이 유형에 속한다.

보다 최근에 애착형성이 불안정하면서도 회피와 저항의 어느 쪽에도 속하기 어려운 영아를 **불안정 혼돈애착**(insecure-disorganized attachment)인 **D유형**으로 구분하고 있다(Main & Solomon, 1990). 이 유형의 아기는 회피와 저항이 복합된 반응을 보인다. 낯선 상황에서 어머니가 돌아오면 처음에는 다가가서 안겼다가는 이내 화난 듯이 밀어버리거나 어머니에게서 떠나는 양극적인 반응을 보인다. 이러한 반응은 어머니와의 접촉에 대한 욕구는 강하나 어머니로부터 무시당하거나 구박받은 데에서 오는 공포가 공존하기 때문에 나타나는 것으로 해석된다(Shaffer, 1993).

생후 1세경 각 애착유형의 아기들이 갖는 낯선 상황에서의 전형적인 반응형태는 만 6세에 종단적으로 관찰한 연구에서도 동일한 것으로 보고되고 있다(Main & Cassidy, 1988).

Ainsworth의 낯선 상황에서 우리나라 영아의 애착유형을 분석한 연구결과를 보면, 홍계옥과 정옥분(1995)은 안정애착유형이 61.8%, 불안정 회피애착유형이 25%, 나머지 유형이 약 11.2%로서 서구 영아와 유사한 비율을 보여주고 있다. 박응임(1995)의 연구에서는 안정애착유형이 약 80%, 불안정 회피애착유형이 약 17%, 나머지 유형이 3%인 것으로 나타났으며, 김민정(1990)도 73.5%의 안정애착을 보고하고 있어, 안정애착유형이 서구 영아에 비해 훨씬 높은 것으로 보인다.

(3) 애착의 대상

영아의 애착대상이 어머니에 국한되는 것은 아니다. 아버지, 또래 친구 또는 자신을 돌봐주는 사람들이 아기의 애착형성 대상이 될 수 있다.

아버지 애착

미국의 경우 근래에 **아버지 애착**이 보편적인 모습이 되고 있다. 실제로 영아의 1/3이 어머니보다 아버지에게 더 강한 애착을 형성하는 것으로 보고된 바 있다(Elkind & Weiner, 1978). 특히 어머니에 대한 애착이 불안정할 때 아버지 애착은 이를 보완해주는 좋은 방안이 된다. Main과 Weston(1981)은 43명의 영아를 대상으로 어머니와 아버지에 애착형성된 비율을 찾아내고, 각 애착형태에 속하는 영아의 사회성과 정서성을 진단하였다. 〈표 7-3〉에 이를 제시한다.

〈표 7-3〉의 모에 안정애착을 형성한 영아와 부에 안정애착을 형성한 영아의 사회적 반응성과 정서적 갈등점수를 비교해보면 모애착이 부애착보다 영아의 긍정적 성장에 크게 기여하는 것을 알 수 있다.

표 7-3 애착형성에서 아버지의 역할

	애착 형태			
	부 : 안정애착 모 : 안정애착	부 : 불안정애착 모 : 안정애착	부 : 안정애착 모 : 불안정애착	부 : 불안정애착 모 : 불안정애착
영아 수	12	11	10	11
사회적 반응성	6.04	4.87	3.30	2.45
정서적 갈등	1.17	1.00	1.80	2.50

* 사회적 반응: 1점(매우 낮음, 혼동)에서 9점(매우 높음, 행복)까지.
  정서적 갈등: 1점(갈등 없음)에서 5점(매우 높은 갈등).

(Hetherington & Park, 1993에서 인용)

아버지가 아기와 형성하는 애착의 양상은 어머니와 다소 차이가 있다. 어머니는 보살피는 행동이 주를 이루는 반면에, 아버지는 놀이가 주된 상호작용 양상이다. 이러한 아버지와 어머니 간의 애착관계 양상의 차이는 모든 문화권에 공통적이며, 아동기 이후까지 지속된다(Lamb, 1986; MacDonald & Parke, 1986; Parke, 1990).

우리나라 영아가 낯선 상황에서 아버지에 대해 반응하는 형태를 에피소드별로 분석한 흥미로운 연구(이영환, 1992)를 찾아볼 수 있다. 이 연구결과에 의하면 안정애착이 40%, 불안정 회피유형이 40%, 불안정 저항유형이 20%이다. 대상인원이 충분하지 않아 앞으로 재검토가 필요하겠지만, 우리나라 영아가 아버지와 안정된 애착관계를 형성하지 못하고 있는 경향이 높은 것에 유의해볼 필요가 있다. 어머니에 대한 안정애착이 서구에 비해 높은 경향(박응임, 1995)과 대조적이다. 또한 우리나라 3세 유아와 아버지 간의 애착관계에 있어서 아버지가 안전기지가 되어주는 안정성과 의존성은 어머니보다 낮은 것으로 보인다(이영환, 1994).

다인수 애착

취업모의 경우에 그러하듯이 실제로 많은 영아들은 어머니에게서 지속적인 보살핌을 받지 못하고 동시에 여러 사람에 의해 양육된다. 보육원에 맡겨지는 경우도 마찬가지다. 이 경우 영아는 불가피하게 어머니와 함께 다른 대상에게도 동시에 애착을 형성하게 되는 **다인수 애착**(multiple attachment)에 놓이게 된다.

다인수 애착이 애착형성의 질에 미치는 영향에 관해서는 단정적인 결론을 내리기 어려우나, 불안정 애착형성의 가능성을 높일 우려가 있는 것으로 지적되고 있다. 이 문제는 특히 모의 취업과 관련하여 연구자의 관심의 대상이 되어왔다(Barglow et al., 1987; Belsky & Rovine, 1988). 취업모의 영아의 애착유형을 분석해보면 완전고용 취업모의 영아의 36%가 불안정 애착인 데에 비해 미취업이나 시간제 취업모의 영아의 29%가 불안정 애착으로 식별되어 그 차이가 그렇게 크지 않은 것으로 보고되고 있다. 특히 취업모가 불안정 애착을 야기하는 원인이 취업 자체에서 오는 다인수 애착에 기인하는 것이 아니라 취업으로 인한 어머니의 불안, 죄의식, 피로 등에 있다는 사실(Owen & Cox, 1988)은 다인수 애착이 걱정할 만큼 부정적인 영향을 미치지 않을 것이라는 점을 시사해준다.

3) 애착의 영향

(1) 애착유형의 지속성

만 1세 이전에 형성된 애착유형과 이에 따른 행동반응의 특성들은 성장한 후에도 지속되는가? 앞에서 언급한 네 가지 애착유형의 아기들을 이들이 만 6세가 되었을 때 다시 '낯선 상황'에 두고 행동을 관찰한 연구(Main & Cassidx, 1988)는 **애착유형의 지속성**을 보여주는 점에서 매우 흥미롭다. 6세가 된 안정애착유형의 유아는 낯선 상황에서 어머니와 유쾌하게 이야기하고, 신체적 접촉을 많이 하는 등 상호작용의 양이 많은 한편, 장난감도 잘 가지고 놀았다. 불안정 회피애착유형의 유아는 어머니를 쳐다보거나 말을 거는 일이 극히 적고, 어머니와의 상호작용도 제한적이었다. 극단적인 경우는 어머니와 가능한 한 떨어져서 장난감을 가지고 놀았다.

불안정 저항애착유형의 유아는 행동이나 음성에서 어머니에 대한 친근함이나 의존하려는 욕구를 과장되게 드러내는 경향이 있었다. 어머니의 무릎을 베고 눕지만 몸은 불편하게 움츠리는 모습을 보여 신체적인 접촉욕구와 이에 대한 저항이 동시에 양극적으로 존재함을 드러냈으며, 때로 어머니에게 미묘한 적개심을 보이기도 하였다. 불안정 혼돈애착유형의 유아는 부모에 대해서 자신이 부모역할을 하려는 이상한 행동을 보였다. 부모를 당황하게 만드는 등의 처벌적 행동과 부모와의 재회에 과도하게 반가움을 보이거나 부모를 위로하는 것과 같이 과도하게 명랑하거나 보호적인 행동을 통해서 부모의 행동을 통제하려는 시도를 보인다. 이러한 관찰결과는 영아기에 형성된 애착유형이 지속적이며, 각기 독특한 방식으로 발전되고 있음을 보여주는 것이다.

독일에서 이루어진 연구에서도 실험대상 중 약 78%의 유아가 1세 이전의 애착유형을 6세에도 그대로 가지고 있는 것으로 밝히고 있다(Wartner & Grossman, 1987).

애착유형의 지속성과 관련하여 애착유형이 **세대 간에 전달**된다는 연구결과가 있어 주목을 끈다(Ainsworth & Eichberg, 1992; Main et al., 1985). 이들 연구에서는 어린 아기를 둔 젊은 부모에게 자신의 어린 시절 애착형성 양상을 회고하게 하여 진단하고, 이들 젊은 부모와 아기 간의 애착유형을 실험실에서 관찰하여 비교하였다. 이 연구결과 두 세대의 애착양상 간에 .62에 이르는 높은 상관이 있음을 발견하였다. 이러한 결과는 어린 시절 부모와 가졌던 애착경험이 성인기까지 지속되어 부모로서의 자녀양육행동에 영향을 미치며, 이는 나아가 자신과 자녀와의 애착관계형성에 기여하는 것으로 해석될 수 있다. 그러나 현재로는 이러한 인과적 설명의 타당성 여부는 더 많은 검토를 필요로 하는 것으로 보인다(Ijzendoorn, 1992).

(2) 정서발달에 미치는 영향

애착이 정서발달에 미치는 영향을 실험적으로 검토한 유명한 연구가 Harlow 등(1977)의 **사회성 박탈**(social deprivation) 실험이다. 이들은 갓 태어난 새끼원숭이를 어미원숭이에게서 뗀 뒤 3개월간 다른 원숭이와 접촉할 수 없는 상자 속에 분리시켜 양육하였다. 이

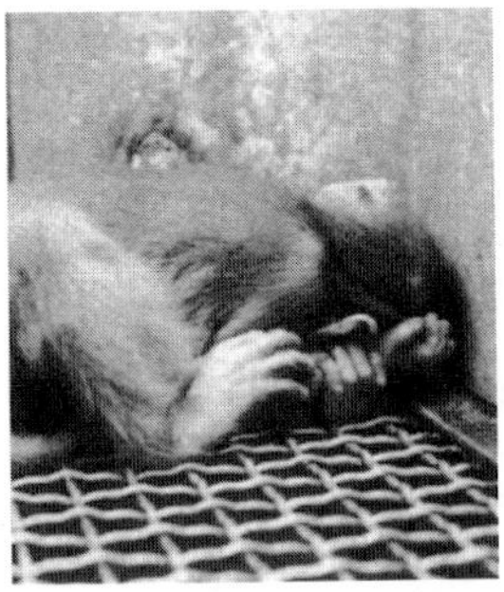

〈그림 7-2〉 분리 성장한 원숭이의 특이한 자세
(Shaffer, 1993에서 인용)

러한 생후 첫 3개월간의 사회성 박탈은 새끼원숭이에게 큰 정서적인 충격을 남겼다.

분리 성장한 원숭이를 다른 원숭이가 있는 상자 속에 다시 넣었을 때 이들은 다른 원숭이와의 접촉을 피하고, 두려워하며, 〈그림 7-2〉와 같이 얼굴을 파묻고 몸을 웅크리는 등 정서적 불안과 공포를 드러내었다.

이들 사회성 박탈 원숭이들도 정상적인 또래집단 속에 넣어주면 시간이 경과하면서 점차 정상적인 사회성을 회복할 수 있으나, 생후 1년을 전후하는 시기에 정상적으로 성장한 원숭이에 비해 극심한 공격적 성향을 보인다.

원숭이의 사회성 박탈 실험결과는 유아의 애착과 정서발달과의 관계에 그대로 유추되고 있다. 따라서 애착형성이 불안정한 영아는 성장 후에 정서적으로 불안하고, 공격적인 성향을 보일 것으로 예상된다.

격리불안과 낯선이 불안도 지속적인 정서적 영향을 미친다. 애착형성시기에 장기간의 출타나 입원 등으로 애착대상과 떨어지거나, 간헐적으로 낯선 사람에게 맡겨진 유아는 정상적으로 성장한 유아에 비해 낯선 상황에서 보다 높은 불안감을 갖는다(Shaffer, 1993). 이러한 불안이 성장 후에 대인불안(interpersonal anxiety)으로 지속될 가능성도 있으나, 경험적인 증거를 찾기는 어렵다.

모성박탈(maternal deprivation)이나 격리불안경험이 불안정 애착을 형성하거나 정서발달에 지속적인 영향을 미칠 수 있다는 사실은 취업모의 아기나 시설에서 자라는 아기에 있어서 심각한 문제가 될 수 있다. 특히 아기의 출생 직후부터 어머니가 일하러 나가면서 보육환경이 좋지 않은 영아원에 아기를 맡기는 저소득 계층의 많은 유아들이 불안정 애착을 형성하며, 3~4세경에 강한 공격성을 보이는 것으로 밝혀지고 있어 문제가 된다(Belsky & Steinberg, 1978; Etaugh, 1980). 가정에서 애착형성에 문제가 있더라도 영아 대 보모의 비율이 낮고 상호작용의 양과 질이 높은 보육원에서 양육하면 부정적 영향이 크게 감소된다(Kagan et al., 1978). 아버지, 조부모, 또래 등 어머니를 대신하는 애착대상을 갖는 것도 권장되고 있다(Chase-Lansdale & Owen, 1987).

(3) 사회성발달에 미치는 영향

영아기에 형성된 애착의 질은 성장 후 아동의 **또래관계**와 상관이 있다. Sroufe 등(1993)은 12개월에 안정 및 불안정 애착으로 식별된 아기를 3세 6개월까지 추적하여 관찰하였다. 안정적으로 애착이 형성된 3세 6개월의 유아는 불안정 애착형성 유아에 비해 또래 아이에게 더 많은 애정과 관심을 보이고, 놀이장면에서 주도권을 가지며, 또래와의 상호작용이 많고, 덜 공격적이었다. 교사들도 안정애착 유아를 자아존중감이 높고, 공감적이며, 사회적 기술이 높고, 친구가 많은 아이로 평가하였다. 또한 또래 사이에서도 보다 인기가 있는 아이로 평가되었다. 이러한 경향은 그 후에 다른 연구들에 의해서 지지되었으며, 초등학교 시기에도 지속되었다(Cohn, 1990; Kestenbaum et al., 1989; Suess, 1987).

Sroufe 등(Elicker et al., 1992; Sroufe et al., 1993)은 같은 아동을 11세에 다시 추적하여 관찰하였다. 이 연령에서도 안정애착 아동은 불안정 애착 아동에 비해 친구와 더 많은 시간을 보내며, 더 밀접한 우정관계를 가졌다. 학교 상담교사도 이들을 보다 자신감이 있고, 자아존중감이 높으며, 사회적으로 유능하고, 성인에 덜 의존하는 아동으로 평가하였다.

애착형성 양상은 **자아인지**발달과도 관계가 있다. 안정애착 유아는 6세경에 보다 긍정적인 자아인지를 보이면서도 자신의 한계를 수용하고 인정하는 반면에, 불안정 회피애착 유아는 자신을 완벽하게 보이려는 경향이 높았다(Cassidy, 1988).

(4) 인지발달에 미치는 영향

Ainsworth(1973)는 안정애착 영아는 '낯선 상황' 에서 어머니를 **안전기지**(security base)로 삼음으로써 새로운 환경을 탐색하려는 보다 적극적인 탐색행동과 인지적 호기심을 보인다는 사실을 관찰하였다. 이러한 안전기지 현상은 유아기까지 지속되는 것 같다. 안정애착 유아는 낯설거나 복잡한 대상에 대해 보다 적극적인 탐색행동을 보인다. 이에 반하여 불안정 애착유아는 지적 호기심이 낮고; 문제해결과제나 놀이를 주었을 때 과업몰입 정도가 낮고, 지속적이지 못하며, 즐거워하지 않는 것으로 보고되고 있다. 종단적 연구결과를 보면 영아기에 안정된 애착을 형성한 아동은 초등학교시기에 전반적으로 성적이 높다(Main, 1973; Sroufe, 1983).

초기 애착형성이 인지발달에 미치는 지속적인 영향에 관한 연구자료는 사회성발달에 미치는 영향에 관한 자료에 비해 충분하지 못하지만, 제시된 자료들은 논란의 여지없이 애착형성이 인지발달에 영향을 미치고 있음을 보여주고 있다.

제 8 장 성격 및 사회성 발달

이 장에서는 인간의 성격발달을 설명하는 주요 이론체계를 검토하며, 두 가지 대표적인 성격과 사회적 특성으로서 이타성과 공격성을 다루어보고자 한다. 또한 사회성의 인지적 기초가 되는 사회인지발달을 검토하게 될 것이다.

1 성격발달이론

아동기의 성격발달은 주로 Freud의 심리성적(psychosexual) 발달이론과 Erikson의 심리사회적(psychosocial) 발달이론의 틀 내에서 설명되고 있다.

1) Freud의 심리성적 발달이론

Freud는 성적 에너지인 리비도(libido)가 집중적으로 표출되고 만족을 얻는 신체부위의 변화에 따라 심리성적 발달단계를 구분하였다. 각 단계에서 리비도가 추구하는 욕구가 적절히 충족될 때 아동은 정상적인 성격발달을 이룰 수 있으나, 리비도가 심하게 억압되거나 좌절되면 그 신체부위의 욕구에 고착된다고 생각하였다. 특정단계에 고착된 아동은 나이가 드는 것과 관계없이 그 단계에 충족되지 못한 욕구에 계속 집착하게 되므로 성격 발달에 퇴행이 일어나게 된다. Freud가 설정한 각 발달단계의 성격발달의 특징을 간단히 살펴보자.

(1) 구순기

구순기(oral stage)는 대략 출생에서 1세 6개월 사이의 연령에 해당된다. 구순전기의 영아는 주로 빠는 행위를 통해 쾌감을 얻으며, 구순후기에는 씹거나 깨무는 행동으로 리비도의 욕구가 충족된다.

만일 수유를 지나치게 규칙적으로 하거나 이유를 지나치게 빨리 하여 구순만족이 좌절되면 영아는 **구순고착**(oral fixation) 성격을 갖게 된다. 이러한 초기 구순고착경험은 성격발달에 지속적인 영향을 미치게 된다. 구순전기고착은 음식에 대한 지나친 집착, 과도한 흡연이나 음주, 사람과의 접촉에 대한 지나친 요구, 타인에 대한 의존성 등의 퇴행적 성격을 보이기 쉽다. 구순후기고착은 타인에 대한 비난이나 분노로 나타나기도 한다.

(2) 항문기

1세 6개월에서 3세에 해당하는 **항문기**(anal stage)는 배설의 쾌감을 통해 리비도의 만족을 구하는 시기이다. 이 시기는 배변훈련을 하는 시기이므로 항문쾌감이 박탈될 가능성이 높다.

항문기에 고착되면 **항문기 폭발적** 성격으로 나타나거나 또는 **항문기 강박적** 성격이 된다. 항문기 폭발적 성격은 정돈하지 않고 지저분하며, 어지럽히는 행동을 통해 항문기 억압에 대해 반항한다. 이에 반하여 항문기 강박적 성격은 고집이 세고 완고하며, 검소하고 인색하다. 이러한 행동은 항문기 억압에 대한 분노가 소극적으로 나타나는 방식이다 (Crain, 1992).

(3) 남근기

3세에서 6세 사이의 유아는 **남근기**(phallic stage)에 해당된다. Freud는 3~4세경의 유아는 성기로부터 쾌감을 느낄 수 있을 만큼 신체적으로 성숙했으므로, 성기를 통해 리비도의 만족을 추구하게 된다고 생각한다. Freud는 이 시기 유아의 리비도는 자신과 가장 가까이에 있는 이성의 부모를 향한 근친상간적인 욕구로 나타난다고 주장하여 많은 논란의 대상이 되었다. 남아의 어머니에 대한 애정을 **오이디푸스 콤플렉스**(Oedipus complex)라 하고, 여아의 경우에는 **엘렉트라 콤플렉스**(Electra complex)라 부른다.

Sigmund Freud(1856～1939)

Freud는 1856년 오스트리아의 Freiberg에서 상업을 하는 40세의 아버지와 20세 어머니 사이에서 장남으로 태어났다. 4세 이후 히틀러의 오스트리아 침입 때까지 생애 대부분을 비엔나에서 보냈다. 어린 시절 명석했던 Freud는 독학으로 스페인어를 습득하여 돈키호테를 스페인어 원서로 읽을 수 있었고, 괴테의 저서를 통해 과학분야에 흥미를 가지기 시작했다. 비엔나 대학의 의과대학에 진학하여 민물고기의 척수에 관한 중요한 연구를 하였다. Freud의 주요 생애는 정신의학과 정신장애에 대해 연구하고 출판하면서 시작되었다. 1886년 결혼 후 경제적인 문제로 정신치료자로서 개인진료원을 개업하였다.

Freud는 파리에서 히스테리에 관해 연구 중인 Charcot으로부터 최면에 대해 배웠으며, 이때부터 Freud의 위대한 업적이 시작되었다. 히스테리에 관한 Freud의 첫 번째 연구는 'Anna O'를 치료하고 있는 Josef Breuer(1842～1925)와 함께 최면법과 정화법(cathartic method)을 통해 환자의 신경증 증상을 완화시키는 것이었다. 이들은 1895년에 『히스테리에 대한 연구(*Studies on Hysteria*)』를 출판하였다. 그러나 이 경험을 통해 Freud는 최면의 효율성에 회의를 갖고, 새로운 비최면법으로서 정신분석을 시작하였다. 그는 1896년 공식적으로 최면법 사용을 포기하였으며, 자유연상법(free association)을 사용하는 정신분석학의 선구자가 되었다.

1900년에 Freud의 첫 번째 저서인 『꿈의 해석(*Interpretation of dreams*)』이 출판되었다. 그는 꿈의 해석을 '무의식으로 가는 왕도(The royal road to unconsciousness)' (1900)라고 하였다. Freud의 나이 46세에 그는 높은 명성을 얻었고, 연구에 많은 지지자들이 모이기 시작하였다. 같은 해에 임상심리학자 Janet으로부터 파리대학의 교수자격을 수여받았다. 초기 Freud의 제자들은 Alfred Alder, Carl Jung 등이 있었으며, 몇 년 후 이들은 독창적인 정신분석이론을 발달시켜 Freud로부터 분리되었다.

Freud는 그의 삶이 다할 때까지 정신분석이론을 발전시키고 수정하였다. 생의 후기 16년 동안 턱암으로 고통받았으며, 1933년 나치의 핍박으로 베를린에서 그의 저서들이 불태워지기도 하였다. 1938년 런던으로 망명하여 그 다음 해 1939년 83세의 나이로 타계하였다.

Freud의 영향력은 심리학 분야에서뿐만 아니라 문학 등 여러 다양한 분야에서 지대하였으며, 20세기의 지적 발달에 큰 공헌을 하였다.

남근기 남아의 오이디푸스 콤플렉스는 이 시기 유아의 성격 형성에 중요한 역할을 한다. Freud에 의하면 어머니에 대해 강력한 애정의 욕구를 가진 유아는 아버지를 경쟁자로 생각한다. 그러나 아버지는 유아에 비해 대단히 크고 강한 존재이므로 아버지에 대한 경쟁심은 두려움으로 변모하게 된다. Freud는 이를 거세불안(castration anxiety)이라 지칭한다.

Freud는 유아기 거세불안을 감소시키고 어머니의 애정을 얻기 위해 아버지에 대한 **동일시**(identification)의 심리적 기제가 나타난다고 주장한다. 동일시에 의해 유아는 아버지의 생각, 태도, 행동 등을 모방하고 자기 것으로 삼음으로써 아버지를 닮아가게 된다. 또한 이 시기 동일시에 의해 아버지를 자아가 도달할 이상으로 삼음으로써 초자아의 자아이상(ego-ideal)이 형성된다. 이렇게 볼 때 오이디푸스 콤플렉스는 유아의 성격형성에 결정적인 중요성을 갖게 된다.

여아가 엘렉트라 콤플렉스를 해소하는 과정에 대한 Freud의 설명은 비판의 대상이 되고 있다. Freud는 3~4세경에 여아가 자신의 신체에 대해 눈을 뜨면, 자신에게 남근이 없다는 사실에 실망하게 된다고 생각하고, 이를 **남근선망**(peins envy)이라 이름 지었다. 여아의 남근선망은 이전까지 지속되던 어머니와의 애착관계로부터 아버지에 대한 강한 집착으로 바뀌게 된다고 Freud는 주장한다.

여아는 거세불안이 없으므로 어머니를 두려워할 이유가 없으며 따라서 이를 해소하기 위한 동일시 기제가 나타나기 어렵다. Freud도 여아가 엘렉트라 콤플렉스를 극복하는 과정을 설명하기 어렵다는 사실을 스스로 인정하고 있다. 다만 Freud는 여아가 거세불안이 없고 동일시 기제가 약하므로 남아에 비해 약한 초자아를 형성하는 것 같다고 하였다. 남근선망에서 비롯한 Freud의 여아의 성격발달과정에 대한 설명은 성적 편견이라는 이유로 학자들의 비판의 대상이 되고 있다.

(4) 잠재기

6세에서 12세 사이의 기간은 남근기 아동의 욕구갈등이 비교적 조용히 억압되는 **잠재기**(latency stage)이다. 이 시기에 아동의 모든 리비도는 학교과업, 운동 등 사회적으로 용납되고 인정되는 활동을 통해 강력한 에너지로 발산된다. 그러나 사춘기의 성적 변화와 더불어 잠재기는 끝나게 된다.

(5) 성기기

12세경에 성호르몬이 분비되면서 **성기기**(genital stage)가 시작된다. 성기기에 들어서면 청년들은 성행위를 통한 리비도의 충족을 추구하게 되며, 이러한 리비도의 표출양식은 전 생애를 통해 지속된다. 따라서 Freud의 성격발달이론은 성기기에서 끝나게 된다.

2) Erikson의 심리사회적 발달이론

리비도의 표출양상 자체를 성격발달의 주요 지표로 간주한 Freud와는 달리 Erikson은 아동의 연령에 따라 리비도의 표출양상이 달라진다는 점에서 Freud를 그대로 인정하고 있다. 그러나 Erikson은 변화하는 욕구를 충족시키고자 환경과 접촉하는 과정에 아동의 자아양식이 경험하는 위기(crisis)와 극복과정을 성격발달의 주요인으로 생각하고 있다. 예를 들어, 구순기 영아는 빨고자 하는 자아양식을 갖는데, 영아의 주변환경은 이러한 욕구를 때로 충족시켜주기도 하고 때로는 좌절시키기도 한다. 이처럼 욕구가 충족되는 긍정적 경험과 좌절되는 부정적 경험이 교차하는 과정 속에서 자아양식은 일종의 위기를 경험하게 된다. 만일 긍정적 경험의 비율이 부정적 경험의 비율보다 높으면 위기는 긍정적으로 극복되며 아동은 긍정적 성격으로 발달하게 되나 반대의 경우 부정적 성격을 낳게 된다. 이처럼 Erikson 이론에서 성격발달은 항상 양극적 측면으로 기술된다.

이 장에서는 Erikson의 성격발달단계 중 아동기까지만을 간략히 살펴보고, 청년기와 성인기 발달 부분에서 자아정체성의 탐색 이후의 성격발달을 제시하게 될 것이다.

(1) 신뢰성 대 불신감

대개 출생에서 1세 6개월경에 **신뢰성 대 불신감**(sense of trust vs distrust)의 위기를 경험하게 된다. 이 시기에 부모로부터 적절한 보살핌을 받아 기본적인 욕구가 충족된 영아는 자신과 주변에 대해 신뢰성을 형성하지만, 욕구좌절로 인한 부정적인 경험이 많은 영아는 근원적인 불신감을 갖게 된다. Erikson에 의하면 이 시기에 형성된 기본적 신뢰성 또는 불신감은 일생을 통해 지속되며, 다음 단계의 성격발달에 직접적인 영향을 미치게 된다. 또한 일단 형성된 불신감은 변화되기 어려운 비가역적 특성을 갖는다.

(2) 자율성 대 수치감

1세 6개월에서 3세까지의 유아는 신체적 및 생리적 성숙에 의해 최초로 대소변 가리기와 같은 자기통제가 가능하게 된다. 그러나 많은 유아의 자기통제 행동은 이들의 미숙함을 우려하는 부모의 규제를 받게 되거나 또는 스스로 실행해보는 과정에서 실패에 부딪치게 된다. 이와 같은 성공과 실패의 양극적 위기를 극복함으로써 유아는 자기통제에 기본적인 자신감을 갖게 되어 자율성이 형성된다. 과도한 외부의 통제로 인해 위기의 극복에 실패할 때 유아는 통제능력을 상실함으로써 자신에 대한 수치와 회의에 빠져들게 된

Erik H. Erikson(1902～1994)

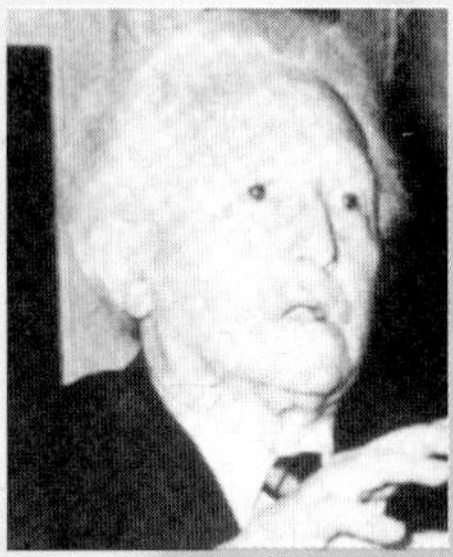

Erikson은 1902년 독일의 Frankfurt에서 덴마크인 아버지와 유태인인 어머니 사이에서 출생하였다. 그는 출생 전에 부모가 헤어져서 세 살 때까지 모친 슬하에서 자랐으며, 어머니가 소아과 의사인 Homburger 박사와 재혼하면서 의붓 아버지와 함께 살게 되었다. Erikson은 수년이 지나서야 Homburger 박사가 자신의 생부가 아님을 알았다. 어린 시절 Erikson은 어머니와 계부는 유태인이었지만 자신은 북구적인 금발과 푸른색 눈을 가졌기 때문에 유태인 친구들로부터 '이교도'라는 놀림을 받곤 했다. 이러한 경험이 후에 그의 정체성 위기와 혼미에 관한 연구의 기초가 된 것으로 알려지고 있다(Crain, 1992).

Erikson은 고등학교 때 고대사와 미술에 뛰어난 두각을 보였지만, 틀에 박힌 학교 분위기를 싫어했다. 졸업 후 상실감과 미래에 대한 불확실감에 사로잡힌 Erikson은 대학진학 대신에 미술공부를 위해 유럽을 방랑하였다.

25세에 Erikson은 Anna Freud가 설립한 비엔나의 학교에서 아이들을 지도해달라는 제안을 받았으며, 그곳에서 Anna Freud의 지도하에 아동정신분석 수련을 받았다. 이것이 Erikson과 심리학의 최초의 만남이었다.

Erikson은 히틀러의 탄압에 의해 1933년 유럽을 떠나 미국 보스턴으로 가서 그 도시에 최초로 아동정신분석가로 개업하였다. 동부의 보스턴에서 3년을 보낸 후 서부의 예일 대학에서 1936년부터 1939년까지 지냈다. 1939년 샌프란시스코로 옮겨 캘리포니아 대학에서 아동 정신분석치료와 정상아동을 대상으로 중요한 종단적 연구를 하였다. 또한 인디언 부족을 연구하기 위해 태평양 연안을 여행하였다. Erikson은 Freud가 밝혀내지 못한 다양한 문화권에서 성장하는 정상적인 아동들의 삶을 찾아내려고 하였다. 1949년 개인의 자유와 학문의 자유를 위협하는 충성서약서 서명 거절로 캘리포니아 대학 당국으로부터 추방당한 후 매사추세츠의 오스틴 릭스 센터에서 수석자문위원으로 1960년까지 일했다. 비록 공식적인 학위는 갖지 않았지만 하버드 대학의 교수로 임명되었고, 은퇴할 때까지 그곳에서 일했다.

Erikson의 가장 중요한 저서는 『아동기와 사회(*Children and society*)』(1950)이다. 이 책에 그의 유명한 생의 8단계들이 개진되었으며, 인생의 전 단계를 통해 어떻게 이 8단계들이 상이한 문화에서 상이한 방법으로 진행되는지를 보여주었다. 『청년 루터(*Young man Luther*)』(1958)와 『간디의 진실(*Gandhi's truth*)』(1969)에서는 역사물 속에서 정신분석학적 과정을 밝혀나갔다. 『정체성: 청년기의 위기(*Identity: Youth and crisis*)』(1968)는 청년기 정체성 위기와 극복과정을 보여주는 그의 대표적인 저서 중의 하나이다.

다. 이러한 **자율성 대 수치감**(sense of autonomy vs. shame and doubt) 간 위기의 극복양상은 일생동안 지속되는 자기통제력의 기초가 된다.

(3) 주도성 대 죄의식

3~6세의 유아는 **주도성 대 죄의식**(sense of initiative vs. guilt)의 위기를 경험하게 된다. 이 시기에 유아는 자신의 활동을 계획하고, 목표를 세우며, 이를 달성하고자 노력한다. 놀이장면에서 정글짐을 필사적으로 오르는 행동은 주도성의 표출형태이다. 또래집단과 더불어 놀이활동에 참여하면서 주도성에 의한 자기주장이 나타나고, 경쟁에 몰입하며, 이러한 과정 속에서 때로 좌절을 경험하기도 한다. 이 시기에 최초로 싹트는 자기주도적 활동이 적절한 비율로 성공하게 되면 유아는 주도성을 확립하게 되지만, 실패의 경험이 많을 경우 유아의 주도성은 위축되고 자기주장에 대해 죄의식을 갖게 된다.

(4) 근면성 대 열등감

Erikson에 의하면 6세에서 11세 사이는 아동기 자아성장의 결정적인 단계로서, **근면성 대 열등감**(sense of industry vs. inferiority)의 위기를 극복하기 위한 인지적 및 사회적 기술을 요구하게 된다. 아동들은 학교에서 부과하는 여러 과제들에 꾸준히 주의를 기울이고 성실히 작업에 임하는 과정에서 근면성을 획득하게 되며, 이러한 근면성에 의해 전 생애에 중요성을 갖는 과업성실성을 갖게 된다. 이 시기의 아동들이 학교에서나 가정에서 자신에게 주어진 일에 적절한 성취를 느끼지 못하면 열등감에 빠져들게 된다. 이러한 점에서 Erikson은 아동을 격려하며, 재능을 발견하고 북돋아주는 교사나 부모의 태도를 중시하고 있다.

2 이타성의 발달

이타성(altruism)이란 타인의 행복에 대해 관심을 갖고 배려하는 내재적인 심리적 특성이다(Shaffer, 1993). 이타성은 아동기 또래집단뿐 아니라 성인이 된 후의 사회적 관계에서 개인이 얼마나 집단의 성원으로부터 존경받고 수용되는가를 결정하는 중요한 특성이다. 나아가 집단 내에서 개개인이 지닌 이타적 특성은 개인적 행복뿐 아니라 집단이나 사회 전체의 안정과 행복의 정도를 결정하는 중요한 요인이 된다.

이타성이 행동으로 나타날 때 이를 **친사회적 행동**(prosocial behavior)이라 부른다. 친사회적 행동이란 타인과의 관계에 있어서 사회적으로 바람직한 행동을 뜻한다. 나누기, 돕기, 위로하기, 보살피기, 협조하기 등은 대표적인 친사회적 행동이다.

최근까지 대부분의 이론가들은 친사회적 행동이 나타나기 위해서는 일정 수준의 인지적 및 정의적 능력이 선행되어야 한다고 생각해왔다(Vasta et al., 1992). 아동기 친사회적 행동의 발달양상과 관련 요인들을 검토해보자.

1) 친사회적 행동의 발달

친사회적 행동이 일정 수준의 인지 및 정의적 능력의 발달을 필수적으로 요구한다면, 영아기에 친사회적 행동을 기대하기 어렵다. 그러나 2세 이전의 영아들도 다른 영아가 아파하면 함께 울고, 위로하며, 나누어 갖는 등 여러 형태의 친사회적 행동 특성을 보여준다. 예를 들어, 일상생활에서 어머니가 다쳤다든가 몹시 화가 났을 때 어머니에 대한 반응을 분석해보면, 2세 이전의 어린 영아는 함께 우는 것과 같은 공감적 반응을 보이며, 2세 전후에는 위로하고 도와주려는 행동이 나타난다. 이처럼 일찍부터 친사회적 행동이 나타나는 것은 친사회적 행동이 인간 본성의 일부임을 보여주는 것이다. 어머니가 영아의 요구에 민감할수록 영아의 공감적 반응의 정도도 높은 것으로 알려지고 있다(Radke-Yarrow & Zahn-Waxler, 1984; Rheingold, 1988).

아동의 연령이 증가함에 따라 친사회적 행동도 증가하는 경향이 있다. 2~3세경의 유아도 곤경에 처한 또래에 대해 이타적 행동을 보인다. 그러나 자기만 먹기에도 부족하다고 느끼는 과자를 나누어 먹는 것과 같은 자발적인 자기희생적 친사회적 행동은 드물게 나타난다(Shaffer, 1993). 이타적 행동은 4~6세경부터 증가하기 시작하여 9~10세경에 가장 높은 수준을 보인다(Bar-Tal et al., 1982; Green & Schneider, 1974). 실험실에서 아동의 행동을 관찰한 연구들도 대체로 나이 든 아동이 나이 어린 아동에 비해 나누거나 돕는 친사회적 행동의 빈도가 높다고 보고하고 있다(Eisenberg, 1990; Froming et al., 1985).

이처럼 실험실에서나 일상의 관찰에서나 친사회적 행동이 명백히 연령과 함께 증가하는 것은 아동이 성장함에 따라 협조의 가치와 필요성 및 방법을 이해하는 인지적 능력이 발달하기 때문인 것으로 보인다(Knight et al., 1987). 그러나 성인이 관찰하고 있다는 것을 의식하지 않는 일상의 자연적인 상황에서는 친사회적 행동이 연령에 따라 증가하지 않는다는 보고도 있다(Radke-Yarrow et al., 1983).

2) 친사회적 행동의 관여요인

아동의 친사회적 행동을 촉진하는 데에는 여러 가지 요인들이 관여한다. 행위의 옳고 그름을 판단하는 도덕성과 타인의 아픔에 대한 공감력 등 개인적 요인, 친사회적 행동의 모범을 보이거나 보상하는 환경적 요인은 친사회적 행동의 발달과 밀접하게 관련된다.

(1) 개인적 요인

친사회적 행동은 갈등상황에서 자신이 택해야 할 행동을 도덕적으로 어떻게 판단하는가와 밀접하게 관련된다(Eisenberg, 1982). 예를 들어, 학교 가는 길에 다친 아이를 보았을 때 학교에 늦지 않게 가는 일과 다친 아이를 도와주는 일 사이에 갈등을 느끼게 마련이다. 9장의 도덕성발달에서 자세히 설명하겠지만, 만일 아동이 '어떤 일이 있어도 학교에 지각해서는 안 된다.'는 도덕적 사고와 판단수준에 머물러 있다면 이 상황에서 친사회적 행동이 나타나기를 기대하기 어렵다. 따라서 여러 연구결과에서 **도덕적 추론능력**과 친사회적 행동 간에 정적 상관이 보고되고 있다. 이처럼 친사회적 행동의 중요성에 대한 판단과 도덕적 추론능력 간의 상관은 비교적 높으나, 실제로 친사회적 행동을 하는 경향성과 도덕적 추론능력 간의 상관은 그렇게 크지 않다(Eisenberg, 1986, 1987)는 데 유의해야 한다.

Eisenberg 등(1983)은 친사회적 갈등상황에서의 아동의 도덕적 추론능력의 발달과정을 〈표 8-1〉과 같이 **친사회적 도덕추론**(prosocial moral reasoning) 수준으로 체계화하였다.

표 8-1 친사회적 도덕추론의 수준

수 준	특 징	연령범위
자기중심적 쾌락추구	타인을 돕는 것이 자신에게 이익이 될 때에만 이타적임.	입학전 아동기; 아동기 초기 일부
욕구지향	타인의 욕구를 근거로만 이타성 고려; 공감이나 죄의식이 주요인.	초등학교 아동기; 입학전 아동기 일부
안전지향	타인으로부터 칭찬받기 위한 이타성; 착하다는 인정과 사회적 적합성 중시.	초등학교 아동기; 일부 초기 중등학생
공감적	공감적 반응에 기초한 이타성; 이타적 행위에 따른 기쁨과 죄의식 느낌.	중등학생 시기; 초등학교 아동기 일부
내재적 원리	인식, 의무, 가치관 싹틈; 내재적 가치, 규준, 확신, 책임감에 근거한 이타성; 내재적 이상과 원리에 따를 때 자기존중감 인식.	청년기; 중등학생 일부

(Eisenberg et al., 1983에서 인용)

인지발달의 장에서 이미 설명했듯이, 타인의 위치나 관점에서 현상을 이해할 수 있는 **조망수용능력**은 명백히 친사회적 행동을 결정하는 중요 요인이 된다. 그러나 Piaget의 세 산 모형실험에서 진단하고 있는 공간조망과 같은 물리적 조망수용능력과 이타적 행동 간에는 아주 낮은 정적 상관만 있는 반면에, 타인의 생각, 감정 등을 이해하는 사회적 조망수용능력과 친사회적 행동 간에는 대단히 높은 정적 상관이 있다(Chalmers & Townsend, 1990). 친사회적 행동의 기초가 되는 사회적 조망수용능력에 관해서는 이 장의 '사회인지'에 관한 부분에서 살펴보고자 한다.

공감

공감은 사회적 조망수용과 마찬가지로 친사회적 행동의 발달과 깊이 관련된다(Vasta et al., 1992). 타인의 정서를 식별하는 능력이라는 점에서 공감은 사회적 조망수용능력을 바탕으로 하고 있으나, 타인의 정서를 경험하고 함께 느끼는 점에서 단순한 조망수용과 구별된다. 타인의 정서적 아픔에 공감할 때 사람들은 이타적 행동을 통해 그 고통에서 벗어나고자 한다. 마찬가지로 공감을 통해 도움을 받은 상대방이 느끼는 기쁨이 자기의 행복과 같은 긍정적 정서를 함께 느낄 수 있기 때문에 공감은 친사회적 행동의 기초가 된다(Hoffman, 1982).

최근에 공감이 실제로 친사회적 행동으로 이행되는 기제로서 **사회적 책임**(social responsibility) **모형**이 제시되고 있다(Chapman, 1987; Hoffman, 1984). 이 모형에서는 타인의 불행에 대해 공감하는 것은 타인의 불행이 자기의 불행이 될 수 있다는 개연성에 대한 공감적 불안을 수반하며, 불행한 사태가 일어난 원인과 그것을 종식시켜야 할 과정에 대한 책임의식이 뒤따른다고 생각한다. 타인의 불행에 대해 공유하는 사회적 책임은 곧 이타적 책임으로 느껴지며, 이는 나아가 친사회적 행동을 하게 하는 직접적 계기가 된다. 타인의 불행에 공감을 느끼면서도 도와주지 않았을 때 느끼는 죄의식은 바로 이러한 사회적 책임을 수행하지 않은 데에서 오는 것이다.

아주 어린 아기도 다른 아기가 울면 따라 우는 것에서 볼 수 있듯이, 공감은 인간이 생물학적으로 가지고 태어난 속성의 하나이다. 그러나 성장과정에서 부모나 교사들이 공감적 경험을 촉진시켜주는 환경적 특성에 의해 공감능력의 발달수준은 크게 달라진다(Eisenberg, 1986; Hoffman, 1987). 아동기 공감능력의 발달은 이 장의 사회인지발달에서 다시 검토하게 될 것이다.

자기도식

성인의 경우에 있어서 일반적으로 자신이 이타적이라고 생각하는 사람들은 실제로 이타적 행동을 하는 경향이 높다(Baron & Byne, 1991). 자신의 이타적 성향에 대한 판단과 이타적 행동 간의 상관이 높다는 것은 이타적 특성에 관한 자아개념 또는 자기도식(self-schema)과 친사회적 행동이 밀접하게 관련되어 있음을 뜻한다.

5세와 8세를 대상으로 아동의 **이타적 자기도식**을 활용하여 친사회적 행동을 증진시킨 연구(Grusec & Redler, 1980)는 '연령'에 따른 아동의 자기도식과 이타성 간의 관계를 보여주는 흥미 있는 연구이다. 이 연구에서는 먼저 아동에게 또래와 연필을 나누어 갖거나 힘든 일을 도와주는 등의 친사회적 행동을 하도록 시켰다. 실험집단 아동에게는 스스로 자신이 친구를 돕는 좋은 아이라고 생각하게 하여 긍정적인 자기도식을 고무시켜준 반면, 통제집단은 아무런 처치도 하지 않았다. 이 연구결과에서 8세 아동은 이타적 자기도식을 강화함으로써 친사회적 행동을 크게 증가시킬 수 있었으나, 5세 유아는 그 효과가 상대적으로 빈약하였다. 이러한 결과는 아동의 이타적 자기도식이 8세경에 행동을 통제할 만큼 형성될 수 있음을 보여주는 것이다.

10~11세 아동을 대상으로 한 보다 최근의 한 연구에서도 아동의 이타적 자기도식이 명확하고 긍정적일수록 곤궁에 처한 사람에게 돈을 기부하는 행동의 필요성에 대해 보다 명확하고 주관적이며 내면적인 이유를 제시하는 것으로 나타났다. 이는 친사회적 추론과 자기도식이 밀접하게 관련되어 있음을 반영한다(Froming et al., 1995).

(2) 사회적 요인

강화

강화(reinforcement)는 친사회적 행동을 증진시키는 데 효과가 있다. 이타적 행동이 나타날 때마다 칭찬과 격려를 해주면 이타성이 크게 증가하는 것을 볼 수 있다. 강화를 이용하여 아동기 친사회적 행동을 촉진시키기 위한 여러 프로그램들이 개발되어 사용되고 있는 것은 이러한 이유 때문이다(Kohler & Fowler, 1985; Mills & Grusec, 1989).

아동의 일상생활에서 부모나 또래들은 아동의 친사회적 행동에 관심을 가지고 이를 강화해주는 경향이 있다. 이에 반해 교사는 아동의 친사회적 행동을 크게 강화해주지 않는 것으로 관찰되었다(Eisenberg et al., 1981; Mills & Grusec, 1988). 그러나 같은 경향이 우리나라의 부모, 또래, 교사들에게서도 나타나는지는 확인해볼 필요가 있다.

모방

아동의 친사회적 행동은 모델의 행동을 **모방**함으로써 촉진된다. 실험실에서 실제 모델의 친사회적 행동을 관찰하거나 필름을 통해 친사회적 모델을 관찰한 집단은 그렇지 않은 집단에 비해 훨씬 자신의 물건을 잘 나누어 갖는다(Eron & Huesmama, 1986; Radke-Yarrow & Zahn-Waxler, 1986).

아동이 일상생활에서 목격하는 부모의 행동이나 TV 프로그램 속의 주인공들의 이타적 행동은 모든 연령수준 아동의 친사회적 행동을 촉진하는 데 효과가 있는 것으로 알려져 왔다. 그러나 보다 최근에 초등학교 아동을 대상으로 태국에서 이루어진 연구에 의하면, TV나 책 속의 주인공의 이타적 행동은 아동의 친사회적 행동을 증진시키는 데 효과가 없는 반면에 부모, 교사, 또래가 실제로 일상생활에서 보여주는 이타적 행동만이 **모방학습효과**가 있었다. 이러한 연구결과는 아동의 이타성 발달에 있어서 주변에 있는 실제 모델의 중요성을 보여주는 것이다(Pienyat & Pongsama, 1995).

아동의 친사회적 행동발달은 우리나라에서도 많은 연구가 이루어지고 있는 분야이지만, 서구의 아동과 비교하여 우리나라 아동의 독특한 친사회적 행동의 특성과 발달과정을 체계적으로 분석한 연구는 찾아보기 힘들다.

우리나라에서 이루어진 친사회적 행동연구는 크게 친사회적 행동발달을 촉진하거나 저해하는 관련요인들을 찾는 연구와 친사회적 행동을 촉진하기 위한 훈련연구가 주종을 이룬다. 타인의 생각과 감정조망을 격려해주는 부모의 양육방식(김지신, 1985), 조망수용능력, 도덕판단수준(권옥자, 1987; 김경희, 1987; 박은실, 1988; 정은주, 1987)과 친사회적 행동과의 관계에 관한 연구를 흔히 찾아볼 수 있다. 역할놀이, 공동작업활동 등을 통한 친사회적 행동증진 효과를 검토한 연구는 많으며(계향숙, 1986; 유혜숙, 1986), 최근에는 이야기 나누기, 도덕적 판단 검토와 같은 인지적 방법을 사용하여 친사회적 행동발달을 촉진하려는 실험적 연구들이 이루어지고 있다(박은실, 1988; 황선희, 1994).

3 공격성의 발달

공격성(aggression)은 일반적으로 생명체에 대해 의도적으로 해를 가하려는 사회적으로 바람직하지 않은 행동을 의미한다(Shaffer, 1993; Vasta et al., 1992). 공격성은 자신에게 이익이 되는 무엇인가를 얻기 위해 타인에게 해를 가하는 **도구적 공격성**(instrumental aggression)과 타인에게 고통이나 해를 가하는 것 자체가 목적인 **적의적 공격성**(hostile aggression)을 포함한다. 공격성의 발달과정을 이론적 측면, 연령에 따른 발달양상, 공격성발달에 영향을 미치는 요인, 공격성의 통제방법으로 나누어 살펴보자.

1) 공격성발달이론

인간이 왜 공격적인가를 설명하기 위해 많은 심리학적 이론들이 제시되고 있다. 진화론자들은 각 종(species)들은 생존과 번식을 확보하기 위한 경쟁에서 이기는 필연적 수단으로서 공격성을 발달시켜왔으며, 인간도 그 예외는 아니라고 설명하고 있다. Freud가 인간의 본성을 리비도라는 긍정적 에너지 외에 죽음과 파괴를 지향하는 공격적 본능인 타나토스를 가정한 데에서 볼 수 있듯이, 일부 학자들은 공격성을 인간 본성의 일부로 간주하고 있다. 또 어떤 학자들은 공격성은 욕구좌절에서 기인한다고 주장하는 반면에 인간의 모든 욕구가 충족된다 해도 공격적 행동은 결코 완전히 사라지지 않는다는 반론을 제기하는 학자들도 있다. 이처럼 공격성의 심리적 근원에 대해서는 여러 가지 다른 설명들이 이루어지고 있다.

발달심리학자들은 공격성의 보편적 기원보다는 개인차의 발달에 관해서 더 많은 관심을 갖는다. 집단 내에서 한두 명의 공격성이 심한 아동이 주는 피해를 생각할 때, 왜 어떤 아동은 공격적인 행동을 보다 크게 발달시켜가는가를 밝히는 것은 중요한 일로 보인다. 현재까지 알려진 공격성의 개인차를 설명하는 대표적인 이론으로서 **보상이론**(rewarding theory), **모방이론**(modeling theory) 및 **사회인지이론**(social-cognitive theory)을 들 수 있다.

(1) 보상이론

보상이론가들은 공격적 행동은 그러한 행동이 결과적으로 공격자에게 보상을 가져다주기 때문에 발달한다고 주장한다. 이 이론의 대표적인 학자인 Patterson과 동료들(Patterson et al., 1967)은 유치원에서 유아들의 공격적 행동을 장시간 관찰한 결과, 공격적 행동이 자주 나타나며, 공격적 행동의 약 3/4은 긍정적인 결과를 가져다주는 것을 발견하였다. 공격적 행동에 희생된 유아는 양보하거나, 피하거나 또는 원하는 장난감을 빼앗기고 우는 반응을 흔히 보였으며, 이러한 반응은 같은 희생자에 대한 공격적 행동을 되풀이하게 하는 계기가 되었다. 그러나 드물게 피해를 받는 유아가 더 공격적 반응을 보여 자신의 공격적 행동이 성공하지 못하고 부정적 결과가 따라올 때 공격적 행동의 반복률은 감소되었다.

초등학교 교실에서 아동의 공격적 행동을 연구한 결과(Olweus, 1984; Perry et al., 1988)에 의하면, 대부분의 공격적인 사태는 소수의 일정한 공격적인 아동에 의해 주도되고 있으며, 학급의 약 10~15%가 이러한 공격적인 아동에 속한다. 이들 공격적인 아동의 공격성에 대한 태도를 분석해보면 두 가지 특징을 찾아볼 수 있다.

첫째, 공격적인 아동은 대체로 공격적 행동의 결과에 대해서 보다 **긍정적인 기대**를 갖고 있다. 이들은 공격성이 가시적인 보상을 가져다준다고 확신하고, 다른 아동의 자신에 대한 공격적 행동을 예방하며, 자기존중감을 높인다고 믿고 있는 것으로 드러났다. 둘째, 공격적인 아동들은 공격적 행동의 결과에 보다 높은 가치를 두고 있다. 이들은 타인을 지배하거나 통제하는 능력을 중시하며, 타인에게 주는 고통이나 타인이 자신을 싫어할 가능성에 대해서 거의 고려하지 않는다(Boldizar et al., 1989; Slaby & Gnerra, 1988). 공격성에 대한 긍정적 기대와 가치는 대부분 이전의 공격적 행동들이 정적으로 보상받아왔기 때문에 형성된 특성으로 볼 수 있다.

초등학교 아동을 대상으로 한 국내 연구결과를 보면 우리나라 아동들도 서구 아동들과 마찬가지로 공격적 행동의 결과에 대해 긍정적인 기대를 하고 있다. 공격적 행동이 보상을 가져다줄 것이라는 기대는 남아가 여아보다 더 많이 갖고 있으며, 공격할 대상이 남아일 때 더욱 높다. 이러한 보상기대는 공격적 행동이 가져다줄 자신에 대한 부정적인 평가나 공격행동의 대상이 되는 희생자의 고통의 예상 정도보다 훨씬 높은 것으로 나타나고 있다(김명숙, 1989).

(2) 모방이론

공격성이 모델의 공격적 행동을 모방하는 과정에서 형성된다는 것은 이미 널리 알려진 사실이다. 대표적인 사회학습이론가인 Bandura(1965, 1973; Bandura & Ross, 1963)의 일련의 공격성 **모방학습실험**은 공격성의 획득기제를 잘 보여주고 있다.

Bandura는 유치원아들에게 〈그림 8-1〉에서 보는 것과 같이 어른이 인형에게 공격적 행동을 하는 필름을 보여준 후, 필름에서 본 것과 같은 인형을 포함하여 여러 가지 장난

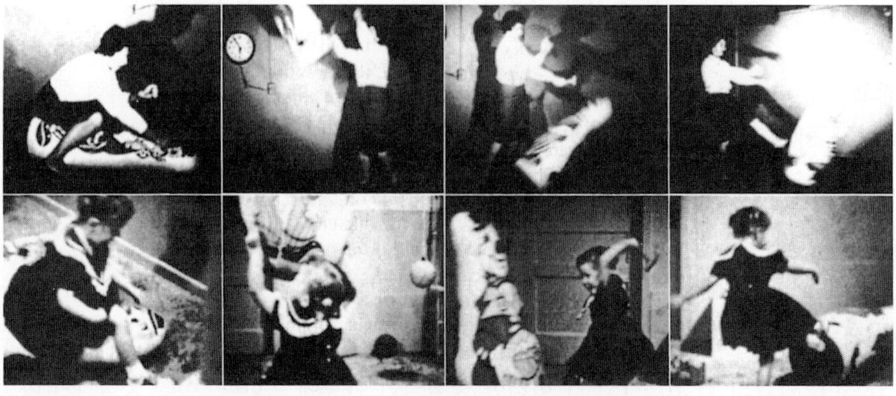

〈그림 8-1〉 모델의 공격적 행동에 대한 관찰학습효과
(Vasta et al., 1992에서 인용)

Albert Bandura(1925~)

Albert Bandura는 1925년 캐나다의 앨버타 주에서 태어났다. 어린 시절 그는 아주 조그만 시골마을에서 성장하였으며, 그가 다닌 고등학교에는 단지 20명의 학생들만이 있었다. Bandura는 브리티시 컬럼비아 대학에서 학사학위를, 아이오와 대학에서 석사, 박사 학위를 취득하였다.

아이오와 대학에서 초기에는 임상심리학에 흥미를 가졌으며, 초기 연구의 초점은 심리치료과정, 가족상황에서 아동의 공격성 등에 두었다. 특히 Bandura는 아동이 사회상황에서 '모방'을 통해 많은 것을 학습한다고 주장하여 모방학습의 이해에 관심을 고조시켰다. 학습이론가인 Kenneth Spence의 영향을 받은 이래로 행동수정, 모델링, 관찰학습, 자기조정, 자기효능 등에 관해 연구해 왔다. 1953년 스탠퍼드 대학의 심리학과 교수로 임용되어 현재까지 재직 중이다.

Bandura는 미국심리학회로부터 우수과학자상을 받았으며, 1974년 미국심리학회 회장으로 선출되었다. 그의 저서로는 Richard Walters와 공저로 『사회학습과 성격발달(*Social Learning and Personality Development*』(1963) 등이 있으며, 1977년에 출간된 저서인 『사회학습이론(*Social Learning Theory*)』에서는 사회학습 분야에서의 이론적 · 실험적 연구를 통합하고자 하였다.

Bandura의 제자들은 그의 사회과학 전 분야에 대한 폭넓은 관심과 지식 때문에 그를 현대의 일반론자(modern generalist)라고 칭한다(Gelfand, 1969).

감이 있는 방에 유아를 데리고 가서 놀게 하여 유아의 행동을 관찰하였다. 공격적 행동필름을 본 유아는 같은 시간에 공격성이 없는 필름을 본 통제집단의 유아에 비해 보다 많은 공격적 행동을 나타냈다. 이들은 〈그림 8-1〉에서 보는 것과 같이 단순히 모델의 공격적 행동을 모방할 뿐 아니라 도구를 사용하는 것과 같은 새로운 공격적 행동도 창조해냈다. 더욱이 필름 속의 주인공이 공격적 행동을 한 후 그로 인해 처벌받는 모습을 보여준 경우에도 유아들은 평소에는 학습한 공격적 행동을 억제하고 있으나 공격성이 필요할 때는 언제나 필름 속에서 본 주인공의 공격적 행동을 재현해냈다. 이러한 연구결과는 유아가 타인에게 해를 끼침으로써 자기가 무엇인가를 얻을 수 있다는 것을 깨닫는 것과 함께 공격성이 허용된다는 생각을 어른들로부터 학습하고 있음을 보여준다.

공격성이 모델의 공격적 행동을 관찰함으로써 학습된다는 사실은 근래에 TV 등 매체의 폭력적 내용이 아동의 공격성에 미치는 영향에 관한 많은 연구를 하게 하였다. 대부분의 연구들은 1960년대 Bandura의 연구에서 얻은 결과처럼 오늘날 아동들은 TV 폭력물 속 성인들의 폭력적 행동을 관찰학습하고 있다는 점을 입증해주고 있다(Eron & Huesmann, 1984, 1986; Freedman, 1984, 1986; Pearl, 1987).

Bandura의 실험절차를 따라 우리나라 아동을 대상으로 폭력만화와 성인 폭력물을 시청시킨 결과 신체적 공격성이 높아졌으며, 남아가 여아보다 공격행동이 크게 높아졌다(송대현, 1988). 또한 초등학교 5학년 아동과 고등학교 1학년 청소년을 대상으로 공격적 영화가 스크립트[1)]에 미치는 효과를 검토한 연구에 의하면 우리나라 아동도 공격성의 관찰학습효과가 크며, 특히 초등학교 아동보다는 청소년이 공격적 영화를 보았을 때 스스로 공격적 행동을 하려는 생각이 훨씬 더 크게 활성화된다(곽금주, 1992).

(3) 사회인지이론

최근에 Dodge(1980, 1986)는 공격성이 잘못된 사회인지적 판단에 기인한다는 **사회인지이론**을 제시하고 있다. 이 이론에 의하면 공격적인 아동은 자신에 대한 또래의 행동 원인을 지나치게 적의적인 것으로 돌리는 의도판단 경향을 갖고 있다. 예를 들어, 길을 가다가 우연히 다른 아이가 던진 공에 맞았다고 가정하자. Dodge의 모형에 의하면 공격적인 아동은 '다른 아이들이 내게 적의를 가지고 있다.'는 사고의 틀을 지니고 있으므로 공에 맞은 상황을 자기에게 일부러 공을 던졌다는 또래의 적의적 의도로 돌릴 가능성이 높다.

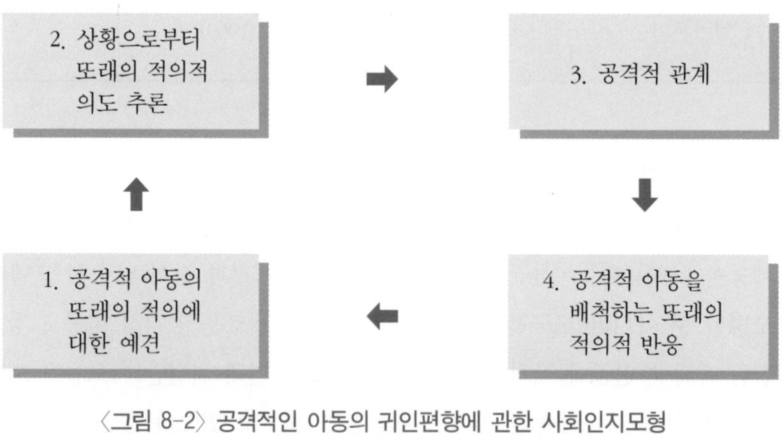

〈그림 8-2〉 공격적인 아동의 귀인편향에 관한 사회인지모형

1) 여기서 공격 스크립트란 친구와 싸우는 등의 공격적인 상황에서 자신이 어떻게 행동할 것인가에 대한 생각(표상)을 의미한다.

이러한 적의적 귀인판단은 또래에 대한 적의적 행동을 낳게 함으로써 공격적 관계를 형성하게 되며, 결과적으로 또래로부터 공격적 아동을 거부하거나 배척하는 적의적 반응을 낳게 되고, 이는 나아가 공격적 아동의 적의적 귀인을 강화하는 악순환을 겪게 된다. 〈그림 8-2〉는 이러한 악순환을 도식화한 것이다. Dodge의 사회인지모형은 왜 공격성이 지속적인 특성인가를 잘 보여주는 모형이다.

우리나라 초등학교 아동을 대상으로 Dodge의 사회인지모형을 검증한 연구결과를 보면 공격적 아동이 비공격적 아동보다 상대방을 더 적의적으로 판단하지 않았다(정태연·윤진, 1992). 한편의 연구결과로 단정하기는 어렵지만, 이것은 우리나라 아동의 공격성이 적의적이기보다는 도구적 공격성의 가능성이 클 것임을 시사하는 것으로 보인다.

2) 공격성의 발달양상

공격성은 대체로 1세 6개월을 전후해서 나타나는 것으로 알려지고 있다(Eron et al., 1983). Piaget는 약 7개월경에 그의 딸 Laurent이 장난감을 집으려는데 손으로 그것을 막자 아버지의 손을 거칠게 뿌리치는 행동을 관찰할 수 있었다. 언뜻 보아 이러한 행동은 공격적인 것 같지만, 의도적으로 해를 가하려는 뜻이 없으므로 공격적 행동으로 보기 어렵다. 마찬가지로 장난감을 서로 가지려고 다투는 12~15개월 사이의 영아도 물건을 차지하는 데에만 관심이 있을 뿐 상대방을 거의 쳐다보지도 않을 만큼 공격적 의도가 없는 것으로 보인다. 그러나 1세 6개월에서 2세 사이에 영아들은 명백하게 도구적인 공격적 행동을 보이기 시작한다. 장난감을 서로 차지하려는 행동 속에는 상대방을 의도적으로 밀치는 등의 힘의 시위가 나타난다.

2세에 공격적인 행동이 시작되지만 5세까지는 유아의 공격적 행동의 양은 증가하지 않는다. 그러나 초등학교 1학년에서 5학년 사이에 아동의 공격성은 명백하게 연령에 따라 증가한다(Eron et al., 1983).

2~3세 사이 유아들은 때리고, 밀치는 등 **물리적 공격성**을 주로 보이지만, 3~6세 사이 유아들은 놀리고, 흉보고, 욕하며, 상대방을 위협하고 모욕을 가하는 것과 같은 **언어적 공격성**으로 바뀌게 된다. 물리적 공격성이 언어적 공격성으로 바뀌는 이유는 부모들의 제재와 더불어 난폭한 행동이 자신의 목적을 달성하는 데 적합한 도구적 수단이 되지 못한다는 것을 깨닫기 때문이다(Emmerich, 1966; Hartup, 1974).

3~6세 사이에 유아의 공격성은 대체로 도구적이지만, 6세를 전후해서 급격하게 적의적 공격성으로 그 성격이 변한다. 이러한 변화가 나타나는 원인은 대체로 상대방의 의도에 대한 유아의 **잘못된 귀인판단**에 있는 것으로 보고 있다. 5~6세경 유아에게 역할수행능

력이 생기면서 타인의 의도나 동기를 추론할 수 있게 되면, 타인의 우연한 공격적 행동의 원인을 고의로 해를 가하려 했다는 공격적 의도로 추론하는 경향이 높아진다. 따라서 5~6세경부터 적의적 공격성이 증가하게 된다(Hartup, 1974).

타인의 행동을 공격적 의도로 추론함으로써 아동기에 **적의적 공격성**이 증가하는 이유가 공격적 행동의 원인을 정확하게 추론하는 능력의 결핍에 기인하는 것 같지는 않다. 유치원, 초등학교 2학년, 4학년 아동을 대상으로, 또래 친구가 자기가 쌓던 적목을 우연히 무너뜨리거나, 친사회적 의도로 도와주려다 무너뜨리거나, 적의적인 의도로 무너뜨리는 세 가지 조건을 경험시켰을 때, 또래의 의도를 정확하게 구분해내는 능력은 유치원아가 42%, 초등학교 2학년이 57%, 4학년이 72%로 증가하였다(Dodge et al., 1984). 그러나 초등학교 아동들은 타인의 의도가 고의적인 것이 아니라 우연인 것을 알면서도 자신의 일에 방해가 되는 행위에 대해서는 공격적 행동으로 반응하는 것이 일반적이다. 학자들은 이러한 경향을 아동들이 몸담고 있는 사회적 환경 내의 또래집단이나 성인들이 이들의 적의적인 공격적 행동을 묵과하는 데에서 기인하는 것으로 설명하고 있다(Ferguson & Rule, 1988; Sancilio et al., 1989).

공격성은 지속적이다. 2세경에 공격적인 유아는 5세에도 공격적이며, 6~10세 사이의 신체적·언어적 공격행동의 양은 청년기 공격성 정도를 예언해 주는 지표가 된다(Cairns et al., 1989; Curnings et al., 1989). 또한 10세에 공격적인 아동은 성인초기 가족관계에서 보다 많은 갈등을 갖는다는 보고도 있다(Caspi et al., 1987).

3) 공격성발달에 영향을 미치는 요인

공격성발달에 영향을 미치는 요인은 크게 **생물학적 요인**과 **사회적 요인**으로 대별해볼 수 있다.

(1) 생물학적 요인

남성호르몬은 공격성을 유발하는 주요 요인으로 생각되고 있다. 이러한 생각은 공격성에 성차가 있다는 일반적으로 인정되는 사실을 통해 입증된다. 유아기부터 시작해서 아동기 전반에 걸쳐 남아는 여아보다 좀 더 공격적이다. 이처럼 남아의 공격성이 여아보다 높은 것은 선천적으로 부여되는 남성호르몬이 공격성을 촉진하기 때문인 것으로 설명된다.

그러나 보다 근래에는 남성호르몬이 공격성을 촉진한다는 생물학적 결정설에 비판이 제기되고 있다. 남성이 보다 공격적인 것은 생물학적 차이 때문이 아니라 남성과 여성의 사회적 역할의 차이 때문이라는 것이다. 특히 남아의 공격성은 신체적이며 물리적이지만,

여아는 언어적인 공격성 표출형태를 보이는데, 이러한 공격성 표출형태의 차이가 호르몬의 차이에 기인한다고 보기는 어렵다는 것이다. 따라서 성호르몬이 공격성발달에 영향을 미치는 요인일 것이라는 가설은 타당하지 않은 것으로 생각되고 있다.

공격성의 생물학적 요인과 관련하여 보다 근래에 **기질**이 공격성과 관련된다는 가설이 제기되고 있다. 6개월에 까다로운 기질로 분류된 영아를 5세에 다시 관찰해보면 다른 기질의 아동에 비해 보다 공격적이라는 종단적 연구(Bates, 1987; Bates et al., 1985)결과가 이러한 가설을 뒷받침해주고 있다. 그러나 기질과 공격성 간의 관계를 명료히 이해하기 위해서는 앞으로 보다 많은 연구가 필요하다.

(2) 사회적 요인

공격성발달의 이론적 모형에서 이미 보았듯이, 공격성은 모방과 강화에 의해 획득되는 경향이 높으므로 아동이 성장하고 있는 **사회환경**은 공격성발달에 중요한 영향을 미친다.

가정에서 아동의 공격성은 가족 상호작용의 양상으로부터 가장 크게 영향을 받는다. 공격적인 아동의 부모는 아동의 잘못된 행동에 대해 언어적 설명보다는 신체적 벌을 가하는 등 보다 강압적인 대응방법을 사용하고 있는 것으로 밝혀졌다(Eron, 1982; Morton, 1986). 이처럼 아동에게 처벌을 가하는 부모의 행동은 공격행동의 모델로 작용함과 동시에 공격적인 행동이 타인을 통제하는 가장 중요한 수단이라는 것을 아동에게 인식시키게 된다.

Patterson(1976, 1979, 1982)은 3세에서 13세 6개월 사이의 공격성이 높은 아동과 정상 아동의 가정을 관찰한 결과, 공격성이 높은 아동의 부모는 정상 아동의 부모에 비해 처벌을 가하는 등 아동의 행동을 강압적으로 통제하려는 경향이 높다는 사실을 발견하였다. 이러한 **부모의 강압적 행동**은 아동의 공격성을 높이며, 나아가 부모의 강압적 통제를 강화하는 악순환을 반복하게 된다. 형제관계에서도 마찬가지로 상호 강압적이며 적의적인 대치 양식은 서로의 공격성을 촉진하게 된다(Patterson, 1986).

Patterson은 공격성을 촉진하는 가족 상호작용 양상을 **강압적 가족과정**(coercive family process)이라 이름 붙이고 있다. 이러한 가족분위기 속에서 자라난 아동의 공격적 성향은 사춘기에 반사회적 행동으로 발전하는 경향이 높다(Patterson et al., 1990).

4) 공격성의 통제방법

정신분석학자들은 흔히 공격성이 카타르시스(catharsis)를 통해 해소된다고 생각해왔다. 카타르시스의 관점에서 보면 샌드백을 때리는 등 격렬한 운동을 하거나 레슬링 경기를 하는 것은 공격성을 통제하는 좋은 방법이 된다. 그러나 근래에 카타르시스는 공격성을 해소하는 효과가 없다는 데 학자들의 의견이 일치되고 있다(Geen, 1983; Parke & Slaby, 1983; Vasta et al., 1992). 일반적으로 카타르시스 대신에 공격성을 통제하기 위해 다음과 같은 방안이 제시되고 있다.

(1) 부모훈련

부모의 자녀양육방식 또는 부모와 자녀 상호작용양상은 아동의 공격성과 밀접하게 관련된다. 따라서 **부모훈련**을 통해 아동의 공격성을 통제하는 방안들이 제시되어 왔다. 이 훈련은 아동에 대한 신체적 처벌을 언어적 규제로 대치하는 방법, 아동의 비공격적 행동을 식별하여 강화하는 방법, 위협이나 지시 등의 부정적인 언어적 표현을 친사회적 행동에 대한 칭찬 등 긍정적 표현으로 바꾸는 방법들을 포함한다. 실제로 부모들에게 이러한 훈련을 시켰을 때 부모와 아동 모두 공격적 행동이 급격하게 감소되는 놀라운 효과를 얻었다는 보고도 있다(Horne & Sayger, 1990). 또한 유사한 훈련을 교사들에게 시킴으로써 교실 내에서의 아동의 공격적 행동이 감소되었다는 보고도 있다(Kazdin, 1987).

(2) 인지적 방법

유치원에서 고등학교시기에 이르기까지 아동과 청소년의 공격성을 감소시키기 위해 광범위하게 연구되어온 방안 중의 하나가 공격적 행동의 동기나 결과를 사고하게 하는 인지적 방법이다. 인지적 방법은 대화나 조망수용훈련을 통해 공격성이 타인에게 미치는 감정적인 영향이나 실제적인 결과를 사고할 수 있도록 돕는 방법이다.

인지적 방법을 시도하여 성공한 대표적인 훈련연구로서 Zahavi와 Asher(1978)의 **대화를 사용한 방법**을 들 수 있다. 이들은 공격성이 높은 유치원 아동들을 대상으로 교사가 한 번에 한 아동씩 약 10분 동안 공격성과 관련된 내용을 아동들에게 질문하여 바람직한 반응을 유도하며, 고무하는 방식의 대화를 통해 학습시켰다. 첫째, 공격성은 다른 사람에게 해를 가하며 그 사람을 불행하게 한다는 것, 둘째, 공격성은 문제를 해결하지 못한 채 상대방에게 분노만을 일으키게 한다는 것, 셋째, 갈등은 나누어 갖고 차례를 지키며, 함께 놀게 됨으로써 해결된다는 것이 대화의 주요 내용이었다. 이러한 대화가 끝난 후 아동의 공격적 행동은 극적으로 감소하였으며, 긍정적 행동은 증가하였다(Cole & Cole, 1989).

공격적 행동을 일으키는 직접적인 동기 중의 하나가 분노이므로, 분노를 공감으로 대치하거나 공감을 증진시키는 훈련을 통해 공격성을 감소시키는 것은 인지적 방법 중의 하나이다(Baron, 1983). 또래와의 갈등상황에서 자신의 분노에만 몰입된 생각의 틀에서 벗어나 타인의 슬픔과 분노 등의 정서를 이해할 수 있도록 도와주는 **공감훈련**은 조망수용능력 개발훈련과 일치하는 것이다.

마지막으로 아동의 공격성을 감소시키기 위해 흔히 사용되는 인지적 방법으로서 **문제해결기술훈련**을 들 수 있다. 실험적 상황에서 유치원아들에게 흔히 사용되는 문제해결기술훈련 기법은 소리 내면서 생각하기(think aloud) 방법이다. 공격성을 유발하는 상황을 교사와 아동이 행동으로 시범 보이고, 이 상황에서 문제가 무엇이며, 어떻게 해결해야 할 것인가에 대한 생각을 아동이 소리 내어 말하게 하는 훈련을 시키면 아동들의 문제해결기술이 증가하는 만큼 공격성은 감소한다(Bash & Camp, 1985, 1986). 유사한 프로그램을 공격적인 중·고등학생에게 적용하여 공격성 감소에 성공한 연구결과도 보고되고 있다(Goldstein & Glick, 1987; Guerra & Slaby, 1990).

4 사회인지발달

1) 사회인지의 개념과 본질

사회인지(social cognition)란 사람과 관련되는 모든 대상의 제반 특성에 관한 사고와 판단을 의미하는 대단히 광범위한 개념이다. 사회적 행동이 대인관계에서 나타나는 표면적 특성이라면, 사회인지는 대인관계나 사회적 조직 내에서 사회적 행동을 결정하는 내재적 과정이다.

사회인지의 대상에는 자기(self), 타인(other) 및 사회적 관계(social relationships)가 포함된다(Flavell et al., 1993). 〈그림 8-3〉은 사회인지의 표상을 잘 보여주고 있다.

S는 자기를 뜻하고, O는 타인이나 사회집단을 뜻한다. 상대방의 표면에서 멈추는 실선 화살표는 말을 걸거나 안는 것과 같은 외형적인 사회적 행위를 뜻한다. 상대방의 내면을 침투하는 점선 화살표는 상대방의 마음에 대해 생각하는 사회인지를 뜻한다. 사회인지는 감정, 정서, 의도, 성격, 욕구, 신념, 행동의 원인 등 개인의 내재적 특성에 대한 이해뿐 아니라 우정, 공격성, 이타성 등의 개인 간의 특성과 정의, 인습, 도덕성 등 사회적 집단과 조직 내의 상호관계에 대한 사고, 이해, 판단, 개념화의 전 과정을 대상으로 하는 인지이다.

사회인지발달은 일반적으로 세 단계를 거쳐 나타난다. 첫째 단계는 사회적 **존재**(existence)에 대한 인식이다. 예를 들어, 다른 사람이 자신과 다른 생각과 감정을 가지고 있다는 사실에 대한 인식과 사회조직은 준수해야 할 나름대로의 규범을 가지고 있다는

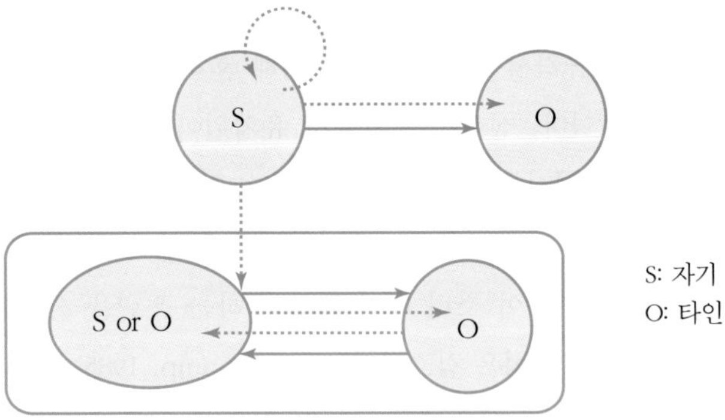

〈그림 8-3〉 사회인지의 표상
(Flavell et al., 1993에서 인용)

사실에 대한 인식이 사회적 존재의 인식에 속한다.

두 번째 단계는 사회인지를 지향하는 **욕구**(need)이다. 다른 사람의 관점, 생각, 판단, 감정 등을 이해하고자 하는 강한 욕구는 사회인지능력발달의 주요 과정이 된다.

세 번째 단계인 **추론**(inference)은 사회인지를 정확하게 수행할 수 있는 기술 또는 역량이다. Piaget는 자기중심성을 유아기 특유의 사고의 한계로 생각했으나, 실제로 대부분의 성인들도 항상 자기중심적 사고의 위험을 안고 있다(Flavell et al., 1993). 탈중심화된 조망수용능력이 서서히 발달되듯이, 사회인지발달에 있어서 추론능력 또한 탈중심화된 조망수용능력의 발달과 더불어 서서히 획득된다.

내재적 과정인 사회인지가 표면적 특성인 사회적 행동으로 표출되는 과정을 Dodge (1986)의 정보처리모형에서는 다섯 개의 과정으로 구분하고 있다. 먼저 다른 사람의 표정, 행동, 처한 상황 등에서 오는 관련 사회적 정보를 **부호화**하고, 이를 자신의 마음속에서 내재적으로 바르게 **표상**하며, 상대방이나 상황에 적절한 반응을 **탐색**한 후, 탐색된 반응을 평가하여 그중에서 가장 적절한 반응을 **결정**하며, 이를 실제 행동반응으로 **작동**시키는 과정이 사회인지의 과정에 속한다. 사회인지의 용어가 시사하듯이 이 과정에는 인지적 기능이 중요한 역할을 한다. 그러나 예컨대 몹시 화가 났을 때는 대인관계에서 적절한 판단이 불가능한 것처럼, 불안, 분노, 공포, 공격성 등 정서적 요인 또한 크게 작용할 수 있다(Dodge, 1991).

2) 마음의 이론

(1) '마음의 이론'의 특성

'마음의 이론(theory of mind)'이란 경험, 내재적 상태 및 행동 간의 관계를 이해하는 아동의 사고체계를 의미한다(Wellman, 1979, 1988, 1990). 다시 말해서, 실제 세계의 경험이 행동으로 이행되는 과정 속에는 경험을 바탕으로 형성되는 신념, 지식, 동기, 정서, 의도 등의 내재적 상태, 즉 마음이 존재하며, 이러한 마음이 행동을 매개하고 결정하게 된다. 타인의 마음이 행동을 매개하는 일련의 과정에 대해 아동이 생각하고, 판단하며, 이해하는 양상들에 대해 최근에 이 분야의 학자들이 붙여준 용어가 아동의 '마음의 이론'이다. 예를 들어, Harris(1983)는 아이가 의자를 부수는 것과 같은 파괴행동을 필름을 통해 보여주고 왜 아이가 그러한 행동을 하고 있다고 생각하느냐고 물었다. 중학교 2학년 이전의 아동들은 우연히 부수게 되었다거나, 의자가 약하다거나, 누군가가 시켰을 것이라는 것과 같이 주로 행위자의 직접적인 의도와 무관한 반응을 보이는 반면에, 중학교 시기부터 행위자의 욕구, 감정, 필요성 등의 의도요인을 바르게 추론하는 경향을 보여주었다.

'마음의 이론'은 아동이 타인의 생각, 욕구, 감정 등을 정확하게 추론하는 능력과 이러한 추론을 바탕으로 특정 상황에서 타인의 행동을 정확하게 예언하는 능력의 발달과정을 보여준다. 따라서 아동의 인간관계를 이해하기 위한 사회성발달 영역의 중요한 연구 주제로 부각되고 있다(Bretherton & Beeghly, 1982; Butterworth et al., 1991; Dunn, 1991; Perner, 1991; Wellman, 1990). '마음의 이론'을 보다 정확하게 이해하기 위해서 다음의 상황을 예로 들어보자.

〈그림 8-4〉 "철수는 딸기가 어디에 있다고 믿고 있을까?"
(이동화, 1994에서 인용)

> 철수는 찬장에 딸기가 있는 것을 보고 밖으로 놀러 나갔습니다. 철수가 없는 사이에 어머니가 딸기를 냉장고에 옮겨 넣었습니다. 밖에서 놀던 철수는 딸기가 먹고 싶어서 집으로 들어왔습니다. 철수는 어디에서 딸기를 찾을까요?

언뜻 보아 이 상황은 매우 단순해보이지만 이 상황에서 철수의 행동을 바르게 예언하는 사고과정은 그렇게 단순하지 않다. '철수는 딸기가 찬장에 있는 것만 보았으므로, 이 경험을 바탕으로 철수는 찬장에 딸기가 있다는 **신념**을 갖고 있다. 철수는 이러한 신념에 따라 행동하기 때문에 찬장에서 딸기를 찾을 것으로 판단된다.' 라는 타인의 내재적인 상태에 대한 일련의 체계적인 추론이 필요한 것이다.

아동의 '마음의 이론' 은 크게 두 가지 능력으로 구성된다. 첫째는, 타인의 내재적 상태를 정확하게 **이해**하는 능력이다. 위에서 예를 든 상황에서 실제로 딸기는 냉장고에 있지만 철수는 딸기가 찬장에 있는 것을 보았기 때문에 마음속으로 찬장에 있다고 생각하거나 믿고 있다는 사실을 이해하는 능력이다. 이 능력은 타인의 신념을 자신의 신념과 구별하여 정확하게 표상하는 능력을 전제로 한다.

둘째, 아동이 형성하는 타인의 신념에 대한 표상을 근거로 타인의 행동을 **예언**하는 능력이다. 위의 상황에서 철수가 딸기는 찬장에 있다고 믿고 있다는 사실을 정확하게 표상하고 있는 아동도 실제로 철수는 딸기를 냉장고에서 찾을 것이라고 반응하는 경우를 흔히 볼 수 있다. 이러한 잘못된 예언은 철수의 행동을 철수의 신념이 아니라 냉장고에 딸기가 있다는 실재나 냉장고에 딸기가 있는 것을 알고 있는 자신의 신념으로 판단하는 데에서 기인할 수 있다. 또한 딸기가 있는 곳에서 딸기를 꺼내야 먹을 수 있다는 욕구가 지나치게 강해서 자신의 욕구에 의한 행동추론이 타인의 신념에 의한 행동추론을 방해했을 수도 있다.

아동이 정확한 행동예언능력을 갖기 위해서는, 사람은 신념이 실재와 다르더라도 자신이 옳다고 생각하는 신념에 따라 행동한다는 사실을 이해해야 한다. 또한 욕구와 신념이 갈등을 일으키는 경우, 욕구가 아닌 신념이 행동을 주도한다는 사실을 이해할 때 타인의 행동에 대한 올바른 행동예언이 가능하다.

(2) '마음의 이론' 의 발달과정

아동의 '마음의 이론' 발달과정에 대한 일련의 연구결과를 보면, 이 능력이 비교적 일찍 발달한다는 사실을 알 수 있다. 다른 아이를 달래는 행동을 통해서 볼 수 있듯이 2세 이전의 영아도 타인의 내재적 상태에 대한 초보적인 표상을 가지고 있다(Wellman & Gelman, 1992). 2~3세 사이에 유아들은 '아가 추워' 등과 같이 타인의 욕구나 정서 등 내재적 상태를 언급하기 시작한다. 그러나 이 시기에는 타인의 **욕구**에 근거한 행동이나 정서를 예측할 수는 있으나 타인의 신념에 근거한 행동을 예측하는 것은 불가능하다(Flavell et al., 1993). 다시 말해서 대체로 3세 이전까지의 유아는 타인의 욕구나 정서를 추론하고 그러한 추론을 바탕으로 타인의 행동을 예측하는 것은 가능하나 타인의 생각이나 신념을 정확하게 표상하는 능력은 갖지 못하고 있다(Wellman, 1990).

'마음의 이론' 발달에서 3~4세 사이에 중요한 발달적 변화가 이루어진다. 이 시기에 유아는 '저 아이는 어머니가 찬장 속에 딸기를 두는 것을 보았으므로, 찬장 속에 딸기가 있다고 생각하고 (믿고) 있다.' 와 같이 타인의 지각적 경험을 바탕으로 타인의 생각이나 신념 등 내재적 상태를 자신의 신념과 구분하여 표상하는 능력을 갖게 된다. 또한 3~4세경의 유아는 **내재적 상태**와 **실재**를 구분하는 능력을 갖는다. 예를 들어 '과자를 가진 아이' 와 '과자를 생각하는 아이' 를 구별하여 실제로 과자를 만지고, 먹고, 나누고, 남겨둘 수 있는 것은 '과자를 가진 아이' 이지 '과자를 생각하는 아이' 가 아니라는 것을 알 수 있게 된다.

3~4세 유아는 내재적 상태와 실재가 다를 수 있다는 데 확신을 갖게 된다. 위에서 예를 든 상황에서 "철수는 딸기가 어디에 있다고 믿고 있겠니?" 라고 물으면 대부분의 3세 유아는 "철수는 딸기가 찬장에 있다고 믿고 있다." 라고 반응함으로써 철수가 실재와 다른 신념을 갖고 있다는 사실을 정확하게 표상하고 있음을 보여준다(Wellman, 1988).

위에서 예를 든 것과 유사한 상황에서 유아에게 '찬장에는 딸기가 없고 냉장고에는 딸기가 있다.' 는 것을 재삼 강조하여 실재를 확실히 해두어도 철수는 딸기가 찬장에 있다고 믿고 있다는 그들의 표상에 대한 확신에는 변함이 없었다(Moses & Flavell, 1990). 이러한 사실은 3세 유아가 사람은 항상 실재와 일치하는 신념(true belief)만 갖는 것이 아니라 **실재와 다른 신념**(false belief)을 갖는다는 사실을 확실히 알고 있음을 반영한다(Wellman, 1990).

3~4세 유아는 타인의 생각이나 신념을 이해할 수는 있지만 이를 바탕으로 타인의 행동을 예언하는 데에는 한계가 있다. 위의 예에서 3~4세 유아는 철수가 딸기가 찬장에 있다고 대답하지만, 철수는 딸기를 어디에서 찾겠느냐고 물으면 대부분의 3세 유아는 '냉장고에서 찾는다.' 고 대답한다. 이러한 반응의 오류는 3세 유아는 신념이 실재와 다르더라도 사람들은 실재가 아니라 자신이 맞다고 생각하는 신념에 따라 행동한다는 사실을 이해하지 못하거나 냉장고에서 꺼내야 딸기를 먹을 수 있다는 아동 자신의 욕구가 신념보다 강하게 작용하기 때문이다(Perner, 1991).

4~5세 사이는 초보적인 '마음의 이론' 발달이 완성되는 시기이다. 이 시기에 유아는 실재가 아니라 신념이 행동을 주도한다는 사실을 이해한다. 또한 이 시기에 유아는 자신

의 욕구와 타인의 신념을 구분할 수 있게 된다. 나아가 타인의 행동은 타인의 지각적 경험에 근거한 신념이나 지식에 의해 결정된다는 것을 이해하며, 이를 자신의 신념과 구분하는 탈중심화된 마음의 이해능력을 갖게 된다.

'마음의 이론' 발달에 관한 일련의 연구결과들은 아동의 인지 및 정의적 발달과정을 이해하는 데에도 중요한 시사점을 주고 있다. 아동은 Piaget가 생각한 것보다 훨씬 일찍부터 자기중심성에서 벗어난 탈중심화된 조망수용능력을 갖기 시작한다는 사실이다. 마음의 이론의 관점에서 볼 때 자기중심성이란 타인의 욕구나 신념에 의해 타인의 생각과 행동을 예측해야 할 상황에서 자신의 욕구나 신념에 따라 타인의 생각과 행동을 예측하는 사회인지능력의 한계나 결함으로 간주될 수 있다(Perner, 1991). 4세경부터 '마음의 이론'이 발달한다는 것은 아동의 사회인지발달이 Piaget가 생각한 것보다 훨씬 빨리 이루어지고 있다는 사실을 다시 한 번 입증해주는 것으로 볼 수 있다.

최근에 우리나라에서도 아동의 '마음의 이론' 발달에 관한 연구가 시작되고 있다. 우리나라 아동도 서구의 아동과 유사하게 4~5세경에 실재와 내재적 상태를 구별하며(김경진, 1992), 타인의 내재적 상태에 대한 표상능력이 발달된다(강인숙, 1995; 나유미, 1991; 이동화, 1994). 특히 이동화(1994)는 아동이 타인의 마음을 바르게 표상하면서도 행동을 바르게 예언하는 데 실패하는 것은 자신의 욕구가 매개하기 때문이라는 사실을 우리나라 아동에게서도 입증해냈다.

3) 정서이해능력의 발달

아동이 타인의 정서상태에 대해 정확하게 사고하고 판단하는 능력은 아동의 일상의 인간관계에 있어서 대단히 높은 적응적인 가치를 갖는다. 타인의 정서에 대한 정확한 이해능력은 대인상황에 대처할 수 있는 수단을 강구할 수 있게 해주며, 타인과의 심리적 거리를 좁혀주는 좋은 사회적 기술이 되고, 나아가 타인의 고통과 필요성에 공감하고 도울 수 있는 친사회적 행동의 기초가 된다. 어머니의 표정을 보고 화가 난 정도를 정확하게 판단하는 능력은 어디쯤에서 어머니를 화나게 하는 행동을 멈추어야 매를 피할 수 있는지를 알게 하는 중요한 수단이 된다. 새로 전학 온 아이가 경험할 외로움과 당혹감을 깊이 이해할 때 이 아이를 도와주고 위로해주는 친사회적 행동이 나타나며, 이로 인해 새로운 친구를 사귈 수 있게 된다. 또한 나이가 들면서 아동은 어떤 상황에서는 자신의 솔직한 정서를 감추거나 위장해야 할 필요성이 있다는 사실을 깨닫게 되고, 자신이 속한 사회에 적합한 것으로 기대되는 정서적 통제능력을 발달시키게 된다.

아동이 타인의 정서를 이해하는 능력은 일찍이 영아기부터 발달하기 시작한다. 4~6개월 사이에 영아는 기쁘거나 행복한 표정의 얼굴을 다른 정서상태의 얼굴보다 더욱 오래 응시함으로써 얼굴표정으로부터 상이한 정서를 식별하는 초보적인 정서인지능력을 보여준다(La Barbara et al., 1976). 널리 알려진 실험이지만, 12～18개월 사이의 영아는 낯선 대상에 접근하기 전에 어머니의 표정에 나타난 정서반응을 보고 어머니가 미소를 띠면 다가가고, 긴장된 표정을 보이면 움츠린다. 이 실험결과는 영아가 상황에 대처하는 행동을 결정하는 인지적 단서로 타인의 정서를 사용하고 있음을 반영한다(Klinnert et al., 1983; Gross & Ballif, 1991).

3～4세경이 되면 유아는 기쁨, 슬픔, 분노, 놀람 등과 같은 비교적 단순하고 명백한 정서와 이들 정서를 야기하는 상황 간의 관계를 이해하기 시작한다. 꾸중을 들었을 때, 시합에 졌을 때, 기대했던 것과 다른 선물을 받았을 때 등 다양한 상황에서 이야기 속 주인공의 경험을 토대로 주인공이 어떠한 정서적 경험을 할 것인가를 예측할 수 있게 된다. 또한 각종 정서를 유발하는 상황들을 기술할 수도 있게 된다(Lewis, 1989; Stein & Trabasso, 1989).

연령이 증가함에 따라 아동은 보다 복잡한 정서를 이해할 수 있게 된다. 7세경에는 자랑, 질투, 격정, 죄의식 등의 정서에 대한 인지가 가능하며, 10～14세 사이에는 우울, 안도, 실망, 수치감 같은 보다 미묘하고 복잡한 정서를 이해할 수 있게 된다. 아동이 이해하는 정서의 폭이 다양해짐과 동시에 상황에 따른 정서판별의 정확성 또한 점차 높아지게 된다(Harris et al., 1987; Saarni & Harris, 1989).

아동이 상황에 따라 다양한 정서가 나타날 수 있음을 이해하는 능력은 어떻게 획득되는 것일까? 먼저 아동들은 특정 상황에서 대부분의 사람들이 동질의 정서를 경험한다는 **상황적 추론**(situational inference)을 발달시켜간다. 단순하고 친숙한 상황에서는 4세 유아도 상황적 추론이 가능하다(Gnepp, 1983; Harris & Olthof, 1982). 연구자들은 특정 상황에서 자신이 경험한 정서가 같은 상황에서 타인의 정서를 변별하는 상황적 추론의 주요 기준이 된다고 설명한다(Hadwin & Perner, 1991; Harris, 1989; Wellman, 1990). 특히 3～4세경의 연령이 낮은 유아에게 있어서 자신의 경험은 타인의 정서를 변별하는 더욱 중요한 기준이 된다. 4～5세 이후부터 아동은 타인의 정서판단에 얼굴표정, 맥락, 사람의 성향 등 여러 요인을 통합하여 사용하기 시작한다(Gnepp, 1989).

동일한 상황에서도 개인에 따라 정서경험이 달라질 수 있다는 **개인화된 추론**(personalized inference)은 타인의 조망수용능력을 전제로 하므로 개인화된 정서추론의 획득 연령은 조망수용능력의 발달과 보조를 같이 한다. 일반적으로 개인화된 추론은 상황적 추론보다 높은 수준의 사고를 요하지만 추론에 도움을 주는 단서가 있는 상황에서는 4세 유아도 개인의 독특한 정서의 변별이 가능하다(Gnepp, 1983).

우리나라 아동의 경우 상황적 추론은 4~6세 사이에 발달하지만, 초등학교 2학년 이후에야 같은 상황에서도 개인에 따라 정서경험이 달라질 수 있다는 것을 이해하는 개인화된 추론의 빈도가 높아진다(김민화 · 최경숙, 1993). 서구에서 4세경에도 개인화된 추론이 가능하다는 연구결과에 비추어볼 때 우리나라 아동의 정서추론발달은 다소 늦은 감이 있다. 인지적 조망수용이 정서적 조망수용에 선행한다는 사회인지발달적 관점에서 생각할 때 우리나라 아동의 정서추론발달이 늦은 것은 타인의 입장과 관점을 이해하는 인지적인 조망수용능력의 부족에 기인할 것으로 추론해볼 수 있다.

아동기 중요한 정서발달의 하나로서 **정서표출규칙**(emotion display rule)의 이해를 들 수 있다. 사람들은 때로 자신의 진실한 정서를 숨기고 다른 정서를 위장하는 경우가 있다. 매를 맞고도 안 아픈 척 태연한 얼굴을 하는 것이나, 시합에 지고도 아무렇지 않은 듯 미소를 띠는 것이나, 마음에 안 드는 선물을 받고도 좋은 척하는 것은 흔히 생각되는 몇 가지 예들이다. 이처럼 타인이 정서를 위장하는 표출규칙을 이해하거나, 자신의 정서를 적절히 위장하기 위해 표출규칙을 사용하는 것은 사회적 적응에 도움이 된다.

타인의 위장된 표출정서의 바탕에 있는 진실한 정서를 정확하게 이해하는 것은 성인들에게 있어서도 쉬운 일이 아니다. Cole(1986)은 3~4세경 유아는 게임에 진 아이가 웃고 있어도 마음은 슬플 것이라는 정서표출규칙에 대해 초보적인 이해를 할 수 있다고 주장한다. 그러나 다른 연구자들은 이 능력이 6~10세 사이에 주로 발달하는 것으로 보고 있다(Gnepp & Hess, 1986; Saarni, 1984). 특히 가정에서 부모와 아동 간의 상호작용의 양과 질은 정서표출규칙에 대한 이해를 포함하여 여러 상황에서 타인의 정서를 바르게 판단하고 이해하는 능력을 길러주는 주요 요인으로 알려져 있다(Dunn et al., 1991a, 1991b).

4) 행동원인추론의 발달

(1) 의도판단의 발달

의도(intentions)는 어떤 일을 하고자 하는 욕구와 실제 행동을 인과적으로 매개하는 내재적인 마음의 상태이다. 의도는 행동하기 전에 앞으로 할 행동에 대해서 생각하고 계획하는 행동 이전 상태이며, 따라서 의도는 결과와는 무관하게 존재하는 내재적 특성이다(Flavell et al., 1993). 아동이 타인의 관찰 가능한 결과적인 행동을 통해 관찰 불가능한 내재적 상태인 의도를 바르게 판단하는 것은 쉬운 일이 아니다. 그러나 이러한 능력은 다른 사회인지적 추론과 마찬가지로 아동의 일상 사회성에 중요한 의미를 갖는다.

아동의 의도판단발달과정에 관한 초기 연구들은 대체로 Piaget(1932)의 도덕판단발달과 관련지어 연구하였다. Piaget가 '문을 열다가 실수로 접시를 15개 깬 아이와, 찬장에 있는 잼을 먹기 위해 몰래 꺼내다가 컵 1개를 깬 아이 중에 누가 더 나쁜가?'라는 질문을 던졌을 때 대부분의 8세 이전 아동들은 그릇 15개를 깬 아이가 더 나쁘다고 반응하였다. 오랫동안 많은 연구자들은 이 결과가 8세 이전의 아동은 정확한 의도판단이 불가능하다는 사실을 입증하는 것으로 받아들여왔다. 그러나 최근에 Piaget의 연구방법은 15개와 1개라는 결과의 차이가 바른 의도판단을 흐리게 하므로, 이 과제는 아동의 의도판단을 진단하는 데 부적합하다는 비판이 제기되었다. 실제로 깬 그릇의 양을 동일하게 했을 때 6~7세 아동도 의도판단이 가능하다는 연구결과가 보고되었다(Shultz, 1980; Yuill & Perner, 1988).

아동의 의도판단에 관한 최근의 연구들은 다른 사회인지능력과 마찬가지로 의도성의 이해능력도 일찍부터 발달하기 시작한다는 사실을 보여준다. 1~2세 사이의 영아도 의도적인 행동과 비의도적인 행동을 구별하는 기본적인 의도판단능력이 있는 것 같다. 예를 들어, 이 시기의 영아들도 사람이 의도적으로 공을 치는 행동에는 관심이 없으나 공이 저절로 굴러 다른 공을 치는 모습에는 집요한 관심을 보임으로써 의도적 행동이 가능한 대상과 불가능한 대상을 구별하고 있음을 시사한다(Poulin-Dubois & Shultz, 1988). 그러나 앞의 지각발달에서 이미 언급한 습관화와 탈습관화가 갖는 방법론적 한계 때문에 이 실험결과를 의도구분능력으로 받아들일 수 있는지에 대해서는 의문의 여지가 있다.

아동의 의도판단을 연구하는 대표적인 사회인지이론가 중의 한 사람인 Shultz(1980)는 3세경에는 명백하게 의도성을 구분한다고 주장한다. 예를 들어, 이 시기의 유아는 실수로 다른 아이를 넘어뜨리면 '일부러' 그런 게 아니라는 변명을 함으로써 의도성과 비의도성을 구분하고 있음을 보여준다. 또한 카드놀이나 '뜰에콩깍지는깐콩깍지인가안깐콩깍지인가?'와 같은 빨리 말하기 놀이에서 사람이 하는 의도적 실수와 비의도적 실수를 구분해낼 수 있다. 이에 반하여 Astington(1991)은 3세경에는 의도적 행동과 비의도적 행동의 구분이 불가능하다고 주장한다. 예를 들어, 아이가 빵을 먹다가 흘린 부스러기를 새가 다시 먹는 장면과 아이가 빵을 가져와서 부스러기를 만들어 새에게 먹이는 장면을 보여주고 어느 쪽이 의도적인 행동인가를 물었을 때 4~5세경에야 의도성의 구분이 가능하였다.

유아의 의도성 발달수준에 대해서는 논란의 여지가 남아 있는 데 비해, 의도판단이 6세 이후부터 초등학교 시기에 크게 발달한다는 사실은 명백해 보인다(Flavell et al., 1993; Harris, 1977). 그러나 초등학교시기의 의도판단 발달양상은 행동의 결과에 의해 크게 영향을 받는다. 일반적으로 아동은 최초의 욕구와 행동의 결과가 일치하면 그 행동을 의도적인 것으로 판단하는 경향이 높다. 또한 타인에게 해를 끼치는 행동이거나, 행동의 결과가 나쁠 때 의도적 행동으로 판단하는 경향이 크다. 이러한 현상은 초등학교 시기의 아동은 의도가 행위결과와 무관한 내재적 특성이라는 사실을 명확히 인식하고 있지 못함을 보여준다. 이러한 의도판단의 한계는 아동의 일상에서 또래 간의 갈등을 유발하는 중요한 요인이 될 수 있다.

중학교 2학년 무렵이 되면 전적으로 우연적인 행동으로부터 완전히 고의적인 행동에 이르기까지 의도성 수준을 변별하는 능력을 갖게 된다. 예를 들어, 아이가 의자를 부수는 것과 같은 파괴행동을 필름을 통해 보여주고 왜 아이가 그러한 행동을 하고 있다고 생각하느냐고 물었다. 중학교 2학년 이전의 아동들은 우연히 부수게 되었다거나, 의자가 약하다거나, 누군가가 시켰을 것이라는 것과 같이 행위자의 직접적인 의도와 무관한 반응을 보인다. 중학교 시기부터 화가 몹시 났다거나 의자가 낡았다는 등 행위자의 욕구, 감정, 필요성 등 의도요인을 바르게 추론하는 경향이 나타났다(Harris, 1977).

9～17세 사이의 우리나라 아동과 청소년을 대상으로 의도조망발달을 연구한 자료에 의하면, 연령이 낮은 아동의 의도판단은 행위의 결과로부터 영향을 받지만, 연령이 증가할수록 행위의 결과에 관계없이 행위자의 의도성을 정확하게 판단하는 것으로 밝혀져 서구의 연구결과와 일치하고 있다. 특히 의도성이 불명료한 상황에서 남학생은 상대방의 의도를 긍정적으로 판단하는 경향이 계속해서 발달하는 데 반해, 여학생은 중학교 2학년에서 정체되는 흥미로운 결과를 보여주고 있다(김유신 · 송명자, 1991).

(2) 귀인판단의 발달

귀인(attribution)은 자신이나 타인의 행위가 성공하거나 실패한 원인을 귀속시키는 사회인지적 판단을 의미한다. 많은 심리학자들의 연구결과에 의해 사람들이 갖는 보편적인 귀인성향이나 유형이 밝혀지고 있다. 성공이나 실패의 원인이 개인의 내재적 특성에 있다고 믿는 귀인판단을 **성향귀인**(dispositional attribution)이라 하는 반면에, 외적 상황에서 원인을 찾는 판단을 **상황귀인**(situational attribution)이라 한다. 특히 타인의 실패나 불행한 행위결과를 그러한 결과를 낳게 한 상황보다 게으르다거나 머리가 나쁘다는 것과 같은 개인의 성향으로 돌리는 성향귀인의 **증대효과**는 오랫동안 사회심리학자들의 관심의 대상이 되어온 문제이다.

타인의 행동결과를 주로 그 사람의 성향으로 돌리는 귀인판단은 일반적으로 5세경부터 시작되며, 5～7세 사이에 과도기를 거쳐, 8～10세경에 안정된다. 그러나 5～7세 사이에 아동들은 '철수는 착하니까 그러지 않았을 거에요.' 라든가 '영식이가 약한 아이를 때리는 것은 영식이가 나쁜 아이이기 때문이에요.' 등과 같이 다른 사람의 성향을 근거로 행동을 적절히 예언하는 성향귀인판단을 보인다(Gnepp & Chilankurti, 1988). 같은 시기에, '철수는 게으름뱅이라 유치원에 매일 지각해요.' 라는 것과 같이 행위의 책임을 타인의 성향으로 과도하게 돌리는 부적절한 성향귀인의 증대효과도 나타난다. 때로 자기와 친한 아이의 공격적인 행동을 보면서도 절대로 그 아이가 난폭하지 않다고 우기는 것과 같이 성향귀인의 증대효과와는 반대되는 현상도 나타난다(Stipek & Daniels, 1990).

제9장 자아 및 도덕성 발달

인간이 자신을 바르게 이해하며, 여러 영역에서의 자신의 가치를 적절히 평가하고, 자신을 주장하거나 통제하며, 옳고 그름을 정확히 판단하고, 집단 내의 도덕적 규범을 따르는 일은 중요한 발달적 의미를 갖는다.

이 장에서는 먼저 아동기 자아(self)의 발달과정을 설명하는 몇 가지 대표적인 이론체계를 검토하고, 자아인지와 자아평가의 발달을 살펴본 후, 최근에 관심의 대상이 되고 있는 자기통제력(self-control)의 발달과 훈련의 문제를 다루어보고자 한다. 마지막으로, 도덕성 발달이론과 발달양상을 검토하게 될 것이다.

1 자아의 발달

1) 자아발달 연구의 접근

자아발달이론은 크게 인지발달적 접근과 학습이론적 접근으로 대별된다. 인지발달적 접근에서는 자아의 발달이 아동의 사고능력 및 인지구조의 발달과 밀접하게 관련되는 것으로 간주한다. 자아연구의 인지발달적 접근은 Piaget의 인지발달이론에 근거를 두고 있으며, Selman의 자아발달단계이론과 자아발달의 정보처리모형이 대표적이다. 학습이론적 접근은 Bandura의 사회학습이론을 근간으로 하고 있다.

(1) 인지발달적 접근

Selman의 자아인지연구

Selman(1980, 1981)은 아동의 자아인지(self-cognition)는 관찰 가능한 외적 행동으로부터 내재적인 심리적 특성을 추론하는 인지과정을 통해 발달한다고 생각한다. Selman은 아동들에게 다음과 같은 이야기를 들려주고 일련의 질문을 던진 후 그 반응을 분석하여 **자아인지**가 발달하는 다섯 단계를 설정하였다.

톰은 8세입니다. 오늘은 친구 마이크의 생일입니다. 톰은 생일선물로 강아지를 사러 가게에 가는 길에 우연히 마이크를 만났습니다. 마이크는 며칠 전에 자기 집 강아지를 잃어버렸다며, 몹시 마음이 상해 있었습니다. 마이크는 톰에게 "나는 잃어버린 강아지가 너무 보고 싶어서 다른 강아지는 절대로 쳐다보고 싶지도 않아."라고 말했습니다. 톰은 가게 앞까지 갔지만 강아지를 선물로 사야 할지 망설이고 있습니다. 강아지는 두 마리 남았고, 지금 안 사면 곧 팔려버릴 것입니다.

〈질문〉

- 톰은 마이크에게 강아지를 사 주어야 할까요?
- 마이크가 웃고 있다면 그래도 슬플까요? 사람이 겉으로는 즐거워 보이지만 속으로는 슬플 수도 있나요?
- 만일 개를 잃어버렸는데도 상관하지 않는다면 마이크는 어떤 사람인가요?
- 다른 사람의 마음을 어떻게 알 수 있을까요?

Selman이 찾아낸 **자아인지 발달단계**는 다음과 같다.

1수준의 아동은 위의 예에서 마이크가 강아지를 정말로 싫어할 것으로 믿는 반면에, 2수준의 아동은 마이크가 마음속으로는 새 강아지를 원할지도 모른다고 생각할 것이다. 이러한 Selman의 연구결과를 통해서도 알 수 있듯이 아동기 동안에 의식적 수준에서의 자아인지는 대체로 완성된다. 그러나 기본적인 자아이해수준의 자아인지발달과 자신의 가치를 객관적으로 평가하는 자아평가는 별개의 것임을 유의해야 한다.

표 9-1 Selman의 자아인지 발달단계

0수준 (영아기)	이 시기 아동은 물리적 존재는 이해하나 별개의 심리적 존재는 인식하지 못함. 예를 들어, 우는 것과 같은 물리적 행동과 이에 수반하는 슬픔 등의 감정을 구분 못함.
1수준 (아동 전기)	내재적인 심리적 특성과 물리적 행동의 존재를 구분함. 그러나 내재적인 생각과 감정이 외적 행동으로 직접 표출된다고 생각함. 따라서 웃는 사람은 틀림없이 행복하다는 식으로 말과 행동을 통해 자아를 관찰할 수 있다고 믿음.
2수준 (아동 중기)	감정과 행동이 다를 수 있다는 것을 이해함. 따라서 타인의 자아를 포착하기 어렵다는 것을 인정함. 다만 자신의 자아는 명백히 알 수 있다고 믿음.
3수준 (아동 후기)	자아를 안정적인 성격 특성의 표출로 믿음. 사람들은 자신의 내적 자아를 관찰하고 평가할 수 있다고 생각함.
4수준 (청년기)	성격의 많은 부분들이 무의식적 수준에 머물러 있으므로 자아는 완전히 이해될 수 없다는 것을 인정함.

(Selman, 1980에서 인용)

자아인지의 정보처리모형

정보처리적 관점에서 자아인지발달을 연구하는 학자들은 자아를 보다 광범위한 기억체계의 한 부분으로 간주한다(Greenwald & Pratkanis, 1984; Lapsley & Quintana, 1985). 이들 이론가들에 따르면 사람은 살아가면서 외모, 성격, 능력 등 여러 특성들을 포괄하는 자신의 존재에 관한 인지구조를 형성하게 되는데, 이러한 자아에 관한 내재적 인지구조를 자아도식(self-schema)이라 부른다. 자아도식은 자아와 관련되는 새로운 정보를 받아들이고, 이해하고, 처리하는 과정의 기초가 된다.

자아도식의 존재와 기능을 입증해주는 경험적인 연구결과들이 제시되고 있어 흥미롭다. 한 연구에서는 아동들에게 일련의 낱말을 제시하였다. 낱말 목록 중 반은 낱말을 제시한 후, '이 낱말의 뜻이 너와 관계있니?'라고 물었으며, 나머지 반은 '이것은 긴 낱말이니?' 라고 물었다. 모든 아동들이 자신과 관련성 여부를 물은 낱말목록을 단순히 낱말의 길이를 물은 목록보다 훨씬 잘 기억해냈다(Pullybank et al., 1985; Rogers, 1984). 이 결과는 우리의 인지구조 속에 명백히 자아도식이 자리 잡고 있으며, 이 도식이 자아관련 정보를 조직화하는 강력한 기능을 갖고 있다는 것을 보여준다.

또 한 가지 연구에서는 아동들에게 일련의 낱말목록을 제시하였는데, 그중의 반은 '아름답다, 용감하다' 등과 같이 긍정적인 특성을 묘사하는 낱말이었으며, 나머지 반은 '추하다, 외롭다' 등과 같은 부정적 특성을 묘사하는 낱말이었다. 흥미롭게도 자아존중감이 높은 아동들은 긍정적인 특성을 묘사한 낱말을 보다 많이 기억한 반면에, 위축되고 자아존중감이 낮은 아동들은 부정적인 낱말들을 보다 잘 기억해냈다(Zupan et al., 1987). 이

미국 아동의 자화상

한국 아동의 자화상

〈그림 9-1〉 아동이 그린 자화상

미국 아동의 그림은 〈Vasta et al., 1992〉에서 인용한 것이며, 한국아동의 그림은 부산시에 소재하는 효림초등학교 1학년 아동이 각자 자신의 자화상을 그린 그림을 모아서 사진을 찍은 것이다.

연구결과는 아동의 자아도식이 아동이 자신을 둘러싼 세계를 받아들이고 이에 적응하는데 얼마나 강력하게 영향을 미칠 수 있는가를 보여준다. 〈그림 9-1〉에서 아동이 그린 자화상은 자신의 자아도식을 흥미롭게 드러내고 있다.

(2) 학습이론적 접근

대표적인 사회학습이론가인 Bandura(1977a, 1981)는 자아인지발달은 아동이 자신에게 주어진 과제를 얼마나 성공적으로 수행할 수 있는 능력을 가지고 있는가를 스스로 평가하는 **자아효율성**(self-efficacy)에 의해 결정된다고 주장한다. 4~5세 이전의 유아들은 자신의 능력에 대해 스스로 평가하기 어렵다. 따라서 이 시기에는 흔히 부모들이 유아가 할 수 있는 것과 하기 어려운 일들은 지시하고 유아는 따르게 된다. 이러한 부모의 언어적 지시에 따르는 여러 시행착오적인 경험들이 유아의 자아효율성 판단에 중요한 영향을 미치게 된다.

아동이 성장함에 따라 새로운 기제들이 자아효율성 판단의 발달을 촉진하게 된다. 모델학습은 아동의 자아효율성 판단의 중요한 준거이다. '나하고 나이나 키가 같은 철수가 매달리기를 10번 하니, 나도 10번은 할 거야.'는 초등학교 아동들에게서 흔히 들을 수 있는 표현이다. 이 시기에 적절한 모델의 설정은 합리적인 자아효율성 판단의 주요 요인이 된다.

자아효율성 판단은 자아인지의 발달뿐 아니라 한 아동의 성취지향적인 행동과도 밀접한 관계가 있다. 높은 자아효율성 판단은 긍정적인 자아인지를 촉진하고, 나아가 과제지향적인 노력과 지속성을 갖게 함으로써 높은 성취수준에 도달할 수 있게 한다. 반대로 낮은 자아효율성 판단은 부정적인 자기 평가를 낳게 하므로 자신감의 결여로 인해 성취지향적 행동을 위축시킬 위험이 있다.

2) 자아인지의 발달

(1) 자아인지의 개념과 형성과정

자아인지(self-cognition)란 자신의 내재적 특성에 대한 이해를 의미한다. 흔히 자아인지는 자기지식(self-knowledge) 또는 자아인식(self-awareness)으로 지칭되기도 한다. 일찍이 Cooley(1902)는 자아인지는 타인과의 상호작용 속에서 타인이 나를 어떻게 인식하고 평가하느냐에 따라 형성된다고 생각하였다. 이처럼 자아인지가 타인이라는 사회적 거울에 비치는 모습이 반영이라는 점을 강조하여 Cooley는 최초에 형성되는 자아를 거울상 자아(looking-glass self)라 불렀다. 여러 사람이 반영하는 단편적인 거울상들을 반복해서 지각해가는 과정 속에서 점차 자신에 대한 통합적인 개념적 표상이 형성되며, 이것이 자아인지의 기초가 된다(Shaffer, 1993).

자아인지가 타인으로부터 반영되는 개념적 표상에 의해 형성되고 발달된다는 종래의 자아인지발달이론가들과는 달리, 최근에 Neisser(1988, 1991)는 자아인지는 자아와 환경 간의 상호작용 활동에 대한 지각으로부터 직접 형성된다고 주장한다. 이러한 관점에서 Neisser는 자아인지발달의 근원을 생태적 자기와 대인 간 자기의 두 측면에서 찾고 있다.

생태적 자기란 아동이 자신을 둘러싼 물리적 환경에 적응해나가는 효율성에 의해 형성된다. 예를 들어, 물에 빠지지 않고 징검다리를 잘 건너뛰는 것과 같이 깊이, 거리, 위치 지각과 운동기능의 협응이 효율적으로 이루어져가는 과정 속에서 긍정적인 생태적 자기 지각이 형성될 것이다.

대인 간 자기는 사회적 상황에서 타인이 자신에게 주는 반응이나 정보에 대한 지각을 통해 형성된다. 예를 들어, 아기가 옹알이를 할 때 웃으며 얼러주는 어머니의 반응을 통해 영아들은 일찍부터 긍정적인 대인 간 자기지각이 가능하게 된다. 생태적 자기지각과 대인간 자기지각은 아동의 연령 증가에 따라 상호 밀접하게 관련되어 발달하면서 하나의 통합적인 자아인지를 형성하게 된다.

자아인지발달과 관련하여 이해해두어야 할 개념이 범주적 자아(categorical self)와 개인 내적 자아(private self)이다. **범주적 자아**란 사람과 사람 간의 차이를 구분하고 유목화하여 자아를 지각하는 개념적 틀을 뜻한다. 연령, 성, 신분 등은 대표적인 범주적 자아의 틀이다. '나는 남자에요.' 라고 자기진술을 하는 아동은 성에 따른 범주적 자아를 형성하기 시작한 것이다.

자아인지발달에 있어서 최근에 큰 관심의 대상이 되고 있는 것이 **개인내적 자아**(private self)이다. 개인내적 자아란 다른 사람은 볼 수 없는, 자신만이 알고 있는 자아이다. 아동이 자신의 머릿속에 생각이 흘러가고 있으며, 다른 사람은 그 생각을 모른다는 것을 이해할 수 있게 되면 개인내적 자아가 형성되기 시작하는 것이다. 자신의 잘못을 감추기 위해 거짓말을 하거나 정서를 위장하는 것은 개인내적 자아의 표출양상이다(Maccoby, 1980). 청년기 자아발달에서 다시 설명하겠지만, 아동기의 개인내적 자아가 타인에게 드러나는 **공적 자아**(public self)와 지나치게 괴리되면 바람직한 자아인지발달을 저해하게 된다.

(2) 영아기 자아인지발달

영아의 최초의 자아인지는 생후 4개월경에 영아가 공간 내 대상의 존재를 눈으로 따라가고 탐색하면서 자신이 이들 대상과 분리된 존재라는 것을 인식하면서 시작된다. 4개월 이후부터 차츰 영아는 자신이 환경 내에서 일어나는 사태에 영향을 미칠 수 있다는 개인적 주체로서의 인식을 갖게 되며, 이러한 인식은 자아인지발달의 주요 계기가 된다(Acredolo, 1985; Lamb & Easterbrooks, 1981; Vasta et al., 1992).

자아인지의 발달은 영아가 다른 대상과 구분되는 독립된 실체로서 자신을 인지하는 것에서부터 시작된다. 정신분석학자들은 독립된 실체로서의 자기인식은 대체로 3~6개월 사이에 영아가 다른 사람의 행동을 통제하는 주체로서의 자기를 인식하는 것에서 시작된다고 주장한다. 전체적으로 보아 영아는 생후 6개월경에는 초보적인 **신체적 자아**(physical self)인지를 형성하고 있는 것 같다. 또한 영아의 자아인지는 어머니를 인지하는 것보다 앞서는 것으로 알려져 있다(Lamb & Easterbrooks, 1981).

영아가 눈으로 자기를 보고 자신을 인지하는 것은 언제부터일까? Lewis와 Brooks-Gunn(1979)은 9~24개월 영아의 코에 빨간 립스틱을 묻혀 거울 앞에 앉히고 그 반응을 관찰하였다. 15개월 이전의 영아는 빨갛게 된 코에 아무런 관심을 보이지 않았으며, 거울 속 자신의 모습이 마치 타인인 것처럼 반응하였다. 그러나 15~24개월 사이의 영아는 변화된 코에 관심을 보이는 반응이 증가하였다. 〈그림 9-2〉에서 보듯이 영아들은 자기 코를 만져보는 등 얼굴에 이상한 반점이 생겼다는 것을 명확히 인식하는 행동을 보였다. 이 연구결과는 2세경에 신체적 자아상이 형성됨으로써 자아인지가 시작된다는 사실을 보여준다.

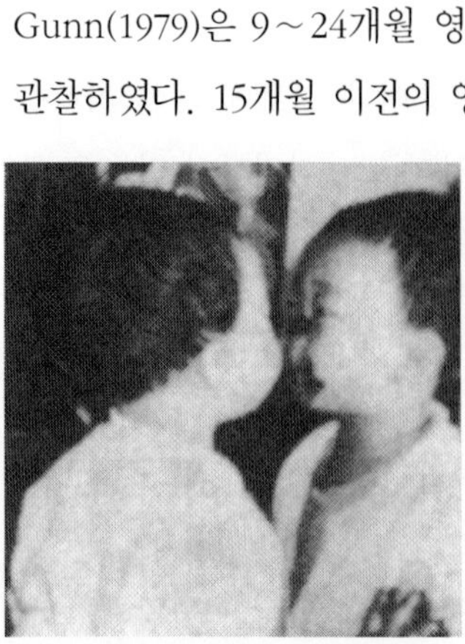

〈그림 9-2〉 영아의 자아인지

18개월경이면 영아는 자신의 사진을 알아보는 등 자기

표상을 인지할 수 있다. 18개월경이 표상이 형성되는 시기임을 감안하면, 자아인지발달이 전반적으로 인지발달과정과 밀접하게 관련되어 있음을 이해할 수 있다.

(3) 유아기 자아인지발달

자아인지는 만 2세에서 5세 사이에 크게 발달한다. 2세경부터 유아들은 자신이 남자인지 여자인지 또는 아이인지 어른인지에 관한 기본적인 범주적 자아인지를 보인다(Harter, 1988). 여자아이와 남자아이 사진을 보여주면 여자아이는 자신이 사진 속 여자아이와 동일한 범주에 속한다는 것을 식별해낼 수 있다.

3세부터 언어능력이 급격히 발달함에 따라 유아들은 자신의 여러 특성에 관해서 언어적으로 표현하게 된다. 이러한 아동의 **자기진술**은 자아인지를 이해하는 좋은 수단이 된다. 3~5세 유아의 자기진술을 분석해보면 인간관계, 자신의 신체적 특징, 소유, 기호 등 외현적 특성에 관해 자주 말하는 것을 알 수 있다. '나는 얼굴이 까매요.' '나는 동생과 싸워요.' '나는 세발자전거가 있어요.' '나는 아이스크림을 좋아해요' 등은 이 시기 유아들에게서 흔히 들을 수 있는 자아인지의 진술내용들이다. 특히 '나는 혼자 놀아요.' '나는 아이들과 공차기해요' 등과 같이 자신의 생활습관에 대한 진술을 자주 듣게 된다.

Selman(1980)의 자아인지 발달단계에서도 보았듯이 4세 유아의 자아인지는 내재적 특성을 고려하지 못하는 한계가 있다. 이 시기 아이들에게서는 '나는 행복해.' '나는 사람을 좋아해.' '나는 열심히 노력해.' 등과 같은 자신의 심리적 특성에 대한 진술을 듣기 어렵다. 이러한 현상은 유아의 자아인지발달이 보다 외현적인 **물리적 자아**(physical self)로부터 내재적인 **심리적 자아**(psychological self)로 발달해가는 과정을 밟고 있음을 보여준다. 3~5세 유아의 물리적 자아인지는 초등학교 시기에 발달하는 심리적 자아인지의 기초가 된다.

3세 6개월부터 내재적 자아인지가 나타난다. 이 시기부터 유아들은 자기의 생각에 관해 진술하기 시작하며, 숨바꼭질 놀이에서 틀린 단서를 주는 것처럼 자신의 생각이나 감정을 감추거나 위장하는 초보적인 자아인지 통제능력도 보이게 된다(Bretherton et al., 1986).

(4) 아동기 자아인지발달

초등학교 시기 동안에 아동의 자기진술은 점차 외적 특성들을 나열하는 데에서 벗어나 자신의 성격, 가치, 생각, 신념 등 심리적 특성들을 묘사하게 된다. '나는 노래를 못해요.' '나는 엄마가 없으면 슬퍼요.' 등과 같이 자신의 능력, 정서 등 제반 심리적 특성을 인지하고 표현할 수 있게 된다.

아동기 구체적 조작사고의 발달과 함께 범주적 자아는 더욱 세분화되고 구체화되며, 위계적인 **유목범주**에 따르게 된다. '나는 대한민국 사람이에요.' '나는 여자고, 내 동생은 남자에요.' '우리는 아이들이에요.' 등은 이 시기 아동들에게서 흔히 들을 수 있는 범주적 자아에 관한 진술이다.

6세 이전의 유아들은 개인내적 자아와 외적 행동 간의 괴리를 이해하지 못한다. 그러나 대부분의 8세 아동은 생각과 표현이 다를 수 있으며, 같은 감정도 사람에 따라 달리 표출될 수 있다는 것을 인지할 수 있다. 대체로 6~8세 사이에 아동들은 타인에게 드러내 보이는 공적 자아와 개인내적 자아의 불일치를 이해하게 되며, 개인내적 자아가 진짜 자아라는 것을 깨닫게 된다.

우리나라 아동의 자아인지 발달양상을 검토한 연구를 보면 대체로 서구의 연구결과와 일치하지만 우리 아동의 고유한 특징도 찾아볼 수 있다.

6~15세 아동 479명에게 20개의 문장기록검사를 주고 내가 누구인가를 진술하게 한 연구(연진영 · 김선애, 1991)에 의하면, 서구에서와 마찬가지로 우리나라 아동도 연령이 증가함에 따라 자기지식의 영역이 다양화된다. 아동의 자아인지를 신체적 자아, 활동적 자아, 사회적 자아, 심리적 자아로 나누었을 때, 연령이 증가할수록 구체적인 영역에서의 활동적 자아인지는 감소하는 반면에 또래집단과의 관계에 관한 사회적 자아와 생각, 신념 등 추상적이며 내재적인 실재적 자아인지는 증가하는 경향이 있다. 다만 서구의 경우 신체적 자아인지가 연령이 증가함에 따라 감소하는 데 반해 우리나라 아동은 신체적 자아인지가 증가하는 특이한 자아인지발달 경향을 보인다. 서구 아동에 비해 우리나라 아동은 타인과 비교하거나 타인과의 관계 내에서 지각되는 신체적 매력에 관한 관심이 아동기 동안 지속적으로 높아지고 있는 것은 특히 흥미로운 현상이다.

3) 자아평가의 발달

성장함에 따라 아동들은 자신의 신체적 및 심리적 특성들을 인지하는 데에서 한걸음 나아가 **자아평가**(self-evaluation)를 하기 시작한다. 자신이 기대하는 기준에 비추어 자아평가 결과가 긍정적일 때 아동은 적절한 자아존중감(self-esteem 또는 self-worth)과 긍정적인 자아개념(self-concept)을 갖게 되며, 그렇지 못할 때 부정적인 자아개념을 갖게 되고 심하면 무력감에 빠져들게 된다.

(1) 자아존중감의 근원

자아존중감은 아동이 스스로 자신이 지녔다고 생각하는 특성에 대한 느낌 또는 평가를 뜻한다. 자아존중감이 높은 아동은 자신의 모든 특성에 대해 긍정적으로 평가하는 반면에 자아존중감이 낮은 아동은 여러 측면에서 자신을 바람직하지 못하다고 지각하는 경향이 높다.

아동의 자아존중감 발달은 만 2세경부터 나타나는 **자조기술**(self-help skills)의 발달과 더불어 시작된다. 밥먹기, 옷입기, 세수하기, 대소변 가리기 등 일상의 과업들을 성공적으로 수행하면서 아동은 자신의 기본적인 능력에 대해 신뢰감을 갖게 되며, 이러한 신뢰감은 자아존중감의 중요한 기초가 된다.

부모는 아동의 자아존중감 발달에 결정적인 영향력을 갖는다. 일찍이 Coopersmith (1967)는 자아존중감이 높은 아동의 부모는 아동을 수용하고, 애정을 표현하며, 아동의 문제에 관심을 가지는 것을 확인하였다. 또한 아동이 이행해야 할 명확한 행동의 기준을 설정하고 지키며, 설정된 한계 내에서 자녀의 의견을 자유롭게 표현하게 하고, 가족활동과 의사결정과정에 참여하게 하며, 아동이 필요로 할 때 유능하고 조직적인 도움을 주는 경향이 높다는 사실을 발견하였다. 물론 이러한 연구는 부모의 자녀양육 유형이 자아존중감을 높이는 직접적 원인이 된다는 인과적 관계를 밝힌 것은 아니지만, 부모역할이 자녀의 자아존중감 발달에 중요한 요인이 될 수 있음을 보여주는 것이다(Isberg et al., 1989).

자아존중감 발달에 영향을 미치는 또 하나의 중요한 요인이 **사회적 비교**(social comparison)이다. 자신의 능력에 대한 평가는 자아존중감을 형성하는 주요 요인이므로, 5~6세부터 아동은 또래와 비교하여 자신을 평가하기 시작한다. 이 무렵부터 아동들은 능력뿐 아니라 옷차림, 소유물, 가정배경, 또래로부터의 수용도 등 여러 측면에서 다른 아동과 자신을 끊임없이 비교하게 된다. 이러한 사회적 비교의 결과가 긍정적일 때 바람직한 자아존중감이 형성되지만, 지적 능력이 낮거나 사회성이 부족하거나 저소득 계층의 아동들은 낮은 자아존중감을 형성해가기 시작한다.

초등학교 고학년에 해당하는 아동기 후반의 자아존중감 발달은 인지적 및 사회적 능력에 의해 크게 좌우된다. 이 시기에는 학교에서 누가 성적이 높으며, 친구가 많으냐에 따라 자아존중감이 형성된다(Cole, 1991). 따라서 읽기, 쓰기, 수에 관한 지식과 기본적인 사회적 기술을 익히게 하는 것은 아동후기 자아존중감 발달에 중요한 의미를 갖는다.

학업적 자아존중감(academic self-esteem)은 초등학교 시기부터 아동들에게 급격히 발달되기 시작하는 중요한 자아개념의 한 측면이다. 일반적으로 초등학교 2학년경부터 아동들은 학업성적을 비롯한 교과와 관련되는 모든 성취도를 다른 아이들과 비교하고, 그 결과를 자신의 능력을 평가하는 준거로 삼기 시작한다(Smith et al., 1987). 다른 아이들과 비교해서 자신의 성취가 바람직하다고 평가할 때 아동들은 긍정적인 학업적 자아개념을 형성하지만, 반대의 경우에는 자신감을 잃고 부정적인 학업적 자아개념을 갖게 된다. 이 분야의 여러 연구결과에 의하면 자신의 능력과 학업성취에 대해 긍정적인 자아개념을 가진 아이일수록 성공에 대한 성취기대가 높고, 더욱 끈기 있고 꾸준하게 공부하며, 보다 도전적인 과제나 문제를 추구한다(Boggiano et al., 1988; Harter, 1988). 훌륭한 학업적 기술을 가졌으면서도 자신의 능력에 대해 부당하게 낮은 자아개념을 가진 아동들은 학습동기가 낮고 새로운 과제에 대해 흥미와 노력이 부족한 것으로 알려지고 있다(Phillips, 1984, 1987).

(2) 자아존중감의 진단

아동의 자아존중감을 진단하는 데 여러 가지 기법들이 사용되어 왔으나, 근래에 가장 널리 사용되는 도구는 Harter(1982, 1985)의 **자아존중감 척도**이다. Harter(1982)는 최초에 인지적 능력(cognitive competence), 사회적 능력(social competence), 신체적 능력(physical competence) 및 일반적 자기가치감(general self-worth)의 네 영역으로 구성되는 28개 문항의 자기보고식 자아존중감 척도를 개발하여 사용하였다. 이 척도를 사용한 연구결과 아동중기부터 아동들은 이미 네 개의 하위영역 간에 상이한 자아존중감을 형성하고 있음을 알 수 있었다. 예를 들어, 성적은 낮으나 또래집단에서 인기가 있는 아동은 정확하게 사회적 능력영역에서는 자신을 높이 평가하는 반면에 여타 영역에서는 보다 낮게

나와 정말 꼭 같다.	나하고 조금 닮았다.				나하고 조금 닮았다.	나와 정말 꼭 같다.
1	2	어떤 아이는 수업시간에 답을 못 맞힌다.	그러나	다른 아이는 거의 언제나 답을 맞힌다.	3	4
1	2	어떤 아이는 말썽을 피운다.	그러나	다른 아이는 말썽을 피우지 않는다.	3	4

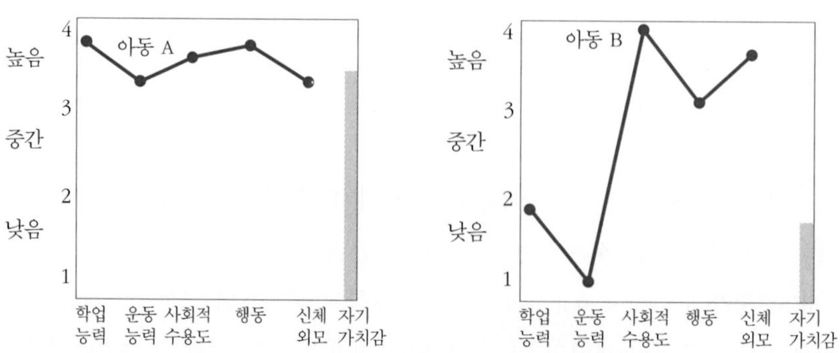

〈그림 9-3〉 아동의 자기지각 프로파일
(Harter, 1989에서 인용)

평가하였다. 또한 아동의 자아평가는 교사나 또래의 아동에 대한 평가와 대체로 일치하였다.

보다 근래에 Harter(1985, 1989)는 **아동용 자기지각 프로파일**(self-perception profile for children)과 **청년용 자기지각 프로파일**(self-perception profile for adolescents)을 구분하여 제작하였다. 아동용 도구는 학업능력, 운동능력, 사회적 수용도, 신체외모 및 행동의 다섯 가지 하위영역과 일반적 자기가치감의 하위척도를 포함한다. 〈그림 9-3〉에 이 척도의 예와 두 아동의 자기지각 프로파일을 제시해두고 있다.

청년용 도구는 아동용 하위척도에 친근한 교우관계(close friendship), 낭만적 호소력(romantic appeal), 직업유능성(job competence)의 세 영역이 첨가되어 구성되어 있다.

Harter(Harter & Pike, 1994)는 또한 4～7세 **유아용 그림 자아존중감 검사**를 개발하였다. 〈그림 9-4〉에서 제시한 것이 그 예이다. 유아에게 왼쪽 그림을 보여주면서 '이 소녀는 그림 맞추기를 잘 한단다. 이 소녀가 너하고 아주 많이 닮았으면 큰 동그라미를, 조금만 닮았으면 작은 동그라미를 짚어봐.' 라고 지시하고 그 반응을 진단한다. 유아는 일반적인 자기가치감을 평가하기 어려우므로 유아용 검사는 아동용 검사에 있는 일반적 자기가치감의 하위척도는 없애고 5개의 하위영역으로만 구성되어 있다.

〈그림 9-4〉 유아용 자아존중감검사
(Harter & Pike, 1984에서 인용)

(3) 자아존중감의 안정성

8세 이전의 아동은 안정된 자아존중감을 갖고 있지 못하다. Harter(1985, 1988)에 의하면 자아존중감이 비교적 안정되게 긍정적 또는 부정적으로 표출되는 시기는 초등학교 3학년이 되는 약 8세 무렵이다. 4～7세 사이의 유아들도 긍정적이거나 부정적인 자아존중감이 나타나지만, 판단의 정확성이 낮고 가변적이며, 객관적인 평가보다는 자신에 대한 기대가 작용하므로 신뢰성이 낮다. 그럼에도 불구하고 유아들은 대체로 자신을 긍정적으로

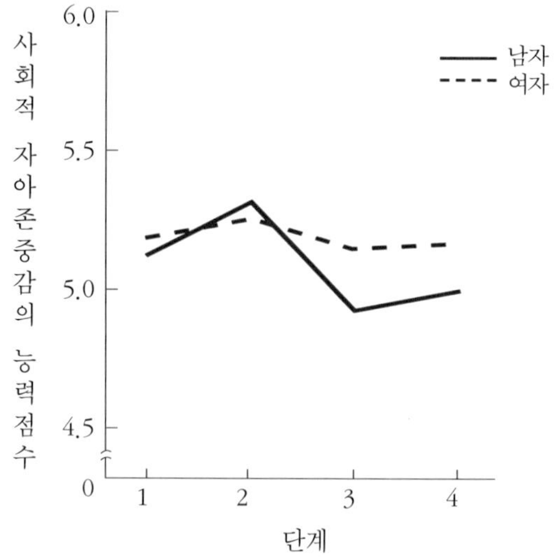

〈그림 9-5〉 아동의 자아존중감 변화양상
(Wigfield et al., 1991에서 인용)

받아들이며 낙천적이다. 특히 부모와 안정된 애착을 형성한 아이일수록 더욱 긍정적인 자아존중감을 갖고 있다(Cassidy, 1988; Harter, 1988).

아동기 중반에 접어들면서 아동들의 자아존중감은 보다 안정되고 현실적으로 변해가지만 대체로 긍정적인 자아존중감은 지속된다(Cairns & Cairns, 1988). 그러나 11~12세경 사춘기에 접어들면서 아동의 자아존중감은 낮아지다가 고등학교 시기에 정상적으로 회복된다(Harter, 1990c; Wigfield et al., 1991). 이러한 경향은 여아보다 남아에게서 더욱 현저하다. 〈그림 9-5〉는 이러한 성차를 보여준다.

사춘기에 일시적으로 자아존중감이 낮아지는 이유는 아동의 자아의식이 급격하게 높아지는 동시에 타인이 자신을 어떻게 보고 있는가에 대해 보다 민감해지기 때문인 것으로 생각된다. 자아의식이 높아지면서 아동들은 자신에 대해 보다 비판적으로 생각하게 되며, 타인의 시선을 의식하고 타인과 비교하게 되면 그만큼 자기평가 또한 엄격해지게 된다.

사춘기 신체 및 성적 변화와 그로 인한 정서적 동요와 정신적 긴장 또한 자아존중감을 낮추는 한 요인으로 지적되고 있다. 이 시기에 부모의 이혼, 경제적 파탄 등과 같은 바람직하지 못한 환경적 요인이 겹쳐지면 자아존중감 형성과정에 심각한 문제가 야기될 수 있다(Harter, 1988, Simmons & Blyth, 1987).

우리나라 아동의 연령에 따른 자아존중감 발달양상에 관한 연구는 극히 적다. 유아기 자아존중감 발달에 관한 연구에서 3~4세까지는 자아존중감이 높아지다가 4세 이후부터는 낮아지는 것으로 밝혀져 있다(김재봉, 1986). 그러나 이 시기 자아존중감의 불안정성에 비추어볼 때 4세 이후의 감소에 의미를 부여하는 데에는 더 많은 자료가 필요하다. 초등학교 아동의 자아존중감은 3학년에서 감소되기 시작하여 6학년 때 큰 폭으로 낮아진다(김희화, 1993). 따라서 우리나라 아동이 서구 아동보다 자아존중감이 빨리 낮아지기 시작하는 것으로 보인다.

(4) 학습된 무력감

부정적인 학업적 자아개념의 극단적인 형태이면서 주변에서 흔히 발견되는 특성이 **학습된 무력감**(learned helplessness)이다. 학습된 무력감은 반복적인 학업실패가 누적된 결과 자신이 철저하게 무능하다고 믿게 되는 부정적 자아인지이다. 일반적으로 학습된 무력감은 아동 중기나 후기에 나타나기 시작한다(Dweck & Reppucci, 1973; Fincham & Cain, 1986).

학습된 무력감에 빠져든 아동은 자신이 무능하다고 믿게 되기 때문에 어떤 과업이 주어지면 실패할 것이라는 부정적인 기대를 갖게 된다. 따라서 스스로 노력하기를 포기하게 되고, 이것이 다시 무력감을 강화시키는 악순환을 보인다. 〈그림 9-6〉은 또한 특정 교과나 한 영역에서 생긴 무력감은 일상의 모든 면에 일반화되어, 아동의 성격 특성으로 굳어질 위험이 있음을 보여주고 있다.

학습된 무력감은 쉽게 치유되는 특성은 아니지만, 치유가 불가능한 특성도 아니다. 학습된 무력감을 가진 아동에게 자신의 실패가 결코 능력의 부족에 기인하는 것이 아님을 확신시켜주고, 작은 노력에 의해 성취를 맛볼 수 있도록 과제의 난이도를 낮추어 제시해

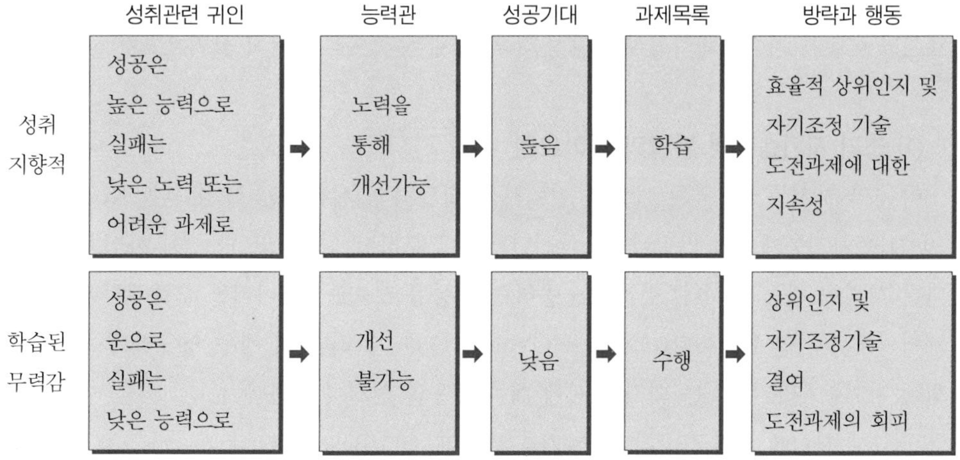

〈그림 9-6〉 성취지향 귀인양식과 학습된 무력감
(Berk, 1994에서 인용)

주면 치유효과가 있다(Dweck & Leggett, 1988; Licht & Dweck, 1987).

4) 자기통제력의 발달

자기통제력(self-control)은 보다 크고 장기적인 목표달성을 위해 순간의 충동적인 욕구나 행동을 자제하며 즐거움과 만족을 지연시키는 능력을 뜻한다(Shaffer, 1993).

오늘날과 같은 성취지향적인 사회에서 아동이 미래의 성취를 위해 즉각적인 욕구나 충동을 자제하는 일은 자신의 잠재력을 충분히 발휘하는 한 사람의 성인으로 성장하는 과정에 있어서 중요한 의미를 지닌다. 또한 자기통제력은 지적 성취뿐 아니라 공격성, 정서, 도덕성 등을 비롯한 여러 정의적 특성의 발달에도 영향을 미칠 수 있다. 도덕성발달의 장에서 언급하겠지만, 도덕적 판단과 도덕적 행위가 일치하지 않는 원인 중의 하나도 무엇이 도덕적으로 옳고 그른가를 판단할 수 있는 능력을 지녔으면서도 이를 행동으로 옮기는 자기통제력이 부족한 데에서 기인하는 것으로 생각된다.

자기통제력이 갖는 이러한 중요성에도 불구하고 발달심리학자들이 아동의 자기통제력 발달에 대해 체계적인 관심을 갖게 된 것은 비교적 최근의 일에 불과하며, 그나마 자기통제력의 발달이 시작되는 유아기에 관한 연구가 대부분이다. 초등학교 입학 이후 아동기와 청년기 자기통제력의 중요성에 비추어볼 때, 이 시기 자기통제력 발달에 관해서는 앞으로 많은 연구들이 이루어져야 할 필요가 있다.

아동기 자기통제력이 어떠한 요인 또는 능력으로 구성되는가를 정확하게 말하기는 어렵다. 그러나 이 분야의 연구경향들을 종합해보면 대체로 자기통제력은 **유혹에 저항하는 능력**, **만족을 지연하는 능력**, **충동을 억제하는 능력**으로 구성되는 것으로 보인다. 한정된 자료지만 아동기 자기통제력의 발달양상을 위의 세 능력으로 나누어 살펴보고자 한다.

(1) 초기 자기통제력 발달과 관여요인

아동의 자기통제능력은 비교적 일찍부터 발달하기 시작하는 특성이다. Kopp(1982, 1987)는 자기통제력의 발달과정을 세 단계로 구분하고 있다. 만 1~2세 사이에 영아는 다른 사람이 하는 지시나 요구에 순종하는 행동을 보이는데, 이러한 순종행동은 자기통제력의 일차적인 표현이다(Howes & Olenick, 1986). 그러나 이 경우 영아의 통제는 내면화된 자기통제라기보다는 외적 통제에 대한 반응의 성격이 강하다.

2~3세 사이에 본격적인 자기통제가 나타나게 된다(Bullock & Lutkenhaus, 1990). 이 시기의 유아는 부모의 지시나 금지가 없는 경우에도 스스로 자신의 행동을 통제한다. 평소에 만지지 못하게 하는 물건에 손이 가다가도 '안 돼.' 라고 혼잣말을 하면서 손을 움츠리

는 모습은 흔히 목격할 수 있는 자기통제 행동이다.

유아의 자기통제능력의 발달에 있어서 언어는 중요한 역할을 한다. 앞의 언어발달의 장에서 Vygotsky의 혼잣말에 대한 설명에서 보았듯이, 유아들은 성인의 지시, 금지 또는 규율을 내면화하는 과정에서 성인의 언어를 자신에게 혼잣말로 말함으로써 자기통제력을 기르는 수단으로 삼게 된다. 이처럼 유아는 타인이 자신에게 가하는 언어적인 지시나 통제를 내면화하여 자기통제의 수단으로 삼음으로써 **외적 통제**(external control)로부터 **내적 통제**(internal control)의 단계로 이행하게 된다(Freund, 1990; Saxe et al., 1987).

자기통제력 발달에 있어서 언어의 역할은 Luria(1961, 1982)의 흥미로운 실험을 통해서도 관찰할 수 있다. 이 실험에서 Luria는 18개월에서 6세 사이의 유아를 대상으로 아동이 자기통제력 발달에 부모나 다른 어른들의 언어적 지시가 어떻게 영향을 미치는가를 검토하였다. Luria는 유아를 단추를 누르는 장치 앞에 앉혀두고 '눌러라.' 라는 어른의 소리가 들리면 단추를 누르고, '누르지 마라.' 라는 소리가 들리면 누르지 말도록 지시하였다. 유아에게 들려주는 '눌러라.' 나 '누르지 마라.' 는 지시의 음색은 각각 조용한 음성과 크고 강한 명령적 음성으로 구분하여 들려주었다.

이 실험에서 3세 이전의 유아들은 성인이 하는 지시의 언어적 내용을 구분하여 반응하는 능력이 없었다. 이들은 어른의 소리가 들리기만 하면 무조건 단추를 누르는 반응을 보였다. 3~5세 사이의 유아는 조용한 음성으로 말할 때는 어른이 지시하는 언어내용을 이해하고 구분하여 반응하나, 음성이 크고 강하면 지시내용을 구분하지 못하고 충동적으로 단추를 누르는 경향을 보였다. 만 5세 이후에야 비로소 유아들은 음성의 강도에 관계없이 지시 내용을 구분하기 시작한다.

Luria의 실험은 자기통제력이 **충동적인 단계**(impulsive stage)로부터 **의미론적 단계**(semantic stage)로 발달해가는 과정을 보여주는 것이다. 아울러 이 실험은 유아의 자기통제력 발달에 있어서 성인들의 과격하고 명령적인 통제방식이 5~6세 이전의 유아에게 공포감과 충동적인 반응을 유발하는 이외에 긍정적인 효과는 없다는 사실도 보여준다. 이러한 사실은 전제적인 가정에서 일찍부터 고함이나 명령으로 아이들을 통제하는 것은 외적 통제력은 있을지 모르나 자기통제력을 길러가는 데에는 도움이 되지 못한다는 교육적 함의를 갖는다.

(2) 자기통제력 하위능력의 발달

유혹에 저항하는 능력의 발달

유혹에 저항하는 능력이란 아동이 바람직한 과업을 위해 일시적인 즐거움을 가져다주는 대상의 유혹을 뿌리칠 수 있는 능력을 뜻한다. 숙제를 하고 있는 아동에게 친구가 함께 놀자고 전화를 했을 때 이러한 유혹을 스스로 통제하는 것은 쉽지 않은 일이다. TV, 전자오락 등 아동의 일상에 여러 형태의 유혹들이 산재해 있는 것을 생각할 때, 유혹에 적절히 저항하는 능력을 갖는 것은 아동기의 중요한 발달과제이다. 아동의 유혹저항능력은 일반적으로 3～4세경에 시작하여 유아기 동안에 발달하는 것으로 알려지고 있다(서봉연 · 송명자 역, 1990; Golden et al., 1977).

유혹에 저항하는 능력을 진단하는 데에는 흔히 **장난감 금지기법**(forbidden toy technique)이 사용된다. 연구자는 유아들에게 크레용으로 그림을 색칠하는 과제를 시키면서 아이들이 몹시 갖고 싶어하는 장난감이 든 바구니를 옆에 놓아둔다. 유아에게 '절대 만지지 말라.'는 엄중한 지시를 한 후 유아와 장난감을 방에 두고 나간 뒤, 방에 설치되어 있는 일방거울을 통해 유아의 행동을 관찰한다. 어떤 경우에는 어릿광대가 다가와 함께 장난감을 가지고 놀자고 적극적으로 유혹하는 상황을 만들기도 한다. 이러한 실험상황에서 3세경부터의 유아들에게서 장난감을 갖고 놀고 싶은 유혹을 억제하는 능력이 보이기 시작한다.

5～6세경에 이르러 유아들은 나름대로 방략을 사용하여 장난감의 유혹에 저항하는 것을 볼 수 있다. 이 시기 유아는 대체로 두 가지 방략을 사용한다(Cole & Cole, 1989; Mischel, 1981; Shaffer, 1993). 첫째는 **자기이탈방략**(self-distraction strategy)이다. 자기이탈방략은 유아가 장난감을 보거나 생각하는 것이 장난감을 갖고 놀고 싶은 욕구를 억제하는 것을 어렵게 한다는 것을 알고 장난감으로부터 자신을 분리시키려는 방략을 뜻한다. 유아들은 장난감에 등을 돌리는 위치로 자리를 바꾸어 앉아 그림을 그리거나, 장난감 바구니를 종이로 덮거나, 심지어는 어릿광대의 소리를 듣지 않으려고 손으로 귀를 가리는 행동을 보이는데, 이러한 행동들은 유아가 자기이탈방략을 사용하고 있음을 보여주는 것이다.

둘째는 **언어적 자기교시방략**(verbal self-instruction strategy)으로서, 스스로에게 소리 내어 타이르는 방법이다. 이 경우 아동들이 사용하는 언어적 자기교시는 '나는 색칠해야 돼.' '나는 그림 그려야 해.' 등과 같은 **과제지향적 방략**과 '나는 놀지 말아야지.' '나는 장난감을 만지면 안 돼.'와 같은 **유혹억제방략**을 포함한다. 아동기에 자기교시방략을 적절하게 사용하는 아이들은 그렇지 못한 아이들에 비해 자기통제력이 높다. 일반적으로 과제지향적 방략보다는 유혹억제방략이 보다 효과적인 것으로 알려져 있다(Hartig & Kanfer, 1973).

유혹에 저항하는 능력의 발달에 있어서 **성인모델**의 역할이 중요하다. 유아가 장난감의 유혹에 빠지지 않으려고 노력하는 과정 중에 만일 다른 유아나 성인이 방에 들어와서 장난감을 갖고 놀기 시작하면 유혹에 저항하는 유아의 자기통제노력은 일시에 무너지고 말게 된다(Grusec et al., 1979). 또한 성인이 단순히 장난감을 만지지 말라고 지시하는 것보다 그 이유를 설명해주는 경우에 유혹에 저항하는 능력이 높게 나타났다(Parke, 1977). 유혹에 저항하는 능력뿐 아니라 자기통제력의 전반적인 발달에 있어서도 성인모델의 역할은 중요한 의미를 갖는 것으로 보인다.

5~11세 사이의 우리나라 아동을 대상으로 커닝 유혹에 저항하는 능력을 진단한 연구가 있다(윤재동, 1984). 이 연구결과에서 몇 가지 우려되는 현상이 보고되고 있는데, 아동이 커닝의 유혹에 저항하여 정직한 행위를 하는 경향은 연령이 증가함에 따라 감소하며, 상류계층에 속하고 학업성적이 우수할수록 부정직한 경향이 높은 것으로 밝혀졌다. 부모가 자녀에게 애정을 주고 자율성을 존중할수록 스스로 유혹에 저항하는 능력이 높다(마송희, 1979).

만족을 지연하는 능력의 발달

만족을 지연하는 능력은 보다 큰 만족과 보상을 얻기 위해 순간의 즐거움을 가져다주는 욕구를 억제하거나 자신이 이행하기를 원하는 행동을 통제하고 지연시키는 능력을 뜻한다.

일상사태에서 아동의 만족지연행동은 즉각적인 욕구충족을 택할 것인지 또는 이를 지연시켜 보다 큰 만족을 얻을 것인지를 결정하는 **지연선택**(delay choice)에서부터 시작된다. 일단 아동이 지연만족을 선택하면 다음 단계는 보다 큰 만족이 올 때까지 참고 견디는 인내가 중요한 역할을 하게 된다.

영아의 만족지연능력은 비교적 일찍부터 나타난다. Vaughn 등(1984)은 18개월에서 30개월 사이의 영아에게 흥미로운 장난감을 주면서 동시에 만지지 못하게 했을 때 18개월에는 20초를 기다리던 영아가 24개월에는 70초, 30개월에는 100초로 지연시간이 길어지는 것을 발견하였다. 일반적으로 유아가 만족을 지연할 수 있는 시간은 만 2~3세 사이에 상당한 발달이 일어난다. 예를 들어, Golden 등(1977)은 상자 속에 과자를 넣어두고 유아에게 호루라기를 불 때까지 기다렸다가 호루라기를 불거든 과자를 꺼내 먹으라고 지시하고, 지시한 순간으로부터 호루라기를 부는 순간까지의 시간간격을 5초에서 50초까지 다양하게 설정하여 유아의 만족지연능력을 진단하였다. 유아가 24개월 되었을 때 1차 진단한 후, 6개월 뒤인 30개월에 종단적으로 재진단한 결과, 6개월 사이에 50초를 완전히 기다리는 유아의 수가 두 배로 증가하는 발달을 보였다.

보다 덜 바람직하지만 즉각적으로 받을 수 있는 보상보다는 기다려야 하지만 더 바람직한 보상을 선택하는 **지연선택능력**은 아동중기에 이르기까지 연령과 더불어 서서히 발달한다. 아동의 지연선택능력은 과제가 제시되는 조건에 따라 상당히 달라진다. Mischel 등(Mischel, 1974, 1981; Mischel & Mischel, 1983)은 일반적으로 만족을 지연시키는 능력의 발달은 다음의 세 요인의 영향을 받는다고 주장한다.

· 첫째 요인은 즉각적인 만족을 지연시킨 후에 올보다 큰 만족에 대한 **신뢰**(trust)이다. 만일 아동에게 약속한 만족이 주어지지 않을 때 아동의 지연만족에 대한 신뢰는 사라질 것이며, 만족지연 경향은 감소될 것이다.

둘째 요인은 만족의 **상대적 가치**(relative value)이다. 아동의 관점에서 즉각만족과 지연만족의 크기를 비교해서 기다릴 만한 가치가 있다고 판단할 때 지연만족을 택하게 될 것이다. 따라서 지연만족의 보상은 크고 명백할수록 아동의 만족지연능력을 기르는 데 도움이 된다. 만족지연을 돕는 셋째 요인은 **지연기간**(delay period)이다. 지연기간은 아동에게 적절하게 짧아야 하며, 지연기간이 길면 길수록 만족지연능력은 감소한다. 어린 아동에게 어른이 된 뒤에 훌륭한 사람이 되기 위해서 지금 놀지 말고 공부하라는 식의 당부는 아동에게 지나치게 긴 지연기간을 요구하므로 만족지연능력을 기르는 데 의미 없는 것일 수 있다.

아동의 만족을 지연시키는 능력은 크게 변화하지 않고 지속적인 것으로 알려져 있다. 최근의 연구에서 유아기에 만족지연실험에 참가한 유아들을 10년 후에 추적하여 스트레스에 대처하는 능력, 학업성공도, 사회적 유능성, 자기신뢰도 등을 재진단하였다. 이 연구에서 만족지연능력이 높았던 유아는 청년초기에 보다 높은 학업 및 사회적 적응능력을 보였다. 이러한 결과는 유아기의 만족지연능력이 하나의 성향적 특성으로서 유아의 성공적인 적응과 행복에 대단히 장기적이며 지속적인 영향을 미치고 있음을 반영하는 것이다 (Mischel et al., 1988; Shoda et al., 1990).

아동의 만족지연능력에 대해서는 우리나라에서도 비교적 많은 연구들이 이루어지고 있다. 그러나 유아와 초등학교 아동을 대상으로 하여 Mischel의 보상조건에 따른 만족지연능력을 검토하는 연구결과들이 대부분이며, 연령기에 따른 발달양상을 검토한 연구는 적다. 지연만족의 유형, 크기, 지연시간 등의 조건에 따른 만족지연능력은 서구의 연구결과와 대체로 유사하다. 4~5세 유아의 만족지연능력을 비교한 연구에서는 5세가 4세보다 지연시간이 긴 것으로 나타나 발달적 변화를 보여주고 있다(이희신, 1986). 유혹저항능력과 마찬가지로 만족지연능력 또한 자율적이고 합리적인 부모의 양육태도와 상관이 높다(이수연, 1985). 특히 아동에게 긍정적인 정서를 유도함으로써 만족지연행동이 높아진다는 연구결과는 흥미롭다(김민순, 1988; 정진경, 1986).

충동을 억제하는 능력의 발달

충동을 억제하는 능력은 성급한 감정, 정서, 행동, 판단, 선택 등을 자제하고 통제하는 능력을 뜻한다. 충동억제능력은 다른 자기통제능력과 마찬가지로 유아기부터 발달하기 시작하며 아동기 동안에 크게 획득된다. 그러나 흔히 경험하듯이 성인들에 있어서도 충동억제능력이 완벽하게 발달했다고 말하기는 어렵다.

Maccoby(1980)는 아동기에 발달하는 충동억제능력을 네 가지 형태로 설명하고 있다. 먼저 하던 행동을 중단하거나 행동을 금지하라는 지시에 따르는 **행동억제**(inhibition of movement)능력의 발달이다. 몇몇 연구결과에 의하면 유아는 새로운 행동은 비교적 쉽게 시작하지만, 진행 중인 행동을 중단하는 것은 어려워한다(Luria, 1981). 이러한 유아기 특성은 '사이몬 가라사대'라는 놀이에서 잘 관찰할 수 있다. 유아들은 '사이몬 가라사대 코를 잡아라.' 하는 지시에 따르는 것보다 '코를 잡지 말아라.'는 지시에 따르는 것에 더 많은 오류를 나타낸다. 행동시작능력에 비해 행동억제능력이 부족한 경향은 초등학교 1학년 시기까지 지속된다(Strommen, 1973).

격렬한 분노를 참는 등 감정과 정서의 강도를 통제하는 **정서억제**(inhibition of emotions)능력은 아동에서 성인에 이르기까지 전 생애에 걸쳐 발달하는, 대단히 중요한 자기통제능력의 하나이다. 일반적으로 4세경부터 유아들은 자신의 정서를 통제하는 능력을 보인다. 낯선 사람 앞에서는 울음을 참는 행동은 이 시기에 흔히 목격할 수 있는 충동억제능력의 표출양상이다. 유아기부터 정서억제능력을 꾸준히 발달시켜가는 것은 사춘기에 열정, 분노, 공격성 등 과격한 정서의 부적합한 표출로 인한 문제행동을 예방하는 주요 요인이 될 것이다.

충동적인 판단을 삼가고 신중하게 숙고하는 **결론억제**(inhibition of conclusion)능력은 아동기 과업수행과 밀접하게 관련되는 능력이다. 대체로 만 6세까지는 유아들에게서 높은 결론억제능력을 기대하기 어려우며, 6세 이전의 유아는 어려운 문제에도 재빨리 답하여 실패하는 경향이 크다. 예를 들어, Messer(1976)는 〈그림 9-7〉에서 보는 것과 같은 도형찾기검사(Matching Familiar Figures Test: MFFT)를 실시하여 연령에 따라 반응시간과 수행의 정확성이 어떻게 변화해가는가를 분석하였다. 유아들은 반응속도가 빠른 대신 수행의 정확도가 낮은 반면에, 아동기에 접어들어 연령이 증가함에 따라 〈그림 9-8〉에서 보는 것과 같이 아동들은 반응시간이 길어지며 더욱 숙고적으로 변화하는 것을 확인하였다(Cole & Cole, 1989). 이러한 결과는 결론억제능력은 인지적인 사고와 판단을 요구하므로 다른 충동억제능력에 비해 늦게 아동기 동안에 발달한다는 사실을 보여준다.

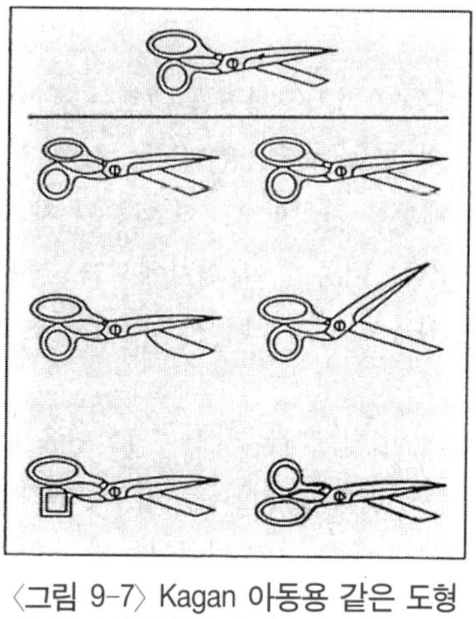

〈그림 9-7〉 Kagan 아동용 같은 도형 찾기 검사(MFFT)의 예
(Messer, 1976에서 인용)

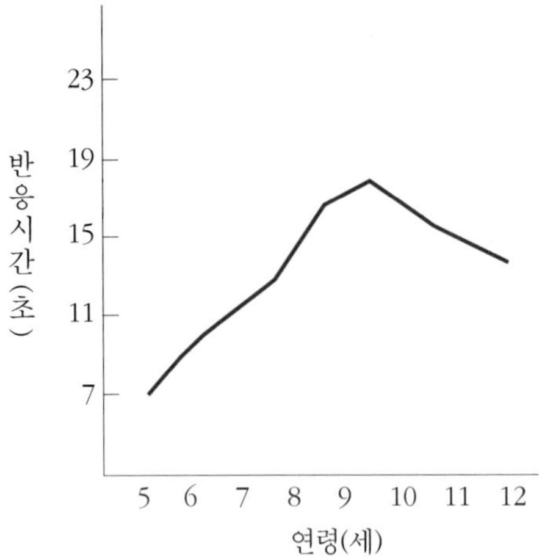

〈그림 9-8〉 **숙고형의 발달경향**
(Salkind & Nelson, 1980에서 인용)

마지막으로 단기간 내에 만족할 수 있지만 보상의 크기가 작은 단기보상을 포기하고, 시간을 기다려야 하지만 보다 큰 만족을 가져다줄 장기보상을 선택하는 **선택억제** 능력은 앞에서 이미 설명한 만족지연능력과 밀접한 관계가 있다. 만족지연능력이 높을수록 선택억제능력 또한 클 것임은 자명해 보인다. 초보적인 만족지연능력이 매우 일찍부터 발달하는 특성임에 비해 선택억제능력은 보다 늦게 발달한다. 예를 들어, 당장에 작은 초콜릿을 먹는 것과 내일 큰 초콜릿을 먹는 것 중 하나를 택하도록 하면, 유아들은 압도적으로 당장 먹을 작은 초콜릿을 택하는 경향이 높다. 12세경부터 비로소 대다수의 아동들은 보다 큰 장기적인 보상을 선택할 수 있게 된다.

(3) 자기통제력의 훈련

아동의 자기통제력의 발달은 일찍부터 부모나 아이를 돌보는 사람의 양육방식과 밀접하게 관련된다. 부모가 아동의 충동적 반응에 대해 신중하고 일관성 있게 처벌하며, 유혹에 저항하는 행동을 강화하거나 도와주는 규율 있는 양육을 할 때 아동의 자기통제력은 강화된다(Hetherington & Parke, 1993; Kuczynski, 1983). 또한 아동의 나이가 증가함에 따라 부모가 처벌이나 꾸중 등 강압적인 통제방식을 설명이나 타협 등 언어적인 통제방식으로 바꾸어감으로써 아동이 여러 가지 자기통제방략을 개발하고 사용하는 것을 도와줄 수 있다(Kuczynsky et al., 1987). 부모의 자녀양육방식뿐 아니라 모델로서 부모 자신의 자기통제행동 또한 아동의 자기통제력을 기르는 주요 수단이 된다.

의도적으로 아동의 자기통제력을 기르는 훈련연구들이 이루어져 왔다. 일찍이 Bandura와 Mischel(1965)은 9～10세 아동을 대상으로 자제력이 강한 또래집단의 행동을 관찰함으로써 아동의 자기통제력이 높아질 수 있다는 사실을 입증해냈다. 더욱이 이 실험에서는 즉각적 만족을 얻으려는 욕구가 높은 충동적인 아동이 처음부터 자제력이 있는 아동에 비해 높은 관찰학습 효과가 있었다.

Staub(1972)의 실험에서는 중학교 1학년을 대상으로 어른들이 만족을 지연시키도록 하는 **언어적 설득**효과를 검토하였다. 이 실험결과에서 지연기간이 짧을수록, 지연만족을 주는 연구자들에 대한 신뢰가 높을수록 그리고 아동이 보다 성숙하고 지적 수준이 높을수록 언어적 설득에 의해 자기통제력이 보다 크게 증가되었다. 더욱이 명령적인 설득은 효과가 없다는 사실도 밝혀냈다.

유아를 대상으로 한 일련의 자기통제력 훈련연구들도 흥미있는 결과를 보여주고 있다. Kanfer 등(1981)은 3세 6개월에서 6세 사이의 유아를 대상으로 토큰강화를 주는 방법을 사용하여 지연만족훈련을 시킨 결과, 훈련을 받은 실험집단 유아의 55%가 친구를 위하여 15분 동안 만족을 지연하고 일을 하겠다고 지원한 반면에 훈련을 받지 않은 통제집단은 한 명의 지원자도 없었다.

Patterson 등(Mischel & Patterson, 1978; Patterson, 1982)은 유아들을 대상으로 **자기암시**(self-instruction)방법을 사용하여 자기통제력 훈련을 시키고 그 효과를 검토하였다. 이들은 공책에 영어철자를 베껴 쓰는 지루한 일을 하면 보상을 주겠다고 약속하고 작업을 시킨 후, 작업을 하는 동안 어릿광대가 재미있는 장난감을 가지고 나타나 그만하고 함께 놀자고 유혹하도록 하였다. 이 실험에서 실험집단의 유아에게는 사전에 어릿광대의 유혹에 저항하는 두 가지 자기암시방략을 가르쳤다. 하나는 '어릿광대를 쳐다보지 말아야지.' 라고 자신에게 말하는 **유혹저항방략**(resisting temptation plan)이었으며, 다른 하나는 '베껴 쓰는 일만 해야 돼.' 라는 **과업집중방략**(task-formulating plan)이었다. 이 실험결과에서 사전에 자기암시훈련을 받은 유아는 받지 않은 유아에 비해 훨씬 오랫동안 작업을 해내 자기통제력이 증가되었음을 보여주었다. 이 경우 유혹저항방략이 과업집중방략보다 높은 효과가 있었다. 더욱이 유아기처럼 낮은 연령집단에게는 자기암시내용이 구체적일수록 훈련효과가 컸다.

이상에서 제시한 일련의 훈련효과들은 부모나 교사가 아동의 자기통제력을 기르는 방안들을 계획하는 데 여러 가지 시사점을 줄 수 있을 것으로 보인다. 최근에는 부모와 교사가 아동의 자기통제력 정도를 보고하는 **자기통제척도**(Self-Control Rating Scale)와 아동이 스스로 자신의 자기통제력을 보고하는 **아동 자기통제척도**(Child Self-Control Rating Scale)가 개발되어 훈련효과를 검증하는 준거로 사용되고 있다.

2 도덕성발달

선악을 구별하고, 옳고 그름을 바르게 판단하며, 인간관계의 규범을 준수하는 것은 아동의 성장과 발달과정에 있어서 다른 어떤 특성보다 중요한 과업이다. 많은 발달심리학자들이 아동의 도덕성발달에 관심을 갖는 것은 이러한 이유에서이다. 아동기 도덕성발달과정을 설명해주는 도덕성발달이론을 살펴본 후, 도덕성발달의 중심이론이 되고 있는 Piaget와 Kohlberg의 도덕성발달단계이론에 따라 아동기 도덕성발달과정을 설명하고자 한다. 아울러 최근에 지적되고 있는 Kohlberg 이론의 한계를 검토하고, 대안적 접근의 하나로서 Turiel의 영역구분모형을 살펴보고자 한다.

1) 사회화이론

모든 사회는 그 사회의 성원들이 지켜주기를 기대하는 가치와 행위의 규범체계를 가지고 있다. 아이들은 성장하면서 이들 가치와 행위의 규범체계를 부모나 어른들의 가르침과 통제에 의해 자신의 것으로 내면화하게 된다. **사회화이론**(socialization theory)은 이처럼 외적인 사회적 규범을 내적인 신념으로 내면화하는 과정을 통해 도덕성이 획득된다고 주장하는 이론이다. Freud의 정신분석이론과 사회학습이론은 대표적인 사회화이론이다.

Freud는 도덕성발달을 **초자아**의 형성과정으로 설명한다. 초자아는 아동이 스스로 도달하고자 지향하는 가치체계인 **자아이상**과 옳고 그름을 판단하는 **양심**으로 구성된다. Freud에 의하면 자아이상은 부모와 어른들의 행위를 닮도록 행동하는 동일시에 의해 획득된다. 반면에 옳은 행동은 보상하며, 잘못된 행동은 처벌함으로써 수치와 죄의식을 느끼도록 하는 부모들의 통제에 의해 양심이 형성된다. Freud는 이러한 초자아의 형성이 주로 3~6세 사이에 이루어지는 것으로 보고 있다(서봉연 역, 1985; Shaffer, 1993).

사회학습이론가들은 도덕성도 다른 행동과 마찬가지로 모방과 강화에 의해 학습되는 행동으로 생각한다. 아이들은 일찍부터 부모나 교사 등 주변의 어른들을 모델로 하여 이들의 도덕적 행동을 보고 배우는 **모델학습**을 통해 도덕성을 획득한다. 이 과정에는 스스로 도덕적으로 옳은 행동을 했을 때는 보상을 받으며 도덕적으로 부적절한 행동을 했을 때는 처벌을 받음으로써 억압되는 **강화**의 원리가 크게 작용한다. 또한 타인이 같은 방식으로 강화받는 것을 보고 배우는 대리강화(vicarious reinforcement)도 중요한 도덕성의 학습기제가 된다(Bandura, 1977b).

도덕성발달을 설명하는 사회화이론은 아동이 실제로 도덕적 가치나 행동들을 획득해가는 기제를 잘 설명해주는 이론이다. 그러나 이 이론은 근본적으로 도덕성이 외적인 통제에 의해 학습된다고 주장함으로써 아동 스스로 도덕적으로 사고하고, 판단하며, 행동하고자 하는 인간 고유의 주관적이며 내재적인 성향을 인정하지 않는 데 문제가 있다. 예를 들어, 아이들이 학교에 지각하는 것이 나쁘다고 판단하는 것은 그렇게 행동하도록 길들인 결과로 믿으며, 보다 근원적으로 왜 지각하는 것이 나쁜가에 대한 내적인 인식과 통찰을 할 수 있는 아동의 능력을 인정하지 않는다. 따라서 사회화이론은 외적인 통제가 없어지면 도덕적 가치체계나 행위도 함께 무너질 위험을 안고 있다.

2) 인지발달이론

현재까지로는 인지발달이론은 도덕성발달을 설명하는 대표적인 이론이다. **도덕성의 인지발달이론**(cognitive developmental theory of morality)은 Piaget(1932)에 의해 최초로 제시되었으며, Piaget의 이론을 토대로 발전된 Kohlberg(1958)의 도덕성발달이론은 우리나라를 비롯하여 세계 여러 나라 도덕교육의 기초가 되고 있는 중요한 이론이다.

도덕성의 인지발달이론은 도덕성발달을 전반적인 인지발달의 한 양상으로 설명한다. 이 이론에 있어서 도덕성은 도덕적 특성이 관여되는 사태에서 옳고 그름을 판단할 수 있는 인지적 능력이다. 따라서 아동이 이러한 인지적 판단능력을 가지고 있을 때 비로소 도덕적 행동이 가능하다고 믿는다.

인지발달이론가들은 도덕성발달을 인지발달의 한 양상으로 생각하기 때문에, 아동이 자라면서 인지적 능력이 질적으로 변화함에 따라 도덕성 또한 일련의 질적인 단계를 거쳐서 발달하게 된다고 믿는다. 도덕성발달단계의 특징을 자세히 살펴보기로 한다.

(1) Piaget의 도덕성발달이론

Piaget는 그의 도덕성발달에 관한 유명한 저서 『아동의 도덕적 판단(*The Moral Judgement of the Child*)』에서 아동의 도덕발달은 네 개의 단계를 거쳐서 이루어진다고 제시하고 있다. 그는 스위스 아이들이 흔히 모여서 하는(우리나라 어린이들도 옛날에는 많이 했지만 지금은 거의 사라져버린) 공깃돌 놀이를 관찰하여 아동들이 도덕적 규칙을 인식하고 수행하는 양상을 찾아내고자 하였다. 이러한 관찰결과와 함께 Piaget는 다음에 제시하는 것과 같은 도덕갈등사태에 대한 이야기를 들려주고 어느 쪽의 아이가 더 나쁘며 왜 그러한가를 묻는 임상적 면접을 통해 네 개의 **도덕성발달단계**를 식별해냈다.

이야기 A: 존이라는 아이가 방에 있다. 어머니께서 저녁을 먹으라고 부르신다. 존은 식당으로 간다. 그런데 문 뒤에 의자가 있고, 의자 위에 접시가 15개 놓여 있었다. 존은 문 뒤에 이런 것들이 놓여 있는 것을 알 수가 없었다. 존이 문을 열고 들어가는데, 문이 '쾅' 하고 접시에 부딪히면서 접시 15개가 모두 깨어져버렸다.

이야기 B: 옛날에 헨리라는 아이가 있었다. 어느 날 어머니가 외출하고 없는 사이에 헨리는 찬장에 있는 잼을 꺼내려고 하였다. 헨리는 의자를 놓고 올라가 손을 뻗어 보았지만,

잼이 너무 높은 칸에 놓여 있어서 꺼낼 수가 없었다. 헨리는 잼을 꺼내려고 애를 쓰다가 컵을 넘어뜨렸다. 컵은 바닥에 떨어져서 깨지고 말았다(Piaget, 1965에서 인용).

도덕성발달의 첫 단계에 속하는 2~4세 사이의 유아는 규칙이나 질서에 대한 도덕적 인식이 거의 없다. 이 시기 유아들은 아무런 규칙 없이 가상적 놀이나 게임에 몰두하는 것을 볼 수 있다. 마찬가지로 도덕갈등사태에 대해서도 일관성 있는 도덕적 인식을 끌어내기가 불가능하다.

두 번째 단계인 5~7세경 유아들은 놀이를 비롯한 일상활동 속에는 자신이 따라야 할 규칙, 질서 또는 사회적 정의가 있다는 것을 깨닫고 이를 존중하고 준수하기 시작한다. 이 단계의 유아는 규칙은 하느님이나 부모와 같은 절대자가 만들어 놓은 것이고, 따라서 누구든 반드시 지켜야 하며, 결코 변할 수 없는 것으로 믿고 있다. Piaget는 이와 같은 2단계 유아의 절대주의적인 도덕적 사고를 **도덕적 실재론**(moral realism)이라 부른다.

제2단계 유아의 도덕적 사고는 몇 가지 흥미 있는 특징이 있다. 첫째, 이 단계 유아는 **타율적 도덕성**(heteronomous morality)에 지배된다. 위의 도덕갈등사태에서 누가 더 나쁜가를 물으면 대부분의 5~7세 유아는 그릇을 깨게 된 동기와는 관계없이 15개의 접시를 깬 존이 컵 1개를 깬 헨리보다 나쁘다고 생각한다. 이와 같이 타율적 도덕성 단계의 유아는 행위의 결과가 얼마나 나쁜가 또는 결과적으로 다른 사람으로부터 비난을 받을 것인가의 여부에 의해 도덕적 선악이 결정되는 것으로 판단한다. 둘째, 2단계 유아의 도덕성은 **내재적 정의**(immanent justice)에 지배된다. 이 단계의 유아들은 규칙의 절대성을 너무나 강하게 믿기 때문에 규칙을 어기면 반드시 벌이 따라온다고 믿는다. 예를 들어, 아무도 보는 사람이 없는 곳에서 몰래 과자를 훔쳐 먹은 아동이 다음날 길을 가다가 넘어져서 다치면 과자를 훔쳐 먹었기 때문에 받은 벌로 생각한다.

8~11세경 아동은 세 번째 단계인 **도덕적 상대론**(moral relativism)의 단계에 접어들게 된다. 이 단계의 아동은 사회적 규칙은 임의적인 약속이며, 사람들의 동의에 의해 변화될 수 있다는 것을 알 수 있다. 어머니를 간호하기 위해 학교를 결석할 수 있듯이, 상황에 따라 규칙은 지켜지지 않을 수도 있으며, 이로 인해 반드시 처벌받는 것이 아니라는 것도 깨닫게 된다. 위에서 제시한 상황에서 도덕적 상대론 단계의 아동들은 컵 1개를 깬 아이가 15개를 깬 아이보다 나쁘다고 판단함으로써 결과가 아닌 동기나 의도에 의한 도덕적 사고가 가능함을 보여준다. 이러한 점에서 Piaget는 이 단계를 **자율적 도덕성**(autonomous morality)의 단계라 지칭한다.

Piaget는 2단계 유아가 타율적이며 절대론적인 도덕적 사고에 묶여 있는 것은 이 시기의 인지발달수준이 주관적 경험과 실재를 구별하지 못하는 자기중심적이며 실재론적인 사고단계에 있기 때문이라고 주장한다. 아동이 인지적으로 보다 성숙하고 사회적 경험을 쌓아감에 따라 점차 타인의 숨겨진 동기와 의도를 파악할 수 있게 되며, 따라서 타율적이며 절대적인 도덕성으로부터 자율적이며 상대적인 도덕성으로 이행하게 된다.

11세경에 조작적인 사고가 가능해지면서 도덕성발달의 마지막 단계에 들어서게 된다. 이 단계에서는 새로운 **규칙**을 **생성**할 수 있으며, 가설적 상황을 통제할 수 있는 규칙을 미리 설정할 수도 있다. 이 단계의 도덕적 추론은 개인적 차원을 넘어서서 전쟁, 환경, 공해문제 등 보다 폭넓은 사회 및 정치적 차원으로 확대된다.

Piaget의 도덕성발달단계이론에 따른 많은 연구들이 이루어졌으며, 대체로 그 타당성이 지지되고 있다. 특히 아동의 도덕성이 타율적 도덕성으로부터 자율적 도덕성으로 이행된다는 발달과정과 각 단계의 특징적 현상에 대해서는 이론의 여지가 없는 것 같다 (Jose, 1990; Karniol, 1980). 그러나 한편으로 유아의 도덕적 판단에 있어서 행위의 동기나 의도를 추론하는 능력은 Piaget가 생각한 것보다 일찍 나타난다는 연구결과가 보고되고, Piaget가 유아의 도덕적 추론능력을 과소평가했다는 비판이 제기되었다(Grueneich, 1982; Karniol, 1978).

Piaget와 다른 연구자들 사이에 도덕성발달수준의 연령 차이가 있는 것은 대개 연구방법의 차이에 기인하는 것이다. 〈그림 9-9〉에서 보듯이 아동에게 그림이나 비디오테이프를 보여주면서 질문을 하거나, 판단을 내리기 전에 이야기를 충분히 검토하도록 훈련하거나, 이야기의 경우에는 주인공의 의도를 직접 진술하게 하면 아동들은 Piaget식의 면접에서보다 훨씬 쉽게 자신의 생각을 표현한다. 따라서 아동들이 Piaget가 생각한 것보다 낮은 연령에서 자율적 도덕성에 도달해 있는 것으로 나타난다(Nelson, 1980).

Piaget는 아동의 **도덕성추론**에 있어서 주로 동기와 결과의 두 요인을 고려하였지만, 최근의 연구들은 어린 아동들이 도덕적 판단에 사용하는 다양한 요인들을 찾아내고 있다.

〈그림 9-9〉 아동의 의도추론 그림
(Nelson, 1980에서 인용)

예를 들어, 아동들은 다른 아이에게 맞았기 때문에 그 아이를 때리는 것은 이유 없이 다른 아이를 때리는 것보다 덜 나쁘다고 판단하며, 모퉁이를 돌다가 다른 아이가 던진 야구공에 맞아 머리를 다치는 경우처럼 예상하지 못한 행동에 대해서는 대단히 관대하다. 또한 나쁜 행동 뒤에 '미안하다' 고 사과하는 등 잘못을 시인한 행동이 그렇지 않은 경우보다 덜 나쁘다고 판단한다. 물건을 파괴하는 것보다 사람에게 해를 끼치는 것이 더 나쁘다는 것을 아주 일찍부터 추론할 수 있다(Ferguson & Rule, 1998; Yuill & Perner, 1988; Vasta et al., 1992). 아동이 이러한 요인들을 일상의 도덕적 판단에서 고려할 수 있다는 것은 도덕적 성숙의 중요한 단면인 것으로 보인다.

(2) Kohlberg의 도덕성발달이론

Kohlberg(김민남 역, 1988; Kohlberg, 1963, 1969)는 1958년에 발표한 그의 학위논문에서 Piaget의 인지적 도덕성발달이론을 보다 세분화하여 3수준 6단계의 이론으로 발전시켰다. 그는 10~16세 사이의 소년 72명을 대상으로 다음에 제시하는 하인츠 갈등(Heinz dilemma)을 비롯하여 이와 유사한 9개의 **도덕적 갈등상황**을 제시하였다. 이 상황에서 주인공의 행동을 어떻게 생각하며, 왜 그렇게 생각하는가를 물어 연구대상 소년들의 **도덕적 판단**(moral judgement)과 그 이유에 대한 **설명**(justifications)을 듣고 기록하였다. Kohlberg의 도덕발달단계는 이 자료를 분석한 내용을 바탕으로 설정된 것이다.

하인츠 갈등(Heinz dilemma)

유럽에서 어떤 부인이 특수한 암으로 죽어가고 있었다. 의사가 보기에 그녀를 구할 수 있는 약이 꼭 하나 있었다. 그 약은 최근에 같은 마을의 약제사가 발견한 일종의 라듐이었다. 그 약을 제조하는 데 비용도 많이 들었지만 약제사는 약을 만드는 데 든 비용의 열 배를 약값으로 매겨, 실제비용은 200불이 들었는데 그 약을 조금 투약하는 데에도 2,000불을 매겨놓았다. 그 부인의 남편인 하인츠는 자기가 아는 사람을 모두 찾아가 돈을 빌렸지만, 약값의 절반인 1,000불 정도밖에 구할 수 없었다. 그는 약제사에게 아내가 죽어가고 있다고 말하고, 약을 좀 싼 값에 팔든지 아니면 모자라는 돈은 뒤에 갚도록 해줄 것을 간청하였다. 그러나 약제사는 "안 됩니다. 내가 그 약을 발견했습니다. 그 약으로 돈을 좀 벌어야겠습니다."라고 말했다. 하인츠는 절망에 빠진 나머지, 약제사의 점포에 침입하여 아내를 구할 그 약을 훔쳤다.

Lawrence Kohlberg(1927～1987)

Lawrence Kohlberg는 1927년에 New York 주의 Bronxville에서 태어나 그곳에서 자랐다. 그는 미국의 명문 사립고등학교 Andover Academy를 졸업한 후, 대학에 진학하는 대신 이스라엘 난민들을 수송하는 일을 도왔다. 사회적 정의를 행동으로 실천한 이 경험은 훗날 그의 도덕성발달이론의 기초가 되었다.

1948년 Kohlberg는 시카고 대학에 입학하여 2년 만에 학사 학위를 취득하고 같은 대학원의 심리학과에 입학하였다. 학부시절 그는 철학과 문학을 통해 도덕적 전통을 배웠으며, 대학원 과정에서 Bruno Bettlheim, Carl Rogers, Sam Beck과 같은 분들로부터 임상적 이론과 실제를 배웠다.

Kohlberg는 Piaget의 이론에 영향을 받아 도덕성발달에 관심을 갖게 되었으며, 도덕적 문제에 관해 아동과 청소년을 면접하기 시작했다. 그 결과가 「10～16세까지 사고와 선택 유형발달(The development of modes of thinking and choice in the 10 to 16-years-old」(1958)이라는 박사학위논문이다. Kohlberg는 어느 시대 사회를 막론하고 인간에게는 반드시 지켜야 할 보편적인 정의의 원리와 도덕률이 있다고 생각하고, 인간이 개인적인 욕구중심의 단계로부터 원리적 도덕성으로 이행해가는 과정을 그의 도덕성발달이론의 근간으로 하였다.

Kohlberg는 시카코 대학에서 1962년부터 1968년까지 교수로 재직하였고, 1968년 이후 1987년 생을 다할 때까지 하버드 대학 교수로 연구에 몰두하였다. Kohlberg는 겸손하며 나서기를 좋아하지 않는 사람이었다. 그는 도덕성을 중심으로 하여 철학과 심리학 분야의 여러 중요한 문제에 관해 깊이 사고하였으며, 이들 주요문제에 관해 학생들에게 신중히 생각하도록 훈련했다.

불행하게도 Kohlberg는 그의 생의 마지막 20년 동안 열대병과 도덕적 이상주의와 현실 간의 괴리로 인한 우울증으로 고통을 겪었으며, 59세의 나이에 자살로 삶을 마쳤다. 그는 행동이 일치하는 진정한 도덕인으로서의 일생을 살다간 우리 시대의 마지막 스승으로 기억되고 있다.

표 9-2 Kohlberg의 도덕성발달단계

수준 1	전인습적 수준(preconventional level) 이 수준에서 아동은 행위의 결과가 가져다주는 보상이나 처벌에 의해 옳고 그름을 판단하거나 규칙을 정하는 사람들의 물리적인 권위에 따라 도덕성을 고려하여 판단한다. 이 수준은 다음의 두 단계로 구분된다.
단계 1	처벌과 복종지향 인간의 의미나 가치와는 무관하게 행위의 물리적 결과에 의해 옳고 그름을 결정한다. 처벌을 피할 수 있거나 힘이 있는 사람에게 무조건 복종하는 것 자체가 도덕적 가치를 갖는다.
단계 2	도구적 상대주의 지향 자신이나 타인의 욕구를 도구적으로 충족시키는 것이 옳은 행위이다. 인간관계는 시장원리와 유사하다. 공정성, 상보성, 분배의 평등성에 대한 인식이 시작되지만, 진정한 정의나 관용보다는 서로의 등을 긁어주는 것과 같이 자신에게 돌아오는 이익을 생각하는 수단적인 호혜성의 수준에 그친다.
수준 2	인습적 수준(conventional level) 이 수준에서는 가족, 사회, 국가의 기대를 유지하는 것 자체가 그 결과와는 무관하게 가치롭다. 이러한 태도는 단순히 개인적 기대나 사회적 질서에 동조하는 것뿐 아니라, 적극적으로 질서를 유지하고 지지하며, 집단이나 그 성원들에게 동일시하고 충성하는 것을 포함한다. 다음의 두 단계를 포함한다.
단계 3	대인간 조화 또는 착한 소년-소녀 지향 이 단계에서 옳은 행동은 타인을 기쁘게 하거나 도와주며, 타인으로부터 인정받는 것이다. 대다수의 사람이 갖는 고정관념에 동조한다. 타인의 반응이 도덕성 판단의 기준이 되지만, 물리적인 힘보다는 심리적인 인정 여부에 관심이 있으며, 착해짐으로써 타인의 인정을 얻는다. 이 단계에서부터 사회적 규제를 수용하며, 의도에 의해 행위의 옳고 그름을 판단하기 시작한다.
단계 4	법과 질서 지향 권위, 고정된 규칙, 사회적 질서를 지향한다. 자신의 의무를 다하며, 권위자를 존중하며, 사회적 질서를 유지하는 것이 옳은 행동이다.
수준 3	후인습적 수준(postconventional level) 이 수준에서는 집단의 권위나 권리를 행사하는 사람들과는 무관하게 도덕적 가치와 원리를 규정하려는 노력을 보인다. 이 수준은 두 개의 단계를 포함한다.
단계 5	사회적 계약과 합법적 지향 개인의 권리를 존중하고 사회 전체가 인정하는 기준을 준수하는 것이 옳은 행동이다. 법은 개인의 자유의 규제가 아닌, 극대화하기 위해 제정된다는 것을 인식한다. 사회적 약속은 대다수의 성원들의 보다 나은 이익을 위해 항상 바뀔 수 있는 것으로 판단되며, 이전 단계와 달리 도덕적 융통성을 갖는다.

단계 6	보편적인 윤리적 원리 지향 옳은 행동은 자신이 선택한 윤리적 원리와 일치하는 양심에 의해 결정된다. 이 원리는 구체적인 규율이 아닌 인간의 존엄성, 정의, 사랑, 공정성에 근거를 둔 추상적이며 보편적인 행동지침이다. 이 단계의 도덕성은 극히 개인적인 것이므로 때로 대다수가 수용하는 사회적 질서와 갈등을 일으킬 수 있다. 그러나 이 단계에 도달한 사람들은 자신의 양심이 가하는 처벌을 사회가 가하는 처벌보다 더욱 고통스럽게 생각한다.

(Kohlberg, 1984a에서 인용)

Kohlberg는 이 상황에 대한 도덕적 판단과 그 이유에 대한 설명을 함께 분석하여 〈표 9-2〉와 같은 **도덕성발달단계**를 설정하였다.

Kohlberg 이론에서 **도덕성발달수준**의 진단은 평정자의 주관적 판단에 크게 의존하므로 발달수준을 바르게 진단하는 일은 쉽지 않다. 〈표 9-3〉에서 하인츠 갈등에서 하인츠의 행동에 대한 구체적인 반응을 각 단계별로 분류한 것을 예로 들어보자(Shaffer, 1993).

표 9-3 하인츠의 행동에 대한 구체적 반응 예

단계 1: (괜찮다)	훔친 약값이 실제로는 200불밖에 안 될지도 모른다.
(나쁘다)	남의 것을 함부로 훔칠 수 없다. 그것은 죄다. 약값이 비싸니까 비싼 것을 훔치면 그만큼 큰 죄가 된다.
단계 2: (괜찮다)	약국 주인에게 큰 해를 끼치는 것도 아니고, 또 언제나 갚을 수 있다. 아내를 살리려면 훔치는 길밖에 없다.
(나쁘다)	약사가 돈을 받고 약을 팔려는 것은 당연한 일이다. 그것은 영업이고, 이익을 내야 한다.
단계 3: (괜찮다)	훔치는 것은 나쁘지만, 이 상황에서 아내를 사랑하는 남편으로서는 당연한 행동이다. 아내를 살리려 하지 않는다면 비난받을 것이다.
(나쁘다)	아내가 죽는다 해도 자기가 비난받을 일은 아니다. 죄를 안 지었다고 해서 무정한 남편이라 할 수는 없다. 훔치지 않아도 하인츠는 자기가 할 일을 다한 것이다.
단계 4: (괜찮다)	사람이 죽어가는데 약사가 잘못하는 것이다. 아내를 살리는 것이 하인츠의 의무이다. 그러나 약값은 반드시 갚아야 하고, 훔친 데 대한 처벌도 받아야 한다.
(나쁘다)	아내를 살리는 것은 당연하지만, 그래도 훔치는 것은 역시 나쁘다. 자기 감정이나 상황과 관계없이 규칙은 항상 지켜야 한다.

단계 5: (괜찮다)	훔치는 것이 나쁘다고 말하기 전에 전체적인 상황을 고려해야 한다. 이 경우 법은 분명히 훔치는 것이 나쁘다고 규정한다. 그러나 이 상황이라면 누구라도 약을 훔칠 수밖에 없을 것이다.
(나쁘다)	약을 훔쳐서 결과적으로 아내를 살릴 수는 있지만, 목적이 수단을 타당화하지 못한다. 하인츠가 전적으로 나쁘다고 말할 수는 없지만, 상황이 그렇다고 해서 그의 행동이 옳은 것이 될 수는 없다.
단계 6: (괜찮다)	법을 준수하는 것과 생명을 구하는 것 사이에서 선택하라면 약을 훔치더라도 생명을 구해야 하는 것이 더 높은 수준의 원칙이다.
(나쁘다)	암은 많이 발생하고 약은 귀하니 필요한 모든 사람에게 약이 다 돌아갈 수 없다. 이 경우 모든 사람에게 보편적으로 옳다고 생각되는 행동을 해야 한다. 감정이나 법에 따라 행동할 것이 아니라 한 인간으로서 무엇이 이성적인가를 생각했어야 한다.

(Shaffer, 1993에서 인용)

위의 분석 예에서 보듯이 도덕성발달수준은 괜찮다거나 나쁘다는 도덕적 판단 자체에 의해 결정되는 것이 아니라 그러한 판단을 낳게 한 사고내용에 의해 결정된다.

Kohlberg의 주관적 평정이 갖는 복잡성을 피하고자 Rest(1979)는 객관적 척도인 DIT(Defing Issues Test)를 개발하였다. DIT에서는 Kohlberg 이론의 각 단계에 해당하는 도덕적 사고내용을 미리 진술하여 척도를 제시하고 그중에서 자신의 판단과 가장 일치하는 진술을 택하도록 하여 점수를 주도록 되어 있다. DIT척도는 5~6단계의 사고내용이 미리 제시되어 있으므로 스스로 해당 수준의 도덕적 판단을 사고해내야 하는 Kohlberg의 진단방식에 비해 원리적 도덕성을 택할 확률이 높으므로 도덕성발달수준인 P점수가 높게 나타나게 된다.

도덕성발달양상

Piaget와 마찬가지로 Kohlberg도 아동의 인지능력이 발달함에 따라 도덕성발달수준도 **단계적 계열**을 따라 순서대로 발달해간다고 믿고 있다. 예를 들어, 2단계의 도덕적 사고수준에 머물러 있던 아동은 인지적 능력이 높아지고 사회적 경험이 풍부해지면서 3단계로 이행하게 된다. 이와 같은 Kohlberg의 전진적이며 단계적인 도덕발달양상은 미국뿐 아니라 이스라엘, 터키, 대만, 일본 등 여러 문화권에서 그 타당성이 입증되었다(Lei & Chang, 1989; Nisan & Kohlberg, 1982; Snarey et al., 1985).

아동의 **도덕성발달양상**을 Kohlberg의 단계기준에 비추어 정확하게 어느 연령은 어느 단계에 속한다고 말하기는 어렵다. 다만 〈그림 9-10〉에서 제시하는 7, 10, 13, 16세 집단의

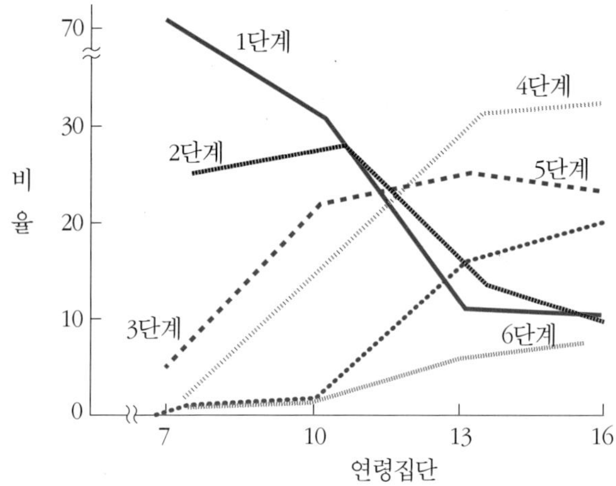

〈그림 9-10〉 네 연령집단의 도덕판단유형
(Kohlberg, 1963에서 인용)

도덕성발달수준을 진단한 Kohlberg(1963)의 초기 연구와 〈그림 9-11〉의 10, 13, 16세 집단을 20년 동안 추적하여 3~4년 간격으로 도덕성발달수준을 진단한 종단적 연구(Colby et al., 1983)결과가 연령에 따른 발달양상을 보여준다.

〈그림 9-10〉에서 볼 수 있듯이, 10세 이전에 대부분의 아동은 전인습적 수준에 머무르지만, 고등학생 시기에는 인습적 수준에 도달하게 된다. 16세의 약 15%가 후인습적 수준에 도달해 있다. 〈그림 9-11〉의 종단적 연구에서는 6단계 사고를 찾아볼 수 없으며, 5단

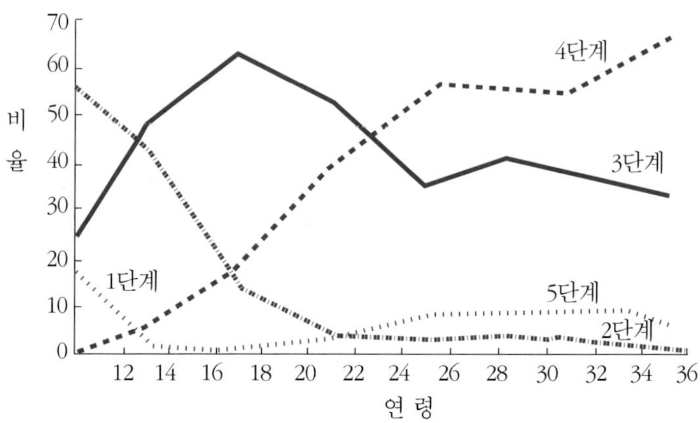

〈그림 9-11〉 도덕판단의 20년간 종단적 연구
(Colby et al., 1983년에서 인용)

계도 10% 미만의 극히 낮은 비율에 불과하다.

Kohlberg의 도덕성발달단계에 따르면 우리나라 4~5세 유아의 도덕적 갈등상황에 대한 판단은 약 55%가 1단계에, 약 45%가 2단계에 속한다(이미숙, 1992). 8~9세경까지 1, 2단계가 지속되다가 9~11세 사이에 2단계가 현저히 감소되며 3단계로의 이행이 시작된다. 초등학교 고학년 시기는 주로 3단계가 지배적이다(김상윤, 1985, 1989). 특히 이현우(1988)는 개방적이며 애정이 있는 부모양육방식이 우리나라 아동의 도덕성발달수준을 높이는 데 큰 영향력을 미친다는 사실을 입증한 바 있다.

Kohlberg 이론의 한계

도덕성발달 분야에서 Kohlberg 이론이 미친 영향은 절대적인 것이다. Kohlberg 이론은 세계 여러 나라의 도덕교육의 방향과 내용을 설정하는 이론적 근거가 되었으며, 그가 도덕적 사고의 발달단계를 촉진하는 방안으로 제시한 소집단 토론법은 도덕교육방법을 혁신적으로 바꾸어놓는 계기가 되었다. 그럼에도 불구하고 최근에 Kohlberg 이론의 한계와 문제점에 대해 여러 가지 지적들이 있어왔으며, 이러한 한계를 보완하는 대안적인 이론들이 제시되고 있다.

Kohlberg 이론의 첫 번째 문제점은 그가 설정한 **후인습적 도덕성**, 특히 6단계 도덕성의 **적합성** 여부이다. 앞의 도덕성발달양상에서 언급했듯이, 실제로 연구된 자료에서 5단계에 도달한 비율은 10% 이내이며, 6단계에 도달한 사람의 비율이 극히 드물다. 이러한 연구결과는 인습 이후 수준의 도덕성이 인간이 지향해야 할 이상적인 도덕발달의 방향을 보여주는 이론적 가치는 있지만, 있는 그대로의 도덕성발달양상을 진단해줄 수 있는 틀로서는 부적합하다는 사실을 시사한다.

둘째, Kohlberg 이론에 따른 도덕성발달과정에서 나타나는 또 하나의 문제가 도덕적 **퇴행**(regression)현상이다. Kohlberg 이론에서 도덕성발달은 상황에 대한 인지적 판단능력의 발달에 근거를 두고 있으므로 노년기 인지능력의 감퇴가 일어나기 전까지는 도덕성 발달단계가 퇴보하는 일이 있을 수 없다. 그러나 일부 연구(Kohlberg & Krammer, 1969; Turiel, 1974)에서 고등학교 시기에서 대학생 시기 사이에 4단계에서 5단계로 진전하는 대신에 2단계의 전인습적 수준으로 퇴행하는 경향이 나타났다. Kohlberg(1984a)는 이러한 퇴행이 도덕판단능력의 진정한 퇴보가 아니라 인습 이후 수준으로 이행하는 과정에서 나타나는 일시적 동요라고 주장하고 이를 $4\frac{1}{2}$단계라 명명하고 있다. 퇴행현상을 어떻게 설명하든지 간에, 퇴행은 후인습적 도덕성에 도달하기가 얼마나 어려운가와 함께 인습적 사고를 버리는 것이 얼마나 위험한지를 보여주는 현상이라 하겠다.

셋째, 도덕적 **판단**과 도덕적 **행위** 간의 **불일치** 또한 Kohlberg 이론의 문제점으로 지적되고 있다. Kohlberg 이론뿐 아니라 도덕성의 인지발달이론은 전반적으로 도덕적 행위보다는 도덕 관련 상황에 대한 올바른 판단과 사고능력을 중시하는 이론이다. 일상의 경험에 비추어 이해할 수 있듯이 바른 판단능력을 갖는다고 해서 반드시 바른 도덕적 행동이 나타난다고 보장하기는 어렵다. 이와 관련하여 Kohlberg(1984a)는 도덕판단이 행위로 이행되지 못하는 것은 도덕적 사고가 단순히 옳고 그름을 구별하는 일차적인 의무판단수준에 정체되어 판단에 따라 행동해야 한다는 이차적인 책임판단수준으로 심화되지 못했기 때문이라고 지적하고 있다. 이러한 Kohlberg의 설명에도 불구하고, 도덕적 사고와 행위 간의 불일치는 여전히 Kohlberg 이론의 문제점으로 남는 것 같다.

넷째, 최근에는 Kohlberg 이론이 주로 미국 중상류 백인들의 도덕적 가치를 반영함으로써 **문화적**으로 **편향**되어 있다는 문제점이 제기되고 있다(송명자, 1992; Shweder, 1982). Kohlberg 이론이 도덕성발달의 최종목표로 지향하고 있는 후인습적 사고는 서구사회에 적합한 것이지 모든 문화권에 통용되는 도덕적 가치는 아니라는 지적이다. 27개국에서의 도덕성발달 연구를 개관한 자료(Snarey, 1987)에 의하면 각 문화권은 나름대로의 독특한 도덕적 가치를 갖는 것으로 보고되고 있다. 예를 들어, 이스라엘에서는 개인보다 집단의 안녕을 더욱 중요한 도덕적 목표로 삼으며, 인도에서는 자비와 배려를 지상의 도덕적 가치로 삼고 있다. 특히 각 문화권에서 전통적으로 중시하고 있는 인습이나 사회적 규범이 갖는 도덕적 가치들이 Kohlberg 이론에서 등한시되고 있는 것도 문제점으로 지적된다. 다음에 설명할 Turiel 등의 영역구분모형은 이러한 문제점들을 보완하는 대안적 접근의 하나이다.

다섯째, Kohlberg 이론의 마지막 문제점은 도덕성의 본질과 관련되는 것이다. Kohlberg 이론이 추구하는 **도덕적 정의**는 개인의 권리와 공정성이라는 도덕성의 한 측면만을 반영하고 있으며, 인간관계 속에서 타인을 배려하고 타인과의 관련성을 중시하는 관계적 측면을 등한시하고 있다는 지적이다. 이러한 비판은 최근에 Gilligan(1982)이 Kohlberg 이론의 성차별적 편견을 지적한 데에서 비롯되었다. Gilligan은 Kohlberg가 소년만을 대상으로 하여 도덕성발달단계를 설정하고, 이렇게 설정한 단계에 비추어 도덕성발달수준이 남자에 비해 여자가 낮다고 규정한 것은 잘못이라고 비판하였다. Gilligan은 6～18세 사이의 소녀들을 대상으로 도덕적 갈등상황을 제시하여 그 반응을 분석한 결과 소년과 달리 소녀들은 타인을 배려하는 이타적 가치를 가장 중시하는 것을 밝혀냈다. 이처럼 최초에는 도덕성발달수준의 성별 간 차이의 문제로 논쟁의 대상이 되었던 도덕성의 이타적 측면이 보다 근래에는 Kohlberg 도덕성발달이론이 간과한 도덕성의 본질적이며 보편적인 문제로 부각되고 있다.

(3) Turiel의 영역구분모형

'남의 물건을 훔쳐서 안 된다.'는 것은 어느 나라, 어느 문화권을 막론하고 공통적으로 통용되는 도덕률이다. 그러나 '인사하는 법'은 문화권에 따라 다른 도덕적 규범이다. 미국에서는 나이 구분 없이 같은 방식으로 인사하지만, 우리나라에서는 윗사람에게 허리를 굽혀 인사하며, 어른에게 허리를 굽히지 않고 인사하는 것은 비도덕적인 행동으로 간주된다.

앞에서 하인츠 갈등을 통해 분석해보았듯이, Kohlberg의 도덕발달 연구의 주 관심은 정의, 공정성 등 모든 문화권에 동일하게 통용되는 보편적 도덕률에 대한 사고와 판단의 발달과정에 있다. 보편적 도덕률에 대한 도덕적 사고발달의 궁극적인 목적은 인습수준을 넘어서서 도덕적 원리를 고려하는 수준에 도달하는 것이다.

'인사하는 법'과 같이 문화권에 따라 서로 다른 도덕적 규범은 본질적으로 인습적인 것이다. 한 사회나 문화권이 관습적으로 정한 도덕적 규범은 그러한 관습을 수용하거나 배척하는 도덕적 행위가 있을 뿐이지 인습수준을 넘어서는 보편적인 도덕적 원리가 있는 것이 아니다. 정의와 공정성 등 모든 문화권에 보편적인 도덕률에 대한 사고가 후인습적 수준으로 발달해가야 하는 것과 달리, 각 문화권 특유의 도덕적 규범은 인습수준 내에서 도덕적 사고의 발달을 고려해야 할 필요성이 있다. 이러한 필요성을 반영한 이론이 Turiel 등(1983, 1987)의 영역구분모형(domain distinction model)이다.

Turiel은 도덕성은 서로 다른 세 가지 영역의 도덕적 규범들로 이루어진다고 생각한다. 먼저 **도덕적 영역**(moral domain)은 생명의 가치, 정의, 공정성 등과 같이 어느 시대나 사회를 막론하고 보편적으로 준수되어야 하는 보다 근원적인 가치규범을 포함한다. 타인에게 신체적이거나 정신적인 해를 입히는 것을 금지하는 것, 사람을 수단으로 삼지 않으며 모두에게 공평하게 대하는 것, 어려움에 처한 사람을 돕는 것, 분배의 공정성 등은 도덕적 영역에 속하는 대표적인 도덕적 규범이다.

사회인습적 영역(social-conventional domain)은 특정 사회적 체계에 함께 참여하는 집단 내 개인의 행동을 통합하며 사회적 상호작용을 조화시켜주기 위해 그 성원들의 일종의 상호합의에 의해 규정된 행동규범을 의미한다. 그러나 이들 인습적 규범들도 사회구성원들에게 강력한 심리적 및 행동적 제약을 가하게 되므로 도덕적인 성격을 띠게 된다. 도덕적 영역에 비해 사회인습적 영역은 보다 임의적이고 상대적이며 가변적이다. 음식, 의복, 인사, 관혼상제 등의 예법, 학교의 규칙, 성역할 관습 등은 이 영역에 속하는 대표적인 사회적 규범이다.

개인적 영역(personal domain)은 보편적인 도덕원리나 인습적 규범과는 비교적 무관하게 개인이 선택할 수 있는 개인 특유의 행동이나 사태를 포함한다. 예를 들어, 일요일에 하는 일이나 친구에게 줄 선물을 선택하거나 결정하는 일은 개인적 영역에 속한다.

아동들은 도덕적 영역과 사회인습적 영역의 도덕률을 지키지 않는 일탈행동에 대해 다르게 판단한다. 도덕적 영역의 규범을 어기는 것은 사회인습적 영역이나 개인적 영역의 규범을 위배하는 것에 비해 더 나쁘며, 규제하는 규칙이 없어도 본질적으로 나쁘고, 모든 시대나 사회를 불문하고 나쁜 것으로 판단한다. 예를 들어, 사람을 때리거나 남의 물건을 훔치는 것은 그러한 행동을 규제하는 규칙이 없더라도 모든 상황에서 나쁘다는 것을 어린 아이들도 이해하고 있다. Turiel 등의 연구(Nucci & Turiel, 1978; Smetana, 1984)에 의하면 4~5세경부터 도덕적 영역과 사회인습적 영역을 구분할 수 있다. 일반적으로 5~11세 사이에 각 영역의 가치규범들의 중요성이나 사회적 맥락에 따라 판단하는 능력이 확립된다

〈그림 9-12〉 Nucci의 가치규범검사
(Cole & Cole, 1989에서 인용)

(Nucci, 1981).

우리나라 아동들도 유치원 시기부터 서로 다른 영역의 가치규범들을 구분하는 능력을 보인다. 그러나 '어른에게 허리를 굽혀 인사하는 것' '자리를 양보하는 것' 등과 같이 서구 아동들은 사회인습적인 규범으로 생각하는 것을 우리나라 아동들은 반드시 지키고 따라야 할 도덕적인 가치규범으로 받아들이는 **도덕화**(moralizing) 경향이 있다(Song et al., 1987).

〈그림 9-12〉는 Nucci가 사용한 아동의 각 영역의 가치규범들을 구분하는 능력을 진단하는 도구이다.

Turiel의 영역구분모형은 각 민족이나 문화권에서 전통적으로 이어내려오는 도덕적 관습이나 규범이 갖는 도덕적 의미와 중요성을 고려할 수 있게 하는 점에서 가치가 인정되고 있다. 최근에 이 모형은 도덕적 규범을 둘러싸고 발생하는 세대 간 갈등의 원인을 보여주는 근거로서 많은 연구의 대상이 되고 있다(Smetana, 출판 중). 예를 들어, 사춘기 소녀가 귀가시간을 지키는 일을 부모는 절대적인 도덕률로 생각하고, 자녀는 개인적 권리로 판단한다면 이러한 영역구분의 차이가 세대 간 도덕적 갈등의 원인이 될 수 있다. 실제로 영역판단의 차이가 미국 가정의 청소년기 자녀와 부모 간 갈등의 원인이 되고 있음이 밝혀졌다(Smetana, 1988). 우리나라에서도 가정, 학교, 사회에서 도덕적 규범을 둘러싼 세대 간 갈등의 원인이 영역판단의 차이에 있다는 사실을 일련의 연구를 통해 확인할 수 있었다(송명자, 1992, 1994; 송명자 · 김상윤, 1987).

3) 공정성판단이론

자원과 부의 **분배의 공정성**은 한 사회의 도덕적 건강을 결정하는 주요한 지표이다. 한 사회의 많은 구성원들이 공평하게 보수를 받고 있지 못한다고 느끼고 있다면 그 사회는 큰 도덕적 갈등을 내포하고 있는 것이다. 분배의 공정성이 갖는 중요성은 아동기에도 마찬가지로 작용한다. 부모가 장난감이나 먹을 것을 형제에게 공평하게 나누어주지 않는다고 느낄 때 부모와 자녀 간 및 형제간의 도덕적 갈등이 시작된다.

Damon(1975, 1977, 1980)은 자원과 보상의 분배의 공정성에 대한 아동의 판단을 연구하였다. 다음은 Damon이 공정성 연구에서 아동들에게 들려준 이야기이다.

어느 반의 아이들이 그림을 그렸습니다. 어떤 아이들은 그림을 보다 많이 그리고, 어떤 아이들은 적게 그렸습니다. 어떤 아이들은 그림을 잘 그리고, 어떤 아이들은 잘 못 그렸습니다. 어떤 아이들은 착하게 열심히 그렸지만, 어떤 아이들은 돌아다니며 장난을 쳤습니다. 아이들 중에는 가난한 아이도 있고 부자도 있으며, 남자아이도 있고 여자아이도 있었습니다. 아이들이 그린 그림을 학교 바자회에서 팔았습니다. 바자회에서 번 돈을 어떻게 나누면 공평할까요?

이 질문에 대한 4~12세 아동들의 반응을 분석한 결과 Damon은 〈표 9-4〉에 제시한 것과 같은 일련의 발달단계를 찾아낼 수 있었다.

표 9-4 Damon의 공정성 판단 발달단계

수 준	내 용
수준 0-A (4세 이하)	공정성에 대한 객관적 인식이나 설명 없이 자신의 욕구에 따른 판단에 지배되는 단계(예: 내가 원하니까 많이 가져야 돼.).
수준 0-B (4~5세)	욕구에 지배되지만 키, 성 등과 같은 외적 특성들을 기준으로 제시함(예: 키가 제일 큰 아이가 제일 많이 가져야 돼. 우리는 남자니까 많이 가져야 돼.). 그러나 이 기준은 욕구에 따라 가변적인 특징이 있음.
수준 1-A (5~7세)	절대적인 공평성을 주장하는 단계(예: 모든 아이들이 똑같이 가져야 돼.). 공평성만이 성원들 간의 모든 갈등을 해소하는 유일한 방안으로 생각함.
수준 1-B (6~9세)	많이 기여한 사람이 많이 받아야 한다는 행위의 개념이 싹틈(예: 그림을 많이 그린 아이들이 많이 가져야 돼.). 그러나 공정성과 관련되는 여러 변인들을 동시에 고려하는 능력은 아직 결여됨.
수준 2-A (8~10세)	사람들은 각기 자신의 입장에서 서로 다른 공정성의 주장을 하며, 각자 나름대로 타당할 수 있다는 도덕적 상대성에 대한 이해가 시작됨. 특수한 필요성을 갖는 사람의 주장을 고려할 수 있음(예: 아이들의 이야기를 들어보아야 돼. 가난한 아이가 더 가져야 돼.).
수준 2-B (10세 이상)	여러 사람들의 각자 독특한 욕구와 특수상황을 고르게 고려할 수 있는 공평성과 상보성의 통합능력이 발달함. 확고하고 분명한 공정성의 개념이 확립되며, 모든 사람이 각자 적합한 보상을 받아야 한다는 인식이 강화됨.

(Damon, 1980에서 인용)

Damon(1983)은 미국뿐 아니라 이스라엘 등에서 공정성발달이 동일한 계열을 밟아 이루어진다는 사실을 확인하였다. 또한 아동들의 실제 행위에서 나타나는 공정성은 가상적 상황에 대한 공정성 판단능력수준과 비교적 일치하는 것으로 알려져 있다.

4세에서 8세 사이 우리나라 아동의 분배공정성에 관한 연구결과에 의하면 7~8세 아동이 0-B에서 2-B 수준까지 고르게 분포되어 있는 것을 제외하고는 서구 아동과 매우 유사하다(김미해, 1991). 그러나 서구 아동과의 정확한 비교는 보다 많은 인원을 대상으로 한 포괄적인 연구를 필요로 하는 것으로 보인다.

제 10 장 성역할발달과 성차

1960년대까지 대부분의 심리학자들은 한 아기가 남자나 여자로 태어나면 그에 따른 성역할 특성들은 자연적으로 나타나게 되는 것으로 생각하였다. 다시 말해서, 성역할 특성은 선천적인 생물학적 요인에 의해 이미 결정되는 것이므로, 이를 명료하게 구분 짓는 것이 현명한 발달과정이라고 믿었다. 그러나 1960년대 이후에 일어나기 시작한 여성운동은 당시까지 당연한 것으로 받아들여 왔던 성역할 구분과 성차에 관한 생각들이 사회적이며 문화적인 편견에서 기인된 것이라는 강한 회의와 저항을 가져다주는 계기가 되었다. 이와 때를 같이하여 발달심리학자들 간에 성차와 성역할에 관한 본격적인 연구가 시작되었다(Fagot, 1982; Vasta et al., 1992). 이 장에서는 이들 연구결과들을 성유형화의 이론, 성역할발달, 성차 및 양성성(androgeny)에 관한 내용으로 나누어 살펴보고자 한다.

1 성유형화의 이론

성유형화(sex-typing)란 아동이 자신이 속한 사회나 문화적 풍토에 적합한 성역할 특성을 발달시켜가는 과정을 뜻한다. 성유형화 과정에는 여러 가지 요인들이 관여한다. 성유형화가 이루어지는 과정을 설명하는 이론적 입장을 살펴보자.

1) 생물사회학적 이론

오랫동안 많은 학자들은 성역할발달이 유전인자나 성호르몬과 같은 생물학적 요인에 의해 결정된다고 믿어왔다. 마치 남녀의 해부학적인 신체구조가 선천적으로 결정되듯이, 성격, 태도, 행동 등 모든 남녀 간의 심리적 특성의 차이도 생물학적 요인에 의해 생득적으로 결정된다고 생각한 것이다(Hinde, 1983). 그러나 인간발달의 모든 특성들이 유전과 환경 간의 상호작용의 결과이듯이, 성역할발달 또한 사회적 요인과의 상호작용을 배제하고 이해하기는 어려울 것이다. 이러한 점에서 보다 최근에 **생물사회학적 이론**(biosocial theory)에서는 유전인자나 염색체 등의 생물학적 요인이 성차를 나타내게 하는 소인은 되지만, 실제로는 이를 촉진하거나 억압하는 환경적 요인들과 서로 영향을 주고받음으로써 실제적인 성차가 나타나는 것이라고 주장한다.

생물사회학적 이론의 대표적인 학자인 Money와 Ehrhardt(1972)는 개인의 성정체성과 성역할 선호성을 형성하는 과정에 결정적인 영향을 미치는 생물학적 및 사회적 사태들이 있다고 생각하고, 이들 사태를 식별해냈다. 수정 시 성염색체의 결합으로 성이 결정되는 순간에서부터 성호르몬의 분비에 의해 신체적 성 특징이 발달하기까지 일련의 생물학적

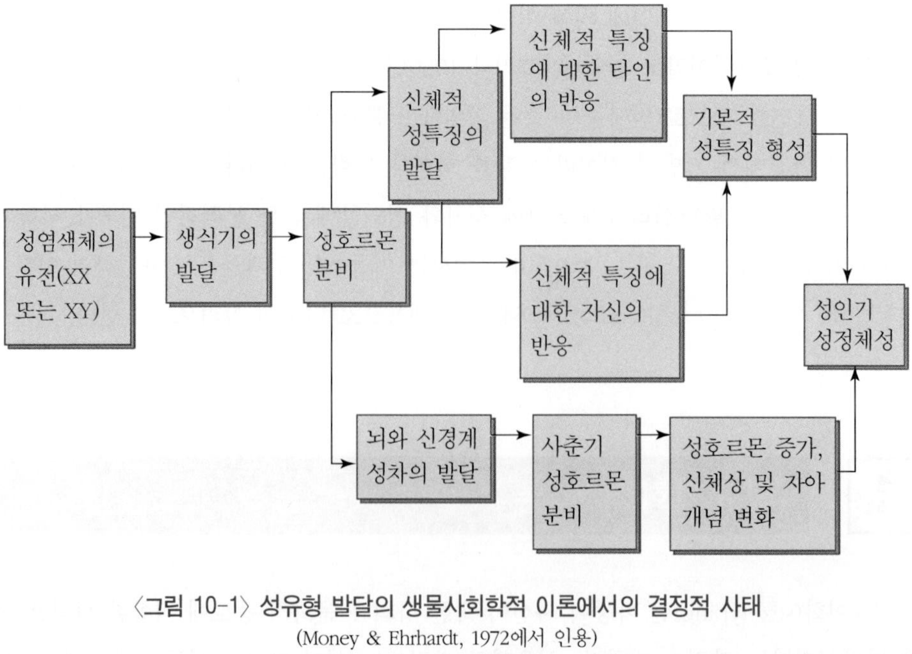

〈그림 10-1〉 성유형 발달의 생물사회학적 이론에서의 결정적 사태
(Money & Ehrhardt, 1972에서 인용)

사태들이 작용하면 즉각 사회적 요인들이 함께 작용하게 된다. 예를 들어, 남아와 여아에 따라 부모를 비롯한 주변 사람들의 영향력이 달라지며, 이러한 환경의 영향력의 차이는 2~3세경에 기본적인 성정체성을 형성하는 기초가 된다. 이처럼 일찍부터 생물학적 요인과 사회적 요인은 상호작용하면서 아동의 성역할 의식과 행동을 형성하게 된다. Money와 Ehrhardt의 생물사회학적 모형을 도식화한 것이 〈그림 10-1〉이다.

2) 정신분석이론

Freud의 **정신분석이론**(psychoanalytic theory)에서는 동일시 과정에 의해 아동의 성유형이 형성되는 것으로 본다. 3~6세경에 남근기에 들어서면 남아는 어머니에 대한 오이디푸스 콤플렉스적인 애착을 극복하고 경쟁상대인 아버지로부터 느끼는 거세불안을 감소시키기 위해 아버지를 동일시하게 된다. 이러한 동일시 과정을 거쳐 남아의 남성적 성특성이 발달한다.

Freud 이론에서 동일시 기제에 의해 여아의 성유형을 설명하는 것은 쉽지 않다. 여아는 거세불안이 없으며, 어머니에 대한 두려움과 경쟁심 또한 적다. 따라서 여아의 성유형은 오이디푸스적 애착을 쏟는 아버지의 애정을 유지하고 아버지를 기쁘게 하기 위해 여성화하려는 과정에서 형성되는 것으로 보고 있다. 이처럼 남아와 여아 모두 성역할발달 과정에는 아버지의 역할이 절대적으로 중요하다(Huston, 1983; Lamb, 1981; Shaffer, 1993).

성역할발달을 설명하는 Freud의 정신분석이론은 최근에 많은 비판을 받고 있으며, 특히 거세불안 개념은 비난의 대상이 되고 있다. 남아의 아버지에 대한 동일시가 거세불안에서 비롯된 것이 아니라는 사실은 남아가 처벌적이며 위협적인 아버지보다 따뜻하고 온정적인 아버지를 더욱 강하게 동일시한다는 연구결과 속에서 그 증거를 찾아볼 수 있다(Bem, 1989).

3) 사회학습이론

사회학습이론(social-learning theory)에서는 성역할도 환경과 경험에 의해 획득된 후천적인 행동양식으로 생각한다. 이 관점에 의하면 대부분의 성역할 특성은 일찍이 가정에서 부모가 자신이 몸담고 있는 사회나 문화가 기대하는 역할 특성과 일치하는 행동에는 강화하고 일치하지 않는 행동은 억압하는 사회화 과정을 통해 학습된다. 사회적으로 적합한 성인의 성역할 행동을 모방하고 동일시하는 과정 또한 중요한 성역할 학습기제이다.

사회학습론적 관점에서는 개인의 생득적인 성차나 성역할 경향성은 무시하며, 성역할 행동을 이해하고 판단하는 제반 인지적 능력 또한 전적으로 학습된 것으로 생각한다. 따라서 이 관점에서 볼 때 개인의 성역할 태도나 행동은 환경과 경험의 변화에 따라 얼마든지 바뀔 수 있는 가변적인 것이다(Bandura, 1989; Etaugh, 1983; Fagot, 1985).

부모들은 아동이 성역할 정체성을 획득하기도 전인 2세를 전후해서 유아의 성에 적합한 행동은 격려하며 부적합한 행동은 부정적으로 반응하는 경향을 보인다(Fagot & Leinbach, 1989). 이 무렵부터 유아들은 이러한 부모의 차별강화를 통한 **성유형 학습**의 영향을 받아 자신의 성에 적합한 행동을 형성해간다. 3~5세 유아에게 자신의 성에 맞는 장난감과 다른 성에 맞는 장난감을 각각 갖고 놀게 하고 이에 대한 아버지, 어머니, 또래의 반응을 관찰한 연구는 흥미로운 결과를 보여준다(Langlois & Downs, 1980). 아버지는 유아의 성과 일치하는 장난감놀이는 보상하고 다른 성의 장난감놀이는 억제하는 반응을 가장 강하게 보였다. 어머니는 딸에게는 아버지와 같은 반응을 보였으나, 아들에게는 양성의 놀이를 모두 허용하였다. 또래들은 자신의 성에 맞지 않는 장난감놀이를 하는 유아를 놀리는 등 대단히 비판적인 반응을 보였다. 자신의 성에 적합한 놀이에 대한 또래 압력은 2세를 전후하여 일찍부터 시작되는 것으로 알려져 있다(Fagot, 1985).

Bandura(1977b)의 관찰학습이론에서는 유아가 6~7세경에 성정체성을 획득하게 되면 동성과의 유사성으로 인해 동성모델에 더 많은 주의를 기울이며, 동성의 행동을 모방하게 된다고 설명한다. Kagan(1964)의 **지각된 유사성가설**에서는 부모와의 유사성을 성역할 발달의 주요 요인으로 강조한다. 5~6세경부터 유아는 일상생활에서 동성의 부모에게서 신체적 특징의 유사성을 비롯하여 행동과 사고방식 등 여러 심리적 특성의 유사성을 느끼고, 자신이 유사하다고 지각하는 특성들을 모방하게 된다. 이때 다른 사람들이 유아와 동성의 부모와의 유사성을 지적하는 것은 관찰학습을 대폭 강화시켜주는 기능을 한다.

4) 인지발달이론

인지발달이론(cognitive-developmental theory)에서는 성역할 개념을 이해하고 스스로 맞추어나가는 아동의 인지적 능력의 발달을 성역할발달의 주요 요인으로 강조한다. 이 이론의 대표적인 학자인 Kohlberg(1966b)는 아동은 단순히 사회적 영향을 수동적으로 받아들임으로써 성역할을 획득하는 것이 아니라 자신의 성에 적합한 지식들을 적극적으로 구성함으로써 성역할발달이 이루어진다고 설명한다.

인지발달이론에 의하면 3세경에 유아는 최초로 자신을 남자 또는 여자로 범주화하는 능력인 **성정체성**(gender identity)을 발달시키게 된다. 이처럼 자신의 성을 명료화한 후 4세경이 되면 남아는 자라서 남자 어른이 되며 여아는 자라서 여자 어른이 된다는 **성안정성**(gender stability)에 대한 인식이 시작된다. 5~6세경에 유아는 의복, 머리모양 또는 행동이 달라지더라도 성은 결코 변화하지 않는다는 성의 불변적 특성인 **성항상성**(gender constancy)을 획득하게 된다. 유아기 동안에 서서히 발달하던 성유형 개념들은 초등학교에 입학할 무렵 구체적 조작사고의 획득과 더불어 완성된다(Kohlberg & Ullian, 1978).

성역할과 관련되는 인지발달양상은 대부분의 문화권에서 유사하지만, 서구문화권의 발달속도가 다소 빠르다는 보고도 있다(Munroe et al., 1984). 남아와 여아는 세 가지 성유형화 과정을 대체로 같은 시기에 같은 발달속도로 거치게 된다(Fagot, 1985; Martin & Little, 1990).

5) 성도식이론

아동의 성유형화 발달을 정보처리적 관점에서 설명하는 인지이론이 **성도식이론**(gender schema theory)이다. 성도식이론에서는 성역할발달을 성도식의 형성과 정교화 과정으로 설명한다. **성도식**이란 성에 관한 인지구조로서 아동이 성에 관련되는 정보에 주의를 기울이고, 조직화하며, 관련 정보를 기억하는 데 사용하는 일종의 신념과 기대체계를 뜻한다(Bem, 1983, 1987; Martin & Halverson, 1981, 1987).

Martin과 Halverson(1987)의 성도식이론에 따르면 2~3세경에 기본적인 성정체성을 확립하게 되면 이를 바탕으로 성에 관한 여러 정보들을 학습하게 되며, 이들 정보를 성도식에 통합하게 된다. 처음에 아동은 여러 대상물이나 행동을 '남자 것'과 '여자 것'으로 구분하는 성도식이 발달하게 되며, 이는 나아가 **자기성도식**(own-sex schema)을 형성하는

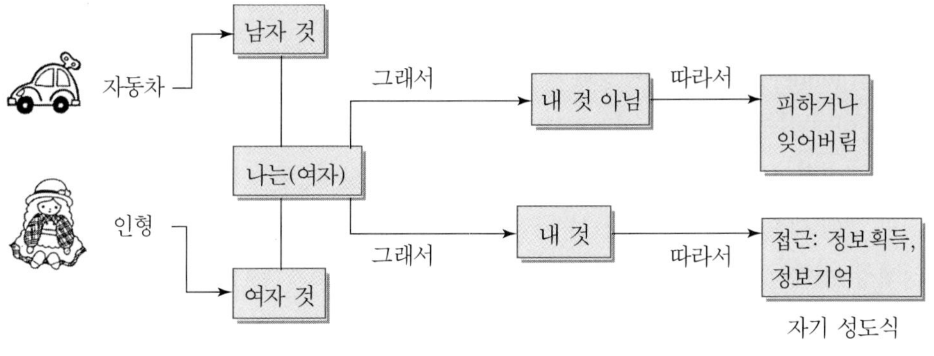

〈그림 10-2〉 성도식모형
(Martin & Halverson, 1987에서 인용)

기초가 된다. 〈그림 10-2〉는 이 과정을 잘 보여준다.

일반적인 도식이론에서 아동이 자신의 도식과 일치하는 정보에 보다 많은 관심을 기울이고 받아들이는 것과 같이, 아동이 자기성도식을 획득하게 되면 자신의 성과 일치하는 대상과 활동에 흥미를 갖게 된다. 성도식이 성유형화 발달을 설명해주는 것은 이러한 이유에서이다.

성도식은 아동의 성역할발달에 있어서 몇 가지 흥미로운 **기능**을 갖는다. 첫째, 성도식은 아동의 성관련 행동의 선택과 통제에 영향을 미친다. 예를 들어, 남아의 성도식을 갖고 있는 아동은 이 도식에 적합한 놀이를 선택하며, 인형놀이와 같은 도식에 일치하지 않는 행동은 배척한다. 둘째, 성도식은 자신의 도식에 맞는 환경 내의 성관련 정보에 주의를 촉진시킨다. 예를 들어, 같이 TV를 보더라도 남아는 운동중계를 보기를 원하는 반면에 여아는 로맨틱한 만화를 선택하게 한다. 셋째, 성도식은 환경 내의 여러 사태에 대한 추론을 가능하게 한다. 자신의 어머니가 의사인 아동도 의사는 남자의 직업이며, 간호사는 여자의 직업으로 구분하는 것은 이러한 성도식의 기능에 의한 것이다(Berndt & Heller, 1986; Maccoby, 1988).

최근에 많은 연구자들은 성도식모형을 성역할발달을 설명하는 데 가장 적합한 모델인 것으로 생각하고 있다(Bigler & Liben, 1990). 성도식이론은 어떻게 해서 아동이 일찍부터 강력한 성유형화와 성역할 선호성을 보여주는 가를 설명해주는 것으로 보인다.

2 성역할발달과 고정관념

1) 성역할발달

성역할(gender role)이란 남성과 여성에 따라 각기 달리 기대되는 행동양식을 의미한다. 아동이 자신의 성역할을 인식하고 이에 적합하게 행동하고자 하는 경향은 아동기 사회화의 중요한 부분이다. 아동이 자신에게 기대되는 성역할을 이해하기 위해서는 먼저 자신의 성에 대한 정확한 이해가 선행되어야 한다. 앞의 성역할발달이론에서 언급했듯이, 성정체성, 성안정성, 성항상성의 획득은 성역할 이해의 기초가 된다.

남성과 여성의 구분에 관한 인지가 발달함에 따라 아동은 점차 어떤 특성이나 대상 또는 활동은 전형적으로 남성 또는 여성에게 국한되어 적용된다는 **성역할 지식**을 획득하게 된다. 만 2세경이면 벌써 유아들은 옷, 장신구, 소품 등을 남성용과 여성용으로 구분해낼 수 있다(Fagot et al., 1986). 그러나 장난감을 성에 따라 구분하는 것은 만 3세가 되어야 가능하다(Weinraub & Brown, 1983). 4세에는 청색과 갈색은 남자 색깔로 생각하고 분홍색은 여자 색깔로 분류한다(Picariello et al., 1990).

만 5세가 되면 성과 관련된 사회적 행동에 관한 지식이 나타나기 시작한다. 이 무렵부터 유아들은 공격성, 지배성은 남성적 특성인 반면, 친절과 정서성은 여성적 특성임을 이해하게 된다. 이러한 심리적 특성의 성에 따른 구분은 주로 초등학교 시기 동안에 발달한다(Weinraub & Brown, 1983). 영국, 아일랜드, 미국 아동을 대상으로 한 문화권 간 비교연구(Best et al., 1977)에 의하면 세 나라 모두 4~5학년경이면 여자는 약하고 정서적이며 애정적인 반면, 남자는 야심적이고 자기주장적이며 공격적이고 지배적으로 판단하는 경향이 있다.

2) 성역할 고정관념

성역할 고정관념(sex-role stereotypes)이란 특정 행위나 활동이 남성 또는 여성에게 배타적으로 적용되는 것으로 판단하는 사고를 의미한다. 요리나 바느질은 여성만이 하는 것으로 생각하는 것은 성역할 고정관념의 대표적인 예이다. 성역할 고정관념은 일찍이 아동이 자신의 성을 구분하는 것과 거의 유사한 시기에서부터 발달하기 시작하는 것으로 알려지고 있다(Shaffer, 1993).

2세 6개월에서 3세 6개월 사이의 유아에게 남자인형과 여자인형을 보여주고 어느 쪽이 요리나 바느질을 할 것인지, 어느 쪽이 인형 또는 트럭을 가지고 놀 것인지 또는 어느 쪽이 말을 많이 할 것인지, 싸우거나 나무에 올라갈 것인지를 물으면 2세 6개월 된 유아도 거의 모두 성역할 고정관념을 갖고 있는 것으로 나타났다. 남아나 여아 모두 여자인형이 말을 많이 할 것이며, 요리나 청소하는 것을 도울 것으로 반응하였다(Kuhn et al., 1978).

성역할 고정관념과 성역할 이해의 발달 간 관계는 많은 연구자들이 관심을 가져온 문제이다. 논리적으로 생각할 때 성역할 지식, 성정체성, 성항상성 등의 성역할 이해가 성역할 고정관념에 선행할 것으로 판단된다. 그러나 연구결과는 성역할 고정관념에 따라 자신의 성에 적합한 활동을 선호하는 경향이 성역할 이해에 앞서 나타나는 것으로 보고하고 있다(Fagot et al., 1986; Perry et al., 1984; Weinraub et al., 1984). 예를 들어, 2세경이면 성역할 고정관념에 따라 자신의 성과 일치하는 장난감을 선호하는 행동이 나타나나, 그러한 장난감이 남성 또는 여성에 적합한 것으로 식별해내지는 못한다. 따라서 성역할 고정관념은 성역할 이해와 크게 관계가 없으며, 오히려 사회화의 결과로 판단된다(Carter, 1987; Martin & Littel, 1990).

아동의 성역할 고정관념 정도에 관한 흥미로운 연구가 Damon(1977)에 의해 이루어졌다. Damon은 4~9세 사이의 아동들에게 다음과 같은 이야기를 들려주고 질문을 하였다.

George는 남자아이입니다. 어느 날 George는 인형을 가지고 놀고 있었습니다. 어머니께서 George를 보고 인형은 여자아이가 갖고 노는 장난감이니 너는 트럭을 갖고 놀라고 말씀하셨습니다. 그러나 George는 인형을 가지고 놀겠다고 우겼습니다.

〈질문〉

- 왜 어머니는 George에게 인형을 가지고 놀면 안 된다고 말했을까요?
- George는 인형을 가지고 놀아도 괜찮을까요?
- George는 무엇을 가지고 놀아야 하나요?

이들 질문에 대한 아동의 반응을 분석해보면, 4세는 대부분 인형놀이를 해도 좋다는 반응을 보여 성역할 고정관념이 없는 것으로 나타났다. 그러나 6세에 성역할 항상성이 확립되면서 6세는 전통적인 성역할을 강하게 주장하는 반응을 보인다. 다음과 같은 6세의 반응 예를 보자(Damon, 1977에서 인용).

(왜 George는 인형을 가지고 놀면 안 되지?)
George는 남자 물건만 가지고 놀아야 돼요. 지금 가지고 노는 것은 여자 거예요.
(George가 꼭 인형을 갖고 놀고 싶으면 그래도 되니?)
아니요, 절대 안 돼요.
(George는 어떻게 해야 되니?)
여자인형 갖고 노는 걸 그만두고, 총 갖고 놀아야 돼요.
(왜 George는 총을 갖고 놀아야 되니?)
남자가 인형을 갖고 놀면 사람들이 놀릴 거예요. 그래도 George가 인형을 갖고 놀면 여자 아이들이 좋아하지 않을 거예요.

6세의 강력한 성역할 구분에 비해 9세는 보다 융통성 있는 사고를 보여준다. 이 무렵에는 남자는 보통 인형을 갖고 놀지 않지만, 꼭 원한다면 그래도 무방하다는 허용적 반응이 나타난다(Damon, 1977; Martin, 1989).

12~15세경이 되면 아동은 다시 강한 성역할 고정관념을 갖게 된다. 이러한 경향은 청년기 **자아정체성**의 위기를 극복하기 위한 탐색과정에서 자신의 성에 관한 개인적이며 사

회적인 정체성을 확립하려는 욕구가 표출되는 데 기인하는 것으로 보인다. 성역할 정체성이 어느 정도 확립되는 청년후기나 성인기에는 성역할 규준에 대해 보다 융통성 있는 사고를 갖게 된다(Maccoby, 1990; Stoddart & Turiel, 1985; Urberg, 1979).

우리나라 아동도 서구 아동과 마찬가지로 유아기부터 강한 성유형화와 성역할 고정관념을 갖고 있는 것으로 보인다. 장난감을 선택하는 데 있어서는 여아가 남아보다 높은 성유형화를 보이는 반면에, 또래 놀이친구를 선택하는 경우는 남아가 여아보다 높은 성유형화를 나타낸다(황혜신 · 이순형, 1990). 우리나라 유아의 성역할 고정관념은 5~6세경에 가장 강한 경향을 보이며 아동후기에 갈수록 성역할 개념은 보다 융통성을 갖는 것으로 밝혀져 서구 아동의 성역할발달양상과 일치된다(정선숙, 1992; 정순화, 1992; 정순화 · 정옥분, 1994). 그러나 아동후기에서 청년기까지 대상의 범위를 확대시켜보면 여학생의 성역할 고정관념은 계속적으로 감소되나, 남학생은 지속되는 경향이 나타나 서구와 차이가 있다(유가효, 1994).

우리나라 아동의 성역할 고정관념은 부모의 양육태도와 유치원 시기부터 교사의 영향을 크게 받는 것으로 보인다(이숙, 1981; 이예영, 1974; 이현옥, 1979).

3 성차의 발달

아동의 성장과정에서 실제로 얼마나 많은 성차가 있는가에 관해서는 논쟁이 계속되고 있다. 일찍이 Maccoby와 Jacklin(1974)은 성차에 관한 많은 실증적 연구를 종합하여 사회적 통념상 구분되어온 심리적 특성의 성차들 중의 많은 부분은 잘못된 것으로 지적한 바 있다. 많은 연구결과들이 보여주고 있는 성차의 발달을 다음과 같이 정리해볼 수 있다.

1) 입증된 성차의 발달

출생 직후의 신생아도 성차를 보인다. 남아는 여아보다 깨어 있는 시간이 길고 신체 운동량이 많으며, 더 많이 보채고, 활동수준이 높다. 반대로 여아는 보다 조용하며, 눈의 접촉이 더 많다(Hittleman, 1985). 이러한 신생아가 보이는 성차의 원인은 주로 생물학적 요인에서 찾아볼 수 있다. 신생아기에 나타나는 성차는 영아기 이후에도 지속된다.

성차에 관한 연구결과들을 살펴보면 아동의 연령별로 언어, 놀이 등에서 성차를 확인할 수 있다. **언어능력**의 **성차**는 영아기부터 나타난다. 1세경의 여아는 발성량이 남아에 비해 많고, 어휘발달도 남아보다 빨리 이루어진다. 전체적으로 여아의 언어능력은 남아보다 높으며, 어휘, 독해, 언어유창성 등의 성취도도 아동기부터 청년기까지 평균적으로 남아보다 높다.

유아기의 성차는 **놀이**에서 가장 현저히 나타난다. 남아는 적목쌓기, 자동차, 비행기 등 운동량이 많은 장난감을 좋아하며, 대근육을 보다 많이 사용하고, 공격적인 활동을 선호한다. 반대로 여아는 인형놀이, 옷입히기, 소꿉놀이 등 정적인 활동을 선호한다(Eisenberg et al., 1984; Fagot & Leinbach, 1983). 이 시기 유아의 놀이를 통해 남아는 여아보다 높은 공격성을 보인다. 이러한 차이는 2세경에 사회적 놀이가 시작되면서 나타나 청년기까지 지속된다.

4~5세경부터 여아는 사람에 대한 공감력이 크며, 정서적 표출 또한 강하고 깊게 나타난다. 이처럼 여아가 남아보다 정서적 민감성과 표현성이 높은 경향은 성인기까지 지속된다. 또한 여아는 남아보다 두려움과 조심성이 많으며, 모험심이 낮다.

아동기에 들어서면 지적 과제 수행과 또래관계에서 성차가 나타난다. 남아는 여아에 비해 시공간적 능력이 높다. 남아는 적목으로 형태만들기, 회전시킨 도형의 형태식별 등의 시공간적 과제에서 여아보다 우수하다. Maccoby와 Jacklin(1974)은 아동기에서 공간적 능력의 성차가 없다가 청년기부터 나타난다고 주장하나, 다른 학자들(Johnson & Meado, 1987)에 의하면 아동기부터 전 생애를 통해 지속되는 차이이다. 또한 남아는 여아보다 수학능력도 높으나 이러한 수학적 능력의 차이는 아동기에는 없으며 12~13세경부터 나타난다.

이상에서 언급한 성차의 발달에 미치는 생물학적 요인의 영향을 배제할 수 없지만, **환경적 요인**이 크게 작용한다. 아기가 갓 태어났을 때부터 부모는 남아와 여아를 다루는 방식에 차이를 둔다(McDonald & Parke, 1986). 2세경부터 부모들은 유아에게 사다주는 장난감, 입히는 옷, 권장하는 놀이 형태 등 여러 영역에서 성차를 크게 부각시키게 된다(Fagot & Leinbach, 1983, 1987). 보육원의 보모나 유치원 교사들도 마찬가지로 남아에게는 보다 남성적인 놀이나 활동을, 여아에게는 여성적 활동을 제공하고 강화한다(Carter & McKloskey, 1984). 특히 남아가 여성적인 것은 철저히 금지된다(Martin, 1990).

1~2세 사이의 영아를 돌보는 보육원의 보모가 남아와 여아를 다루는 방식의 차이가 성차 형성에 영향을 미치는 과정을 관찰한 연구결과는 매우 흥미롭다. 1세 때에 아이들이 장난감을 잡고, 던지고, 차고, 밀고 하는 자기주장적 행동의 빈도를 측정한 결과 의미있는 성차가 없었다. 1년 동안 보모는 남아의 자기주장적 행동이나 요구에는 긍정적인 반응을 보이는 반면에, 여아의 자기주장적 행동은 명백히 무시하였다. 1년 후 남아는 여아보다 훨씬 높은 빈도의 거친 자기주장적 행동을 보였다(Fagot et al., 1986).

TV나 광고 등 각종 매체 또한 성차를 촉진하는 기능을 한다. 일반적으로 매체들은 전통적이며 고정적인 성유형을 보여주는 경향이 있다. TV를 많이 보는 아동일수록 성역할 고정관념이 높은 경향이 있다는 보고는 매체의 성차 촉진기능을 입증하는 것이다(McGhee & Fueh, 1980; Signorielli, 1989). 동화나 이야기책의 내용 또한 성차를 촉진하는 경향이 있다(Purcell & Stewart, 1990).

2) 입증되지 못한 성차의 발달

지금까지 남아와 여아 간에 성차가 있는 것으로 생각되어온 몇 가지 특성들 중에는 경험적 근거가 없는 잘못된 통념인 경우가 많다. 첫째, 남아의 사고가 여아보다 더욱 분석적이며 **인지적 처리능력**이 높다는 주장은 경험적 근거가 희박하다. 시공간적 능력이 관여되지 않는 인지과제나 논리적 추론능력에는 성차가 없다. 암기, 확률학습, 개념형성 등의 과제수행을 비교한 결과, 남아의 인지적 처리능력이 여아보다 우수하다는 주장은 잘못된 통념임이 밝혀졌다.

둘째, 남아가 여아보다 **자아존중감**과 **성취동기**가 높다는 것 또한 잘못된 통념이다. 아동기에서 청년기에 이르기까지 여아와 남아의 전반적인 자기만족도나 자신감에는 차이가 없다. 특히 성취동기의 성차는 없다. 자아존중감이나 성취동기에 성차가 있다고 생각한 것은 사회적 편견이 가져다준 잘못된 통념이다.

셋째, 여아가 남아보다 더 **사회적**이며, 더 **피암시적**이라는 주장 또한 잘못된 것이다. 여아와 남아의 사회적 대상에 대한 관심은 동일하며, 사회적 학습 정도에도 차이가 없다. 마찬가지로 집단에 대한 동조성에도 성차가 없다.

4 양성성

앞에서 살펴보았듯이 전통적으로 성역할발달에 관한 연구들은 아동이 자신의 성을 어떻게 인식하며, 성에 적합한 역할들을 어떻게 발달시켜가는가를 관심의 대상으로 하였다. 그러나 근래에 많은 발달심리학자들은 지나치게 고정된 성역할 기준은 남녀 아동 모두의 성역할발달에 도움이 되지 못한다고 비판하고 있다. 이러한 점에서 Bem(1978)이 제시한 **양성성**(androgeny)의 개념은 관심의 대상이 되고 있다.

종래에 심리학자들이 남성성(masculinity)과 여성성(femininity)을 단일차원의 양극으로

		여성성	
		높음	낮음
남성성	높음	양성성	남성적 유형
	낮음	여성적 유형	미분화

〈그림 10-3〉 Bem의 성역할 유형

생각했던 것과 달리 Bem은 남성과 여성 모두 양성의 특성을 공유할 수 있다고 보고, 이를 〈그림 10-3〉과 같은 네 개의 성역할 유형으로 구분하였다.

남성에게는 남성적 성유형을, 여성에게는 여성적 성유형을 이상적인 발달로 생각하던 종래의 이론과 달리, Bem은 양성적 유형을 성역할발달의 중요한 지표로 제시하였다. 양성성의 개념은 많은 문화권에서 성역할 고정관념을 타파하는 데 기여하고 있다.

Bem 등(Bem, 1974; Spence & Helmereich, 1978)은 남성성과 여성성 척도를 개발하여 성역할 유형을 진단하였다. 미국 대학생을 대상으로 한 연구에서 약 33%는 자신의 성과 일치하는 **남성적 유형** 또는 **여성적 유형**으로 구분되었으며, 약 30%는 **양성적 유형**으로 나타났다. 나머지는 **미분화**되었거나 자신의 성과 일치하지 않는 반응을 보였다(Spence & Helmereich, 1978). 초등학교 아동을 대상으로 한 연구에서는 8～11세 아동의 약 27～32%가 양성적 유형인 것으로 밝혀졌다(Boldizar, 1991).

양성적 유형의 남녀 아동은 독립적이며 자기주장적인 남성적 특성과 민감하고 온정적인 여성적 특성을 공유하므로 서구 사회에서는 다른 유형에 비해 적응도가 높은 것으로 알려지고 있다(Bem, 1975, 1978; Shaffer et al., 1991). 양성적 유형의 아동과 청소년은 자아존중감이 높고 또래집단에서의 인기도도 높다. 특히 양성적 여성은 성취지향적이며 책임감이 높다(Boldizar, 1991; Huston, 1983). 그러나 성취지향성과 책임감은 남성적 유형의 남아에게서도 마찬가지로 높은 특성이다. 따라서 양성성은 실제로 여성이 남성적 특성을 지님으로써 얻을 수 있는 혜택에 불과하다는 비판도 제기되고 있다.

PART 4

청년기 발달

청년기(adolescence)는 어떠한 시기인가? 갈등과 방황과 혼돈의 시기인가? 또는 넘치는 활기와 생명력으로 성인기를 준비하는 도약의 시기인가? 청년기만큼 학자들의 관점에 따라 발달적 특성이 다양하게 정의되는 시기도 없을 것이다.

제4부 청년기 발달은 두 개의 장으로 구성된다. 11장에서는 먼저 청년기를 바라보는 여러 이론적 관점들을 정립한 후, 12장에서는 청년기의 신체적, 인지적 발달과 자아 및 도덕성 발달을 살펴보게 될 것이다.

제 11 장
청년기 발달이론*

청년기를 이해하고 설명하는 관점은 이론가에 따라 달라질 수 있다. 어떤 관점에서 볼 때 청년기는 갈등과 방황과 혼동의 시기이지만 다른 관점에서 볼 때 청년기는 넘치는 활기와 생명력으로 성인기를 준비하는 도약의 시기이기도 하다. 이 장에서는 청년기를 설명하는 발달이론을 정신분석학적 접근, 인지발달적 접근, 맥락중심적 접근, 생애발달적 접근으로 나누어 살펴보고자 한다.

1 정신분석학적 접근

인간행동의 근원을 원초아의 욕구충족에서 찾고 있는 정신분석학적 접근(psychoanalytic approach)에서는 청년기 발달의 특징 또한 성적 욕구의 표출과 억압에 의해 설명한다. Freud는 청년기를 성기기(genital stage)라 지칭하고, 성호르몬의 분비로 인해 잠복되어

* 이 장은 앞으로 청년기에서 설명할 여러 가지 발달적 현상들을 이해하기 위한 구조적인 사고체계를 제공하기 위해 정리한 것이다. 각 이론가들의 연구내용에 대해서는 다음 장에서 구체적으로 설명할 예정이다.

있던 성적 욕구가 급격히 증가하며, 성적 쾌락을 추구하기 위해 강화된 원초아와 초자아 사이에서 자아의 균형기능이 불가피하게 변화하는 것을 이 시기의 특징으로 보고 있다.

정신분석학적 접근에서 청년기를 설명하는 대표적인 학자로서 Anna Freud, Peter Blos, Erik Erikson을 들 수 있다. 이들 이론가들의 공통적인 특징은 Freud의 성기기의 전제를 받아들여 성적 욕구의 증가라는 생물학적 성숙에 따른 심리적 갈등과 혼란을 청년기 심리적 발달의 불가피한 요인으로 인정하고, 청년기를 이에 대한 심리적 적응기간으로 고려하고 있다는 점이다. 그러나 청년기에 구체적으로 나타나는 심리적 적응양상의 설명방식은 학자들에 따라 다르다.

1) Anna Freud의 청년기 방어이론

Anna Freud(1948)는 청년들이 증가하는 성적 긴장에 적응하는 두 가지 대표적인 양식으로 **주지화**(intellectualization)와 **금욕주의**(asceticism)를 들고 있다. **금욕주의**는 신체와 관련되는 모든 것에 대해 거부, 혐오, 분노를 나타내는 청년기 특성을 뜻한다. 이러한 금욕주의는 사춘기의 급격한 성욕에 대한 두려움과 이를 통제하려는 자아의 방어기제(defense mechanism)에서 비롯된 것이다. 흔히 청년들의 금욕주의는 성욕을 넘어서서 먹고, 잠자고, 옷 입는 것 등 일상의 모든 신체적인 것에 대한 거부와 혐오로 확대되기도 한다(Muuss, 1988).

주지화는 성적 갈등을 이와는 정반대인 지적 활동 속에서 찾고자 하는 자아의 방어양식이다. 난해한 관념적인 서적에 몰두하거나 추상적인 용어의 사용을 즐기며, 미술, 음악 등 예술적 관심이 증가하는 것은 청년기 주지화의 한 양상으로 설명될 수 있다.

2) Blos의 청년기 적응이론

청년기를 단순한 성적 욕구의 증가와 그 방어적 특성에 의해 설명하려는 Anna Freud와는 달리 Blos(1962, 1979)는 청년기를 생물학적 변화에 대한 보다 적극적이며 성숙된 **자아의 적응체계**가 이루어지는 시기로 간주한다. 청년들은 이러한 자아의 적응과정을 통해 부모에 대한 오이디푸스 콤플렉스적 집착과 의존에서 벗어나 부모로부터 독립하는 중요한 청년기 발달을 이루게 된다.

Blos는 청년기 발달기제를 **이차 개체화과정**(secondary individuation process)이라 부른다. 이차 개체화과정을 통해 청년기 발달이 이루어지는 양상은 청년기 자아발달의 장에

서 상세히 설명하고자 한다.[1)]

3) Erikson의 정체성발달이론

Erikson(1963)이 Freud의 심리성적 발달이론에 사회적 요인의 중요성을 도입함으로써 심리사회적 발달이론으로 확장시켰다는 것은 아동기에서 설명한 바와 같다. Erikson은 전 생애에 걸친 심리적 발달을 8개의 단계로 나누어 설명했으나, 그의 이론의 핵심은 청년기 발달을 설명하는 **자아정체성**의 개념에 있다.

Erikson이 제시한 **정체성 위기**는 오늘날 청년기 발달을 설명하는 탁월한 개념으로 인정받고 있다. 보다 근래에 Marcia(1966, 1980)는 Erikson의 청년기 정체성발달수준을 4개의 정체성 지위(status)로 구분하여 많은 청년기 연구자들의 공감을 받고 있다.

Erikson과 Marcia의 정체성발달이론은 다음 장의 청년기 성격발달에 관한 절에서 상세히 다루게 될 것이다.

2 인지발달적 접근

Piaget의 이론을 중심으로 하는 인지발달적 접근에서는 청년기에 이루어지는 인지발달적 변화에 의해 청년기 특유의 사고양식과 행동을 이해하고자 한다. Piaget(Inhelder & Piaget, 1958)의 청년기 형식적 조작사고 발달이론, Kohlberg(1963, 1969)와 Gilligan (1982, 1984)의 청년기 도덕성발달이론 그리고 Elkind(1967)의 청년기 자아중심성이론은 청년기 인지발달적 접근을 대표하는 이론들이다.

1) Piaget의 형식적 조작사고이론

Piaget는 청년기를 그의 인지발달이론의 마지막 단계인 **형식적 조작기**(formal operational period)로 규정하고 있다. 청년기 형식적 조작사고는 가설을 설정하고 이를 전제로 추론하는 **명제적 사고**와 문제해결과정에서 관련 변인들을 추출하고 분석하며 이를

1) 일차 개체화과정(first individuation process)은 아동이 외적 세계와 자신이 분리된 실체임을 명확하게 깨닫는 3세경에 완성된다.

상호 관련짓고 통합하는 **결합적 분석**, 구체적 대상의 존재여부와 관련 없이 형식논리에 의해 사고를 전개하는 **추상적 추론**의 세 가지 특성을 갖는다. 보다 쉽게 말해서, 형식적 조작기는 청년들이 눈앞에 주어진 구체적인 사태를 넘어서서 보이지 않는 모든 가능한 것들에 대해서 고려하고, 원리를 찾으며, 이론을 형성하는 과정에서 기쁨을 얻는 단계이다.

Piaget는 청년기 형식적 조작사고의 발달단계를 11～12세에서 14～15세에 해당하는 3-A단계와 14～15세 이후에 해당하는 3-B단계의 두 하위단계로 구분하고 있다. 청년초기에 해당하는 3-A단계에서는 체계적이고 명확하게 관련 요인들을 결합하고 제시하는 능력이 부족하다. 이에 반하여 3-B단계에 이르러 형식적 조작에 숙달하게 되면 모든 논리적 가능성을 체계적 방식으로 고려할 수 있게 된다. Piaget는 이러한 형식적 조작사고의 특징을 **조작의 결합체계**(combinatorial system of operation)와 **INRC 조작체계**(INRC group of operations)의 두 가지 대표적인 개념으로 설명하고 있다. 이 두 개념은 구체적 조작기의 유목(classes)과 관계(relations)조작에 상응하는 중요성을 가지므로, 청년기 인지발달의 장에서 상세히 설명하기로 한다.

2) 청년기 도덕성발달이론

앞의 아동기 도덕성발달에 관한 장에서 이미 설명했듯이 Piaget의 인지발달이론은 아동과 청년의 도덕적 사고의 발달을 설명하는 이론적 틀이 되고 있다. Kohlberg의 이론은 도덕성발달을 대표하는 이론으로 널리 인정받고 있으며, Gilligan의 배려지향적인 도덕성발달이론 또한 최근에 큰 관심의 대상이 되고 있다.

(1) Kohlberg의 정의판단 발달이론

잘 알고 있다시피 Kohlberg는 도덕성발달을 모든 문화권에서 보편적인 합리적 사고능력과 **정의**(justice)**판단**능력으로 고려하고 있다. Kohlberg 이론에서 청년기는 전반적으로 **인습수준**(conventional level)의 도덕적 사고를 갖는 시기이다. 따라서 대부분의 청년들은 자신이 속한 사회의 규칙, 기대, 관습을 준수하고 이에 동조하는 것을 정의로 생각한다. 그러나 20세가 넘어 청년후기에 들어서면 일부 청년들은 인습이후의 단계로 이행한다. 인습이후 수준에 들어서면 개개의 사회적 규칙과 관습을 준수하기보다는 이들 규범의 기초가 되는 일반적인 **도덕원리**를 추론하고 받아들이게 된다. 만일 특정 사회의 규칙이 이러한 보편적인 도덕원리와 갈등을 일으키면, 인습이후 수준에서는 인습보다 도덕적 원리에 의해 판단하고 행동하려는 경향이 높다(김민남 역, 1988).

청년기 도덕성발달에 있어서 많은 논쟁의 대상이 되고 있는 문제가 도덕적 사고의 **퇴행**

(regression)이다. Kohlberg와 Kramer(1969)의 연구에서 고등학교 후반과 대학 2~3학년 사이에 있는 교육수준이 높고 지적인 청년들의 약 20%가 인습수준으로부터 인습 이후 수준으로 진전하는 대신에 자신의 쾌락을 추구하는 단계 2의 도덕적 상대주의로 퇴보하는 현상이 나타났다. Kohlberg는 이 시기를 $4\frac{1}{2}$단계의 사회이탈적 조망으로 규정하고, 이러한 현상이 나타나는 원인을 청년후기 사고의 특징에서 찾고 있다. 이 문제는 청년기 도덕성발달의 절에서 보다 상세히 다루어보고자 한다.

(2) Gilligan의 배려지향이론

Gilligan(1977, 1982)은 도덕판단은 근본적으로 상이한 두 측면을 공유하고 있다고 주장한다. 하나는 남성들의 도덕적 사고의 주류를 이루는 정의, 공정성, 공평성, 합리성의 문제에 대한 도덕적 사고와 판단의 발달이다. Kohlberg의 도덕성발달이론은 주로 남성을 대상으로 함으로써 도덕성의 합리적 측면만을 다룬 제한된 이론이라고 Gilligan은 비난하고 있다.

Gilligan은 여성들에게서 보다 강하게 나타나는 도덕성의 한 측면으로서 인간관계 속에서 타인을 배려하고, 타인의 요구에 민감하게 반응하며, 타인과의 관계를 고려하는 도덕적 사고를 중시하고 있다. 이러한 도덕성은 추상적인 도덕적 원리보다는 인간에 대한 책임을 강조하며, 타인에게 해를 끼치거나 폭력을 행사하는 것을 피하고, 자신을 희생하더라도 인간관계를 유지하고자 하는 강한 대인 간 **배려지향성**(caring)을 갖는다.

Gilligan은 성적 갈등과 낙태 등의 문제와 관련되는 상황에서 청소년들의 도덕적 판단을 분석하여, 이를 바탕으로 Kohlberg 이론과 별도로 도덕성발달수준을 설정하였다(Gilligan & Belenky, 1980; Gilligan et al., 1971). 보다 상세한 내용은 청년기 도덕성발달의 장에서 설명하게 될 것이다.

3) Elkind의 청년기 자아중심성이론

Piaget가 자아중심성을 유아기 사고의 특징으로 간주한 것과는 달리 Elkind(1967, 1968)는 인지발달단계는 각 단계 특유의 자아중심성을 갖는 것으로 보고 있다.

출생에서 2세 사이에 해당하는 감각운동기에는 자신과 외적 세계를 구별하는 능력의 결핍에서 오는 **감각운동적 자아중심성**을 갖는다. 2세와 6세 사이의 **전조작적 자아중심성**은 상징(symbol)과 참조물(referent)을 구별하지 못하는 데에서 기인한다. 이 시기 유아가 장난감 의자를 기차로 믿고 가상놀이에 몰두하는 것은 전조작적 자아중심성의 예가 된다. 7~11세 사이 아동은 상상과 실제를 구별하지 못하는 **구체적 조작적 자아중심성**을 갖는다.

아동 자신이 이야기를 꾸며내고는 그것이 자신인 양 믿는 것은 이러한 자아중심성에 기인하는 것이다.

11세경 형식적 조작사고의 발달과 더불어 가설설정능력이 획득되면 매우 독특한 청년기 자아중심성이 나타난다. Elkind(1967)는 **상상적 청중**(imaginary audience)과 **개인적 우화**(personal fable)의 두 가지 개념으로 청년기 자아중심성의 특징을 설명하고 있다. 청년기 자아중심성은 청년기 특유의 행동양식을 잘 설명해줄 수 있는 개념으로서 최근에 많은 연구가 이루어지고 있다. 청년기 자아중심성은 청년기 사회인지발달에서 자세히 검토하게 될 것이다.

3 맥락중심적 접근

청년기의 심리적 발달을 청년들이 몸담고 있는 환경의 특성과 환경과의 상호작용에 의해 설명하려는 이론적 입장을 맥락중심적 접근(contextual approach)이라 한다. 이 접근은 청년기 심리발달의 뿌리를 신체 및 성적 성숙에서 찾고 있는 Freud, Blos, Erikson 등의 생물학적 결정론의 반대쪽에 서 있는 이론적 입장이다.

Margaret Mead(1950)의 사모아(Samoa) 연구를 통해 알 수 있듯이 문화는 가장 일찍부터 청년심리학자들의 관심의 대상이 되어온 맥락의 하나이다. 청년기 발달의 문화인류학적 모형은 특정 문화가 청년기 발달에 미치는 영향을 강조한 것이다. Bronfenbrenner(1977)를 중심으로 하는 인간발달의 생태학적 모형 또한 최근에 각광받고 있는 맥락중심적 접근이다. 맥락적 특성과 유기체 특성의 상호작용을 강조하는 Lerner(Lerner & Lerner, 1986)의 맥락주의 모형은 맥락중심적 접근에서 중요한 위치를 차지하고 있는 이론이다.

1) Mead의 문화인류학적 모형

청년심리학의 **문화인류학적 접근**은 Boas(1950)의 **문화적 상대론**(cultural relativism)에 근거한다. Boas는 인간의 발달적 특성을 형성하는 것은 생물학적 기제가 아니라 사회적 요인이라는 문화적 결정론을 주장하였다. 그는 질풍노도와 같은 청년기의 혼돈과 위기는 성호르몬 분비에 기인하는 것이 아니라, 고도로 경쟁적인 서구사회가 만들어낸 문화적 부산물로 생각하였다.

Boas의 제자인 Mead(1901~1978)는 사모아 청년들에 대한 연구를 통해 문화적 상대론을 경험적으로 입증하였다. 그는 서구의 청년들과 달리 사모아의 젊은이들은 평화롭고 즐거우며 행복한 청년기를 보낸다는 사실을 관찰하였다. Mead는 청년기가 긴장과 갈등과 성적 혼돈을 겪는 시기가 될 것인지 또는 조화롭고 행복한 시기가 될 것인지의 여부는 전적으로 문화적 맥락에 의존하는 것으로 판단하였다. 같은 뉴기니 종족이면서도 척박한 산속에 살면서 서로 협력하여 먹을 것을 거두어들여야 하는 아라페시 족의 청년들은 협조적이고 따뜻하며 평화롭고 유순한 데 반하여, 정글의 물살이 센 강에서 혼자 고기를 잡아 생계를 유지해야 하는 문두구모르 족의 젊은이들은 잔인하고 공격적이며 자기주장적이고 경쟁적인 성격을 갖게 된다는 관찰결과(Mead, 1935, 1950)는 문화적 상대론을 입증하는 것이다.

Mead의 연구는 사모아 청년과 6년간 함께 생활하면서 그들의 특성을 관찰한 오스트레일리아의 문화인류학자인 Freeman(1983)에 의해 전적으로 오류라는 비판을 받은 바 있다. Freeman은 사모아의 젊은이들도 서구의 청년들과 마찬가지로 경쟁, 폭력, 죄의식, 억압된 성적 욕구 등을 지니고 있다고 주장하면서, 청년기 심리적 특성은 생물학적 요인과 문화적 요인의 상호작용에 의해 결정되는 것이라는 통합적 입장을 제시하였다.

2) Bronfenbrenner의 생태학적 모형

Bronfenbrenner(1977)가 주도한 발달의 **생태학적 모형**은 청년기 발달에 영향을 미치는 맥락적 요인들을 거시적이며 종합적으로 이해할 수 있는 틀을 제공해주고 있다. Bronfenbrenner가 제시한 네 개의 사회문화적 주도체계와 이들 체계 내에서의 상호작용을 이해하는 것은 청년기 발달을 연구하는 중요한 배경이 되고 있다.

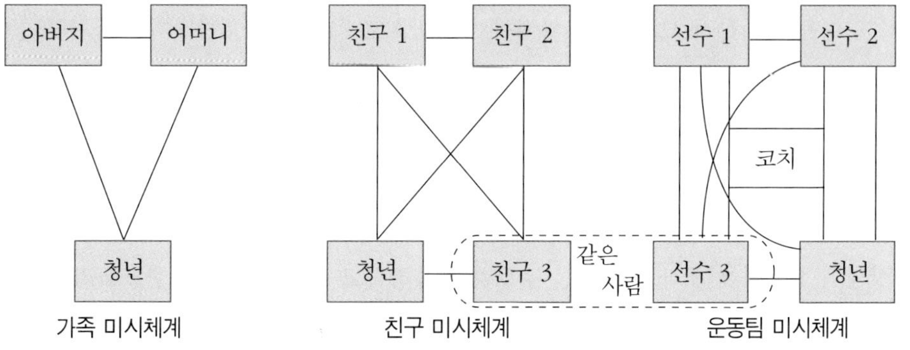

〈그림 11-1〉 청년기 미시체계의 예
(Muuss, 1988에서 인용)

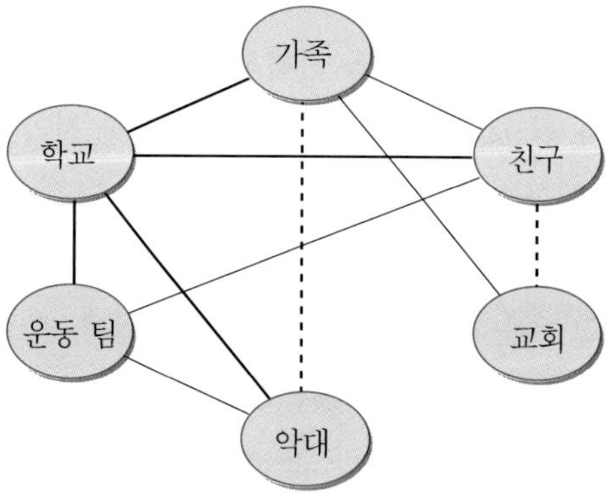

〈그림 11-2〉 **청년기 거시체계의 예**
(Muuss, 1988에서 인용)

〈그림 11-1〉에 제시하듯이, 가족, 학교, 축구팀과 같은 미시체계(microsystem)는 청년들의 심리적 발달에 직접적인 영향을 미치는 환경체계이며, 그 상호작용에 관해 많은 연구가 이루어져 왔다. 〈그림 11-2〉에서는 **중간체계**와 **외체계**를 통합하는 **거시체계**(macrosystem)로서의 청년의 사회문화적 맥락을 제시하고 있다. 이들 체계가 청년기 발달에 미치는 보다 구체적인 영향에 관한 설명은 청년기 사회성발달 부분으로 미루고자 한다.

3) Kandel의 부모-교우관계 모형

청년기 **부모관계**와 **교우관계** 간의 갈등은 많은 발달심리학자들의 관심의 대상이 되어온 문제이다. Kandel(1986)은 청년기 교우집단이 형성되는 원리와 부모와 교우가 미치는 상대적 영향을 생태학적 모형의 틀 위에서 설명함으로써 전통적인 청년기 발달 문제를 새로운 시각에서 이해하고자 한다.

Kandel(1978a, 1978b, 1986)은 청년기 교우집단의 형성, 지속 및 해체를 **선택과정**과 **사회화과정**에 의해 설명한다. 또한 청년기 부모와 교우집단의 상대적 영향을 통합적으로 고려하기 위해서는 부모-청년관계의 특성, 교우집단의 본질, 부모-교우관계에 영향을 미치는 상황적 요인들에 대한 종합적인 검토가 필요하다고 주장한다. 이러한 Kandel의 관점과 실증적인 연구결과들은 청년기 교우관계 및 부모-자녀관계를 중심으로 하는 사회성발달의 장에서 구체적으로 살펴보고자 한다.

4) Lerner의 맥락주의 모형

Lerner(1991)는 청년을 둘러싼 환경적 맥락 내의 여러 요구와 청년의 기질적 특성 간의 상호작용에 의해 청소년 발달을 이해하려는 맥락적 입장을 갖고 있다. 맥락주의적 관점에 의하면 청년은 환경의 영향을 수동적으로 받아들임으로써 특정 환경의 특성에 의해 발달이 결정되는 수동적 존재가 아니라, 자신의 고유한 특성으로 환경에 영향을 미치며, 여러 환경적 특성들을 능동적으로 받아들이고 처리하는 적극적인 발달의 생성자라고 한다. 이러한 관점에서 볼 때 청년기는 많은 발달적 **가소성**(plasticity)[2]을 갖는 시기이다.

Lerner의 맥락주의 모형에서 **순환적 기능**(circular function)과 **확률적 생성**(probabilistic epigenesis)은 핵심이 되는 개념이다(윤진, 1992). 순환적 기능이란 개인이 지닌 기질적 특성이 그가 몸담고 있는 환경적 맥락의 성격에 영향을 미치고, 이는 다시 개인의 경험을 형성함으로써 발달에 영향을 미치는 과정을 의미한다. 예를 들어, 까다롭고 공격적인 청년은 부모나 주위의 다른 사람들을 지치거나 화나게 만들며, 이는 그 청년에 대한 바람직하지 못한 태도나 반응을 낳게 하여 결과적으로 부정적인 인간관계를 형성하게 하는 계기가 된다.

청년의 특성과 환경적 맥락 특성 간의 순환적 기능은 환경의 요구에 대한 청년의 반응에서도 마찬가지로 작용한다. 특정 환경은 그 환경 특유의 물리적 특성에서 오는 요구와 부모, 교사, 또래 등 주변 사람들의 고유한 성격, 가치, 기대에서 오는 요구가 있게 마련이며, 이러한 환경적 요구에 청년의 기질적 특성이 조화롭게 반응한다면 환경과의 긍정적인 순환적 기능이 이루어지게 되며, 이는 나아가 청소년의 건전한 발달을 가져온다. 개인의 고유한 내적 특성과 환경적 맥락 간의 순환적 기능을 **거래적 상호작용**이라 부른다.

확률적 생성은 환경적 맥락의 특성 및 개인과 환경 간 상호작용의 가변성과 특이성을 강조하는 개념이다. 동일한 환경적 맥락이라도 이를 받아들이는 개인에 따라 그 상호작용은 달라질 수 있는 것이다. 같은 불우한 환경에서도 그 불우함으로 인해 오히려 뛰어난 발달적 성취를 보이는 청년과 불우한 환경으로 인해 비행 청소년으로 추락하는, 극난적으로 다른 발달양상을 목격하게 되는 것은 확률적 생성의 실례가 된다. 따라서 특정 청년의 특정 환경적 맥락에서 갖게 될 상호 영향력에 대해 확률적으로 언급할 수 있을 따름이지 이를 완벽하게 예측하는 것은 불가능하다(윤진, 1988). 청년기 발달의 가소성이 인정되는 것은 바로 확률적 생성에 대한 기대 때문이다.

2) 가소성이란 환경적 경험에 의해 발달이 촉진될 수 있는 가능성을 의미한다(Lerner, 1984). 가소성은 정상적인 발달이 바람직한 환경적 경험에 의해 촉진되는 과정과 바람직하지 못한 환경으로 인해 발달이 위축되고 억제된 상태로부터 환경이 정상화되면 정상적으로 회복되는 과정을 포함한다.

4 생애발달적 접근

생애발달적 접근(life-span developmental approach)은 특정 시기의 발달적 특성을 수정에서 죽음에 이르기까지의 전 생애발달과 관련지어 고려하는 입장을 뜻한다(Baltes & Reese, 1984). 생애발달적 접근에서 청년기를 이해하고자 하는 학자들은 태내기부터 아동기에 이르기까지 청년기 이전의 경험들이 어떻게 누적되어 청년기 발달에 영향을 미쳐왔는가를 검토하는 동시에 앞으로 맞게 될 성인기 생애설계의 전망에 비추어볼 때 청년기가 어떠한 의미를 갖는가를 함께 고려한다. 생애발달적 접근에서는 또한 특정 청년집단이 몸담고 있는 시대 · 사회적 배경이 청년기 발달에 어떻게 영향을 미치고 있으며, 지능, 성격, 사회성 등 여러 차원의 발달적 특성들이 어떻게 상호작용하여 청년기의 통합적인 발달양상을 결정하는가에 관심을 두고 있다. 이처럼 발달을 전 생애적, 맥락적, 다차원적 입장에서 고려하는 것이 생애발달적 접근의 특징이다.

생애발달적 접근을 대표하는 학자인 Baltes(1987, 1989)는 청년기 발달에 미치는 영향을 연령구분적, 역사구분적, 비규범적 영향들로 나누어 설명하고 있다.

연령구분적 영향은, 예컨대 성호르몬의 분비, 직업탐색, 학교교육 등과 같이 대부분의 청년들이 유사한 연령에서 공통적으로 경험하게 되는 생물학적, 환경적 요인들로부터의 영향을 의미한다.

역사구분적 영향은, 예컨대 광주사태와 같은 정치사회적 변화, 경기불황과 같은 경제적 요인, 전쟁, 핵가족화 등 개개 청년이 속하는 특정 시대의 사회 · 역사적 특성으로부터 오는 영향력을 뜻한다. 연령구분 및 역사구분적 영향은 모든 청년이 유사하게 경험하며, 개개인에게 미치는 영향을 비교적 예언할 수 있다는 점에서 규범적 영향(normative influences)이라 부른다.

비규범적 영향은 특정 청년에게만 영향을 미치는 개인 특유의 생물학적, 환경적 결정인을 뜻한다. 개인 특유의 가족구성, 상별경험, 대학입시 실패, 출산장애, 실연 등은 청년기 비규범적 영향의 몇 가지 예이다. 청년기 발달을 제대로 이해하기 위해서는 이들 세 가지 범주의 영향력을 종합적으로 고려할 필요가 있다. 이 세 가지 영향에 대해서는 성인기 발달 장에서 다시 설명하게 될 것이다.

생애발달적 접근은 청년기를 보다 거시적이며 미래지향적인 시각에서 이해할 수 있도록 관점의 폭을 넓혀주는 장점이 있다. 특히 청년기 갈등과 혼돈을 성인기 생애설계의 준비라는 긍정적인 시각에서 이해할 수 있게 하는 것은 생애발달적 접근의 기여라 할 수 있다.

제 12 장 청년기의 발달적 특징

청년기는 언제 시작되는가? 학자들에 따라 청년기는 성적 변화의 징후에 의해 시작되기도 하고, 자신의 존재의미에 대한 의문에서 시작되기도 한다. 또는 청년기는 관념과 이상의 형성과 더불어 시작되기도 하며, 집단의 규범을 준수함으로써 동료집단으로부터 수용받고자 하는 사회적 욕구에서 시작되기도 한다.

이 장에서는 청년기 발달을 신체 및 성적 발달, 인지발달, 자아발달 및 도덕성발달로 나누어 살펴보고자 한다.

1 청년기 신체 및 성적 발달

청년기를 제2의 신체발육 급증기(growth spurt)라 부르는 것에서 볼 수 있듯이, 신체 및 성적 발달은 청년기를 이해하기 위한 중요한 요인이다. 청년초기의 신체 및 성적 발달 양상과 신체적 발달속도가 청년기 적응과 심리적 발달에 미치는 영향을 살펴보고자 한다.

1) 사춘기 신체성장

사춘기에 들어서면서 급격한 신체적 성장이 이루어진다. **성장급증기** 동안에 성인이 된 후 키의 98%가 자라는 것으로 보고되고 있다(Tanner, 1978). 사춘기 신체발육이 시작되는 연령은 개인차가 있지만, 여아는 대체로 10세경(7~14세의 범위)에 시작되며, 남아는 12세경(9~16세의 범위)에 시작된다. 〈그림 12-1〉은 미국 남아와 여아의 신체발육의 연령차를 잘 보여준다.

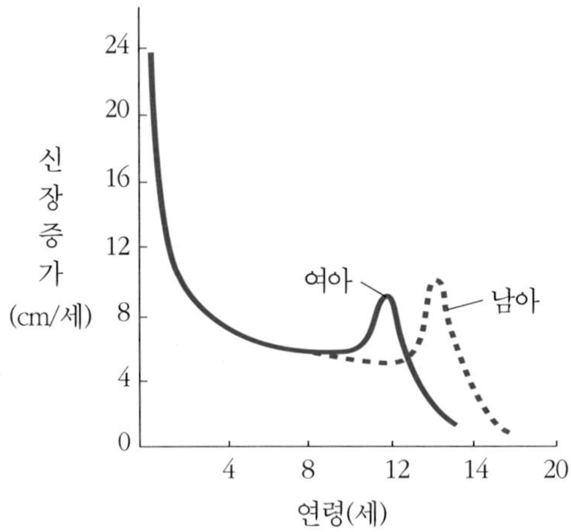

〈그림 12-1〉 **미국 남녀 연령별 신장 증가율**
(Santrock, 1995에서 인용)

1993년도 교육부에서 실시한 우리나라 청소년의 신체발육에서도 같은 성차가 나타나고 있다. 〈표 12-1〉을 보면 9세까지의 아동기에는 남아의 신체발육이 여아보다 앞서지만, 사춘기가 시작되는 10세경부터 여아의 신체발육이 남아보다 다소 앞서기 시작한다. 11세와 12세에는 여아가 모든 신체발육에서 남아보다 빠르다. 그러나 13세부터 남아의 급격한 신체발육이 시작되면서, 성별 간 격차는 반대방향으로 점점 커지게 된다. 〈그림 12-2〉에서 사춘기 신체발육 급증현상과 성차를 확연히 볼 수 있다.

사춘기 신체발육과 성적 발달을 포함하여 성장률이 해가 갈수록 높아지는 **가속화** 현상은 관심을 가질 만한 문제이다. 가속화 현상은 미국, 유럽, 일본 등에서 약 100년 전부터 꾸준히 나타나는 현상이다.

표 12-1 우리나라 아동 및 청소년 신체발육

연령	키(cm)		몸무게(kg)	
	남	여	남	여
6세	119.80	117.90	22.25	21.54
7세	124.67	123.35	25.14	24.03
8세	129.95	128.86	28.24	27.17
9세	135.24	134.57	31.73	30.62
10세	139.79	140.63	34.70	34.59
11세	145.50	147.14	39.00	39.40
12세	151.61	152.42	43.45	44.44
13세	158.61	155.57	48.89	48.16
14세	164.37	157.41	54.21	50.98
15세	168.35	158.33	58.22	52.71
16세	169.89	158.78	60.37	53.47
17세	170.87	158.99	62.58	54.05

(청소년 백서, 1994에서 인용)

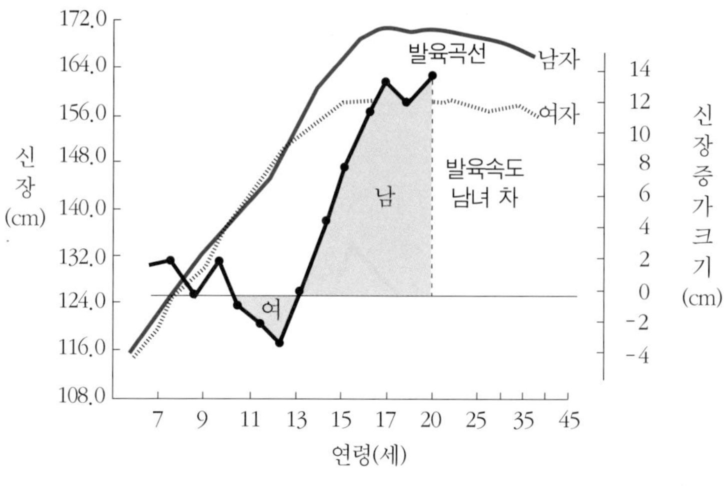

〈그림 12-2〉 우리나라 사춘기 남녀의 신장증가율

(송석영, 1981에서 인용)

〈표 12-2〉에 20년간 평균 신장과 체중의 평균증가 수치를 제시하였으며, 신장가속화 정도를 〈그림 12-3〉과 같이 도식화하였다.

표 12-2 20년간 신체발육 증가치

연령	신장증가(cm)		체중(kg)	
	남	여	남	여
6세	5.78	5.20	2.85	2.54
7세	5.87	6.15	3.44	3.43
8세	7.55	3.86	4.45	4.37
9세	8.24	8.37	5.93	5.62
10세	7.99	10.18	7.10	6.69
11세	7.90	12.24	8.90	9.00
12세	6.01	6.62	6.25	6.24
13세	8.67	6.77	8.39	6.06
14세	10.87	6.01	10.41	5.88
15세	5.85	2.83	6.82	3.31
16세	5.79	2.08	5.77	1.28
17세	4.17	1.19	5.78	1.88

(청소년 백서, 1994에서 인용)

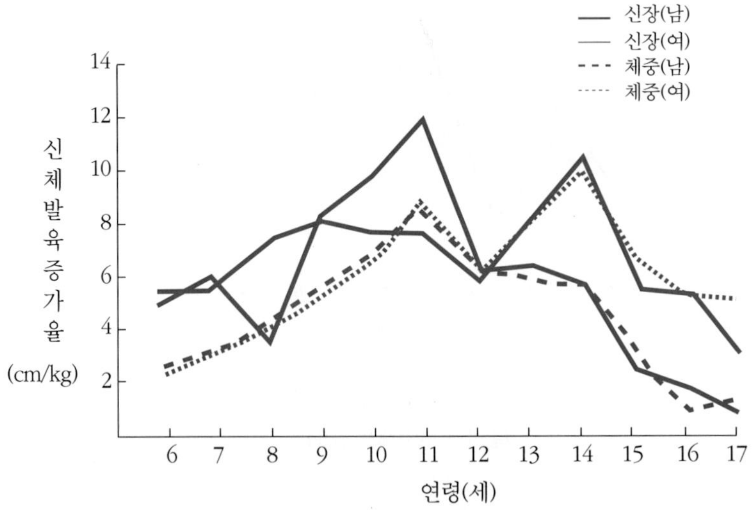

〈그림 12-3〉 연령별 신체발육 증가율
(〈표 12-2〉를 도식화한 것임)

우리나라 청소년의 신체발육을 살펴보면, 1973년부터 1993년까지 20년간 평균신장의 증가 정도는 남아의 경우 14세에서 10.87cm, 여아의 경우 11세에서 무려 12.24cm에 달하였다(청소년 백서, 1994).

성적 발육에 있어서도 마찬가지로 가속화 현상을 찾아볼 수 있다. 미국의 경우 1900년에는 초경이 시작된 연령이 14.2세였던 것이 오늘날에는 12.45세로 빨라졌다(Santrock, 1995). 우리나라는 1965년에 14세 2개월로 보고되던 것(서봉연 · 전광문, 1965)이 1982년에는 12세 3개월로 낮아지고 있다(김미화, 1982; 이춘재 등, 1988).

사춘기 신체발육의 가속화 경향이 나타나는 것은 생활수준이 높아짐에 따라 건강, 영양, 심리적 보살핌 등에서 보다 좋은 환경적 요인이 작용하기 때문인 것으로 보인다. 미국의 경우 산업혁명과 더불어 가속화 현상이 나타나기 시작했으며, 인구의 대부분이 높은 생활수준을 누리는 오늘날에는 가속화 현상이 거의 끝난 것으로 보고되고 있다(Schmeck, 1976). 우리나라의 경우 1965년부터 1985년 사이에 14세 남아의 신장증가는 10.32cm, 11세 여아는 12.09cm로서 1973년부터 20년간의 신장증가율과 유사하다. 따라서 우리나라에서는 신체발육의 가속화가 유지되고 있는 것으로 보인다.

사춘기에는 성호르몬의 분비와 더불어 **성적 발육**(pubescence)이 시작된다. 사춘기 성적 발달속도는 개인차가 크지만, 발달순서는 비교적 고정적이다. 여아의 경우 유방의 발육이 가장 먼저 시작되고, 이어서 음모가 자라기 시작하며, 신장과 체중의 발육급증이 나타나고, 마지막으로 초경(menarche)이 있게 된다. 여아의 99%는 신체적 급성장 후 초경이 시작된다. 남아의 경우 고환의 발육이 먼저 시작되고, 음모가 자라며, 고환의 발육이 계속되고, 음경이 커지며, 몽정이 있고, 신체발육의 급증이 뒤따른 후 변성이 나타나고, 마지막으로 체모가 자라기 시작한다. 사춘기 성장은 대체로 2년 동안 계속되며, 난자와 정자를 배출할 수 있게 되면 성장이 완성된다(Irwin & Simons, 1994; McAnarney & Greydanus, 1987).

초경이 시작되는 연령은 개인차가 있다. 초경 연령은 유전적 요인의 영향이 크지만, 영양, 운동, 스트레스 등 개인적인 환경요인의 영향 또한 크다. 가족의 크기와 사회 · 경제적 계층 또한 성적 성숙속도에 영향을 미친다. 사회 · 경제적 계층이 높은 가정의 청소년은 저소득 계층보다 초경 연령이 평균 11개월 빠르다는 보고도 있다(Marshall & Tanner, 1974). 초경으로부터 약 12~18개월이 경과하면 배란과 더불어 임신이 가능하다(Boxer et al., 1983).

2) 사춘기 신체상

신체상(body image)이란 자신의 신체에 대한 감각, 느낌, 태도 등을 포함하는 정신적 표상을 의미한다. 사춘기 성장이 이루어지는 시기 동안 청소년들은 자신의 신체적 변화에 큰 관심을 보이며 신체상을 형성하게 된다. 6,500명의 청소년을 대상으로 한 연구에 의하면 청소년들은 자신의 신체적 발육과 매력을 낮게 지각하는 경향이 있다. 남아는 자신이 너무 여위었다고 지각하는 반면에, 여아는 살쪘다고 지각하는 경향이 높다(Levinson et al., 1986). 그러나 전체적으로 남아가 여아보다 긍정적인 신체상을 갖고 있다(Franzoi & Herzog, 1987). 우리나라 청소년들의 신체상도 남아가 여아보다 긍정적인 것으로 되풀이해서 보고되고 있다(곽금주 · 문은영, 1993; 이명숙, 1994).

신체상에 대한 관심은 청년초기에 가장 높으며, 이 시기 신체상의 긍정적 평가도는 학업성취도 및 심리적 행복감과 정적인 상관을 갖는다. 청년기 신체상의 형성에는 여러 가지 요인이 작용하지만, 자신의 신체에 대한 부모의 평가가 10대 청년들의 신체상 형성에 가장 크게 영향을 미친다. 청년기에 시작된 자신의 신체상에 대한 관심과 불만은 그 정도는 낮으나 성인기에도 지속된다. 미국 성인의 96%가 자신의 외모의 어떤 부분을 바꾸고 싶어하는 욕구를 갖고 있는 것으로 보고되고 있다(Harris, 1987).

10개국 5,938명의 10대 청소년들을 대상으로 한 연구(Offer et al., 1988)에 의하면 미국과 독일의 청소년이 자신의 외모와 신체적 조건에 대해 가장 긍정적인 신체상을 갖고 있으며, 대만과 방글라데시의 청소년이 가장 낮은 신체상을 갖고 있는 것으로 밝혀졌다. 76%의 미국 청소년이 자신의 외모와 신체가 자랑스럽다고 보고하고 있으며, 82%의 독일 청소년이 자신이 잘 생기고 매력적이라고 생각하고 있다. 반면에 대만과 방글라데시 청소년의 약 50% 이상이 다른 사람이 자신의 신체를 매력적이지 않다고 생각할 것으로 지각하는 경향이 있었다. 대만 청소년은 자신의 성적 매력에 대해서도 59%가 부정적인 반응을 보였으며, 성을 금기시하는 경향이 10개국 중 가장 높았다.

3) 사춘기 신체적 성숙의 영향

사춘기 신체적 변화는 여러 가지 심리적 변화를 수반한다. 사춘기 성적 성숙이 이루어지면서 청년들이 자신의 신체 및 성적 발육이 또래집단과 다르거나 바람직하지 않다고 느낄 때 심리적 적응상의 문제들이 발생하게 된다(Petersen, 1988). 따라서 **성숙 속도가 지나치게 빠른 청소년**과 **지나치게 늦은 청소년**은 심리적 부적응을 경험할 수 있다.

청년기 신체 및 성적 성숙 속도가 심리적 적응에 미치는 영향은 남녀에 따라 차이가 있다. **남아**의 경우 **조기성숙**은 긍정적 신체상을 증대하며 사회적 적응에 바람직한 영향을 미치는 것으로 알려져 있다(Shaffer, 1993). 미국 캘리포니아 대학에서 조기성숙하는 남아와 늦게 성숙하는 남아를 각각 6년간 종단적으로 추적하여 연구한 고전적 연구(Jones & Bayley, 1950)결과에 의하면, 늦게 성숙하는 청소년은 안정감이 없고, 초조하며, 타인의 관심을 끌려는 경향이 있었다. 청년기 신체적 성숙이 심리적 적응에 미치는 영향에 관한 보다 최근의 연구들도 같은 결과를 보여주고 있다. 조기성숙 남아는 안정감과 자신감이 있으며, 운동, 서클활동, 학생회 모임 등에서 대표적인 지위를 차지하였다. 이에 반하여 늦게 성숙하는 남아는 불안하고, 안정감이 없으며, 사회적으로 부적감과 열등감이 높은 것으로 밝혀졌다. 또한 이들은 학습에 대한 열의도 낮으며, 주변으로부터의 격려, 공감, 이해를 받고자 하는 욕구가 높은 것으로 나타났다(Duke et al., 1982; Livson & Peskin, 1980).

보다 근래에 보고된 캘리포니아 대학 종단적 연구결과에 의하면 늦게 성숙한 남성들은 30대에 들어서서도 청년기와 마찬가지로 사회성이 낮고, 자신감이 부족하며, 충동적이고, 집단 내에서 인기도가 낮은 것으로 밝혀졌다(Crockett & Peterson, 1987; Jones, 1965). 이에 반하여 조기성숙한 남성은 책임감이 있고, 협동적이며, 집단 내에서 지도자가 되는 비율이 높았다. 이러한 연구결과는 청년기 신체적 성숙도가 남아의 심리적 발달에 미치는 영향이 강력하고 지속적임을 보여준다.

남성과는 반대로 조기성숙하는 청년기 여성은 문제행동경향이 보다 높으며, 이성관계

표 12-3 초경 시작 연령에 따른 규범이탈비율

행 동	초경 시작 연령(세)			
	11	11~12	12~13	13
가정				
부모의 제지 무시	16.7%	7.1%	2.8%	3.6%
허가 없이 밤늦게 귀가	27.1	12.2	5.6	4.5
학교				
커닝	17.0	5.1	5.1	7.3
학교를 빠짐	39.6	14.3	5.6	7.1
여가시간				
마약흡입	12.0	4.1	1.1	0.9
음주	35.4	20.0	7.9	6.3
시내에서 돌아다님	20.8	9.1	8.5	3.6
좀도둑질	14.6	5.2	4.5	1.8

(Irwin & Simons, 1994에서 인용)

에 빨리 몰입하기 쉽다. 스웨덴에서 1965년에 시작하여 현재에도 진행되고 있는 한 종단적 연구결과를 〈표 12-3〉에 제시하고 있다. 초경 연령에 따른 14~15세에서의 문제행동 발생비율을 비교한 것을 보면 조기성숙이 여아의 적응에 미치는 부정적 영향을 짐작할 수 있다.

미국에서도 청년기 조기성숙 여성은 문제행동경향이 높다는 연구결과들이 제시되고 있다(Brooks-Gunn & Paikoff, 1993; Stattin & Magnusson, 1990). 조기성숙한 여성은 흡연, 음주, 섭식장애 등의 비율이 높으며, 부모로부터의 조기독립을 원하고 성적 경험도 빨리 시작된다. 교육적 및 직업적 성취는 낮은 편이다. 결론적으로 사춘기 조기성숙 여성은 빠른 신체적 발달과는 달리 사회적 및 인지적 성숙도가 낮으므로 자신의 생애에 미치는 장기적 영향력을 고려하지 못한 채 쉽게 문제행동으로 빨려들게 된다(Petersen, 1993).

사춘기 조기발육이 남성에게는 긍정적인 영향을 미치는 반면에 여성에게는 부정적인 영향을 미친다는 도식적인 주장에 대해 최근에 반론이 제기되고 있다. 조기성숙은 성숙에 소요되는 기간이 짧아 준비가 덜 된 상태에서 사춘기가 끝나므로 덜 탐색적이고, 지적 호기심이 낮으며, 기질적으로 불안해하는 경향이 높은 것으로 보고된다. 사춘기에 성숙이 빠른 남성은 자기통제력이 약하며, 음주, 흡연, 마약 등에 쉽게 몰입하는 경향이 있다는 보고도 나오고 있다(Duncan et al., 1985; Sussman et al., 1985). 마찬가지로 여성의 경우도 초경에 대한 태도가 급격히 긍정적으로 바뀌고 있으며, 조기성숙을 걱정하기보다는 환영하는 경향이 높아지고 있다. 특히 종단적으로 추적했을 때, 30대에는 조기성숙한 여성이 보다 자기주도적이며 사회적 스트레스에 잘 대처하고 적응해나간다는 사실도 밝혀지고 있다(Livson & Peskin, 1980). 따라서 성적 성숙속도가 느린 집단이 오히려 심리적 적응이 어렵다는 반론도 제기되고 있다(Simmons & Blyth, 1987).

이상의 연구결과들을 종합해보면, 조기성숙의 긍정적 및 부정적 영향에 대해서는 현재로는 결론을 내리는 것이 성급해 보인다.

우리나라 초등학교 5학년에서 고등학교 2학년까지 남녀 2,000여 명을 대상으로 청소년의 사춘기 성적 성숙시기와 심리사회적 발달 간의 관계를 분석한 자료를 보면, 남학생의 경우 사춘기 신체성숙이 빠른 집단이 늦은 집단에 비해 신체상이 보다 긍정적이며, 능력에 대한 자신감과 생활사태 대처능력이 높은 것을 제외하고는 정서, 기분, 가족관계, 친구관계 등의 영역에서 두 요인 간에 상관이 없었다. 여자의 경우 중학교 2학년에서만 보통 성숙집단이 성숙이 빠른 집단에 비해 정서적으로 보다 안정되어 있으며, 가족 및 친구관계를 긍정적으로 인식하는 것 외에는 두 변인 간에 관련성이 없다. 이러한 결과는 전반적으로 우리나라 청소년의 사춘기 이차 성 특징으로 성기관의 발달은 심리사회적 발달에 영향을 주지 않는 것을 알 수 있게 해준다(이춘재 등, 1991).

2 청년기 인지발달

아동기와 마찬가지로 청년기 인지발달 또한 주로 Piaget의 이론적 틀로 설명되고 있다. Piaget(Inhelder & Piaget, 1958)에 의하면 청년기는 형식적 조작사고가 발달하는 단계이다. 11~12세경에 시작하는 형식적 조작기(formal operational period)는 Piaget 이론에서 인지발달의 마지막 단계로서 성인기까지 지속된다. Piaget가 제시한 형식적 조작사고의 논리적 모형을 살펴본 후 형식적 조작개념이 시사하는 청년기 사고의 일반적인 특징을 알아보고자 한다.

1) 형식적 조작사고의 발달

(1) 형식적 조작사고의 논리적 모형

Piaget는 형식적 조작사고의 발달을 다룬 그의 저서 『논리적 사고의 발달: 아동기에서 청년기까지(*The Growth of Logical Thinking: From Childhood to Adolescence*)』(Inhelder & Piaget, 1958)에서 논리적인 실험과제의 해결과정을 관찰함으로써 형식적 조작사고의 특징을 분석해냈다. Piaget는 형식적 조작사고의 특징을 **16개의 이원결합조작**(16 binary operations)과 **INRC군**(group)의 두 논리적 모형으로 설명하고 있다.

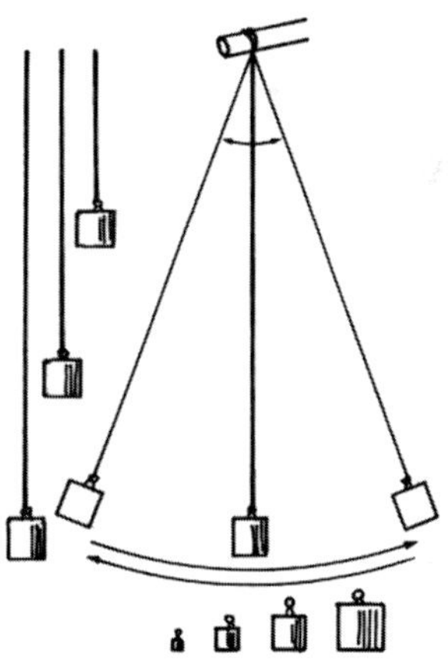

〈그림 12-4〉 흔들이(진자) 과제
(Inhelder & Piaget, 1958에서 인용)

이원결합조작은 이떤 실험이나 현상 속에서 각 변인들의 관찰 가능한 결과와 가능하지 않은 결과 간의 논리적 결합에 의해 결론을 도출하는 조작적 기능을 의미한다. 〈그림 12-4〉에서 제시하고 있는 흔들이 과제(pendulum task)를 예로 들어보자.

이 과제에서 진동을 정확하게 맞추기 위해서는 ① 줄의 길이, ② 추의 무게, ③ 흔드는 힘의 강도를 동시에 고려할 수 있어야 한다. 이 과제를 주면 구체적 조작기 아동은 추를 흔들어봄으로써 관련변인을 찾아내려는 시도를 보인다. 그러나 이들의 사고는 가능한 변인들의 관계를 미리 예상하거나 실험을 사전에 계획하지 못하며, 탐색과정에서도 모든 변인들의 조합을 고려하지 못하는 한계가 있다.

형식적 조작기에 들어서면 추의 진동에 영향을 미치는 모든 변인을 추출하고, 가능한 변인들 간의 조합을 찾아내며, 나타날 수 있는 가능한 결과들에 대한 가설을 설정하는 능력을 보이게 된다. 줄의 길이와 추의 무게 간의 결합을 다음 〈표 12-4〉로 예를 들어보자.

표 12-4 줄의 길이와 추의 무게의 결합에 따른 진동

관찰 가능한 결합			
	길이	무게	진동
1	길다	가볍다	느림
2	짧다	가볍다	빠름
3	길다	무겁다	느림
4	짧다	부럽다	빠름

관찰 불가능한 결합			
	길이	무게	진동
1	길다	가볍다	빠름
2	짧다	가볍다	느림
3	길다	무겁다	빠름
4	짧다	부럽다	느림

(Ginsburg & Opper, 1988에서 인용)

Piaget는 위의 변인의 결합양상과 결과를 다음 〈표 12-5〉와 같은 논리적 기호로 표기하였다.

표 12-5 진동실험의 기호표기

	길이	무게	진동	결과
1	$\bar{p}$	q	$\bar{r}$	T
2	p	q	r	T
3	$\bar{p}$	$\bar{q}$	$\bar{r}$	T
4	p	$\bar{q}$	r	T
5	$\bar{p}$	q	r	F
6	p	q	$\bar{r}$	F
7	$\bar{p}$	$\bar{q}$	r	F
8	p	$\bar{q}$	$\bar{r}$	F

p 길다; q 가볍다; r 느림; T 관찰 가능; $\bar{p}$ 짧다; $\bar{q}$ 무겁다; $\bar{r}$ 빠름; F 관찰 불가능.
(Ginsburg & Opper, 1988에서 인용)

위의 표에서 보면 추의 무게에 관계없이 줄의 길이가 짧으면 진동은 항상 빠르며, 줄의 길이가 길면 진동은 반드시 느리다. 이와 같이 어떤 변인과 결합하더라도 그 결과가 반드시 관찰 가능한 결합을 **완전긍정**(complete affirmation 또는 tautology)이라 부른다. 반면에 추의 무게는 줄의 길이에 따라 진동을 결정하는 역할이 달라진다. 추의 무게가 동일하게

가볍더라도 줄이 길면 진동이 느린 반면에 줄이 짧으면 진동은 빨라진다. 이처럼 결합되는 다른 변인의 성격에 따라 그 결과가 달라지는 결합을 **상보적 함의**(reciprocal implication)라 부른다. 완전긍정과 상보적 함의를 포함하여 Piaget는 각 변인들이 결합될 수 있는 가능한 논리적 결합양상을 16개의 이원결합조작으로 개념화하였다. 한마디로 **이원결합조작**이란 주어진 과제를 해결하기 위해 변인과 변인 간의 논리적 관계를 계획하고 가설을 설정할 수 있는 사고기능을 의미한다.

Piaget가 형식적 조작사고의 또 하나의 특징으로 설명하는 **INRC군**은 결합조작을 조정 또는 변용하는 규칙을 의미한다. INRC군은 **동일성**(Identity), **부정**(Negation), **상보성**(Reciprocity), **상관성**(Correlativity)의 머리글자를 딴 것이다. INRC군은 가역성(reversibility)에 바탕을 둔 가상적인 논리적 조작이다. 구체적 조작기 보존개념 실험에서의 상보성은 예컨대 높이와 너비라는 구체적 특성의 상호관계의 조작을 의미하였다. 형식적 조작기 상보성은 앞에서 설명한 이원결합조작들이 상호관계를 설명함으로써 결론을 도출하고자 하는 형식적 논리의 조작을 의미하는 것이다.

이원조작의 상징기호 체계에서 보았듯이 Piaget는 형식적 조작사고를 논리적 체계로 설명함으로써 청년기 인지발달의 이해를 어렵게 했다는 비판을 받고 있다. 또한 형식적 조작사고의 난해성으로 인해 청년기 인지발달수준이 낮게 보고되기도 한다. Piaget의 기준에 따라 진단했을 때 미국 청년의 30~40%만이 형식적 조작사고가 가능하다는 연구결과들(Capon & Kuhn, 1979; Keating, 1980; Linn, 1983)이 제시되고 있다. 문화권 간 비교연구에서도 기술적으로 미개한 사회의 청년과 성인에게서는 형식적 조작사고를 전혀 찾아볼 수 없었다는 보고도 많이 있다(Dasen, 1977; Rogoff, 1981). 이러한 자료들은 청년기 인지발달을 설명하는 Piaget 이론의 보편타당성을 위협하는 것이다. 우리나라에서도 중학교 2학년의 22%만이 형식적 조작사고에 도달해 있다는 연구결과가 제시되어 있다(Han, 1982).

(2) 형식적 조작사고의 일반적 특징

Piaget는 형식적 조작사고의 발달양상에 의해 청년이나 성인의 사고가 아동의 사고와 어떻게 질적으로 달라야 하는지를 밝히고자 하였다.

성인들이 일상생활에서 접하게 되는 문제에는 여러 가지 변인들이 복잡하게 관련되어 있다. 예를 들어, 새로운 직장으로 옮길 것인가의 여부를 결정해야 하는 성인기 문제해결 과정에는 근무조건, 보수, 안정성, 인간관계, 승진 가능성 등 고려해야 할 변인들이 무수히 있으며, 자신, 아내, 부모, 자녀의 입장에서 각기 미칠 영향들을 고려할 수 있어야 한다. 시행착오적으로 행동하기 전에 이들 변인들의 기능과 상호관계를 철저히 검토하여 그로부터 결론을 도출해내는 체계적이며 논리적인 사고능력은 성인기 삶에서 중요한 의미를 갖고 있다. 형식적 조작사고는 이처럼 주어진 문제를 해결하는 방안에 대해 체계적으로 가설을 설정하고, 그 검증을 통해 결론을 도출하는 **가설연역적 사고**(hypothetico-deductive reasoning)의 발달과정을 설명하기 위한 것이다. 청년기 가설연역적 사고기능을 논리적으로 설명한 Piaget의 이론을 일반적인 개념으로 보편화시켜보면, 다음과 같은 청년기 사고의 특징을 잘 설명해줄 수 있다(Flavell et al., 1993; Keating, 1980).

첫째, 청년들은 여러 현상에 대해 가설을 설정할 수 있으므로 구체적이며 실재론적인 아동기 사고의 한계에서 벗어나 **가능성**(possibility)에 대해 생각할 수 있다. 실재(reality)와 가능성 간의 관계에 관한 구체적 조작사고와 형식적 조작사고의 차이점을 검토해보면 대단히 흥미로운 청년기 사고의 특징이 드러난다. 구체적 조작사고는 현실의 대상물의 조작이 주가 되는 사고이며, 가능성에 대한 사고는 나타나지 못하고 가려져 있다. 형식적 조작사고의 발달과 더불어 가설설정능력이 시작되면 가능성이 전면에 표출되어 청년기 사고를 지배하게 된다. 청년들은 아동기와는 반대로 먼저 가능한 사태에 대한 이론을 설정하고, 가능한 것으로부터 경험적으로 실재하는 것으로 사고가 진전한다(Inhelder & Piaget, 1958).

청년기 가능성에 대한 가설설정능력은 물리적 사태에 대한 과학적 사고에 국한되는 것이 아니며, 사회, 정치, 종교, 철학 등 전 영역에 걸친 **이상주의**(idealism)로 확장된다(Piaget, 1981). 이러한 청년기 이상주의는 자신의 관념에 대한 집착과 이를 달성하기 위한 추구 및 자신의 관념과 일치하지 않는 모든 것들에 대한 비판으로 나타나게 된다. 흔히 청년들이 자신들의 이상주의에 집착하여 사회를 변화시키고자 하며, 필요하다면 보다 나은 사회를 만들기 위해 기존의 사회를 파괴하고 개혁하고자 하는 성향을 갖는 것은 형식적 조작사고의 발달에 기인하는 것이다(Piaget, 1980). Elkind(1978)는 이러한 청년기 사고의 특징을 법관적 사고 또는 판단자적 사고라 부른다.

둘째, 가능한 모든 변인을 탐색할 수 있는 청년기 형식적 조작사고는 여러 명제 간의 논리적 추론을 다루는 **명제적 사고**(propositional thinking)를 가능하게 한다. 명제적 사고란 'A인 동시에 B' 'A이지만 B는 아님' 'A도 아니고 B도 아님'과 같은 세 개의 명제를 바탕으로 가설을 설정하고 논리적으로 추론해가는 능력을 의미한다. 다음에 명제적 사고의 몇 가지 예를 들어보자.

만일 비가 오면, 보도가 젖을 것이다(만일 A이면, B이다).
만일 보도가 젖어 있으면, 비가 오고 있는 것이다(만일 B이면, A이다).
만일 비가 오지 않으면, 보도가 젖지 않을 것이다(만일 A가 아니면, B도 아니다).

만일 보도가 젖어 있지 않으면, 비가 오고 있지 않는 것이다(만일 B가 아니면, A도 아니다).
만일 비가 오면, 보도는 말라 있지 않을 것이다(만일 A이면, B가 아니다).
만일 비가 오지 않으면, 보도는 말라 있을 것이다(만일 A가 아니면, B이다).

(Bybee & Sund, 1982에서 인용)

청년기와 성인기 명제적 사고의 중요성은 앞에서 언급한 직장 옮기기, 학과 선택 등 일상의 의사결정장면에서 어떠한 사고가 필요한가를 생각해보면 알 수 있을 것이다.

셋째, 청년기 가설-연역적 사고의 발달은 추상적이며 융통성 있는 사고를 가능하게 한다. 다음과 같은 실험을 예로 들어보자. 여러 연령의 아동과 청소년에게 '만일 네가 눈을 하나 더 가질 수 있고 그 눈을 신체 어느 부위에든 둘 수 있다면 어디에다 두고 싶은지 그림으로 그려 보아라.' 고 지시한다고 가정하자. 실재의 구속에서 벗어나지 못하는 구체적 조작기 아동은 〈그림 12-5〉에서 보듯이 실제로 두 개의 눈이 있는 사이에 그려 넣을 것이다. 이에 반하여 형식적 조작기 아동은 사방을 돌아볼 수 있도록 머리꼭대기 끝에 눈을 붙이거나, 몸의 구석구석을 다 볼 수 있도록 손바닥에 그려 넣을 것이다. 이러한 반응의 차이는 구체적 조작기 아동은 실제로 눈이 있는 위치의 한계에서 벗어나지 못하는 반면에, 형식적 조작기 아동은 주어진 가설적인 명제에 대해 보다 추상적이고, 융통성 있는 창의적 반응을 할 수 있음을 보여주는 것이다.

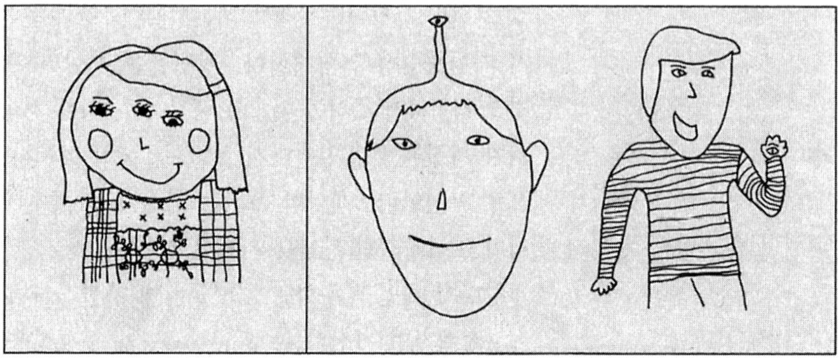

구체적 조작기 형식적 조작기

〈그림 12-5〉 구체적 조작기와 형식적 조작기의 제3의 눈 그림
(Shaffer, 1993에서 인용)

2) 청년기 사회인지발달

(1) 청년기 자아중심성

형식적 조작사고의 발달과 더불어 다양한 가능성들을 생각하게 되면, 청년들은 자신의 생각과 관념 속에 사로잡히게 된다. 청년들은 자신이 중요하고 가치 있다고 생각하는 관념의 세계와 타인의 관념을 구분하지 못하며, 자신에게만 독특한 세계와 타인의 보편적인 세계를 구분하지 못한다. 따라서 청년들은 자신은 특별한 존재라는 청년기 특유의 독특성에 대한 착각에 빠져들게 되며, 자신이 우주의 중심이 된다고 믿을 만큼 강한 자의식을 보이게 된다. Elkind(1978)는 이러한 청년기 특유의 사회인지적 특성을 **청년기 자아중심성**(adolescent egocentrism)이라 부른다. 자아중심성은 청년기 발달과정에서 나타나는 자연스러운 발달적 속성의 하나이다. 청년기 자아중심성은 형식적 조작사고가 발달하는 11～12세경에 시작되며, 15～16세경에 정점을 이루다가 청년들이 다양한 대인관계의 경험을 통해 자신과 타인에 대한 객관적인 이해가 이루어지면 서서히 사라지게 된다(Lapsley, 1991).

Elkind(1978)는 청년기 자아중심성이 나타나는 특성을 두 가지로 나누어 설명하고 있다.

개인적 우화

개인적 우화(personal fable)는 청년들이 자신은 특별하고 독특한 존재이므로 자신의 감정이나 경험세계는 다른 사람과 근본적으로 다르다고 믿는 청년기 자아중심성의 형태이다. 청년들은 자신의 우정, 사랑 등은 다른 사람은 결코 경험하지 못하는 것으로 생각하며, 다른 사람이 경험하는 죽음, 위험, 위기가 자신에게는 일어나지 않으며, 혹시 일어나더라도 피해를 입지 않을 것으로 확신한다. 개인적 우화는 이처럼 청년기 자신의 독특성에 대한 비합리적이고 허구적인 관념을 지칭한 것이다.

청년기 개인적 우화는 청년들에게 자신감과 위안을 부여하는 측면도 있으나, 심해지면 자신의 존재의 영속성과 불멸성을 믿게 됨으로써 과격한 행동에 빠져들게 될 위험이 있다. 청년들이 흔히 음주운전, 폭주, 마약, 성문란 등 파괴적 행동을 범하는 것은 자신이 특별한 존재이므로 그러한 행동이 가져다줄 부정적 결과는 타인에게 해당되는 것이지 자신의 몫이 아니라는 개인적 우화에 기인하는 것이다.

청년기 우화는 청년세대의 긍정적인 독특성과도 연결된다. 청년들은 자신의 세대는 기성세대가 하지 못한 많은 가능성을 가지고 있다고 믿으며, 이를 행동으로 옮긴다. 빈곤퇴치, 환경운동, 시민운동 등에 청년들이 적극적으로 참여하는 것은 이러한 이유에서이다.

Elkind(1974)에 의하면 개인적 우화는 청년들의 자기과신에서 비롯된다. 개인적 우화 정도가 높은 청소년은 자의식과 자신에 대한 관심이 지나치게 높다(O' conner & Nikolic, 1990). 또한 개인적 우화는 감각추구경향과 위험행동에 몰입하는 정도와 정적 상관이 있으며, 이러한 경향은 남자에게서 더욱 현저하다. 심한 개인적 우화는 자살상념이나 우울증과 관련이 있는 것으로 보고되고 있다(Arnett, 1990; Cole & Cole, 1989). 개인적 우화 현상은 청소년에게 현실검증능력이 생기면서 자신과 타인의 실체를 객관적으로 인식하며, 타인과의 친밀한 관계를 정립하게 되면 사라진다.

상상적 청중

상상적 청중(imaginary audience) 또한 청년기 과장된 자의식으로 인해 자신이 타인의 집중적인 관심과 주의의 대상이 되고 있다고 믿는 청년기 자아중심성의 형태이다. 청년들은 상상적 청중을 즐겁게 하기 위해 많은 힘을 들이며, 타인이 눈치 채지도 못하는 작은 실수로 번민하게 된다. 상상적 청중에게 자신의 위신을 손상시켰다고 생각되면 작은 비난에도 청년들은 심한 분노를 보인다.

청년기 상상적 청중의식의 정도를 진단하는 **상상적 청중척도**(Imaginary Audience Scale)가 개발되어 사용되고 있다(Elkind & Bower, 1979; Mullis & Markstrom, 1986). 이 척도를 사용하여 진단한 결과에 의하면 중학교 2학년에서 가장 높은 상상적 청중의식이 나타나며 이후부터 서서히 감소한다. 그러나 상상적 청중 현상이 나타나게 하는 데 기여하는 과도한 자의식은 많은 사람에게 있어서 성인기에도 지속되는 특성이다.

상상적 청중 척도에서 높은 점수를 보이는 청소년들은 부정적 자아개념을 갖는 경향이 높으며 자아존중감과 자아발달단계가 낮다(Hauck et al., 1986; Lapsley et al., 1988; Mullis & Markstrom, 1986). 이들 청소년은 자아정체성 확립수준 또한 낮으며, Marcia(1980)의 구분에 따르면 정체감을 성취한 집단보다 역할혼미와 정체성 유실집단에서 상상적 청중 현상이 나타나는 비율이 높다. 이성과의 교제경험이 있는 청소년이 상상적 청중 경향이 낮다는 보고는 흥미로운 것이다(Peterson, 1982). 상상적 청중은 대인 간 신경과민 등 사회적 기술부족과도 관련이 있다(Cohen et al., 1988; Hauck et al., 1986).

우리나라에서도 청년기 자아중심성과 관련하여 일련의 연구들이 이루어져왔다(김인경, 1993a, 1993b, 1994; 김인경 · 윤진, 1987; 김인경 · 장근영, 1992; 장근영 · 윤진, 1992). 국내 연구에서 밝혀진 가장 중요한 연구결과는 서구의 청년들은 15~16세경에 자아중심성에서 벗어나는 데 반해 우리나라 청소년의 자아중심성은 청년중기 이후에도 일관성 있게 증가하며, 대학교 1학년 시기까지 높은 수준으로 지속된다는 사실이다. 이러한 결과는 우리나라 청소년들이 중 · 고등학교 시기 동안 적절한 대인관계 경험을 갖지 못하며, 자아정체성의 탐색이 불충분한 데에서 기인되는 것으로 보인다(김인경 · 장근영, 1992).

우리나라에서도 자아중심성이 높은 청소년은 자기에 대한 반추적인 집착이 강하고, 부정적 자아개념 정도가 높다(김인경, 1993a). 부모와 수용적이며 애정적인 관계를 유지하고 인정과 사랑을 받고 있다고 자각하는 청소년은 자아중심성이 낮은 반면, 부모로부터 지나친 통제와 구속을 받거나 방임상태로 버려져 있다고 생각하는 청소년의 경우 자아중심성이 높았다(김인경 · 윤진, 1987). 특히 비행집단 청소년의 자아중심성이 일반집단에 비해 높은 것은 이 특성이 비행과도 관련이 있음을 반영하는 것이다(윤진 · 김인경, 1994; 윤진 등, 1989).

(2) 청년기 정치 및 사회적 사고의 발달

형식적 조작사고의 발달이 가져다주는 청년기 특유의 **이상주의**는 청년들의 정치사회적 현실에 대한 이상주의와 이로 인한 과격한 비판과 현실참여로 나타나게 된다. 미국, 독일, 영국의 10대 청소년 수백 명과의 면접을 통해 청년기 정치적 사고의 발달양상을 분석한 Adelson 등(Adelson, 1972; Adelson et al., 1969)의 연구결과는 청년기 정치영역의 사회인지적 사고를 이해할 수 있는 귀중한 자료가 되고 있다.

Adelson 등은 청소년에게 세계 각국의 여러 사람이 고루 모여 남태평양의 무인도에 나라를 세운다는 가상적인 상황을 제시하고, 그들이 기대하는 사회적 구조, 정부형태, 법률의 역할, 개인의 자유, 소수민족의 권익, 종교적 선택과 자유 등에 관해 질문하고 그 응답을 분석하였다. 이 연구를 통해 밝혀진 청소년의 정치적 사고에 관한 내용 중 다음의 세 가지는 특히 관심을 가질 만한 것이다(Cole & Cole, 1989).

첫째, 청소년의 정치적 사고는 **14세**를 전후하여 발달적 변화를 보인다. 14세 이전의 청년초기 사고는 구체적인 사람이나 사태에 의존하는 데 반해, 14세경에 시작되는 청년중기 이후의 정치적 사고는 **추상적인 원리**에 근거를 두고 있다. 예를 들어, '법이 왜 필요한가?' 라고 물었을 때 청년초기의 반응은 '사람이 서로 다치게 하거나 죽이는 것을 막기 위해서' 와 같이 구체적인 사태를 언급하는 경향이 지배적이다. 또한 청년초기는 한두 가지 측면에 국한된 사고를 하는 반면에 청년중기 이후에는 여러 측면을 고려하는 능력을 보여준다.

정치적 사고 발달과정에서 14세경에 사고의 전환이 나타나는 것은 국적, 성, 사회경제적 계층에 관계없이 모든 청소년에 공통적인 현상이다. 12세 미국 청소년의 정치적 사고가 15세의 친형보다 12세 독일 청소년의 정치적 사고와 더욱 유사하다는 Adelson(1972)의 지적은 이러한 보편성을 보여주는 것이다.

둘째, 청소년들의 정치적 사고는 연령이 증가함에 따라 보다 **이상주의적**으로 변해가는 경향이 있다. 청년중기 이후부터 대부분의 청소년들은 정치사회적 이상향을 머릿속에 그

표 12-6 사회문제에 대한 비관적 답변을 한 청소년 비율(%)

연령(세)	범죄	빈곤	인종편견
12	48	9	45
14	66	40	80
16	72	54	85
18	75	53	76

(Adelson, 1975에서 인용)

리고 있으며, 자신이 지각하는 현실의 정치사회적 상황이 이상향과 일치하지 않는 데 대해 좌절과 분노를 느끼고 있다. 〈표 12-6〉은 '우리 사회에서 범죄, 빈곤, 인종적 편견을 제거하는 것이 가능하다고 생각하는가?'는 물음에 부정적이거나 비관적인 답변을 한 청소년의 비율을 연령별로 보여주는 것이다. 위의 표에서 보면 정치사회적 현상에 대한 비관적인 사고가 12세와 14세 사이에 급격히 증가되는 것을 볼 수 있다.

셋째, 사회적 통제에 대한 관점은 청년전기에는 처벌지향적이지만 연령이 증가함에 따라 **개선과 재활**의 중요성을 깨닫게 된다. 예를 들어, 사람들이 죄를 짓지 않게 하기 위해 어떻게 하는 것이 가장 좋은 방안인가를 물었을 때 12~13세 청소년들은 감옥에 보내거나 사람들로부터 별거시키는 등 처벌을 시사하는 반응이 많았다. 이에 반하여 청년중기 이후 청소년들은 개인의 권익과 자율성 및 변화의 가능성을 고려하는 비율이 증가하였다.

Adelson과 O'neil의 청년기 정치적 사고의 발달과정이 전체적으로 Piaget가 제시한 형식적 조작사고의 발달과정과 일치하는 것은 흥미롭다. 이는 특정 영역의 사회인지의 발달이 전반적인 인지발달에 기초를 두고 있음을 반영하는 것이다(Adelson & O'neil, 1986).

3 청년기 자아발달

아동기 구체적 조작사고로부터 청년기 형식적 조작사고로의 이행은 자아발달과 도덕성 발달에도 큰 영향을 미친다. 청년기에는 주로 가시적인 외적 준거에 의해 쉽게 자신을 평가하고 수용하던 아동기의 구체적 조작적인 자아에서 벗어나 보다 추상적이며 내재적인 자아를 탐색하게 된다. 또한 개인욕구 중심이던 아동기 도덕적 사고의 한계에서 벗어나 타인의 관점을 이해하고 사회적 규범을 준수하는 인습적인 도덕적 사고를 갖게 된다. 청년기 자아발달양상과 Blos, Erikson, Marcia 등의 이론을 중심으로 하는 자아발달이론을 살펴본 후 도덕성발달의 특징을 검토하고자 한다.

1) 청년기 자아발달양상

(1) 청년기 자아인지의 특징

청년기 자아인지의 특징

청년기에는 많은 변인들을 체계적으로 탐색할 수 있는 형식적 조작사고의 발달로 인해 **자아인지** 또한 **다양화**된다. 청년들이 자신을 탐색하고 기술하며 평가하는 영역은 아동기에 비해 훨씬 세분화되어 있다. 예를 들어, Harter(1990c)의 청년기 자아인지척도는 학업능력, 직업적 유능성, 운동능력, 외모, 사회적 수용도, 교우관계, 낭만적 호소력, 행동 등 8개의 영역을 포함하고 있는데, 이는 앞에서 살펴보았듯이 아동기 자아인지영역보다 다양화된 것이다.

청년기에는 각 영역의 **자아인지** 또한 **세분화**된다. 예를 들어, 사회적 수용도의 인지는 아동기에 비해 훨씬 넓은 범위의 인간관계 속에서 다양한 역할들을 고려하여 자신을 평가하게 된다. 따라서 부모와의 관계에 대한 자아인지는 부정적인 데 반해 친구와의 관계에 대한 자아인지는 긍정적일 수 있다. 또한 청년기 자아인지는 시간적 가변성이 크다. 청년들은 한순간 자신감에 찬 긍정적인 자아개념을 가지다가도 다음 순간에는 자신에 대한 절망감에 빠져들기도 한다. 이러한 청년기 자아개념의 동요는 청년들의 자아개념이 타인에게 주는 인상이나 타인으로부터 받는 평가에 지나치게 의존하고 있으므로 자신에 대해 일관성 있는 자아개념을 갖지 못한 데 기인하는 것으로 설명된다(Rosenberg, 1986b).

실제적 자아와 이상적 자아

청년기에는 각 영역별로 다양하게 분화되어 때로 상호모순적인 하위 자아들에 **내적 일관성**(internal consistency)을 부여하여 하나의 자아로 통합해가는 중요한 과정이 이루어진다. 이러한 통합과정은 일반적으로 일시적인 혼돈과 부정적인 자아평가단계를 거치게 마련이다. 자아개념에 가장 혼돈을 느끼는 시기는 15~16세경을 전후하는 청년중기이며, 18~19세경 청년후기에 들어서면 자아통합이 이루어지기 시작한다. 자아인지의 일시적 퇴행이 나타나는 U형 발달현상은 Mendelson과 White(1985)를 비롯한 많은 연구자들에 의해 입증되었으며, 우리나라 청소년들도 마찬가지로 자아개념의 혼돈을 겪고 있음이 밝혀졌다.

우리나라 아동과 청소년들도 사춘기를 전후하여 자기상이 부정적으로 바뀌어간다. 이러한 경향은 신체상과 친구관계의 자기지각에서 가장 현저하다(정현희 · 오미경, 1993).

가능성에 대한 가설설정능력이 청년기 형식적 조작사고의 주요 특징임은 앞에서 설명한 바와 같다. 형식적 조작사고의 이러한 특징으로 인해 청년기에는 자아에 대해서도 일종의 가설을 설정하게 된다. 가능한 자아 또는 **이상적 자아**는 이렇게 해서 형성된 청년기 특유의 자아양식이다. 이상적 자아는 때로 아동기까지 지녀온 실제적 자아(actual self)와 괴리를 낳게 되기도 한다. 실제적 자아와 이상적 자아 간의 적절한 괴리는 실제적 자아수준을 높여주는 동기적 기능을 갖기도 하지만 두 자아 간의 지나친 불일치는 청년기 부적응의 한 가지 지표로 생각되고 있다(Higgins, 1987; Markus & Nurius, 1986).

청년기 가능한 자아는 미래에 자신이 도달하기를 원하는 자아의 모습이지만, 때로는 현재에 자신이 갖기를 원하거나 버리고 싶어하는 자아의 모습이기도 하다. 현재에 자신이 원하는 가능한 자아에 심리적으로 몰입하면 **거짓자아**(false-self)를 형성하게 된다. 거짓자아는 청년들이 자신이 원하는 자아의 모습을 마치 자신인 것처럼 나타내는 현상을 뜻한다. 흔히 청년기에 거짓자아와 **참자아**(true-self)와의 사이에 혼돈이 일어나게 되는 것으로 생각하기 쉬우나, 청년들은 두 개의 자아를 명백하게 구분하고 있는 것으로 알려져 있다. 청년들은 타인에게 강한 인상을 주고 싶을 때, 새로운 행동이나 역할을 시도해 보고 싶을 때, 타인이 자신의 참자아를 이해해주지 못하거나 좋아하지 않을 때와 같이 자신이 필요하다고 생각되는 상황에서만 거짓자아를 표출한다. 청년들은 거짓자아를 드러내면서도 자신의 거짓자아를 좋아하지 않는 것 같다(Harter & Lee, 1989).

청년기 거짓자아는 사회적 수용도가 낮거나 대인관계가 원만하지 못한 청소년에게서 자주 발견된다. 거짓자아는 보편적인 청년기 현상 중의 하나인 것 같지만, 어디까지나 청년기에 적합한 적응행동이며, 어떤 경우에 병리적인 부적응이 야기되는가는 앞으로 연구되어야 할 과제이다(Harter, 1990a).

(2) 청년기 자아존중감의 발달

앞에서 살펴본 바와 같이 청년기 동안에 자아는 여러 하위영역에서 여러 형태의 동요를 거치면서 점차 안정되고 통합된 자기평가에 도달하게 된다. 이처럼 통합된 자기평가 결과를 **자아존중감**이라 부른다는 것은 아동기 자아발달에서 설명하였다.

자아존중감은 청년들이 자아인지의 여러 하위영역에서 자신의 역할을 얼마나 성공적으로 수행하는가에 대한 자기평가 결과에 의해 형성된다. 이러한 자기평가는 청년들이 **중요성을 부여하는 타인**들의 자신에 대한 평가에 영향을 크게 받는다. 여러 하위영역에서 자신이 중요한 역할을 수행하고 있는 것으로 타인이 믿어준다고 인지할 때 청년들은 높은 자아존중감을 갖지만, 그렇지 못할 때 자아존중감은 낮아진다. 청년기 자아존중감에 가장 크게 영향을 미치는 타인은 일반적으로 또래집단이나 급우들이다. 이들의 영향은 부모나 가까운 친구보다 훨씬 큰 것으로 보고되고 있다(Harter, 1989a).

청년기 자아존중감이 여러 하위영역에서의 자기평가를 통합한 것이기는 하지만, 청년들이 특히 중요성을 부여하는 **영역**이 있다. 청년초기에는 외모나 신체적 매력이 가장 중요한 하위영역이다. 또래집단의 수용여부나 인기 또한 청년기 자아존중감에 강력한 영향을 미친다. 서구의 경우 외모와 인기는 학업적 성공도보다 청년기 자아존중감에 훨씬 크게 영향을 미치는 것으로 알려져 있다(Harter, 1990b).

자아존중감은 청년기 **적응**에 직접적인 영향을 미친다. 자아존중감이 낮은 청년들이 가장 경계해야 될 현상이 청년기 우울증이다. 청년기의 낮은 자아존중감이 우울증으로 발전되는 과정에는 부모의 기대와 또래의 요구가 크게 작용한다. 자아존중감이 낮은 청소년에 대한 부모의 기대가 계속적으로 높을 경우에 무력감이 커지게 되며, 이러한 무력감은 우울증으로 발전하게 된다. 반대로 부모와 또래집단의 따뜻한 지지나 격려가 있을 때 낮은 자아존중감으로부터 회복될 수 있다.

자아존중감과 청소년기 **비행**이 직접적으로 관련된다고 생각하는 것은 잘못이다. 실제로 비행청소년 중에는 높은 자아존중감을 가진 경우도 많이 있다. 그러나 일반적으로 낮은 자아존중감이 비행을 유발할 수 있으며 비행이 자아존중감을 떨어뜨릴 수도 있다. 다시 말해서, 자신이 중요성을 부여하는 집단의 기대수준을 충족시키지 못할 때 부정적인 자아개념을 갖게 되며, 이러한 부정적 자아인지로부터 탈피하는 한 양상으로서 비행을 저지르게 된다. 또는 다른 원인으로 비행을 저지르게 되면 이에 따른 죄책감으로 인해 자아존중감이 낮아지기도 한다.

2) 청년기 자아발달이론

Erikson의 자아정체성 형성이론이 청년기 자아발달을 설명해주는 대표적인 이론임은 명백하다. 근래에 Marcia는 Erikson의 정체성이론을 바탕으로 정체성의 유형을 식별해내 많은 연구자들의 관심의 대상이 되고 있다. Erikson과 Marcia의 정체성발달이론을 검토하기 전에 청년기 성적인 변화와 관련되는 자아발달양상을 이론적으로 체계화한 Blos의 적응체계이론을 살펴보고자 한다.

(1) Blos의 적응체계이론

Blos(1979)가 자아의 **적응체계** 형성을 청년기 발달의 주요지표로 간주하고 있다는 것은

11장의 청년기 발달이론에서 이미 언급한 바와 같다. Blos는 청년기 발달을 이차 개체화 과정(secondary individuation process)으로 설명하고 있다. 이차 개체화 과정은 흔히 심리적 이유라 일컫듯이 청년의 자아가 부모로부터 이탈해가는 과정을 뜻한다. 이 이탈과정 속에는 부모의 통제로부터 벗어나는 것과 더불어 부모에 대한 현실적이며 합리적인 평가가 포함된다.

Blos는 청년기 이차 개체화는 부모에 대한 오이디푸스적인 집착으로부터 벗어나는 것을 의미하므로 개인의 성적 정체성의 확립에 도움이 된다고 생각한다. 이차 개체화를 거쳐 독립된 청년의 자아는 스스로 신체 및 성적 변화에서 오는 갈등을 극복하고 안정된 자아의 적응체계를 확립해가기 시작한다. Blos는 이러한 청년기 자아발달과정을 여섯 개의 하위단계로 구분하고 있다.

첫째 단계는 **잠재기**(latency)이다. Freud의 설명을 통해 이미 알고 있듯이 잠재기는 리비도의 충동이 약화되는 반면에 자아가 강력하게 발달하는 시기이다. Blos는 잠재기를 사춘기에 나타나는 성적 충동의 증가에 대처할 수 있는 자아의 적응체계가 발달하는 중요한 청년기 발달의 제1단계로 보고 있다.

청년기 발달의 두 번째 단계인 **청년전기**(preadolescence)는 급격하게 증가된 성적 욕구와 공격적 욕구가 산만하고 방향성이 없는 상태로 표출되는 단계이다. 이 단계에서 자아는 상대적으로 약화되어 청소년들은 성적 자극에 대한 놀라움, 두려움, 흥분, 관심 등의 산만한 감정을 나타내며, 전반적으로 안정감이 없고 우울하며 공격적이다. 부모들의 통제를 거부함으로써, 청년기 비행이 나타나기 시작하는 것도 이 단계이다.

세 번째 단계인 **청년초기**(early adolescence)에 들어서면 청년기 자아는 자신의 성적 욕구를 표출할 수 있는 구체적인 대상을 찾는 목표지향적 행동을 보이게 된다. 친구, 운동선수, TV스타 또는 자신보다 나이가 많은 대상에 열광하는 것은 이 시기 독특한 자아의 적응체계의 특징을 잘 보여주는 행동이다. Blos는 이러한 행동을 이성에 대해 표출되어야 할 성적 욕구가 변형되어 나타나는 것으로 보고 있다.

청년중기(adolescence proper 또는 middle adolescence)는 성적 혼돈과 갈등이 심리적으로 구조화되는 단계이다. 이 단계의 청년들은 이성에 대한 관심을 보다 솔직하게 표현하게 된다. 청년들은 여전히 불안정하고 우울하며, 혼돈과 위기도 지속되지만, 이를 통합하려는 자아의 기능 또한 크게 강화된다. 따라서 이 시기의 청년들은 보다 성숙한 모습을 보이며, 성인들의 지시도 따르게 된다.

청년후기(late adolescence)에 이르면 청년중기까지의 성적 혼돈과 갈등을 극복하려는 노력을 통해 강화된 자아가 보다 안정되고 지속적인 통합력을 발휘하게 된다. 따라서 이전 단계까지 지속되던 내적 위기와 갈등은 사라지며, 사회적 역할과 개인적 정체성에 대한 강한 인식이 나타나게 된다. 이러한 점에서 Blos는 청년후기를 성격 공고화(personality consolidation) 단계라 부른다. 그러나 이 단계의 자아는 성취되기 힘든 완벽한 목표를 지향하는 내재적 자아이상(internal ego-ideal)과 보다 현실적이고 합리적인 외재적 자아이상(external ego-ideal) 간의 균형을 이루어야 하는 새로운 과업에 직면하게 된다.

청년기 발달의 마지막 단계인 **청년후기**(postadolescence)는 청년기로부터 성인기로 이행하는 과도기이다. 이 단계에서는 매우 안정된 자아가 형성되며, 외부로부터 실패와 비판에 직면하더라도 방어기제에 의존하지 않고 이를 통합해갈 수 있는 성숙한 대처능력과 적응체계를 갖게 된다. 이러한 성공적인 갈등해결과정을 통해 인격이 형성되며 자아존중감이 길러진다. 청년기에서 성인기로 이행하는 이 기간 동안에도 자아의 적응적이며 통합적인 기능은 계속하여 발달해간다.

(2) Erikson의 정체성 위기이론

Erikson이 성격발달을 일련의 위기극복과정으로 생각하고, 인간이 성장과정에서 경험하는 각 시기 특유의 위기의 성격과 극복양상에 따라 성격이 형성되는 과정을 이론적으로 체계화했다는 것은 아동기 성격발달이론에서 이미 설명하였다. Erikson은 청년기 성격발달을 자아정체성의 위기에 직면하고 이를 극복해가는 과정으로 설명하고 있다.

정체성 위기와 극복

청년기 자아인지의 특징에서 설명하였듯이, 청년기 동안에는 때로 서로 상반되는 자아들을 통합하여 한 사람의 성인으로서 자신이 보여줄 보다 일반적인 자아를 형성하게 된다. Erikson(1950, 1968a)은 이러한 통합된 자아의 형성과정을 **자아정체성**과 **정체성 혼미**(ego identity vs. identity diffusion) 간의 **위기**로 개념화하고 있다.

Erikson에 의하면 정체성 위기는 '나는 누구인가(Who am I)?' 라는 의문으로부터 출발한다. 이 의문에 대한 답을 추구해가는 과정에서 경험하는 긍정적인 자기평가와 부정적인 자기평가 간의 양극적인 갈등과 이를 극복해가는 과정이 곧 정체성 위기이다. 청년기에 자기존재에 대한 의문이 강하게 부각되는 것은 생물학적 변화로 인해 원욕의 욕구가 강화되면서 초자아도 동시에 강화되며, 양자 간에 새로운 균형을 취하기 위해 자아가 자신의 내면을 새로이 정립하려는 욕구에서 비롯된다. 또한 성인으로서 자신이 감당해야 할 사회적 역할들에 직면할 자신의 잠재력에 대한 회의와 성인으로서의 역할전망에 대한 두려움에 기인한다. 따라서 정체성의 탐색은 일종의 자아붕괴에 직면하고 이를 극복하기 위한 노력의 시작으로 볼 수 있다. 청년들은 수많은 영역에서 자신의 가능성을 탐색하고 발견하면서 서서히 자아정체성을 형성해가게 된다.

청년기 정체성의 탐색과정에는 자신의 가능성의 발견과 함께 가능성의 포기와 체념의 과정도 포함된다. 청년초기의 이상적 자기상에 담았던 많은 자아기대를 포기해가는 과정에서 청년들은 자신의 한계를 인정하고 수용함으로써 객관적인 자아정체감을 확립하게 된다. 이러한 정체성 탐색과정 중에서 청년들은 때로 자신에 대해 절망하고 방황과 동요를 경험하게 된다. Erikson이 청년기를 **심리적 유예기**(psychological moratorium)라 부르는 것은 이러한 이유에서이다.

Erikson 이론에서 청년기 정체성 위기는 다음의 세 가지 목표가 달성될 때 극복된다.

첫째는 자신에 대한 인식의 **연속성**(continuity)과 **동질성**(sameness)의 확립이다. 정체성 탐색과정에서 청년들은 과거 자신의 경험을 반추하고 그 결과를 현재의 자신을 이해하는 데 연결 지음으로써 과거의 자신과 현재의 자신 간의 연속성을 바탕으로 미래의 가능한 자신의 모습을 탐색하게 된다. 이처럼 자아탐색의 시간조망이 과거와 미래로 확장되고 그 속에서 일관성과 연속성 있는 자기상이 확립되면서 자아정체성이 확립된다. '나는 마땅히 되어야 한다고 생각하는 나도 아니고, 내가 되고 싶어 하는 나도 아니고, 과거의 나도 아니다.' (Erikson, 1968a)라는 표현은 시간적 연속성상의 정체성 탐색과정을 잘 보여주는 것이다.

정체성 확립의 두 번째 목표는 상이한 관점과 시각에서 서로 달리 판단될 수 있는 자아의 여러 국면을 일관성 있는 하나의 자아체계로 **통합**(integration)하는 것이다. 이러한 통합은 다양한 역할과 입장들이 서로 얽혀 있는 사회적 맥락 속에서 생활해나가야 할 성인기 삶의 준비를 위해 필수적인 과정이다. 청년들은 자신의 자아에 대한 자신과 타인의 견해, 자신이 중요하다고 생각하는 타인의 견해, 직업, 성, 종교, 정치 등 각 영역에서의 자아에 대한 다양한 견해들 간의 공통점과 차이점을 통합하여 일관성 있는 하나의 정체성을 형성하게 된다. 이처럼 여러 영역의 자아들 간의 상호관련성이 형성되면서 자아정체성이 확립된다.

정체성 형성의 마지막 목표로서 자신의 **독특성**(uniqueness) 또는 **특수성**(distinctiveness)의 확립을 들 수 있다. 청년기에 부모로부터의 독립은 청년들에게 자신의 독특성을 탐색하게 하는 계기가 된다. 그러나 한편 성인기를 준비하면서 타인들로부터 인정과 지지를 받기 위한 동조의 필요성에 대한 인식 또한 청년기 동안에 강화된다. 청년들은 독립과 동조라는 두 필요성을 통합해가면서 자신의 독특성을 탐색함으로써 정체성을 확립하게 된다. 이 경우 독특성 확립에 실패하면 또래집단에 지나치게 동일시하거나 사회적 고정관념에 맹종하는 부정적 정체성을 초래하게 된다.

청년기 동안 정체성 탐색의 목표들이 획득되면 긍정적 정체성을 확립하게 되고, 실패할 경우에는 부정적 정체성에 빠져들게 된다.

정체성 탐색과업

Erikson(1968a)은 청년기에 정체성 위기를 경험하고 극복해야 할 일곱 개의 주요과업을 제시하고 있다.

시간조망 대 혼돈(time perspective vs. time confusion): 정체성의 확립을 위해 균형 있는 시간조망은 필수적인 과제이다. **시간조망**은 과거와 현재의 자기를 인정하고 이를 바탕으로 미래의 시간을 설계할 수 있는 능력을 뜻한다. 균형 있는 시간조망이 시작되면 하루의 체계적인 시간계획이 가능하게 되며, 시간조망이 확장되면서 점차 안정된 생애설계가 가능하게 된다. 이와 반대로 **시간조망의 혼돈**에 빠져들면 과거의 회상에 몰입하거나 미래에 펼쳐질 시간을 어떻게 설계하고 보내야 할 것인가에 대해 당혹감을 갖게 된다. 따라서 계획을 미루고 행동하지 못하게 되는 상황이 야기된다.

자아확신 대 무감각(self-certainty vs. apathy): 청년기 정체성의 확립을 위해 자신의 외모를 비롯하여 자신이 지닌 여러 특성에 대한 철저한 점검을 거쳐 자신의 가치에 대한 **자아확신**에 도달해야 할 필요가 있다. 이러한 자기점검 과정 속에는 자신에 대한 회의와 혼돈을 수반하는 고통스러운 자의식이 따른다. 청년들은 흔히 자신이 긍정적으로 생각하는 하나의 특성에만 매달려 나머지 특성들은 아무런 관계가 없는 듯이 행동하는 허세를 보이기도 하고, **무감각**상태로 도피하여 자아의식에 직면하지 않으려는 경향을 보인다.

역할실험 대 부정적 정체성(role experimentation vs. negative identity): 성인기를 대비하기 위해 청년들은 많은 영역에서의 **역할실험**을 통해 자신의 가능성을 탐색해볼 필요가 있다. 역할실험은 특히 직업적 정체성의 탐색에 필수적인 과정이다. 흔히 청년기에는 이상적 자기상에 매몰되어 지나치게 높고 비현실적인 역할실험에 뛰어들게 되고, 이로 인해 역할실험에 실패할 가능성이 있다. 역할실험의 실패로 인해 **부정적 정체성**을 갖게 되면 자신의 가능성과 잠재력을 충분히 탐색하지 못한 채 역할고착에 빠져들게 된다.

성취기대 대 과업마비(anticipation of achievement vs. work paralysis): **성취기대**는 자신이 시도하는 과업의 성취에 대한 긍정적인 기대를 가지고 지속적으로 꾸준히 과업에 몰두할 수 있는 역량을 기르는 정체성의 탐색을 뜻한다. 성취기대는 아동기 근면성이 자아정체성의 구조 내에 재통합되는 양상으로 보아도 좋을 것 같다. 자신에게 적절한 기대수준을 설정하는 지속적인 노력을 통해 과업을 완수하고 성취하는 일은 성인기 생애설계 및 직업선택과 관련되는 정체성 확립에 필수적이다. 적절한 성취기대를 확립하지 못할 때 일의 시작을 미루거나 완수해내지 못하는 **과업마비**에 빠져들게 된다.

성정체성 대 양성적 혼미(sexual identity vs. bisexual diffusion): 청년기 동안에 동성 및 이성과의 만남을 통해 자신의 성역할 특성을 확인하고, 남성과 여성의 성역할 구분에 대한 태도를 결정하며, 자신의 성역할에 동일시하고, 성역할에 확신을 갖게 됨으로써 **성정체성**을 확립하게 된다.

성정체성은 청년기 이성과의 원만한 관계를 정립하기 위한 기초가 될 뿐 아니라 성인기에 자신이 속한 문화권의 요구에 적합한 성역할을 가정이나 사회에서 수행할 수 있게 하는 기초가 된다. 성정체성 확립에 실패하면 자신의 성에 적합한 행위양식을 상실하는 **양성적 혼돈**에 빠져들게 된다.

지도성의 극대화 대 권위혼미(leadership polarization vs. authority diffusion): 자신이 속한 사회의 권위구조 내에서 지도력을 발휘하거나 지도자에 적절히 따르는 청년들의 능력은 정체성 형성의 주요 요인이다. 합리적이면서 정당하고 명료하게 권위를 평가할 줄 알며, 자신에게 지도자의 역할이 부여될 때 이를 수행할 수 있는 능력을 최대한 준비하는 일은 중요한 청년기 발달과업 중의 하나가 될 것이다. 이러한 **지도성의 극대화**에 실패할 때 자신의 역할에 수반되는 권위를 제대로 행사하지 못하며 지도력의 수행에 어려움을 느끼는 **권위혼미**를 경험하게 된다.

관념의 극대화 대 이상의 혼미(ideological polarization vs. diffusion of ideals): 청년기는 전 생애에 걸친 개인적 삶과 사회생활의 뿌리가 될 신념을 갖게 해줄 기본적인 철학, 관념, 종교 등을 선택하고 확립해가는 시기이다. 그러나 이러한 **관념의 극대화**가 청년기 동안에 쉽게 이루어지는 것은 아니다. 흔히 청년들은 편견에 물들기 쉽고, 자기집단 신념의 가치에 지나치게 충실함으로써 배타적으로 되기 쉽다. 또한 극단적인 이상과 관념에 몰입함으로써 현실과의 괴리가 일어나기도 한다. 청년기 **이상의 혼미**는 관념의 극대화에 실패함으로써 빠져드는 관념과 이상의 혼돈상태를 뜻한다.

(3) Marcia의 정체성 지위이론

청년기 자아정체성에 관한 많은 연구가 Marcia의 **정체성 지위**(identity statuses)에 관한 연구(Marcia, 1980, 1988)의 틀 위에서 이루어졌다. 정체성 지위는 개인의 정체성 형성과정뿐 아니라 정체성 형성수준의 개인차를 함께 진단하고자 하는 개념이다. 정체성 지위는 〈표 12-7〉과 같이 정체성 탐색의 **위기**를 경험했는가의 여부와 주어진 과업에 **관여**했는

표 12-7 Marcia의 정체성 유형

		위기	
		예	아니요
관여	예	정체성 성취	정체성 유실
	아니요	정체성 유예	정체성 혼미

가의 여부 두 개 차원의 배합에 의해 결정된다. 위기란 자신의 현재의 상태와 역할에 대해 의문을 제기하고, 여러 대안적 가능성들을 탐색해보는 과정을 뜻하며, 관여는 자신에게 주어진 역할과 과업에 신념을 가지고 몰입하는 상태를 의미한다.

정체성 혼미(identity diffusion) 상태에 있는 청년들은 삶의 목표와 가치를 탐색하려는 시도를 보이지 않고, 자신의 생애를 계획하고 설계하려는 욕구가 부족하며, 관념에 대한 관심이 낮다. 이들 청년들은 부모와의 애착관계가 없거나 부모로부터 거부당한 것으로 느끼는 경우가 많고, 자아존중감이 낮으며, 흔히 혼돈과 공허감에 빠져 있다. 정체성 혼미는 청년초기에 가장 보편적이지만, 일정한 직업을 갖지 못하거나 지속적으로 일하지 못하는 성인들에게서도 찾아볼 수 있다. 정체성 혼미는 정체성 탐색과정의 가장 낮은 단계에 속하며, 그대로 방치해두면 부정적 정체성으로 빠져들 위험이 있다.

정체성 유실(identity foreclosure)[1]은 충분한 자아정체성의 탐색 없이 지나치게 빨리 정체성 결정을 내린 상태를 지칭한다. 이 지위의 청년들은 정체성 위기를 경험하지 않았으면서 자신의 삶의 목표를 확립하고 몰입한다. 이들은 흔히 부모가 기대하거나 선택한 생애과업을 대안적 가능성의 검토 없이 수용한다. 다른 지위에 비해 사회적 인정의 욕구가 강하고, 자신이 지향하는 가치에 따라 생애의 방향을 결정하고 있으며, 부모와 긴밀한 관계를 유지한다. 부모의 과업을 물려받거나, 일찍 결혼하여 안정된 가정을 꾸려나가는 청년들에게서 가장 흔히 발견된다. 이들은 청년기를 매우 안정적으로 보내는 것 같으나, 성인기에 뒤늦게 정체성 위기를 경험하는 경우도 적지 않다.

정체성 유예(identity moratorium)는 삶의 목표와 가치에 대해 회의하고 대안들을 탐색하나 여전히 불확실한 상태에 머물러 구체적인 과업에 관여하지 못하는 상태를 뜻한다. 이 지위에 속하는 청년들은 가장 적극적으로 정체성을 탐색한다. 유예기의 청년들은 안정감이 없으나, 많은 경우 시간이 흐르면서 정체성을 확립하게 된다. 흔히 부모와 또래관계에 있어서 애증이 교차하며, 자신이 몸담고 있는 상황에서 긍정적인 요소보다는 부정적인 요소에 민감하고 잘 식별해낸다. Erikson과 Marcia에 의하면 정체성 유예는 정체성 성취에 도달하기 위해 필요한 과도기적 단계이므로 혼미나 유실보다는 앞선 단계이다.

정체성 성취(identity achievement)는 네 개의 정체성 지위 중 가장 앞선 단계이다. Erikson 이론에서 설명한 바와 같이 정체성이 성취된 청년들은 삶의 목표, 가치, 직업, 인간관계 등에서 위기를 경험하고 대안을 탐색했으므로, 확고한 개인적 정체성을 갖게 된다. 부모를 포함한 인간관계에 있어서 현실적이고 안정되어 있으며, 자아존중감이 높고,

1) 'Identity foreclosure'는 내적인 정체성 위기를 경험하지 않고 마치 정체성이 확립된 것처럼 행동하는 상태를 말하므로 '정체성 폐쇄'가 가장 적합한 용어인 것으로 생각된다. 그러나 이미 국내에서 '유실' 또는 '조기완료'로 번역하여 사용해왔으므로 가장 많이 통용되는 번역용어를 따르기로 한다.

스트레스에 대한 저항력도 높다.

3) 정체성발달 관련요인

자아정체성발달은 오랜 시간을 필요로 하는 과정이다. 미국의 경우 청년초기는 대부분 정체성 혼미에 속한다. 청년중기와 후기는 주로 정체성 유예에 해당되나 드물지 않게 정체성을 성취한 청년들도 있다. 정체성 성취가 가장 급격하게 일어나는 시기는 18세에서 21세 사이이지만, 20세 청년의 16%만이 정체성 성취수준에 도달한다는 연구보고도 있다(Cella et al., 1987).

Marcia가 최초에 정체성 지위를 제시한 것은 개인차의 유형을 식별하기 위한 것이었다(Marcia, 1966). 그러나 앞에서 설명했듯이, 정체성 지위는 발달적 변화를 갖는 것으로 알려져 있다(Hauser & Follansbee, 1984; Marcia, 1980). 고등학교에서 대학 졸업반까지를 대상으로 한 연구를 보면 정체성 성취에 속하는 비율은 일관성 있게 증가하는 반면에 정체성 혼미는 꾸준히 감소한다. 그러나 개인의 정체성 형성과정을 추적해보면 유예단계로부터 혼미로 되돌아가거나, 정체성 성취에 도달한 사람도 갑자기 자신의 결정에 회의하며 유예나 혼미로 회귀하는 것을 볼 수 있다(Harter, 1990a). 이러한 정체성의 발달적 변화와 관련되는 요인은 많겠으나, 성차와 가정의 환경적 영향에 관해 관심이 기울어지고 있다.

(1) 성차

일찍이 Erikson(1968a)은 남성의 정체성 탐색의 주 관심은 직업과 관념의 문제에 있는 데 반해, 여성의 관심은 결혼과 양육에 관한 것이라는 정체성발달의 성차를 제시하였다. 상당히 많은 정체성발달에 관한 연구들이 정체성발달의 성차를 주장한 Erikson의 관점을 받아들여 남성의 정체성 형성은 자율과 독립의 문화적 기대를 반영하는 데 반해, 여성의 정체성은 사람 간의 관계성과 친밀성을 반영한다고 주장하였다(Archer, 1985; Bernard, 1981; Gilligan, 1982).

Marcia의 정체성 지위에 속하는 남성과 여성의 비율은 자아탐색의 영역에 따라 차이가 있다. 직업선택, 종교적 신념, 정치적 견해, 성역할 정체성에 있어서는 정체성 지위별 분포에 성차가 없다. 이에 반하여 가족문제나 성문제에 있어서는 여성이 남성보다 유예와 성취 지위에 속하는 비율이 높으며, 폐쇄와 혼미의 비율은 낮다.

최근의 연구에 의하면 정체성 탐색과 관여는 남성보다 여성에게 있어서 더욱 복잡하고 힘든 과업인 것으로 보인다. 그 이유는 여성은 남성에 비해 정체성을 탐색해야 할 영역이 보다 많으며, 사회적 요인으로 인해 보다 혼돈스럽고 갈등적일 수밖에 없는 잠재성이 크기 때문인 것으로 설명되고 있다. 대부분의 남성은 직업적 정체성의 발달이 주 과제인 반면에, 직업을 원하는 여성은 일과 가족역할을 통합해야 할 필요성이 있는 것 또한 이유로 지적된다(Archer, 1985; Grotevant & Cooper, 1986; Marcia, 1980).

(2) 가정의 영향

부모는 청년기 정체성발달에 크게 영향을 미친다. 가정의 여러 의사결정에 참여하게 하고, 정체성 성취를 격려하고 촉진하는 부모의 양육행동이 정체성발달에 도움이 되는 것은 물론이다. 자녀에게 스스로 생각하고 판단하며 의견을 표현할 수 있는 기회를 주지 않고 자녀의 행동을 통제하는 권위주의적인 양육태도는 청년기 자녀가 정체성 탐색을 충분히 하지 못한 채 유실의 지위에 정착하게 할 확률이 크다.

반대로 부모가 주도하지 않고 자녀에게 스스로 모든 것을 결정하도록 맡겨두는 허용적 양육방식은 정체성 혼미에 빠져들게 할 위험이 높다(Bernard, 1981; Enright et al., 1980; Marcia, 1980). 또한 자녀의 의견을 수용하고, 납득하도록 설명하며, 공감을 주는 부모의 고무적 행동이 부정적 평가를 쉽게 내리는 제재적 행동보다 청년기 자녀의 정체성발달을 크게 촉진한다(Hauser & Bowlds, 1990).

부모의 양육방식뿐 아니라 가정의 풍토 또한 청년기 정체성발달에 중요한 요인이다. 관련 연구결과에 의하면 자녀의 개성과 가족 간의 유대관계를 동시에 존중하는 가정풍토가 정체성발달을 촉진한다(Carlson et al., 1980; Cooper & Grotevat, 1989). 청년기 자녀의 정체성은 부모가 자녀의 자기주장을 고무하며, 다른 가족 구성원과의 차이와 독립성을 인정할 때 유지된다.

4) 국내 연구 개관

우리나라에서도 자아정체성발달과 관련하여 많은 연구들이 이루어졌다. 초기 연구자들은 주로 시간조망, 성취, 성, 관념 등 여러 하위영역에서의 정체성 탐색수준을 5품등 척도에 의해 진단하는 Dignan의 질문지를 사용하여 우리나라 청소년의 정체성 수준을 진단하고 관련변인들을 검토하였다(백선욱, 1974; 서봉연, 1975). Dignan 척도는 최근에도 마찬가지로 사용되고 있다(권순명, 1993). 박아청(1982)이 Marcia의 정체성 지위를 국내 연구에 도입한 이래로 Marcia 모형에 따른 많은 연구들이 이어지고 있다(박아청, 1994).

Dignan 척도를 사용한 서봉연(1975)의 연구에 의하면 우리나라 청소년 중에서 여학생은 14~15세경에 정체성 위기를 가장 많이 경험하는 반면에, 남학생은 16~17세경에 정체성 위기를 주로 경험한다. 양병한 등(1983)의 연구에서 볼 수 있듯이 과목실격을 당하는 것과 같은 부정적 경험이 있을 때 정체성 위기경험은 촉진된다. 초기 Dignan(1965)의 연구에서와 마찬가지로 어머니에 대한 동일시가 클수록 정체성이 높으며(백선욱, 1974), 친구보다 역사 속의 인물 또는 현실의 위인에 동일시할수록 정체성 수준이 높다(서봉연, 1975).

중학생, 고등학생, 대학생 666명을 대상으로 Marcia의 **정체성 지위**를 분석한 연구에 의하면 중학생의 54%는 정체성 혼미에, 23%가 유실에, 9%는 유예에, 14%는 성취지위에 속하는 것으로 밝혀졌다. 고등학생은 28%가 혼미에, 27%는 유실에, 24%는 유예에, 21%는 성취에 속하였다. 대학생은 17%가 혼미, 19%가 유실, 25%가 유예에, 39%가 성취지위로 나타났다. 고등학생 28%, 대학 2학년생의 39%만이 정체성을 성취한 것으로 나타난 것은 우리나라 청소년들의 정체성발달수준이 서구에 비해 상당히 낮다는 사실을 시사한다(김형태, 1989).

우리나라 대학생의 정체성 성취지위는 학업성적, 도덕성발달수준 등과 밀접한 관계가 있다(박희숙, 1988; 이경숙, 1983; 차영희, 1987). 서구에서와 마찬가지로 우리나라에서도 부모가 자녀를 인정하고 수용하는 정도가 높고, 자녀의 자율성을 인정하며, 가족상호작용이 높을수록 정체성 성취 또한 높다(송설희, 1993). 그러나 청년의 입장에서는 부모로부터 심리적인 독립이 빠를수록 정체성은 빨리 발달한다(배재현, 1993). 박아청(1984)은 가치영역과 직업영역에서 남학생이 여학생보다 성취지위비율이 높은 것으로 성차를 식별해냈다. 또한 직업영역에서 우리나라 대학생들은 Marcia의 유형에서 정체성에 속하는 학생들도 정체성의 위기를 경험했거나 경험하고 있는 특이한 현상이 보인다(손해곤, 1992).

4 청년기 도덕성발달

청년기 도덕성발달의 일반적 특징을 정신분석학적 관점, 사회학적 관점, 인지발달적 관점에서 간단히 살펴본 후, Kohlberg와 Gilligan의 이론이 설명하는 청년기 도덕성발달 양상을 보다 구체적으로 검토해보고자 한다.

1) 청년기 도덕성의 일반적 특징

정신분석학적 관점(psychoanalytic view)에서 볼 때 청년기는 아동기에서 시작된 초자아의 발달이 계속되며, 도덕적으로 더욱 성숙하게 된다. 도덕적 자아이상을 지향하는 부모에 대한 동일시는 계속되며, 양심도 점차 강화되어 사회가 설정하고 있는 행위규범을 어겼을 때 죄책감을 더욱 크게 느끼게 된다.

정신분석학적 관점에서 볼 때 청년기 도덕성발달의 한 가지 두드러진 특징은 죄책감을 처리하는 방략이 발달한다는 점이다. 청년들은 친구나 다른 사람에게 자신의 잘못을 고백함으로써 죄책감을 줄일 수 있으며, 스스로 자기행동을 규제하고 처벌함으로써 죄책감을 불러일으키게 되는 상황을 피할 수 있도록 노력한다. 이처럼 죄책감이라는 부정적 정서를 통제하는 능력이 발달하는 것은 곧 청년기 도덕성이 성숙하고 있음을 반영하는 것이다.

사회학습론적 관점(social learning view)에서 도덕성발달은 도덕적 모델의 모방과 강화에 의해 이루어진다. 청년기에는 단순히 모델을 모방할 뿐 아니라 모델이 도덕적으로 행동했을 때와 행동하지 않았을 때 초래되는 결과를 명백히 인식할 수 있게 된다. 같은 방식으로 자신의 도덕적 행동에 대한 타인의 반응을 예상하고 고려할 수 있게 된다.

아동기 도덕적 행동의 모델은 주로 부모나 교사에 한정되는 데 반해, 청년기에는 사회적 모델의 범위가 확장되어 다양한 사람들의 도덕적 행동들을 모방하게 된다. 친구, 선배, 운동 팀의 코치, TV나 영화배우, 가수 등은 청년들의 도덕적 행동에 강력한 영향을 미치는 모델들이다.

흔히 청년기에는 도덕적 행위 모델이 부모로부터 벗어나 친구나 연예인으로 옮겨간다고 생각하기 쉬우나 사실과 다르다. 부모는 청년기에도 여전히 중요한 도덕적 모델이다. 그러나 부모와 여타 모델집단의 도덕적 행위규범이 서로 일치할 때 청년들은 안정된 도덕적 행동을 학습할 수 있게 된다. 반대로 부모와 또래의 도덕적 행동이 서로 달라 갈등을 느낄 때 청년들은 양자를 통합하여 중도적인 입장을 취할 수 있도록 노력하게 된다 (Bandura et al., 1966).

인지발달적 관점(cognitive developmental view)에서 볼 때에 청년기 도덕성은 아동기 도덕성과 두드러진 차이가 있다. 형식적 조작사고의 발달과 더불어 획득되는 가설설정능력으로 인해 청년들은 자신을 둘러싸고 있는 사람, 사람과의 관계, 나아가 사회 전반의 도덕적 특성에 대해 관념적이며 이상주의적인 가능성을 그리게 된다. 이러한 이상주의적 경향성은 강력한 이타적 성향과 정의에 대한 인식과 주장으로 나타난다. 많은 청년들이 타인을 돕는 자원봉사활동에 적극 참여하며, 부정과 불의에 대한 비판과 저항을 보이는 것은 이러한 연유에서이다. Kohlberg의 이론이 청년기 정의의 도덕성을 대표하는 이론이라면, Gilligan의 이론은 청년기 이타적 도덕성을 대표하는 이론으로 볼 수 있다.

2) Kohlberg의 청년기 도덕발달이론

(1) 청년기 도덕적 사고의 특징

청년기 도덕적 사고는 사회가 기대하는 바에 따라 행동하며, 사회적 규범과 의무를 준수하려는 인습적 수준에 속한다. 사람 간의 관계에 있어서 서로에게 호감을 가지고 서로를 신뢰하며, 상호 관여하는 3단계의 도덕적 가치와 법과 질서를 중시하고 준수하는 4단계 도덕적 가치가 인습적 수준의 도덕성에 포함된다. 청년들은 자신의 사회적 역할에 수반되는 도덕적 책무를 중시하며, 그러한 책무에 충실하려고 노력한다. 청년기에 친구 간의 우정을 지키려는 강한 의무감을 갖는 것은 청년기 도덕적 사고의 특징을 잘 반영하는 것이다. 한마디로 청년중기까지 청년들은 규칙과 질서를 중시하고 인간관계의 신의를 소중히 하는 도덕적 의무감을 유지하고 있다.

청년기 도덕적 사고발달의 한 가지 현저한 특징으로 청년후기에 나타나는 도덕적 **퇴행**(regression)의 문제를 들 수 있다. Kohlberg와 Krammer의 종단적 연구(1969)에서 인습수준에 도달한 약 20%의 대학생들이 대학에 입학한 2~3년 동안 도구적 자기중심주의인 2단계로 후퇴하였다가 4단계로 되돌아오거나 도덕적 원리를 추구하는 5단계로 발달하는 현상이 발견되었다. Kohlberg는 이러한 퇴행현상이 2단계로 완전히 돌아가는 것이 아니라 5~6단계로 이행하는 과정에서 나타나는 일시적 동요라 생각하고 이를 $4\frac{1}{2}$단계라 이름 지었다(Kohlberg, 1984a).

Kohlberg(1984a)는 퇴행이 일어나는 원인을 앞에서 언급한 Erikson(1963)의 자아정체성 탐색의 일환으로 설명하였다. 청년기에는 정체성의 회의로 인해 모든 심리적 영역에서 동요가 일어나게 되는데, 도덕적 사고에 있어서도 마찬가지로 동요가 나타나게 된다. 청년들은 사회적 규범과 법률을 절대적 도덕률로 받아들이고 이를 준수하던 4단계의 도덕적 사고로부터 사회적 구속을 벗어나기 위해 규범을 배척하는 사고로 이행하게 된다. Kohlberg는 이러한 청년기 도덕적 사고의 특징을 **사회이탈적**(outside-of-society) **조망**이라 부른다. 도덕적 퇴행을 정체성 탐색의 일환으로 생각할 때 퇴행은 도덕성발달에 있어서 2단계로의 '구조적인 후퇴'가 아니라 5~6단계의 원리적 도덕성으로 발전해가는 '기능적인 진보'를 의미하는 것으로 볼 수 있다(Kohlberg & Kramer, 1969; Turiel, 1974, 1975). 이러한 주장은 도덕성발달에서 나타나는 퇴행이 'U형 발달현상'의 한 형태임을 시사하는 것이다.

청년기 도덕성발달의 퇴행을 일시적 동요나 기능적 진보로 생각하는 Kohlberg의 관점과 달리 퇴행경향은 청년기 도덕성발달과정에서 우려할 만한 일이라는 지적이 많다. 우리나라 대학생들을 대상으로 한 연구에서도 마찬가지로 2단계로의 퇴행이 입증되었다(김상윤, 1985; 송명자 등, 1988, 1991). 따라서 청년기 도덕적 퇴행의 원인과 이행과정에 관한 연구는 계속되어야 할 것이다.

(2) 청년기 도덕적 상대주의

청년후기 도덕적 사고 특징의 하나로 **도덕적 상대주의**(moral relativism)를 들 수 있다. 도덕적 상대주의란 모든 사람이 준수해야 할 객관적이며 보편타당한 도덕률의 존재를 부정하고 개인적이며 주관적인 관점에서 도덕성을 판단하는 도덕적 사고의 특징을 의미한다. 청년초기의 인습수준의 도덕적 사고는 사회적 규율과 법을 절대적 기준으로 인정하며, 인습후 수준의 도덕성 또한 정의, 공정성, 생명의 존엄성 등 어느 시대사회를 막론하고 준수되어야 할 절대적이며 보편적인 도덕원리를 전제로 하는 것이다. 인습수준으로부터 벗어나면서 인습 이후의 도덕적 사고에 도달하지 못한 많은 청년후기, 특히 대학생 시기에 속하는 청년들은 선악과 가치에 대한 절대적 기준을 부정하고, 도덕률은 근본적으로 임의적인 것이며, 모든 도덕적 관점과 입장은 동등한 가치를 가진다는 도덕적 상대주의를 택한다(Fishkin, 1983).

Kohlberg(1973, 1984a)는 하인츠 갈등에 대한 반응을 분석하여 〈표 12-8〉과 같은 다섯 개 유형의 도덕적 상대주의적 사고를 식별해냈다.

표 12-8 도덕적 상대주의적 사고유형

급진적 상대론	선악, 권리, 의무, 규범 등과 같은 인습적 도덕률과 관련되는 도덕적 사고 자체를 배격하고, 이를 준수하는 도덕적 행위에 의미를 부여하지 않음. "어느 누구도 하인츠의 행위가 옳거나 그르다고 감히 판단할 권리는 없다."
개인적 상대론	타인의 도덕적 행위에 대한 판단은 근본적으로 자신의 입장과 감정에 기초한 것이므로, 타인의 도덕성을 평가할 수 없다고 생각함. "자신의 행위에 대해서는 옳고 그름을 판단할 수 있으나 다른 사람에 대해서는 하지 않을 것이다."
이기주의적 상대론	인간은 근본적으로 이기주의적인 도덕률에 지배되므로, 개인 자신에게 도덕적이면 그것이 곧 도덕이라고 생각함. 이기주의적 판단과 사고의 일차적 책임 또한 개인에게 있음을 인식함. "사회란 원래 이기주의적인 사람들이 모여 있는 것 아닌가? 하인츠의 행위나 약사의 행위 모두 자신의 입장에서는 불가피한 것이다.
정치적 상대론	사회정의를 인정하지 않고, 모든 사회에 보편적인 도덕적 원리의 존재를 부정함. "오늘날과 같은 사회구조 속에서 어떻게 하인츠의 행동을 평가할 수 있을 것인가?"
결정주의적 상대론	스스로 절대적인 선과 보편적 도덕률을 수행할 자신이 있는가에 대한 불확실성 때문에 타인의 도덕적 행위의 당위성에 대해 판단하기를 주저함. "내가 하인츠 입장에 선다면 그보다 더 낫게 행동할 자신이 없는데 무엇이라 말할 수 있는가?"

(Kohlberg, 1984a에서 인용)

Kohlberg는 성인기에 들어서면 도덕적 상대주의의 불안정성과 불확실성으로부터 벗어나 개인의 권리와 존엄성에 대해 확신을 갖는 인습 이후 수준으로 이행한다고 주장한다(Cobly et al., 1983; Kohlberg, 1984a; Kohlberg & Krammer, 1969). 이러한 그의 주장은 종단적 연구과정에서 잘 드러나고 있다. Kohlberg는 1969년에 두 명의 의예과 학생에게 말기 암으로 고통받는 아내에게 안락사를 허용해야 하는가를 물어 '안락사는 도덕적으로 그르다고 생각한다.'는 명백한 단계 4의 반응을 얻었다. 1972년에 본과 학생일 때 이들의 반응은 '진짜 어려운 질문입니다. 환자의 고통을 덜어주기 위해 그렇게 하는 의사를 본 적은 있지만, 나는 그럴 수 없을 것 같습니다. 그것을 도덕적으로 옳고 그르다고 말하기 싫습니다.'라는 도덕적 상대주의 입장을 나타냈다. 1976년의 마지막 면담에서 이들은 '부인이 스스로 최종결정을 내릴 권리가 있다.'고 믿는 단계 5의 사고에 도달해 있었다. 그러나 단계 5 이후의 인습 후 수준에 도달하는 사람들의 수가 극히 적다는 사실을 생각해볼 때 청년후기 도덕적 상대주의는 성인기에 지속될 확률이 크며, 이러한 도덕적 판단의 불확실성이 사회 전반의 도덕적 혼란을 야기할 수 있음을 생각해보아야 할 것 같다.

(3) 국내 연구 개관

청년기 도덕성발달에 관한 국내 연구는 주로 세 가지 유형으로 구분된다. 첫째 유형은 Kohlberg(1958)가 사용한 가상적인 도덕적 갈등상황을 제시하고 그 반응을 주관적으로 분석하여 도덕성발달단계를 진단하는 연구이다. 두 번째 유형은 Rest(1976)가 개발한 객관식 척도인 DIT(Defining Issues Test)를 사용하여 도덕성발달단계를 진단하는 연구이다. 세 번째 유형은 청년기 사회적 규범에 대한 판단양상을 분석한 것이다.

Kohlberg의 연구방법에 따른 우리나라 최초의 도덕성발달수준 연구인 김경희(1976)의 연구에서는 우리나라 중학교 1학년의 72%가 2단계에 속하며, 나머지 28%는 3단계에 속하는 것으로 보고하였다. 그러나 김성은(1977)의 연구에서는 중학교 1학년의 53.4%가 3단계에, 24.2%가 2단계에, 14.4%가 4단계에 속하는 것으로 나타났다. 보다 최근에 이루어진 많은 연구들도 우리나라 중학생의 도덕발달수준은 34~65%의 범위에서 3단계에 속하는 것으로 보고하고 있다(김안중 등, 1982; 김영남, 1991; 안태정, 1988; 허윤, 1984). 그러나 상당히 높은 비율의 중학생이 4단계에 속한다는 연구결과(강영숙, 1981; 이설이, 1985; 이현우, 1987; 이혜주, 1981)도 제시되고 있다.

우리나라 고등학생과 대학생들의 도덕성발달수준은 보다 일관성 있게 보고되고 있다. 고등학생은 54~58%가 3단계에 속한다는 보고(신아상 · 윤용웅, 1986; 안태정, 1988; 오영희, 1983)와 35~75%가 4단계에 속한다는 보고(강영숙, 1981; 김영남, 1991; 류지훈, 1984)가 주류를 이루는 것으로 보아 3단계에서 4단계로의 이행과정에 있다고 보아도 좋을 것 같다. 대학생의 경우는 3단계에 속한다는 비율이 50~58%이며(신아상 · 윤용웅, 1986; 안태정, 1988), 4단계에 속하는 비율은 29~66%로 보고되고 있다(강영숙, 1981; 안태정, 1988). 미국 중 · 고등학교 학생집단의 대표적 단계가 3단계이며, 약 33%가 3단계와 4단계 간 이행과정에 있다는 보고(Kohlberg, 1984a)와 비교해볼 때, 단계분석방법의 신뢰성을 전제한다면 우리나라 중학생의 도덕발달수준은 미국보다 다소 앞서며, 고등학교와 대학생은 비슷한 수준에 있는 것으로 볼 수 있다(송명자, 1984; Moon, 1986). 따라서 우리나라 청소년들은 대체로 안정된 인습적 · 도덕적 사고와 판단을 갖고 있는 것으로 생각된다.

개인이 속하는 단계를 규정하기보다는 여러 상황에서 5~6단계의 원리적 사고를 보여주는 확률(P%)로 도덕성발달수준을 진단한 Rest의 준거에 따른 국내 연구도 마찬가지로 긍정적인 발달경향을 보여준다. 우리나라 중학생의 P(%)점수는 대체로 22~39점의 범위에 있으며, 고등학생은 24~43점의 범위로 나타난다. 대학생은 27~48점의 범위에 있다(고재혁, 1987; 김상윤, 1989; 김성기, 1989; 김정규, 1984; 박찬주, 1989; 송명자 등, 1988; 원효헌, 1987; 정향인, 1989; 차행자, 1988; 하영란, 1990; 한정신, 1987; Park & Johnson, 1984).

우리나라 중 · 고 · 대학생의 P(%)점수를 미국의 중학생(19.2), 고등학생(31.8), 대학생(43.3)과 비교해보거나 기타 여러 나라의 자료와 비교해보면, 우리나라 청소년은 인습이후 사고에 있어서도 높은 발달수준을 보인다(Moon, 1986). 따라서 생명의 존엄성, 정의, 양심, 공정성 등 인간고유의 보편적 도덕원리에 따라 행동하려는 경향이 크다.

우리나라 청소년의 규범판단 내용을 분석한 연구결과에 의하면 청소년들은 사회, 학교, 가정에서 부과하는 성인의 규범압력에 대해 비판하는 경향이 높은 반면에, 규범의 본질에 대한 사고수준은 서구에 비해 낮은 것으로 드러났다(송명자, 1994b).

3) Gilligan의 청년기 도덕발달이론

Kohlberg(1968, 1983)의 추상적 도덕원리를 강조하는 정의지향적 도덕성과 반대로 Gilligan(1977, 1982)은 인간관계의 보살핌, 책임, 애착, 희생을 강조하는 **대인지향적** 도덕성 이론을 제시한 것은 앞에서 지적한 바와 같다. 이들 두 지향의 도덕성은 배타적이기보다는 도덕성이 내포하는 본질적인 두 개의 측면으로 보아야 할 것 같다. 네 개의 종단적 연구를 포함하는 여러 연구결과를 종합하여 Gilligan(1984)은 연구대상의 90%가 두 가지 지향의 도덕적 추론을 모두 갖고 있다고 밝혔다. 그러나 이들 중 65%는 둘 중 하나의 지향에 선택적으로 의존한다는 사실을 발견하였다.

여성은 92%가 대인지향적 도덕성을 보이며, 그중 62%가 명백히 선호하였다. 남성은

62%가 대인지향적 도덕성을 보였으며, 그중 7%가 명백히 선호하였다. 여성의 77%가 정의지향성을 함께 보였으며, 그중 38%는 정의지향성을 선호하였다. 정의지향적 도덕적 추론은 100% 남성이 사용하였으며, 그중 93%가 명백히 선호하였다. 이러한 자료는 남성과 여성의 도덕적지향과 선호성이 다르다는 사실을 보여준다. Gilligan은 폭력과 낙태 등 여러 도덕적 사태에서 청소년들이 보여주는 여성 특유의 도덕적 사고를 분석하여 여성의 도덕추론 발달과정을 단계화하였다.

수준 1: 자기이익 지향

여성이 자신의 이익과 생존에 자기중심적으로 몰두하는 단계이다. 예를 들어, 낙태와 관련되는 도덕적 사고에서 이 수준의 여성은 자신이 아기를 원하지 않으며, 자신의 생애에 임신이 도움이 되지 않는다는 사실에서 벗어나지 못한다. 이 수준에서는 어떤 사태가 자신의 욕구와 갈등을 일으킬 때에만 도덕적 사고와 추론이 시작되며, 어느 쪽이 자신에게 중요한가가 판단의 준거가 된다. 주로 아동기의 미성숙한 대인 간 도덕적 사고가 이 수준에 속한다.

제1이행기: 이기심에서 책임감으로

제1이행기 동안에 여성들은 자신이 하고 싶은 개인적 욕구와 자신이 해야 하는 책임을 구별하기 시작한다. 이처럼 자기중심적인 이기심으로부터 타인에 대한 관심이 나타나면서 아동기 자기이익지향 수준으로부터 보다 성숙한 수준의 도덕적 추론이 시작된다.

수준 2: 타인에 대한 책임으로부터 선의 식별

청년기 동안에 도덕성의 사회적 조망이 발달한다. 자신의 욕구를 억제하고 타인의 요구에 응하려는 시도가 나타난다. 이 수준에서 여성들은 이기심으로부터 벗어나 타인에 대한 배려, 책임감, 자기희생을 지향하게 된다. 낙태와 관련되는 사태의 예에서 남편이나 연인의 입장과 태어나는 아기의 장래를 고려하는 도덕적 추론이 나타난다.

이 단계에서 여성들은 자기희생과 타인에 대한 배려를 동등하게 선한 것으로 간주한다. 모든 사람의 이익을 충족시킬 수 있는 사태해결이 불가능할 때는 자신을 희생하면서도 타인을 배려하고 책임지는 행동을 선택한다. 이러한 이 단계 특유의 여성의 도덕적 추론은 대인관계의 불평등과 남성에 대한 의존이나 예속을 초래할 수도 있다. 그럼에도 불구하고 자기희생과 타인에 대한 배려의 중요성과 가치에 대한 확신은 변함이 없다.

제2이행기: 동조로부터 새로운 내재적 판단으로

자신의 가치에 대한 비판적 의문이 제2이행기를 맞게 한다. 이 시기에 여성들은 자신의 가치와 욕구에 대한 관심이 잘못된 이기심이었던가에 대해 다시 생각하기 시작하며, 개인적 욕구와 타인에 대한 배려와 책임감에 대한 균형의 필요성을 깨닫기 시작한다. 선함의 본질에 대한 새로운 인식이 시작된다.

수준 3: 자신과 타인 간의 역동

대인 간 도덕적 추론의 마지막 수준에 이르면 개인의 권리주장과 타인에 대한 책임이 조화를 이루게 된다. 이 시기의 여성은 자신을 무력하거나 수동적인 존재로 고려하지 않고 의사결정과정의 적극적 참여자가 된다. 강한 자기주장에도 불구하고 이 시기 여성들의 도덕적 지향이 타인에 대한 이해와 배려에 바탕을 두고 있다는 점에서는 이전 단계와 동일하다. 비폭력, 평화, 박애 등은 이 시기 개인적인 권리와 타인에 대한 배려가 조화를 이루는 도덕성의 주요 지표이다.

대인 간 배려와 책임을 중시하는 Gilligan의 도덕성발달이론은 도덕성발달의 성차의 문제를 넘어서서 지나치게 인지적인 측면에서만 도덕성을 고려한 Kohlberg 이론의 한계를 보완하는 점에서 최근에 많은 발달심리학자들의 관심의 대상이 되고 있다. Miller 등은 미국인과 인도인의 도덕적 판단을 비교한 일련의 연구(1990, 1992)결과를 통해 미국의 청소년은 공정성과 정의를 우선하는 반면에, 인도의 청소년은 자비와 배려를 도덕적 판단의 일차적 기준으로 삼는다는 문화권 간 차이를 밝혀냈다. 이타성의 도덕적 책무가 잊혀져가는 서구사회에서 이러한 연구결과는 많은 도덕성발달학자들의 관심의 대상이 되고 있다.

우리나라에서도 최근에 청소년들의 대인 간 배려지향의 도덕성에 대한 관심이 시작되고 있다. 정의와 공정성의 도덕적 판단은 배려와 인정을 중심으로 하는 도덕성과 상호갈등을 일으키며, 도시인일수록 공정성 책무를 중시하지만 그만큼 소외와 단절의 경험이 크다는 연구결과가 제시되고 있다(이수원 · 이헌남, 1993; 장성수 등, 1990). 타인을 도와주어야 할 상황에서 우리나라 중 · 고 · 대학생들의 배려지향적 도덕성발달을 분석한 연구(송명자, 1994)에 의하면, 우리나라 청소년들은 서구 청소년과 유사하게 합리성과 공정성을 우선으로 하는 경향이 강하나, 청년후기로 갈수록 인간관계 지향적 도덕성이 강화되는 흥미로운 발달적 경향을 보여준다.

PART 5

성인기 발달

경제적 자립과 독립적인 의사결정능력을 갖게 되면 성인기에 들어선다. 법적으로는 20세에 성년이 시작되나, 사회적 역할, 정서적 성숙도 등에 따라 성인기에 들어서는 연령은 큰 폭의 개인차가 있다. 일반적으로 성인기 발달은 성인전기, 성인중기 또는 중년기, 성인후기 또는 노년기 발달로 구분된다.

제4부 성인기 발달은 두 개의 장으로 구성된다. 제13장에서는 성인기 발달의 기본 관점과 이론체계를 검토할 것이며, 제14장은 성인전기, 성인중기, 성인후기의 발달적 변화양상들을 다루게 될 것이다.

제13장 성인기 발달이론

성인기 발달을 연구하는 학자들은 아동기와 청년기 발달적 관점이나 이론들을 성인기 발달에 그대로 적용하기도 하지만, 아동기나 청년기와는 근본적으로 다른 성인기 특유의 발달적 관점이나 이론을 제시하고 있다. 이 장에서는 먼저 성인기 발달 특유의 발달적 관점과 이론적 모형을 간단히 살펴본 후 다양한 성인기 발달이론을 검토해보고자 한다.

1 성인기 발달의 관점

아동기와 청년기 발달에 비추어볼 때 성인기 발달이 갖는 특징은 두 가지로 설명할 수 있다. 첫째는 발달적 변화의 원인으로서 연령이 이전의 시기보다 큰 영향력을 갖지 못한다는 점이다. 대표적인 성인기 연구자의 한 사람인 Baltes는 성인기의 각 시기에 나타나는 변화를 연령으로 구분하거나 개념화하는 것은 최상의 방법이 아니라고 지적하고 있다(Baltes & Willis, 1979). 성인기 발달을 이해하기 위해서는 개인의 생활습관에서 풍토에 이르기까지 보다 다양한 사회문화적 요인의 영향을 고려해야 할 필요성이 있다. 성인기 발달의 이러한 특징을 **맥락주의**(contextualism)라 지칭한다(Smolak, 1993).

성인기 발달의 두 번째 특징은 성인후기부터 나타나는 **노쇠**(decline)를 어떻게 해석하느냐의 문제와 관련된다. 청년기까지의 발달은 전반적으로 양적으로 증가하고 기능이 유능화되는 긍정적인 변화를 뜻하는 것이었다. 따라서 아동기와 청년기 발달을 설명하는 도식으로 성인기 발달을 설명하는 것은 불가능하다. 성인기 발달을 보는 새로운 관점의 정립이 필요한 것은 이러한 이유에서이다. 성인기 발달을 설명하는 몇 가지 관점들을 다음과 같이 정리해 볼 수 있다(Hetherington & Baltes, 1988; Smolak, 1993).

획득과 상실

흔히 아동기와 청년기는 여러 심리적 특성이 형성되고 획득되는 반면, 성인기는 획득된 특성이 단순히 유지되거나 쇠퇴하는 것으로 생각하기 쉽다. 그러나 실제로 성인기 발달은 **획득**과 **상실**을 동시에 **내포**하는 과정이다. 예를 들어, 노년기 신체적 노쇠라는 상실은 삶의 지혜의 심화라는 인지적 기능의 획득을 의미할 수 있는 것이다. 이처럼 발달과정의 획득과 상실의 양면성을 이해하는 것은 성인기 발달의 가치와 중요성을 인식하는 중요한 계기가 될 것이다(Baltes, 1987).

다차원성과 다방향성

성인기 발달을 이해하는 데 있어서 발달의 **다차원성**(multidimensionality)과 **다방향성**(multidirectionality)을 고려해야 할 필요성이 있다. 발달의 다차원성과 다방향성이란 여러 특성의 발달은 각기 상이한 과정과 방향을 갖는다는 뜻이다. 예를 들어, 중년기 이후의 지적 능력의 발달을 하나의 차원으로 이해해서는 안 된다. 지적 능력의 어떤 특성은 비교적 일찍부터 쇠퇴가 일어나는 데 반해 어떤 특성은 죽음에 이르기까지 지속적으로 긍정적인 발달을 보인다. 이러한 다차원성과 다방향성을 고려하지 않고 성인기 발달을 일률적인 획득 또는 쇠퇴의 도식으로 생각하는 것은 성인기 발달의 특징을 제대로 이해하지 못한 것이다.

개인내적 변화

아동기 발달이 주로 어떤 특성이 획득되는 시기나 정도의 집단 간 차이를 밝히는 규준적 접근을 취하는 데 반해 성인기 발달은 어떤 특성이 연령에 따라 변화되어가는 양상 또는 과정을 밝히는 **개인내적 변화**에 관심을 갖는다.

성인기에 기억은 감퇴되는가? 언제 어떻게 감퇴가 시작되는가? 노년기 성격은 보다 자기중심적으로 변화하는가? 언제부터 그러한 변화가 나타나며 어떠한 요인들이 변화에 관여하는가? 그러한 변화는 어떠한 상황에서 촉진 또는 지연되는가? 등의 의문은 성인기 발달 연구자들이 관심을 갖는 개인내적 변화의 몇 가지 예들이다.

2 성인기 발달모형

성인기의 발달적 변화양상과 변화에 영향을 미치는 요인들을 개념적으로 통합하는 틀이 성인기 발달모형(models of adult development)이다. 성인기 발달모형은 다음과 같이 두 가지로 구분해볼 수 있다(Smolak, 1993).

1) 전통적 모형

성인기 발달적 변화를 설명하는 **전통적 모형** 속에는 다음의 두 가지 모형이 포함된다. **안정성 모형**(stability model)은 성숙이 끝나는 청년기나 성인초기에 발달이 완성되며 그 이후의 성인기 발달은 같은 상태를 유지하는 것으로 설명하는 모형이다. Freud나 Piaget의 이론이 안정성모형의 대표적인 예이다. 이 모형에서는 아동기가 발달의 중심이며, 주 관심의 대상이 되므로, 성인기 발달을 따로 연구할 필요가 없다. 성인기 발달을 설명하는 또 하나의 전통적 모형이 **감소모형**(decrement model)이다. 이 모형에서는 성인기는 연령과 더불어 필연적으로 기능의 쇠퇴가 나타나는 것으로 믿는다. 일부 학자들은 이러한 성인기 쇠퇴는 회복 불가능한 것으로 생각한다. 따라서 성인기 연구의 주목적은 쇠퇴의 정도, 시기, 원인들을 규명하는 데 있다. 이에 반하여 다른 학자들은 환경의 힘에 의해 쇠퇴를 줄일 수 있다고 생각한다. 산 이름을 하루에 백 개씩 외워서 기억의 감퇴를 막으려는 노력은 바로 이 모형을 전제로 한 것이다. 생애발달 심리학적 접근이 대두되기 이전의 성인기 연구들은 대체로 감소모형을 전제로 하고 있었다.

2) 생애발달적 모형

11장의 청년기 발달이론에서 설명하였듯이, Baltes(1968, 1987)에 의해 제기된 **생애발달적 모형**(model of life-span development)에서는 전 생애발달에 영향을 미치는 요인들을 세 가지로 구분하고 있다.

연령구분적 영향(age-graded influence)은 같은 사회나 문화권에서 생활하는 모든 사람들이 비슷한 연령에서 경험하는 사태를 뜻한다. 결혼, 은퇴 등과 같은 성인기 경험은 연령

구분의 영향을 가장 크게 받는 것이다.

역사구분적 영향(history-graded influence)은 개인이 몸담고 있는 시대·사회적 배경이 가져다주는 특수한 경험이나 사태를 뜻한다. 우리나라 50대와 60대가 겪었던 전쟁, 경제적 어려움, 쿠데타 등 역사적 사건은 이 세대에 속하는 사람들의 발달에 유사한 영향을 미치게 되었다. 흔히 말하는 동시대 집단효과(cohort effect)는 바로 역사구분적 영향을 뜻한다.

비규범적 영향(nonnormative influences)은 개인이나 가족 내에서 발생하여 개인의 성장과 발달에 영향을 미치는 사태를 의미한다. 형제의 죽음, 사고, 질병, 이혼, 실직 등은 성인기에 경험할 수 있는 비규범적 영향의 예이다. 이러한 비규범적 영향이 언제 어떻게 일어나서 얼마나 오래 지속되느냐에 따라 성인기 발달에 심각한 영향을 미칠 수 있다(Baltes & Reese, 1984). 동일한 시대를 살아가는 사람들 간에도 개인차가 나타나는 것은 주로 비규범적 영향에 의한 것이다.

개인의 전 생애발달과정을 통해 볼 때 연령구분적 영향은 아동기 발달에 가장 크게 작용한다. 아동이 성장함에 따라 생물학적 성숙과 부모의 사회화 영향이 줄어드는 것은 곧 연령구분적 영향의 감소를 뜻한다. 그러나 노년기의 쇠퇴와 더불어 연령구분적 영향은 다시 작용하게 된다. 역사구분적 영향은 청년기와 성인초기 발달에 가장 강력하게 작용한다. 이 시기는 직장을 중심으로 하여 주로 사회적 활동이 생활의 중심이 되므로 그만큼 역사구분적 영향을 크게 받게 된다. 그러나 성인중기 이후부터 비규범적 영향이 크게 작용하게 된다.

3 성인기 발달이론

아동기와 청년기에 비해 성인기 발달 연구는 그 역사가 짧으므로 성인기 발달을 설명해주는 이론체계 또한 빈약한 편이다. 최초로 전 생애 발달과정의 단계를 설정한 Erikson 이론이 대표적인 성인기 발달이론이라 할 수 있다. 이 외에도 성인기 인지 및 성격 발달을 독자적으로 검토한 연구들이 성인기를 설명하는 중요한 이론체계가 되고 있다.

1) 성인기 인지발달이론

성인기 인지발달은 일상생활에서 부딪치는 문제들을 해결하기 위한 사고의 발달과정과 밀접하게 관련된다. Schaie, Riegel, Arlin 등 성인기 인지발달이론가들은 이러한 실제적 사고의 발달을 관심의 대상으로 하고 있다.

(1) Schaie의 성인기 인지발달단계모형

Schaie(1978)는 20년에 걸친 종단적 연구를 통해 성인기 인지발달의 단계모형을 제시하였다. Schaie는 Piaget의 인지발달단계이론은 **지식획득과정**을 설명하는 이론이며, 따라서 지식획득이 비교적 완성되는 청년기까지의 인지발달밖에 설명할 수 없다고 주장한다. 그는 성인기에는 청년기 지식획득과정과는 다른 성인기 특유의 새로운 인지발달이 이루어진다고 믿고 있다.

Schaie(1990)는 아동 및 청년기와 구별되는 성인기 인지발달의 특징을 **지식사용능력**의 발달로 개념화하고 있다. Schaie는 지식사용능력은 성인기 동안에도 발달적 변화가 일어난다고 생각하고, 그 변화과정을 성인기 인지발달단계로 설정하였다.

성인전기는 **성취단계**(achieving stage)이다. 성취단계의 지적 기능은 주로 직업선택과 가정의 설계 등 전 생애에 중요한 의미를 갖는 실제적 문제들을 해결하는 데 사용된다. 성취단계의 사고는 관련되는 맥락을 고려할 수 있어야 하며, 의사결정의 결과를 예상할 수 있어야 한다. 예를 들어, 직업선택에 있어서 수입, 직업만족도 등 다양한 요인을 고려하는 동시에 선택의 결과까지도 고려하여 결정할 수 있는 역량을 갖추어야 한다. 아울러 누구에게도 의존하지 않고 독자적으로 의사결정을 할 수 있는 지적 기능의 사용능력을 개발해야 한다.

중년기는 **책임단계**(responsibility stage)이다. 이 시기에는 배우자, 자녀, 동료, 지역사회에 대해 많은 책임을 갖고 과업에 관여하며 중요한 의사결정을 해야 한다. 따라서 중년기의 지적 기능은 자신의 사고, 판단, 의사결정에 책임질 수 있어야 한다. 특히 기관의 장이나 지역사회의 지도자가 지적 기능을 어떻게 사용하는가는 그 기관이나 사회를 발전시킬 수도, 위기를 초래할 수도 있는 결정적인 중요성을 갖는다. Schaie는 이런 중년기 지적 기능의 특징을 강조하여 이 시기를 **실행단계**(executive stage)라 지칭하기도 한다.

노년기는 **재통합단계**(reintegrative stage)이다 노인들은 직업, 결혼 등 일상의 과업과 관련하여 장기적인 목표를 설정할 필요가 없으며, 사회적 책임 또한 급격히 감소된다. 따라서 노년기에는 개인적인 흥미, 가치, 태도를 바탕으로 자신의 지적 기능을 대단히 선택적으로 사용할 필요성이 있다. 어떤 노인에게는 광범위하고 추상적인 철학적 의문들을 탐색하는 사고가 자아통합에 도움이 되는 반면에, 다른 노인에게는 의복, 취미 등 일상의 작은 활동들이 심각한 사고의 대상이 될 수 있다. 노년기 인지발달의 특징은 이처럼 자신의 필요성에 의해 지적 기능을 선택적으로 사용하는 재통합능력을 획득하는 데 있다.

표 13-1 Schaie의 성인기 인지발달단계

단 계	연 령	특 징
획득단계	아동 · 청년기	감각운동기능에서 형식적 조작사고에 이르기까지 기본인지구조의 발달
성취단계	성인전기	성취와 독립의 목표를 지향하는 인지행동
책임단계	성인중기	일상의 문제해결에 있어서 개인적 목표와 가족 및 사회적 책임의 통합
(실행단계)	성인중기(일부)	보다 복잡한 조직적 위계와 책임을 갖는 문제해결
재통합단계	성인후기	자신의 흥미, 가치에 적합한 문제 및 과제의 선택

Schaie의 성인기 인지발달모형을 〈표 13-1〉과 같이 정리해볼 수 있다.

(2) Riegel의 변증법적 추론모형

Riegel(1973)은 청년기에 형식적 조작사고라는 평형상태에 도달함으로써 인지발달이 완성된다는 Piaget(Inhelder & Piaget, 1958)의 주장에 이의를 제기하고, 성인기 특유의 인지발달적 특징을 찾고자 하였다.

Riegel에 의하면 성인기 사고의 특징은 **변증법적 추론**(dialectical reasoning)이라는 보다 성숙한 사고양식의 획득에 있다. 변증법적 추론은 다양한 상황, 대상물 또는 사람에 내재하는 모순을 인식할 수 있는 능력을 뜻한다. 종교적 사고를 예를 들면, 자신이 속한 종교의 제반 특성에 관해 여러 요인들을 체계적으로 고려하고 이들을 통합하여 종교적인 관점을 확립하는 것이 청년기 형식적 조작사고의 특징이다. 이에 반하여 성인기 변증법적 추론은 자신이 속한 종교와 자신이 확립한 관점의 문제와 한계점을 인식하고 그 모순을 깨달을 줄 아는 사고이다. Piaget의 인지발달이론이 개인과 문제상황 간의 보다 안정된 균형을 지향하는 인지구조의 발달과정을 전제로 한 것이라면, Riegel의 변증법적 추론모형은 문제상황과 그 해결양상이 내포하고 있는 불완전성과 애매성을 강조하고, 갈등과 변화를 발달의 본질로 삼고 있다.

Riegel의 변증법적 추론은 성인기 사고의 주요 특징이기는 하지만, Piaget의 인지발달의 네 단계 속에도 항상 존재하고 있는 사고과정으로 생각된다. 따라서 Riegel은 변증법적 추론을 형식적 조작단계 이후의 독립적인 성인기 인지발달단계로서 설정하는 것을 거부한다. Piaget의 인지발달이론에서 평형상태를 지향하는 문제해결과정에는 필연적으로 모순과 불일치를 인지하는 과정이 내포되어 있으므로, 어떤 면에서 변증법적 추론은 Piaget 이론에 내포되어 있으면서 Piaget가 간과한 인지발달의 다른 측면을 부각시켜주는 것으로 볼 수 있다(Commons et al., 1982; Riegel, 1976).

(3) Arlin의 문제발견모형

Arlin(1975)은 Piaget의 형식적 조작사고는 문제해결에 국한되는 데 반해 성인기 인지발달은 **문제발견**이 주가 되는 근본적인 차이가 있다고 믿는다. 따라서 성인기 인지발달을 명백하게 **제5단계**로 설정하여 Piaget의 형식적 조작사고와 구분하고 있다. Arlin은 형식적 조작사고를 획득했다고 해서 문제발견사고가 가능한 것은 아니며, 문제발견능력은 형식적 조작사고가 획득된 후에 발달한다는 사실을 실증적 연구를 통해 확인함으로써 제5단계의 존재를 입증하였다.

현재의 직장에 남아 있을 것인지 새 직장으로 옮길 것인지의 여부를 판단하는 성인의 사고를 예로 들면, 두 선택 가능성 중의 하나를 택했을 때 발생할 수 있는 문제를 미리 얼마나 철저하게 탐색해내고 통합하여 결론에 도달할 수 있는 여부가 문제해결과정의 핵심이다. 관련변인을 체계적으로 탐색하고 통합하는 능력은 형식적 조작사고로도 가능하지만, 발생할 수 있는 문제를 식별해내고 형식적 조작사고를 문제상황에 적절히 적용할 수 있는 능력은 별개의 것이다. 이러한 점에서 Arlin이 설정한 인지발달의 제5단계인 문제발견단계는 성인기 사고의 특징을 잘 보여주는 것이다.

2) 성인기 성격발달이론

(1) Erikson의 심리사회적 발달이론

Erikson(1950, 1959) 이론에서 아동기까지의 발달은 정상적으로 성장하는 한 개인이 지녀야 할 여러 심리적 특성들을 획득하는 것이다. 청년기는 자신의 특성을 객관적으로 탐색하며 정의하고 평가하는 과정이다. 청년기 자기정체성의 획득은 이러한 자기탐색과 평가의 완성이라 볼 수 있다. 청년기와 달리 성인기는 타인과의 관계를 형성하고, 타인에게 사랑과 보살핌을 주며, 타인과의 관계 속에서 자신을 보다 심화시켜가는 시기이다. Erikson은 성인기 발달을 세 단계로 나누어 설명한다.

친밀성 대 고립감

청년기에 자아정체성을 확립하고 성인기에 들어서게 되면 타인과의 상호관계에 관심을 가질 수 있게 된다. Erikson은 성인전기의 성격발달 특성을 **친밀성 대 고립감**(sense of intimacy vs. isolation)의 위기에서 찾고 있다. Erikson에 의하면 친밀성은 타인의 한계와 단점을 인정하고 수용하며, 인간 상호 간의 차이점과 갈등을 극복하는 과정을 통해 획득한다. 친밀성이 획득되면 서로의 삶의 여러 측면들을 함께 나누며 상호조정하고 조화하는 것이 가능하게 되며, 인간관계 속에서 삶의 활력과 만족을 얻을 수 있다. 성인전기의 친밀성은 주로 배우자와의 관계를 통해 형성되나, 희생과 양보를 바탕으로 하는 친구관계의 형성과정 속에서도 친밀성을 획득한다.

청년기 자아정체성의 확립은 친밀성 형성의 기초가 된다. 예를 들어, 자신의 외모, 능력, 가치 등에 일관성 있는 정체성을 확립하지 못하여 자의식에서 벗어나지 못한 사람은 타인에게 자연스러운 관심과 배려를 보일 수 없게 된다. 이러한 경향이 심화되면 사람과의 관계를 단절하고 **고립감**에 매몰되게 된다. 이러한 점에서 Erikson은 정체성이 형성되지 않은 상태에서의 결혼은 성공하기 어렵다고 주장하고 있다(Erikson, 1959).

생산성 대 침체감

Erikson 이론에서 중년기는 **생산성 대 침체감**(sense of generativity vs. stagnation)의 위기를 경험하는 시기이다. 생산성은 다음 세대를 돌보고 길러감으로써 자신의 존재가치를 확장하고자 하는 중년기 성격발달 특성을 의미한다.

생산성은 여러 측면에서 발달될 수 있다. 자녀를 낳아 기르고 교육하는 희생적인 과정을 통해 **부모역할 생산성**(parental generativity)이 발달한다. **과업 생산성**(work generativity)은 자신이 지닌 기술과 능력을 과업을 통해 다음 세대에 전수함으로써 획득될 수 있다(Kotre, 1984).

생산성은 단순히 자녀를 낳아 기르고 과업을 수행하는 것만으로 획득되는 것은 아니며, 그러한 과정 속에서 자신이 쏟는 열정과 희생이 타인 속에서 결실 맺는 것을 보는 기쁨이 수반되어야 하는 특성이다. 이러한 점에서 Erikson은 아동기에 지나치게 많은 좌절을 경험한 사람이나 개인의 독립적인 성취를 강조하는 서구 문화권에서 살고 있는 성인들은 생산성을 확립하기 어려운 것으로 설명하고 있다(윤진 역, 1988).

생산성의 확립에 실패하면 **침체감**에 빠져든다. 침체감에 빠져든 성인들은 부모역할을 제대로 수행하지 못하며, 자신이 속한 집단의 지도자 역할이나 지역사회에서 전반적인 어른의 역할수행이 원만하지 못하다. 침체감은 자신의 필요성과 요구에서 헤어나지 못하여 다음 세대나 사회전반의 요구에 응할 수 있는 여유를 찾지 못할 때 나타나는 특성이다.

통정성 대 절망감

노년기는 필연적으로 쇠퇴를 경험하며 다가올 죽음을 준비해야 하는 시기이다. 쇠퇴와 죽음 앞에서 노인들은 지나간 삶을 되돌아보고 정리할 필요성을 느끼게 된다. **통정성 대 절망감**(sense of integrety vs. despair)의 위기의 긍정적인 극복은 노년기 적응에 중요한 의미를 갖는다. 비록 살아온 과정들이 힘들고 후회스러운 부분도 많지만 전체적으로 자신의 삶이 가치로웠다고 긍정적으로 수용하고 만족할 수 있을 때 **통정성**이 획득된다.

노년기 통정성은 이전 단계까지의 긍정적인 발달의 연속선상에서 이해해야 한다. 예를 들어, 자아정체성의 확립에 실패하여 부정적 정체성을 지닌 사람은 타인과의 관계 속에서 친밀성을 형성하기 어렵다. 이러한 성인전기의 단절감은 곧 중년기의 침체감으로 연결되기 쉽다. 이처럼 부정적 발달이 지속된 사람이 노년기 자신의 삶을 긍정적으로 평가하고 통정성을 갖는 것은 실제로 불가능할 수 있다.

중년기까지 외형적으로만 긍정적인 발달을 지속한 노인들은 죽음에 직면하여 자신의 생애를 재음미할 때 의문과 절망감에 빠져들기 쉽다. 이 경우 노인들은 자신의 삶을 새로운 시각에서 통찰하고, 가치를 재구성하며, 과거의 생애에 새로운 질서를 부여함으로써 절망감에서 벗어나게 된다. 자신의 생애를 돌아보며 그 의미와 가치에 대한 내재적 갈등을 극복할 때 비로소 통정성이라는 노년기 지혜가 획득된다.

(2) Vaillant의 Grant 연구

Grant 연구는 Vaillant(1977)가 1938년에 18세의 하버드 대학 학생 268명을 대상으로 시작하여 그중 95명을 50대까지 추적한 성인전기와 중기발달에 관한 종단적 연구이다. 이 연구에서는 성인기 발달의 각 단계에서 성공적인 삶을 살아가는 사람들의 단계별 변화양상, 성공적인 삶에 관여하는 요인들 그리고 개개인이 독특하게 상황에 적응하는 양식을 식별해내는 것을 목적으로 하였다.

Grant 연구에서는 성인기 발달이 나타나는 시기는 개인에 따라 큰 연령차가 있으나 성공적인 삶을 살아가는 사람들이 이행하는 과정은 유사하다는 사실을 발견하였다. 또한 자신의 삶에 중요한 의미를 갖는 사람들과의 지속적인 관계가 성공적인 삶을 결정하는 가장 중요한 요인이라는 사실도 확인하였다. 아울러 Grant 연구에서는 몇 가지 유형의 적응기제를 식별해냈다. 삶의 여유와 좋은 인간관계를 유지하는 **성숙기제**, 정신적 불만을 신체적 질환으로 표출하는 **미성숙기제**, 현실을 왜곡하고 현실로부터 도피하는 **정신병적 기제**, 삶에 대한 과도한 불안에 억압되어 두려움에 허덕이는 **신경증적 기제**가 대표적인 유형에 속한다. Grant 연구에서 제시하고 있는 성인전기와 중기의 단계별 발달양상을 간단히 살펴보자.

성인전기

20대는 부모로부터 독립하여 자율성을 획득하며 가정을 이루는 시기이다. 30세 전의 안정된 결혼생활 시작은 40대와 50대 삶의 행복을 결정하는 중요한 기준이 된다. 또한 성인전기는 직업에 몰두하는 단계이다. 25~35세 사이는 청년기의 이상과 열정을 버리고 철저히 현실적인 삶을 살아가는 시기이다. Vaillant는 이 시기를 **직업강화**(career consolidation)단계라 지칭한다. 50대에 성공적인 삶을 살고 있는 사람들은 자신의 삶을 회고할 때 성인전기를 가장 불행하다고 판단하는 반면에, 성공적이지 못한 사람들은 이 시기에 향수를 느낀다고 보고하고 있는 것은 흥미롭다. 40세에 자신의 내부에 시선을 돌릴 여유를 얻게 될 때 성인전기 직업강화단계는 끝난다.

성인중기

일반적으로 중년기를 위기라 부르는 사회적 통념과 달리 Grant 연구에서는 35세에서 49세 사이의 **중년기**가 인생에서 가장 평온하고 행복한 시기라는 사실을 확인하였다. 잘 적응하며 살아가는 사람들은 책임감을 가지고 자신의 일에 종사하며, 자녀를 기르는 기쁨을 누리고, 이웃을 돕는 것으로 밝혀졌다. 45~55세 사이의 중년기에는 오랫동안 억압되어온 감정을 처리할 수 있을 만큼 성숙하게 되므로, 자신의 과거를 재평가하고, 인간관계를 재정립하는 전환기가 된다. 이러한 점에서 Vaillant는 **생의 의미유지**를 중년기의 가장 큰 과업으로 보고 있다.

(3) Levinson의 인생주기모형

Levinson(1978, 1986)은 근로자, 기업가, 학자, 예술가로 종사하는 35세에서 45세 사이의 남성 40명을 대상으로 삶의 전반에 대해 심층적인 면접을 하여 얻은 자료와 유명인의 자서전이나 문학작품 속 주인공의 생애를 분석한 결과를 통합하여 **인생주기**(seasons of life)**모형**을 제시하였다.

Levinson은 인생의 주기를 크게 네 개의 시기(era)로 나누고, 각 시기 사이에 세 번의 **시기 간 전환기**(cross-era transition)를 설정하였다.

〈그림 13-1〉에서 보듯이 각 시기는 성인이전시기(0~22세), 성인초기(17~45세), 성인중기(40~65세), 성인후기(60세 이후)로 나누어진다. 시기 간 전환기는 성인전기와 초기 사이의 성인초기 전환기, 성인초기와 중기 사이의 성인중기 전환기, 성인중기와 후기 사이의 성인후기 전환기로 구성된다. 각각 5년간에 걸친 이 전환기 동안에 이전 시기의 삶을 평가하고 통합하며 다음 시기를 설계하게 된다.

Levinson의 성인기 발달모형의 또 하나의 특징은 각 시기에 한 개인의 삶의 기본양식을 뜻하는 **인생구조**(life structure)를 가정하고 있다는 점이다. 인생구조는 '지금 내 삶은 어떠한 모습인가?'라는 의문에 대해 스스로 제시하는 대답을 의미한다. Levinson은 자신이 중요성을 부여하는 사람들과의 관계, 결혼과 가족, 직업을 가장 중요한 요소로 설명하고 있다.

Levinson에 의하면 각 시기의 인생구조가 형성되는 과정은 연령이 증가함에 따라 일정

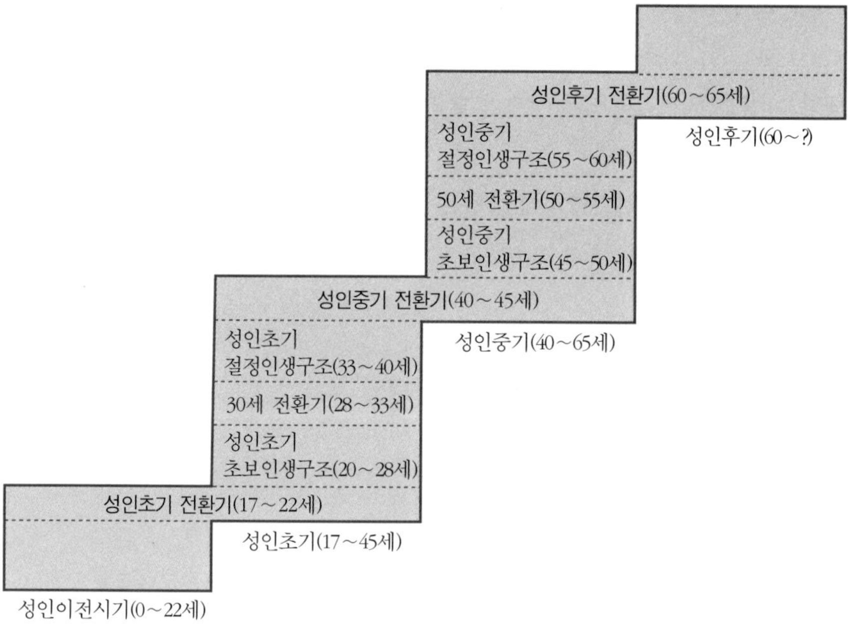

〈그림 13-1〉 Levinson의 인생주기모형
(Levinson, 1986에서 인용)

한 계열을 형성한다. 각 시기의 인생구조는 구조가 설정되기 시작하는 **초보인생구조**(entry life structure), 각 시기 내에서 구조가 변화하는 **전환기**(transition), 특정 시기 인생구조가 완성되는 **절정인생구조**(culminating life structure)의 세 단계 유형으로 구성된다. 이렇게 해서 〈그림 13-1〉과 같은 17세에서 65세까지 아홉 개 주요 기간으로 구성되는 인생주기모형이 형성된다.

Levinson이 인생주기 중 25년이라는 긴 기간을 5번에 걸친 전환기로 설정한 것은 생의 과정에서 경험하는 동요와 위기의 중요성을 보여주는 것이다. 각 시기 인생구조의 특징은 성인기 성격발달에서 설명하게 될 것이다.

(4) 생활사태접근

생활사태접근(life-events approach)에서는 우리의 일상에서 일어나는 여러 가지 사태들이 성격형성에 미치는 영향에 의해 성인기 성격발달 특성을 설명한다. 결혼, 이혼, 배우자 사망, 은퇴 등은 대표적인 생활사태이다. 이들 사태들은 그 정도는 다르지만 각기 스트레스를 유발함으로써 개인의 발달에 영향을 미치게 된다(Holmes & Rahe, 1967).

보다 근래에 생활사태접근은 개인의 발달에 영향을 미치는 사태 자체뿐 아니라 개인의 건강, 가족구조 등 매개적 요인과 생활사태에 대한 개인의 적응과정, 개인이 속해 있는 발달단계적 맥락과 사회 · 역사 · 문화적 맥락 등의 요인들을 통합하고 있다(Brim & Ryff, 1980; Hansell, 1991; Lieberman, 1994). 동일한 생활사태라도 이러한 여러 요인들에 따라 그 사태가 야기하는 스트레스의 정도가 달라질 것이며, 결과적으로 개인의 발달에 미치는 영향 또한 달라질 것이다.

생활사태 접근은 특정 발달단계에 속하는 모든 개인들의 보편적인 발달적 특성을 바탕으로 하면서 같은 단계 내에서 나타날 수 있는 발달의 개인차를 보여주는 점에서 발달단계적 접근을 잘 보완해준다. 특히 최근에는 이혼이나 죽음 등 종래에 관심의 대상이 되던 커다란 생활사태뿐 아니라 작으면서도 스트레스를 야기하는 일상의 사소한 생활사태가 개인의 성격발달에 미치는 영향에도 관심을 기울이고 있다(Kanner & Feldman, 1991).

제 14 장 성인기의 발달적 특징

이 장에서는 성인전기, 성인중기 및 성인후기의 발달적 변화양상들을 검토하게 될 것이다. 각 시기의 발달양상은 신체발달, 인지발달, 성격 및 사회성 발달을 공통적으로 다룰 것이다. 덧붙여서 성인전기에 특히 중요성을 갖는 생애과업의 문제와 노년기 노쇠, 은퇴, 죽음의 문제를 살펴보고자 한다.

1 성인전기 발달

청년기가 끝나고 20～22 · 3세경부터 35～40세경까지가 성인전기에 속한다. 성인전기는 한 사람의 성인으로서 사회적 역할을 시작하는 시기이다. 따라서 직업을 선택하고 결정하는 일은 성인전기 발달의 주요 과업이다. 이 장에서는 성인전기의 신체, 인지, 성격 및 사회성 발달을 살펴보고, 생애과업의 선택과 결정과정을 검토해보고자 한다.

1) 신체발달

성인전기는 **신체발달**이 완성되는 시기이다. 미국의 경우 골격발달은 남자의 경우 평균적으로 21.2세에 완성되며, 여자는 훨씬 빠른 17.4세경에 완성된다(Roche & Davilia, 1972). 신체적 수행능력 또한 대체로 19~26세 사이에 정점에 도달한다. 운동선수들의 기록을 보면, 일반운동은 25세 전후, 마라톤은 27세 전후, 수영은 18~20세 사이에 가장 많은 챔피언이 배출된다(Schultz & Curnow, 1988).

성인전기는 신체적으로 가장 건강한 시기로서, 아동기나 성인후기에 비해 만성적 질병이 가장 적게 보고되고 있다(Turk et al., 1984). 그러나 청년후기부터 성인초기인 20대 중반까지 흡연, 음주, 약물흡입 경향은 급격히 증가한다. 학자들은 이러한 현상을 청년기 자아중심적 사고가 성인전기 건강지각에 그대로 적용되기 때문인 것으로 설명하고 있다. 흔히 청년들은 운동, 흡연, 음식습관 등이 자신의 건강과는 관계가 없는 것으로 믿고 있는 것을 볼 수 있다(Weinstein, 1984).

성인전기 동안의 생활방식이 중년기나 노년기의 건강상태를 결정한다는 사실을 인식하는 사람은 적은 것 같다. 그러나 실제로 성인전기에 흡연과 음주를 통제하는 등 좋은 생활습관을 형성하는 일은 성인후기의 건강유지에 필수적이다. 20세에서 70세 사이 7,000명의 성인을 대상으로 한 연구에서 성인초기 생활방식은 노년기 건강을 결정하는 가장 중요한 요인으로 나타났다(Belloc & Breslow, 1972). 40년간을 추적 연구한 캘리포니아 종단연구에서도 30세의 신체적 건강이 70세의 생활만족도를 결정하는 가장 주요한 요인이었다(Mussen et al., 1982).

성인전기는 이성과의 성관계가 확립되는 시기이다. 미국의 경우 혼전 성관계가 급격히 보편화되었으며, 성관계 대상의 수도 증가하였다. 특히 여성의 경우 그 변화가 빨라 1970년경부터 혼전 성관계를 보고하는 비율이 높아졌다(Robinson et al., 1991). 그러나 2,000명의 성인을 대상으로 한 보다 최근의 연구에 의하면 대부분의 성인들은 결혼 전 성관계 대상의 수가 극히 제한적이고, 배우자에게만 충실한 결혼생활을 영위하며, 이혼 후에 성관계 대상을 바꾸는 등 한 사람과의 성관계를 유지하는 것으로 보고되고 있다(Leigh et al., 1993).

성인전기에 도달하면 그 비율이 높지는 않지만 **동성애**(homosexuality)가 개인의 성행동의 한 양상으로 확립된다. 미국의 한 연구보고에 의하면 남성의 약 4%, 여성의 약 3%가 전적으로 동성애 관계에 있는 것으로 알려지고 있다(Hunt, 1974). 미국은 일반적으로 동성애를 허용하는 경향이 높았으나 AIDS의 영향으로 동성애를 인정하는 비율이 1985년에 40%를 상회하던 것이 1986년에 30%로 감소하고 있다(Santrock, 1995).[1]

2) 인지발달

앞 장의 성인기 인지발달이론에서 이미 설명하였듯이 Piaget는 청년기와 성인기 사고는 본질적으로 같은 것으로 보고 있다. 청년기와 성인기 사고발달을 연구하는 대표적인 학자 중의 한 사람인 Keating(1980, 1990)은 이러한 Piaget의 인지발달이론을 바탕으로 성인전기 인지발달의 특징을 형식적 조작사고가 강화되고 공고화되는 과정으로 설명하고 있다. Keating에 의하면 청년기에는 형식적 조작사고의 발달과 더불어 가설을 설정하고 관련변인을 탐색하는 능력이 발달하기 시작하지만 대단히 미숙한 수준에 머물러 있다. 성인전기 동안에 보다 다양하면서 적합한 가설을 설정하고, 관련변인을 보다 체계적으로 찾아내고 분석하며 비교하고 통합할 수 있게 되면서, 보다 유능한 문제해결능력을 갖추게 된다. Keating은 성인전기에 형식적 조작사고가 심화되는 양상을 **비판적 사고**(critical thinking)의 발달로 설명하고 있다.

대부분의 성인전기 인지발달이론가들은 성인전기 인지발달의 특징을 Keating과 다른 시각에서 설명하고 있다. Labouvie-Vief(1982, 1986)는 성인기는 자신이 몸담고 있는 직장이나 사회, 크게는 생태적 맥락 내에서 발생하는 여러 가지 복잡한 문제들을 해결하고 적응해나가야 하는 시기로 보고 있다. 따라서 성인기 사고는 실용적인 필요성과 압박감이 강하다는 점에서 자유롭고 이상주의적인 청년기 사고와 구별된다고 생각한다. 이렇게 볼 때 성인전기의 인지발달은 청년기의 논리적이며 가설중심적인 사고로부터 현실에 대한 실용적인 적응방략을 탐색하는 실제적인 문제해결사고로의 변화과정을 의미하는 것으로 볼 수 있다.

성인전기에 실용적 사고의 필요성이 증가한다는 사실이 청년기 논리적 사고의 감퇴를 뜻하는 것은 아니다. 성인전기 인지적 능력은 논리적 사고기술과 현실에 대한 실용적 적응기술을 동시에 요구하는 것이다(Santrock, 1995). 성인기 인지발달이론에서 설명한 Arlin(1975)의 문제발견 사고와 Schaie(1977)의 성취단계 인지발달모형은 이러한 사고의 두 가지 측면을 잘 통합한 것이다.

청년기와 구별되는 성인전기 사고의 특징은 Perry(1970)의 연구에서도 찾아볼 수 있다. Perry는 청년기 사고의 특징은 옳음과 그름, 우리 편과 상대편, 좋음과 나쁨 등으로 현상을 양극화하는 이분법적 사고에 있다고 설명한다. 그러나 성인기에 들어서면서 타인들의 관점과 견해의 다양성을 수용할 수 있게 되면 이분법적 사고는 **다면적 사고**(multiple thinking)로 대치된다.

1) 최근에 우리나라 대학에서 동성애 인정 움직임이 일고 있는 것은 서구와는 반대경향으로 보인다.

다면적 사고는 어떤 사태와 관련되는 여러 요인과 입장들을 고르게 고려할 수 있는 사고를 뜻한다. 성인초기의 다면적 사고는 관점의 확장을 뜻할 뿐 자신의 개인적 의견에 대한 신념은 여전히 강한 특징이 있다. 성인전기 동안 자신의 의견이 타인의 주장에 의해 논박받거나 부적합한 경험이 누적되면 다면적 사고는 **상대적 사고**(relative thinking)로 바뀐다. 상대적 사고는 대부분의 지식과 의견은 절대적으로 부여된 것이 아니라 시대상황적 맥락에 따라 바뀔 수 있다는 진리의 상대성을 이해하는 능력이다. 상대적 사고를 갖게 되면 일상에서 경험하는 사태나 현상에 대해 자신이 갖고 있는 생각과 판단이 잘못일 수 있는 가능성을 이해하고 인정할 수 있게 된다.

형식적 조작사고의 심화에 의한 비판적 사고의 확장, 실용적인 적응과 현실적인 과업성취를 위한 실제적 문제해결능력의 발달, 문제발견능력의 획득, 다면적 사고와 상대적 사고의 발달은 성인전기 인지발달의 공통적인 특징을 보여준다. 성인전기 인지발달의 특징을 〈표 14-1〉에서 살펴볼 수 있다.

표 14-1 성인기 인지발달이론 비교

발달단계	이론가			
	Piaget	Labouvie-vief	Perry	Schaie
청년기	형식적 조작	형식적 조작	양면적 사고	지식획득단계
성인전기	↓	실용적 단계	다면적 사고	성취단계
성인중기	↓	↓	↓	책임단계와 실행단계
성인후기	↓	↓	↓	재통합단계

(Santrock, 1995에서 인용)

3) 성격 및 사회성 발달

(1) 친밀성의 발달

앞의 성인기 성격발달이론에서 지적하였듯이 Erikson(1968)은 성인초기 성격특성을 **친밀성 대 고립감**(intimacy vs isolation)의 위기로 표현하고 있다. 성인초기의 친밀성이란 결혼대상으로서 애정을 나눌 수 있는 사람 또는 사회생활에서 우정을 나눌 수 있는 사람들과의 친근한 관계를 포함한다. 이 시기에 친밀성을 획득하지 못하는 사람들은 지나치게 자기의식적이며 자신의 사회적 행동과 적응에 대해 걱정하고 불안해하기 때문에 오히려 원만한 사회적 상호작용을 이루지 못함으로써 고립감에 빠져들게 된다.

성인초기 친밀성의 중심문제로 애정(affectionate love)을 들 수 있다. Sternberg(1988d)는 애정은 **열정**(passion), **친밀성**(intimacy) 및 **관여**(commitment)의 세 요소로 구성된다고

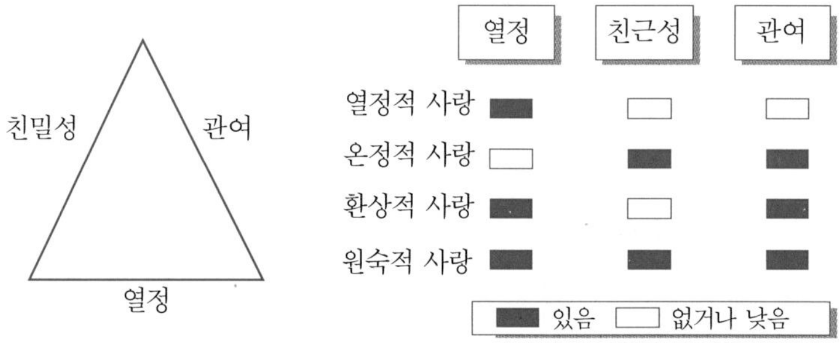

〈그림 14-1〉 Sternberg의 애정유형 구분
(Sternberg, 1988에서 인용)

주장한다. **열정**은 애정의 신체적이며 성적인 측면을, **친밀성**은 따뜻하고 가까이에서 애정을 나누는 사랑의 표현을, **관여**는 자신의 애정을 객관적으로 평가하고 문제가 발생하더라도 같은 관계를 유지할 수 있는 인지적 측면을 뜻한다. Sternberg는 〈그림 14-1〉에서와 같이 이들 세 요인의 유무에 따라 열정적, 온정적, 환상적, 원숙한 사랑의 네 유형으로 애정을 구분하고 있다.

열정적 사랑과 **환상적 사랑**은 사랑하는 관계의 초기단계에 나타난다. 흔히 누군가와 사랑에 빠져 있다고 말하는 것은 열정적 사랑을 뜻한다(Berscheid, 1988). 대학생 시기는 주로 열정적 사랑에 지배되는 시기이다. 열정적 사랑은 결혼을 결심하는 주된 이유이기도 하다.

애정관계가 지속되려면 열정적 사랑과 환상적 사랑은 **온정적 사랑**과 **원숙한 사랑**으로 바뀌어야 한다. 성적 매력에 사로잡혀 친밀성이 결여되어 있던 열정적이며 환상적인 사랑이 친밀성을 획득하게 되면 온정적이며 원숙한 사랑으로 바뀌게 된다. 만일 성적 매력이 사라지면서 친밀성을 획득하지 못하면 실망과 권태와 단절감이 따르게 되며 마침내 서로에 대한 적개심으로 발전할 수 있다.

성인전기 친밀성은 이성관계뿐 아니라 일반적인 인간관계에 있어서도 중요한 특성이다. 성인전기 동안에 친밀성이 획득하면서 인간관계는 점차 성숙해진다. White 등(Paul & White, 1990; White et al., 1987)은 인간관계의 성숙과정을 세 단계로 구분하여 설명하고 있다.

첫째 단계인 **자기 위주적 수준**에서는 타인과의 관계가 자신에게 어떤 영향을 주는가에만 몰두해 있으며, 타인의 입장에 대한 배려가 부족한 수준이다. 둘째 단계인 **역할 위주적 수준**에서는 개인으로서의 타인을 인식하고 타인의 권리를 인정하지만, 사회적 역할만을 고려하며 개인적 이해에까지 미치지 못하는 한계가 있다. 가장 높은 성숙단계인 **개인적 배려**

수준은 타인의 욕구와 동기를 고려하며, 인간으로서 타인을 배려하고 정서적으로 격려해 줄 수 있는 수준을 의미한다. 성인기의 친밀성과 생산성은 개인적 배려수준까지 올 수 있을 때 달성된 것으로 보아야 할 것이다.

(2) Levinson의 성인전기 인생구조

Levinson에 의하면 성인전기는 **꿈**을 갖고 평생의 **과업**을 찾으며, 일생동안 지속할 **애정관계**를 이루고, **스승**을 구하는 시기이다. 꿈, 스승, 생애과업, 결혼의 네 가지 발달과업이 이루어지는 양상은 곧 성인전기 성격발달이 이루어지는 과정을 보여주는 것이다. 앞의 성인기 성격발달이론에서 제시한 Levinson(1978, 1986)의 인생구조모형에 따라 성인전기 성격발달 특성을 다음과 같은 네 개의 기간으로 나누어 살펴볼 수 있다.

성인전기 전환기(early adulthood transition)

약 17~22세 사이에 경험하는 성인전기 전환기는 부모로부터 경제적으로나 정서적으로 독립하여 성인으로서의 삶을 준비하는 과도기이다.

성인전기 초보인생구조(entry life structure)

약 22~28세 사이에 성인전기의 초보인생구조가 형성되는 단계로 들어선다. 이성을 만나 가정을 만드는 것과 직업선택은 초보인생구조를 구성하는 대표적 요인이다.

Levinson은 성인전기 초보인생구조의 형성에 가장 크게 영향을 미치는 요인으로서 **꿈**과 **스승**(mentor)을 들고 있다. 꿈은 과업에 몰입하고 활력을 주는 성인전기 삶의 지표이다. 스승과의 만남에서 시작되는 도제기간은 일뿐 아니라 인생을 살아가는 모든 과정에 큰 영향을 미친다.

30세 전환기(age 30 transition)

약 28~33세 사이에 남성들은 지난 10여 년의 자신의 삶을 되돌아보며 자신이 해온 일들이 적합했는가에 대해 의문을 제기함으로써 가벼운 위기를 경험하게 된다. 이 위기를 잘 극복하면 자신의 삶에 확신을 갖고 활력을 지니며 보다 안정된 성인전기 인생구조의 토대를 쌓게 된다. 이 시기에 이혼을 하거나 직장을 옮기는 등의 바람직하지 못한 적응양식이 나타나기도 한다.

절정인생구조(culminating life structure)

30세 전환기를 통해 성인전기의 안정된 구조가 확립되면 33~40세 사이에 직장, 가정, 기타 사회활동에서 열성적으로 일하며 자신의 삶의 양식을 확립하고 인생의 뿌리를 내린다. Levinson은 이 과정을 '자기자신 되기(Becoming One's Own Man: BOOM)'라 지칭하고, 성인전기 인생구조를 마무리하는 중요한 과업으로 생각한다. 자신을 확립하는 과정에서 이전 초보인생구조에서 지녔던 꿈을 실현하거나 불가능한 부분을 버리는 것으로써 정리하며, 인생의 모델로 삼았던 스승을 마음으로부터 버리게 된다.

Levinson(1986)에 의하면 성인전기 동안 여성도 남성과 같은 인생구조를 형성해가지만 남성보다 갈등이 많고 덜 안정된 구조를 보인다. 특히 남성에게 있어서는 '자기자신 되기'가 성인전기의 가장 중요한 발달적 특성인 데 반하여 여성은 인간관계와 애착형성을 바탕으로 성인전기 인생구조를 형성해가는 것으로 보인다. 그러나 여성들에 있어서도 20대와 30대 초반에 자신의 일과 결혼을 병행하여 자신의 꿈을 실현해온 여성이 결혼을 하지 않았거나 자신의 능력을 발휘하지 못한 여성에 비해 40세경에 보다 만족스러운 성인전기 인생구조를 형성하고 있는 것으로 밝혀졌다.

우리나라 30~40세 직업여성과 전업주부를 대상으로 한 연구를 보면 직업여성은 Levinson의 주장과 마찬가지로 일과 결혼을 병행한 데에서 심리적 만족감을 얻는 반면에, 전업주부는 가사역할만을 갖는 것에 만족하고 있는 것으로 나타났다. 이러한 결과는 Levinson의 이론에서 여성의 일과 직업이 삶의 만족도에 미치는 영향은 문화권에 따른 차이가 있음을 반영하는 것이다(김수진, 1989).

4) 생애과업

전 생애 동안 지속할 직업을 선택하고 주어진 과업에 충실히 종사하는 일은 성인전기의 성공적인 발달여부를 결정하는 주요 요인이다. 성인전기 동안에 생애과업이 선택되는 과정과 직업선택에 영향을 미치는 요인에 대한 몇 가지 이론들이 제시되고 있다.

(1) 생애과업 발달이론

Ginzberg의 과업선택 발달이론

Ginzberg 등(1951)은 생애과업의 선택이 환상적 단계(fantasy stage), 시험적 단계(tentative stage), 현실적 단계(realistic stage)를 거쳐 발달한다는 **과업선택의 발달이론**을 제시하고 있다.

환상적 단계는 약 11세경까지의 아동기에 해당하는 단계이다. 어린 시절 '대통령' '과학자' '우주인' '가수' 등 현실감 없이 여러 과업을 꿈꾸는 시기가 이 단계에 해당된다. 11～17・8세 사이는 **시험적 단계**로서 아동기의 환상적 단계로부터 성인전기의 현실적인 의사결정단계로 이행하는 과도기적 시기에 해당된다. Ginzberg는 이 시기 동안 청년들은 자신의 흥미, 능력, 가치 등을 평가하며, 그 결과를 바탕으로 현실적인 가능성들을 시험하기 시작한다.

17～18세경에서 20대까지가 직업선택의 **현실적 단계**에 속한다. 이 시기 동안에 자신에게 가능성이 있는 생애와 직업들을 광범위하게 탐색하고, 특정과업을 집중적으로 고려하며, 마지막으로 그 과업과 관련되는 구체적인 직업을 선택하게 된다.

Ginzberg의 이론은 서구에서도 과업선택의 대안을 충분히 가질 수 있는 중상류 계층에만 국한되는 모형이라는 비판을 받고 있다. 과업선택의 가능성이 보다 제한적인 우리 문화권에 이 모형이 적합한가의 여부는 검증해볼 필요가 있다.

Super의 과업자아개념이론

Super(1967, 1976)의 **과업자아개념이론**(career self-concept theory)에서는 개인의 자아개념이 생애과업 선택에 중추적인 역할을 한다. Super에 의하면 청년기와 성인기 동안에 직업과 관련되는 자아개념에 몇 가지 변화가 일어난다.

14～18세 사이에 청년들은 현재 자신이 지닌 총체적 자아개념과 가장 잘 융합되는 과업에 관한 생각들을 하기 시작한다. 이 단계를 **구체화 국면**(crystallization phase)이라 한다. 18～22세 사이에는 고려 대상이 되는 생애과업의 범위를 좁히고 그중의 몇 가지 유형의 과업을 실험적으로 경험해보기도 한다. 이 시기는 **명료화 국면**(specification phase)이다. 미국의 경우 **실행 국면**(implementation phase)은 21～24세 사이에 대부분의 젊은이들이 학교 교육을 끝내고 실제 과업의 세계에 종사하기 시작하는 시기를 말한다.

자신의 자아개념에 가장 적합하며 전 생애에 걸쳐 지속될 구체적인 과업의 선택은 25～35세 사이의 **안정화 국면**(stabilization phase)에서 이루어진다. 35세 이후의 기간은 자신이 선택한 과업영역에서 보다 높은 수준의 발전과 성취를 향해 노력하는 시기이다. Super는 이 시기를 **공고화 국면**(consolidation phase)이라 부른다.

Super 이론에서 연령은 개략적인 구분이며 개인에 따라 유동적이다. 그러나 청년기에 다양한 생애과업을 탐색하는 것이 과업자아개념의 발달에 필수적인 점은 모든 사람에게 동일하다. Super는 생애발달검사(Career Development Inventory)를 제작하여 과업자아개념을 진단하는 도구로 사용하고 있다.

Holland의 과업성격유형이론

Holland(1973, 1987)는 개인의 성격유형과 특정 생애과업 간의 일치의 중요성을 강조하는 **과업성격유형이론**(personality type theory of career)을 제시하였다. Holland는 자신의 성격에 맞는 과업을 택한 사람들은 자신의 일을 즐기며 같은 직종에 오래 머물러 있는 사실을 확인하였다. Holland는 〈그림 14-2〉와 같이 생애과업과 관련되는 여섯 개의 기본적인 성격유형을 제시하고 있다.

현실적 유형(realistic type)은 주로 옥외에서 하는 육체노동에 흥미를 가진 사람들을 뜻한다. 농사, 운전, 건설, 엔지니어, 파일럿 등이 대표적인 관련직업형태이다. 이 유형에 속하는 사람들은 흔히 신체적으로 건강하지만, 비교적 사회성이 낮아 혼자 일하기를 선호한다. 사고가 실제적이지만 때로 지적인 깊이가 부족하다.

탐구적 유형(investigative type)은 사람보다는 관념이나 생각에 관심이 많으며, 사회적 관계에 무심하고 정서적 상황에 대처하는 힘이 낮다. 흔히 사람들로부터 소외되어 있는 것으로 지각되지만 대단히 지적이다. 교육수준과 사회적 지위는 여섯 유형 중 가장 높다. 과학과 관련되는 직종이나 고도로 전문화된 직종은 이 유형에 속한다.

예술적 유형(artistic type)은 창의적 지향이 강한 과업유형으로서, 새로운 방법으로 자신을 표현하는 일을 즐긴다. 동조성을 싫어하고, 자유와 애매성을 중시하며, 때로 대인관계에 어려움을 갖는다. 이 유형에 속하는 사람들의 수는 많은 데 비해 직종은 적은 편이다.

사회적 유형(social type)은 타인과 함께 일하기를 즐기며 사람에 관심이 많고, 자신보다 낮은 지위의 사람들을 도와주려는 경향성이 높다. 지적인 과업보다는 대인관계기술이 뛰어나다. 교직, 사회사업, 상담 등의 직종이 적합하다.

기업가적 유형(enterprising type)은 사물이나 현상에 대해 생각하기보다는 사람에 관심을 가지는 유형이다. 그러나 목표에 도달하기 위해 사람을 지배하는 경향이 높다. 자신의 태도나 선택을 타인이 채택하도록 설득하는 힘이 강하다. 경영, 경찰, 외판 등의 직종과 관련된다.

관습적 유형(conventional type)은 잘 구조화된 상황이나 세부적인 것들을 다루는 직업분야에서 최상의 능력을 발휘한다. 생각이나 사람보다는 자료나 서류를 취급하는 일을 좋아한다. 은행원, 비서, 서기 등이 적합한 직종이다.

Holland의 과업성격유형이론은 사람들의 과업 적성이 그가 나눈 여섯 가지의 유형처럼 단순하게 구분되는 것이 아니라는 점에서 비판을 받고 있다. 보다 근래에 Holland (1987)는 대부분의 사람들은 단순하게 한 가지 유형에 속하는 것이 아니라 두세 가지 유형이 결합되어 있다고 그의 이론을 수정하였다.

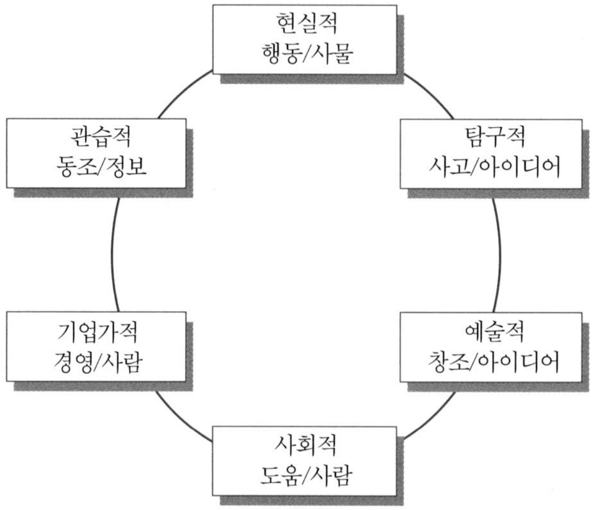

〈그림 14-2〉 Holland의 직업적 성격유형
(Santrock, 1995에서 인용)

(2) 생애과업의 탐색과 결정

미국의 경우 25세 전후까지는 애매하고 불확실한 상황에서 스트레스를 받으며 생애과업을 탐색하는 시기로 설명된다(Lock, 1988). 우리나라는 남성의 경우 군 입대와 여성의 경우 불리한 과업조건으로 인해 미국보다 불확실한 탐색기가 더 길 것으로 예상된다. 대학의 전공 선택은 성인전기의 가장 중요한 생애과업 탐색의 일환이다.

일부 심리학자들은 대학생활 기간 내에 자신의 생애를 통해 지속할 과업에 대해 확고한 결정을 내리는 것은 불가능하므로 대학에서 한 가지 전공에 깊이 몰두하는 것보다는 가능하면 다양한 교과를 통해 여러 과업의 가능성을 탐색하는 것이 좋다고 생각한다. 많은 대학생들이 전공을 바꾸거나 대학의 전공과 취업이 일치하지 않는 비율이 높은 것은 이러한 주장의 타당성을 입증해주는 것이다(Rothstein, 1980). 이에 반하여 대학에서 보다 심화된 전공관련 지식과 기술을 습득하는 것이 안정된 과업선택의 가능성을 높인다는 주장도 제기되어 상반된 견해를 보여준다(Santrock, 1995).

성인기 동안의 과업발달은 대체로 선택, 적응, 유지, 은퇴의 네 과정을 거친다. 성인초기에 과업이 **선택**되면 대부분의 사람들은 자신의 과업에 적응하고자 노력한다. 과업이 요구하는 새로운 역할에 자신을 맞추어가는 **적응**과정은 성인전기 발달의 핵심적 과제이다. 때로 직장을 그만두거나 직업을 바꾸는 일은 과업적응에 실패하거나 재조정이 필요할 때 나타나는 현상이다. Levinson(1978)이 말하는 '30세 전환기'는 과업적응단계를 의미하기도 한다.

30대 초반에 얼마나 안정적인 과업획득수준에 도달했는가를 일률적으로 말하기는 어렵다. 어느 연령에 안정적인 **유지**단계에 들어섰는가가 과업발달의 성공여부를 가늠하는 기준은 될 수 없다. 늦은 출발이 때로 먼 길을 보장한다는 말은 생애과업 발달과정에도 그대로 적용될 수 있을 것이다. **은퇴**는 성인기 과업발달과정의 완성단계라 말할 수 있다.

성인전기의 과업계획과 관련지어 마지막으로 **가치**의 문제가 제시된다. 성인전기의 과업계획은 궁극적으로 어떠한 가치를 지닌 목표를 향해 자신의 생애를 살아갈 것인가의 문제와 직결된다. 삶의 가치는 여러 측면에서 다양하게 논의될 수 있겠으나, 크게는 '경제적으로 풍요로운 삶'과 '철학적으로 의미 있는 삶'으로 구분된다. 미국에서 대학 신입생을 대상으로 1967년부터 1985년 사이의 가치변화를 연구한 〈그림 14-3〉의 자료를 보면 철학적으로 의미 있는 삶을 지향하는 가치는 일관성 있게 감소하는 반면, 경제적 풍요를 지향하는 가치는 꾸준히 증가하고 있는 것을 볼 수 있다. 이러한 두 가치 간의 격차는 10년 뒤인 오늘날에는 더욱 클 것으로 예상할 수 있다.

우리나라 성인전기 젊은이들의 생애과업계획의 가치변화에 관한 체계적인 연구를 찾아보기는 어려우나 물질적 가치관이 만연되고 있는 오늘의 사태에 비추어볼 때(김태길, 1994), 서구와 마찬가지로 경제적으로 풍요한 삶을 지향하는 생애과업계획이 증가할 것으로 예상해볼 수 있다.

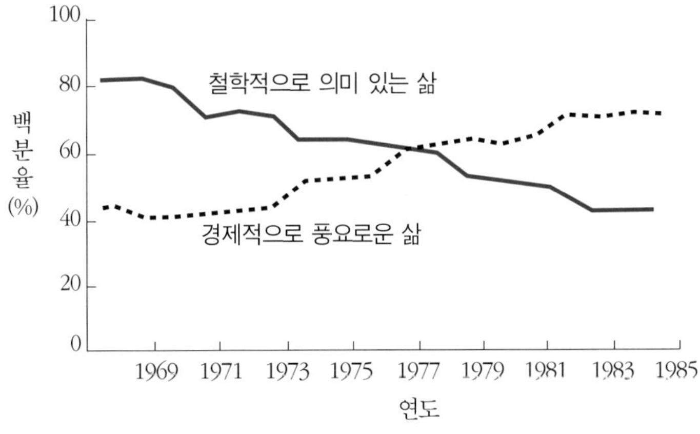

〈그림 14-3〉 대학생의 가치변화
(Astin, Green, & Korn, 1987에서 인용)

(3) 여성과 과업

근래에 자신의 과업을 갖는 여성의 수가 증가하는 것은 동서양을 막론하고 공통된 현상이다. 〈표 14-2〉에 제시된 미국 여성의 전문직 취업률을 보면 지난 20여 년간 각종 전문직이나 남성위주의 직종에 종사하는 여성의 수가 꾸준히 증가하고 있는 것을 알 수 있다.

표 14-2 미국 여성의 전문직 취업률의 변화

연 령	남 성		여 성	
	1년 이하	3년 이하	1년 이하	3년 이하
35~44세	16.7%	31.7%	24.2%	45.4%
45~54세	11.2	21.0	15.5	31.0
55~59세	9.6	17.7	10.5	22.5
60~64세	7.7	15.4	11.3	23.2
65~69세	10.5	23.1	9.6	21.2
70세 이상	9.5	18.0	11.6	21.1

(Smolak, 1993에서 인용)

하지만 오늘날의 여성들에게도 결혼하여 가정을 이루고 자녀를 낳아 기르는 것도 중요한 생애과업의 하나이다. 따라서 결혼과 일을 병행하고자 하는 여성들은 이중과업결혼(dual-carrier marriage)의 부담을 갖게 된다.

연구자료들에 의하면 이중과업결혼은 나름대로의 장단점을 가지고 있다(Thompson & Walker, 1989; Zedeck & Mosier, 1990). 경제적 이득, 부부간의 동등한 관계 유지, 여성의 자아존중감 확장 등은 대표적으로 꼽히는 이중과업결혼의 장점이다. 이에 반해 과중한 시간 및 체력부족, 일과 가족 역할 간의 갈등, 부부간의 경쟁적 적개심, 자녀의 요구충족 등은 간과할 수 없는 문제점이다. 이중과업결혼의 성공여부는 남편이 얼마나 아내의 과업성취를 격려해주는가의 여부에 따라 크게 영향을 받는다(Epstein, 1987).

2 성인중기 발달

앞에서 반복해서 지적하였듯이, 성인기를 구분 짓는 명백한 연령을 찾기는 어렵다. 따라서 성인중기 또는 중년기에 들어서는 연령을 명확하게 규정하기가 어려우나 성인중기는 대체로 35~45세 사이에 들어서며 55~65세 사이에 끝난다.

성인중기는 최초로 쇠퇴의 징후가 나타나며, 개인적인 삶은 위축되고, 다음 세대로의 전수를 생각해야 하는 시기이다. 흔히 일컫는 중년기 위기는 이러한 성인중기의 특징을 지칭한 것이다. 그러나 관점에 따라서 성인중기는 이전의 삶의 결실을 거두고 누리며 활기와 행복감으로 찬 생의 절정기이기도 하다. 우리의 인생에서 성인중기처럼 개인에 따라 다양한 색깔을 갖는 시기는 없을 것이다. 성인중기의 신체, 인지 및 성격 발달을 차례대로 살펴보고자 한다.

1) 신체적 변화

(1) 감각기능의 쇠퇴

성인중기에 가장 뚜렷하게 감퇴가 느껴지는 두 가지 기능이 시각과 청각이다. 시각의 감퇴는 대체로 40~49세 사이에 나타나며, 노안이 대표적 징후이다. 실제로 성인중기 동안에는 가까운 것을 보는 데에도 어려움이 생긴다. 눈으로 가는 혈액공급이 감소되어 시각의 범위는 좁아지는 반면에 사각범위(blind spot)는 커진다.

성인중기에는 밝기에 대한 망막의 민감성이 낮아진다. 성인초기에서 성인중기까지의 성인을 대상으로 밝기를 여러 수준으로 변화시킨 조건에서 인쇄된 숫자 식별수행을 비교한 실험결과에 의하면 밝기를 높여주는 데에 따른 수행의 증가는 성인초기에 비해 중기에서 월등하게 높았다(Hughes, 1978). 이러한 실험결과는 성인중기 망막 민감성의 감퇴를 반영하는 것이다.

청각은 감퇴가 가장 빨리 나타나는 감각기능으로서 40세경에 시작된다. 고음에 대한 민감성의 감퇴가 먼저 나타나며, 50대에는 저음에 대한 감퇴가 시작된다. 직업적 소음으로 인해 남성의 고음 민감성 감퇴가 여성에 비해 빨리 나타난다(Olsho et al., 1985).

(2) 건강상태

성인중기 동안 신체구조 및 기능의 변화로 인해 건강이 약화될 수 있다. 예를 들어, 척추뼈 사이의 디스크의 감퇴로 인해 뼈마디가 가까워지면서 키가 줄어든다. 30~50세 사이에 키는 약 0.3cm 줄지만, 60세에는 약 2cm 가까이 줄어들게 된다(Santrock, 1995).

피부의 탄력이 줄어들고 주름이 생기며, 흰머리가 생기고 체중이 늘며, 배가 나오는 것은 보편적인 성인중기 신체적 변화의 특징이다. 성인중기 건강상태는 정서적 안정성 및 성격유형과 밀접한 관계가 있다. 34~50세가 되기까지 16년간을 추적연구한 **캘리포니아 종단적 연구**결과에 의하면 성인중기에 정서적으로 평화로우며, 자기통제가 잘 되어 있고, 책임감이 있는 사람이 가장 건강한 것으로 밝혀졌다. 샌프란시스코와 하와이로 이민 간 일본인들과 여러 다른 조건이 유사하면서 일본에서 계속 살고 있는 일본인 1만 2,000명을 비교한 연구결과에 의하면, 낯선 문화에의 적응과정이 심장병 발병률을 현저히 높인다(Illola, 1990). 이러한 연구결과는 성인중기 신체건강과 심리적 특성 간의 밀접한 관계를 보여주는 것이다.

개인의 성격 및 적응유형이 성인중기 수명과 직결되는 두 가지 대표적 질환인 심장병, 고혈압과 같은 순환계 질환과 암의 발병률과 밀접히 관련된다는 사실이 밝혀지고 있다. 예를 들어, 고도로 경쟁적이며 성취지향적이고 적개심이 많은 **A형 성격**은 각종 스트레스에 대해 심장박동, 호흡, 근육긴장 등의 생리적 반응을 강력하게 나타내므로 심장병 발병률이 현저하게 높아진다. 한편, 많은 것을 참고 억압하며, 정서적으로 표출하지 않는 **C형 성격**은 정서를 표출하는 사람들에 비해 암 발병률이 의미 있게 높은 것으로 보고되고 있다(Temoshok & Dreher, 1992).

성인중기 동안에 자신의 과업이나 인간관계에 적극적으로 관여하고, 스스로 통제하고 있다고 느끼며, 삶의 과정에서 발생하는 여러 가지 문제와 위기들을 위협이 아닌 적극적인 도전으로 받아들이는 사람들이 성인중기에 최상의 건강을 유지할 수 있는 것으로 보인다(Irwin & Simons, 1994).

(3) 성적 변화

성인중기에 나타나는 성적 변화 중 여성의 **폐경**(menopause)은 가장 대표적인 변화이다. 폐경은 대체로 40대 후반에서 50대 초반 사이에 나타나며, 미국의 경우 52세가 평균 폐경연령이다. 우리나라는 1985년에 46~47세로 폐경연령이 보고된 바 있다(민부기 등, 1985).

폐경을 전후하여 여러 가지 **갱년기 증상**이 나타난다. 얼굴의 홍조, 식은땀, 만성적 피로감, 메스꺼움, 심장박동의 증가는 대표적인 신체적 증상이다. 이러한 신체적 증상과 함께 우울, 초조, 불안정 등의 갱년기 심리적 증상들도 나타난다.

지금까지 여성들의 갱년기 증상의 부정적 측면은 과장되어온 것으로 지적되고 있다. 그 이유는 대부분의 연구들이 의사나 심리치료사를 찾아온 소수집단을 대상으로 갱년기 증상을 연구해왔기 때문이다. 예를 들어, 무선적으로 선정한 8,000명의 여성을 대상으로 폐경기 경험을 조사한 자료에 의하면 대부분의 여성들은 갱년기를 자연스럽고 평화롭게 보내고 있는 것으로 밝혀졌으며, 3%의 여성만이 문제가 있는 갱년기 장애를 보고하였다(McKinlay & McKinlay, 1984). 특히 이러한 갱년기 장애는 심리적인 문제보다는 성호르몬 불균형에서 오는 것이므로 호르몬 치료를 통해 극복 가능한 것으로 밝혀지고 있다.

성인중기에 남성도 남성호르몬 분비의 감소로 인해 성욕감퇴와 더불어 심리적인 의욕감퇴, 불안, 초조 등의 갱년기 장애를 경험하는 것으로 알려져 있다. 그러나 50대 이후 성인중기 동안의 남성호르몬 감소 정도는 실제로 1년에 1%에 불과한 미미한 것이다(Santrock, 1995). 따라서 흔히 **남성 갱년기 장애**로 불리는 증상들은 생리적인 것이라기보다는 쇠퇴를 지각하는 심리적 반응에 기인된 것으로 보인다.

2) 성인중기 인지발달

(1) 지능의 변화

종래에 지능은 20대 중반에 절정을 이루다가 30대 이후부터 서서히 감소되는 것으로 알려져 왔다. 특히 성인중기의 지능의 감퇴는 생물학적인 노화과정의 일부로 당연한 것으로 인정되었다(Wechsler, 1958). 그러나 근래에 성인중기 지적 능력의 감퇴를 이전에 생각해온 것처럼 필연적이거나 보편적인 것으로 생각하는 사람은 많지 않다. 이러한 변화의 근거는 지능연구의 접근방법의 변화와 지능유형의 구분에서 찾아볼 수 있다.

지능발달의 종단적 연구

1919년에 363명의 대학 신입생을 대상으로 지능검사를 실시하고 그중 127명을 31년 뒤인 1950년에 다시 지능검사를 실시하여 그 결과를 비교한 연구(Cunningham & Owens, 1983)결과에 의하면 언어능력은 의미 있게 증가하였고, 관계적 사고는 다소 증가하였으며, 수리능력은 약간 감소하였다. 1946년에서 1973년까지 27년 동안 쌍생아 형제들을 추적하여 지능의 변화를 진단한 결과 75세까지 변화없이 유지되었다(Jarvik & Bank, 1983). 〈그림 14-4〉에서 보는 1956년부터 1979년에 걸쳐 보고된 시애틀 종단적 연구결과에 의하면 지능은 남녀 모두 대체로 60세까지 유지되는 것으로 나타나고 있다(Schaie, 1983).

이러한 종단적 연구결과를 종합해볼 때 성인중기에 지능은 감퇴가 없는 것으로 판단된다. 〈그림 14-5〉에서 보는 것과 같이 종래에 지능의 감퇴가 일어나는 것으로 생각한 것은 횡단적 연구방법의 문제에 기인한 것으로 보인다. 횡단적 연구방법이 갖는 동시대 집단효과(cohort effect)의 문제는 1장에서 설명한 바와 같다.

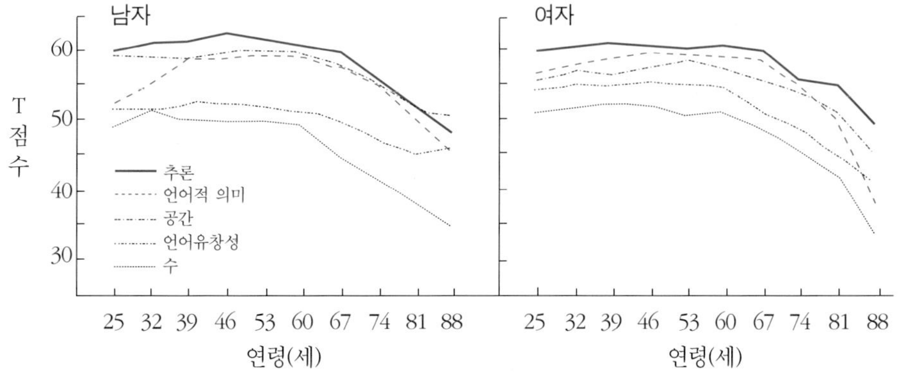

〈그림 14-4〉 지능발달의 종단적 연구
(Irwin & Simons, 1994에서 인용)

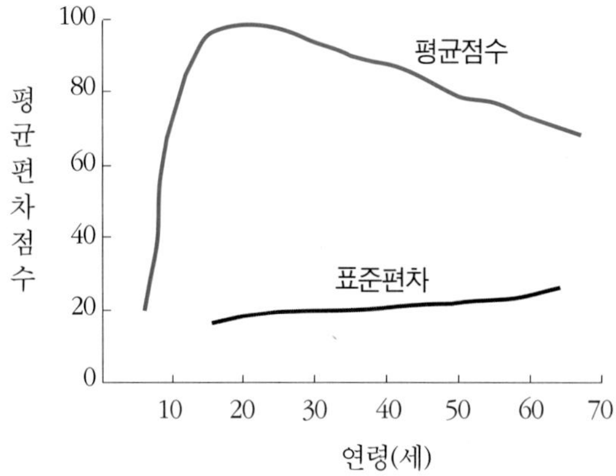

〈그림 14-5〉 연령과 지능 간 관계에 관한 횡단적 연구
(Irwin & Simon, 1994에서 인용)

유동성 지능과 결정성 지능

Cattell(1963, 1967)과 Horn(1968)은 지능을 유동성 지능(fluid intelligence)과 결정성 지능(crystallized intelligence)으로 구분하였다. **유동성 지능**은 유전적 요인에 의해 결정되는 지적 능력이고, 뇌신경의 성숙에 의해 발달하며, 뇌세포의 손상과 쇠퇴에 의해 감퇴되는 지능이다. 유동성 지능은 정보처리의 속도, 유연성, 새로운 상황에의 적응력과 관련되며, 도형관계와 도형분류 등 관계적 사고와 귀납 · 일반적 추론능력으로 진단된다(Horn & Cattell, 1966).

결정성 지능은 후천적 경험, 학습, 문화적 영향에 의해 습득되는 지능이다. 언어 이해력, 기계적 지식, 논리적 의미관계 추론, 판단력, 경험적 평가능력 등이 이에 속한다. 결정성 지능은 후천적으로 학습된 능력이므로 교육수준이 높은 경우에는 노년기까지 계속해서 발달한다. Horn과 Cattell(1966)이 14~61세 사이의 피험자 297명을 대상으로 연구한 결과에 의하면, 〈그림 14-6〉에서 보듯이 유동성 지능은 14세경에 정점에 도달하였다가 20세가 지나면서 감소하기 시작한다. 이에 반하여 결정성 지능은 성인기 동안에 계속해서 증가한다(Horn & Cattell, 1966). 그러나 Hawley(1974)의 연구에서는 유동성 지능은 감퇴하였으나 결정성 지능은 증가하지 않고 단순히 지속되는 것으로 나타났다.

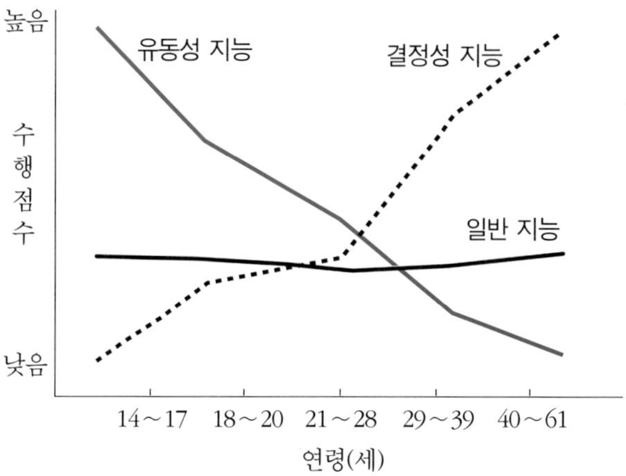

〈그림 14-6〉 유동성 지능과 결정성 지능의 발달양상
(Horn & Cattell 1966; 윤진, 1985에서 인용)

위의 연구들을 종합해보면 성인중기 지능발달의 몇 가지 특징을 찾아볼 수 있다. 첫째, 성인중기 지능의 일률적인 감퇴는 없다. 지능의 감퇴 여부는 교육경험과 사회문화적 배경 등에 따른 개인차가 크며, 과제에 따라 차이가 있다. 둘째, 성인중기 유동성 지능은 감퇴한다. 유동성 지능의 감퇴는 정보처리속도를 떨어뜨리며, 따라서 반응시간은 증가한다. 이러한 감퇴는 궁극적으로는 신경원의 정보전달기제의 쇠퇴에 기인한다(Botwinick, 1984). 셋째, 성인중기 결정성 지능의 감퇴 여부는 교육수준, 직업, 문화적 배경에 따라 차이가 있다.

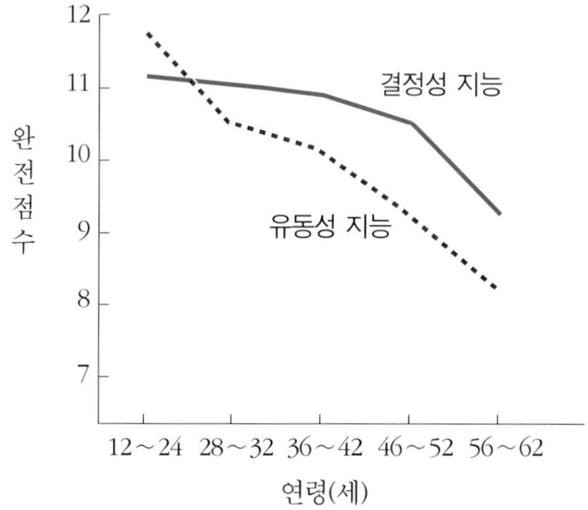

〈그림 14-7〉 우리나라 성인의 유동성 지능과 결정성 지능의 발달양상
(추정선, 1988에서 인용)

22~62세 사이의 우리나라 성인 남녀 240명을 대상으로 유동성 지능과 결정성 지능을 횡단적으로 연구한 추정선(1988)의 연구결과에 의하면, 〈그림 14-7〉에서 보듯이 결정성 지능의 감퇴는 유동성 지능의 감퇴보다 속도가 느렸다. 또한 결정성 지능의 감퇴는 사회경제적 계층이 높을수록, 취업상태에 있을수록, 과업의 전문성이 높을수록 그 정도가 낮은 것으로 나타났다.

(2) 기억의 변화

성인중기에 들어서면 많은 사람들이 기억의 감퇴를 호소한다. 실제로 50세 이후에 저장되어 있는 기억정보를 활성화시키는 데에 필요한 시간은 20~50세 사이에 필요한 시간보다 60% 가까이 증가한다(Santrock, 1982). 이러한 사실은 **정보처리 속도**에 비추어볼 때 성인중기에 기억의 감퇴가 일어나고 있음을 보여주는 것이다.

그러나 실제로 성인중기 기억능력의 감퇴가 일어나는 영역은 별로 없는 것 같다. 제시된 자극을 보고 관련정보를 인출해내는 재인기억(recognition memory)능력은 성인중기 동안에 유지된다. 청각적 기억은 40세 이후부터 일정하게 지속된다. 시각적 기억 또한 60세까지는 감퇴 없이 유지된다. 단기기억능력의 변화는 극히 미미한 수준이다. 따라서 성인중기 기억능력의 감퇴로 느껴지는 것은 모두 정보처리시간이 길어지는 데 기인하는 것으로 보인다(Salthouse, 1990; Wingfield & Byrnes, 1981).

정보처리 속도 이외에 성인중기에 기억능력의 감퇴가 나타난다면, 기억과제의 연습량 감소가 주된 원인일 수 있다. 대체로 성인전기까지는 교육적 경험이 지속되지만 성인중기에는 형식적 교육을 받을 기회가 극히 적으므로 기억과제의 연습량은 줄어들 수밖에 없다. 성인 전기와 중기에 대학생으로 공부하고 있는 집단 간 기억과제 수행수준의 유사성이 성인전기 대학생 집단과 대학생이 아닌 집단 간의 유사성보다 높다는 연구결과는 성인중기 기억 감퇴가 연령보다는 연습량 감소에 있다는 가정을 뒷받침해주는 것이다(Zivian & Darjes, 1983).

(3) 전문성의 획득

성인중기에 속하는 사람들은 같은 직종에 상당기간 종사해왔으므로 전문가로서 그 직종의 전문적 능력을 획득하게 된다. **전문가**란 특정 분야의 지식의 학습에 많은 시간과 노력을 투자한 결과 그 분야의 문제해결에 형식적인 규칙이나 절차를 적용하기보다는 획득한 경험을 바탕으로 상황에 대해 직관적으로 반응하는 사람들을 뜻한다. 전문가들은 사고의 직관적 도약이 가능하므로 문제해결이 정확한 것과 아울러 비전문가보다 빠르고 효율적이다. 숙련된 정비사가 자동차의 기능적 문제를 빠르고 정확하게 진단해내는 것은 한 가지 예이다.

성인중기 **전문성**의 획득은 크게 두 가지 요인에 의존하는 것으로 판단된다. 첫째는 특정 분야에 대한 잘 구조화된 지식체계이다. 자동차의 구조와 기능에 대한 많은 세부적인 지식들이 장기기억 속에 체계적으로 저장되어 있을 때 자동차의 기능적 문제에 대한 빠르고 정확한 진단이 가능하게 된다. 이와 같이 특정 분야에 대한 구체적인 지식체계를 **영역특정지식**(domain-specific knowledge) 또는 **지식기반**(knowledge base)이라 지칭한다.

전문성을 가능하게 하는 두 번째 요인은 보다 융통성 있고 창의적인 방략 사용능력이다. 예를 들어, 창의적인 전문 연주자는 그 곡을 연주하는 구조화된 규칙을 넘어서서 나름대로의 연주기법을 자유롭게 구사할 수 있다. 노련한 상담자가 한 가지 이론적 관점에만 의존하지 않고 다양한 접근들을 창의적으로 적용하는 것도 같은 맥락의 예이다.

성인중기는 자신이 종사하고 있는 분야의 지식과 기술에 있어서 보다 큰 전문성을 길러가는 시기이다. 이러한 전문성의 증가는 성인중기 인지발달을 특징짓는 중요한 준거 중의 하나가 될 것이다.

(4) 지혜의 발달

지혜(wisdom)란 인생의 중요하면서도 불확실한 사태에 대해 좋은 판단을 내릴 수 있는 능력을 뜻한다(Dittmann-Kohli & Baltes, 1990). 지혜는 실증적으로 연구하기 어려우므로 오랜 기간 동안 학자들이 연구를 기피해온 주제이다. 그러나 근래에 지능의 본질과 중요성에 대한 인식이, 추상적 사고와 교과학습 중심의 지적 능력으로부터 실제 삶의 맥락에서 활용 가능한 실용적 능력으로 옮겨감에 따라 지혜는 성인기 지적 능력의 중요한 측면으로서 학자들의 관심이 기울어지고 있다(Baltes & Smith, 1990; Dittmann-Kohli & Baltes,

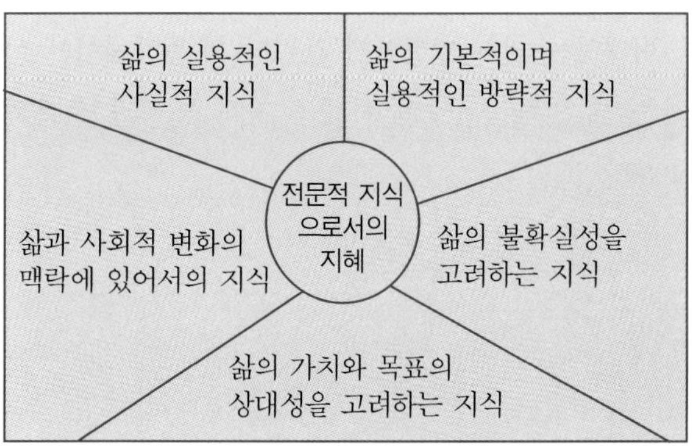

〈그림 14-8〉 지혜의 모형
(Baltes et al., 1992에서 인용)

1990; Sternberg, 1990).

〈그림 14-8〉은 최근에 독일의 Max Planck 연구소에서 제시한 지혜의 개념적 모형이다. 이 모형에서는 지혜를 인생의 복잡하고 불확실한 사태에 뛰어난 통찰력과 판단력을 가능하게 하는 전문적 지식으로 규정하고 있다(Baltes et al., 1992). 예를 들어, 파산에 직면한 어느 중년의 지혜를 고려해보자.

먼저 **사실적 지식**(factual knowledge)은 누가, 언제, 어디에서, 얼마나 문제가 생겼는지에 대한 객관적인 지식을 뜻한다. 파산이 가져다주는 구체적인 결과에 대한 정확한 지식, 파산이 초래할 정서에 대한 통찰, 파산을 처리하는 객관적인 방법에 대한 지식들은 사실적 지식에 속한다.

방략적 지식(strategic knowledge)은 상황을 해결할 수 있는 방법을 탐색하고 결정을 내리며, 적절한 충고를 받고, 분노, 좌절 등 자신의 정서를 통제하며, 사실적 지식을 통해 획득한 여러 대처방략들의 효율성을 고려하는 절차적 지식을 뜻한다.

삶의 **맥락**(context)**에 대한 지식**은 파산이 초래된 시대 · 사회 · 역사적 배경, 가족, 친구, 직장 등 여러 삶의 맥락에 미칠 수 있는 영향, 각 맥락 간에 나타날 수 있는 갈등 등에 대한 지식을 의미한다.

삶의 **불확실성에 대한 지식**은 어떤 문제에 대한 완벽한 해결방법은 없으며, 어려운 상황 내에서나마 얻는 것과 잃는 것을 최적화해야 하며, 완벽한 미래의 예측은 불가능하다는 사실에 대한 지식을 뜻한다.

마지막으로 삶의 **상대성에 대한 지식**은 현재와 미래의 자신의 삶에 절대적인 가치, 목표, 욕구란 존재하지 않는다는 본질적인 상대성을 인정하고, 개인의 선택, 필요성 및 중요성을 헤아릴 줄 아는 능력을 뜻한다.

지혜를 구성하는 요인들을 분석해놓고 볼 때 지혜란 추상적인 철학적 개념이 아니라, 측정과 개발이 가능한 성인기 인지적 능력의 한 측면임을 알 수 있다. 동서양을 막론하고 지혜는 삶의 의미를 이해하는 것과 밀접하게 관련되나, 동양에서는 삶의 의미의 직접 경험적 지식을 강조하는 데 반해, 서양의 지혜는 지적 능력과 추론의 역할을 강조한다(Clayton & Birren, 1980).

3) 성인중기 성격발달

(1) 성인중기 성격발달 요인

과잉습관화

Kastenbaum(1984)은 성인중기 성격변화의 한 특징으로서 일상의 반복적인 자극에 대해 주의가 감소되는 현상인 **습관화**(habituation)가 나타날 수 있다고 지적한다. 습관화는 성인중기와 노년기에 일상의 습관적인 일들에 과도하게 적응함으로써, 변화하는 세계에 대한 유연성과 적응력이 감소되는 데에 기인한다.

성인중기 습관화 경향이 과도하게 나타날 때 **과잉습관화**(hyperhabituation)에 빠져든다. 과잉습관화는 모든 변화를 두려워하고, 미래에 직면하기를 피하며, 동일한 방식으로 생활하려는 극단적인 연속성에의 집착을 의미한다(Datan et al., 1987). 성인중기에 과잉습관화 현상을 갖는 비율은 높지 않으나 성인중기 적응을 어렵게 하고 세대 간 단절의 벽을 크게 하는 현상이므로 관심을 가져야 할 문제이다.

중년의 위기

중년의 위기(mid-life crisis)란 Jacques(1965)가 예술가 310명의 성인중기와 노년기 삶의 변화과정을 분석한 연구를 통해 최초로 사용한 용어이다(Irwin & Simons, 1994). Jacques는 중년기 위기는 죽음을 의식하고 심리적으로 죽음을 준비하는 시기에 시작되는 것으로 보고 있다.

중년기 위기를 강조하는 대표적인 이론가로서 Jung과 Levinson을 들 수 있다. Jung은 40세를 전후하여 이전에 가치를 두었던 삶의 목표와 과정의 의미에 의문을 제기하면서 중년기 위기가 시작된다고 주장한다. 사회적으로 성취한 모든 것들이 어떤 면에서는 개인의 내재적 욕구의 억압을 바탕으로 한 것이므로 사회적으로 성공한 사람들도 중년기 위기는 불가피한 것이다. 이러한 위기를 극복하기 위해 성인전기까지 외부 세계에로 집중되던 정신 에너지를 내면으로 돌려, 억압하고 방치되어 있던 자신의 내면의 진정한 자아를 찾기 위한 탐색이 시작된다. Jung은 이러한 자아탐색을 통한 내적 성장과정을 **개체화**(individuation)라 부른다.

앞의 13장에서 이미 보았듯이 Levinson(1986) 이론에서도 성인중기는 중년기 위기와 함께 시작되며 성인중기 인생구조 내에서 다시 50대 위기를 경험하게 된다. Levinson의 연구대상의 80%는 이러한 중년기 위기가 심리적으로 고통스러웠으며 정서적 동요와 불안을 경험한 것으로 보고하였다. 이러한 중년기 위기는 대부분의 사람들이 정상적인 성인기 발달에서 거쳐 가는 과정이다. Jung의 이론에서도 마찬가지로 중년기 위기는 성인중기 이후의 보다 나은 적응을 위해 거쳐야 할 필연적인 과정으로 지적되고 있다.

중년기 위기가 소수의 사람들에게는 나타날지 모르나 성인중기의 보편적인 발달과정은 아니라는 입장도 찾아볼 수 있다. 성인기 발달이론에서 이미 설명했듯이, Vaillant(1979)는 대부분의 사람에게 있어서 성인중기는 평온하고 행복한 시기라고 주장한다. 성인중기에는 성인전기에 비해 자신을 보다 통합된 존재로 느끼고 있다고 보고도 있다(Farrell & Rosenberg, 1981). Haan(1981)은 청년기부터 40대까지를 추적한 두 개의 종단적 연구에서 명백한 중년기 위기의 징후를 발견하지 못했다고 보고하고 있다. 성인중기에 관한 보다 최근의 연구들은 점차 중년기 위기의 존재를 인정하지 않는 경향을 보여준다.

Costa와 McCrae(1978)의 중년기 위기척도(Mid-life Crisis Scale)에 따르면 중년기 위기는 정서적 차원, 인지적 차원 및 이 두 차원의 위기에 영향을 주고받는 생활장면들로 구성된다.

35~60세까지의 중년 1,400명을 대상으로 한 국내연구에 의하면 우리나라 중년들은 침체감, 무력감, 불행감, 지루함 등의 정서적 위기를 삶의 의미에 대한 회의, 자아인식, 자기탐색 등의 인지적 위기보다 먼저 그리고 강력하게 느끼는 것으로 나타났다. 그러나 직업, 결혼, 자녀관계에 대한 불만족이 높고 개방적인 성격일수록 삶의 구조를 새롭게 수정하려는 인지적 위기가 큰 것으로 나타났다(김애순, 1993).

우리나라에서는 성인중기 여성의 위기와 스트레스에 관한 연구가 많이 이루어지고 있다. 자녀의 학업성적, 진로 등 자녀문제는 성인중기 스트레스를 유발하는 가장 큰 요인으로 지적되고 있다. 낮은 자아정체감, 폐경을 전후한 성역할 변화, 여가활동 부재는 성인중기 여성의 위기를 유발하는 개인적 요인들이다(김명자, 1991; 김은아, 1993; 박경숙 · 김명자, 1991; 한미선, 1992).

35~60세 사이의 우리나라 중년들이 중년기 위기감을 경험하는 정도는 자신이 회고하는 청년기 정체성 유형과 밀접한 관계가 있다. 청년기에 정체성 성취나 유실에 속했던 중년들은 위기수준이 낮은 반면, 유예나 혼미로 회고한 중년들은 위기수준이 높았다(김애순, 1993).

빈 둥지 현상

빈 둥지 현상(empty nest phenomenon)이란 성인중기에 자녀가 독립해서 떠남으로서 부부만 남게 되는 현상을 뜻한다. 종래에 빈 둥지 현상은 자식이 떠나버린 공허감으로 인해 정서적 빈곤과 우울증으로 연결되는 성인중기 문제현상으로 생각되어 왔다. 그러나 보다 근래의 연구들은 대부분의 중년들은 독립된 자녀를 떠나보내며 안도와 행복감을 맛보며, 부부관계의 만족도 또한 높아지는 것으로 보고하고 있다(Irwin & Simons, 1994; Santrock,

1995). 이처럼 부부만족도가 높아지는 이유는 개인의 시간적 여유로 인해 더 많은 경험을 함께 공유하고, 상대방에 대해 더 많은 배려가 가능하며, 의사소통이 많아지고, 경제적 부담의 감소로 인해 더 많은 여가를 즐길 수 있기 때문이다(Gilford, 1984).

26~80세 사이 여성 700명을 대상으로 한 연구에서 여성들은 50대 초반부터 자신의 삶을 매우 긍정적으로 생각하고 있다는 사실을 발견하였다. 여성들은 자녀가 떠난 후 보다 건강하고 경제적으로 여유가 있으며, 따라서 자신의 부모나 친구들과 가까운 접촉을 가질 수 있다. 50대 초반의 여성들은 자신감이 있으며, 여러 활동에 관여하며, 안정감이 있고, 성격의 융통성이 높았다(Mitchell & Helson, 1990).

(2) 성인중기 성격발달 연구

단계론적 관점

Erikson(1968a)은 성인중기를 자녀를 낳아 기르는 부모역할 생산성과 다음 세대에서 자신의 전문적 기술과 능력을 전수함으로써 느끼는 과업생산성이 획득되는 시기로 보고 있다는 것은 앞에서 지적한 것과 같다. 특히 자신의 부모역할에 대해 느끼는 만족도는 성인중기 성격발달에 중요한 역할을 한다.

우리나라 남성들은 대체로 여성에 비해 부모역할 만족도가 높은 것으로 알려져 있다. 그러나 직장의 과업과 가정 내에서의 가족역할이 상충하는 경우에 일에는 전혀 부정적 영향을 주지 않는 반면에, 가정에서 사랑을 회피하고 그로 인한 불안감이 증대되는 것으로 보인다(박광배, 1993, 조복희 · 현온강, 1994). 이러한 연구결과는 우리나라 남성들이 전반적으로 과업생산성을 위해 부모역할 생산성을 희생시키고 있음을 보여주는 것이다.

Peck(1968)은 Erikson의 생산성 대 침체감의 위기를 보다 세분화하여 **지혜가치** 대 **신체적 힘의 가치**(wisdom vs. physical power) 간의 갈등, **보편적인 사회적 인간관계** 대 **성적 관계**(socializing vs. sexuality) 간의 갈등, 정서적 **유연성** 대 **정서적 삭막함**(emotional flexibility vs. impoverishment) 간의 갈등이 가져오는 위기의 극복양상을 성인중기 성격발달의 주요 과정으로 설명하고 있다.

Levinson(1986)은 성인중기에 들어서는 40~45세 사이의 성인중기 전환기 동안에 청년기 이후부터 지속되어온 주요 갈등들을 해결해야 한다고 생각한다. 이러한 전환기 갈등 중에는 자신이 중년임을 인정할 것인지, 젊음을 지속하고자 노력할 것인지, 독립의 욕구인 남성적 특성과 애착의 욕구인 여성적 특성을 어떻게 선택 또는 통합할 것인지, 개인의 한계를 뛰어넘어 타인과의 관계를 좀 더 깊이 할 것인지 또는 분리와 단절을 택할 것인지를 선택하는 갈등이 포함된다.

Levinson(1986)의 성인기 발달단계이론에서 성인중기 발달은 다음의 단계들로 구성된다.

인생중기 전환기(mid-life transition): 대체로 40~45세 사이에 해당하는 인생중기 전환기에 지난날의 삶에 대한 의문이 시작된다. 약 80% 남성들은 인생중기 전환기 동안에 불안과 정서적 풍요를 경험하며, 자신의 삶의 가치에 대한 재평가를 시도한다. 인생중기 전환기 위기는 개인적인 영역을 넘어서 타인과의 관계 속에 자신을 확장할 때 극복된다.

인생중기 초보인생구조(entry life structure): 약 45~50세 사이에 해당되는 이 단계에서 대부분의 사람들은 전 생애 동안 지속될 자신의 삶의 새로운 구조를 형성하게 된다. 가정에서 아내와 자녀와의 관계의 재정립, 직장에서 과업수행방식의 재조정은 이 단계 과업의 몇 가지 예가 된다. 성인중기 초보인생구조가 성공적으로 확립되면 많은 결실을 거둘 수 있는 충만한 황금기로서의 중년기를 보내게 된다.

50세 전환기(age of transition): 약 50~55세 사이의 50세 전환기는 중년기 내에서 또 한 번의 위기를 경험하는 시기이다. 인생중기 전환기에서 충분한 갈등을 경험하고 극복함으로써 성인중기 초보인생구조단계에서 비교적 확고한 인생구조를 확립한 경우에 50세 전환기는 가볍게 이행된다. 반면에 인생중기 전환기가 무난히 지나갔을수록 50세 전환기는 힘든 시기가 된다.

절정인생구조(culminating life structure): 대체로 55~60세 사이의 시기로서, 중년기를 마무리하는 단계이다. 정상적인 삶의 과정에서 이 단계는 한 개인의 삶의 위대한 완성기이다.

성인중기 발달의 종단적 연구

성인기 성격발달에 관한 초기 연구 중의 하나인 Neugarten의 **캔자스 시 연구**(Kansas City Study, 1964)에서는 40~80세까지 성인을 10년간 종단적으로 추적하였다. 이 연구결과에서 지속성이 높은 성격 특성과 연령에 따라 가변적인 성격 특성이 구분되었다. 삶의 대처양식, 생활만족도, 목표지향적 행동강도 등은 가장 안정성이 높았다. 그러나 외향적 특성과 주어진 과제를 적극적으로 완수하려는 경향성은 연령에 따라 가변적이다.

Costa와 McCrae(1980)는 20대부터 70대 남자 2,000명을 종단적으로 추적하여 성격발달을 연구하였다. 이 연구에서는 성격을 불안, 우울, 자의식, 충동성을 포함하는 **신경증적 경향**(neuroticism), **외향성**(extraversion), **경험개방성**(openness to experience)의 세 차원으로 설정하였다. 연구결과에 의하면 세 차원 모두에서 성격은 잘 변하지 않는 것으로 보고되고 있다. 특히 자기주장성과 타인과 잘 어울리는 군집성은 안정성이 높다. 자신감, 정서적 통제력, 자기노출수준 또한 잘 변화하지 않는 특성이다. 청년기에서 성인 중기까지의 성격발달과정을 연구(Haan, 1981)한 결과를 보면 여자가 남자보다 성격의 안정성이 높다.

27~43세까지의 여성을 대상으로 한 종단적 연구(Helson & Moane, 1987) 역시 높은 성격 안정성을 보여주고 있다. 여성들은 20대에는 자기통제력과 인내심이 증가하는 반면에 의존성, 충동표출, 남성성은 감소한다. 40대에는 지배성, 독립성, 집중성은 증가하는 반면에 책임감, 유연성, 여성성은 감소한다. 500명의 아동들을 성인중기까지 추적한 캘리포니아 종단연구에서는 자아와 관련되는 영역은 보다 일관성이 있는 반면에 대인관계 차원은 보다 가변적이었다.

3 노년기 발달

일반적으로 60~65세 사이에 성인후기(late adulthood) 또는 노년기(old age)로 접어든다. 근래에 60~85세까지를 '젊은 노인(young old)'이라 부르는 것에서 볼 수 있듯이 많은 노인들은 여전히 건강하고, 활기가 있으며, 활동적이다. 그러나 노년기 후반에 들어서면 극히 일부를 제외하고 대부분의 노인들은 신체 및 정신적 기능의 감퇴를 필연적으로 경험하게 된다. 한마디로 **노화**(aging)는 노년기[2] 발달을 특징짓는 현상이다.

이 장에서는 노년기 신체, 인지 및 성격 발달을 검토하며, 특히 관심의 대상이 되고 있는 노년기 기억능력의 변화를 집중적으로 살펴보고자 한다.

1) 노년기 신체적 발달

(1) 노년기 신체적 변화

노년기에는 여러 가지 **신체적 노화현상**들이 나타난다. 신체적 노화현상 중에는 바깥으로 드러나는 현상도 있고, 신체 내부에서 눈에 띄지 않게 진행되는 노화도 있다. 척추 디스크의 감퇴로 인해 키는 약 2.5cm 줄어들며, 등뼈가 굽기도 한다. 팔, 다리, 얼굴상부의 지방은 감소하고, 턱과 몸통의 살은 늘어나 체형이 바뀌게 된다. 머리카락 등 체모는 줄

2) 성인전기, 성인중기와 명칭을 통일하기 위해서는 성인기 마지막 단계를 성인후기로 지칭하는 것이 옳겠으나, 성인후기 발달현상에 관한 대부분의 연구내용들이 노화를 중심으로 하고 있으므로 이 시기의 명칭을 노년기로 사용하기로 한다.

어들고, 흰머리가 많아지며, 눈썹과 귀 등에 뻣뻣한 털이 나기도 한다. 피부는 건조해지고, 주름이 생기며, 자줏빛의 나이반점(age spot)이 나타난다. 60대에는 약 25%, 70대에는 약 70%의 노인에게 나이반점이 있다.

20세를 전후하여 정점에 도달했던 **뇌의 무게**는 노년기까지 약 10%가 감소한다. 뇌 무게의 감소는 주로 대뇌피질부 뇌세포 손상 때문인 것으로 알려지고 있다. 뇌세포의 손상은 대체로 세포 수가 줄어드는 것이 아니라 세포의 위축 때문에 나타난다. 또한 노년기에는 시냅스 전달기제의 둔화로 인해 뇌의 기능이 느려지며, 이는 정보처리 속도를 떨어뜨리는 주요인이 된다.

노년기에는 수면에도 변화가 온다. 전체 수면시간은 줄어들며 자주 잠에서 깨어난다. 노인들은 하룻밤에 평균적으로 약 20번 잠에서 깨어나며, 밤 시간의 약 20%는 깨어 있는 것으로 보고되고 있다(Hayachi & Ende, 1982). 노인의 약 1/3이 불면증을 호소한다. 잠자는 동안 일시적으로 호흡이 중단되는 현상(apnea)도 노년기 수면의 한 특징이다. 호흡중단은 한 번에 약 2초에서 2분간 지속되며, 하룻밤에도 수백 번 나타날 수 있다.

감각기능의 손상 또한 현저하다. 눈의 렌즈 조절기능의 약화로 인해 시야 가까이 다가오는 물체에 대한 **시각적 예민성**이 급격히 감소된다. 노안이 오며, 하나 이상의 초점이 형성됨으로써 시야가 흐려지게 된다. 홍채의 유연성이 떨어져서 약한 불빛에서 동공의 크기가 확장되지 못하므로 밤눈이 어두워진다. 실제로 불빛이 흐린 상태에서 노인의 망막은 젊은이의 약 10~33%의 밝기밖에 받아들이지 못한다(Kosnik et al., 1988). 50대부터 **색깔 변별**능력이 낮아지는데, 초록과 파란색 계통의 변별력 손상이 먼저 오며 빨간색은 가장 늦게 나타난다. 이러한 시감각 능력의 변화는 시지각 감퇴를 유발한다. 〈그림 14-9〉

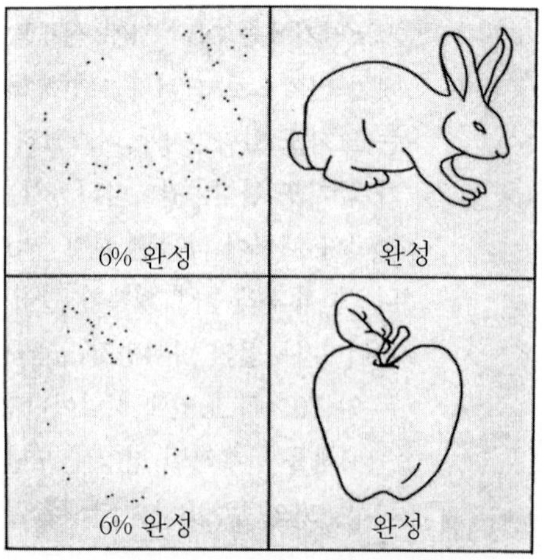

〈그림 14-9〉 노년기 도형완성과제
(Irwin & Simons, 1994에서 인용)

에서와 같은 도형완성과제(closure task)를 주면 노인들의 수행력은 젊은이에 비해 현저하게 저하한다.

(2) 노화의 원인

노화는 두 가지 요인으로 인해 나타난다. **일차적 노화**(primary aging)는 인체의 내재적인 생물발생학적 과정으로 인해 일어나는 노화이다. 두 번째 요인인 **이차적 노화**(secondary aging)는 신체의 사용 정도, 질병, 장애와 같은 통제 가능한 외적 요인으로 인해 나타나는 노화이다(Cohen, 1988). 이차적 노화요인을 이해하고 통제하면 예상수명을 크게 증가시킬 수 있다.

운동, 영양섭취, 사고 등 이차적 노화가 나타나는 원인과 예방은 비교적 명백하지만 일차적 노화가 일어나는 원인은 명백하게 알기 어렵다. 근래에 학자들 간에 **일차적 노화**가 나타나는 **원인**에 대해 다음과 같은 여러 가지 이론들이 제시되고 있다(Cohen, 1988; Irwin & Simons, 1994).

사용으로 인한 마모이론

사용으로 인한 마모이론(wear-and-tear theory)에서는 노화를 인체를 장기간 사용함으로써 기능이 약화되고 구조가 와해되어 나타나는 현상으로 설명한다. 마모이론에서 보는 노화는 자동차의 사용기간이 오래되면 각종 부품에 손상이 오며 급기야 폐차하게 되는 과정과 다를 바 없다. 자동차를 함부로 쓰면 사용기간이 줄듯이 인체도 함부로 사용하면 예상 수명이 줄어든다.

마모이론은 상식적으로 타당해보이지만 이 이론이 설명해주지 못하는 부분이 많이 있다. 특히 인체를 기계에 빗대어 설명하는 것이 적합한가에 대해서는 의문이 제기된다. 예를 들어, 규칙적으로 강력한 운동을 하여 에너지를 소모하는 것이 노화를 방지하고 수명을 연장시켜준다는 현상에 대해 이 이론은 설명해주지 못한다.

유전적 계획이론

유전적 계획이론(genetic programming theory)에 의하면 노화는 세포의 생존과 죽음에 의해 일어난다. 우리 인체 각 세포의 수명은 유전적으로 정해진 한계가 있다. 살아 있는 동안에도 세포는 크기의 증가, 염색체 수의 증가 또는 감소, 효소의 감소 등의 변화가 일어난다. 이와 같은 세포의 변화나 죽음이 곧 인체의 노화와 죽음을 유발하는 것으로 생각된다.

면역이론

면역이론(immunological theory)은 노년기에는 면역체계에 변화가 와서 감염 등 외부에서 오는 바람직하지 않은 요인들에 의해 인체가 손상당하기 쉬우므로 노화가 일어난다고 설명한다. 심장, 근육세포와 신경원은 특히 면역체계 변화에 영향을 많이 받으므로 노년기에 심장병과 알츠하이머(Alzheimer)와 같은 노인성 치매가 흔히 나타난다. 면역체계 변화에 의한 T세포의 손상은 암의 발생을 설명해줄 수 있다.

노화시계이론

노화시계이론(clocks of aging theory)에서는 호르몬이 노화에 미치는 영향을 강조한다. 사춘기의 시작이나 폐경 등에서 보듯이 호르몬 분비는 전 생애 변화과정에 중요한 역할을 하고 있다.

노화시계이론에서는 인체의 호르몬 분비체계 중 죽음 호르몬이 있다고 가정한다(Denckla, 1974). 예를 들어, 사춘기 이후부터 뇌하수체는 소량의 죽음 호르몬을 분비하는데, 시간이 지나면서 죽음 호르몬이 축적되어 신진대사에 결정적인 역할을 하는 갑상선 호르몬의 활동을 막으며, 이것이 곧 죽음으로 연결된다.

유전적 변이이론

유전적 변이이론(genetic mutation theory)에서는 노화를 DNA의 손상수선체계(damage repair system)의 쇠퇴에 기인한다고 생각한다. 각종 세포는 여러 바람직하지 않은 환경의 영향에 의해 세포의 손상이 누적될 수 있다. 인체는 이러한 각종 손상을 회복하는 세포효소를 갖고 있는데, 70세까지 사는 동안에 세포효소는 약 1,280억 번의 손상수선을 감당하는 것으로 추산되고 있다(Maranto, 1984). 시간이 가면서 손상수선체계는 점차 비효율적이며 덜 철저해지게 된다.

손상수선체계의 쇠퇴를 일으키는 원인에 대해서도 여러 가지 가설이 제시되고 있다. 과도한 칼로리 섭취가 해로운 부산물을 생성함으로써 정상세포 기능을 방해할 수 있다. 방사선과 공기오염 등 바람직하지 않은 자극들이 세포의 기능을 파괴할 수도 있다. 색소나 세포 노폐물의 축적이 세포의 손상수선체계를 방해할 수도 있는 것으로 가정되고 있다.

2) 노년기 인지발달

(1) 노년기 인지발달 관점의 변화

노년기 인지발달 연구가 본격적으로 시작된 것은 1950년대부터이다. 1950년대와 1960년대 연구들은 주로 노년기 인지적 능력이 성인전기와 비교하여 어떻게 감퇴되는가를 확인해내는 연구가 주를 이루었다. 이 시기의 연구결과를 보면 노년기는 지능, 기억, 언어, 문제해결 등 거의 모든 영역에서 지적 능력의 감퇴가 일어나는 것으로 보고하고 있다. 따라서 아동기 인지발달의 특징이 지적 능력의 증가에 있다면 노년기에는 결코 부정할 수 없는 인지적 감퇴(cognitive decline)가 일어난다는 증가와 감퇴의 도식이 자연스럽게 받아들여졌다(Botwinick, 1967).

1970년대에 들어서면서 노년기 인지발달에 관한 획일적인 증가와 감퇴의 도식에 의문이 제기되기 시작하였다. 노인들이 인지과제에서 낮은 수행수준을 보이는 것은 지적 능력 자체의 감퇴보다는 각종 검사에서 지적 능력을 표현해내는 것을 방해하는 여러 요인들에 기인한다는 **능력-수행구분**(competence performance distinction) 모형[3]이 제시되었다. 따라서 70년대의 연구는 노년기 인지적 수행을 낮추는 요인들을 식별해내는 데 관심을 기울였다. 건강의 악화로 인한 주의력 결핍, 높은 점수를 받고자 하는 동기의 결핍, 오랜 기간 동안의 교육경험 부재, 지나친 조심성으로 인한 수행기피, 검사 상황의 경험부족과 비친숙성, 반응속도의 둔화 등이 노년기에 인지적 능력이 있으면서도 수행이 낮아지는 현상을 설명하는 이유로 제시되었다(Reese & Rodeheaver, 1985).

1980년대부터 최근까지의 노년기 인지발달 연구의 특징은 노년기 인지발달을 인지기능의 감퇴를 논의하는 소극적인 관점에서 벗어나 노년기 특유의 **긍정적인 인지적 능력**을 식별해내려는 데 목적이 있다. 70년대의 능력-수행구분 모형이 노년기와 성인전기 인지능력이 양적으로 동등하다는 것을 입증하려는 데 있었다면, 최근의 연구들은 성인전기와 질적으로 다른 노년기 특유의 유능성을 주장하는 데 그 특징이 있다(Datan et al., 1987). 노년기 인지발달의 질적 유능성을 강조하는 연구자들은 한결같이 아동기와 청년기 인지발달과정을 설명하는 Piaget(Inhelder & Piaget, 1958; Piaget, 1983)의 추상적이며 가설연역적인 형식적 조작사고모형은 노년기 인지발달을 설명하는 데 적합하지 않다는 사실을 지적하고, 노년기 인지적 능력의 풍요함과 가치 및 중요성을 설명해줄 수 있는 모형을 제시하고 있다.

성인기 인지발달이론에서 이미 언급한 Arlin(1975, 1984)의 문제발견모형과 Labouvie-Vief(1982, 1985)의 성인기 실용적 사고의 중요성에 대한 주장은 노년기 긍정적인 인지발달을 설명해주는 중요한 이론들이다. 특히 Labouvie-Vief는 노년기 사고는 개인의 내적 삶과 경험에 바탕을 두고 있으므로 개인적이고 주관적이며 직관적이라고 설명한다. 따라

3) 발달에서 능력-수행구분모형은 노년기 인지발달에 국한되는 것은 아니다. 능력-수행구분모형은 일찍이 Flavell과 Wohlwill(1969)이 Piaget 과제에서 유아의 인지능력이 언어적 표현의 한계로 인해 검사수행 결과에서 낮게 나타난다는 사실을 지적하여 제시한 모형이다.

서 노년기 인지발달을 보편적이고 객관적이며 추상적이고 합리적인 사고를 중심으로 하는 아동기와 성인기 인지발달모형으로 해석하거나 진단해서는 안 된다. 특히 Labouvie-Vief는 주관적이며 직관적인 노년기 사고를 객관적이며 합리적인 청년기 사고보다 열등한 것으로 생각해서는 안 된다고 지적하고 있다.

노년기 인지발달에 대한 최근의 관점과 연구동향들을 묶어보면, 노년기 인지발달을 단순히 실험실에서 제시하는 과제의 수행수준에 의해 진단하는 오류에서 벗어나 노인들이 몸담고 있는 일상의 삶이라는 사회문화적 맥락 내에서 고려해야 한다는 결론을 얻을 수 있다. 이렇게 볼 때 노년기는 인지적으로 매우 풍요하며 보다 발전된 문제해결 사고를 갖는 단계이다.

노년기 인지발달 양상을 일반적인 지능과 기억발달로 대별하여 감퇴를 중심으로 하는 초기 연구와 지속적 발달을 주장하는 후기 연구로 나누어 살펴보기로 하겠다.

(2) 노년기 인지발달 양상

지능발달

노년기 지능변화를 가장 잘 보여주는 대표적인 연구로서 Schaie(1983, 1989)의 시애틀 종단적 연구(Seattle longitudinal study)를 들 수 있다. 이 연구에서는 1959년에 20세 남녀 500명을 대상으로 지능검사를 실시하고 7년마다 재검사를 실시하였다. 7년후 재검사를 실시할 때마다 이전 집단보다 연령이 5세씩 많은 새로운 대상을 추가하여 1984년에는 대상이 2,000명으로 증가하였다. 최초의 연구대상 중 88명이 1984년에 다섯 번째 재검사를 받았다.

Schaie의 연구결과에 의하면 노년기 언어능력은 대체로 70세까지 지속되거나 증가한다. 독해능력은 큰 개인차가 있으나 대체로 50～60세경부터 감퇴하기 시작하며, 수리능력은 50세경까지 유지되다가 이후부터 감소한다. 공간능력은 가장 빨리 감퇴되는 영역으로서 성인전기부터 감퇴가 시작된다. 아동기에 나타나는 남아의 공간능력의 우수성은 전 생애를 걸쳐 일관성 있게 지속되며, 노년기에도 마찬가지로 남성의 공간능력이 높다. 이들 결과를 종합하여 Schaie와 Hertzog(1982)는 노년기 지능변화는 큰 폭의 개인차가 있으나, 대체로 60세 이전까지는 지능검사점수에 감퇴가 없지만 70세경부터는 인지능력이 감소된다고 결론지었다.

성인중기 인지발달에서 설명한 **유동성 지능의 감퇴**는 노년기에도 현저하다. 노년기 유동적 지능은 결정적 지능에 비해 큰 폭으로 감퇴한다(Baltes & Willis, 1982; Honzik, 1984).

노년기 지능발달의 감퇴가 일어나는 여러 원인 중 **반응속도의 둔화**는 일찍부터 지적되어온 요인이다. 1936년에 Lorge가 최초로 노인들은 속도검사에서 가장 낮은 수행을 보인다는 사실을 지적하였으며, 1948년 Birren은 반응시간의 변화를 노년기 행동의 가장 큰 특징으로 지적하였다(Cunningham, 1989).

반응속도의 둔화가 노년기 지적 감퇴의 주요인이라는 가설은 노인들에게 시간제한 없이 과제를 주면 수행수준이 성인전기와 유사하다는 실증적 연구에 의해 입증되었다. 예를 들어, 66~83세 사이의 노인 피험자에게 머릿속으로 도형회전을 시켜 정답을 찾아내는 공간능력검사를 충분한 시간을 주고 시행한 결과 성인전기와 같은 수준의 수행점수를 얻었다(Sharps & Gollin, 1988). 18~21세의 청년집단과 60~84세 사이의 노인집단에게 시간제한 없이 선택과제를 실시한 결과, 반응의 정확성에서는 두 집단이 유사하였으나 반응속도는 노년집단이 청년집단에 비해 느렸다.

노년기 반응시간이 반드시 둔화되는 것은 아니라는 연구결과들도 제시되고 있다. 건강한 노인들은 성인전기와 같은 정도의 반응속도를 보인다. 규칙적으로 운동을 하는 60대 후반의 활동적인 할머니는 같은 정도로 활동하는 대학생과 동등한 반응시간을 기록하였다(Salthouse, 1985).

노년기 인지적 변화에서 관심을 가져야 할 현상이 최종 급강하(terminal drop)현상이다. **최종 급강하**는 Kleemeier(1961)가 노인들의 지능을 일정한 간격을 두고 네 번 반복하여 진단하는 과정 중에서 네 번째 검사에서 큰 폭으로 지적 감퇴를 보인 노인들이 검사 후 곧 사망하는 현상을 목격하고 제시한 개념이다. 최종 급강하 현상은 그 후 여러 노년기 연구자들이 검토한 결과 재확인되었다. 최종 급강하는 지능뿐 아니라 지각능력, 정신운동기능, 성격영역에서도 마찬가지로 나타난다(Lieberman, 1983).

노년기 지적 능력의 변화양상이 큰 폭의 **개인차**를 보인다는 사실은 여러 번 언급하였다. 개인에 따라 규칙적으로 빠른 감퇴가 나타나기도 하고 감퇴속도가 매우 느린 경우도 있다. 이러한 개인차가 나타나는 것은 건강, 성격, 교육수준, 문화적 환경, 검사에 임하는 태도 등 여러 가지 개인적 특성에 의해 결정된다.

기억력의 변화

대부분의 노인들은 기억의 어려움을 호소한다. 물건을 둔 장소, 사람이름, 날짜, 전화번호 등을 잊거나 혼동하는 것은 노년기에 흔히 경험하는 기억장애이다.

일련의 낱말이나 문장을 제시하고 재인능력이나 회상능력을 진단하는 실험실 연구에서도 노인들은 20대에 비해 수행력이 60% 이상 감소한다(Guttentag, 1985). 노인들이 실험실 검사에 친숙하지 않은 데서 오는 검사 실시상의 문제를 감안한다 해도 노년기에 기억감퇴가 일어나는 것은 명백해보인다.

노년기 일상경험과 밀접하게 관련되어 있는 생태적 타당성이 높은 과제에서도 기억능력의 감퇴는 마찬가지로 나타난다. 예를 들어, 소설의 단락, 오래 살아온 도시의 건물이름, 물건이름, 자신이 한 활동, 사람이름이나 얼굴 등 친숙한 사물이나 상황에 대한 기억능력도 성인전기에 비해 명백하게 감소된다(Cohen, 1988; West, 1986).

노년기에 기억감퇴가 일어나는 원인은 대체로 세 가지 요인으로 설명된다(Poon, 1985). 첫째, **생물학적 가설**에서는 중추신경계의 손상 등 생물학적 요인으로 인해 기억능력의 쇠퇴가 일어난다고 믿는다. 둘째, **정보처리가설**(information processing hypothesis)에서는 관련 정보에 주의를 기울이며, 중요한 정보에 주의를 할당하는 주의능력의 결함과 정보를 처리하는 전반적인 인지적 역량의 감소를 노년기 기억능력의 감퇴 원인으로 보고 있다. 마지막으로, **맥락적 가설**에서는 경험, 동기, 성격, 문화적 요인들이 미치는 영향을 중시하고 있다.

노년기 기억감퇴가 일어나는 양상을 5장 아동기 기억발달에서 설명한 정보처리과정에 비추어 살펴보자.

단기기억

노년기에는 명백하게 **단기기억**(short-term memory: STM)의 감퇴가 일어난다. 노년기에 단기기억능력이 감퇴되는 것은 새로 접하는 정보를 처리하는 **정보처리역량**(information processing capacity)이 **감소**되기 때문으로 추정되고 있다. 노년기에 정보처리역량이 감소되는 것은 주어진 정보에 주의를 기울이는 **주의역량**(attentional capacity)이 **감소**되거나 주의를 기울여 감각기억에 들어온 정보를 처리하고 저장하는 **작업기억역량**(working-memory capacity)이 **감소**되기 때문이다.

성인전기에 속하는 젊은이와 노인에게 다음과 같은 글을 보여준 직후에 끝문장에 들어있는 '그녀'가 누구를 뜻하는지 묻는다고 생각해보자.

(A) 영숙이가 부엌에서 일하고 있는 동안에 민자는 소설책을 읽고 있었다.
그녀는 탕수육을 만들고 있었다.

(B) 영숙이가 부엌에서 일하고 있는 동안에 민자는 소설책을 읽고 있었다.
두 사람은 모두 자기들이 하는 일이 재미있었다. 그녀는 탕수육을 만들고 있었다.

(A)과제에서는 그녀가 누구인가를 기억해내는 데 노인과 젊은이 간에 수행수준의 차가 없다. 그러나 대명사가 가리키는 명사와 대명사 사이에 다른 문장이 들어가 있는 (B)과제에서 노인의 수행은 젊은이에 비해 낮다. (B)과제에서 노인의 수행이 낮아지는 것은 노년

기 주의력의 한계로 인해 노인들은 여러 개의 정보를 동시에 받아들이는 데 어려움을 갖거나 혼란을 일으키기 때문이다(Light & Caps, 1986; Welford, 1985).

노년기에 작업기억역량이 감소되는 현상 또는 여러 가지 실험적 근거를 찾아볼 수 있다. 젊은이들이 일반적으로 갖는 7±2의 단기기억범위(memory span)는 50대 후반부터 6±2의 범위로 감소한다(Wingfield & Byrnes, 1981). 낱말목록의 계열학습(serial learning)에서도 많은 감소현상을 볼 수 있다. 예를 들어, 서로 관계가 없는 16개의 낱말계열을 제시한 직후에 제시된 순서대로 낱말을 회상시키면 성인중기 후반부터 노년기에 해당하는 피험자가 회상해내는 낱말의 수는 성인전기 피험자의 수행량보다 적다(Kausler et al., 1988).

노년기 단기기억 감퇴가 **의미성**이 없는 과제에서만 나타나는가의 여부는 관심의 대상이 된다. 산문을 한 단락 읽고 난 후 읽은 내용을 자구대로 회상하라는 과제에서 노인들의 수행수준은 매우 낮지만, 읽은 내용의 주요 의미를 요약하라는 과제에서는 젊은이와 동등한 수행수준을 보인다는 연구결과(Hultsch et al., 1984)는 노년기 기억감퇴가 과제 의미성과 밀접한 관계가 있음을 보여준다.

과제의 의미성이 노년기 단기기억 감퇴에 미치는 영향에 관한 또 하나의 흥미로운 실험결과를 볼 수 있다. 사전에 회상검사를 할 것이라는 사실을 예고하지 않은 채 여러 종류의 대상물을 그린 그림카드를 한 장씩 보여주고 난 직후에 자기가 본 대상물을 기억하여 그 이름에 '아' 발음이 들어가는가의 여부를 판단하게 하는 과제(소리과제)와 그 대상물이 동물인지 아닌지를 판단하게 하는 과제(의미과제)를 주었을 때 노인들의 의미과제 수행수준은 소리과제 수행수준보다 높았다. 그러나 의미과제에서 노인의 수행수준은 젊은이의 수행수준보다 의미 있게 낮았다. 이러한 결과는 노년기 의미과제에서 단기기억수행이 감퇴되는 정도는 기계적 과제보다 그 정도는 낮으나 의미과제에서도 여전히 단기기억의 감퇴가 일어나고 있음을 보여준다.

장기기억

노년기 **장기기억**(long-term memory: LTM)은 단기기억보다 감퇴되는 정도가 적다. 예를 들어, 30대 성인과 70대 노인의 장기기억 과제에서의 수행을 비교해보면 70대 노인이 사물의 이름을 기억하는 장기기억능력의 감소비율은 10% 이내에 불과하였다(Albert et al., 1988).

실험실에서 이루어지는 노년기 장기기억 연구는 특정과제를 학습시키고 일정한 시간이 지난 뒤 학습한 내용을 회상시키는 방법으로 이루어진다. 〈그림 14-10〉은 여러 학습과제에서 나타나는 망각의 양을 네 개의 연령집단별로 제시한 것이다.

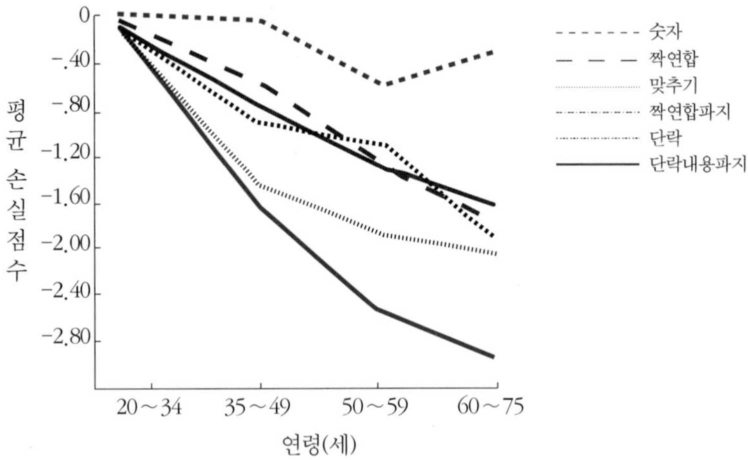

〈그림 14-10〉 기억검사별 망각곡선
(Gilbert & Levee, 1971에서 인용)

〈그림 14-10〉에서 보면 60세 이후에는 숫자범위과제를 제외하고 대부분의 과제에서 상당한 양의 기억감퇴가 일어나는 것을 볼 수 있다.

상위기억

노년기에 상위기억(metamemory)능력의 감퇴가 일어나는가의 여부는 논란의 대상이 되고 있다. 일부 학자들은 노년기 상위기억능력은 성인전기에 비해 의미 있는 변화가 없다고 주장한다(Salthouse, 1982). Zelinski 등(1980)은 노년기에는 성인전기에 비해 기억과정에 보다 민감하기 때문에 상위기억능력은 높아지는 것으로 보고하고 있다.

노년기에 **상위기억이 감퇴**한다는 주장도 있다. 예를 들어, 자신의 기억범위를 예측하는 과제에 대한 노인들의 반응은 성인전기 반응보다 정확성이 낮다(Bruce et al., 1982). 일부 연구에서는 노인들이 지나치게 낙천적이어서 자신의 기억범위를 높게 판단하는 것으로 보고하는 반면에, 또 다른 연구는 노인들은 지나치게 비관적이어서 기억범위를 낮게 평가하는 것으로 상반되는 결과를 보여주고 있다(Guttentag, 1985).

노인들은 망각을 크게 의식하므로 **기억방략**을 보다 자주 사용하는 경향이 있다. 젊은이와 노인들에게 2주 간격으로 특정 전화번호로 전화를 걸도록 요구한 과제에서 젊은이는 별다른 방략을 사용하지 않고 자신의 기억에 의존하는 경향이 높았으나, 대부분의 노인들은 달력이나 수첩에 적어놓는 등 기억방략에 크게 의존하였다. 결과적으로 젊은이 집단은 20%만 과제를 충실히 이행한 반면, 노인집단은 90%가 과제를 정확하게 수행하였다(Perlmutter, 1986). 이러한 결과는 노년기에 상위기억능력은 감퇴하지 않으며 흔히 사용되고 있다는 사실을 보여주는 것이다.

노년기 기억방략사용의 증가가 반드시 효율적인 방략사용이 증가함을 의미하지는 않는다. 정교화, 조직화, 군집화 등의 체계적인 방략사용능력은 노년기에 오히려 감소하는 경향이 있다.

먼 기억

노년기 기억에 관한 흥미로운 현상 중의 하나가 최근에 일어난 일에 대한 기억보다 오래전에 일어난 일을 회상하는 **먼 기억**(remote memory)을 잘한다는 점이다. 이처럼 먼 기억의 회상률이 높은 현상을 설명하기 위해 머릿속에 저장된 정보는 획득된 순서와 반대로 망각된다는 법칙(Ribot's law)이 제시되기도 하였다.

Poon 등(1979)은 1910～1970년대 사이에 발생한 공공의 사건들을 얼마나 기억하고 있는지를 진단하기 위해 재인기억 질문지를 만들어 20～80세 사이의 성인들에게 실시하였다. 〈그림 14-11〉은 이 연구의 결과에서 얻은 연령별 재인기억률을 보여준다.

〈그림 14-11〉에서 전체적으로 연령이 높을수록 재인기억률이 높은 것을 알 수 있다. 또한 최근 기억에는 연령집단 간에 차이가 없으나 먼 기억에 가까이 갈수록 노인집단의 기억률이 높다는 사실도 확인할 수 있다.

노년기에 먼 기억이 우수하다는 연구결과를 바탕으로 노인들의 재인기억의 우수성을 맹목적으로 받아들여서는 안 된다. 노년기 먼 기억의 진단은 방법론적으로 많은 문제를

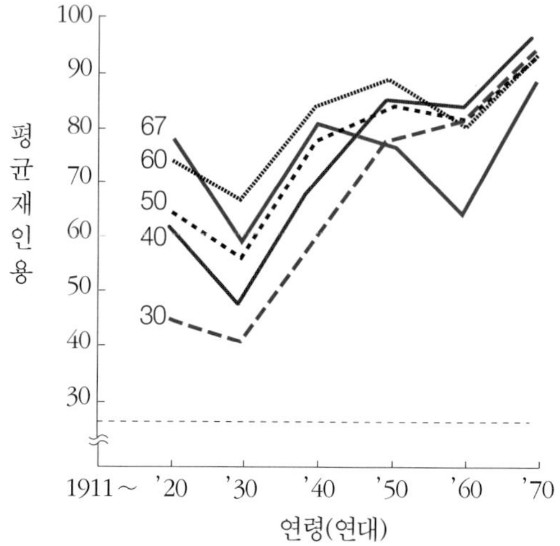

〈그림 14-11〉 연령별 재인기억률
(Poon, Fozard, Paulshok, & Thomas, 1979에서 인용)

안고 있다. 사태에 대한 직접경험 여부, 생활사태의 차이, 다른 경험의 영향 등 여러 가지 통제하거나 고려해야 할 요인이 많으므로 노년기 먼 기억에 대해서는 방법론적으로 잘 통제된 더 많은 연구를 필요로 한다.

우리나라 노인들의 자연적인 상태에서의 자발적인 대화를 분석해보면 남녀노인 모두 현재에 속하는 화제가 가장 많았으며, 먼 과거의 회상은 약 24%에 불과하였다(남순현, 1990). 이러한 결과는 노인들이 먼 기억 속에 살고 있다는 일반적인 통념이 잘못되었음을 시사한다.

(3) 노인성 치매

노년기 인지적 변화와 관련해서 많은 관심의 대상이 되고 있는 현상이 **노인성 치매**(dementia)이다. 치매는 노년기에 인지적 기능을 상실하는 병리현상이다. 기억상실, 대화의 산만성, 장소와 시간의 인지상실, 성격변화 등 치매는 여러 측면에서의 심리적 기능의 파괴를 수반한다. 〈표 14-3〉은 미국과 일본을 포함하여 세계 6개국의 노년기 연령집단별 치매 발병률을 보여준다.

표 14-3 노년기 연령집단별 치매 발병률

연령집단(세)	발병률(%)
65~69	2
70~74	3
75~79	6
80~84	12
85~89	22
90 이상	41

(Preston, 1986에서 인용)

모든 치매는 대체로 세 단계를 거쳐 진행된다. 첫째 단계는 사람이름이나 장소를 잊거나 혼동하는 **가벼운 망각**(benign forgetfulness) 증세를 보이는 단계이다. 이 단계 정도의 망각은 대부분의 노인들이 경험하는 것이며, 그 이상 진행되지 않는 경우도 많다. 두 번째 단계에 **일반적 혼돈**(general confusion)이 찾아온다. 이 단계에서는 뚜렷한 단기기억 결함이 나타나고 집중력의 결여, 같은 말을 반복하거나 서성이고 다니는 등의 징후들이 나타난다. 우울증과 사람과의 접촉을 피하려는 경향이 함께 보이게 된다. 세 번째 단계는 **기억력 파괴**(memory destruction)로 인해 생명을 위협하는 사태가 초래되기도 한다. 분노와 편집증세가 나타나며, 의사소통이 불가능하고 친척들의 얼굴을 알아보지 못한다.

알츠하이머 증후

알츠하이머(Alzheimer' s disease)는 전체 치매의 2/3를 차지하는 대표적인 치매증후로, 뇌의 피질부 특정 부위의 **신경원**(neurons)에 **퇴화**가 일어나 수상돌기가 얽히거나 경색되는 뇌의 장애로 인해 나타나는 증상이다. 그러나 신경원의 퇴화가 뇌의 모든 영역에서 나타나는 것은 아니다. 전두엽의 피질부와 해마 부위에 주로 나타나며, 소뇌에는 장애가 없다(Finch, 1989). 알츠하이머 증후는 서서히 그러나 꾸준히 퇴화가 일어나는 질병이다. 노년기에 처음 발병하면 10년 이상 걸려 서서히 진행되지만, 성인중기에 시작되면 3~5년 사이에 급격히 진행된다.

알츠하이머 증후는 단순히 기억손상이 심하게 나타나는 데 그치지 않는다. 알츠하이머 환자는 **정상적인 인지능력의 손상**이 오는 특징이 있다. 예를 들어, 노인들에게서는 잘 나타나지 않는 평생 사용해오던 낱말, 개념, 의미, 지식들을 상실하는 의미적 기억의 쇠퇴가 온다. 언어유창성의 감퇴 또한 알츠하이머의 대표적인 증후이다. 노인들에게 슈퍼마켓에서 살 수 있는 물건이름을 말해보라고 하면 정상적인 노인들은 과일이나 채소 등 여러 범주에서 각각 3~4개씩의 물건이름을 말할 수 있다. 이와는 달리 알츠하이머 환자들은 한 범주에 물건이름 하나 정도를 말할 수 있거나, 때로는 채소 등 범주 명칭만 되풀이할 뿐 사물의 이름을 생각해내는 데 어려움을 보인다(Martin & Fedio, 1983). 이러한 인지적 손상과 더불어 많은 알츠하이머 환자들은 우울증을 보이는데, 우울증이 수반되면 더 심한 인지적 손상이 초래된다(Rovner et al., 1989).

알츠하이머 증후군의 **원인**으로는 혈관장애로 인한 단백질 축적, 바이러스, 화학물질과 신경원 전달물질인 아세틸콜린 수준의 교란, 유독성 물질, 면역체계 이상, 유전적 영향 등의 가능성에 대한 가설이 제시되고 있다. 혈관장애는 알츠하이머 증후의 원인으로 가장 먼저 학자들 간에 심각하게 고려된 요인이었으나, 근래에는 그 가능성이 희박해지고 있다. 다만 알츠하이머 환자는 뇌혈관 벽에 아미로이드(Amyloid)라는 일종의 단백질 물질이 과다하게 축적되어 있다는 사실이 밝혀져 아미로이드가 알츠하이머의 원인이 되는 동시에 결과적으로 나타나는 현상일 것이라는 가설이 제시되고 있다(Cohen, 1988).

알츠하이머의 원인이 되는 바이러스가 식별된 것은 아니다. 다만 뉴기니(New Guinea) 치매의 원인이 이 종족의 전통의식에 의해 바이러스가 감염되기 때문이라는 사실이 밝혀진 바 있다.

근래에 여러 화학물질이나 독소들이 알츠하이머를 유발할 가능성에 대해 다각도로 탐색하고 있다. 한 가지 가능성으로서 이들 유독물질이 신경원 전달물질인 아세틸콜린(acetylcholine)의 생성을 방해하여 결핍시킴으로써 알츠하이머를 유발할 수 있다는 사실이 제시되고 있다. 알츠하이머 환자들은 아세틸콜린의 생성과 관련되는 뇌의 부위에 손상이 있다. 또한 아세틸콜린 수준을 교란하는 약물을 주면 젊은이도 알츠하이머와 유사한 기억과 행동장애가 온다는 사실이 실험을 통해 밝혀졌다. 이러한 증거들은 아세틸콜린과 알츠하이머의 관련성을 충분히 시사해주는 것이다(Cohen, 1988).

노년기 뇌의 신경원의 변화가 면역체계에 이상을 가져와 알츠하이머를 유발할 것이라는 가설도 꾸준히 연구되고 있다. 연구자들은 알츠하이머 환자의 뇌에 있는 **플래그**(plagues)의 양이 많을수록 치매의 정도가 심화된다는 사실을 확인해내고 있다. 플래그는 퇴화된 신경원의 찌꺼기와 면역체계 이상이 올 때 배출되는 아미로이드로 구성된다. 면역체계 이상이 알츠하이머의 원인이 될 것이라는 가설은 이러한 자료들에 근거를 둔 것이다.

일반적으로 알츠하이머가 될 확률은 1%인 데 반하여 가까운 친척 중에 알츠하이머 환자가 있을 때 발병될 확률은 4배로 증가한다. 이러한 점에서 알츠하이머가 **유전**일 가능성에 대해서도 관심을 기울이고 있다.

다경색 치매

다경색 치매(multi-infarct dementia)는 전체 치매의 약 20%를 차지한다. 경색은 뇌로 가는 혈관이 일시적으로 막혀서 뇌에 산소공급이 부족하게 되면 뇌조직의 일부가 손상됨으로써 나타난다. 뇌의 한 부위가 경색되면 일시적인 행동장애를 보이지만 곧 다른 부위가 그 기능을 보상하므로 다음 경색이 일어날 때까지 증상은 호전된다. 그러나 경색이 여러 번 반복되면 뇌의 보상기능이 중지되고 회복이 불가능하게 된다. 이 시점에서부터 인지적 기능이 꾸준히 감퇴되며 점차 알츠하이머 증후군과 구별이 불가능한 치매증상이 나타나게 된다.

파킨슨 병

파킨슨 병(Parkinson' s disease)도 치매와 근육 손상이 함께 나타나는 노년기 질병이다. 치매는 파킨슨 병의 초기에 나타나는 것은 아니며 뇌의 신경원의 손상을 더 이상 보상할 수 없을 때 나타나기 시작한다. 파킨슨 병의 신경원 상실은 도파민(dopamine)이라는 신경원 전달물질을 생성하는 뇌의 영역에서 주로 일어난다.

이상에서 설명한 노년기 질환 외에도 AIDS, 뇌종양, 뇌손상, 정신분열증 등의 질환에 수반하여 치매가 나타난다. 특히 성인기에 여러 가지 약들을 과도하게 복용하거나 알코올 과다섭취가 치매를 유발하는 원인이 된다.

3) 노년기 성격발달

(1) 노년기 성격발달 특징

Erikson(1964)의 **자아통정성**(ego integrety)의 개념이 보여주듯이 노년기는 노쇠와 죽음을 앞두고 자신의 삶을 통합하고 점검해야 하는 시기이다.

노년기 삶의 통정성은 자신의 과거의 모든 과오, 실패, 결점, 절망 등을 인정하고 이를 수용하는 어려운 과업을 통해서 획득되는 성격특성이다. 노년기 **지혜**가 이러한 통합과정에 필요하다.

Erikson의 이론을 보다 세분화시켜 성인중기 성격발달을 설명한 Peck(1968)의 이론은 노년기에도 살펴볼 만한 가치가 있다. **자아분화 대 과업역할몰입**(ego differentiation vs. work-role preoccupation)의 위기는 이전의 주도적이고 적극적인 활동으로부터 자신을 직장이나 가정에서 분리시켜 자신의 내적인 통정성의 탐색에 더 많은 힘을 기울일 때 극복된다. **신체초월 대 신체몰입**(body transcendence vs. body preoccupation)의 위기는 노쇠나 질병 등에 심리적으로 예속되지 않고 따뜻하고 애정 있는 인간관계와 삶의 예지로 신체적 한계를 극복해야 할 필요성을 지적한다. 마지막으로 **자아초월 대 자아몰입**(ego transcendence vs. ego preoccupation)은 다음 세대로의 연결과 역사적 각성을 통해 죽음의 공포를 극복할 때 해결될 수 있는 위기이다.

노인들과의 실증적인 면접을 통해 분석해낸 결과에 의하면 일반적으로 성인전기나 성인중기에 비해 노년기는 오히려 평화롭고 만족스러운 시기이다. 가족, 건강, 종교가 노년기 삶의 행복을 결정하는 중요한 요인으로 밝혀졌다. 노인들은 인생에서 가장 큰 성취를 성공적인 자녀양육, 성공적인 결혼, 직업 그리고 종교적 선택 속에서 찾고 있다. 특히 자녀와의 친밀도와 결속도가 높을수록 노년기의 긍정적인 적응이 높다.

우리나라 노부모가 지각하는 성인 자녀와의 결속도는 중간수준에 속하며, 자녀와의 애정적 결속은 노년기 자아존중감에 결정적인 중요성을 갖는 요인이다(김은주, 1994). 자녀와의 결속이 약하거나, 그 외 노인에 대한 가족 지원망이 약한 경우에는 친척, 이웃, 친구 등 애정과 친밀감을 줄 수 있는 사회적 지지망이 지원을 해주어야 노년기의 안정된 삶이 유지될 수 있다.

노년에 가까울수록 돈에 대해서보다는 내재적인 가치에 더 많은 관심을 둔다. 성인전기의 교육, 도덕적 및 종교적 삶의 양상이 노년기 적응에 크게 영향을 미치는 사실도 밝혀졌다(Long et al., 1990).

(2) 노년기 성격유형

Neugarten(Neugarten, 1983; Neugarten et al., 1968)은 50~80세 사이 성인 수백 명을 6년간 종단적으로 추적하여 연구한 결과를 토대로 노년기의 성격유형을 식별해냈다.

통합된 성격(integrated personality)

성숙하고 유연성이 있으며 새로운 자극에 개방적이며 자신의 삶에 만족하고 활발한 지적 기능을 유지하고 있는 유형이다. 노인의 약 38%가 이 유형에 속한다.

재구성형(reorganizers)은 젊은 시절의 활동을 버리고 노년기에 맞는 새로운 활동을 선택하여 높은 수준의 활동을 유지하는 유형이다. 대체된 활동 속에서 자신의 삶을 활기 있게 재구성함으로써 성공적인 노년기를 보낸다.

집중형(focused persons)은 만족할 만한 소수의 역할만 선택하며, 선택된 영역에서는 적절한 활동을 유지하는 유형이다. 자원봉사나 정원관리 등 자신이 보람과 흥미를 갖는 한두 가지 역할을 통해 노년기 삶의 보람을 추구한다.

단절형(disengaged persons)은 젊은 시절에 비해 활동수준을 낮추고 고립적이지만, 자신의 삶에 만족하는 유형이다. 노년기는 모든 책임으로부터 자유스러워지는 시기로 생각하므로 유지된 노년기 삶의 방식을 소극적이지만 평화스럽게 수용한다.

무장-방어적 성격(armored-defended personality)

야심적이며 성취지향적인 성격유형을 뜻한다. 노쇠를 인정하지 않고 노년기 불안에 강한 방어를 보인다. 약 25%의 노인이 이 유형에 속한다.

지속형(holding-on persons)은 가능한 한 하던 일을 계속하고 성인중기 삶의 양식을 지속시키려는 유형이다. 성공적으로 성인중기 삶을 유지하면 노년기 삶의 만족도는 높지만, 유지되지 못할 때는 생활만족도에 손상이 온다.

억제형(constricted persons)은 노화의 속도를 늦추기 위해 에너지 소모나 사회적 상호작용을 가능한 한 제한하려는 유형이다. 사람에 대한 관심도 점차 줄여감으로써 자신을 철저히 방어하려 한다. 방어적인 만큼 자아통합수준이 낮다.

수동-의존적 성격(passive-dependent personality)

자신의 욕구를 충족시키기 위해 타인에게 의존하는 유형이다. 약 20%의 노인이 이 성격에 속한다.

원조추구형(succorance-seeking persons)은 자신을 의지하고 기댈 사람이 있어야 삶의 만족을 갖는 유형이다. 의지하거나 도움을 받을 사람이 있을 때는 적정수준의 활동수준과 생활만족도를 유지하지만, 불가능한 경우에는 문제가 발생할 수 있다.

냉담형(apathetic persons)은 수동적이며 성취지향성이 낮은 유형이다. 주변에서 일어나는 일이나 사람들에게 거의 관심을 보이지 않는다. 활동수준이나 생활만족도가 낮은 편이다.

통합되지 못한 성격(unintegrated personality)

노화에 잘 적응하지 못하며, 지혜와 같은 노년기 특유의 정신적 기능을 제대로 발휘하지 못한다. 사고의 고착성과 퇴보가 있고, 정서적 유연성도 부족하다. 또한 활동수준과 생활만족도 모두 비교적 낮다.

(3) 노년기 성격의 가변성

노년기에는 보다 내성적이며, 보다 주의 깊고 느리며 실제적으로 변화한다. 또한 야심, 용기, 능력 등 도구적 가치로부터 성취감, 자유감 등 절대적 가치로 변화하지만, 개방성과 외향성 수준은 지속된다(Costa et al., 1986).

Finn(1986)은 1947년에 17~25세와 43~53세 두 집단의 피험자를 대상으로 MMPI를 실시하고 30년 후인 1977년에 재검사를 실시하였다. 이 종단적 연구에서 성인전기에서 중기 사이의 성격변화가 성인중기에서 후기 사이의 변화보다 크게 나타났다. 일반적으로 노년기에 강하게 지속되는 경향은 비행(delinquency)과 종교적 성향이다. 우울증과 만성피로, 두통 등 정신, 신체 증상을 호소하는 경향이 두 집단 모두에서 가장 가변적인 것으로 나타났다.

4) 노년기 활동

노년기에는 사회생활에서나 가정생활에서 이전에 영위하던 적극적인 활동들을 줄여나가야 할 필요성이 있다. 신체적 기능의 쇠퇴가 한 가지 원인이 될 수 있으며 다음 세대에게 사회적 역할 등을 물려주어야 할 필요성 또한 중요한 원인이다. 노년기 활동의 바람직한 적응유형에 대해서는 여러 면에서 서로 상반되는 두 가지 유형을 찾아볼 수 있다.

(1) 활동적응유형

유리이론

일찍이 Cumming과 Herry(1961)는 성공적인 노화는 일과 사회적 역할로부터 점차 벗어나 자유로워져 가는 과정이라는 **유리이론**(disengagement theory)을 제시하였다. 노년기의 사회적 역할로부터 유리되는 것은 단절과 고립 또는 수동적이며 비활동적인 삶을 의미할 수 있지만, 다른 면에서는 일로부터 오는 과도한 스트레스를 줄여주며 신체 및 인지적 쇠퇴에 잘 적응할 수 있게 해줌으로써 내적 평온을 가져다주는 적응적 가치를 갖는다. 사회적 유리는 사회로부터 활동의 요구가 줄어들고 사회적 및 가정적 역할의 중요성이 감소하는 중년후기부터 시작하여 노년기에 들어서면서 더욱 급격하게 진행된다.

근래에 유리이론은 노년기 적응 양상을 부분적으로 설명해줄 수는 있으나 보편적 적응 양상은 아니라는 비판이 가해지고 있다(Longino & Kart, 1982).

활동이론

Havighurst(1961; Havighurst et al., 1968)는 성공적인 노화를 위해서는 기존의 역할과 과업으로부터 벗어날 것이 아니라 지속하고 유지해야 한다는 **활동이론**(activity theory)을 제시하였다. 노년기에는 자녀의 성장, 은퇴, 능력감퇴 등 여러 가지 여건의 변화 때문에 불가피하게 이전의 역할을 계속하지 못하는 상황이 오게 된다. 활동이론에서는 성공적인 노화를 위해서 활동의 내용을 대치시켜 안정된 활동수준을 유지해야 한다고 주장한다.

1,000명 이상의 노인들에게 활동과 생활만족도에 관해 조사한 연구결과에 의하면, 가장 높은 만족을 얻은 노년기 삶은 친구와 가족들과 함께 비공식적인 활동에 많이 참여하는 삶이었다. TV 시청, 독서, 취미 등은 노년기 만족도 수준에 영향을 미치지 않았으며, 공식적이며 구조화된 단체활동에 참여하는 것은 노년기 생활만족도에 부정적인 영향을 미치는 것으로 밝혀졌다(Lognino & Kart, 1982).

(2) 은퇴

은퇴(retirement)는 노년기에 적응해야 할 중요한 발달과업이다. 연구결과에 의하면 노인의 약 1/3은 은퇴를 기쁜 마음으로 기대하고, 1/3은 걱정과 불안을 느끼며, 나머지 1/3은 은퇴에 대해 생각조차 하기 싫어할 정도로 강한 두려움을 갖는다. 자신이 해오던 일에 만족하지 못했으면서 은퇴 후의 수입이 보장되는 경우 은퇴에 대해 긍정적인 태도가 높다(Belbin, 1983).

우리나라에도 명예퇴직제도가 확산되고 있지만 서구의 경우는 **은퇴의 시기**를 결정하는 것은 임의적이다. 남성 노인의 약 1/3과 여성 노인의 1/2이 55~65세 사이에 은퇴하기를 원한다. 여성의 경우 남편이 은퇴하는 시기에 함께 조기은퇴하기를 원하는 비율이 높다.

직업에 대한 이전의 태도, 은퇴기대, 은퇴준비도, 은퇴방식은 **은퇴**에 대한 성공적인 **적응여부**를 결정하는 중요한 요인이다(Horn & Meer, 1987). 건강이나 감원 등으로 인한 강제은퇴는 은퇴적응을 해치는 가장 큰 부정적 요인이다. 재정, 건강 및 여가활동계획은 가장 중요한 은퇴준비사항들이다.

미국이나 우리나라에서 은퇴는 완전고용으로부터 완전단절로 이어지는 사태이다. 이러한 급격한 은퇴경험으로 인한 부적응을 막기 위해 유럽의 여러 나라들에서는 은퇴 전 수개월 또는 수년 동안 보수를 전액 지급하면서 근무시간과 양을 줄여나가면서 은퇴를 준비시키는 은퇴정책(retirement policy)을 채택하고 있다(Swank, 1982).

표 14-4 인종 및 성별에 따른 은퇴 후 활동 비율(%)

		일반 미국인		유럽계 미국인		남미계 미국인	
활동	전체	남	여	남	여	남	여
독서	79	50	81	61	88	92	86
친구	78	75	89	61	79	75	71
시청	77	75	78	72	77	92	71
여행	74	75	64	72	80	75	43
사색	68	25	89	39	80	58	43
가사	67	25	83	39	74	58	86
교회활동	65	63	86	33	59	75	57
요리	62	38	81	33	71	42	71
운동	60	63	70	56	59	67	43
목공예	54	38	72	22	68	8	57
정원 가꾸기	53	88	53	22	62	58	29
자원봉사	50	63	70	22	41	42	43
앉아 놀기	42	38	61	17	32	50	29
일하기	30	75	42	22	18	17	14
손주 돌보기	29	50	50	6	18	33	29
사냥	13	38	14	17	6	17	0
농사일	12	50	20	6	0	8	0

(Irwin & Simons, 1994에서 인용)

은퇴 후 시간을 어떻게 보내느냐는 은퇴 후 적응에 영향을 미친다. 〈표 14-4〉는 미국의 노인들이 은퇴 후에 시간을 보내는 활동별 비율을 인종 및 성별로 제시한 것이다(Harris et al., 1989). 종족 간 및 성별 간에 상당한 차이가 있다는 사실을 확인할 수 있을 것이다.

우리나라에서 55세를 정년으로 하는 일반기업체에서 퇴직을 앞둔 50~54세 성인을 대상으로 퇴직에 대한 심리적 불안을 진단하였다. 사회복지가 정착되어 있는 서구와 달리 우리나라 성인들은 소외감과 같은 심리적 문제보다 생계나 자녀교육이 더욱 큰 퇴직불안 요인으로 자리 잡고 있다. 이러한 점에서 은퇴연령이 연장되어야 한다는 주장이 강력히 제기되고 있다(김향은 · 정옥분, 1992).

은퇴한 노인을 대상으로 한 연구에서는 우리나라 남자 노인들은 서구의 연구결과와 달리 은퇴에 대해서 부정적인 태도를 갖고 있으며, 은퇴로 인한 스트레스를 크게 받으며, 생활만족도에 부정적인 영향을 받는 것으로 나타나고 있다. 이러한 은퇴의 부정적인 영향은 생활수준이 낮고, 건강상태가 나쁘며, 노후설계가 약할수록 높다(김혜경, 1988; 지연경, 1990).

(3) 조부모 역할

조부모의 역할은 노년기 삶에 중요한 의미를 갖는다. 미국의 보고에 의하면 65세 이상의 노인 75%가 손자녀를 자기 삶의 중요부분으로 인식하고 있었다(Troll, 1983). 그러나 조부모가 손자녀를 직접 돌보는 책임을 맡지 않는 것이 일반적이다. 대부분의 조부모들은 일종의 '**비개입 원칙**' 을 지킨다. 손자녀가 원하지 않을 때는 단순히 감시인의 역할에 충실하며 적극적인 개입을 하지 않지만, 질병과 경제적 곤란 등 문제가 발생하면 보다 깊이 관여한다. 흑인들은 백인에 비해 위기가 없을 때에도 조부모가 손자녀에게 보다 적극적인 양육자 역할을 한다(Cherlin & Furstenberg, 1986).

우리나라 아동은 조모에 대해 높은 친밀감을 보이며, 훈계자 역할, 지지자 역할, 대리모 역할 등 중요한 심리적 역할을 부여하고 있다. 특히 외조모에 대한 친밀도와 실제 접촉이 친조모보다 일관성 있게 높은 것으로 지각되고 있어 흥미롭다(서동인 · 유영주, 1991). 이러한 외조모 선호경향은 대학생이 지각하는 조부모와의 관계에서도 마찬가지로 나타났다(박의순, 1990). 조모와의 높은 심리 · 정서적 친밀도는 자아정체성 형성에 도움이 된다는 연구결과도 제시되고 있다(백문화 · 조병은, 1992).

5) 죽음

생활여건과 과학의 발달로 인해 노년기 수명은 크게 연장되었으나 죽음은 여전히 인간이 적응해야 할 발달상의 마지막 과업이다.

(1) 죽음의 정의

전통적으로 죽음은 심장박동이 끝나고, 호흡이 멎으며, 동공이 고정되고, 건반응

(tendon reflex)이 없어지는 상태로 규정되었다. 그러나 보다 근래에 죽음의 개념은 뇌사(brain death)를 기준으로 판단된다(Kamerman, 1988). 뇌사는 완벽하게 반응이 없어지며, 1시간 동안 움직임이 없고, 3분 동안 호흡이 정지되며, 반사기능과 뇌간의 활동이 없고, EEG의 오르내림이 없는 상태를 의미한다. 최근에 이러한 죽음의 기준이 지나치게 엄격하므로 **대뇌피질부의 기능정지**와 함께 오는 인지적 죽음을 기준으로 해야 한다는 주장도 있다(Irwin & Simons, 1994).

〈표 14-5〉는 우리나라 노인의 평균수명의 변화과정을 보여준다.

표 14-5 우리나라 노인이 평균수명 변화

연도(년)	남자(세)	여자(세)	평균(세)
1931~1935	36.3	38.5	37.1
1936~1940	40.6	44.7	42.6
1938~1942	42.5	45.0	43.8
1942	42.8	47.1	44.9
1955~1960	51.1	53.7	52.6
1961	54.5	60.6	57.5
1966	59.7	64.1	61.9
1970	59.8	66.7	63.2
1978~1979	62.7	69.1	65.9
1983	63.8	72.2	67.9
1985	64.9	73.3	69.0
1987	66.0	74.1	69.9
1989	66.9	75.0	70.8

(서순규, 1992에서 인용)

(2) 죽음의 과정

Kübler-Ross(1969)는 죽음에 관한 연구가 거의 없던 시절에 수백 명의 죽어가는 환자를 대상으로 죽음의 의식에 대한 조사를 실시하였다. Kübler-Ross가 식별해낸 **죽음의 단계**는 다음과 같다.

1단계: 부정(denial)

대부분의 사람들은 자신의 죽음을 선고받게 되면 충격을 받고 믿지 않으려 한다. 이 단계는 몇 초에서 몇 개월까지 지속되기도 한다. Kübler-Ross에 의하면 약 1%의 사람들은 임종 시까지 부정의 단계에 머물러 있다.

2단계: 분노(anger)

자신의 죽음을 더 이상 부정할 수 없게 되면 분노하는 단계가 온다. 이 단계에서는 불평과 요구가 많고, 까다로우며, 모든 것에 비판적이 된다. 신에게 분노하며, '왜 하필 나인가?' 라는 의문을 표현하기도 한다. 이때는 분노를 극복하기 위해 분노를 표현할 수 있도록 도와주어야 한다.

3단계: 타협(bargaining)

생명을 연장하거나 고통을 감소하기 위해 여러 가지 약속을 한다. '딸이 결혼할 때까지' '손주 볼 때까지' 생명을 연장할 수 있다면 무슨 일이든 하겠다고 절대자나 의사에게 간청한다.

4단계: 우울(depression)

우울증은 다가오는 생명의 상실과 사랑하는 사람들과의 별리의 아픔을 극복하기 위한 필수적인 과정이다. 이 단계에서 슬픔과 애통함을 표현하는 것이 필요하다.

5단계: 수용(acceptance)

작별을 고하기 위해 친척과 친구를 만나기를 원한다. 이 단계에서 많은 사람들은 위안을 주는 한 사람과 함께 있기를 원한다. 생명을 체념한 것은 아니지만 평화롭게 죽음을 맞을 준비는 되어 있다.

우리나라 60세 이상의 노인을 대상으로 죽음에 대한 공포를 연구한 자료에 의하면, Erikson이 노년기 성격특성으로 제시한 통정성이 낮을수록 죽음에 대한 공포가 높았다. 가족 간 또는 타인과의 사회적 상호작용 양상과 종교는 노년기 통정성에 직접적인 영향을 미치는 것으로 밝혀져 죽음에 대한 불안과 공포의 간접적인 지표가 된다(강성경, 1993). 그러나 우리나라 노인의 죽음에 대한 태도를 미국의 노인과 비교한 자료에 의하면, 우리나라 노인은 죽음을 거부하기보다 받아들이는 성향이 미국 노인에 비해 강한 것으로 밝혀졌다. 특히 나이가 많은 남자 노인일수록 죽음에 대한 불안이나 공포는 낮은 것으로 나타났다(서혜경, 1986).

PART 6

생태적 맥락과 발달

식물이 자라는 흙의 토양이 그 식물의 성장에 절대적인 영향을 미치듯이 인간이 살아가는 생태적 맥락(ecological context)은 개인의 성장과 발달에 결정적인 영향을 미친다. Bronfenbrenner가 발달심리학에 생태학적 모형을 도입한 이래로 가정 · 또래집단, 학교, 사회 등 생태적 환경이 전 생애 발달에 미치는 영향에 관하여 많은 연구들이 이루어져 왔다.

제6부는 두 개의 장으로 구성된다. 15장에서는 가정, 또래집단, 사회적 계층 등의 아동기 생태적 환경이 아동의 성장과 발달에 미치는 영향을 검토할 것이며, 16장에서는 청년기와 성인기의 생태적 맥락과 관련되는 발달양상들을 살펴보게 될 것이다.

제 15 장 아동기 생태적 맥락과 발달

이 장에서는 생태적 맥락으로서의 가정, 학교, 또래집단이 아동의 성장과 발달에 미치는 영향을 살펴보고자 한다. 가정환경에서는 부모-자녀 상호작용, 부모의 자녀양육유형, 모취업의 영향 등을 살펴보게 될 것이며, 학교환경에서는 교사와 또래집단의 영향을 검토하고자 한다. 아울러 생태적 맥락의 일부로서 TV 등 각종 매체가 아동발달에 미치는 영향을 다루어보게 될 것이다.

1 가정환경과 가족 내 상호작용

1) 부모-자녀 상호작용

영아기는 부모-자녀 간의 애착형성이 주 과제가 되는 시기이다. 영아기 동안의 **부모-자녀 상호작용**(parent-child interaction)은 아기의 요구에 반응하는 부모의 민감성 정도와 먹이고 재우는 등 아기의 기본욕구를 충족시키고 돌보는 양육행동이 주가 된다. 그러나 유아기에 접어드는 2~3세경부터 부모는 아동이 자신의 욕구를 적절히 통제하고 상황에 적합한 행동을 할 수 있도록 사회화시킬 필요성을 느끼게 된다. 따라서 이 시기 부모들은 자기통제력을 기르는 것과 같은 아동의 심리적 발달에 더 많은 관심을 기울이게 된다. 이처럼 영아기와 유아기의 부모-자녀 상호작용 양상에는 상당한 질적인 차이가 있다.

유아기 부모-자녀 상호작용의 적합성 여부를 결정하는 중요한 요인으로서 많은 연구자들은 **애정**(warmth)과 **통제**(control)의 두 차원을 들고 있다(Erikson, 1963; Hetherington & Parke, 1993; Maccoby & Martin, 1983; Shaffer, 1993).

부모의 자녀에 대한 애정은 자녀의 존재를 기쁨으로 받아들이는 데에서부터 출발한다. 부모가 자녀에게 애정을 갖고 있을 때, 아동은 자신이 부모로부터 수용되고 인정받고 있다는 안정감을 느끼게 된다. 또한 아동은 부모의 애정을 잃지 않기 위해 스스로 노력하게 되므로 지나친 훈육을 가하지 않아도 쉽게 아동을 사회화할 수 있게 된다. 애정을 거두어들이는 부모의 양육행동이 좋은 훈육방법으로 지적되고 있는 것은 이 때문이다.

영아기와 마찬가지로 유아기에도 자녀에게 애정이 있는 부모는 자녀의 여러 가지 요구를 민감하게 받아들이고, 들어줄 것과 거절할 것을 가려서 신속하게 반응할 수 있다. 또한 자녀의 요구가 적절하지 않은 것일 때는 그 이유를 설명하고 이해시킴으로써 유아 스스로 생각하고 판단하며 통제할 수 있는 능력을 기를 수 있도록 도와준다. 따라서 유아기 자녀의 올바른 성장을 위해서 애정과 통제는 반드시 병행해야 할 중요한 상호작용 요인이다.

자녀에게 애정이 없는 부모는 자녀가 태어난 것에 대해 숨겨진 분노와 적개심을 가지고 있으며, 자녀의 존재를 거부한다. 이러한 부모는 대개 자녀에게 무관심하거나 냉담하며, 필요한 통제력을 길러주는 데에도 실패한다. 자신이 부모로부터 수용되지 못하고 있다고 느낄 때 아동은 기본적으로 자기 존재에 대한 안정감을 갖지 못하게 되며, 불안수준이 높고, 항상 긴장하며, 자아존중감이 낮은 아동으로 성장하게 된다(Crockenberg & Litman, 1990).

부모가 자녀에게 부과하는 적절한 통제는 애정 못지않게 아동기의 바람직한 성장과 발달을 위한 중요한 요인이다. 자녀를 거의 통제하지 않는 지나치게 허용적인 부모나, 심한 통제를 가하는 지나치게 엄격한 부모는 모두 바람직한 자녀의 성장을 기대하기 어렵다.

부모가 자녀에게 바람직한 행동을 지시하거나 바람직하지 못한 행동을 지적하고 제재를 가하는 통제양식을 훈육(discipline)이라 한다. 아동을 훈육하는 방식에는 고려해야 할 요인들이 있다.

첫째, 훈육을 가하더라도 아동의 가치를 인정하고 자아존중감을 높여줄 수 있도록 부모의 말이나 행동에 유의해야 한다. 부모는 반드시 구체적인 행동을 나무라야 하며, **아동의 사람됨** 전체가 훈육의 대상이 되어서는 안 된다. 양치질을 하지 않고 학교에 가는 아이를 꾸짖는다고 가정할 때 '이 닦고 가. 아니면 학교도 못 가게 할 테다.' '이도 안 닦고 학교엘 가다니, 참 더러운 아이구나.' 라는 표현은 아이의 자아존중감을 손상시키며, 무력하게 느끼게 만들 위험이 있다.

둘째, 부모의 자녀에 대한 통제는 계획적으로 실시되어야 하며, 시간을 두고 서서히 일관성 있게 이해시켜야 하는 **자녀양육설계**의 하나이다. 부모가 아동에게 기대하는 행동과 시정해야 할 행동을 구체적이고도 명백하게 아동에게 설명하고 시정할 수 있다는 약속을 받은 다음, 만일 스스로 이 약속을 깰 때는 엄격한 제재를 가해야 한다. 이러한 구체적인 설계 없이 부모의 감정적이며 충동적인 꾸중이나 질책으로는 교육적인 통제효과를 기대하기 어렵다.

아동기에 접어들면 부모가 자녀에게 가하는 통제를 아동이 내면화함으로써 **자기통제**(self-regulation)능력을 갖도록 해주어야 한다. 스스로 자신의 행동을 적절히 통제할 수 있는 것은 지적인 면에서나 사회적인 면에서 유능한 사람으로 성장할 수 있게 하는 주요 요인이 된다.

부모는 자녀의 자기통제력을 기르기 위해 아동기 동안에 가하던 외적 통제를 서서히 아동이 스스로 실행할 수 있도록 격려하고 고무해주어야 한다. 이렇게 내면화된 자기통제력을 기르는 것은 부모의 영향력이 미치기 어려운 아동후기나 청년초기 자녀에게 바람직한 사회적 적응을 준비시키는 중요한 수단이 된다(Steinberg, 1990).

2) 부모의 자녀양육유형

애정과 통제는 아동기 부모-자녀 상호작용의 주축이 되는 차원이다. 부모-자녀 간 상호작용은 애정과 통제의 정도에 따라 그 양상이 달라질 수 있다. 부모-자녀 상호작용 양상을 결정하는 두 주요 차원을 교차시켜보면 다음과 같은 네 개의 부모양육형태를 얻을 수 있다.

표 15-1 부모-자녀 상호작용 차원에 따른 양육형태

		애 정	
		수 용	거 부
통 제	엄격	부모가 적절한 권위를 가지고 자녀와 양방적 의사소통함(민주형).	부모가 권위로 일방적으로 지시하고 주장함(전제형).
	허용	부모의 권위 없이 자녀의 욕구나 주장에 따라감(익애형).	부모 역할에 무관심하고 방임적이며 자녀를 무시함(방임형).

(Maccoby & Martin, 1983에서 인용)

<표 15-1>에서 볼 수 있는 네 가지 부모의 양육형태는 발달심리 분야에서 오랫동안 인정되고 지지되어 왔다. 이들 네 양육형태와 아동의 행동발달 간의 관계에 대해서도 많은 연구가 이루어져 왔다.

보다 근래에 Baumrind(1967, 1971, 1977, 1991a, 1991b)는 부모의 양육유형을 종래와 다른 세 가지 형태로 구분하고, 부모의 양육유형과 아동의 행동발달 간의 관계를 체계적으로 연구하였다. Baumrind(1967)는 14주 동안 유치원에서 아동의 행동을 관찰하여, 활기 있고 다정한 아동, 갈등이 있으며 초조한 아동, 충동적이며 공격적인 아동의 세 유형을 식별해냈다. Baumrind는 이들 각 유형의 아동들의 부모와의 면접을 통해 가정에서 부모가 아동과 상호작용하는 양상을 조사하는 한편, 실험실에서 직접 관찰하여 자료를 얻었다. 이들 자료를 분석한 결과 Baumrind는 각 유형의 아동의 부모는 각기 서로 다른 방식으로 자녀를 대한다는 사실을 발견하고, 이를 세 개의 부모양육유형으로 구분하였다. 이들 유형은 **허용적-익애적 유형**(permissive-indulgent style), **권위주의적 유형**(authoritan-style), **권위 있는 유형**(authoritative style)이었다. Baumrind는 그의 연구에서 부모의 양육유형과 아동의 행동이 밀접하게 관련된다는 결론을 얻었다. Baumrind가 제시한 세 가지 자녀양육유형과 아동행동 간의 관계를 <표 15-2>에 제시한다.

<표 15-2>의 부모유형 중 권위 있는 유형의 부모에게서 보듯이, 자녀에게 자유를 허용하지만 적절한 한계가 있으며, 자녀의 고집에 굴복하지 않고, 필요할 때는 엄격하게 규제를 가하며, 확고한 훈육과 부모로서의 애정이 잘 결합될 때 대인관계에 자신감이 있으며, 자아존중감이 높고, 정서적 안정성이 있으며, 사회적으로나 인지적으로 유능한 아동을 길러내는 것으로 보인다.

Baumrind(1977, 1991a, 1991b)는 아동이 유치원 시기일 때 이들 세 유형의 부모와 아동을 관찰하고, 아동이 18~19세가 되었을 때 1차로 재관찰한 후 청년기까지 추적하여 2차로 재관찰하였다. 이러한 장기간에 걸친 종단적 연구에서 권위 있는 유형의 부모 밑에서 자란 자녀가 인지적 능력과 사회적 기술이 두드러지게 높았다. 또한 이러한 긍정적인 영향은 청년기까지 지속되며, 특히 남아에게서 크게 나타났다. 이와는 반대로 권위주의적 유형의 부모 밑에서 자란 남아는 지적 성취와 대인관계 양면에서 가장 큰 문제를 드러냈다.

앞에서 제시한 <표 15-1>의 네 가지 부모양육형태와 <표 15-2>의 양육유형을 대비해 보면 Baumrind의 연구에서 다루어지지 않은 형태로서 자녀를 무시하거나 무관심하며 **방임하는 양육형태**가 있다. 실제로 방임적인 양육형태가 자녀의 행동발달에 미치는 영향에 관해서는 많은 연구가 이루어졌다. 이러한 양육형태는 부모가 우울증 등 특수한 성격을 갖고 있거나, 가정에서 돌발적으로 스트레스를 유발하는 사태가 발생할 때 흔히 나타나는 것으로 알려지고 있다. 이 경우 부모들은 자신의 내적 긴장이나 불안 등 정서적 상태

표 15-2 부모양육과 아동행동

부모양육 유형	아동행동
허용적-익애적 부모 • 규율을 명시하거나 부과하지 않음 • 아동의 울음, 고집 등에 굴복 • 일관성 없는 훈육 • 독립적이며 성숙한 행동에 대한 요구나 기대가 적음 • 나쁜 행동을 무시 또는 수용 • 참기 어려움, 분노, 짜증을 숨김 • 애정적임 • 충동, 욕구의 자유스러운 표현의 중요성 강조	충동적이며 공격적인 아동 • 어른에 저항, 불복종 • 자기신뢰성 낮음 • 성취지향성 낮음 • 자기통제력 낮음 • 공격적임 • 쉽게 화내지만 유쾌한 기분으로 회복도 빠름 • 충동적임 • 목적이 없거나 목표지향적 활동이 적음 • 지배적임
권위주의적 부모 • 규율을 맹목적으로 강요 • 나쁜 행동을 즉각 지적하고 처벌함 • 분노와 불쾌감으로 표시 • 규율을 명확히 설명하지 않음 • 반대에 직면해도 규율을 끝까지 강요함 • 심한 처벌과 훈육 가함 • 애정과 긍정적 관여가 낮음 • 아동과 함께하는 문화적 활동이 없음 • 교육적 요구나 규준이 없음	갈등이 있으며 초조한 아동 • 공포와 두려움이 많음 • 우울하고 불행함 • 쉽게 초조해짐 • 직접 표출하지는 않으나 적의적이고 배타적임 • 스트레스를 쉽게 받음 • 공격적인 행동과 무뚝뚝하고 무관심한 행동이 교차함 • 목적이 없음
권위 있는 부모 • 엄격한 규율의 이행 • 아동의 고집에 굴복하지 않음 • 불복종적 행동통제 • 아동의 나쁜 행동에 불쾌와 짜증스러움 보임 • 규율을 명확히 전달함 • 아동의 욕구를 고려하며 의견을 듣고 조정함 • 대안을 제시함 • 애정적이며 관여적이고, 반응적임 • 아동의 연령에 적합한 성숙하고 독립적인 행동 기름 • 아동과 함께하는 문화적 활동 계획	활기 있고 다정한 아동 • 자기신뢰적임 • 자기통제적임 • 활동수준 높음 • 쾌활함 • 또래 친구와 잘 사귐 • 스트레스에 잘 대처함 • 새로운 상황에 흥미와 호기심 높음 • 성인에 협조적임 • 목적적임 • 성취지향적임

(Baumrind, 1967; Hetherington & Park, 1993에서 인용)

에 압도되어 자녀를 보살필 여유를 갖지 못하게 된다(Kochanska, 1991). 따라서 자녀에게 무관심하고 방임적인 부모 밑에서 자란 아이들은 충동적이고 공격적이며 자아존중감이 낮아지게 된다. 또한 사회적으로 미성숙하고 무능하며 책임감이 없다. 인지적 발달이 늦고 학업성적도 떨어지며, 사춘기 이후 불량화되는 비율이 높은 것으로 알려지고 있다(Patterson et al., 1992).

3) 모의 취업과 부친 부재

(1) 모의 취업의 영향

서구뿐 아니라 우리나라도 **취업모** 가정이 급격하게 증가되고 있다. 서구의 경우 취업모는 자녀들에게 긍정적인 역할모델이 되고 있다. 모의 취업은 전통적이며 도식적인 성역할 고정관념을 깰 수 있게 하므로 여아의 심리적 발달에 긍정적 영향을 미친다. 특히 중상류 계층의 자녀들은 취업모를 선택의 자유를 누리고, 만족스러운 생활을 하며, 유능한 여성으로 인식한다. 따라서 취업모의 자녀들은 비취업모의 자녀들에 비해 보다 성취지향적이며 독립심이 강하고, 자기주장이 뚜렷하며 자아존중감이 높다. 또한 사회적 및 개인적 적응력도 높다(Gold & Andres, 1978a, 1978b; Hoffman, 1989). 그러나 때로 모의 취업은 학령기 자녀에게 필요한 부모의 조정과 통제를 불가능하게 함으로써 낮은 학업성취도와 보다 높은 문제행동 경향을 낳게 한다. 이러한 부정적 영향은 남아의 경우에 보다 현저히 나타난다(Crouter et al., 1990).

모의 취업이 자녀에게 미치는 영향은 취업에 대한 어머니의 개인적 만족도와 자녀에 대한 죄의식 유무에 따라 크게 달라진다. 취업모가 자신의 일에 보람과 긍지를 가질수록 자녀에게 좋은 역할모델이 된다. 반대로 자신의 일과 가정적 역할 사이에 심리적 갈등을 갖고 있으며, 이로 인해 자녀에 대해 죄의식을 갖는 취업모의 경우 모의 취업이 자녀에게 부정적인 영향을 미칠 가능성이 높아진다(Schultz, 1991).

김미경과 이숙현(1990)의 연구에 의하면 우리나라 아동은 약 45%가 모의 취업을 싫다고 반응하는 반면에 21%가 긍정적으로 반응하고 있다. 아동이 어머니의 직업에 대한 지식이 많을수록, 어머니가 자신의 직업에 만족할수록, 취업모와 자녀 간의 친밀한 관계가 유지될수록 모의 취업에 대한 아동의 긍정적 태도는 증가한다.

(2) 부친역할과 부친 부재의 영향

최근에 **아버지 역할**이 자녀교육에 미치는 영향에 관해 관심이 높아지고 있다. 아버지가 아동의 양육에 참여하는 시간량은 어머니에 비해 적지만 아동의 성장과 발달에 미치는 영향력은 어머니의 영향력과 유사한 것으로 알려지고 있다. 아버지의 아동교육 역할은 어머니의 역할과 상호보완적인 기능을 갖지만, 특히 아동의 지적·사회적 발달에 크게 기여하는 것으로 알려지고 있다(Lamb, 1986; Parke, 1981). 이러한 아버지 역할의 중요성으로 인해 서구에서는 아버지의 자녀양육 참여도가 급격하게 증가하고 있는 실정이다(Grossman et al., 1988).

우리나라에서도 **아버지**의 **자녀양육행동**에 대한 연구자들의 관심은 매우 높은 편이다. 1970년대 초반부터 1980년대 후반까지 아버지의 자녀양육에 관한 국내 연구는 100여 편을 넘어서고 있다(최경순, 1992). 우리나라 아버지들은 자녀양육에의 참여도가 극히 저조한 편이지만, 그럼에도 불구하고 아버지의 자녀양육행동은 아동의 인지발달, 학업성취, 성역할 특성, 사회적 능력, 도덕성과 정서적 안정성에 영향을 미치는 것으로 밝혀지고 있다(강란혜, 1990; 최경순, 1991, 1992).

아동의 성장과 발달에 미치는 아버지 역할의 중요성으로 인해 아버지 역할이 불가능한 부친 부재가 아동발달에 미치는 영향에 관한 많은 연구들이 이루어져 왔다.

부친 부재가 자녀의 발달에 미치는 영향은 남아와 여아의 경우에 다르게 나타난다. 대체로 어린 나이에 부친을 잃게 된 남아는 부친이 있는 남아에 비해 정서적으로 보다 의존적이며 덜 공격적이고, 성취지향성이 낮으며, 성역할에서도 남성적 특성의 선호도가 낮다. 이에 반해 6세 이후에 부친과 별거하게 된 남아는 무뚝뚝하고 반항적이며, 자신감을 과시하고 성적인 면에서 대담하다. 이와 같이 부친 부재로 인한 남성성의 손실을 과장되게 보상하려는 경향은 사회경제적 계층이 낮은 가정의 남아에게서 더욱 현저하다(Shaffer, 1993).

부친 부재가 남아의 성역할 특성에 미치는 영향에 비해 여아에게 미치는 영향은 비교적 적다. 한 연구에 의하면, 부친 부재 가정에서 자란 여아는 정상적인 가정에서 자란 여아와 성역할 행동과 성역할 선호성에서 차이가 없었다(Hetherington, 1972). 그러나 보다 최근의 연구에서 부친 부재의 원인에 따라 여아의 성역할 행동에 차이가 나타났다. 이혼으로 인한 부친 부재 가정에서 성장한 여아는 성적으로 조숙하며 남자에게 자기주장적인데 반해, 사망으로 인한 부친 부재 가정의 여아는 성적으로 긴장하고 불안해하며 수줍음이 많은 경향이 있다(Hetherington, 1991; Newcomer & Udry, 1987).

우리나라 가정에서도 부친 부재는 아동의 성장에 바람직하지 못한 영향을 미치는 것으로 밝혀졌다. 부친 부재 아동은 지적·사회적 발달이 늦으며 정서적으로 불안한 것으로 보고되고 있다(차춘희, 1983; 최선애, 1984).

4) 형제관계

(1) 형제간 경쟁

형제관계는 양면적인 특징이 있다. 함께 많은 시간을 보내고 다정하게 지내면서도 형제 사이에는 서로 경쟁하고 질투하며, 때로 분노하는 감정이 있게 마련이다. 이처럼 독특한 **형제간 경쟁**(sibling rivalry)관계는 많은 학자들의 관심의 대상이 되고 있는 문제이다.

형제간 경쟁은 대단히 보편적이며, 특수한 경우를 제외하고는 문제가 되지 않는다. 그러나 경쟁행동으로 인해 형제간의 긍정적인 상호작용이 침해되지 않도록 유의할 필요가 있다. 미국의 47개 가정에서 4~10세 사이 형제들의 상호작용을 면밀히 관찰한 연구에서는 서로 싸우고 때리는 등 형제간 경쟁에서 오는 부정적인 상호작용이 서로 돕고 보호하고 함께 노는 긍정적인 상호작용보다 적은 것으로 밝혀졌다. 그러나 낮은 빈도와는 달리 부정적 상호작용양상 속에는 예상보다 강한 형제간 경쟁이 노출되고 있다는 사실 또한 확인하였다(Baskett & Johnson, 1982).

형제간 경쟁행동은 동생이 태어난 직후부터 나타나기 시작하며, 동생이 태어나기 전에 부모의 애정을 많이 받은 아이일수록, 형제간 연령차가 작을수록 그리고 동성의 형제보다 이성의 형제에게서 더욱 높게 나타난다(Dunn & Kendrick, 1980, 1982). 특히 우리나라처럼 남아선호사상이 강한 경우 남동생을 본 여아에게 높은 형제간 경쟁이 나타날 것으로 예상된다.

4~8세 사이의 형제보다 8~12세 사이의 형제 사이에서 경쟁이 더욱 강하게 나타난다는 연구결과(Santrock & Minnett, 1981)에서 형제간 경쟁은 나이가 들수록 증가하는 경향이 있다. 그러나 청년기에 들어서면 대체로 형제간 경쟁심은 극복되고, 서로 신뢰하고 도와주며, 정서적으로 밀착되는 관계가 이루어진다(Hetherington & Parke, 1993).

나이 어린 동생에 대한 형의 경쟁행동은 **공격적 행동**과 **퇴행적 행동**의 두 양상을 포함한다. 공격적 행동은 흔히 동생을 때리거나, 꼬집거나, 물건을 던지거나, 장난감을 빼앗거나 하는 등 적개심을 표출하는 행동으로 나타난다. 퇴행적 행동은 아기와 같은 행동을 보임으로써 부모의 애정을 되찾으려는 무의식적 의도에서 나타난다. 컵으로 우유를 먹던 아이가 다시 젖병으로 우유 먹기를 고집하거나, 대소변 가리기를 끝낸 아이가 오줌을 싸는 것은 퇴행적 행동의 예이다.

많은 가정에서 형은 부모를 대신해서 동생을 돌보는 **양육자**(caregivers)의 역할을 담당하고 있다. Ainsworth의 '낯선 상황' 실험을 통해 관찰해보면 10~20개월 사이의 영아는 4세 전후의 형제에게 어머니에 대한 것과 유사한 애착반응을 보인다(Stewart, 1983). 형은 사회적 역할모델로서 동생이 여러 가지 사회적 기술을 발달시켜가는 데 도움이 되며, 또한 게임이나 놀이에서의 상호작용을 통해 인지적 능력을 개발시키는 교사의 역할도 담당한다(Hetherington & Clingempeel, 1992; Shaffer, 1993). 이러한 형제간의 긍정적 상호작용을 고무하고 촉진함으로써 형제간 경쟁심을 통제하는 부모의 지혜가 필요하다.

(2) 출생순위에 따른 발달적 특성

Adler의 초기 연구를 비롯해서, 출생순위가 아동의 성격형성 등 여러 가지 발달적 특성에 미치는 영향에 대해서 많은 연구들이 이루어졌다.

일반적으로 **첫아이**는 부모들의 높은 기대로 인해 보다 성취지향적이며, 실제로 유능하고 성취도도 높다(Baskett, 1985). 또한 가정에서 동생들을 돌보는 역할로 인해 사회적 책임감이 강하며 자기통제력도 크다. 그러나 이러한 양육자로서의 역할로 인해 보다 지배적이고 경쟁적이며, 감추어진 적개심을 갖고 있는 경우가 있다. 특히 성공적으로 일을 처리해나가는 데 비해서는 자아존중감이 낮으며, 항상 사람들과 함께 있고자 하는 사회적 의존성이 높다. 특히 첫아이는 사회적으로 유능한 데 비해 또래집단으로부터 호감을 받지 못한다는 연구결과도 있다(Hartup, 1983).

막내 아이는 부모의 관심과 애정을 많이 받는 점에서는 첫아이와는 같지만, 첫아이와는 반대로 책임감이 낮고, 독립성의 발달이 늦으며, 열등감이 높다. 그러나 대인관계에 참을성이 있고 유능하며, 또래집단에서 인기가 높다.

흔히 **외동아이**는 '버린 아이(spoiled child)'라 일컬어질 만큼 자기중심적이며 자기통제력이 약하고, 의존적이며, 정서적 문제가 많은 것으로 알려져 왔다. 그러나 최근의 연구결과에 의하면 외동아이는 부모의 높은 기대와 관심으로 인해 성취수준이 높고, 형제간 경쟁으로 인한 갈등을 겪지 않기 때문에 불안이 낮으며, 안정되고 성숙된 자기통제력을 갖는 것으로 알려지고 있다. 특히 적극적으로 또래들과 관계를 갖고자 노력하기 때문에 사회적 적응력도 높다(Falbo & Polit, 1986; Hetherington & Parke, 1993).

5) 사회경제적 계층의 영향

아동이 성장하는 가정의 **사회경제적 계층**(socio-economic status: SES)이 아동의 제반 심리적 발달에 미치는 영향에 관해서는 오래전부터 많은 연구가 이루어져 왔다. 일반적으로 사회경제적 계층을 상류계층, 중류계층, 하류계층 또는 저소득 계층으로 구분할 때, 중상류 계층과 저소득 계층 부모의 자녀양육방식의 차이와 이에 따른 아동의 여러 발달 특성을 비교한 연구가 사회경제적 계층 연구들의 주류를 이루고 있다.

중상류 계층의 부모와 저소득 계층 부모의 자녀양육방식에는 몇 가지 점에서 차이가 있다. 첫째로, 저소득 계층의 부모는 자녀들에게 복종, 청결, 정돈 등 일상의 행동에서 문제를 일으키지 않을 것을 강조한다. 이에 반해 중상류 계층의 부모들은 독립심, 호기심, 창의성, 자기통제 및 전반적으로 행복한 삶을 강조하는 경향이 있다. 둘째, 저소득 계층의 부모는 보다 엄격하고 권위주의적이며, 일방적인 힘에 의한 규율을 요구한다. 이에 반해 중상류 계층의 부모들은 허용적 유형이나 권위 있는 유형에 속하며, 자녀 스스로 규율에 동조해주기를 기대한다. 셋째, 저소득 계층의 부모들은 일반적으로 자녀의 수가 많으므로 자녀에 비교적 무관심하고, 대화의 양이 적으며, 지시적이다. 이에 반해 중상류 계층의 부모들은 자녀에 대해 보다 애정적이며, 대화의 양이 많고 설득적이다(Maccoby, 1980).

서구에서 이루어진 초기 사회경제적 계층 연구들은 대체로 저소득 계층의 아동이 중상류 계층의 아동에 비해 여러 측면에서 바람직하지 못한 특성을 갖고 있는 것으로 보고하고 있다. 예를 들어, 저소득 계층의 부모는 자녀에 대한 기대가 낮고, 적절한 지적 자극을 주지 못하며, 스스로 무력감과 좌절감을 갖고 있다. 이러한 부모의 영향으로 인해 저소득 계층의 아동은 자신감이 없고, 자아존중감이 낮으며, 성취지향적이지 못하다.

초기 연구에서는 저소득 계층 아동의 평균 지능수준과 학업성취도 또한 낮은 것으로 보고하고 있다. 미국의 경우 저소득 계층의 아동은 중상류 계층의 아동에 비해 평균지능이 10~15점 낮은 것으로 보고되고 있다(Kennedy, 1969). 이에 반해 중상류 계층의 아동은 긍정적인 자아개념과 비교적 높은 자아존중감을 가지고 있으며, 사회적으로 유능하며, 성취수준도 높다. 이러한 계층 간 차이는 남아에게서 더욱 두드러지게 나타난다(Baumrind, 1971; Hess, 1970).

사회경제적 계층의 영향에 관한 보다 최근의 연구들은 중상류 계층 아동의 긍정적 특성과 저소득 계층 아동의 부정적인 발달을 대비시키는 종래의 도식적인 연구결과에 의문을 제기하고 있다. 저소득 계층의 아동이라고 해서 바람직하지 못한 발달적 특성을 갖는 것은 아니다. 예를 들어, 중상류 계층의 아동은 부모의 과도한 성취지향적 기대와 압박감으로 인해 심한 갈등과 스트레스를 받는다. 이에 반해 저소득 계층의 아동은 가족 내에서 보다 친근하고, 애정적인 유대관계를 가지며, 보다 실제적인 사회적 적응기술을 빨리 터득하고, 어려운 상황에 대처할 수 있는 능력을 소유하고 있다(Cole, 1980). 사회경제적 계층 간 지능의 격차 또한 종래에 생각했던 것만큼 크지 않은 것으로 보고되고 있다(Jones, 1984).

2 학교환경과 또래 상호작용

1) 교사의 영향

아동이 유치원이나 초등학교에 입학한 후부터 교사가 특정 아동에 대해서 가지는 생각, 판단, 태도, 기대, 행동은 아동의 심리적 발달에 결정적인 역할을 한다. Rosenthal과 Jacobson(1968)의 유명한 저서 『교실에서의 피그말리온(*Pygmalion in the Classroom*)』에서 제시하고 있는 **자기충족적 예언**(self-fulfilling prophecy) 실험은 교사가 아동에게 미칠 수 있는 영향력을 실증적인 자료를 통해 보여주고 있다.

Rosenthal과 Jacobson은 초등학교 1학년에서 6학년까지 아동을 대상으로 한 학급에서 무선적으로 몇 명을 선발하였다. 연구자들은 무선적으로 선발한 아동들이 자신이 실시한 엄밀한 검사결과에 의하면 발달률이 늦으나 잠재력이 큰 아동(late bloomer)으로 판명되었으므로 1년 후에는 학업성적이 크게 높아질 것이라는 정보를 교사에게 주었다. 그러나 실제로 이들은 아무렇게나 선정된 아동이므로 이러한 정보는 근거가 없는 것이다. 그럼에도 불구하고 1년이 지난 후 이들 아동의 지능과 성적은 다른 아동에 비해 크게 높아졌다. Rosenthal과 Jacobson은 이러한 과정을 교사가 아동들에게 건 긍정적인 기대가 아동이 스스로 노력하면 할 수 있을 것이라는 자기충족적 예언을 형성하게 하였으며, 아동이 자신의 예언을 현실화시키기 위해 노력하는 과정 속에서 실제로 성취수준이 높아지는 것으로 설명하고 있다.

자기충종적 예언에 관한 그 후의 연구들에서는 교사에게 사실과 다른 정보를 주어 아동에 대해 긍정적인 기대를 유도하게 하는 방법은 아동과 교사가 그 기대가 잘못되었음을 곧 깨닫게 되므로 크게 효과가 없는 것으로 밝히고 있다. 그러나 교사가 자신의 판단에 따라 아동의 실제능력에 맞게 자발적으로 기대를 설정하고, 그러한 기대를 아동에게 전달하면 결과적으로 기대한 방향으로 아동이 행동하는 과정이 작용한다는 데에는 이론의 여지가 없는 것 같다(Good & Brophy, 1977). 초등학교 1학년을 처음 맡은 담임교사에게 첫인상만으로 각 학생이 학년 말에 받을 것으로 예상되는 성적순위를 매기게 했을 때 실제로 아동이 받은 성적과 예상했던 성적 간에 매우 높은 상관이 있었다는 연구(Willis, 1972)결과는 교사의 자의적인 기대효과를 입증해주는 것이다.

지금까지 자기충족적 예언에 관한 연구들은 교사의 긍정적인 기대가 아동의 긍정적인 행동을 유발할 수 있다는 가정에만 관심을 가져온 것이 사실이다. 그러나 교사가 학생에 대해서 갖는 **부정적인 선입관**이나 편견 또한 자기충족적 예언으로 작용할 수 있다는 점에 유의해야 한다. 대부분의 교사들은 실제로 아동들을 보기 전에 성적, 지능, 사회경제적 계층, 이전에 가르쳤던 교사들의 의견, 평판, 형제들의 성취도 등으로 아동들에 대한 기대를 형성하게 되며, 이렇게 형성된 기대는 자기충족적 예언으로 작용하게 된다. 특히 학습부진아, 저능아, 주의산만아 등으로 아동을 규정하는 것은 교사들로 하여금 계속해서 부정적인 기대를 형성하게 할 위험이 있다. 일단 부정적인 기대가 형성되면 지속하는 경향이 있으므로, 지속적인 자기충족적 예언과정을 통해 아동에게 부정적인 행동을 이끌어 낼 위험이 있다.

자기충족적 예언이 보여주듯이 아동기 발달을 촉진하는 데 있어서 교사의 역할이 차지하는 비중은 매우 큰 것이다. 이 점에서 교사와 아동 간의 바람직한 상호작용을 통해 아동기 발달을 보다 크게 촉진할 수 있는 학교환경의 조성이 중요한 과제로 제기된다.

2) 또래 상호작용

(1) 또래 상호작용의 발달과 기능

아이들은 언제부터 자기 또래를 알아보고 사회적인 반응을 보임으로써 **또래 상호작용** (peer interaction)을 시작하는가? 갓 태어난 아기들도 서로를 만져보고, 한 아기가 울면 따라 우는 것과 같은 상호작용을 보이지만, 이를 의도적인 또래관계 행동으로 보기는 어려울 것 같다. 이 분야의 연구자들은 대체로 6~12개월 사이의 영아는 또래를 쳐다보고, 만져보고, 미는 등 의도적인 사회적 행동을 보이는 것으로 생각한다(Brownell, 1990; Howes, 1987).

영아기 또래관계

만 1~2세 사이의 영아는 서로 물건을 주고받거나, 한쪽이 뒤뚱거리면서 걸어가면 따라가는 것과 같은 서로 상보적인 사회적 상호작용을 하게 된다. 또래와 함께 있으면 웃고 즐거워하는 등 또래관계에서의 긍정적인 정서도 나타나지만, 장난감을 서로 빼앗으려다 우는 것과 같은 부정적인 반응도 함께 나타난다. 그러나 2세 이전의 또래관계는 부정적 상호작용보다 긍정적 상호작용의 빈도가 높다(Vasta et al., 1992).

〈그림 15-1〉에 제시한 Eckerman 등(1975)의 연구에서 볼 수 있듯이, 2세 전후의 영아는 점차 혼자 놀기보다는 다른 사람과 함께 놀기를 좋아하며, 어머니보다 또래와 놀기를 좋아하게 된다. 2세 전후 영아의 또래관계양상은 부모에 대한 애착관계양상과 매우 유사하다. 부모와 안정된 애착을 형성한 아기는 영아기 동안의 또래관계에서 즐겁고 사이좋

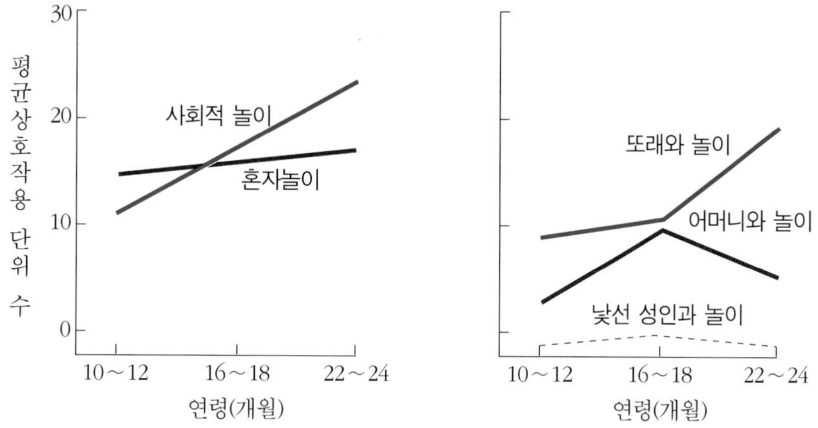

〈그림 15-1〉 영아기 놀이형태발달
(Eckerman, Whatley, & Kutz, 1975에서 인용)

게 노는 안정된 모습을 보이며, 이러한 특성은 유아기까지 지속된다(Parke & Waters, 1989; Van Lieshout et al., 1990).

영아기에도 또래와의 경험은 영아의 사회적 상호작용에 영향을 미친다. 다른 아기와 함께 있는 경험이 많은 영아일수록 낯선 또래를 만나면 적극적으로 접촉을 시도한다(Becker, 1977).

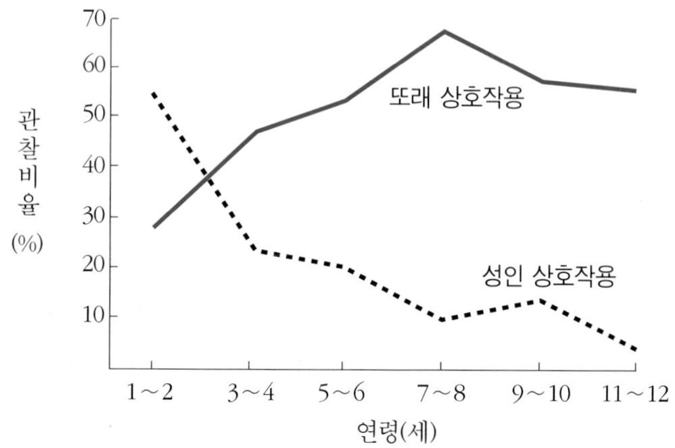

〈그림 15-2〉 또래 및 성인 상호작용의 발달적 변화
(Ellis, Rogoff, & Cromer, 1981에서 인용)

유아기 또래관계

만 2세 이후부터 유아기 동안 또래 간 상호작용은 급격히 증가하게 된다. Ellis 등(1981)은 만 1～12세 사이 아동 400명을 대상으로 이들의 사회적 상호작용을 관찰한 결과 〈그림 15-2〉와 같은 발달양상을 발견하였다. 이 연령범위의 아동들은 평균적으로 26%의 시간을 혼자 보내고, 46%의 시간을 또래 아이들과 함께 보내며, 어른과 함께 있는 시간은 15%였다. 아동의 연령이 높아질수록 동성의 또래와 함께 지내는 시간이 증가하지만, 7세경까지는 이성의 또래와 섞여서 노는 빈도도 높다. 그러나 대체로 7세 이후부터는 동성의 또래와 함께하는 시간이 급격히 증가하며, 이성 또래와의 상호작용은 제한된다(Ellis et al., 1981).

유아기 또래 간 상호작용은 주로 놀이의 형태로 이루어진다. 유아의 놀이는 그 인지적 복잡성 정도에 따라 〈표 15-3〉에서와 같이 기능적 놀이로부터 구성놀이, 가상놀이 또는 극놀이, 규칙이 있는 게임에 이르기까지 네 가지 형태로 구분된다. 유아기의 놀이는 주로 구성놀이와 가상놀이가 주를 이루며, 대체로 혼자 하는 놀이가 많지만 때로는 소꿉놀이처럼 또래가 함께하는 또래 상호작용을 갖기도 한다.

표 15-3 인지수준에 따른 놀이형태 구분

유형	내 용	예
기능적 놀이	대상물을 갖고 하거나 또는 대상물 없이 하는 단순하며 반복적인 근육 움직임	딸랑이 흔들기, 뛰뛰기
구성적 놀이	무언가를 만들려는 의도로 사물을 조작	적목쌓기, 그림자르기, 그림붙이기
가상(극)놀이	눈앞에 없는 무언가를 상징하기 위해 사물 또는 사람을 사용	토막나무를 배로 가상, 친구와 병원놀이, 소꿉놀이
규칙 있는 게임	미리 만들어진 규칙에 따라 게임놀이	윷놀이, 줄넘기놀이

(Smilansky, 1968; Vasta et al., 1992에서 인용)

놀이의 사회적 구조의 복잡성 정도에 따라 일찍이 Parten(1932)은 〈표 15-4〉와 같이 놀이의 형태를 구분하였다. Parten의 놀이형태는 60년이 지난 오늘날의 아동에게서도 같은 형태로 나타나고 있어 이 분야의 연구자들을 놀라게 하고 있다(Hartup, 1983).

2～3세경의 유아는 주로 **방관자적 행동**(onlooker)이나 **혼자놀이**(solitary play)가 지배적이며, 같은 형태의 놀이가 4～5세까지도 부분적으로 지속된다. 5～6세 유아는 **연합놀이**(associative play)나 **협동놀이**(cooperative play)가 지배적이다. 3～4세경의 유아들이 미끄럼틀 타기를 하는 모습을 상상해보면 알겠지만, 이 시기 유아들은 또래와 함께 놀지만 활

표 15-4 사회적 수준에 따른 놀이형태 구분

유형	내 용
방관자적 행동	참여하지 않고 다른 아이들의 놀이를 구경
혼자놀이	다른 아이들에게 다가가려는 시도 없이 혼자서 놀이
병행놀이	다른 아이들 옆에서 비슷한 도구를 가지고 놀지만 진정한 상호작용이나 협력이 없는 놀이
연합놀이	다른 아이들과 공동적인 활동을 하며 놀지만, 역할분담이나 집단목표에 대한 예속 없음
협동놀이	단일 놀이형태 내에 공동 목표와 독자적인 역할 지님

(Parten, 1932; Vasta et al., 1992에서 인용)

동을 공유하지는 않는 **병행놀이**(parallel play) 형태를 가장 많이 보인다.

유아기 **사회극놀이**(social dramatic play)는 사회성발달에 중요한 역할을 하는 협동놀이의 한 형태이다. 사회극놀이는 참여 아동이 공동목표를 공유하는 동시에 각자의 독특한 역할을 갖는 특징이 있다. 학교놀이, 병원놀이 등 여러 형태의 사회극놀이를 통해 아동은 자신이 맡은 가상적 역할을 수행하며, 이러한 과정 속에서 다른 아동과 조화를 이루며, 나아가 또래관계의 사회적 기술을 발달시켜간다. 또한 유아는 사회극놀이를 통해 자신의 욕구나 감정을 또래에게 적절히 표출하거나 억제하는 방법을 터득하게 되며, 또래 간의 갈등을 극복하는 기술도 획득해간다. 한마디로 유아들은 사회극놀이 내에서의 또래 상호작용을 통해 앞으로 사회집단 내에서 자신의 역할을 수행해나가는 데 필요한 사회적 유능성을 기르게 된다.

아동기 또래관계

초등학교 시기 아동의 또래관계는 여전히 놀이형태 내에서 이루어진다. 〈표 15-3〉과 〈표 15-4〉에서 놀이의 최후단계인 규칙이 있는 게임과 협동놀이는 아동기에도 지속되는 놀이형태이다. 이러한 놀이형태 내에서의 아동기 또래관계는 그 역할이 보다 세분화되고, 보다 복잡한 사회적 구조를 지니며, 놀이에 동원되는 기능이나 규칙의 인지적 복잡성 또한 점차 증가된다.

아동기 또래관계의 가장 놀라운 발달적 변화로서 **집단**(group)의 중요성을 들 수 있다. Hartup(1983)은 또래 간의 사회적 상호작용이 규칙적으로 일어나며, 다른 가치에 우선하는 집단의 고유가치를 공유하며, 구성원이 강한 소속감을 가지며, 성원 간의 구조화된 관계가 이루어졌을 때 이를 집단이라 규정한다. 아동기 집단은 보이스카우트, 걸스카우트와 같은 형식적 집단과 패(gang), 짝패(clique)와 같은 비형식적 집단을 포함한다.

아동기 **집단성원**으로서의 **의식**이 또래관계에 미치는 영향에 대한 흥미로운 연구가 이루어졌다(Sherif et al., 1961). 연구자들은 서로 모르는 초등학교 5학년 아동 22명을 표집하여 두 개의 여름캠프 집단에 배치하였다. 첫 5일 동안 각 집단은 운동과 등산 등의 활동에 참여하며 음식준비 등의 일을 분담하도록 하였다. 성원들 간에 작은 갈등이 일어나고, 갈등을 극복하는 과정 동안에 자연스럽게 지도자와 추종자가 형성되었으며, 집단의 이름도 지어졌다.

5일 후 처음으로 두 집단을 우연히 만나도록 하여 배구와 축구 등의 경기를 시켜 집단 간 경쟁을 유도하였다. 실험자는 두 집단이 같은 비율로 성공과 실패를 경험하도록 교묘하게 조정해두었다. 최초에 경쟁에서 실패한 경험은 집단응집력이 크게 낮아지는 경향을 보였으나, 시간이 가면서 점차 집단 간 경쟁은 집단 내 결속을 강화하고 우리감정(we-feeling)을 촉진하였다. 집단 내 응집력이 높아가는 것과 비례하여 집단 간 경쟁과 적개심이 고조되어 폭력사태로까지 이어졌다.

Sherif 등의 실험은 집단이 갖는 긍정적 영향과 부정적 영향을 동시에 보여준다. 아동은 집단의 성원의식을 통해 규칙에 따르고, 협조하며, 공동의 목표수행을 위한 노력의 중요성을 배워간다. 이러한 집단활동 속에서 아동은 자아존중감과 자기만족감을 키워가게 된다. 반면에 소속집단에 대한 응집력이 지나치게 높아져서 다른 집단에 대한 집단 간 경쟁과 적개심이 생기면 아동의 사회성발달에 매우 부정적인 영향을 미칠 수 있다. 따라서 아동기 집단이 형성되는 시기에 이러한 부정적 영향을 통제하고 감소시킬 수 있는 교육적 배려가 필요하다.

(2) 또래의 기능

또래 상호작용이 아동기 발달에 미치는 영향은 매우 크다. 인간관계의 기술을 비롯한 사회성발달은 물론이거니와, 성격, 정서 및 인지적 발달에 미치는 영향 또한 간과할 수 없는 것이다. 아동기 집단 내의 상호작용에서 설명했듯이, 또래의 영향은 긍정적이면서 동시에 부정적일 수 있다. 그 결과가 어떠한 성격의 것이든 또래의 영향은 여러 형태의 상호작용기능을 통해서 나타나게 된다.

첫째, 또래는 서로에게 중요한 역할 **모델**로서의 기능을 갖는다. 놀이, 운동, 교과학습 등 여러 장면에서 아동들은 또래의 행동을 관찰하고 모방하며, 이를 내면화함으로써 자신의 것으로 삼게 된다. 또한 또래 모델의 성공과 실패를 관찰하면서 자신이 해야 할 행동과 해서는 안 될 행동을 구별하게 된다. 이러한 또래의 역할모델기능은 2세경에 이미 놀이장면에서 나타나게 된다(Eckerman, 1989).

둘째, 또래는 서로에게 중요한 **강화자**(reinforcer)가 된다. 유치원에 들어가면서부터 아이들은 부모뿐 아니라 또래가 자신의 행동에 대해 보여주는 칭찬과 비난에 민감한 반응을 나타내며, 이에 따라 자신의 행동을 바꾸어가게 된다. 유치원 시기에 이미 아이들은 상대방이 자신을 칭찬해주면 자기도 상대방의 행동을 칭찬하며, 같은 방식으로 비난을 주고받는 강화의 상호성을 보이게 된다(Hartup, 1983).

강화자로서의 또래의 기능은 초등학교 입학 이후부터 더욱 크게 작용한다. 특히 초등학교 시기에는 학급 내에서 주도적인 역할을 하는 아동의 칭찬이나 비난이 강력한 영향을 미친다. 교실 내에서 서로를 돕고, 협동하며, 긍정적인 행동을 강화하는 풍토를 만들어주면 이 시기 아동들의 긍정적인 사회적 발달을 촉진하는 데 도움이 된다(Furman & Galvin, 1989).

셋째, 또래는 아동에게 스스로를 평가할 수 있는 기준을 제공하는 **사회적 비교**(social comparison)의 기능을 갖는다. 입학전 아동기부터 아이들은 자신이 속한 또래집단에 비추어 자신의 성격, 가치, 능력들을 비교 · 평가하며, 이런 평가결과는 자아상과 자아존중감을 형성하는 중요한 근거가 된다.

또래를 자기평가의 기준으로 삼는 사회적 비교기능은 8～9세경에 발달한다(Damon, 1983; Zarbatany et al., 1990). 예를 들어, 5, 7, 9세 아동에게 배구공 던지기를 시키고 자신이 던진 성취수준을 알려주었다. 이들에게 가상적인 집단의 공 던지기 성취수준을 제시해주고 이와 비교하여 자신의 공 던지기 능력을 평가시킨 결과 5세와 7세 아동은 타인과 비교하여 자기평가를 하지 못한 반면에 9세 아동은 제시된 비교집단의 수준에 비추어 적절히 자기평가를 할 수 있었다(Ruble et al., 1980).

마지막으로, 최근에 많은 연구자들은 또래의 **사회적 지지**(social support) 기능에 지대한 관심을 가지고 연구하고 있다. 사회적 지지란 어렵고 힘든 상황에서 타인이 주는 실제적 및 정신적 지원을 뜻한다. 사회적 지지는 흔히 감정적인 위안을 받는 **정서적 지지**, 실제적인 도움을 받는 **도구적 지지**, 충고나 조언을 받는 **정보적 지지**, 함께 있어주거나 경험을 공유해주는 **동반적 지지**를 포함한다.

아동이 가족과 또래 중 누구로부터 가장 큰 사회적 지지를 받고 있는가를 확인하는 것은 아동의 또래관계를 이해하는 좋은 방법 중의 하나가 될 것이다. 이와 관련되는 한 연구에서는 〈그림 15-3〉과 같이 가족과 친구의 이름을 쓴 카드나 사진을 주고 '속이 상하거나 화가 나면 누구한테 가서 이야기하니?' 또는 '친구에게 네 마음을 이야기하면 기분이 얼마나 좋아지니?' 라고 질문을 하였다. 아동으로 하여금 자주 이야기하거나 기분이 좋아지는 정도에 따라 오른쪽 그림에 제시된 통의 홈에다 카드를 꽂도록 하였다.

연구결과를 보면 아동들은 어른과 마찬가지로 **또래**로부터 사회적 지지를 받는 것이 분명하다. 아동에게 가장 큰 사회적 지지를 주는 것은 물론 **부모**이지만, 또래는 부모 못지

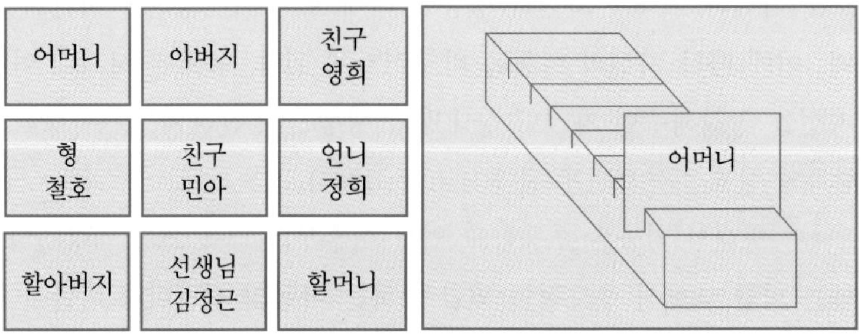

〈그림 15-3〉 아동의 사회적 지지 진단방법
(Reid et al., 1989에서 인용)

않게 아동에게 중요한 사회적 지지자이다. 아동이 나이가 들수록 사회적 지지의 범위가 커져가며, 사회적 지지자로서 또래의 중요성 또한 높아진다. 동반자적 지지가 또래의 지지기능 중 가장 높은 비중을 차지한다. 가족이나 또래의 사회적 지지기능을 높게 평가한 아동일수록 사회적 적응 또한 높다(Berndt, 1989; Reid et al., 1989).

이 연구를 통해 밝혀진 중요한 사실은 아동은 또래를 단순한 놀이친구가 아닌 신뢰와 공감의 대상으로 삼고 있으며, 이러한 또래의 지지기능이 아동의 사회적 적응에 도움에 되고 있다는 점이다.

(3) 또래수용

학교에 입학하면서 아동들의 또래관계는 개인적인 차원을 넘어서서 보다 큰 집단 내에서의 인간관계로 발전하게 된다. 유치원 후반기나 초등학교시기에 아동이 또래집단으로부터 호의적인 반응을 얻고 잘 수용되고 있는가의 여부는 이 시기 아동들의 적응 및 발달과 밀접하게 관련된다.

또래수용유형과 특성

아동이 자신이 속한 또래집단으로부터 수용되고 인정받고 있다는 느낌을 갖는 것은 긍정적인 자아개념의 형성은 물론이거니와 일상의 모든 면에서 안정감을 갖게 하는 요인이 된다. 이러한 이유로 인해 많은 학자들이 아동의 또래집단 내에서의 수용 정도를 진단하고, 그 결과 아동의 사회성발달수준을 이해하는 기준으로 삼아왔다.

일찍이 Moreno가 **사회성 측정검사**(sociometry test)에서 사용한 또래수용도 진단방법은 오늘날까지 많은 연구자들이 사용하고 있다(Hymel et al., 1990). 이 검사에서는 아이들에게 '소풍을 가서 누구와 함께 점심을 먹고 싶은가?' 또는 '가능한 한 누구와는 함께 짝이 되고 싶지 않은가?' 등의 간접적인 질문을 하여 그 반응에 의해 자신이 '가장 좋아하는 아이'와 '가장 싫어하는 아이'를 찾아내고 이를 근거로 선호와 배척의 정도를 측정하였다.

사회성 측정검사 결과를 분석해보면 대체로 네 가지 형태의 사회적 수용유형을 얻을 수 있다. 첫째 유형은 **인기아**(popular child 또는 star)이다. 이 유형은 많은 아이들로부터 선호의 대상이 되면서 가장 적게 배척받는 아이들이다. 둘째 유형은 **배척아**(rejected child)로서, 다른 아이들로부터 가장 많이 '싫어하는 아이'로 지목된 유형이다. 셋째 유형은 **고립아**(neglected 또는 isolate child)로서, 다른 아이들에게서 선호의 대상이 되지 못하지만 배척의 대상도 아닌 아이들이다. 마지막으로 **일반아**(average child)는 인기아처럼 많지는 않으나 다소의 선호를 받고 있는 아이이다.

어떤 아이가 인기아가 되고 어떤 아이가 배척아가 되는가를 결정하는 데에는 여러 가지 요인이 관련되는 것 같다. 학업성적이 좋고, 성실하며, 남을 잘 돕고, 따뜻한 마음씨를 갖고 있는 등 바람직한 개인적 특성이 중요한 요인이 되는 것은 명백하다. 3~5세의 유아에서부터 시작하여 초등학교 아동들 사이에서도 외모나 체격 등 신체적 매력은 또래집단 내에서의 인기에 상당한 영향을 미치는 요인이다(Hartup, 1983; Langlois, 1985). 비록 그 영향이 크지는 않지만 이 시기에는 이름도 또래수용도에 영향을 미치는 요인이다(Asher et al., 1976).

또래수용유형 중에서 가장 문제가 되는 것이 **배척아**이다. 또래로부터 배척아가 되는 가장 큰 요인은 **공격성**이다. 아동의 행동을 관찰하거나 또래들로부터의 의견을 들어보면 배척아는 대체로 공격성 수준이 높다(Coie & Dodge, 1988; Dodge et al., 1990). 그러나 실제로 배척아는 공격적인 배척아와 비공격적인 배척아로 구분된다(French, 1988; Parkhurst & Asher, 1992). **공격적 배척아**는 공격성이 높고, 자기통제력이 낮으며, 문제행동이 많으면서 위축되어 있는 반면에, **비공격적 배척아**는 위축되어 있으나 다른 행동에는 문제가 없는 아이이다. 따라서 배척아들은 모두 공격적이라고 생각하는 것은 잘못이다.

배척아는 반사회적이며, 상황에 대한 적응력이 낮다. 배척아가 다른 아동과 사회적 관계를 갖고 싶어 할 때는 상대방의 활동을 방해하거나 간섭하며, 시선을 끄는 이상한 행동을 하게 된다. 이러한 행동은 이들의 의도와는 달리 배척 정도를 더욱 강화하는 결과를 초래하게 된다(Putallag & Wasserman, 1990).

고립아는 일반적으로 또래집단으로부터 수줍은 아이로 지각된다. 이는 고립아들이 대체로 말이 없고 비활동적이기 때문이다. 고립아들은 낯선 집단에 어울리거나 새로운 친구를 사귀는 것을 힘들어하며, 망설이고 두려워하는 행동을 보인다.

이상에서 설명한 사회적 수용유형에 따른 성격 또는 행동적 특성은 대체로 그러한 경향이 있을 따름이지 각 유형의 아동이 반드시 그러한 특성을 갖는 것은 아니라는 사실에 유의해야 한다. 예를 들어, 배척아 중에는 공격적이기보다는 사회적으로 단절되고 위축되어 있는 아동이 많다. 또한 배척아나 고립아 중에는 보통아이와 다른 특별한 행동특성을 보이지 않는 경우도 많이 있다(French, 1988; Rubin et al., 1989). 많은 경우 비인기아동의 특성은 그들 자신의 문제라기보다는 또래집단의 부정적인 지각이 바람직하지 못한 방향으로 지속되거나 고착되어 나타난 것일 수도 있음에 유의해야 한다(Vasta et al., 1992).

서구 아동의 경우 배척집단이 사회적 불만족도가 가장 높은 데 반해 우리나라 아동과 청소년은 고립집단이 사회적 불만족도가 가장 높다(문은경 · 윤진, 1994). 이러한 결과는 같은 사회적 불만을 서구 아동들은 공격적으로 표출하는 데 반해 우리나라 아동은 위축과 고립행동으로 표출하는 문화적 차이가 있을 것이라는 추론을 가능하게 한다. 특히 우리나라 고립집단 아동은 비주장적이며 갈등상황을 회피하려는 경향이 강하므로 정신건강에 유의해야 한다.

아동들의 사회적 지위유형은 **지속적**이다. 유치원에서 초등학교 3학년까지 사회적 지위의 형성과 변화과정을 추적한 한 연구(Howes, 1990)에 의하면, 37%의 아동이 같은 지위를 유지하는 것으로 나타났다. 특히 다른 아이들로부터 배척아로 지적받는 아이들은 다른 유형에 비해 배척아로서의 특성이 가장 크게 지속된다.

아동의 사회적 지위는 우정관계와 상호 밀접하게 관련된다. 아동들은 학년이 올라갈수록 인기아는 인기아끼리 사귀며, 배척아와의 우정관계는 급격하게 감소한다. 〈표 15-5〉는 아동의 우정관계가 학년이 올라갈수록 사회적 지위에 따라 고착됨을 보여준다. 특히 배척아가 인기아나 기타 다른 유형의 아동과 친구관계가 되는 빈도가 유치원에서 초등학교 3학년 사이에 급격하게 감소되고 있음을 유의할 필요가 있다.

표 15-5 우정관계 빈도의 변화양상

우정관계	친구관계	
	유치원	3학년
인기-인기	6	11
인기-배척	6	0
인기-기타	43	41
배척-배척	2	1
배척-기타	28	10
기타-기타	77	73

(Howes, 1990에서 인용)

또래수용과 사회적 기술

아동이 또래로부터 적절히 수용되고 있는가의 여부는 아동의 **사회적 기술**(social skill)과 밀접히 관련된다. 상이한 사회적 수용유형의 아이들은 대인상황에서 상이한 목표, 방략, 행동들을 보이며, 같은 상황에 대해서 이들은 서로 다른 행동 계획과 목표를 가진다.

아동들에게 다음과 같은 가상적인 상황에서 어떻게 행동할 것인가에 대한 질문을 던진다고 가정해보자.

> 여러분의 가족이 낯선 도시로 이사를 갔습니다. 오늘은 여러분이 새 학교에 등교한 첫 날입니다. 쉬는 시간이 되자 아이들은 모두 운동장으로 놀러 나갔습니다. 여러분은 이때 어떻게 행동합니까?

초등학교 3～6학년 사이의 아동들에게 이 질문을 던지고 그 반응을 연령과 사회적 수용도에 따라 분석한 연구결과를 보자(Renshaw & Asher, 1983). 보다 나이가 들고 사회적 수용도가 높은 아동일수록 긍정적이고, 적극적이며, 우호적인 반응을 보였다. '따라 나가서 놀 거예요.' '차차 친구를 사귀게 될 거예요.' '함께 놀자고 말을 걸지요.' 등이 그 예이다. 이에 반하여 나이가 어리거나 사회적 수용도가 낮은 아이들은 '혼자 나가 놀아요.' '교실에 그냥 남아 있어요.' 또는 ' 그 아이들을 지켜볼 거예요.' 와 같은 소극적이면서 부정적인 반응을 보였다.

실제로 대인상황에서 아이들의 행동과 의사소통양식을 관찰한 연구에 의하면, 사회적 수용도가 높은 아이들은 보다 직접적이고 우호적인 표현을 쓰며, 낯선 상황에서도 자신에 관한 정보를 상대방에게 적극적으로 전달하고, 자신을 드러내 보이려는 노력을 보인다. 이에 반하여 사회적 수용도가 낮은 아이들은 상황을 피하려 하며, 어떻게 의사소통해야 할지 모르는 것과 같은 당혹감을 보인다(Coie et al., 1990).

아동의 또래수용 정도와 사회적 기술 간의 관계를 일방적인 인과관계로 설명하기는 어려울 것 같다. 사회적 기술의 부족은 또래수용 정도를 낮추는 원인이 될 것이지만, 낮은 사회적 수용도로 인한 고립경험이 아동의 사회적 기술의 발달을 저해할 수도 있다. 따라서 이들 두 요인은 양방적인 상호작용관계에 있는 것으로 보아야 할 것 같다.

(4) 우정관계의 발달

우정개념의 발달

아동들에게 '어떤 사람이 친구냐?' 고 물어본다고 가정해보자. 각 연령의 아이들이 생각하는 우정의 개념 속에는 어떤 공통점이 있을까? 연령이 증가함에 따라 이들의 생각은 어떻게 달라질 것인가?

우정(friendship)이란 서로에 대해 친밀감, 애정, 충성심을 갖는 두 사람 간의 지속적인 상호관계를 뜻한다(Vasta et al., 1992). 친구란 다른 또래관계와 구별되는 특별한 관계이며, 애정과 같은 정서가 매개되고, 서로 무엇인가를 주고받는 상호적 과정이라는 것은 모든 연령 아동의 우정개념 속에서 공통적으로 찾아볼 수 있다. 그러나 이러한 우정개념이 표출되는 특성은 아동의 연령에 따라 다르다. 어린 아동은 우정을 함께 놀고 물건을 나누어 갖는 등 보다 구체적이며 행동적인 요인을 중심으로 생각하는 반면에, 보다 나이든 아동은 상대방의 감정을 이해하고 배려하는 등 보다 추상적이며 정신적인 측면을 고려한다. 또한 나이 어린 아동에게 우정은 일시적이며 표면적인 관계인 반면에, 나이든 아동은 보다 지속적이며, 심층적인 갈등이 있어도 극복될 수 있는 친밀감의 의리를 갖는 관계이다(Berndt, 1988).

초등학교 입학 후부터 아동의 우정은 안정적이며 지속적인 특징이 있다. 초등학교 4학년경에 선택된 친구가 졸업 시까지 계속되는 확률이 약 70%에 이른다(Berndt & Hoyle, 1985). 그러나 우정의 **안정성**은 아동이 몸담고 있는 환경적 배경이 안정적일 때 가능하다.

아동의 연령에 따라 우정개념이 변화해가는 양상을 일련의 단계로 체계화해볼 수 있다. Damon(1977)의 아동의 우정개념 발달단계를 〈표 15-6〉에 제시한다.

표 15-6 우정개념 단계모형

단계수준	설명
수준 1 (대략 5~7세)	친구는 장난감을 주는 등 자신에게 잘 해주며, 자주 만나 재미있게 노는 대상임. 우정관계는 쉽게 시작되고 빨리 끝나는 일시적 관계임.
수준 2 (대략 8~10세)	친구는 넘어지면 일으켜주는 것과 같이 서로 돕고 신뢰하는 대상임. 단순히 함께 노는 것뿐만 아니라 공부를 잘하거나 성격이 좋은 것 등 어떤 특성이나 요인 때문에 친구를 좋아함.
수준 3 (대략 11세 이후)	친구는 서로를 이해하며, 자기의 어려움을 이야기할 수 있고, 마음속 생각과 감정을 나눌 수 있는 대상임. 우정은 흥미나 성격이 서로 일치하는 데 바탕을 둔 장기적이며 지속적인 관계임.

(Damon, 1977에서 인용)

우정관계 결정요인

아이들은 어떻게 해서 친구가 되는 것일까? 아동 자신, 부모 또는 교사와의 면접을 통해 보거나 실제로 아동들이 친구가 되는 과정을 관찰해보면 대체로 다음과 같은 네 가지 요인들을 찾아볼 수 있다.

아동이 친구를 선택하는 데 있어서 일차적인 요인은 **유사성**(similarity)이다. 먼저 아이들은 연령이 비슷한 또래끼리 모여 친구가 되는 경향이 크다. 성의 유사성 또한 주요 요인이다. 유아기와 아동기 동안 동성친구의 선호경향이 시작되며, 아동중기에는 동성친구만 사귀려는 경향이 가장 강력해진다. 전반적으로 아동기에는 성이 연령보다 더욱 강한 선택요인이다(Berndt, 1988; DuBois & Hirsch, 1990; Epstein, 1986, 1989). 학교에 대한 태도의 유사성 또한 우정관계 형성에 영향을 미친다. 아이들은 공부에 대한 욕구와 가치인식이 유사하며 성적이 비슷할 때 쉽게 친구가 된다. 놀이, 음악, 운동 등 학교 바깥에서 하는 활동의 유사성 또한 우정관계에 영향을 미친다.

아동이 친구가 되는 데 작용하는 두 번째 요인은 **친사회적**(prosocial) 특성이다. 자신의 생각을 상대방에게 분명히 전달하는 의사소통의 명료성, 우정관계가 지속되면서 필연적으로 발생하게 되는 갈등극복능력, 상대방에게 자신이 어떤 사람인가를 적절히 드러내는 자기표출능력 등 성인기까지 지속되는 여러 주요 사회적 특성이 아동기에도 이미 우정관계에 작용하게 된다(Gottman, 1983).

아동들은 친구를 서로 돕고, 나누며, 배려하는 친사회적 관계로 생각한다. 따라서 친사회적 성향이 높은 아동은 친구를 쉽게 사귀게 된다. 이러한 경향은 실제로 친구 간에 높은 빈도의 친사회적 행동으로 나타나는 것을 관찰할 수 있다(Berndt, 1981; Birch & Billman, 1986). 그러나 의외로 많은 연구들이 친구관계에서의 친사회적 행동이 일반적인 또래관계보다 반드시 높은 것은 아니라는 사실을 보여주고 있다. 이러한 경향은 친구와의 경쟁을 통해 친구와 같은 수준을 유지함으로써 우정을 지속하려는 어린이다운 특성으로 해석되고 있다(Berndt, 1986b; Tesser, 1984).

셋째, **친밀성**(intimacy) 또한 우정관계 형성에 큰 영향을 미친다. 우정은 자신의 가장 깊은 내면의 생각과 감정을 나누는 것이므로, 친밀성은 우정 형성의 핵심적 요인이다. 친밀성은 친구에 대해서 가지고 있는 구체적인 **지식**의 양과 자신의 비밀을 친구에게 털어놓는 **자기노출**의 정도로 측정된다. 자연적인 상황에서 아동들을 관찰한 연구(Berndt, 1986a; Gottman, 1983)에 의하면, 서로 친구인 아동 간에는 그렇지 않은 아동 사이보다 실제로 자기노출을 많이 하는 것으로 밝혀졌다. 친구 간의 자기노출은 아동의 연령에 따라 증가한다. 그러나 서로의 비밀을 인식하고 지켜주는 행동이 나타나기 시작하는 것은 적어도 아동기 중반부터이다. 친사회적 행동은 아동기를 통해 급격히 증가하다가, 청년기에 이르면 우정관계를 유지하는 가장 중요한 행동지표가 된다(Berndt & Perry, 1990; Buhrmester, 1990).

친구에 대한 **지식** 또한 아동의 연령에 따라 증가한다. 아동은 친구에 대한 지식을 근거로 자신과 친구 간의 유사성과 차이점을 판단하며, 친밀한 정도를 진단하는 기준으로도 삼는다.

마지막으로, 친구관계에서 수반되는 불가피한 **갈등**(conflict)의 극복양상은 우정관계의 지속에 중요한 영향을 미친다. 갈등은 친구관계에서 흔히 나타나는 상호작용양상이다. 실제로 친구 간의 갈등은 친구가 아닌 아동 간의 갈등보다 그 빈도가 훨씬 높다. 그러나 아동들은 친구 간의 갈등을 슬기롭게 극복하는 것으로 알려지고 있다(Hartup, 1988; Hartup et al., 1988). 아동들은 서로 공평하면서도 만족하게 갈등을 해결하는 방법을 찾아내며, 때로 작은 갈등은 묵과해버리는 지혜도 가진 것으로 보인다.

3 매체의 영향

1) TV의 영향

대중매체인 TV가 아동기 심리적 발달에 미치는 영향은 매우 크다. 그러나 아동이 TV로부터 보고 배우는 것은 부모, 교사, 또래의 영향이나 책이나 교과에서 얻는 것에 비해 그 비중은 낮다(Salomon, 1984). 그럼에도 불구하고 이러한 비교 자체가 TV의 영향이 얼마나 크게 고려되고 있는가를 역설적으로 보여주는 자료이다.

아동들이 TV를 보는 데 소요하는 시간은 연령과 더불어 급격하게 증가한다. 〈그림 15-4〉에서 1987년에 미국 아동이 하루에 TV를 보는 평균시간을 연령별로 제시한 것을 보면

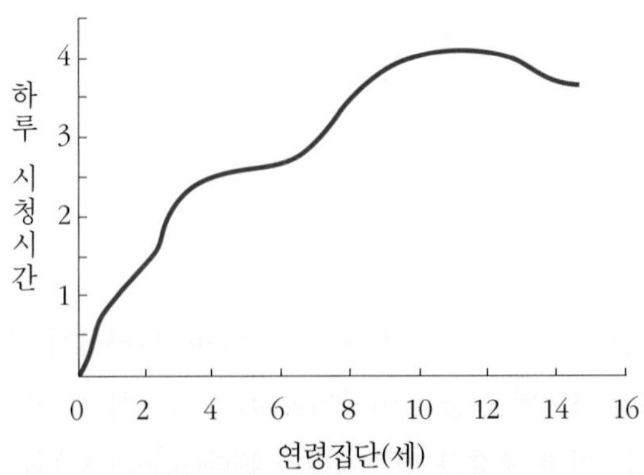

〈그림 15-4〉 미국 아동과 청소년의 하루평균 TV시청시간
(Liebert & Sprafkin, 1988에서 인용)

그 증가율을 짐작할 수 있다. 아동기의 높은 TV 노출시간을 고려할 때 TV가 아동의 심리적 발달에 미치는 긍정적이며 부정적인 영향에 대해 심각하게 고려해볼 필요가 있다.

우리나라 아동의 연령별 TV시청시간에 관한 신뢰성 있는 자료를 찾아보기 힘들다. 5~12세 아동과 가족의 일기내용을 분석하여 TV시청시간을 진단한 자료를 환산해보면 평일의 평균 TV시청시간은 약 1.6시간이며 주말은 4.8시간으로 추산된다(박혜원 · 조복희, 1994).

(1) TV의 긍정적 영향

3~5세 아동의 **인지발달을 촉진**하기 위해 미국에서 개발된 'Sesame Street'는 세계 50여 개국에 방영되고 있는 대표적인 교육 프로그램으로, 우리나라에도 번안된 형태로 방영되고 있다. 이 프로그램은 아동의 문자해독, 수 헤아리기, 분류 및 서열조작, 간단한 문제해결능력을 개발하는 내용으로 구성되어 있다.

TV의 인지발달촉진효과를 논의하는 대부분의 자료들은 'Sesame Street'의 영향을 그 주요 준거로 삼고 있다. 〈그림 15-5〉에서 주당 이 프로그램을 시청한 빈도에 따라 시청 이전과 이후의 철자읽기와 쓰기검사에서의 수행수준을 비교한 결과를 보면 이 프로그램이 아동의 인지발달을 촉진시키고 있음을 알 수 있다(Liebert & Sprafkin, 1988). 다른 연구에서도 'Sesame Street'를 계속적으로 시청시킨 결과, 입학 전 아동의 어휘능력과 읽기능력에 놀랄 만한 발전이 있는 것으로 밝혀졌다(Rice et al., 1990).

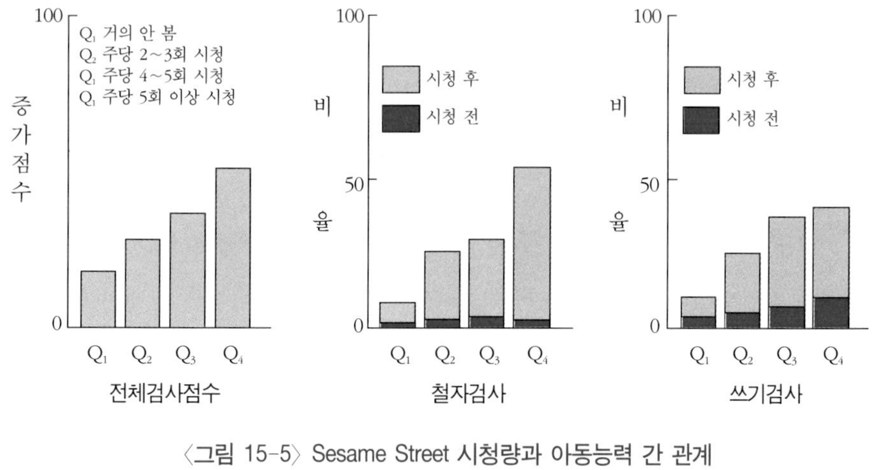

〈그림 15-5〉 Sesame Street 시청량과 아동능력 간 관계

(Liebert & Sprafkin, 1988에서 인용)

친사회적 행동 촉진

'Sesame Street'가 주로 아동의 인지발달을 촉진하기 위해 제작된 프로그램인 데 반해 'Mister Rogers' Neighborhood'와 같은 아동의 **사회** 및 **정서 발달을 촉진**하기 위한 프로그램들도 개발되고 있다. 이 프로그램은 애완동물의 죽음이나 또래와의 갈등상황 등을 제시함으로써 아동의 사회적 적응능력을 기르도록 만들어져 있다.

사회정서발달을 촉진하기 위한 프로그램을 장기간 시청한 아동은 또래에 대해 애정적이고, 협조적이며, 사려 깊은 행동성향이 의미 있게 증가하였다(Hearold, 1986). 그러나 이러한 촉진효과는 아동에게 단순히 프로그램을 시청하게 하는 것만이 아니라, 성인이 아동에게 관련 내용에 주의를 기울이도록 고무하며 그 가치와 중요성을 적절히 설명해줄 때 현저하게 나타났다는 사실 또한 관심을 기울일 만하다.

(2) TV의 긍정적 효과에 대한 반론

인지적 측면

TV 프로그램이 아동의 인지발달을 촉진한다는 주장에 대해 몇 가지 반론들이 제기되고 있다. 첫째, 유아들은 TV를 흥미 있게 보기는 하지만 TV의 내용을 제대로 이해하기에 충분한 인지적 능력을 갖추지 못하고 있다는 지적이다. 실제로 유아들이 TV의 내용을 제대로 따라가면서 이해하는 것은 50%에도 미치지 못하며, 기억하고 있는 내용은 30%에 불과하다. 초등학교 입학후 아동기 동안에 TV 내용 이해능력은 크게 발달하지만, 9~10세에도 여전히 신속하게 진행되는 내용을 이해하는 데에는 **한계**가 있는 것으로 알려지고 있다(Collins, 1975; Wright et al., 1990).

인지발달적 측면에서 TV 프로그램의 교육적 효과에 대한 또 하나의 비판점으로서 TV 시청이 아동이 **수동적**으로 정보를 받아들이는 **자세**를 길러줌으로써 지적 호기심과 능동적인 탐구심 및 창의력을 억제할 가능성이 있다는 점을 들 수 있다(Singer & Singer, 1983). 실제로 캐나다의 어느 벽지마을에서 TV가 보급되기 전에 초등학교 아동의 독해능력과 창의성을 진단하고, TV가 보급된 지 4년이 지난 후 같은 능력을 재진단한 결과 이들 능력이 현저하게 감소되었다는 결과를 얻었다. 더욱이 TV 보급은 아동의 공격성을 극적으로 증가시켰으며, 청소년의 지역사회활동 참여도를 현격히 저하시키는 변화를 초래하였다(Corteen & Williams, 1986; Harrison & Williams, 1986).

정의적 측면

공격성의 발달과 관련지어 앞에서 이미 설명했듯이, TV의 폭력물은 아동의 **공격성을 증**

가시키는 강력한 수단이 된다. 더욱이 이렇게 해서 형성된 공격적 성향은 청년기와 성인 초기에 이르기까지 지속되는 경향이 있다.

Eron 등(1972)의 고전적 연구는 초등학교 3학년인 8세에 공격적인 TV 프로그램을 선호한 아동을 종단적으로 추적한 결과 19세에 통제집단에 비해 대단히 높은 공격성을 보인다는 사실을 확인하였다. 이들이 30세가 되었을 때 다시 종단적으로 추적하여 진단한 결과 8세에서의 TV 폭력물에 대한 선호성은 성인기 공격성뿐만 아니라 범죄유발 확률과도 밀접하게 관련되었다(Huesmann, 1986). 유사한 종단적 연구들을 통해서도 아동기 TV 폭력물의 선호성은 남아와 여아 모두에게 있어서 성장 후의 공격성을 예언하는 좋은 지표가 된다. 실제로 폭력물의 시청량은 공격적 행동의 정도와 비례하는 것이 밝혀졌다(Huesmann et al., 1984).

TV 폭력물의 시청이 아동의 공격성을 증가시키는 이유는 두 가지 측면에서 설명되고 있다(Shaffer, 1993). 첫째, 폭력이 허용되는 TV 프로그램의 내용은 아동들로 하여금 일상생활에서 **공격적 수단**에 의존하는 경향을 높여준다. TV 폭력물은 아동으로 하여금 자신이 살고 있는 세계가 공격적 수단으로 문제를 해결하려는 사람들로 가득 찬 폭력적인 곳이며, 폭력적 수단이 용인되는 곳으로 믿게 하는 경향이 있다.

둘째, TV 폭력물의 시청은 아동으로 하여금 폭력에 둔감하게 만든다. 이러한 **둔감화 가설**(desensitization hypothesis)을 검증하기 위해 Thomas 등(1977)은 8~10세 아동으로 이루어진 두 집단 중 한 집단에게는 폭력물을 시청시키고 다른 한 집단에게는 같은 정도로 강력한 배구시합을 시청시킨 후 이들 두 집단의 아동에게 폭력적인 장면을 목격시키고 이에 대한 생리적 반응을 진단하였다. 예상했던 대로 공격적 프로그램을 시청한 집단의 아동은 실제생활 속의 공격성에 훨씬 둔감화된 반응을 나타내었다.

2) 컴퓨터의 영향

최근에 가정과 학교에 컴퓨터의 보급이 확산되면서 컴퓨터가 아동의 심리적 발달에 미치는 영향에 대해 관심이 고조되고 있으며, 이 분야의 연구들이 시작되고 있다. 한 예로, Kulik 등(1985)은 학교에서 **컴퓨터 보조학습**(computer assisted instruction: CAI)을 받은 아동은 통제집단에 비해 학교생활을 더욱 즐거워한다는 사실을 밝혔다. 마찬가지로 CAI는 학업성취도와 학습에 대한 긍정적 태도를 높여주며, 이러한 효과는 특히 저소득 계층이나 학업성취도가 낮은 아동에게서 보다 현저히 나타난다.

컴퓨터는 아동의 혼잣놀이를 가능케 하므로, 컴퓨터가 또래집단 내에서의 사회적 관계에 단절을 가져올 것이라고 우려되어 왔다. 그러나 컴퓨터는 바람직한 장난감으로서 또래들을 모으므로 사회적 단절의 우려가 없으며, 컴퓨터를 사용하는 아동이 보다 협조적이라는 사실이 실증적으로 밝혀지고 있다(Hawkins et al., 1982; Weinstein, 1991).

이러한 결과는 현재로는 컴퓨터가 사회적 상호작용을 억제하는 것이 아니라 오히려 촉진시킨다는 것을 입증해주지만, 이 문제에 대해서는 앞으로 보다 많은 연구들이 이루어져야 할 것으로 보인다.

제16장 청년 및 성인기 생태적 맥락과 발달

가정에서의 가족관계나 사회집단 내에서의 인간관계는 아동기뿐 아니라 청년기나 성인기에 있어서도 마찬가지로 중요한 발달적 맥락이다. 이 장에서는 청년기 생태적 맥락과 발달간의 관계를 부모-자녀관계, 교우관계, 이성관계 및 문제행동으로 나누어 살펴본 후 성인중기와 노년기의 생태적 맥락과 발달을 다루어보고자 한다.

1 청년기 생태적 맥락과 발달

1) 청년기 사회적 관계

(1) 청년기 부모-자녀관계

청년기 부모-자녀관계에 대한 종래의 발달심리학자들의 견해는 두 가지로 특징지을 수 있다. 첫째, 청년기는 아동기까지 지속되던 부모에 대한 의존과 동일시로부터 벗어나 자율성과 책임감을 획득해야 하는 시기이다. 흔히 청년기를 심리적 이유기(psychological weaning)로 부르는 것은 이러한 연유에서이다. 둘째, 청년기 부모-자녀관계는 갈등을 수

반하며, 이러한 갈등은 청년기 발달에 바람직하지 못한 영향을 미친다. 청년기의 바람직하지 못한 갈등은 부모로부터 독립하려는 청년들의 욕구와 성급한 자율의 욕구를 인정하지 않으려는 부모들의 상반된 욕구 사이에서 나타나는 필연적인 결과이다. 부모들은 자율적인 판단과 의사결정능력을 갖기에는 청년들의 지식이나 경험이 지나치게 한정적이라고 생각하는 반면에, 청년들은 자신이 충분히 그러한 능력을 가졌다고 믿는다(Collins & Luebker, 1993; Santrock, 1993). 따라서 전통적인 관점에서 볼 때 청년기 부모-자녀관계는 필연적으로 갈등과 단절을 전제로 하는 관계이다.

보다 최근에 많은 발달심리학자들은 종래의 청년기 부모-자녀관계와는 관점을 달리하고 있다. 첫째, 청년기는 모든 영역에서 반드시 부모로부터 독립과 자율성을 획득해야 하는 시기가 아니라 부모와 안정된 애착관계를 유지하며, 의사결정능력이 부족한 분야에서는 부모로부터의 계속적인 조언을 받는 것이 도움이 되는 시기이다. 특히 청년기의 부모에 대한 애착은 사회적 유능성, 정서적 적응, 자아존중감, 신체적 건강 등 여러 측면에서 청년들의 행복한 삶을 촉진하는 요인으로 밝혀지고 있다(Allen et al., 1994; Kobak et al., 1993; Onishi & Gierde, 1994). 예를 들어, 부모와 안정된 관계를 가진 청년들은 자아존중감이 높고 정서적으로도 평화롭고 충만한 반면에, 부모로부터 정서적으로 분리된 청년들은 부모를 배척하며 자신의 신체적 및 사회적 유능성에 대해 낮은 자아존중감을 갖고 있는 것으로 밝혀졌다(Armsden & Greenberg, 1987; Ryan & Lynch, 1989). 따라서 부모-자녀관계에 있어서 안정된 애착과 신뢰가 유지되는 것은 청년기 긍정적인 심리적 발달의 중요한 요인이 된다.

둘째, 청년기 부모-자녀 간에 나타나는 가벼운 갈등은 청년들의 심리적 발달에 긍정적인 영향을 미친다(Blos, 1989; Hill, 1983; Kupersmidt et al., 1992). 청년기 부모-자녀 간의 갈등은 귀가시간, 옷차림, 방청소 등 사소한 문제를 둘러싸고 나타나는 것이 대부분이다. 이러한 갈등은 사춘기 징후가 나타나는 청년초기에 증가하며, 고등학교 시기 동안 지속되다가, 17~20세경에 이르면 감소한다(Steinberg, 1981, 1988). 청년들이 부모-자녀 간의 갈등을 해결하기 위해 노력하는 것은 부모로부터 독립하여 성인으로 이행하는 과정을 촉진시켜주는 힘이 된다. 실제로 부모와 다소간 갈등이 있다고 보고하는 청년들이 갈등이 없다고 보고하는 집단에 비해 보다 적극적으로 자아정체성을 탐색하고 있음을 밝힌 연구를 찾아볼 수 있다(Cooper et al., 1982).

청년기 부모-자녀관계를 설명하는 종래의 모형과 새로운 모형을 〈표 16-1〉에 정리해 두었다.

청년기 부모-자녀 간에 심각한 갈등이 야기되는 경우도 있다. 미국의 경우 부모-자녀 간 갈등을 보고하는 비율은 약 80%에 달한다(Montemayor, 1982). 부모와 청년기 자녀들

표 16-1 청년기 부모-자녀관계 모형

종래의 모형	새로운 모형
부모로부터의 자율성과 탈애착 강조: 부모와 또래집단은 분리된 별개집단임.	자율성과 애착을 동시 유지: 부모는 중요한 지지체계이며 애착대상임: 부모-자녀관계와 또래집단 관계는 중요한 관련성 지님.
청년기 동안 지속적으로 갈등과 스트레스 유발: 질풍노도와 같은 일상의 불안정 관계 유지.	청년기 부모-자녀 간의 작은 갈등은 긍정적인 발달적 기능 지님: 부모-자녀 갈등은 청년초기에 보다 크며 사춘기에 특히 큼.

(Santrock, 1995에서 인용)

간의 강력하고 지속적인 갈등은 가출, 비행, 퇴학, 혼전임신, 마약 등 청년기 문제를 유발할 확률이 높다(Brook et al., 1990). 이처럼 지속적인 청년기 부모-자녀 갈등은 바람직하지 못한 영향을 미치므로 갈등해소를 위한 적극적인 노력이 필요하다. 대화를 통해 서로의 입장과 생각을 이해하며, 함께 문제를 해결하는 과정을 통해 갈등은 극복될 수 있다(Steinberg & Levine, 1990).

가족구조나 부모의 양육방식은 청소년의 행동에 큰 영향을 미친다. 일찍이 Bronfenbrenner(1979, 1986)는 가족구조의 유형이 청소년의 행동에 미치는 영향을 연구하였다. 자녀에게 최대한의 자율성을 허용하며 부모와 자녀가 동등한 힘을 갖는 **평등주의 가족구조**(egalitarian family structure)가 가장 바람직한 영향을 미칠 것으로 가정하였으나, 결과는 아버지나 어머니가 보다 강력한 힘과 권위를 행사하는 **부중심**(patricentric) 또는 **모중심**(matricentric) 가족구조의 청소년이 가장 책임감과 자신감이 높았다.

아동기 발달에서 설명했던 부모의 양육방식은 청년기 심리적 발달에도 밀접한 영향을 미친다. **권위주의적**(authoritarian) 부모는 자신들이 설정한 원칙과 기준을 자녀들이 내면화하고 따르기를 바라기 때문에 청년기에 필요한 자율성의 발달을 억제하며 정체감 형성에 장애가 된다. 때로는 자율성이 억압된 권위주의적 부모를 둔 청년기 자녀들은 부모의 통제에 대한 반발로 불량화되거나 비행으로 빠져들 위험이 있다.

자녀에게 원칙을 제시하지 않으며 스스로 결정하도록 하는 **허용적** 부모는 청년기 자율성을 촉진할 것으로 생각되기 쉬우나 이는 사실과 다르다. 허용적인 가정에서 자란 청년들은 지나친 통제의 결여로 인해 자신이 버림받고 있다고 느끼거나 혼란스러워하므로 청년기에 정서적이며 행동적인 문제가 나타날 확률이 높다.

권위가 있는 유형의 부모들은 명확한 행동기준과 함께 적절한 정도의 자율성을 부여하므로 이러한 가정의 청년들은 적극적이며, 책임감이 크고, 독립적이며, 자아존중감이 높고, 학업성취도 또한 높다(Dornbusch et al., 1987; Irwin & Simons, 1994).

(2) 청년기 교우관계

청년기 교우관계는 단순히 놀이친구를 필요로 하는 아동기와는 달리 서로 내면을 깊이 이해하고자 하는 욕구가 있으므로 아동기보다 훨씬 큰 의미를 갖는다. 중학교 2학년의 경우 약 80%의 청소년들은 안정된 친구를 가져 남학생의 절반가량과 여학생의 80%는 친구와 거의 매일 또는 한 주에 몇 차례씩 만나서 이야기를 나눈다. 이러한 밀접한 교우관계는 16~19세 사이에 절정을 이룬다(Crockett et al., 1984; Hartup & Sancilio, 1986).

연령이 증가함에 따라 청년들의 사회적 망은 점차 확대되며, 따라서 교우집단의 범위와 크기도 확장된다(Mounts, 1992). 청년기 교우집단은 크게 **단짝집단**(cliques)과 **교류집단**(crowds)으로 구분된다. 단짝집단은 3~10명 이내의 소수인원으로 구성되는 교우집단으로서 상호응집력이 높다. 높은 동료의식에서 오는 '우리감정(we-feeling)'과 강한 집단정체성(group identity)은 단짝집단의 특징이다. 외모, 운동, 성격의 유사성은 단짝집단을 형성하는 주요 결정요인이며, 지적 능력이나 학업성취도는 단짝집단 형성에 기여하는 요인은 아니다(Crockett et al., 1984). 교류집단은 단짝집단보다 집단크기가 큰 반면 응집력은 낮다. 대체로 몇 개의 단짝집단이 모여 교류집단을 형성한다.

집단 동조압력(pressure for conformity)은 청년기 교우집단에 있어서 문제가 되는 요인이다. 청년기 교우집단은 강력한 동조압력을 행사한다. 집단의 바람직한 가치규범에 동조하는 것은 성인기 집단 내에서의 사회생활을 준비하는 데에 도움이 되는 긍정적 가치가 있다. 그러나 때로는 집단의 바람직하지 못한 규준에 동조함으로써 문제행동을 유발할 수 있다. 예를 들어, 학업성적이 낮아서 좌절감에 빠져 있는 청소년들이 서로의 아픔에 공감하여 교우집단을 이룰 때 우리감정의 공유 정도와 집단정체성은 높아지기 마련이며, 집단에의 동조압력 또한 높아지게 된다. 집단의 가치규범이 잘못 설정될 경우 높은 집단정체성과 동조압력은 비행집단을 형성하는 가장 빠른 통로가 될 수 있다는 점에 유의하여야 한다. 집단의 바람직하지 않은 규준에의 동조경향은 중학교 2~3학년경에 가장 높은 것으로 보고되고 있다(Berndt, 1979; Leventhal, 1994).

교우집단 내에서 차지하는 역할과 지위는 청년기 자아존중감 형성에 중요한 요인이 된다. 각종 운동이나 사회적 활동에 있어서 단짝집단 내에서 지도자가 되는 청년들은 자아존중감이 높은 반면에 사회적 기술과 지도성이 낮은 청년들의 자아존중감은 낮아진다(Brown & Mounts, 1989).

청소년의 **또래집단**은 획일적인 집단이 아니라 목표, 가치, 흥미, 관심, 도덕률 등 여러 측면에서 서로 크게 다른 다양한 집단이다. Brown과 Trujillo(1988)는 11개의 청년기 또래집단 유형을 식별해냈다. 성적이 높은 아이들의 집단(brains), 마리화나 등 약물복용집단(druggies), 소외되고 외로운 아이들의 집단(loners), 취미가 같은 집단 등은 또래집단의 몇 가지 예이다. 이들 각 또래집단 중 어느 집단에 소속되느냐에 따라 청소년들의 행동은 큰 차이를 보였다. 약물복용집단은 다른 집단에 비해 부모와의 유대관계가 약하고, 또래집단에의 동조경향이 높으며, 교육적 열망이 낮았다.

Kandel(1986)은 청년기 우정이 형성, 지속 및 해체되는 과정을 **선택과정**(selection process)과 **사회화과정**(socialization process)으로 나누어 설명하고 있다. 우정의 선택과정에는 흥미, 성격, 신체적 특성, 태도, 가치, 행동 등의 유사성이 가장 큰 요인으로 작용한다. 사회화과정은 친구 간의 유사성이 빈번한 상호작용의 결과로 이전보다 더욱 강화되는 현상을 뜻한다. Kandel(1978)은 우정관계 발달과정을 종단적으로 분석한 연구를 통해 미국 청년들의 우정관계 결속을 유지해주는 유사성 요인을 그 중요성에 따라 약물복용, 교육적 포부수준, 가벼운 비행참여, 정치적 태도의 순으로 열거하였다. 이들 특성이 유사할 때 교우관계가 형성되고, 교우관계가 지속됨에 따라 유사성은 더욱 커지게 된다.

Kandel에 의하면 친구 간의 유사성은 선택과 사회화과정뿐 아니라 우정관계가 끝나는 해체단계에서도 중요한 역할을 한다. 교우관계 형성 시에 유사했던 행동양상이 유사성 수준이 낮아지면 불안정해지며, 마침내 해체되는 것이다.

(3) 청년기 이성관계

청년기에 규칙적으로 만날 수 있는 이성의 친구를 갖는 것은 성인기 이성관계를 준비하기 위한 중요한 과정일 뿐 아니라 청년기 교우집단 내에서의 지위를 높여주며 자아존중감을 길러주는 주요 수단이 된다. 중 · 고등학교 시기의 이성친구는 단순히 즐거움을 주며 자아존중감을 높이는 데 의미를 갖는 정도에 그치지만, 청년후기 이성관계는 성적 정체성을 정립하며 배우자를 찾는 탐색과정으로서 실제적인 의미를 갖는다(Roscoe et al., 1987).

청년초기의 이성친구 선택은 집단 내에서의 인기도나 의복 등 외적 요인의 영향을 크게 받는다. 이에 반하여 청년후기에는 흥미나 가치의 공통성, 삶의 목적의 공유 등 보다 내재적 요인을 고려하여 이성친구를 선택하게 된다. 남아는 외모나 성적 매력을 더욱 중시하는 반면에, 여아는 성격과 행동을 고려하는 경향이 높다(Irwin & Simons, 1994).

청년기 이성친구 선택의 중요성에 비추어볼 때 어떤 **대인 간 매력**(interpersonal attraction)이 선택과정에 작용하는가를 살펴보는 것은 흥미로운 일이다. 신체적 근접성과 신체적 매력은 청년초기의 대인 간 매력의 중요 결정인이다. 청년들은 집, 학교, 교회 등에서 자주 만나는 이성에게 끌리는 확률이 높다. 청년초기에는 잘생긴 사람이 성격, 능력, 성취 등의 심리적 특성 또한 우세하다고 믿는 경향이 높다(Udry & Eckland, 1984).

능력, **유사성**, **욕구의 상보성**은 지속적인 이성관계에 결정적인 영향을 미친다. 청년들은 지적으로 유능하고 학력이 높은 이성을 사귀기를 선호하며, 이러한 경향은 여성에게서 특히 높다(Buss, 1988). 사람들은 태도, 가치, 흥미, 능력 등이 유사할 때 서로 이끌리는 경향이 높으며, 청년기 이성관계도 예외는 아니다. 청년초기와 중기에는 운동, 음악, 여가, 외적 활동 형태가 유사한 이성에게 호감을 갖는다. 청년후기에는 정치, 종교, 가치관 등 생각과 관념이 유사한 대상에 더욱 이끌리게 된다. 흔히 청년들은 여러 면에서 자신과 다른 이성친구를 원하는 경우를 볼 수 있는데, 이는 상보적인 욕구에서 비롯된다. 수줍고 내성적인 청년이 대담하고 외향적인 이성을 선호하는 것은 상보적 욕구에서 비롯된 것이다.

2) 청년기 문제행동

청소년기라면 흔히 문제행동을 연상할 만큼 청년기 문제행동경향에 대해서는 많은 관심과 우려가 계속되어 왔다. 이 장에서는 서구와 우리나라 청소년들이 경험하기 쉬운 대표적인 문제행동의 유형을 제시하고 통계적 자료에 의해 경향을 분석해보고자 한다.

(1) 학교중퇴

일반적으로 청년기는 초등학교에서 중학교로 진학하면서 시작된다. 이때 많은 청소년들은 초등학교에서 가장 높은 학년으로서 학교집단 내에서 누릴 수 있었던 상층의 지위에서 중학교에 진학하면서 집단 내에서 가장 어리고 약하며 힘이 없는 지위로 전락하는 현상(top-dog phenomenon)을 경험하게 되며, 이로 인해 청년기 학교적응에는 본질적으로 상당한 어려움이 따르게 된다(Eccles & Midgely, 1990; Hawkins & Berndt, 1985; Simmons & Blyth, 1987). 상급생의 위협으로 인해 학교생활이 두려워지는 것이 그 한 예가 된다.

미국의 경우 1986년도 학교중퇴 비율은 약 14%로서 해마다 꾸준히 감소하고 있으나 여전히 심각한 청년기 문제로 인식되고 있다. 특히 흑인, 남미계 등 소수민족의 중퇴율은 백인에 비해 크게 높다. 예를 들어, 1989년에 백인 청소년의 고등학교 중퇴 비율은 10% 이내로 보고되고 있는데 반하여 흑인의 경우는 24%이며, 남미계는 44%에 이른다(LaFromboise & How, 1989).

미국 청소년의 학교중퇴 이유는 약 50%가 학교나 공부가 싫어서이며, 약 20%는 경제적 이유이다. 여학생의 경우는 약 1/3이 임신, 결혼 등의 개인적 이유로 중퇴한다(Santrock, 1995).

우리나라 중학생의 중퇴자 비율은 1991년도 전체 학생의 1%이며, 고등학생은 2.4%로서 미국에 비해 현저하게 낮다. 1991년에 보고된 연구에 의하면 중퇴의 원인은 공부가 싫거나 성적이 나쁘기 때문이 약 28.3%를 차지하며, 교사에 대한 불만이 14.9%이고, 경제적 이유는 13.5%였다(송광성 등, 1992; 표갑수, 1992). 이들 원인은 서구와 유사하지만, 교칙위반이 14%나 차지하여 서구와 차이를 보인다. 서구의 경우는 학교중퇴 청소년이 자신에게 맞는 진로를 찾도록 돕는 추후지도에 많은 관심을 기울이고 있는 반면에, 우리나라의 경우 학교중퇴 청소년의 비율은 낮지만 방치되어 있어 비행이나 범죄 등 보다 심각한 문제행동으로 발전할 가능성이 높다.

(2) 음주와 흡연

청소년의 음주행동에 관한 미국의 자료를 보면 매달 적어도 한 번씩 술을 마시는 비율이 1980년도에 72%에서 1993년도에 51%, 2주 5회 이상 마시는 비율이 1983년에 41%에서 1993년에는 28%로 감소하는 경향을 보이고 있다. 1986년 고등학생을 대상으로 한 보고를 보면 여자는 28%, 남자는 46%에 이른다. 또한 68%가 흡연경험을 갖고 있으나, 현재 매일 흡연하고 있는 비율은 약 20% 정도이다(Johnston et al., 1987).

우리나라의 경우 1991년에 한국갤럽조사연구소에서 13~18세 사이 청소년을 대상으로 한 보고를 보면, 청소년의 음주경험은 34.8%이며, 남자가 42.6%, 여자가 26.5%로 서구와 대단히 유사한 비율을 보여준다. 흡연경험은 26.8%로서 남자는 36.8%, 여자는 16.3%에 이른다(이종원, 1992). 매달 한 번씩 술을 마시는 비율도 2.1%에 달하여 음주나 흡연 비율 또한 서구 청소년들과 차이가 없는 것으로 보인다. 그리고 상류층 청소년의 음주와 흡연경험이 중하류층에 비해 높은 것으로 나타났다(최윤진 등, 1990).

음주와 흡연의 원인은 서구의 경우 또래집단의 영향이 가장 큰 요인으로 지적되고 있다(Castro et al., 1987). 우리나라의 경우 호기심이 31.4%, 친구와 어울리기 위해서가 29.3%, 스트레스 해소가 25.8%로 보고되고 있다.

(3) 약물남용

마리화나, 코카인 등 약물남용은 청소년기 심각한 문제행동의 하나로 우려되고 있다. 미국의 경우 1980년대에 청소년 약물남용 비율이 감소되는 추세를 보이고 있다. 예를 들어, 고등학생의 경우 코카인 남용 비율은 1986년에 6.2%가 1993년에 1.3%로 감소했으며, 대학생의 경우 같은 기간에 7%에서 1%로 감소하였다(Johnston et al., 1994). 그러나 1990년대에 들어서서 다시 증가하는 경향을 보인다는 지적도 있다(Santrock, 1995).

우리나라는 1991년도 체육청소년부 보고에 의하면 대마초, LSD 등 환각제를 남용하는 비율은 학교청소년이 0.7%, 근로청소년이 1.8%, 소년원생이 17.3%로 보고되고 있다. 모르핀, 헤로인, 코카인 등 마약제 사용 비율은 각각 0.6%, 0.6%, 7.2%이다(박명윤, 1992). 이는 미국과 유사할 정도로 높은 비율이다.

그러나 우리나라 청소년도 미국과 마찬가지로 약물남용의 감소경향을 보인다. 1994년도 청소년 백서에 의하면 학생청소년의 대마초 남용 비율은 1989년의 1.9%에서 1993년 0.4%로 감소했으며, 마약은 0.7%에서 0.2%로 감소했다. 근로청소년도 같은 기간에 대마초는 1.7%에서 0.9%로, 마약은 0.9%에서 0.2%로 감소하고 있다. 1993년도 마약류 사범의 연령별 분포를 검토한 법무부 자료에 의하면 14～15세 사이가 0.3%, 16～17세가 4.8%, 18～19세 사이가 12.2%, 20～24세 사이가 82.7%로 보고되고 있다(청소년백서, 1994). 이러한 통계적 자료는 우리나라 청소년의 약물남용이 10대 초반의 장난기 어린 시도가 아니라 심각하게 걱정해야 할 청년후기의 문제행동임을 보여주고 있다.

(4) 혼전성교 및 임신

미국의 경우 청소년의 혼전성교는 보편적이다. 19세경이면 남자는 10명 중 8명, 여자는 10명 중 7명이 성경험을 갖는 것으로 보고되고 있다(Irwin & Simons, 1994).

우리나라도 성 개방 풍조로 인해 혼전성교 경험이 증가한다. 남자 고등학생의 19.4%, 남자 중학생의 17.9%가 성경험이 있다고 보고하고 있으며, 여자 고등학생의 5.3%, 여자 중학생의 6.3%가 성경험이 있는 것으로 보고되고 있다. 남자 근로청소년의 43.8%가 지속적인 혼전 성관계를 가지며, 여자 근로청소년은 7.3%가 혼전 성경험이 있는 것으로 알려지고 있다(김찬지, 1986; 이영숙, 1992).

미국에서 청소년의 혼전임신은 심각한 사회적 문제이다. 해마다 10명 중 1명의 10대 소녀가 임신하고 있으며, 그중의 45%가 임신중절을 원한다. 미국 전체 임신중절 중 10대 소녀의 중절이 차지하는 비율이 30%에 이른다(Stark, 1986). 특히 10대 후반의 임신율은 감소하는 반면에, 11～15세 사이의 10대 초반의 임신율은 증가하는 경향이다(Hamburg, 1986).

(5) 자살

미국 사회에서 자살은 청소년기 심각한 문제행동 중의 하나이다. 지난 30년 동안 미국 사회의 전반적인 자살률은 3배로 증가하였으며, 남자 청소년의 자살률은 여자의 3배에 달한다. 청년기와 성인초기 죽음의 약 12%가 자살에 의한 것이다(Brent, 1989).

청소년기 자살의 원인은 직접적 원인과 간접적 원인으로 구분된다. 직접적 원인은 이성 친구와의 이별, 학업성적, 혼전임신, 약물중독 등이 대표적이다(Wagner et al., 1993). 간접적 원인으로서는 가정의 불안정, 애정과 정서적 결핍, 지나친 통제와 성취 압력 등 바람직하지 못한 아동기의 가정적 경험이 가져다준 우울증이 가장 큰 요인으로 지적된다. 원만하지 못한 교우관계와 친구 부족도 원인이 된다.

우리나라 청소년의 경우 해마다 약 200여 명이 자살하는 것으로 집계되고 있다(나동석, 1992). 연령분포는 14~24세 사이의 자살이 전체 자살 중의 약 30%를 차지한다. 부모의 높은 기대, 성취 압박, 대학입시 등 우리나라 특유의 청소년기 상황에서 오는 각종 스트레스로 인한 우울증과 심리적 장애가 그 원인으로 추정되고 있으나, 자살의 원인에 대한 체계적인 연구는 매우 부족한 것으로 지적되고 있다(원호택, 1987; 한승희 등, 1990). 우리나라 청소년의 자살충동 유발원인은 낮은 정체감, 높은 학업 스트레스 및 아버지와의 접촉정도의 빈곤이 가장 큰 요인으로 추정된다(윤성림 · 윤진, 1993).

(6) 비만과 거식증

과도한 음식섭취에서 오는 **비만**(obesity)과 위험수준에 이르기까지 음식먹기를 거부하는 **거식증**(anorexia nervosa)은 최근 미국 사회에서 많은 관심의 대상이 되는 청소년기 문제행동 중의 하나이다. 정상체중보다 약 20%를 초과하는 것을 비만이라 할 때 미국 청년의 약 15%가 비만에 속한다. 청년기 비만은 각종 질병을 유발할 뿐 아니라 신체에 대한 지나친 자의식, 사회적 부적응, 낮은 자아존중감 등 여러 가지 심리적 장애를 수반한다(Papalia et al., 1980). **비만**의 원인으로는 주로 과식, 잘못된 음식 선택 등의 음식습관이 지적되어 왔으나, 근래에는 신진대사와 관련되는 유전적 요인, 아동기 성장과정, 정서적 스트레스 등 다양한 원인들이 연구되고 있다(Crocker, & Goldman, 1995).

거식증은 청년기 여성들에게서 흔히 발견된다. 이들은 체중이 심각하게 정상 이하가 되어 생명에 위협이 올 때까지 식이요법과 운동을 계속하여, 나중에는 먹고자 노력해도 먹을 수 없는 장애에까지 이르게 된다. 거식증 장애를 갖고 있는 청년들은 흔히 대단히 여위어 있는데도 불구하고 자신을 비만이라고 생각하는 왜곡된 신체상을 가지고 있다. 또한 음식의 즐거움을 느낄 수 있는 능력의 결핍, 심리적 갈등, 만성적 질환으로 인한 우울증, 심리적 의존과 미성숙, 건강에 대한 잘못된 관념 등이 거식증의 원인으로 지적되고 있다(Irwin & Simons, 1994).

우리나라 여대생의 비만 정도를 진단한 연구(유영순 · 김선희, 1994)에 의하면, 신장을 고려한 자신의 표준체중으로부터 +10~+20%의 과체중에 속하는 비율이 18%이며, +20% 이상의 비만은 6~8%에 불과하다. 그럼에도 불구하고 비만을 두려워하여 여대생의 35.4%가 아침을, 20.4%가 점심을, 18.1%가 저녁을 먹지 않는 불규칙한 섭식행동을 보고하고 있다(이영미 · 이기완, 1994). 또한 절식과 폭식 등 이상섭식행동도 보고되고 있는데, 절식행동은 체중이 가벼움에도 불구하고 부정적인 자아상을 갖는 등 신체적 자아상과 관계가 있으며, 반면에 폭식행동은 자아존중감과 자아효능감이 낮은 집단에서 두드러지게 나타났다(이상선, 1993).

2 성인기 생태적 맥락과 발달

성인중기와 노년기 발달에 관한 장에서 성인중기와 노년기의 발달적 변화를 받아들이는 관점에 따라 삶의 의미가 달라질 수 있다는 사실을 이미 설명하였다. 어떤 사람에게는 중년기가 상실의 위기인 반면에, 어떤 사람에게는 생의 결실기일 수 있으며, 노년기 쇠퇴 또한 관점에 따라 죽음을 향한 절망의 과정일 수도 있고, Maslow가 말한 바와 같이 삶의 지혜와 통정성을 향한 영원한 성장의 과정일 수 있다.

성인중기와 노년기 삶의 의미를 결정하는 데 있어서 사고, 태도, 삶의 양식 등 개인의 내재적 특성이 중요한 요인임에는 틀림없다. 그러나 개인이 몸담고 살아가고 있는 시대 사회적 풍토가 성인중기와 노년기를 보는 시각에 따라 중년기와 노년기를 받아들이는 개인의 생각과 태도가 달라질 것이라는 사실 또한 부인하기 어렵다. 또한 일상에서 경험하는 여러 생활사태들이 중년기와 노년기에 영향을 미치게 될 것이다. 이러한 점에서 성인기 생태적 맥락이 중년기 이후의 삶에 미치는 영향의 중요성을 찾아볼 수 있다.

1) 생태적 맥락과 생활사태

성인기 발달을 설명하는 생애발달적 접근에서는 결혼, 실직, 이혼, 배우자의 죽음 등 일상에서 경험하는 여러 생활사태가 가치관, 태도, 성격 등 개인의 심리적 특성에 미치는 영향력을 강조한다는 것을 앞에서 지적하였다. 생활사태의 역할을 중요시하는 최근의 새로운 접근에서는 생활사태 자체의 직접적인 영향보다는 개인이 생활하고 있는 생태적 맥락 내의 여러 매개요인들이 개인의 적응에 미치는 영향을 중시하고 있다. 〈그림 16-1〉에 이들 요인의 영향을 도식화해 두었다.

이혼이라는 생활사태를 예로 들면, 동일한 이혼 경험이라도 가족이나 친구의 정서적 지지 여부와 이혼을 경험하는 나이에 따라 이혼이 가져다주는 위협의 정도와 대처양식이 달라진다. 특히 1950년대와 1990년대라는 사회역사적 맥락의 차이가 가져다주는 영향력이 엄청나다고 말할 수 있다. 이렇게 볼 때 생태적 맥락은 생활사태가 성인기 발달적 변화에 미치는 영향력의 성격을 결정하는 주요 요인임이 분명하다.

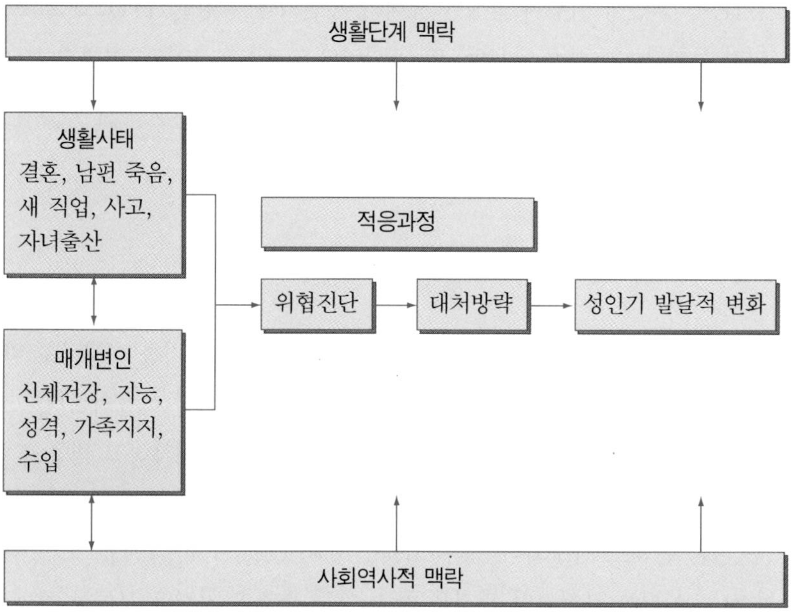

〈그림 16-1〉 성인기 발달에 기여하는 생활사태체계
(Santrock, 1995에서 인용)

2) 생태적 환경과 중년기 위기

Neugarten(1986)은 중년기 위기를 경험하는가의 여부는 동시대집단(cohort)이 살아가는 생태적 환경의 영향을 크게 받는다고 주장한다. 그는 미국의 경우, 어두웠던 30년대의 대공황 시대에 태어나서 살아온 중년 및 노년들과, 50년대 이후의 경제적 풍요기에 태어나 살아온 중년들의 중년기 경험이 같을 수 없다는 사실을 지적하고 있다.

Neugarten은 특정 연령집단의 사회적 환경은 그 집단 성원들의 사회적 시계(social clock)[1]를 바꾸어 놓을 수 있다고 생각한다. 예를 들어, 가난을 극복하기 위해 경쟁적인 삶을 살아온 공황기에 태어난 사람들은 보다 고정된 사회적 시계에 따라 살고자 하며, 자신의 삶이 이러한 시간계획에 미치지 못할 때 위기를 경험하게 된다. Neugarten은 중년기 위기이론을 제시한 Erikson, Levinson 등의 연구대상은 모두 공황기 이전에 태어난 사람들이기 때문에 중년기가 위기로 경험될 수밖에 없었다고 주장한다. 따라서 이들의

1) 사회적 시계란 결혼, 직업, 자녀, 출산, 은퇴 등과 같은 생의 과제를 성취하도록 기대하는 시간계획을 뜻한다. 여자가 25~26세를 전후로 결혼하여야 한다는 것이 사회적 시계의 대표적인 예이다. 사회적 시계는 개인의 삶을 이끌어가는 이정표의 역할을 한다. 개인의 실제 삶이 이정표로서의 사회적 시계와 일치할 때 평화롭고 만족한 삶을 영위할 수 있는 반면에 일치하지 않을 때 보다 많은 스트레스를 경험하게 된다.

중년기 위기이론은 50년대 이후에 출생한 세대의 중년기를 설명할 수 없으므로 보편타당한 이론이 되지 못한다(Neugarten, 1986; Rossi, 1988; Santrock, 1995). 이렇게 볼 때 특정 세대와 시기의 발달적 변화의 본질을 결정하고 설명하는 데 있어서 생태적 맥락이 얼마나 큰 영향을 미칠 수 있는가를 짐작할 수 있다.

3) 노화와 사회적 맥락

중년기를 보는 관점이 시대사회적 배경에 따라 다르듯이, 노년기를 이해하고 받아들이는 관점 또한 시대에 따라 다르다. 1세기 전까지만 해도 노인은 한 마을의 현인으로서 추앙받는 존재였다. 그러나 근래에 사회에서 노인은 신체적으로 쇠약하고 병들고 추하며, 인지적 기능은 감퇴되고 사고는 고착되었으며, 지적 학습은 불가능하고, 책임 있는 직업을 감당할 수 없는 존재로 간주되어 왔다(Chinn, 1991; Cole et al., 1993). 노년기에 대해 사회 전반이 갖는 이러한 부정적인 관점은 곧 노인들 스스로 자신을 무능한 존재로 바뀌게 함으로써 의존적인 삶을 살게 하는 계기가 되었다.

Kuyper와 Bengston(1973)은 노인에 대한 부정적인 편견을 갖는 생태적 풍토가 노년기 적응과 발달에 부정적 영향을 미치는 과정을 **사회적 파괴증후군**(social breakdown syndrome)이라 부른다. 〈그림 16-2〉는 이 과정을 보여준다.

사회가 노인들을 보는 관점을 반대의 시각에서 바꾸어 상상해보면 생태적 풍토가 노년

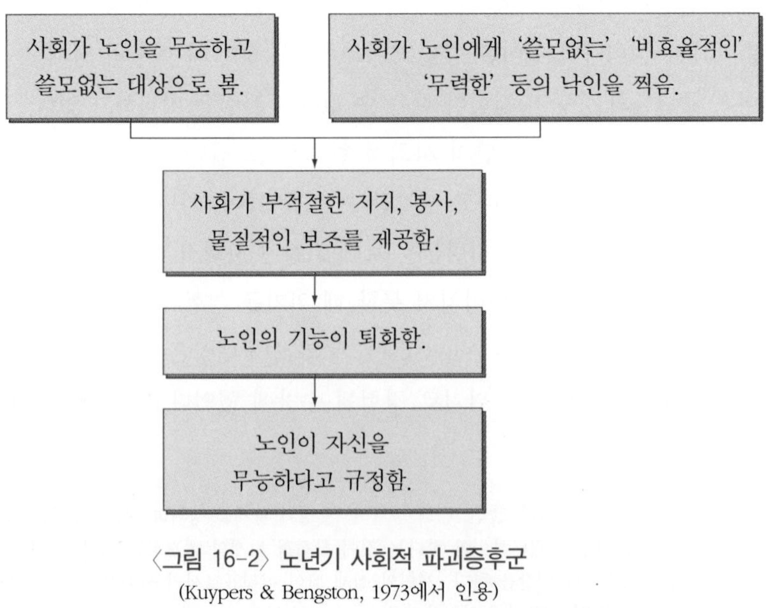

〈그림 16-2〉 노년기 사회적 파괴증후군
(Kuypers & Bengston, 1973에서 인용)

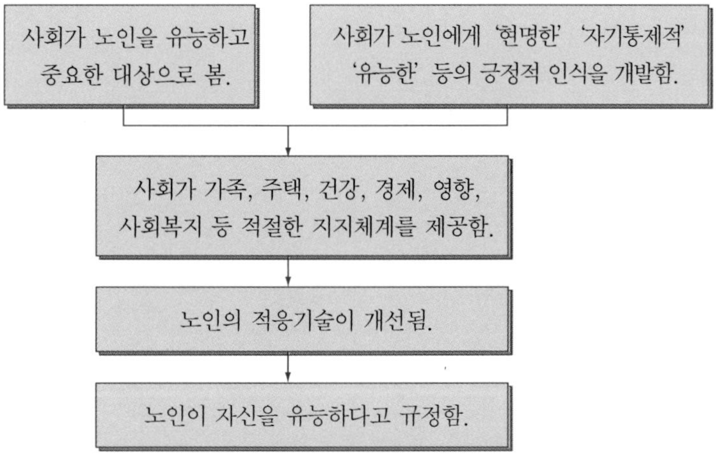

〈그림 16-3〉 노년기 사회적 복구증후군
(Santrock, 1995에서 인용)

기 발달에 미치는 긍정적 영향을 기대해볼 수 있다. Santrock(1995)은 이러한 과정을 **사회적 복구증후군**(social reconstruction syndrome)이라 부른다.

〈그림 16-3〉은 노인이 몸담고 있는 사회의 생태적 풍토가 어떻게 노인들의 긍정적인 발달을 촉진할 수 있는가의 과정을 보여준다. 노인에 대한 부정적 편견을 기대로 대치하는 사회적 풍토의 변화가 노인복지의 출발이 될 수 있다는 사실을 사회적 복구 모형을 통해 알 수 있을 것이다.

참고문헌

강란혜(1990). 아버지의 양육행동과 아동의 성역할 특성간의 관계분석. 이화여자대학교 대학원 석사학위논문.

강성경(1993). 노인들의 심리 사회적 재통합에 따른 죽음에 대한 공포의 정도. 연세대학교 교육대학원 석사학위논문.

강영숙(1981). 청년기에서 초기 성인기에 걸친 한국인의 도덕판단력의 발달양상에 관한 한 연구. 이화여자대학교 대학원 석사학위논문.

강인숙(1995). 학령전 아동의 정신적 표상의 발달에 관한 연구. 동아대학교 대학원 석사학위논문.

계향숙(1986). 역할놀이와 이야기 나누기 활동이 유아의 친사회적 행동에 미치는 영향. 이화여자대학교 교육대학원 석사학위논문.

고윤주(1988). 아동 물활론의 발달과 생명개념. **아동학회지**, 9(1), 17-32.

고재혁(1987). 한국청소년의 도덕성 발달과 그 교육적 함의. 서울대학교 대학원 석사학위논문.

곽금주(1992). 공격영화 시청이 아동과 청소년의 사회정보처리 과정에 미치는 영향. 연세대학교 대학원 박사학위논문.

곽금주 · 문은영(1993). 청소년의 심리적 특징 및 우울과 비행과의 관계. **한국심리학회지: 발달**, 6(2), 29-43.

권성자(1983). 어린이들의 죽음에 대한 이해연구. 이화여자대학교 대학원 석사학위논문.

권순명(1993). 지각된 양육경험과 자아정체감 및 통제귀인간의 관계분석. 전북대학교 대학원 박사학위논문.

권오식(1994). 인과추론능력의 발달-공변정보의 활용을 중심으로-. 서울대학교 대학원 박사학위논문.

권옥자(1987). 어머니의 양육태도 유형에 따른 유아의 친사회적 행동동기에 관한 연구. 이화여자대학교 대학원 석사학위논문.

김경진(1992). 아동의 현실적 실체와 정신적 실체의 구분능력과 이 능력에 미치는 변인. 이화여자대학교 대학원 석사학위논문.

김경희(1976). 한국아동의 도덕적 발달에 관한 실험적 연구. **유아교육연구**, 1, 9-25.

김경희(1987). 6세 아동의 타인행동이해와 친사회적 행동과의 상관관계 연구. 중앙대학교 대학원 석사학위논문.

김남주(1984). 아동의 죽음개념에 관한 연구. 숙명여자대학교 대학원 석사학위논문.

김명숙(1989). 아동의 공격행동에 따른 결과예상에 대한 연구. **아동학회지**, 10(2), 32-43.

김명자(1991). 중년기 부부의 가족 스트레스에 대한 대처 양식과 위기감. **대한가정학회지**, 29(1), 203-216.

김미경 · 이숙현(1990). 어머니의 취업에 대한 아동의 태도에 관한 연구. **아동학회지**, 11(2), 98-113.

김미해(1991). 아동의 공평성 개념 및 우정 개념의 발달. **아동학회지**, 12(2), 5-17.

김미화(1982). 여학생의 초경에 관한 조사연구. **한국보건교육학회지**, 1(1).

김민남 역(1988). **Kohlberg 도덕발달의 심리학-도덕관계의 본질과 타당성**(*The Psychology of Moral Development: The Nature and validity of moral stages, vol. 2. Essays on moral development*). 서울: 교육과학사.

김민순(1988). 정서상태의 회상이 5세 유아의 만족지연 행동 선택에 미치는 영향. 중앙대학교 대학원 석사학위논문.

김민정(1990). 유치원 유아들의 애착유형에 따른 또래수용에 관한 연구. 부산대학교 교육대학원 석사학위논문.

김민화 · 최경숙(1993). 아동의 정서추론발달. **한국심리학회지: 발달**, 6(1), 51-73.

김상윤(1985). Kohlberg 도덕발달단계 이동에 따른 종단연구. **부산교육학연구**, 2, 81-96.

김상윤(1989). 인지적 도덕발달이론에서 단계별 특성에 따른 도덕발달 경향분석. 동아대학교 대학원 박사학위논문.

김상희(1986). 죽음에 대한 이해도 및 부모와 교사의 의견. 중앙대학교 대학원 석사학위논문.

김석영(1994). 연령, 과제 전형성 및 인지양식에 따른 유목포함조작의 단서 제시효과. 동아대학교 대학원 석사학위논문.

김선옥(1990). Vygotsky 발달이론에 따른 교사-아동의 상호작용 분석. 부산대학교 교육대학원 석사학위논문.

김성기(1989). 중학생의 도덕성 발달에 관한 연구. 단국대학교 교육대학원 석사학위논문.

김성은(1977). 청소년의 도덕성 발달과 이에 영향을 미치는 가정적 요인에 관한 일 연구. 연세대학교 대학원 석사학위논문.

김수진(1989). 여성의 역할 태도가 심리적 안녕감에 미치는 영향. 고려대학교 대학원 석사학위논문.

김안중 등(1982). 한국아동의 도덕성 발달에 관한 연구. **「연구보고」** KR 82-23, 서울: 한국교육개발원.

김애순(1993). 중년기 위기감(2): 회고적 청년기의 정체감 발달상태에 따른 중년기 위기감 수준. **한국심리학회지: 발달**, 6(1), 75-84.

김영남(1991). Case의 인지발달단계와 Kohlberg의 도덕성 발달단계의 관계분석. 한국교원대학교 교육대학원 석사학위논문.

김영채 역(1991). **학습심리학**. 서울: 박영사.

김영희(1992). 출생순위에 따른 어머니와 유아의 언어유형 분석. 계명대학교 교육대학원 석사학위논문.

김온기(1984). 유아의 상상놀이에 관한 일 연구. 이화여자대학교 교육대학원 석사학위논문.

김유신 · 송명자(1991). 사전지식, 조망방식 및 결과정보의 제시에 따른 의도성 판단. **부산교육학 연구**, 5, 59-69.

김은아(1993). 중년기 부인의 자아정체감과 생의 의미에 관한 연구. 숙명여자대학교 대학원 석사학위논문.

김은주(1994). 노부모의 성인자녀와의 결속과 자아존중감에 관한 연구. 전남대학교 교육대학원 석사학위논문.

김은희 · 이기옥(1993). 언어대비화 개념의 위계성이 아동의 단어학습에 미치는 효과. **아동학회지**, 24(2), 79-94.

김인경(1993a). 청소년기 자아중심성과 관련된 변인연구: 가족관계, 분리개별화 및 자아개념을 중심으로. 연세대학교 대학원 박사학위논문.

김인경(1993b). 청소년기 자아중심성과 가족유형 및 가족 의사소통과의 관계. **한국심리학회지: 발달**, 6(2), 96-119.

김인경(1994). 청소년기 자아중심성 하위구인의 내용타당성 연구. **한국심리학회지: 발달**, 7(1), 21-43.

김인경 · 윤진(1987). 청소년기의 자아중심성에 관한 연구. **한국심리학회 연차대회 발표논문초록**.

김인경 · 장근영(1992). 청소년기 자아중심성과 관련변인들에 대한 탐색적 연구. **한국심리학회지: 발달**, 5(1), 143-156.

김재봉(1986). **3 · 4 · 5세 유아의 자아개념 발달에 관한 연구**. 중앙대학교 대학원 석사학위논문.

김재은 역(1972). **삐아제의 아동심리학**. 서울: 홍문사.

김정규(1984). 도덕성판단의 발달과 DIT에 의한 그 측정에 관한 연구. 논문집, 8, 건국대학교 교육연구소.

김지신(1985). 어머니의 훈육방법과 아동의 감정이입이 친사회적 행동에 미치는 영향. 이화여자대학교 대학원 석사학위논문.

김찬지(1986). 한국청소년의 성비행 요인에 관한 연구. 단국대학교 대학원 석사학위논문.

김태길(1992). 청소년 심성 발달과 가치관 교육의 문제: 한국의 경우. 한국 청소년의 심리적 특성. 발달심리학회 학술 심포지엄.

김향은 · 정옥분(1992). 정년퇴직을 앞둔 중년남성의 심리적 불안-퇴직 예정자의 상태특성불안과 현행 정년제도에 대한 시각을 중심으로-. 대한가정학회지, 30(2), 159-169.

김형태(1989). 청소년기 자아정체감의 발달 및 측정에 관한 연구. 충남대학교 대학원 석사학위논문.

김혜경(1988). 은퇴전후간 신체적 및 심리적 건강지각도 차이연구. 동아대학교 교육대학원 석사학위논문.

김혜리 · 조경자(1993). 위계적인 유목 포함관계를 부분-전체 관계로 잘못 이해하는 아동의 오류. 한국심리학회지: 발달, 6(2), 한국심리학회, 120-130.

김희화(1993). 아동의 자아존중감: 구성영역과 발달. 아동학회지, 14(1), 129-139.

나동석(1992). 자살, 청소년 문제론. 서울: 한국청소년연구원, 311-325.

나유미(1991). 정신에 대한 아동의 이해발달. 연세대학교 대학원 석사학위논문.

남순현(1990). 노년기 과거에 대한 투자와 회상기능에 대한 성차. 고려대학교 대학원 석사학위논문.

단희징(1987). 아동의 생물 · 무생물 개념의 획득에 관한 연구. 중앙대학교 대학원 석사학위논문.

대한소아과학회(1992). 한국 소아의 정상치, 21.

류지훈(1984). 도덕판단에 관한 연구 -군학생집단과 일반학생집단을 중심으로-. 중앙대학교 대학원 석사학위논문.

마송희(1979). 부모의 양육태도와 동료의 유혹에 대한 저항과의 관계연구. 이화여자대학교 대학원 석사학위논문.

문은영 · 윤진(1994). 또래의 수용이 청소년 초기의 고독감과 비행에 미치는 영향. 한국심리학회지: 발달, 7(1), 44-63.

민부기 등(1985). 한국여성의 폐경에 관한 연구(제1보). 대한산부회지, 28, 966.

박경숙 · 김명자(1991). 중년기 여성의 적응에 관한 연구. 한국가정관리학회지, 9(1), 65-80.

박경주(1989). 유치원 어머니의 언어유형에 관한 연구. 중앙대학교 대학원 석사학위논문.

박광배(1993). 사랑과 일에 대한 일-가정의 상충효과: 남성들의 경우. 한국심리학회지: 사회, 17, 215-225.

박명윤(1992). 청소년 흡연실태와 대책. 한국청소년연구, 8, 한국청소년연구원, 218-232.

박명인(1986). 5-6세 유아의 개념발달에 관한 연구. 중앙대학교 교육대학원 석사학위논문.

박명자 · 최경숙(1990). 제시양식 및 부호화 조건과 단서양식이 아동의 회상에 미치는 영향. 아동학회지, 11(1), 45-57.

박아청(1982). Erikson의 '아이덴티티' 에 대한 일 고찰. 관봉 한석동박사 고희기념논총, 573-590.

박아청(1994). 아이덴티티의 탐색. 서울: 중앙적성출판사.

박은실(1988). 친사회적 행동과 도덕적 판단과의 관계에 관한 연구. 중앙대학교 대학원 석사학위논문.

박응임(1995). 영아-어머니간의 애착유형과 그 관련변인. 아동학회지, 16(1), 113-131.

박의순(1990). 대학생이 지각한 조부모와의 관계연구. 이화여자대학교 대학원 석사학위논문.

박찬주(1989). 한국인의 도덕판단과 행동선택에 관한 DIT 적용에 관한 연구. 건국대학교 대학원 박사학위논문.

박혜원 · 곽금주(1989). 아동의 TV시청에 관한 연구의 동향과 과제 -심리학적 연구를 위한 한국문헌고찰-. 한국심리학회지: 발달, 2(1), 125-142.

박혜원 · 곽금주 · 박광배(1996). 한국 웩슬러 유아지능검사 지침서. 서울: 도서출판 특수교육.

박혜원 · 곽금주 · 정철주(1994). 영아의 기질과 Fagan 지능검사 수행과의 관계. 한국심리학회지: 발달, 7(1), 98-109.

박혜원 · 조복희(1994). TV시청 시간 조정이 아동의 TV 시청유형에 미치는 영향. 아동학회지, 15(2), 21-36.

박희숙(1988). 전문대학생의 자아정체감 수준과 도덕성 발달과의 관계 연구. 동아대학교 교육대학원 석사학위논문.

배재현(1993). 청소년의 분리개체화 과정과 자아정체감의 발달. 계명대학교 대학원 박사학위논문.

백문화 · 조병은(1992). 부모 및 조모와의 관계가 청소년의 자아정체감에 미치는 영향 –동거와 비동거 가족의 비교–. 대한가정학회지, 30(2), 219–236.

백선욱(1974). 부모와의 동일화가 자아동일성에 미치는 영향. 이화여자대학교 대학원 석사학위논문.

변창진(1973). 한국판 CIFT 지능검사. 서울: 중앙적성출판사.

서동인 · 유영주(1991). 손자녀가 지각한 조모와의 심리적 친밀도. 아동학회지, 12(2), 154–172.

서봉연(1975). 자아정체감에 관한 심리학적 일 연구. 경북대학교 대학원 박사학위논문.

서봉연 역(1985). 발달의 이론(W. C. Crain/1980, *Theories of Development*. Prentice–Hall). 서울: 중앙적성출판사.

서봉연(1995). 사회인지의 본질과 과정. 송명자 · 변창진 편저. 인지발달적 접근 교육심리. 서울: 교육과학사, 157–211.

서봉연 · 송명자 역(1990). 인지발달–개정판–(Flavell, J. H./1985, *Cognitive Development*, 2nd ed. Prentice–Hall). 서울: 중앙적성출판사.

서봉연 · 전광문(1965). 순결교육을 위한 기초조사. 중앙교육연구소 조사연구, 38.

서혜경(1986). 한미 노인들의 죽음에 대한 태도 연구. 이화여자대학교 대학원 석사학위논문.

성현란(1978). 낯가림의 시작 시기에 관한 연구. 고려대학교 대학원 석사학위논문.

손해곤(1992). 대학생의 자아정체감 형성과정 및 정체감 위기. 연세대학교 대학원 석사학위논문.

송광성 등(1992). 정학중퇴 청소년의 실태와 대책. 한국청년연구원.

송대현(1988). 폭력성 비디오 시청이 아동의 공격성에 미치는 영향에 관한 연구. 전남대학교 대학원 석사학위논문.

송명자(1982). 과제의 정보처리 부하량에 따른 구체적 조작구조 발달의 동시성 분석. 한국심리학회지: 일반, 3(3), 123–139.

송명자(1987). 초기경험과 지적발달. 교육심리연구, 창간호, 7–40.

송명자(1990). U형 발달: 이론과 현상의 개관. 한국심리학회지: 일반, 9(1), 33–53.

송명자(1992). 도덕판단발달의 문화적 보편성: 영역구분 모형의 가능성과 한계. 한국심리학회지: 일반, 11(1), 5–80.

송명자(1994a). 심리학의 최근 동향: 발달. 한국심리학회 동계 연수회. 서울: 한국심리학회, 83–140.

송명자(1994b). 한국 중 · 고 · 대학생의 심리. 사회적 성숙성 진단 및 평가(I): 사회적 규범 및 책임판단 분석. 한국심리학회지: 발달, 7(2), 서울: 한국심리학회, 53–73.

송명자 · 김상윤(1987). 아동의 도덕성 사태판단에 있어서 사회인습적 요인의 역할. 한국심리학회 연차대회 심포지엄 및 학술발표 논문 초록: 한국심리학회, 140–149.

송명자 · 김지영(1993). 과제유형과 조작형태에 따른 유아의 서열조작 발달양상. 한국심리학회지: 발달, 6(2), 147–161.

송명자 · 박충일(1995). 인지발달론적 접근: 교육심리. 서울: 교육과학사, 67–108.

송명자 · 이순형 역(1988). 아동의 언어와 사고(Piaget/1926. *The language and Thought of the Child*. New York: Harcourt Brace & World). 서울: 중앙적성출판사.

송명자 · 조용하 · 설기문 · 이경숙(1988). 대학신입생의 도덕적 사태판단 수준 및 개념화 양상의 분석. 학생연구, 17, 동아대학교 학생생활연구소, 5–42.

송명자 · 조용하 · 설기문 · 김상윤(1991). 한국대학생의 도덕사태 개념화 및 그 변화과정에 관한 연구(I). 교육학 연구, 29(2), 189–206.

송석영(1981). 각 연령층의 신체발육에 관한 연구. 한국체육대학논문집, 3, 179–209.

송설희(1993). 가족유형과 지각된 부모의 수용–거부가 청소년의 자아정체감에 미치는 영향. 충남대학교 대학원 박사학위논문.

송연숙(1993). 도시, 농촌 아동의 학습잠재력과 쓰기 준비도와의 관계. 부산대학교 교육대학원 석사학위논문.

신미애(1993). 낯선 성인 및 또래에 대한 유아의 기질별 반응에 관한 연구. 부산대학교 교육대학원 석사학위논문.

신아상 · 윤용웅(1986). 대학생의 도덕판단유형분석. 학생생활연구, 5, 1–23, 동의대학교 학생생활연구소.

안태정(1988). 도덕성 발달단계에 관한 일 연구. 경남대학교 교육대학원 석사학위논문.

양병한 등(1983). 과목실격경험과 자아 아이덴디티. **계명**, 15, 138-152.

양혜영(1986). 학령전 아동의 인과관계의 개념발달에 관한 연구. 이화여자대학교 대학원 석사학위논문.

연진영 · 김선애(1991). 아동의 자기-지식의 발달. **아동학회지**, 12(2), 18-36.

오선영(1991). 5-6세 유아 및 7세 아동의 인지적 단서 작용에 관한 이해. 중앙대학교 대학원 석사학위논문.

오순복(1985). 비취원아의 분류개념형성에 관한 연구. 중앙대학교 교육대학원 석사학위논문.

오연주(1987). 극화놀이의 효과연구 -자아개념을 중심으로-. 이화여자대학교 교육대학원 석사학위논문.

원영미(1990). 유아의 기질 및 그 관련 변수와 유치원 아동의 적응과의 관계. 이화여자대학교 대학원 박사학위논문.

원호택(1987). 한국인의 자살에 관한 심리사회적 이해. **현대사회**, 26, 66-89, 현대사회연구소.

원효헌(1987). 도덕성 발달의 관련변인에 대한 연구. 고려대학교 대학원 석사학위논문.

위영희(1994). 영, 유아 기질측정 척도(IBQ)의 타당화에 관한 일 연구. **아동학회지**, 15(1), 109-124.

유가효(1994). 아동후기에서 청년기에 이르는 성역할 발달에 관한 연구. **아동학회지**, 15(1), 127-144.

유연옥(1993). 아동 기억 발달의 개별적 과정과 사회적 과정의 통합. **한국심리학회지: 발달**, 6(2), 181-200.

유영순 · 김선희(1994). 인문계와 실업계 여고생의 비만 실태와 관련 요인에 관한 연구. **대한가정학회지**, 32(3), 185-196.

유혜숙(1986). 친사회적 행동에 영향을 주는 미술활동에 관한 연구. 이화여자대학교 교육대학원 석사학위논문.

윤경혜(1990). 5-11세 아동의 공간개념 발달에 관한 연구. 이화여자대학교 교육대학원 석사학위논문.

윤복희(1984). 유아의 생물 · 무생물 개념발달에 관한 연구. 이화여자대학교 대학원 석사학위논문.

윤성림 · 윤진(1993). 청소년기 자살 생각과 그 관련 변인 -고교생을 대상으로 한 심리적 특성의 탐색-. **한국심리학회지: 발달**, 6(1), 107-120.

윤재동(1984). 유혹상황에서 아동의 정직행위에 관한 실험연구: Cunning 행동을 중심으로. 중앙대학교 대학원 석사학위논문.

윤진(1985). **성인 · 노인심리학**. 서울: 중앙적성출판사.

윤진(1988). 부모-자녀 관계의 변화의 문제. 이춘재 등 공저. **청년심리학**(제8장). 서울: 중앙적성출판사.

윤진(1992). **청소년을 바라보는 시각**. 서울: 한국청소년연구원, 1-18.

윤진 · 김인경 역(1988). **아동기와 사회**(E. H. Erikson/1963, *Childhood and Society*). 서울: 중앙적성출판사.

윤진 · 김인경 · 김길청(1989). 청소년 비행과 자아중심성 발달의 관계. **형사정책**, 4, 67-96.

윤진 · 최정훈 · 김영미(1989). 성역할 고정관념과 남성의 스트레스와의 관계(I): 남성 스트레스 척도개발과 관련변인에 대한 탐색적 연구. **한국심리학회지: 사회**, 4(2), 70-83.

윤진 · 김인경(1994). 청소년기의 자아중심성, 한국청소년의 심리적 특성-청소년기의 도덕성과 사회성의 성숙수준. **발달심리학회 학술심포지엄**.

윤혜선(1985). 유아의 도형의식 발달에 관한 연구. 이화여자대학교 대학원 석사학위논문.

이경숙(1983). 대학생의 자아정체수준과 학업성취와의 관계. 서울대학교 대학원 석사학위논문.

이경영(1984). 4세 아동의 유목포괄개념 훈련에 관한 실험연구. 중앙대학교 대학원 석사학위논문.

이남정(1991). 극화놀이가 유아의 언어능력에 미치는 영향. 숙명여자대학교 교육대학원 석사학위논문.

이동화(1994). 실재와 다른 신념에 대한 학령전 아동의 이해 -행동예언의 발달적 변화-. 경북대학교 대학원 박사학위논문.

이미숙(1981). 학령전 아동의 성역할 고정관념의 발달에 관한 연구. 이화여자대학교 대학원 석사학위논문.

이미숙(1992). 유아의 도덕판단능력과 자아개념의 관계에 대한 연구. 한국교원대학교 대학원 석사학위논문.

이미혜(1983). 유아기 과학교육을 위한 일 연구. 이화여자대학교 대학원 석사학위논문.

이상로 · 송명자(1982). 과제의 특성에 따른 아동의 다중분류조작 발달 양상. **삐아제 연구**. 한국심리학회 발달심리연구회 편, 서울대학교출판부, 110-128.

이상로 · 이동화(1995). **인지발달론적 접근 교육심리**. 서

울: 교육과학사, 1-63.

이상선(1993). 여대생들의 식사행동과 심리적 요인들의 관계. 연세대학교 대학원 석사학위논문.

이설이(1985). 도덕판단력과 행동선택 및 그 격차에 관한 연구. 성신여자대학교 대학원 석사학위논문.

이수연(1985). 부모의 양육태도가 아동의 욕구충족 지연 행동에 미치는 영향. 이화여자대학교 대학원 석사학위논문.

이수원 · 이헌남(1993). 한국인의 인정에 관한 사회심리학적 이해 -한국인의 특성: 심리학적 탐색-. **한국심리학회 심포지엄**. 63-80.

이숙(1981). 학령전 아동의 성역할 고정관념의 발달에 관한 연구. 이화여자대학교 대학원 석사학위논문.

이영미 · 이기완(1994). 여대생의 체중조절에 대한 관심도와 섭식행동. **대한가정학회지**, **32**(2), 193-205.

이영숙(1992). **성문제, 청소년 문제론**. 서울: 한국청소년연구원, 270-293.

이영환(1992). 낯선 상황에서 영아의 아버지에 대한 애착에 관한 사례 연구. **아동학회지**, **13**(2), 5-14.

이영환(1994). 3세 유아와 아버지간의 애착 안정성과 의존성: Q-Sort 가정 관찰. **한국심리학회지: 발달**, **7**(2), 108-118.

이예영(1974). 어머니의 자녀교육관 및 양육태도와 유아발달과의 연관성 연구. 이화여자대학교 대학원 석사학위논문.

이은지(1991). 모성애 척도의 구성. 부산대학교 대학원 석사학위논문.

이정란(1989). Vygotsky의 발달이론에 따른 어머니의 상호작용전략과 유아의 자기 판단력과의 관계분석. **아동학회지**, **10**(1), 26-42.

이정희(1988). 아동의 죽음개념 형성 및 그 중재효과에 관한 연구. 동아대학교 대학원 석사학위논문.

이종원(1992). **흡연과 음주, 청소년문제론**. 한국청소년연구원, 213-225.

이창우 · 서봉연(1974). **한국판 WISC**. 서울: 배영사.

이춘재(1982). 아동의 공간조망능력의 발달에 관한 연구-대상자극의 친숙성과 변별성의 효과-. **삐아제 연구**. 한국심리학회 발달심리연구회 편, 서울대학교출판부.

이춘재 등(1988). **청년심리학**. 서울: 중앙적성출판사.

이춘재 · 오가실 · 정운복(1991). 사춘기 신체성숙시기와 심리사회적 발달. **한국심리학회지: 발달**, **4**(1), 89-101.

이현옥(1979). 유아의 성역할 학습을 위한 유치원교사 및 어머니의 태도에 관한 일 연구. 이화여자대학교 대학원 석사학위논문.

이현우(1988). 청소년기의 도덕적 판단수준과 가정환경과의 관계. **부산수산대학교 논문집**, **38**, 65-101.

이현진(1992). 언어습득에서의 부정적 증거의 역할. **한국심리학회지: 발달**, **5**(1), 111-124.

이혜련(1992). 연령, 범주전형성 및 회상조건에 따른 아동의 상위기억과 범주적 조직화 책략용. 동아대학교 대학원 석사학위논문.

이혜주(1981). 도덕적 지와 행과의 상관적 분석에 관한 연구. 연세대학교 대학원 석사학위논문.

이효정(1986). 유아의 서열화 개념 발달에 관한 연구. 이화여자대학교 대학원 석사학위논문.

이희신(1986). 언어보상이 유아의 지연만족 행동발달에 미치는 영향. 중앙대학교 대학원 석사학위논문.

임인재(1989). **인간의 지적능력탐구의 최근동향. 교육심리연구론**. 서울: 배영사.

장근영 · 윤진(1992). 청소년기 자아중심성: 분리-개별화 과정 및 역할취득 수준과의 관계. **한국심리학회지: 발달**, **5**(1), 157-175.

장상호(1982). **Piaget 발생적 인식론과 교육**. 서울: 교육과학사.

장성수 · 이수원 · 정진곤(1990). 한국인의 인간관계에 나타난 분배정의에 관한 연구. **교육논총**, **3**, 한양대학교 한국교육문제연구소.

장영미(1978). 유아의 낯가림 성질에 관한 실험연구. 이화여자대학교 대학원 석사학위논문.

전연숙(1982). 아동의 유목-포괄 발달에 관한 연구-발달수준 및 훈련 효과. 숙명여자대학교 대학원 석사학위논문.

정갑순(1982). 유아의 초인지적 발달 연구. 중앙대학교 대학원 박사학위논문.

정경숙(1985). 아동의 죽음에 대한 개념과 인지적 발달과의 관계. 계명대학교 대학원 석사학위논문.

정선숙(1992). 아동의 성 고정관념에 대한 연구. 이화여자대학교 교육대학원 석사학위논문.

정순화 · 정옥분(1994). 아동의 성도식과 성관련 과제의 기억 및 선호. **아동학회지**, **15**(1), 37-54.

정순환(1992). 성과 관련된 과제의 선호에서의 성도식의 영향. **아동학회지**, **13**(2), 65-82.

정영숙(1976). 한국유아의 낯가림과 격리불안에 관한 연구. 이화여자대학교 대학원 석사학위논문.

정은주(1987). 유아의 조망수용능력과 나눠주기 행동간의 관계. 이화여자대학교 교육대학원 석사학위논문.

정진경(1986). 긍정적, 부정적 정서유도가 아동의 욕구만족 지연행동에 미치는 효과. 고려대학교 대학원 석사학위논문.

정태연 · 윤진(1992). 충동성과 공격성이 좌절상황에서의 사회정보처리에 미치는 영향. 한국심리학회지, 5(1), 29-40.

정향인(1989). 일반청소년과 비행청소년의 인지발달 수준과 도덕판단능력 비교연구. 연세대학교 대학원 석사학위논문.

정한금(1978). Piaget의 분류개념 형성에 관한 일 연구. 전남대학교 대학원 석사학위논문.

정현희 · 오미경(1993). 청소년기 자녀의 부모에 대한 애착과 자아개념과의 관계에 관한 연구. 대한가정학회지, 31(1), 85-95.

조미혜(1989). 아동의 회상수행, 조직화 책략 및 상위기억간의 관계. 아동학회지, 10(1), 11-25.

조복희(1981). 우리나라 농촌 아동의 발달단계별 보존개념. 아동학회지, 87.

조복희 · 현온강(1994). 한국부모의 부모역할 만족도. 대한가정학회지, 12, 83.

조성원(1988). 직업 및 활동에서의 성 고정관념 발달에 관한 연구. 한국심리학회지: 발달, 1(1), 103-112.

지연경(1990). 내외통제성 및 은퇴로 인한 스트레스 지각과 생활 만족도-은퇴한 남자 노인을 중심으로-. 이화여자대학교 대학원 석사학위논문.

차영희(1987). 대학생의 자아정체감 수준과 학업성적과의 관계. 전남대학교 대학원 석사학위논문.

차재호(1985). 발달심리학연구의 최근동향. 한국심리학회 제4회 연수회 교육자료, 37-62.

차춘희(1983). 부 부재와 모자 상호작용의 질이 유치원 아동의 지적발달과 사회성 발달에 미치는 영향. 부산대학교 대학원 석사학위논문.

차행자(1988). 시설아와 정상가정아의 도덕성 비교. 숙명여자대학교 교육대학원 석사학위논문.

청소년대책위원회 편(1994). 청소년 백서.

최경순(1991). 아버지의 양육행동 및 관련변인에 관한 연구. 한국가정학회지, 9(1), 223-239.

최경순(1992). 아버지의 양육행동 및 참여도와 아동의 사회적 능력과의 관계. 고려대학교 대학원 박사학위논문.

최선애(1984). 부친부재가 자녀의 정서불안에 미치는 영향. 고려대학교 대학원 석사학위논문.

최영희(1989). 기질특성의 타당성 조사연구. 원우논총, 7, 숙명여자대학교, 63-79.

최영희(1994). 기질과 환경 간의 조화로운 합치모델 검증연구(II) -조화로운 합치와 아동의 자기능력지각-. 아동학회지, 15(1), 145-157.

최윤진 등(1990). 청소년 문제행동 진단을 위한 조사연구(I, II). 한국청소년연구원.

최혜린(1994). 유아산수학습 능력의 역동적 측정. 부산대학교 교육대학원 석사학위논문.

추성경(1992). 과제특성 및 질문형태에 따른 유목포함과제 수행수준 및 수리능력과의 관계. 동아대학교 대학원 석사학위논문.

추정선(1988). 사회경제적 지위 및 직업별 결정적 지능 발달양상 분석. 동아대학교 대학원 박사학위논문.

표갑수(1992). 학교중퇴의 원인과 과제. 학생생활연구, 14, 청주대학교 학생생활연구소.

하영란(1990). 가정환경변인과 도덕 판단력 발달에 관한 연구. 성신여자대학교 대학원 석사학위논문.

하정연(1985). 한국 아동의 참조적 의사소통 발달에 관한 일 연구. 연세대학교 대학원 석사학위논문.

한미라(1983). 유아의 분류개념 발달에 관한 연구. 이화여자대학교 대학원 석사학위논문.

한미선(1992). 중년기 부인의 자녀문제로 인한 스트레스 대처방안과 심리적 적응간의 관계. 숙명여자대학교 대학원 석사학위논문.

한승희 등(1990). 어른들은 청소년을 어떻게 생각하는가. 한국청소년연구원.

한정신(1987). 청소년의 도덕성발달 수준과 내외통제성 측정에 관한 연구. 숙명여자대학교 대학원 석사학위논문.

한종하(1982). An Analysis of the Second year Korean Science Textbook Using Piagetian Concrete and Formal Operational Thinking Patterns. 삐아제 연구. 한국심리학회 발달심리학회 편, 서울대학교 출판부, 262-331.

허윤(1984). 청소년의 도덕성 발달과 가정환경과의 관계.

중앙대학교 대학원 석사학위논문.

허형 등(1978). 유아의 발달수준 확인을 위한 탐색적 연구. **한국행동과학연구소**, 11(8).

홍계옥 · 정옥분(1995). 유아의 기질 및 어머니의 양육행동과 모자 애착 행동간의 관계. **아동학회지**, 16(1), 99-112.

황선덕(1990). 입학초기 어린이(6.0-7.0세)의 보존개념 형성과 관련된 변인에 관한 연구. 건국대학교 교육대학원 석사학위논문.

황선회(1994). 유아의 연령, 성 및 기질에 따른 친사회적 행동 훈련효과 분석. 동아대학교 대학원 박사학위논문.

황혜신 · 이순형(1990). 아동의 성향상성과 성별특정화 행동. **아동학회지**, 11(2), 82-97.

황해익 · 조희숙(1992). 유아의 학습잠재력 측정도구의 개발. **유아교육 논총**, 2, 65-86.

Acredolo, L. P. (1985). Coordinating perspectives on infant spatial orientation. In R. Cohen (Ed.), *The development of spatial cognition*. Hillsdale, NJ: Erlbaum.

Adams, R. J. (1989). Newborns' discrimination among mid-and long-wave length stimuli. *Journal of Experimental Child Psychology, 47,* 130-141.

Adams, R. J., & Gullotta, T. P. (1990). *From childhood to adolescence: A transitional period?* Newbury Park, CA: Sage.

Adelson, J. (1972). The political imagination of the young adolescent. In J. Kagan, & D. Coles (Eds.), *Twelve to sixteen: Early adolescence*. New York: Norton.

Adelson, J. (1975). The development of ideology in adolescence. In S. E. Dragastin, & G. H. Elder, Jr. (Eds.), *Adolescence in the life cycle*. Washington, DC: Hemisphere.

Adelson, J., & O'neil, R. P. (1986). Growth of political ideas in adolescence: The sense of community. *Journal of Personality and Social Psychology, 4,* 295-306.

Adelson, J., Green, B., & O'Neil, R. (1969). Growth of the idea of law in adolescence. *Developmental Psychology, 1,* 327-332.

Ahr, P. P, & Youniss, J. (1970). Reasons for failure of the class-inclusion problem. *Child Development, 41,* 131-143.

Ainsworth, M. D. S. (1973). The development of infant-mother attachment. In B. M. Caldwell, & H. N. Ricciuti (Eds.), *Review of child development research, Vol. 3*. Chicago: University of Chicago Press.

Ainsworth, M. D. S. (1979). Attachment as related to mother-infant interaction. In J. G. Rosenblatt, R. A. Hinde, C. Beer, & M. Busnel (Eds.), *Advances in the study of behavior, 9.* Orlando, FL: Academic Press.

Ainsworth, M. D. S., Blehar, M., Waters, E., & Wall, S. (1978). *Patterns of attachment*. Hillsdale, NJ: Erlbaum.

Ainsworth, M. D. S., & Eichberg, C. G. (1991). Effects on infant-mother attachment of mother's unresolved loss of an attachment figure or other traumatic experience. In P. Marris, J. Stevenson-Hindle, & C. Parkes (Eds.), *Attachment across the life cycle*. New York: Routledge.

Albert, M. S., Heller, H. S., & Miberg, W. (1988). Changes in naming ability with age. *Psychology and Aging, 3,* 173-178.

Allan, W., Jacquelynne, S. E., Douglas, M. I., David, A. R., & Carol, M. (1991). *Transitions during early adolescence: Changes in children's domain-specific self-perception and general self-esteem across the transition to junior high school*. Institute for Social Research, University of Michigan.

Allen, J. P., Bell, K. L., & Boykin, K. A. (1994). *Autonomy and relatedness in adolescent-mother interactions and social functioning with peers*. Paper presented at the meeting of the Society for Research on Adolescence. San Diego, CA.

Anderson, D. R., Lorch, E. P., Field, D. E., Collins, P. A., & Nathan, J. G. (1986). Television viewing at home: Age trends in visual attention and time with T. V. *Child Development, 57,* 1024-1033.

Anderson, N. H., & Cuneo, D. O. (1978). The height+Width rule in children's judgments of quantity. *Journal of Experimental Psychology: General, 107,* 335-378.

Archer, S. L. (1985). Identity and the choice of social roles. In A. S. Waterman (Eds.), *Identity in adolescence: Precesses and contents(New directions for child development,* NO. 30). San Francisco: Jossey-Bass.

Aries, P. (1960). *Centuries of Childhood: A Social History of Family Life* (R. Baldick, trans.). New York: Grune, & Stratton.

Arlin, P. K. (1975). Cognitive development in adulthood: A fifth stage? *Developmental Psychology, 11,* 602-606.

Arlin, P. K. (1984). Adolescent and adult thought: A structural interpretation. In M. L. Commons, F. A. Richards, & C. Armon (Eds.), *Beyond formal operations: Late adolescent adult cognitive development.* New York: Praeger, 258-271.

Armsden, G. C., & Greenberg, M. T. (1987). The inventory of parent and peer attachment: Individual differences and their relationship to psychological wellbeing in adolescence. *Journal of Youth and Adolescence, 16,* 427-454.

Arnett, J. (1990). Contraceptive use, sensation seeking, and adolescent egocentrism. *Journal of Youth and Adolescence, 19,* 171-180.

Asher, S. R. (1979). Referential communication. In G. J. Whitehurst, & B. J. Zimmerman (Eds.), *The functions of language and communication.* New York: Academic Press.

Asher, S. R. (1986). An Overview of intervention research with unpopular children. In S. R. Asher, & J. Coie (Eds.), *Assessment of children's social status.* New York: Cambridge University Press.

Asher, S. R., Oden, S. L., & Gottman, J. M. (1976). Children's Friendships in school settings. *Quarterly Review of Early Childhood Education, 1,* 1-17.

Ashmead, D. H., & Perlmutter, M. (1980). Infant memory in everyday life. In M. Perlmutter (Ed.), *Children's memory (New derections for child development, No. 10).* San Francisco: Jossey-Bass.

Aslin, R. N., & Smith, L. B. (1988). Perceptual development. *Annual Review of Psychology, 39,* 435-473.

Aslin, R. N., Pisoni, D. B., & Jusczyk, P. W. (1983). Auditory development and speech perception in infancy. In M. M. Haith, & J. J. Campos (Eds.), *Handbook of Child Psychology, 2: Infancy and developmental psychobiology.* New York: Wiley.

Astington, J. W. (1991). Intention in the child's theory of mind. In D. Frye, & C. Moore (Eds.), *Children's theories of mind.* Hillsdale, NJ: Erlbaum.

Astington, J. W., Harris, P. L., & Olson, D. (Eds.) (1988). *Developing theories of mind.* Cambridge: Cambridge University Press.

Atkinson, R. C., & Shiffirin, R. M. (1968). Human memory: A proposed system and its control processes. In K. W. Spence, & J. T. Spence (Eds.), *The psychology of learning and motivation: Advances in research and theory, Vol. 2.* Orlando, FL: Academic Press.

Baillargeon, R. (1987). Object permanence in $3\frac{1}{2}$ and $4\frac{1}{2}$ month-old infants. *Developmental Psychology, 23,* 5, 655-664.

Baillargeon, R. (1991). *Infant's reasoning about collision events.* Paper presented at the meeting of the SRCD, Seattle, W. A.

Baltes, P. B. (1968). Longitudinal and cross-sectional sequences in the study of ate and generation effects. *Human Development, 11,* 145-171.

Baltes, P. B. (1987). Theoretical propositions of life-span developmental psychology: On the dynamics between growth and decline. *Developmental Psychology, 23, 5,* 611-626.

Baltes, P. B. (1989). The dynamics between growth and decline. *Contemporary Psychology, 34,* 983-984.

Baltes, P. B., Featherman, D. L., & Lerner, R. M. (Eds.) (1986). *Life-span development and philosophical perspectives.* Hillsdale, NJ: Erlbaum.

Baltes, P. B., & Kliegl, R. (1992). Further testing of limits of cognitive plasticity: Negative age differences in an memory skill are robust. *Developmental psychology, 28,* 121-125.

Baltes, P. B., & Reese, H. W. (1984). The life-span perspective in developmental psychology. In M. H. Bornstein, & M. E. Lamb (Eds.), *Developmental psychology: An advanced textbook.* Hillsdale, NJ: Erlbaum.

Baltes, P. B., & Schaie, K. W. (Eds.) (1973). *Life-span developmental psychology: Personality and socialization.* New York: Academic Press.

Baltes, P. B., & Smith, J. (1990). The psychology of wisdom and its ontogenesis. In R. J. Sternberg (Ed.), *Wisdom: Its nature, origins and development.* New York: Cambridge University Press, 87-120.

Baltes, P. B., & Willis, S. L. (1979). The critical importance of appropriate methodology in the study of aging: The sample case of psychometric intelligence. In F. Hoffmeister, & C. Miller (Eds.), *Brain function in old age.* Heidelberg: Springer, 164-187.

Baltes, P. B., & Willis, S. L. (1982). Plasticity and enrichment project (ADEPT). In F. I. M. Craik, & S. E. Trehub (Eds.), *Aging and cognitive processes.* New York: Plenum, 353-389.

Bandura, A. (1965). Influence of model's reinforcement contingencies on the acquisition of imitative responses. *Journal of Personality and Social Psychology, 1,* 589-595.

Bandura, A. (1969). Social-learning theory of identificatory processes. In D. A. Goslin (Ed.), *Handbook of Socialization Theory and Research.* Rand McNally.

Bandura, A. (1973). *Aggression: A social learning analysis.* Englewood Cliffs, NJ: Prentice Hall.

Bandura, A. (1977a). Self-efficacy: Toward a unifying theory of behavioral change. *Psychological Review, 84,* 191-215.

Bandura, A. (1977b). *Social learning theory.* Englewood Cliffs, NJ: Prentice Hall.

Bandura, A. (1981). Self-referent thought: A developmental analysis of self-efficacy. In J. H. Flavell, & L. Ross (Eds.), *Social cognitive development: Frontiers and possible futures.* New York: Cambridge University Press.

Bandura, A. (1989). Social cognitive theory. In R. Vasta (Ed.), *Annals of Child Development, Vol. 6.* Greenwich, CT: JAI Press.

Bandura, A., & Mischel, W. (1965). Modification of self-imposed delay of reward through exposure to live and symbolic models. *Journal of Personality and Social Psychology, 2,* 698-705.

Bandura, A., Grusec, J. E., & Menlove, F. L. (1966). Observational learning as a function of symbolization and incentive set. *Child Development, 37,* 499-506.

Bandura, A., Ross, D., & Ross, S. A. (1963). Imitation of film-mediated aggressive models. *Journal of Abnormal and Social Psychology, 66,* 3-11.

Banks, M. S., & Salapatek, P. (1983). Infant visual perception. In P. H. Mussen (Ed.), *Handbook of child psychology: Vol. 2. Infancy and developmental psychology.* New York: Wiley.

Barglow, P., Vaughn, B. E., & Molitor, N. (1987). Effects of maternal absence due to employment on the quality of infant-mother attachment. *Child Development, 58,* 945-954.

Barnes, D. M. (1989). "Fragile X" syndrome and its

puzzling genetics. *Science, 243,* 171-172.

Baron, R. A. (1983). The control of human aggression: A strategy based on incompatible responses. In R. G. Geen, & E. I. Donnerstein (Eds.), *Aggression: Theoretical and empirical reviews, Vol. 2.* New York: Academic Press.

Baron, R. A., & Byrne, D. (1991). *Social psychology: Understanding human interaction* (5th ed.). Newton, MA: Allyn, & Bacon.

Bar-Tal, D., Raviv, A., & Goldberg, M. (1982). Helping behavior among preschool children: An observational study. *Child Development, 53,* 393-402.

Bash, M. A. S., & Camp, B. W. (1985). *Think Aloud: Classroom program.* Ulbana Champaign, IL: Research Press.

Bash, M. A. S., & Camp, B. W. (1986). Teacher training in the Think Aloud classroom program. In G. Cartledge, & J. F. Milburn (Eds.), *Teaching social skills to children.* New York: Pergamon.

Baskett, L. M. (1985). Sibling status effects: Adult expectations. *Developmental Psychology, 21,* 441-445.

Baskett, L. M., & Johnson, S. M. (1982). The young child's interaction with parents versus siblings. *Child Development, 53,* 643-650.

Bates, E., Bretherton, I., Beeghly-Smith, M., & McNew, S. (1982). Social bases of language development: A reassessment. In D. S. Palermo (Ed.), *Advances in child development and behavior, Vol. 17.* New York: Academic Press.

Bates, J. E. (1983). Issues in the assessment of difficult temperament. *Merrill-Palmer Quarterly, 29,* 89-97.

Bates, J. E. (1987). Temperament in infancy. In J. D. Osofsky (Ed.), *Handbook of infant development* (2nd ed.). New York: Wiley.

Bates, J. E., Maslin, C. A., & Frankel, K. A. (1985). Attachment security, mother-child interaction, and temperament as predictors of behavior-problem ratings at age three years. In I. Bretherton, & E. Waters (Eds.), *Growing points of attachment theory and research.* Monographs of the Society for Research in Child Development, 50 (Nos. 1-2).

Baumrind, D. (1967). Child care practices anteceding three patterns of pre-school behavior. *Genetic Psychology Monographs, 75,* 43-88.

Baumrind, D. (1971). Current patterns of parental authority. *Developmental Psychology Monographs, 4* (1, Part 2).

Baumrind, D. (1977). *Socialization determinants of personal agency.* Paper presented at the biennial meeting of the Society for Research in Child Development. New Orleans.

Baumrind, D. (1991a). The influence of parenting style on adolescent competence and substance. *Journal of Early Adolescence, 11,* 56-95.

Baumrind, D. (1991b). Effective parenting during the early adolescent transition. In P. A. Cowan, & E. M. Hetherington (Eds.), *Family transitions.* Hillsdale, NJ: Erlbaum, 111-164.

Bayley, N. (1969). *Bayley Scales of Infant Development.* New York: Psychological Corporation.

Beal, C. R., & Belgrad, S. L. (1990). The development of message evaluation skills in young children. *Child Development, 61,* 705-712.

Beal, C. R. (1985). Development of knowledge about the use of cues to aid prospective retrieval. *Child Development, 56,* 631-642.

Bebout, L. J., Segalowitz, S. J., & White, G. J. (1980). Children's comprehension of causal constructions with because and so. *Child development, 51,* 565-568.

Becker, J. M. F. (1977). A learning analysis of the development of peer-oriented behavior in nine-month-old infants. *Developmental*

Psychology, 13, 481-491.

Belbin, R. M. (1983). The implications of gerontology for new work roles in later life. In J. E. Birren (Ed.), *Aging: A challenge to science and society, Vol. 3*. New York: Oxford University Press, 214-225.

Belloc, N. B., & Breslow, L. (1972). Relationship of physical health status and health practices. *Preventive Medicine, 1,* 409-421.

Belsky, J., & Rovine, M. (1988). Nonmaternal care in the first year of life an infant-parent attachment security. *Child Development, 59,* 157-167.

Belsky, J., & Steinberg, L. D. (1978). The effects of day care: A critical review. *Child Development, 49,* 929-949.

Bem, S. L. (1974). The measurement of psychological androgyny. *Journal of Consulting and Clinical Psychology, 42,* 155-162.

Bem, S. L. (1975). Sex role of adptability: One consequence of psychological androgyny. *Journal of Personality and Social Psychology, 31,* 634-643.

Bem, S. L. (1978). Beyond androgyny: Some presumptus prescriptions for a liberated sexual identity. In J. A. Sherman, & F. L. Denmark (Eds.), *The psychology of woman: Future directions in research*. New York: Psychological Dimensions.

Bem, S. L. (1983). Gender schema theory and its implications for child development: Raising gender schematic children in a gender schematic society. Signs: *Journal of Woman in Culture and Society, 8,* 598-616.

Bem, S. L. (1987). Masculinity and femininity exist only in the mind of the perceiver. In J. M. Reinisch, L. A. Rosenblum, & S. A. Sanders (Eds.), *Masculinity/femininity: Basic perspectives*. New York: Oxford.

Bem, S. L. (1989). Genital knowledge and gender constancy in preschool children. *Child Development, 60,* 649-662.

Bernard, H. S. (1981). Identity formation in late adolescence: A review of some empirical findings. *Adolescence, 16,* 349-358.

Berndt, T. J. (1979). Developmental changes in conformity to peers and parents. *Developmental Psychology, 15,* 608-616.

Berndt, T. J. (1981). Age changes and changes over time in prosocial intentions and behavior between friends. *Developmental Psychology, 17,* 408-416.

Berndt, T. J. (1986a). *The distinctive features of conversations between friends*. Paper presented at the meeting of the American Psychological Association, Washington, DC.

Berndt, T. J. (1986b). Sharing between friends: Contexts and consequences. In E. C. Mueller, & C. R. Cooper (Eds.), *Process and outcome in peer relationships*. New York: Academic Press.

Berndt, T. J. (1988). The nature and significance of children's friendships. In R. Vasta (Ed.), *Annals of child development, Vol. 5*. London: JAI Press.

Berndt, T. J. (1989). Obtaining support from friends during childhood and adolescence. In D. Belle (Ed.), *Children's social networks and social supports*. New York: Wiley.

Berndt, T. J., & Heller, K. A. (1986). Gender stereotypes and social inferences: A developmental study. *Journal of Personality and Social Psychology, 50,* 889-898.

Berndt, T. J., & Hoyle, S. G. (1985). Stability and change in childhood and adolescent friendships. *Developmental Psychology, 21,* 1007-1015.

Berndt, T. J., & Perry. T. B. (1990). Distinctive features and effects of adolescent friendships. In R. Montemayor, G. R. Adams, & T. P. Gullotta (Eds.), *From childhood to adolescence: A transitional period?* London: Sage Publications.

Berscheid, E. (1988). some comments on love's anatomy: Or, whatever happened to an old fashioned lust? In R. J. Sternberg, & M. L. Barnes (Eds.), *Anatomy of love*. New Haven, CT: Yale University Press.

Bertenthal, B. I., & Campos, J. J. (1990). A systems approach of the organizing effects of self-produced locomotion during infancy. In C. Rovee-Collier, & L. P. Lipsitt (Eds.), *Advances in infancy research, Vol. 6*. Norwood, NJ: Ablex.

Best, J. R. (1973). The hierarchical nature of moral judgement: A study of patterns of comprehension and preference for moral stages. *Journal of Personality, 41,* 86-109.

Best, D. L., Williams, J. E., Cloud, J. M., Davis, S. W., Robertson, L. S., Edwards, J. R., Giles, H., & Fowlkes, J. (1977). Development of sex-trait stereotypes among young children in the United States, England, and Ireland. *Child Development, 48,* 1375-1384.

Bigler, R. S., & Liben, L. S. (1990). The role of attitudes and interventions in gender-schematic processing. *Child Development, 61,* 1440-1452.

Birch, L. L., & Billman, J. (1986). Preschool children's food sharing with friends and acquaintances. *Child Development, 57,* 387-395.

Bjorklund, D. F. (1987). How age changes in knowledge base contribute to the development of children's memory: An interpretive review. *Developmental Review, 7,* 93-103.

Bjorklund, D. F., & Harnishfeger, K. K. (1990). The resources construct in cognitive development: Diverse sources of evidence and a theory of inefficient inhibition. *Developmental Review, 10,* 48-71.

Blos, P. (1962). *On adolescence*. New York: Free Press.

Blos, P. (1979). *Developmental issues*. New York: International Universities Press.

Blos, P. (1989). The inner world of the adolescent. In A. H. Esman (Ed.), *International annals of adolescent psychiatry*. Chicago: University of Chicago Press.

Boas, F. (1950). *Foreword to coming of age in Samoa*. New York: New American Library.

Boggiano, A. K., Main, D. S, & Katz, P. A. (1988). Children's preference for challenge: The role of perceived competence and control. *Journal of Personality and Social Psychology, 54,* 134-141.

Bohannon, J. N., & Stanowicz, L. (1988). The issue of negative evidence: Adult responses to children's language errors. *Developmental psychology, 24,* 684-689.

Boldizar, J. P. (1991). Assessing sex-typing and androgyny in children: The children's sex-role inventory. *Developmental Psychology, 27,* 505-515.

Boldizar, J. P., Perry, D. G., & Perry, L. C. (1989). Outcome values and aggression. *Child Development, 60,* 571-579.

Bolduc, J. (1972). *A Developmental study of the relationship between experiences of death and age and development of the concept of death*. Doctoral dissertation. Columbia University.

Borke, A. (1975). Piaget's mountains revisited: Changes in the egocentric landscape. *Developmental Psychology, 11,* 240-243.

Botwinick, J. (1967). *Cognitive processes in maturity and old age*. New York: Springer.

Botwinick, J. (1984). *Aging and behavior: A comprehensive integration of research findings* (3rd ed.). New York: Springer.

Bower, T. G. R. (1982). *Development in human infancy*. New York: W. H.

Bowlby, J. (1958). The nature of the child's tie to his mother. *International Journal of Psychoanalysis, 39,* 35.

Bowlby, J. (1969). *Attachment and loss, Vol. 1: Attachment*. London: Hogarth Press.

Brainerd, C. J., & Kingma, J. (1984). Do children have to remember to reason? A Fuzzy-Trace theory of transitivity development. *Developmental Review, 4,* 3, 311-377.

Brainerd, C. J., & Reyna, V. F. (1992). The memory independence effect: What do the data show? What do the theories claim? *Developmental Review, 12,* 2, 164-186.

Brainerd, C. J., Reyna, V. F., Howe, M. L., & Kingma, J. (1990). *The development of forgetting and reminiscence.* Monographs of the Society for Research in Child Development, Serial No. 222.

Brent, D. A. (1989). Suicide and suicidal behavior in children and adolescents. *Pediatrics in Review, 10,* 269-275.

Bretherton, I. (1989). Pretense: The form and function of make-believe play. *Developmental Review, 9,* 383-401.

Bretherton, I. (1991). Pouring new wine into old bottles: The social self as internal working model. In M. R. Gunnar, & L. A. Sroufe (Eds.), *Minnesota symposia on child psychology, Vol. 23: Self processes and development.* Hillsdale, NJ: Erlbaum.

Bretherton, I., & Beeghly, M. (1982). Talking about internal states: The acquisition of an explicit theory of mind. *Developmental Psychology, 18,* 906-921.

Bretherton, I., & Beeghly, M. (1989). Pretense: Acting "as if." In J. L. Lockman, & N. L. Hazen (Eds.), *Action in social context.* New York: Plenum Press.

Bretherton, I., Fritz, J., Zahn-Waxler, C., & Ridgeway, D. (1986). Learning to talk about emotions: A functionalist perspective. *Child Development, 57,* 529-548.

Brim, O. G., & Ryff, C. D. (1980). On the properties of life events. In P. B. Baltes, & O. G. Brom (Eds.), *Life-span development and behavior, Vol. 3.* New York: Academic Press, 367-388.

Bronfenbrenner, U. (1977). Toward an experimental ecology of human development. *American Psychologist, 32,* 513-531.

Bronfenbrenner, U. (1979). Contexts of child rearing: Problems and prospects. *American Psychologist, 34,* 844-850.

Bronfenbrenner, U. (1986). Ecology of the family as a contest for human development: Research perspectives. *Developmental Psychology, 22,* 723-742.

Bronfenbrenner, U., Devereux, E. C. Jr., Suci, G. J., & Rodgers, R. R. (1965). *Adults and peers as sources of conformity and autonomy.* Paper presented at the Conference on Socialization for Competence, Sponsored by the Social Science Research Council, Puerto Rico.

Brook, J. S., Brook, D. W., Gordon, A. S., Whiteman, M., & Cohen, P. (1990). The psychological etiology of adolescent drug use: A family interactional approach. *Genetic, Social, and General Psychology Monographs, 116,* 110-267.

Brooks-Gunn, J., & Paikoff, R. L. (1993). "Sex is a gamble, kissing is a game": Adolescent sexuality and health promotion. In S. G. Millstein, A. C. Petersen, & E. O. Nightingale (Eds.), *Promoting the health of adolescents.* New York: Oxford University Press.

Brown, A. L., & Ferrara, R. A. Diagnosing zones of proximal development. In Wertsch, J. V. (Ed.), *Culture, communication and cognition: Vygotskian perspectives.* Cambridge: Cambridge University Press, 273-305.

Brown, B. B., & Mount, N. (1989). *Peer group structure in single versus multiethnic high schools.* Paper presented at the Society for Research in Child Development meetion. Kansas City, MO.

Brown, B. B., & Trujillo, C. M. (1988). Adolescents' perceptions of peer group stereotypes. Cited in Muuss, R., *Theories of adolescence.* New

York: McGraw-Hall, Inc.

Brown, R. (1973). *A first language: The early stages.* Cambridge, MA: Harvard University Press.

Brownell, C. A. (1990). Peer social skills in toddlers: Competencies and constraints illustrated by same-age and mixed-age interaction. *Child Development, 61,* 838-848.

Bruce, P. R., Coyne, A. C., & Botwinick, J. (1982). Adult age differences in metamemory. *Journal of Gerontology, 37,* 354-357.

Bruner, J. S. (1975). The ontogeny of speech acts. *Journal of Child Language, 2,* 1-19.

Bruner, J. S. (1981). Interaction and language acquisition. In W. Deutsch (Ed.), *The child's construction of language.* New York: Norton.

Bruner, J. S. (1983). *Child's talk: Learning to use language.* Oxford: Oxford University Press.

Bruner, J. S. (1986). *Actual minds, possible worlds.* Cambridge: Harvard University Press.

Buhrmester, D. (1990). Intimacy of friendship, interpersonal competence, and adjustment during preadolescence and adolescence. *Child Development, 61,* 1101-1111.

Bullock, M., & Lutkenhaus, P. (1990). Who am I? Self-understanding in toddlers. *Merrill-Palmer Quarterly, 36,* 217-238.

Buss, A. H., & Plomin, R. (1984). *Temperament: Early developing personality traits.* Hillsdale, NJ: Erlbaum.

Buss, A. H., & Plomin, R. (1986). The EAS approach to temperament. In R. Plomin, & J. Dunn (Eds.), *The study of temperament: Changes, continuities and challenges.* Hillsdale, NJ: Erlbaum.

Buss, D. M. (1988). Love acts: The evolutionary biology of love. In R. J. Strnberg, & M. L. Barnes (Eds.), *The anatomy of love.* New Haven, CT: Yale University Press.

Bussey, K., & Bandura, A. (1984). Gender constancy, social power, and sex-linked modeling. *Journal of Personality and Social Psychology, 47,* 1292-1302.

Butterworth, G., Harris, P., Leslie, A., & Wdllman, H. W. (Eds.) (1991). Perspectives on the child's theory of mind [Special issues]. *British Journal of Developmental Psychology, 9,* (1, 2).

Cairns, R. B., & Cairns, B. D. (1988). The sociogenesis of self concepts. In N. Bolger, A. Caspi, G. Downey, & M. Moorehouse (Eds.), *Persons in context: Developmental processes.* New York: Cambridge University Press.

Cairns, R. B., Cairns, B. D., Neckerman, H. J., Ferguson, L. L., & Gariepy, J. (1989). Growth and aggression: 1. Childhood to early adolescence. *Developmental Psychology, 25,* 320-330.

Campos, J. J., & Bertenthal, B. I. (1989). Locomotion and psychological development in infancy. In F. J. Morrison, C. Lork, & D. P. Keating (Eds.), *Applied Developmental Psychology, Vol. 3.* New York: Academic Press.

Campos, J. J., Hiatt, S., Ramsay, D., Henderson, C., & Svejda, M. (1978). The emergence of fear of the visual cliff. In M. Lewis, & L. A. Rosenblum (Eds.), *The origins of affect.* New York: Plenum Press.

Capon, N., & Kuhn, D. (1979). Logical reasoning of the supermarket: Adult females' use of reasoning strategy in an everyday context. *Developmental Psychology, 15,* 450-452.

Carey, S. (1978). The child as work learner. In M. Halle, J. Bresnan, & G. A. Miller (Eds.), *Linguistic theory and psychological reality.* Cambridge, MA: MIT Press.

Carey, S. (1982). Semantic development: The state of the art. In E. Wanner, & L. R. Gleitman (Eds.), *Language acquisition: The state of the art.* Cambridge University Press.

Carlson, C., Cooper, C., & Hwu, J. (1990). *Predicting schllo achievement in early adolescence: The role of family process.* Paper presented at the meeting of SRA, Atlanta, GA.

Carter, D. B. (1987). The role of peers in sex role socialization.1 In D. B. Carter (Ed.), *Current conceptions of sex roles and sex typing: Theory and research*. New York: Praeger.

Carter, D. B., & McCloskey, L. A. (1984). Peers and maintenance of sex-typed behavior: The development of children's conceptions of cross-gender behavior in their peers. *Social Cognition, 2,* 294-314.

Case, R. (1984). The process of stage transition: A neo-Piagetian view. In R. J. Sternberg (Ed.), *Mechanisms of cognitive development*. New York: W. H. Freeman.

Case, R. (1985). *Intellectual development: A systematic reinterpretation*. New York: Academic Press.

Case, R., Kurland, M., & Goldberg, J. (1982). Operational efficiency and the growth of short-term memory span. *Journal of Experimental Child Psychology, 33,* 386-404.

Caspi, A., Elder, G. H., & Bem, D. J. (1987). Moving against the world: Life-course patterns of explosive children. *Developmental Psychology, 23,* 308-313.

Cassidy, J. (1988). Child-mother attachment and the self in six-year-olds. *Child Development, 59,* 121-134.

Castro, F. G., Maddahian, E., Newomb, M. D., & Bentler, P. M. (1987). A multivariate model of the determinants of cigarette smoking among adolescents. *Journal of Health and Social Behavior, 28,* 273-289.

Cattell, R. B. (1963). Theory of fluid and crystallized intelligence: A critical experiment. *Journal of Educational Psychology, 54,* 1-22.

Cattell, R. B. (1967). The theory of fluid and crystallized general intelligence checked at 5-6 year old level. *British Journal of Educational Psychology, 317,* 209-224.

Cella, D. F., DeWolf, A. S., & Fitzgibbon, M. (1987). Ego identity status. Identification, and decision-making style in late adolescence. *Adolescence, 22,* 849-861.

Chalmers, J. B., & Townsend, M. A. R. (1990). The effects of training in social perspective: Taking on socially maladjusted girls. *Child Development, 61,* 178-190.

Chase-Lansdale, P. L., & Owen, M. T. (1987). Maternal employment in a family context: Effects on infant-mother and infant-father attachments. *Child Development, 58,* 1505-1512.

Cherlin, A., & Furstenberg, F. F., Jr. (1986). *The new American grandparent: A place in the family*. New York: Basic-Books.

Chi, M. T. H. (1978). Knowledge structures and memory development. In R. S. Siegler (Ed.), *Children's thinking: What develops?* Hillsdale, NJ: Erlbaum.

Chi, M. T. H., & Koeske, R. D. (1983). Network, representation of a child's dinosaur knowledge. *Developmental Psychology, 19,* 29-39.

Chi, M. T. H. (1985). Interactive roles of knowledge and strategies in the development of organized sorting and recall. In S. F. Chipman, J. W. Segal, & R. Glaser (Eds.), *Thinking and learning skill, Vol. 2: Research and open questions*. Hillsdale, NJ: Erlbaum.

Chinn, P. L. (1991). Aging and ageism. *Advances in Nursing Science, 13,* Vii.

Chomsky, N. (1968). *Language and mind*. San Diego: Harcourt Brace Jovanovich.

Clark, E. V. (1971). On the acquisition of the meaning of before and after. *Journal of Verbal Learning and Verbal Behavior, 10,* 26-275.

Clark, E. V. (1983). Meanings and concepts. In J. H. Flavell, & E. M. Markman (Eds.), P. H. Mussen (Series Ed.), *Handbook of child psychology, Vol. 3: Cognitive development*. New York: John Wiley.

Clayton, V. (1982). Wisdom and intelligence: The nature and function of knowledge in the later years. *International Journal of Aging and Human Development, 15,* 315-321.

Clayton, V., & Birren, J. E. (1980). The development of wisdom across the lifespan: A reexamination of an ancient topic. In P. B. Baltes, & O. G. Brim, Jr. (Eds.), *Lifespan development and behavior, Vol. 3.* New York: Academic Press, 103-135.

Cohen, C., Teresi, J., Holmes, D. (1988). The physical well-being of old homeless man. *Journal of Gerontology, 43,* 121-126.

Cohen, G. D. (1988). *The brain in human aging.* New York: Springer.

Cohen, J. P. (1987). The molecular biology of aging. *Bioscience, 37,* 99-102.

Cohn, D. A. (1990). Child-mother attachment of 6-year-olds and social competence at school. *Child Development, 61,* 152-162.

Coie, J. D., & Dodge, K. A. (1988). Multiple sources of data on social behavior and social status in school: A cross-age comparison. *Child Development, 59,* 815-829.

Coie, J. D., Dodge, K. A., & Kupersmidt, J. B. (1990). Peer group behavior and social status. In S. R. Asher, & J. D. Coie (Eds.), *Peer rejection in childhood.* New York: Cambridge University Press.

Colby, A., Kohlberg, L,. Gibbs, J., & Lieberman, M. (1983). A longitudinal study of moral judgment. *Monographs of the Society for Research in Child Development, 48,* (1-2, Serial No. 200).

Cole, D. A. (1991). Change in self-perceived competence as a function of peer and teacher evaluation. *Developmental Psychology, 27,* 682-688.

Cole, M., & Cole, S. (1989). *The development of children,* New York: W. H. Freeman.

Cole, P. M. (1986). Children's spontaneous control of facial expression. *Child Development, 57,* 1309-1321.

Cole, S. (1980). Send our children to work? *Psychology Today, 14,* 44-68.

Cole, T. R., Achenbaum, W. A., Jakobi, P. L., & Kastenbaum, R. (Eds.) (1993). *Voices and visions of aging: Toward a critical gerontology.* New York: Springer.

Colins, A. (1975). The developing child as viewer. *Journal of Communication, 25,* 35-43.

Collins, W. A., & Gunnar, M. R. (1990). Social and personality development. *Annual Review of Psychology, 41,* 387-416.

Collins, W. A., & Luebker, C. (1993). *Parental behavior during adolescence: Individual and relational significance.* Paper presented at the biennial meeting of the Society for Research in Child Development, New Orleans.

Colombo, J., & Fagen, J. (Eds.) (1990). *Individual differences in infancy: Reliability, stability, prediction.* Hillsdale, NJ: Erlbaum.

Commons, M. L., Richards, F. A., & Kuhn, D. (1982). Systematic and metasystematic reasoning: A case for levels of reasoning beyond Piaget's stage of formal operations. *Child Development, 53,* 1058-1068.

Cooley, C. H. (1902). *Human nature and the social order.* New York: Charles Scribner's Sons.

Cooper, C. R., & Grotevant, H. D. (1989). *Individuality and connectedness in the family and adolescents' self and relational competence.* Paper presented at the biennial meeting of the Society for Research in Child Development, Kansas City.

Cooper, C. R., Grotevant, H. D., Moore, M. S., & Condon, S. M. (1982). *Family support and conflict: Both foster adolescent identity and role taking.* Paper presented at the meeting of the American Psychological Association, Washington, DC.

Cooper, R. P., & Aslin, R. N. (1990). Preference for infant-directer speech in the first month after birth. *Child Development, 61,* 1584-1595.

Coopersmith, S. (1967). *The antecedents of self-esteem.* San Francisco: Freeman.

Corteen, R. S., & Williams, T. (1986). Television and reading skills. In T. Williams (Ed.), *The impact of television: A natural experiment in three communication.* Orlando, FL: Academic Press.

Costa, P. T., & McCrae, R. R. (1978). Obrective personality assessment. M. Storandt, I. E. Siegler, & M. F. Elias (Eds.), *The Clinical Psychology of Aging.* New York: Plenum Press.

Costa, P. T., & McCrae, R. R. (1980). Still stable after all these years: Personality as a key to some issues in aging. In P. B. Baltes, & O. G. Brim (Ed.), *Life-span development and behavior.* New York: Academic Press.

Costa, P. T., McCrae, R. R., Zondeman, A. B., Barbano, H. E., Lebowitz, B., & Larson, D. M. (1986). Cross-sectional studies of personality in a national sample: Stability in neuroticism, extraversion, and openness. *Psychology and Aging, 1,* 144-150.

Cottesman, I. I. (1974). Developmental genetics and ontogenetic psychology: Overdue detente and propositions from a matchmaker. In A. Pick (Ed.), *Minesota symposium on child psychology.* Minneapolis: University of Minnesota Press.

Cowan, C. P. (1988). Mothers and fathers teaching 3-year-olds: Authoritative parenting and adult scaffolding of young children's learning. *Developmental Psychology, 24,* 832-839.

Cox, M. J., Owen, M. T., Lewis, J. M., & Henderson, V. K. (1989). Marriage, adult adjustment, and early parenting. *Child Development, 60,* 1015-1024.

Craig, G. J. (1989). *Human development.* Englewood Cliffs. N. J.: Prentice Hall.

Crain, W. (1992). *Theories of Development: Concepts and Applications.* New Jersey: Englewood Cliffs.

Crockenberg, S. B., & Litman, C. (1990). Autonomy as competence in 2-year-olds: Maternal correlates of child defiance, compliance, and self-assertion. *Developmental Psychology, 26,* 961-971.

Crocker, R. W., & Goldman, J. A. (1995). *A technique for assessing family functioning in the treatment of childhood obesity: The pediatric family assessment scale.* Paper presented at the meeting of SRCD. Indianapolis.

Crockett, L., Losoff, M., & Petersen, A. C. (1984). Perceptions of the peer group and friendship in early adolescence. *Journal of Early Adolescence, 4,* 155-181.

Crockett, L. J., & Peterson, A. C. (1987). Pubertal status and psychosocial development: Findings from the early adolescence study. In R. M. Lerner, & T. L. Foch (Eds.), *Biological psychosocial interactions in early adolescence.* Hillsdale, NJ: Erlbaum.

Crouter, A. C., MacDermid, S. M., McHale, S. M., & Perry-Jenkins, M. (1990). Parental monitoring and perceptions of children's school performance and conduct in dual=and single-career families. *Developmental Psychology, 26,* 649-657.

Cumming, E., & Henry, W. (1961). *Growing old.* New York: BasicBooks.

Cummings, E. M., Iannotti, R. J., & Zahnwaxler, C. (1989). Aggression between peers in early childhood: Individual continuity and developmental change. *Child Development, 60,* 887-895.

Cuneo, D. O. (1980). A general strategy for quantity judgments: the height and width rule. *Child Development, 51,* 299-301.

Cunningham, J. C., & Weaver, S. L. (1989). Young children's knowledge of their memory span: Effects of task and experience. *Journal of Experimental Child Psychology, 48,* 32-44.

Cunningham, W. R., & Owens, W. A. (1983). The Iowa State study of the adult development of intellectual abilities. in K. W. Schaie (Ed.), *Longitudinal studies of adult psychological development*. New York: Guilford.

Cunningham, W. R. (1989). Intellectual abilities, speed of response, and aging. In V. L. Bengston, & K. W. Schaie (Eds.), *The course of later life: Research and reflections*. New York: Springer.

Damon, W. (1975). Early Conceptions of positive justice as related to the development of logical operations. *Child Development, 46,* 301-312.

Damon, W. (1977). *The Social world of the child.* San Francisco: Jossey-Bass.

Damon, W. (1980). Patterns of change in children's social reasoning: A two-year longitudinal study. *Child Development, 51,* 1010-1017.

Damon, W. (1983). *Social and personality development: Infancy through adolescence.* New York: Norton.

Dannemiller, J. L., & Stephens, B. R. (1988). A critical test of infant pattern preference models. *Child Development, 59,* 210-216.

Dasen, P. R. (1977). Are cognitive processes universal? A contribution to cross-cultural Piagetian psychology. In N. Warren (Ed.). *Studies in cross-cultural psychology, Vol. 1.* London: Academic Press.

Datan, N., Rodeheaver, D., & Hughes, F. (1987). Adult development and aging. *Annual Review of Psychology, 38,* 153-180.

DeCasper, A. J., & Fifer, W. P. (1980). Of human bonding: Newborns prefer their mother's voices. *Science, 208,* 1174-1176.

Dempster, F. N. (1985). Short-term memory development in childhood and adolescence. In C. J. Brainerd, & M. Pressley (Eds.), *Basic processes in memory development progress in cognitive development research.* New York: Springer.

Denckla, W. D. (1974). Role of the pituitaty and thyroid glands in the decline of minimal consumption with age. *Journal of Clinical Investigation, 53,* 619-648.

De Villers, J. G., & De Cilliers, P. A. (1973). A cross-sectional study of the acquisition of grammatical morphemers. *Journal of Psycholinguistic Research, 2,* 267-278.

De Villers, J. G., & De Villiers, J. G. (1978). *Language acquisition.* Cambridge, MA: Harvard University Press.

De Villers, J. G., & De Villiers, J. G. (1979). *Early language.* Cambridge, MA: Harvard University Press.

De Vries, R. (1969). Constancy of genetic identic identity in the years three to six. *Monographs of the Society for Research in Child Development, 34* (Serial No. 127). Chicago: University of Chicago Press.

Diamond, A. (1991a). Frontal lobe involvement in cognitive change during the first year of life. In K. R. Gibson, & A. C. Petersen (Eds.), *Brain maturation and cognitive development; Comparative and cross-cultural perspective.* New York, NY: Aldline de Gruyter.

Diamond, A. (1991b). Neuropsychological insight into the meaning of object concept development. In S. Carey, & R. Gelman (Eds.), *The epigenesis of mind: Essays on biology and cognition.* Hillsdale, NJ: Erlbaum.

Diaz, R. M., Neal, C. J., & Vachio, A. (1991). Maternal teaching in the zone of proximal development: A comparison of low- and high-risk dyads. *Merrill-Pamer Quarterly, 37,* 83-108.

Dignan, M. H. (1965). Ego identity and maternal identification. *Journal of personality and Social Psychology, 1*(2), 476-483.

Dittmann-Kohli, F., & Baltes, P. B. (1990). Toward a neofunctionalist conception of adult intellectual development: Wisdom as a prototypical case of intellectual growth. In C.

Alexander, & E. Langer (Eds.), *Higher stages of human development: Perspectives on adult growth*. New York: Oxford University Press, 54-78.

Dodge, K. A. (1980). Social cognition and children's aggressive behavior. *Child Development, 51,* 1386-1399.

Dodge, K. A. (1986). A social information processing model of social competence in children. In M. Perlmutter (Ed.), *Minnesota symposia in psychology, Vol. 18: Cognitive prospective in children's social and behavioral development*. Hillsdale, NJ: Erlbaum.

Dodge, K. A. (1991). Emotion and social information processing. In J. Garber, & K. A. Dodge (Eds.), *The development of emotion regulation and disregulation*. Cambridge: Cambridge University Press.

Dodge, K. A., Coie, J. D., Pettit, G. S., & Price, J. M. (1990). Peer status and aggression in boys' groups: Developmental and contextual analyses. *Developmental Psychology, 61,* 1289-1309.

Dodge, K. A., Murphy, R. R., & Buchsbaum, K. (1984). The assessment of intention-cue detection skills in children: Implications for developmental psychopathology. *Child Development, 55,* 163-173.

Dolaldson, M., & Wales, R. J. (1970). On the acquisition of some relational terms. In J. R. Hayes (Ed.), *Cognition and the development of language*. New York: John Wiley.

Dolgin, K., & Behrend, D. (184). Children's knowledge about animates and inanimates. *Child Development, 55,* 1646-1650.

Duke, P. M., Carlsmity, J. M., Jennings, D., Martin, J. A., Dornbusch, S. M., Gross, R. T., & Siegel-Gorelick, B. (1982). Educational correlates of early and late sexual maturation in adolescence. *Journal of Pediatrics, 100,* 633-637.

Duncan, P., Ritter, p. L., Dornbusch, S. M., Gross, R. T., & Carlsmith, J. M. (1985). The effects of pubertal timing on body image, school behavior, and deviance. *Journal of Youth and Adolescence, 14,* 227-235.

Dunn, J. (1988). *The beginnings of social understanding*. Oxford: Basil Blackwell.

Dunn, J. (1991). Young children's understanding of other people: Evidence from observations within the family. In D. Frye, & C. Moore (Eds.), *Children's theories of mind*. Hillsdale, NJ: Erlbaum.

Dunn, J., & Kendrick, C. (1980a). Studying temperament and parent-child interaction: Comparison of interview and direct observation. *Developmental Medicine and Child Neurology, 22,* 484-496.

Dunn, J., & Kendrick, C. (1980b). The arrival of a sibling: Changes in patterns of interaction between mother and firstborn child. *Journal of Child Psychology and Psychiatry, 21,* 119-132.

Dunn, J., & Kendrick, C. (1982). Interaction between young siblings: Association with the interaction between mother and firstborn. *Developmental Psychology, 17,* 336-343.

Dunn, J.. Brown, J., & Breaedsall, L. (1991). Family talk about feeling states and children's later understanding of other's emotions. *Developmental Psychology, 62,* 1352-1366.

Duyme, M. (1988). School success and social class: An adoption study. *Developmental Psychology, 24,* 203-209.

Dweck, C. S., & Leggett, E. L. (1988). A social-cognitive approach to motivation and personality. *Psychological Review, 95,* 256-273.

Dweck, C. S., & Reppucci, N. D. (1973). Learned helplessness in the alleviation of learned helplessness. *Journal of Personality and Social Psychology, 31,* 674-685.

Eccles, J. S., & Midgely, C. (1990). Changes in academic motivation and self-perception during early adolescence. In R. Montemayor, G. R. Adams, & T. P. Gullotta (Eds.), *From childhood to adolescence: A transitional period?* Newbury Park, CA: Sage.

Eckerman, C. O. (1989). *Imitation and the achievement of coordinated action.* Paper presented at the biennial meeting of the Society for Research in Child Development, Kansas City, KS.

Eckerman, C. O., Whatley, J. L., & Kutz, S. L. (1975). Growth of social play with peers during the second year of life. *Developmental Psychology, 11,* 42–49.

Eimas, P. D. (1975). Speech perception of early infancy. In L. B. Cohen & Salapatek (Eds.), *Infant perception: From sensation to cognition.* Orlando, FL: Academic Press.

Eimas, P. D., Millerm, J. L., & Jusczyk, P. (1987). On infant speech perception and the acquisition of language. In S. Harnad (Ed.), *Categorical perception.* Cambridge: Cambridge University Press.

Eimas, P. D., Siqueland, E. R., Jusczky, P., & Vigorito, J. (1971). Speech perception in infants. *Science, 171,* 303–306.

Eisenberg, N. (1982). The development of reasoning regarding prosocial behavior. In N. Eisenberg (Ed.), *The development of prosocial behavior.* New York: Academic Press.

Eisenberg, N. (1986). *Altruistic emotion, cognition, and behavior.* Hillsdale, NJ: Erlbaum.

Eisenberg, N. (1987). The relation of altruism and other moral behaviors to moral cognition: Methodological and conceptual issues. In N. Eisenberg, & J. Strayer (Eds.), *Empathy and its development.* New York: Cambridge University Press.

Eisenberg, N. (1990). Prosocial development in early and mild-adolescence. In R. Montemayor, G. R. Adams, & T. P. Gullotta (Eds.), *From childhood to adolescence: A transitional period?* Newbury Park, CA: Sage.

Eisenberg, N., Cameron, E., Tryon, K., & Dodez, R. (1981). Socialization of prosocial behavior in the preschool classroom. *Developmental Psychology, 17,* 773–782.

Eisenberg, N., Lennon, R., & Roth, K. (1983). Prosocial development: A longitudinal study. *Developmental Psychology, 19,* 846–855.

Eisenberg, N., Tryon, K., & Cameron, E. (1984). The relation of preschoolers' peer interaction to their sex-typed toy choices. *Child Development, 55,* 1044–1050.

Elbers, L., & Ton, J. (1985). Playpen monologues: The interplay of words, & babbles in the first words period. *Journal of Child Language, 12,* 551–565.

Elkind, D. (1967). Egocentrism in adolescence. *Child Development, 38,* 1025–1034.

Elkind, D. (1968). Cognitive development in adolescence. In J. F. Adams, (Ed.), *Understanding adolescence.* Boston: Allyn, & Bacon.

Elkind, D. (1974). *A sympathetic understanding of the child from birth to sixteen.* Boston: Allyn, & Bacon.

Elkind, D. (1978). *The child's reality: Three developmental themes.* Hillsdale, NJ: Erlbaum.

Elkind, D., & Bower, R. (1979). Imaginary audience behavior in children and adolescents. *Developmental Psychology, 15,* 38–44.

Elkind, D., & Weiner, I. B. (1978). *Development of the Child.* New York: John Wiley, & Song.

Elkind, D., & Weiss, J. (1967). Studies in perceptual development III: Perceptual exploration. *Child Development, 38,* 1153–1161.

Ellis, S. Rogoff, B., & Cromer, C. D. (1981). Age segregation in children's social interactions. *Developmental Psychology, 17,* 399–407.

Emmerich, W. (1960). Continuity and stability in early social development: Teacher's ratings. *Child Development, 37,* 17–27.

Enright, R. D., Lapsley, D. K., Dricas, A. S., & Fehr, L. A. (1980). Parental influence on the development of adolescent autonomy and identity. *Journal of Youth and Adolescence, 9,* 529-546.

Epstein, C. F. (1987). Multiple demands and multiple roles: The conditions of successful management. In F. J. Crosby (Ed.), *Spouse, Parent, worker: On gender and multiple roles.* New Haven, CT: Yale University Press.

Epstein, J. L. (1986). Friendship selection: Developmental and environmental influences. In E. C. Mueller, & C. R. Cooper (Eds.), *Process and outcome in peer relationships.* New York: Academic Press.

Epstein, J. L. (1989). The selection of friends: Changes across the grades and in different school environments. In T. J. Berndt, & G. W. Ladd (Eds.), *Peer relationships in child development.* New York: Wiley.

Eriskon, E. H. (1950). *Childhood and society.* New York: W. W. Norton.

Eriskon, E. H. (1959). Identity and the life cycle. *Psychological Issues, monograph 1.* New York: International Universities Press, 1-171.

Eriskon, E. H. (1963). *Childhood and society* (2nd ed.). New York: Norton.

Eriskon, E. H. (1964). *Insight and responsibility.* New York: Norton.

Eriskon, E. H. (1968a). *Identity: Youth and crisis.* New York: Norton.

Eriskon, E. H. (1968b). Life cycle. In D. L. Sills (Ed.), *International encyclopedia of the social sciences, Vol. 9.* New York: The Froe Press.

Eron, L. D. (1982). Parent-child interaction, television, violence, and aggression of children. *American Psychologist, 37,* 197-211.

Eron, L. D., & Huesmann, L. R. (1984). Television violence and aggressive behavior. In B. B. Lahey, & A. E. Kazdin (Eds.), *Advances in Clinical Child Psychology, Vol. 7.* New York: Plenum.

Eron, L. D., & Huesmann, L. R. (1986). The role of television in the development of prosocial and antisocial behavior. In D. Olweus, J. Block, & M. Radke-Yarrow (Eds.), *Development of antisocial and prosocial behavior.* Orlando, FL: Academic Press.

Eron, L. D., Huesmann, L. R., Brice, P., Fischer, P., & Mermelstein, R. (1983). Age trends in the development of aggression, sex typing, and related television habits. *Developmental Psychology, 19,* 71-77.

Eron, L. D., Huesmann, L. R., Lefkowitz, M. M,., & Walder, L. O. (1972). Does television violence cause aggression? *American Psychologist, 27,* 253-263.

Etaugh, C. (1980). Effects on nonmaternal care on children: Research evidence and popular views. *American Psychologist, 35,* 309-319.

Etaugh, C. (1983). Introduction: The influence of environmental factors on sex differences in children's play. In M. B. Liss (Ed.), *Social and cognitive skills: Sex roles and children's play.* New York: Academic Press.

Fagan, J. F. III., & Shepherd, P. A. (1986). *The Fagan Test of Infant Intelligence: Training manual.* Cleveland: Infantest Corporation.

Fagan, J. F., Shepherd, P. A., & Knevel, C. R. (1991). *Predictive validity of the Fagan Test of Infant Intelligence.* Paper presented at the meeting of the Society for research in Child Development, Seattle, WA.

Fagot, B. I. (1982). Sex role development. In R. Vasta (Ed.), *Strategies and techniques of child study.* New York: Academic Press.

Fagot, B. I. (1985). Stages in thinking about early sex role development. *Developmental Review, 5,* 83-98.

Fagot, B. I., & Leinbach, M. D. (1983). Play styles in early childhood: Social consequences for boys and girls. In M. B. Liss (Ed.), *Social and cognitive skills: Sex roles and children's play.* New York: Academic Press.

Fagot, B. I., & Leinbach, M. D. (1987). Socialization of sex roles within the family. In D. B.

Carter (Ed.), *Current conceptions of sex roles and sex typing: Theory and research*. New York: Praeger.

Fagot, B. I., & Leinbach, M. D. (1989). The young child's gender schema: Environmental inputing, internal organization. *Child Development, 60,* 663-672.

Fagot, B. I., Hagan, R., Leinbach, M. D., & Kronsberg, S. (1985). Differential reactions to assertive and communicative acts of toddler boys and girls. *Child Development, 56,* 1499-1505.

Fagot, B. I., Leinbach, M. D., & Hagan, R. (1986). Gender labeling and the adoption of sex-typed behaviors. *Developmental Psychology, 22,* 440-443.

Falbo, T., & Polit, D. F. (1986). Quantitative review of the only child literature: Research evidence and theory development. *Psychological Bulletin, 100,* 176-189.

Fantz, R. L. (1961). The origins of form perception. *Scientific American, 204,* 66-72.

Farrell, M. P., & Rosenberg, S. D. (1981). *Men at mid-life*. Boston: Auburn House.

Fein, G. G. (1979). Play and the acquisition of symbols. In L. Kartz (Ed.), *Current topics in early childhood education*. Norwood, NJ: Ablex.

Ferguson, T. J., & Rule, B. G. (1988). Children's evaluation of retaliatory aggression. *Child Development, 59,* 961-968.

Fernald, A. (1985). Four-month-olds prefer to listen to motherese. *Infant Behavior and Development, 8,* 181-196.

Fernald, A., & Kuhl, P. K. (1987). Acoustical determinants of infant preference for motherese speech. *Infant Behavior and Development, 10,* 279-293.

Ferrara, R. A., Brown, A. L., & Campione, J. C. (1983). *Children's learning and transfer of inductive reasoning rules: A study of proximal development*. Manuscript, University of Illinois.

Field, D. (1981). Can preschool children really learn to conserve? *Child Development, 52,* 326-334.

Fincham, F. D., & Cain, K. M. (1986). Learned helplessness in humans: A developmental analysis. *Developmental Review, 6,* 301-333.

Finn, S. E. (1986). Stability of personality self-ratings over 30 years: Evidence for an age/cohort interaction. *Journal of Personality and social Psychology, 50,* 816.

Fivush, R., & Slackman, E. A. (1986). The acquisition and development of script. In K. Nelson (Ed.), *Event Knowledge: Structure and function in development*. Hillsdale, NJ: LEA.

Flavell, J. H. (1971). First discussan's comments: What is memory development the development of? *Human Development, 14,* 272-278.

Flavell, J. H. (1976). *The development of metacommunication*. Paper presented at the Twenty-first. Annual Congress of Psychology. Paris.

Flavell, J. H. (1981a). Cognitive monitoring. In W. P. Dickson (Ed.), *Children's oral communication skills*. New York: Academic Press.

Flavell, J. H. (1981b). Monitoring social cognitive enterprises: Something else that may develop in the area of social cognition. In J. H. Flavell & L. Ross (Eds.), *Social cognitive development: Frontiers and possible futures*. Cambridge: Cambridge University Press.

Flavell, J. H. (1986). The development of children's knowledge about the appearancereality distinction. *American Psychologist, 41,* 418-425.

Flavell, J. H. (1990). *Perspectives on Perspective-taking*. Paper presented at the meeting of the Jean Piaget Society, Philadelphia.

Flavell, J. H., & Wohlwill, J. F. (1969). Formal and Functional Aspects of Cognitive

Development. In D. Elkind, & J. H. Flavell (Eds.), *Studies in Cognitive Development: Essays in Honor of Jean Piaget,* New York: Oxford University Press, 67-120.

Flavell, J. H., Beach, D. H., & Chinsky, J. M. (1966). Spontaneous verbal rehearsal in a memory task as a function of age. *Child Development, 37,* 283-299.

Flavell, J. H., Everett, B. A., Croft, K., & Flavell, E. R. (1981). Young children's knowledge about visual perception: Further evidence for the Level 1-Level 2 distinction. *Developmental Psychology, 15,* 95-120.

Flavell, J. H., Flavell, E. R., Green, F. L., & Korfmacher, J. E. (1990). Do young children think of television images as pictures or real objects? *Journal of Broadcasting and Electronic Media, 43,* 399-417.

Flavell, J. H., Flavell, E. R., & Green, F. L. (1983). Development of the appearance-reality distinction. *Cognitive Psychology, 15,* 95-120.

Flavell, J. H., Green, F. L., & Flavell, E. R. (1983). *Development of knowledge about the appearance-reality distinction.* Monographs of the Society for Research in Child Development, 51 (1, Serial No. 212).

Flavell, J. H., Miller, P. H., & Miller, S. A. (1993). *Cognitive development.* Englewood Cliffs, NJ: Prentice Hall.

Folds, T. H., Footo, M., Guttentag, R. E., & Ornstein P. A. (1990). When children learn to remember: Issues of context speciality, strategy effectiveness, and internationality in the development of memory. In D. F. Bjorklund (Ed.), *Views of cognitive development.* Hillsdale, NJ: Erlbaum.

Fox, N. A. (1989). Psychophysiological correlates of emotional reactivity during the first year of life. *Developmental Psychology, 25,* 364-372.

Franzoi, S. L., & Herzog, M. E. (1987). Judging physical attractiveness: What body aspects do we use? *Personality and Social Psychology Bulletin, 13,* 19-33.

Freedman, J. L. (1984). Effect of television violence on aggressiveness. *Psychological Bulletin, 96,* 227-246.

Freedman, J. L. (1986). Television violence and aggression: A rejoinder. *Psychological Bulletin, 100,* 372-378.

Freeman, D. (1983). *Margaret Mead and Samoa.* Cambridge: Harvard University Press.

French, D. C. (1988). Heterogeneity of peer rejected boys: Aggressive and nonaggressive subtypes. *Child Development, 59,* 976-985.

French, L. A., & Brown, A. L. (1977). Comprehension of before and after in logical and arvitrary sequences. *Journal of Child Language, 4,* 247-256.

French, L. A., & Nelson, K. (1985). *Young children's knowledge of relational terms.* New York: Springer-Verlag.

French, L. R., & Song, M. J. (in press). *Images from Korean kindergartens: How an appropriate adult directed approach supports the development of pre-academic skills essential for school success.*

Freud, A. (1948). *The ego and the mechanisms of defence* (C. Baines, trans.). New York: International Universities Press.

Freud, L. S. (1905/1953). Three essays on the theory of sexuality. In J. Strachey (Ed. and Trans.), *The standard edition of the complete psychological works of Sigmund Freud (Vol. 7).* London: Hogarth Press.

Freud, L. S. (1990). Maternal regulation of children's problem-solving behavior and it's impact on children's performance. *Child Development, 61,* 113-126.

Fried, P. A., & Watkinson, B. (1990). 36-and 48-month neurobehavioral follow-up of children prenatally exposed to marijuana, cigarettes, and alcohol. *Developmental and Behavioral Pediatrics, 11,* 49-58.

Froming, W. J., Allen, L., & Jensen, R. (1985).

Altruism, role-taking, and self-awareness: The acquisition of norms governing altruistic behavior. *Child Development, 56,* 1223-1228.

Froming, W. J., Baugnon, M., Ouaou, R., & Schwartz, K. (1995). *Self-schemata, self-awareness, and prosocial reasoning.* Paper presented at the meeting of SRCD, Indianapolis.

Furman, W., & Galvin, L. A. (1989). Peers' influence on adjustment and development. In T. J. Berndt, & G. W. Ladd (Eds.), *Peer relationships in child development.* New York: Wiley.

Gardner, H. (1983). *Frames of mind: The theory of multiple intelligences.* New York: Basic Books.

Gardner, H. (1993). *Multiple intelligences: The theory in practice.* New York: Basic Books.

Garmezy, N. (1981). Children under stress: Perspectives on antecedents and correlates of vulnerability and resistance to psychopathology. In A. I. Rabin, J. Aronoff, A. M. Barclay, & R. A. Zucker (Eds.), *Further explorations in personality.* New York: Wiley.

Geen, R. G. (1983). Aggression and television violence. In R. G. Geen, & E. I. Donnerstein (Eds.), *Aggression; Theoretical and empirical reviews, Vol. 2.* New York: Academic Press.

Gelfand, D. M. (1969). *Social learning in childhood.* Belmont, CA: Brooks/Cole.

Gelman, R. (1978). Cognitive development. *Annual Review of Psychology, 29,* 297-332.

Gelman, R., & Baillargeon, R. (1983). A review of some Piagetian concepts. In P. Mussen (Ed.). *Handbook of child development, Vol. 3: Cognitive development.* New York: Wiley.

Gentner, D. (1982). Why nouns are learned before verbs: Linguistic relativity versus natural partitioning. In S. A. Kuczaj (Ed.), *Language development* (Vol. 2). Hillsdale, NJ: Erlbaum.

Gesell, A., & Ilg, F. L. (1943). *Infant and child in the culture of today.* New York: Harper.

Gibbs, J. C. (1985). Social processes in deliquency: The need to facilitate empathy as well as sociomoral reasoning. In W. M. Kurtines, & J. L. Gewitz (Eds.), *Moral development though social interaction.* New York: Wiley.

Gibson, E. J. (1988). Exploratory behavior in the development of perceiving, acting, and acquiring of knowledge. *Annual Review of Psychology, 39,* 1-41.

Gibson, E. J., & Walk, R. D. (1960). The "visual cliff." *Scientific American, 202,* 64-71.

Gilbert, J. G., & Levee, R. F. (1971). patterns of declining memory. *Journal of Gerontology, 26,* 70-75.

Gilford, R. (1984). Contrasts in marital satisfaction throughout old age: An exchange theory analysis. *Journal of Gerontology, 39,* 325-333.

Gilligan, C. (1982). *In a different voice.* Cambridge, Mass: Harvard University Press.

Gilligan, C. (1977). In a different voice: Women's conceptions of the self and of morality. *Harvard Educational Review, 47,* 481-517.

Gilligan, C. (1982). *In a different voice: Psychological theory and women's Development.* Cambridge, MA: Harvard University Press.

Gilligan, C. (1984). *Remapping the moral demain in personality research and assessment.* Invited address given at the American Psychological Association Convention in Toronto, Canada.

Gilligan, C., & Belenky, M. (1980). A naturalistic study of abortion practices. In R. Selman, & R. Yondo (Eds.), *Clinical developmental psychology (New derections for child development, No. 7).* San Francisco: Jossey-Bass.

Gilligan, C., Kohlberg, L., Lerner, J., & Belenky, M. (1971). Moral reasoning about sexual dilimmas. *Technical Report of the Commission on Obscenity and Pornography, Vol. I.* Washington, D.C.: U. S. Government Printing Office.

Ginsburg, H. (1972). *The myth of the deprived child.* Englewood Cliffs, NJ: Prentice-Hall.

Ginsburg, H., & Opper, S. (1988). *Piaget's theory of intellectual development: An introduction* (3rd ed.). Englewood Cliffs. NJ: Prentice-Hall.

Ginzberg, E., Ginzberg, S. W., Axelrad, S., & Herman, J. L. (1951). *Occupational choice.* New York: Columbia University.

Gnepp, J. (1983). Children's social sensitivity: inferring emotions from conflicting cues. *Developmental Psychology, 19,* 805-814.

Gnepp, J. (1989). Children's use of personal information to understand other people's feelings. In C. Saarni, & P. L. Harris (Eds.), *Children's understanding of emotion.* Cambridge: Cambridge University Press.

Gnepp, J., & Chilankurti, C. (1988). Children's use of personality attributions to predict other people's emotional and behavioral reactions. *Child Development, 56,* 1455-1464.

Gnepp, J., & Hess, D. L. R. (1986). Children's understanding of verbal and facial display rules. *Developmental Psychology, 22,* 103-108.

Gold, K., & Andres, D. (1978a). Developmental comparisons between adolescent children with employed and nonemployed mothers. *Merrill-Palmer Quarterly, 24,* 243-254.

Gold, K., & Andres, D. (1978b). Developmental comparisons between 10-year-old children with employed and nonemployed mothers. *Child Development, 49,* 75-84.

Golden, M., Montare, A., & Bridger, W. (1977). Verbal control of delay behavior in two-year-old boys as a function of social class. *Child Development, 48,* 1107-1111.

Goldfield, E. C., & Sham, R. (1984). Affordances and infant learning: A reply to Horowitz. *Developmental Review, 3,* 378-386.

Goldstein, A. P., & Glick, B. (1987). *Aggression replacement training: A Comprehensive intervention for aggressive youth.* Campaign, IL: Research Press.

Good, T., & Brophy, J. (1977). *Educational psychology: A realistic approach.* New York: Holt Rinehart.

Good, T. L,. Sikes, J., & Brophy, J. (1973). Effects of teacher sex and student sex on classroom interaction. *Journal of Educational Psychology, 65,* 74-87.

Goodnow, J. (1984). Parent's ideas about parenting and development. In A. L. Brown, & B. Rogoff (Eds.), *Advances in developmental psychology, Vol. 3.* Hillsdale, NJ: Erlbaum.

Goodnow, J. J. (1977). *Children's drawing.* Cambridge: Harvard University Press.

Goodnow, J. J. (1988). Parent's ideas, actions, and feelings: Models and methods from developmental and social psychology. *Child Development, 59,* 286-320.

Gopnik, A., & Meltzoff, A. N. (1986a). Relations between semantic and cognitive development in the one-word stage: The speciality hypothesis. *Child Development, 57,* 1040-1053.

Gottesman, I. I. (1963). Heritability of personality: A demonstration. *Psychological Monographs, 77* (Whole No. 572).

Gottman, J. M. (1983). How children become friends. *Monographs of the Society for Research in Child Development, 48* (3. Serial No. 201).

Green, F. P., & Schneider, F. W. (1974). Age differences in the behavior of boys o three measures of altruism. *Child Development, 45,* 248-251.

Greenough, W. T., Black, J. E., & Wallce, C. S. (1987). Experience and brain development. *Child Development, 58,* 539-559.

Greenwald., A., & Pratkanis, A. (1984). The self In R. Wyer, & T. Strull (Eds.), *Handbook of social cognition, Vol. 3.* Hillsdale, NJ: Erlbaum.

Gross, A. L., & Ballif, B. (1991). Children's

understanding of emotion from facial expressions and situations: A review. *Developmental Review, 11,* 368-398.

Grossman, F. K., Pollack, W. S., & Golding, E. (1988). Fathers and children: Predicting the quality and quantity of fathering. *Development Psychology, 24,* 82-91.

Grotevant, H. D., & Cooper, C. R. (1986). Individuation in family relations: A perspective on individual differences in the development of identity and role-taking skills in adolescence. *Human Development, 29,* 82-100.

Grueneich, R. (1982). The development of children's integration rules for making moral judgments. *Child Development, 53,* 887-894.

Grusec, J. E., & Redler, E. (1980). Attribution, reinforcement, and altruism: A developmental analysis. *Developmental Psychology, 16,* 525-534.

Grusec, J. E., Kuczynski, L., Rushton, J. P., & Simutis, Z. M. (1979). Learning resistance to temptation Though observation. *Developmental Psychology, 15,* 223-240.

Guerra, N. G., & Slaby, R. G. (1990). Cognitive mediators of aggression in adolescent offenders: 2. Intervention. *Developmental psychology, 26,* 269-277.

Guilford, J. P. (1967). *The nature of human intelligence.* New York: McGraw-Hill.

Guilford, J. P. (1988). Some changes in the structure-of-the-intellect model. *Educational and Psychological Measurement, 40,* 1-4.

Gunnar, M. R. (1980). Control, warning signals, and distress in infancy. *Developmental Psychology, 16,* 281-289.

Guttentag, R. E. (1985). Memory and aging: implications for theories of memory development during childhood. *Development Review, 5,* 56-82.

Guttentag, R. E., Ornstein, P. A., & Siemens, I. (1987). Children's spontaneous rehearshal: Transitions in strategy acquisition. *Cognitive Development, 2,* 307-326.

Haan, N. (1981). Common dimensions of personality development: Early adolescence to middle life. In D. H. Eichorn, J. A. Clausen, N. Hann, M. P. Honzik, & P. H. Mussen (Eds.), *Present and past in middle life.* New York: Academic Press, 117-151.

Hadwin, J., & Perner, J. (1991). Pleased and surprised: Children's cognitive theory of emotion. *British Journal of Development Psychology, 9,* 215-234.

Haith, M. M. (1990). Progress in the understanding of sensory and perceptual processes in early infancy. *Merrill-Palmer Quarterly, 36,* 1-26.

Hall, W. G. & Oppenheim, R. W. (1987). Developmental psychobiology: Prenatal, and early postnatal aspects of behavioral development. *Annual Review of Psychology, 38,* 91-128.

Hamburg, B. A. (1986). Subsets of adolescent mothers: Developmental, Biomedical and psychosocial issues. In J. B. Lancaster, & B. A. Hamburg (Eds.), *School-age pregnancy and parenthood: Biosocial dimensions.* New York: Aldine de Gruyter.

Hansell, S. (1991). The meaning of stress. *Contemporary Psychology, 36,* 112-114.

Harlow, H. F., & Zimmerman, R. R. (1959). Affectional responses in the infant monkey. *Science, 130,* 421-432.

Harris, G., Thomas, A., & Booth, D. A. (1990). Development of salt taste in infancy. *Development Psychology, 26,* 534-538.

Harris, L. (1987). The latchkey child phenomena. *Dallas Morning News,* 1A, 10A.

Harris, L. J. (1977). Sex difference In the growth and use of language. In E. Donelson, & J. E. Donelson, & J. E. Gullahorn (Eds.). *Women: A psychological perspective.* New York: Willey.

Harris, M. B., Begay, C., & Page, P. (1989).

Activities, family relationships and feelings about aging in a multidultural elderly sample. *International Journal of Aging and Human Development, 29,* 103-117.

Harris, P. L. (1983a). Children's understanding of the link between situation and emotion. *Journal of Experimental Child Psychology, 36,* 490-509.

Harris, P. L. (1983b). Infant cognition. In P. H. Mussen (Ed.), *Handbook of child psychology, Vol. 2.: Infancy and developmental psychobiology.* New York: Wiley.

Harris, P. L. (1987). The development of search. In P. Salapatek & L. Cohen (Eds.), *Handbook of infant perception, Vol. 2: From Perception to cognition.* New York: Academic Press.

Harris, P. L. (1989). *Children and emotion.* Oxford: Basil Blackwell.

Harris, P. L., & Olthof, T. (1982). The child's concept of emotion. In G. Butterworth, & P. Light (Eds.), *Social cognition: studies of the development of understanding.* Chicago: University of Chicago Press.

Harris, P. L., Olthof, T., Meerum-Terwogt, M., & Hardman, C. E. (1987). Children's knowledge of the situations that provoke emotion. *International Journal of Behavior Development, 10,* 319-344.

Harrison, L. F., & Williams, T. (1986). Television and cognitive development. In T. Williams (Ed.). *The impact of television: Natural experiment in three communities.* Orlando. FL: Academic Press.

Harter, S. (1982). Children's understanding of multiple emotions: A cognitive developmental approach. In W. F. Overton (Ed.), *The relationship between social and cognitive development.* Hillsdale, NJ: Erlbaum.

Harter, S. (1985). Competence as a dimension of self-evaluation: Toward a comprehensive model of self-worth In. R. Leahy (Ed.), *The development of the self.* Orlando, FL: Academic Press.

Harter, S. (1986). Cognitive-developmental processes in the integration of concepts about emotion and the self. *Social Cognition, 4,* 119-151.

Harter, S. (1988). Developmental processes in the construction of the self. In T. D. Yawkey, & J. E. Johnson (Eds.), *Integrative processes and socialization: Early to middle childhood.* Hillsdale, NJ: Erlbaum.

Harter, S. (1989a). Causes, correlates, and the functional role of global self-worth: A life-span perspective. In J. Kolligan, & R. Sternberg (Eds.), *Perceptions of competence and incompetence across the life-span.* New Haven: Yale University Press.

Harter, S. (1989b). *Self-perception profile for adolescents.* Denver, University of Denver.

Harter, S. (1990a). Processes underlying adolescent self-concept formation. In R. Montemayor, G. R. Adams, & T. P. Gullotta (Eds.), *From childhood to adolescence: A transitional period?* Newbury Park, CA: Sage.

Harter, S. (1990b). Self and identity development. In S. S. Feldman, & G. R. Elliott (Eds.), *At the threshold: The developing adolescent.* Cambridge, MA: Harvard University Press.

Harter, S. (1990c). Issues in the assessment of the self-concept of children and adolescents. In A. M. LaGreca (Eds.), *Through the eyes of the child: Obtaintioning self-reports from children and adolescents.* Boston: Allyn and Bacon.

Harter, S., & Lee, L. (1989). *Manifestations of true and false selves in adolescence.* Paper presented at the meeting of the Society for Research in Child Development, Kansas City, MO.

Harter, S., & Pike, R. (1984). The pectorial scale of perceived competence and social acceptance for young children. *Child Development, 55,* 1969-1982.

Hartig, M., & Kanfer, F. H. (1973). The role of verbal self-instructions in children's resistance to temptation. *Journal of Personality and Social Psychology, 25,* 259-267.

Hartup, W. W. (1974). Aggression in childhood: Developmental perspective. *American Psychology, 29,* 336-341.

Hartup, W. W. (1983). Peer relations. In E. M. Hetherington (Ed.), *Handbook of child psychology, Vol. 4: Socialization, personality and social development.* New York: Wiley.

Hartup, W. W., & Sancilio, M. (1986). Children's friendships. In E. Schopler, & G. Mesibov (Eds.), *Social behavior in autism.* New York: Plenum.

Hartup, W. W., Laursen, B., Stewart, M. L., & Easterson, A. (1988). Conflict and the friendship relations of young children. *Child Development, 59,* 1590-1600.

Hartup, W. W. (1988, March). *Conflict and friendship relations: An outsider's view.* Paper presented at the meeting of the Conference on Human Development, Charleston, SC.

Hath, M. M. (1990). Progress in the understanding of sensory and perceptual processes in early infancy. *Merrill-Palmer Quarterly, 36,* 1-26.

Hauck, W. E., Martens, M., & Wetzel, M. (1986). Shyness, group dependence and self-concept: Attributes of the imaginary audience. *Adolescence, 21,* 529-534.

Hauser, S. T., & Bowlds, M. K. (1990). Stress, coping, and adaptation. In S. S. Feldman, & G. R. Elliott (Eds.), *At the threshold: The developing adolescent.* Cambridge, MA: Harvard University Press.

Hauser, S. T., & Follansbee, D. J. (1984). Developing identity: Ego growth and change during adolescence. In H. E. Fitzgerald, B. M. Laster, & M. W. Yogman (Eds.), *Theory and research in behavioral pediatrics, Vol. 2.* New York: Plenum, 207-268.

Hauser, S. T., Powers, S. I., Noam, G. G., Jacobson, A. M., Weisse, B., & Follansbee, D. J. (1984). Familial contexts of adolescent ego development. *Child Development, 55,* 195-213.

Havighurst, R. J. (1961). Successful aging. *The Gerontologist, 1,* 8-13.

Havighurst, R. J., Neugarten, B. L., & Tobin, S. S. (1968). Disengagement and patterns of aging. In B. L. Neugarten (Ed.), *Middle age and aging.* Chicago, IL: University of Chicago Press.

Hawkins, J. A., & Berndt, T. J. (1985). *Adjustment following the transition to junior high school.* Paper presented at the Society for Research in Child Development Meeting, Toronto.

Hawkins, J. A., Sheingold, K., Gearhart, M., & Berger, C. (1982). Micro-computers in school: Impact on the social life of elementary classrooms. *Journal of Applied Developmental Psychology, 3,* 361-373.

Hawley, I. B. (1974). Formal operations in adults as a function of age, education, and fluid crystallized intelligence. *Dissertation Abstracts International, 34* (9-b), 4628-4629.

Hayachi, Y., & Ende, S. (1982). All-night sleep polygraphic recordings of healthy aged persons: REM and slow wave sleep. *Sleep, 5,* 277-283.

Hearold, S. (1986). A synthesis of 1,043 effects of television on social behavior. In G. Comstock (Ed.), *Public communications and behavior, 1.* New York: Academic Press, 65-133.

Hebb, D. O. (1980). *Essays on mind.* Hillsdale, NJ: Erlbaum.

Helson, R., & Moane, G. (1987). Personality change in woman from college to midlife. *Journal of Personality and Social Psychology, 53,* 176-186.

Hess, R. D. (1970). Social class and ethnic influences upon socialization. In P. H. Mussen (Ed.), *Carmichael's manual of child Psychology, Vol. 2.* New York: Wiley.

Hetherington, E. M. (1972). Effects of father absence on personality development in adolescent daughters. *Developmental Psychology, 7,* 313-326.

Hetherington, E. M. (1991). The role of individual differences and family relationships in children's coping with divorce and remarriage. In P. A. Cowan & E. M. Hetherington (Eds.), *Family transitions.* Hillsdale, NJ: Erlbaum, 165-194.

Hetherington, E. M., & Baltes, P. (1988). Child psychology and life-span development. In E. Hetherington, R. Lerner, & M. Perlmutter (Eds.), *Child development in life-span perspective.* Hillsdale, NJ: Erlbaum, 1-20.

Hetherington, E. M., & Clingempeel, W. G. (1992). Coping with marital transition. *Monographs of the Society for Research in Child Development, 57,* 2-3, 227.

Hetherington, E. M., & Parke, R. D. (1993). *Child psychology: A contemporary viewpoint* (4th ed.). New York: McGraw-Hill.

Hetherington, E. M., Cox, M., & Cox, R. (1979). Play and social interaction in children following divorce. *Journal of Social Issues, 35,* 26-49.

Higgins, E. T. (1987). Self-discrepancy: A theory relating self and affect. *Psychological Review, 94,* 319-340.

Hill, J. P. (1983). *Early adolescence: A research agenda.* Paper presented at the meeting of the Society for Research in Child Development, Detroit.

Hinde, R. A. (1983). Ethology and child development. In M. M. Haith & J. J. Campos (Eds.), *Handbook of child psychology, Vol. 2: Infancy and development psychology.* New York: Wiley.

Hoffman, L. W. (1989). Effects of maternal employment in the two-parent family. *American Psychologist, 44,* 283-292.

Hoffman, M. L. (1982). Development of prosocial motivation: Empathy and guilt. In N. Eisenberg-Berg (Eds.), *Development of prosocial behavior.* New York: Academic Press.

Hoffman, M. L. (1984). Empathy: its limitations and its role in a comprehensive moral theory. In W. M. Kurtines & J. L. Gewirtz (Eds.), *Morality, moral behavior and moral development.* New York: Plenum.

Hoffman, M. L. (1984). Parent discipline, moral internalization and development of prosocial motivation. In E. Staub, D. Bar-Tal, J. Karylowski, & Reykowski (Eds.), *Development and maintenance of prosocial behavior.* New York: Plenum.

Hoffman, M. L. (1987). The contribution of empathy to justice and moral judgment. In N. Einsenberg & J. Strayer (Eds.), *Journal of Personality and Social Psychology, 5,* 45-57.

Holland, J. L. (1973). *Making vocational choices: A theory of careers.* Englewood Cliffs, NJ: Prentice-Hall.

Holland, J. L. (1987). Current status of Holland's theory of careers: Another perspective. *Career Development Quarterly, 36,* 24-30.

Holmes, T. H., & Rahe, R. H. (1967). The social readjustment ration scale. *Journal of Psychosomatic Research, 11,* 213-218.

Honzik, M. P. (1984). Life-span development. *Annual Review of Psychology, 35,* 309-331.

Hook E. G., & Lindsjo, A. (1978). Down syndrome in live births by single year maternal age interval in a Swedish study: Comparison with results from a New York State study. *American Journal of Human Genetics, 30,* 19-27.

Horn, J. C., & Meer, J. (1987). The vintage years. *Psychology Today, 21,* 88-90.

Horn, J. L. (1968). Organization of abilities and the development of intelligence. *Psychological Review, 75,* 242-259.

Horn, J. L., & Cattell, R. (1966). Refinement and test

of the theory of fluid and crystallized general intelligences. *Journal of Educational Psychology, 57,* 253–270.

Horn, J. L., & Cattell, B. (1982). Whimsy and misunderstandings of Gf-Gc theory: A Comment of Guilford. *Psychological Bulletin, 91,* 623–633.

Horne, A. M., & Saycer, T. V. (1990). *Treating conduct and oppositional defiant disorders in children.* New York: Pergamon.

Howes, C. (1987). Social competence with peers in young children: Developmental sequences. *Developmental Review, 7,* 252–272.

Howes, C. (1990). Can the age of entry into child care and the quality of child care predict adjustment in kindergarten? *Developmental Psychology, 26,* 292–303.

Howes, C., & Olenick, M. (1986). Family and childcare influence on toddler's compliance. *Child Development, 57,* 202–216.

Hudson, J. A. (1986). Memories are made of this: General event knowledge and development of autobiographic memory. In K. Nelson (Ed.), *Event knowledge: Structure and function in development.* Hillsdale, NJ: Erlbaum.

Huesmann, L. R. (1986). Psychological processes promoting the relation between exposure to media violence and aggressive behavior by the viewer. *Journal of Social Issues, 42,* 125–140.

Huesmann, L. R., Lagerspetz, K., & Eron, L. D. (1984). Interventioning variables in the television violence-aggression relation: Evidence from two countries. *Developmental Psychology, 20,* 746–775.

Hultsch, D. F., Hertzog, C., & Dixon, R. (1984). Temporal memory for performed activities: Intentionality and adult age differences. *Developmental psychology, 20,* 1193–1210.

Hunt, M. (1974). *Sexual behavior in the 1970s.* Chicago: Playboy.

Huston, A. C. (1983). Sex-typing. In E. M. Hetherington (Ed.), *Handbook of child psychology, Vol. 4: Socialization, personality and social development.* New York: Wiley.

Huttenlocher, P. R. (1979). Synaptic density in human frontal cortex: Developmental changes and effects of aging. *Brain Research, 163,* 195–205.

Hymel, S., Wagner, E., & Butler, L. (1990). Reputational bias: View from the peer group. In S. R. Asher, & J. D. Coie (Eds.), *Peer rejection in childhood.* New York: Cambridge University Press.

Ilola, L. M. (1990). Culture and health. In R. W. Brislin (Ed.), *Applied cross-cultural psychology.* Newbury park, CA: Sage.

Ingram, D. (1989). *First language acquisition.* Cambridge: Cambridge University Press.

Inhelder, B., & Piaget, J. (1958). *The growth of logical thinking: From childhood to adolescence.* New York: Basic Books.

Inhelder, B., & Piaget, J. (1964). *The early growth of logic in the child.* New York: Harper & Row.

Irwin, D. B., & Simons, J. A. (1994). *Lifespan developmental psychology.* Wisconsin: Brown & Benchmark.

Isberg, R. S., Hauser, S. T., Jacobson, A. M., Powers, S. I., Noam, G., Weiss Perry, B., & Follansbee, D. (1989). Parental contexts of adolescent self-esteem: A developmental perspective. *Journal of Youth and Adolescence, 18,* 1–23.

Jacobson, J. L., Jacobson, S. W., Padgett, R. J., Brumitt, G. A., & Billings, R. L. (1992). Effects of prenatal PSB exposure on cognitive processing efficiency and sustained attention. *Developmental Psychology, 28,* 297–306.

Jacques, E. (1965). Death and the mid-life crisis. *International Journal of Psychoanalysis, 46,* 502–514.

Jakobson, R. (1968). *Child language, aphasic, and*

phonological universal. The Hague: Mouton.

Jarvik, L. F., & Bank, L. (1983). Aging twins: Longitudunal psychometric data. In K. W. Schaie (Ed.), *Major psychological assessment instruments*. Boston, MA: Allyn & Bacon.

Jensen, A. R. (1969). How much can we boost I.Q. and scholastic achievement? *Harvard Educational Review, 29,* 1-123.

Jensen, A. R. (1980). *Bias in mental testing*. New York: Free Press.

Jensen, A. R. (1985). The nature of black-white difference on various psychometric tests; Spearman's hypothesis. *Behavioral and Brain Sciences, 8,* 193-263.

Johnson, E. S., & Meado, A. C. (1987). Developmental patterns of spatial ability: An early sex difference. *Child Development, 58,* 725-740.

Johnson, J., & Newport, E. (1989). Critical period effects in second language learning: The influences of maturational state on the acquisition of English as second language. *Cognitive Psychology, 21,* 60-99.

Johnston, L. D., O'Malley, P. M., & Bachman, J. G. (1987). *National trends in drug use and related factors among American high school students*. Ann Arbor: University of Michigan, Institute of social Research.

Johnston, L. D., O'Malley, P. M., & Bachman, J. G. (1987). *National trends in drug use and related factors among American high school students and young adults, 1975-1986*. Institute of Social Research. Ann Arbor: University of Michigan.

Johnston, L. D., O'Malley, P. M., & Bachman, J. G. (1994). *Drug use rises among American teenagers*. Institute of Social Research. Ann Arbor: University of Michigan.

Jones, L. V. (1984). White-black achievement differences: The narrowing gap. *American psychologist, 39,* 1207-1213.

Jones, M. C. (1957). The later careers of boys who were early-or late-maturing. *Child Development, 28,* 113-128.

Jones, M. C. (1965). Psychological correlates of somatic development. *Child Development, 36,* 899-911.

Jones, M. C., & Bayley, N. (1950). Physical maturing among boys as related to behavior. *Journal of Educational psychology, 41,* 129-184.

Jose, P. E. (1990). Just world reasoning in children's immanent justice judgements. *Child Development, 54,* 669-676.

Justice, E. M. (1985). Categorization as a preferred memory strategy: Developmental changes during elementary school. *Developmental Psychology, 21,* 1105-1110.

Justice, E. M. (1989). Preschooler's knowledge and use of behaviors varying in strategic effectiveness. *Merrill-Palmer Quarterly, 35,* 363-377.

Kagan, J. (1964). The acquisition and significance of sex role identity. In M. Hoffman & L. Hoffman (Eds.), *Review of child development research, 1*. New York: Russell Sage.

Kagan, J. (1984). *The nature of the child*. New York: Basic Books.

Kagan, J. (1989a). Temperamental contributions to social behavior. *American Psychologist, 44,* 668-674.

Kagan, J. (1989b). The concept of behavioral inhibition to the unfamiliar. In J. S. Reznick (Eds.), *Perspective on behavior inhibition*. Chicago: University Press.

Kagan, J., Kearsley, R. B., & Zelazo, P. (1978). *Infancy: Its place in human development*. Cambridge: Harvard University Press.

Kagan, J., Reznich, J. S., Snidman, N., Gibbons, J., & Jognson, M. O. (1988). Childhood derivatives of inhibition and lack of inhibition to the unfamiliar. *Child Development, 59,* 1580-1589.

Kaler, S. R., & Kopp, C. B. (1990). Compliance and comprehension in very young toddlers. *Child*

Development, 61, 1997-2003.

Kamerman, J. B. (1988). *Death in the midst of life: Social and cultural influences on death, grief and mourning.* Englewood Cliffs, NJ: Prentice-Hall.

Kandel, D. B. (1978). Similarity in real-life adolescent friendship pairs. *Journal of Personality and Social psychology, 36,* 306-312.

Kandel, D. B. (1986). Processes of peer influences in adolescence. In R. K. Silbereiwen et al., (Eds.), *Development as action in context.* Berlin: Springer-Verlag.

Kanfer, F. H., Stifter, E., & Morris, S. J. (1981). Self-control and altruism: Delay of gratification for another. *Child Development, 52,* 674-682.

Kanner, A. D., & Feldman, S. S. (1991). Control over uplifts and hassles and its relationship to adaptational outcomes. *Journal of Behavioral Medicine, 14,* 187-196.

Karniol, R. (1978). Children's use of intention cues in evaluating behavior. *Psychological Bulletin, 85,* 76-85.

Karniol, R. (1980). A conceptual analysis of immanent justice responses in children. *Child Development, 51,* 118-130.

Kastenbaum, R. J. (1984). When aging begins: A life span developmental approach. *Research Aging, 6,* 105-117.

Kaufman, A. S., & Kaufman, N. L. (1983). *Kaufman Assessment Battery for Children: Interpretive manual.* Circle Prnes. MN: American Guidance Service.

Kausler, D. H., Salthouse, T. A., & Saults, J. S. (1988). Temporal memory over the adult lifespan. *American Journal of Psychology, 101,* 207-215.

Kavanaugh, R. D. (1979). Observations on the role of logically constrained sentences in the comprehension of before and after. *Journal of Child Language, 6,* 353-357.

Kazdin, A. E. (1987). *Conduct disorders in childhood and adolescence.* Newbury Park, CA: Sage.

Keating, D. P. (1980). Thinking processes in adolescence. In J. Adelson (Ed.), *Handbook of adolescent psychology.* New York: Wiley.

Keating, D. P. (1990). Adolescent thinking. In S. S. Feldman & G. R. Elliott (Eds.), *At the threshold: The development adolescent.* Cambridge, MA: Harvard University Press.

Kee, D. W., & Bell, T. S. (1981). The development of organizational strategies in the storage and retrieval of categorical items in free-recall learning. *Child Development, 52,* 1163-1171.

Keeney, T. J., Cannizzo, S. D., & Flavell, J. H. (1967). Spontaneous and induced verbal rehearsal in a recall task. *Child Development, 38,* 935-966.

Keil, F. C. (1979). *Semantic and conceptual development.* Cambridge, MA: Harvard University Press.

Kennedy, W. A. (1969). A follow-up normative study of negro intelligence and achievement. *Monographs of the Society for Research in Child Development, 34,* 2, Serial No. 126.

Kestenbaum, J., Farber, E., & Sroufe, L. A. (1989). Individual differences in empathy among preschoolers: Relation to attachment history. In N. Eisenberg (Ed.), *New directions for child development* (No. 44). San Francisco: Jossey-Bass.

Kleemeier, R. W. (1961). Intellectual change in the senium or death and the I. Q. Child. In J. Botwinick (Ed.) (1984), *Aging and behavior* (3rd ed.). New York: Springer.

Klineberg, O. (1963). Negro-white differences in intelligence test performance: a new look at an old problem. *American Psychologist, 18,* 198-203.

Klinnert, M. D., Campos, J. J., Sorce, J. F., Emde, R., & Svejda, M. (1983). Emotions as behavior regulators: Social referencing in infancy. In R. Plutchik, & H. Kellerman

(Eds.), *Emotions in early development, Vol. 2.* New York: Academic Press.

Knight, G. P., Berning, A. L., Wilson, S. L., & Chao, C. (1987). The effects of information-processing demands and social-situational factors on the social decision making of children. *Journal of Experimental Child Psychology, 43,* 244-259.

Kobak, R., Cole, C., Fleming, W., Ferenz-Gilles, R., & Bamble, W. (1993). Attachment and emotional regulation during mother-teen problem-solving: A control theory analysis. *Child Development, 64,* 231-245.

Kobasigawa, A. (1974). Utilization of retrieval cues by children in recall. *Child Development, 45,* 127-134.

Kochanska, G. (1991). *Affective factors in mothers' autonomy-granting to their five-year-old: Comparisons of well and depressed mothers.* Paper presented at the meeting of the SRCD, Seattle, WA.

Kohlberg, L. (1958). *The development of modes of moral thinking and choice in the years 10 to 16.* Unpublished doctoral dissertation, University of Chicago.

Kohlberg, L. (1963). The development of children's orientations toward a moral order: I. Sequence in the development of moral thought. *Human Development, 6,* 11-33.

Kohlberg, L. (1966). A cognitive-developmental analysis of children's sex-role concepts and attitudes. In E. E. Maccoby (Ed.), *The Development of sex differences.* Stanford, CA: Stanford University Press.

Kohlberg, L. (1968). Early education: A cognitive-development approach. *Child Development, 39,* 1013-1062.

Kohlberg, L. (1969). Stages and sequence: The cognitive-developmental approach to socialization. In A. A. Goslin (Ed.), *Handbook of socialization theory and research.* Skokie, IL: Rand McNally.

Kohlberg, L. (1973). Cognitive developmental theory and the practice of collective moral education. *Collected papers on moral development as moral education,* 342-372.

Kohlberg, L. (1975). The cognitive-developmental approach to moral education. *Phi Delta Kappan,* 670-677.

Kohlberg, L. (1981). *Essays on moral development, Vol. 1: The philosophy of moral development.* San Francisco: Harper & Row.

Kohlberg, L. (1983). The development of children's orientations toward moral order: I. Sequence in the development of thought. *Vita Humana, 6,* 11-33.

Kohlberg, L. (1984a). *The psychology of moral development: The nature and validity of moral stages, Vol. 2.* New York: Harper & Row.

Kohlberg, L. (1984b). *Essays on moral development, Vol. 2: The psychology of moral development.* San Francisco: Harper & Row.

Kohlberg, L. (1985). The just community approach to moral education in theory and practice. In M. W. Berkowitz & F. Oser (Eds.), *Moral education: Theory and application.* Hillsdale, NJ: Erlbaum.

Kohlberg, L., & Kramer, R. (1969). Continuities and discontinuities in childhood and adult moral development. *Human Development, 12,* 93-120.

Kohlberg, L., & Ullian, D. Z. (1978). Stage in the development of psychosexual concepts and attitudes. In R. C. Friedman, R. M. Richart, & R. I. Vande Wiele (Eds.), *Sex differences in behavior.* New York: Krieger.

Kohler, F. W., & Fowler, S. A. (1985). Training prosocial behaviors to young children: An analysis of reciprocity with untrained peers. *Journal of Applied Behavior Analysis, 18,* 187-200.

Kopp, C. B. (1982). Antecedent of self regulation: A developmental perspective. *Developmental*

Psychology, 18, 199-214.

Kopp, C. B. (1983). Risk factors in development. In M. M. Haith & J. J. Campos (Eds.), *Handbook of child psychology, Vol. 2: Infancy and developmental psychology.* New York: Wiley.

Kopp, C. B. (1987). The growth of self-regulation: Care-givers and children. In N. Eisenberg (Ed.), *Contemporary topics in developmental psychology.* New York: Wiley.

Kopp, C. B., & Krakow, J. B. (Eds.) (1982). *The child: Development in context.* Reading, MA: Addison-Wesley.

Kosnik, W., Winslow, L., Kline, D., Rasinski, K., & Sekuler, R. (1988). Visual changes in daily life throughout adulthood. *Journal of Gerontology, 43,* 63-70.

Kotre, J. (1984). *Outliving the self: Generativity and the interpretation of lives.* Baltimore: The John Hopkins University Press.

Krauss, R. M., & Glucksberg, S. (1977). Social and nonsocial speech. *Scientific American, 236,* 100-105.

Kreutzer, M. A., Leonard, C., & Flavell, J. H. (1975). *An interview study of children's knowledge about memory.* Monographs of the Society for Research in Child Development, 40 (1, Serial NO. 159).

Kübler-Ross, E. (1969). *On death and dying.* New York: Macmillan.

Kuczynski, L. (1983). Reasoning, prohibitions, and motivations for compliance. *Developmental Psychology, 19,* 126-134.

Kuczynski, L., Zahn-Waxler, C., & Radke-Yarrow, M. (1987). Development and content of imitation in the second and third years of life: A socialization perspective. *Developmental Psychology, 23,* 276-282.

Kuhn, D. (1974). Inducing development experimentally: Comments on a research paradigm. *Developmental Psychology, 10,* 590-600.

Kuhn, D. (1984). Cognitive development. In M. C. Bornstein & M. E. Lamb. (Eds.), *Development psychology: An advanced textbook.* Hillsdale, New Jersey: Erlbaum, 133-180.

Kuhn, D., Nash, S. C., & Brucken, L. (1978). Sex role concepts of two-and three-year-olds. *Child Development, 49,* 445-451.

Kupersmidt, J. B., Burchinal, M. R., Leff, S. S., & Patterson, C. J. (1992). *A longitudinal study of perceived support and conflict with parents from middle childhood through early adolescence.* Paper presented at the meeting of the Society for Research on Adolescence, Washington, DC.

La Barbera, J. D., Izard, C. E., Vietze, P., & Parisi, S. A. (1976). Four-and six-month-old infants' visual responses to joy, anger, and neutral expressions. *Child Development, 47,* 535-538.

Labouvie-Vief, G. (1982). Dynamic development and nature of autonomy: A theoretical prologue. *Human Development, 25,* 161-191.

Labouvie-Vief, G. (1985). Intelligence and cognition. In J. E. Birren & K. W. Schaie (Eds.), *Handbook of the psychology of aging* (2nd ed.). New York: Van Nostrand Reinhold.

Labouvie-Vief, G. (1986). *Modes of knowing and life-span cognition.* Paper presented at the meeting of the American Psychological Association, Washington, DC.

LaFromboise, T. D., & How, D. G. (1989). American Indian children and adolescents. In J. T. Gibbs & L. N. Huang (Eds.), *Children of color.* San Francisco: Jossey?Bass.

Lamb, M. E. (1981). The development of father-infant relationships. In M. E. Lamb (Ed.), *The role of the father in child development.* New York: Wiley.

Lamb, M. E. (Ed.) (1986). *The father's role: Applied perspectives.* New York: Wiley.

Lamb, M. E., & Easterbrooks, M. A. (1981). Individual differences in parental sensitivity: Origins, components, and consequences. In

M. E. Lamb & L. R. Sherrod (Eds.), *Infant social cognition: Empirical and theoretical considerations*. Hillsdale, NJ: Erlbaum.

Langlois, J. H. (1985). From the eye of the beholder to behavior reality: The development of social behaviors and social relations as a function of physical attractiveness. In C. P. Herman (Ed.), *Physical appearance stigma, and social behavior*. Hillsdale, NJ: Erlbaum.

Langlois, J. H. (1986). From the eye of the beholder to behavioral reality: Development of social behaviors as a function of physical attractiveness. In C. P. Herman, M. P. Zanna, & E. T. Higgins (Eds.), *Physical appearance, stigma, and behavior: The Ontario Symposium, Vol. 3*. Hillsdale, NJ: Erlbaum.

Langlois, J. H., & Downs, A. C. (1980). Mothers, fathers, and peers as socialization agents of sex-typed play behaviors in young children. *Child Development, 51,* 1237-1247.

Lapsley, D. K. (1991). Egocentrism theory and the "new look" at the imaginary audience and personal fable in adolescence. In R. M. Lerner, A. C. Petersen, & J. Brooks-Gunn (Eds.), *Encyclopedia of adolescence*. New York: Garland.

Lapsley, D. K., & Quintana, S. M. (1985). Integrative themes in social and developmental theories of self. In J. B. Pryor & J. D. Day (Eds.), *The development of social cognition*. New York: Springer-Verlag.

Lapsley, D. K., & Rice, K. G. (1988). The new look at the imaginary audience and personal fable: Toward and integrative model of adolescent ego development. In D. K. Lapsley & F. C. Power (Eds.), *Self, ego, and identity: Integrative approaches*. New York: Springer-Verlag.

Leigh, B. C., Temple, M. T., & Trocki, K. F. (1993). The sexual behavior of U. S. adults: Results from a national survey. *American Journal of Public Health, 83,* 1400-1408.

Lenneberg, E. H. (1967). *Biological foundations of language*. New York: Wiley.

Lerner, J. V., & Galambos, N. L. (1985). Maternal role satisfaction, mother-child interaction, and child temperament: A process model. *Developmental Psychology, 21,* 1157-1164.

Lerner, J. V., Lerner, R. M., & Zavski, S. (1985). Temperament and elementary school children's actual and rated academic performance: A test of a "goodness-of-fit" model. *Journal of Child Psychology and Psychiatry, 26,* 125-136.

Lerner, R. M. (1984). *On the nature of human plasticity*. New York: Cambridge University Press.

Lerner, R. M. (1991). Changing organism context relations as the basic process of development: A developmental-contextual perspective. *Developmental Psychology, 27,* 27-32.

Lerner, R. M., & Lerner, J. V. (1986). Contextualism and the study of *Contextualism and understanding in behavioral science: Implications for research and theory*. New York: Praeger.

Lerner, R. M., Lerner, J. V., Windle, M., Hooker, K., Lenerz, K., & East, P. L. (1986). Children and adolescents in their contexts: Tests of a goodness of fit model. In R. Plomin & J. Dunn (Eds.), *The study of temperament: Changes, continuities, and challenges*. Hillsdale, NJ: Erlbaum.

Leventhal, A. (1994). *Peer conformity during adolescence: An integration of developmental, situational, and individual characteristics*. Paper presented at the meeting of the Society for Research on Adolescence, San Diego, CA.

Levinson, D. J. (1977). The mid-life transition. *Psychiatry, 40,* 99-112.

Levinson, D. J. (1978). *The seasons of a man's life*. New York: Knopf.

Levinson, D. J. (1986). A conception of adult development. *American Psychologist, 41*(1), 3-13.

Levinson, R., Powell, B., & Steelman, L. C. (1986). Social location, significant others and body image among adolescents. *Social Psychology Quarterly, 49,* 330-337.

Lewis, M. (1987). Early sex role behavior and school age adjustment. In J. M. Reinisch, L. A. Rosenblum, & S. A. Sanders (Ed.), *Masculinity/femininity: Basic perspectives.* New York: Oxford.

Lewis, M. (1989). Cultural differences in children's knowledge of emotional scripts. In C. Saarni & P. L. Harris (Eds.), *Children's understanding of emotion.* Cambridge: Cambridge University Press.

Lewis, M., & Brooks-Gunn, J. (1979). *Social cognition and the acquisition of self.* New York: Plenum Press.

Leznick, J. S., Kagan, J., Snidman, N., Gersten, M., Baak, K., & Rosenberg, A. (1986). Inhibited and uninhibited behavior: A follow-up study. *Child Development, 51,* 660-680.

Licht, B. G., & Dweck, C. S. (1983). Sex differences in achievement orientations: Consequences for academic choices and attainments. In M. Maryland (Ed.), *Sex differtiation and schooling.* London: Heinemann.

Lieberman, M. A. (1983). Studies of terminal decline: Implications for a developmental theory of personality. In J. E. Birren (Ed.), *Aging: A challenge to science and society, Vol. 3.* New York: Pergamon Press.

Lieberman, M. A. (1994). A reexamination of adult life crises. In G. H. Pollock & S. I. Greenspan (Eds.), *The course of life.* Madison, CT: International Universities Press.

Liebert, R. M., & Sprafkin, J. (1988). *The early window: Effects of television on children and youth* (3rd ed.). New York: Pergamon Press.

Ligth, L. L. (1991). Memory and aging: Four hypotheses in search of data. *Annual Review of Psychology, 42,* 333-376.

Ligth, L. L., & Caps, J. L. (1986). Comprehension of pronouns in young and older adults. *Developmental Psychology, 22,* 580-585.

Lillard, A. S. (1993). Pretend play skills and the child's theory of mind. *Child development, 64,* 348-371.

Lillard, A. S., & Cho, Y. Y. (1991, August). *Young children's understanding of representations.* Paper presented at the meeting of the American Psychological Association. San Francisco.

Lindberg, M. A. (1980). Is knowledge base development a necessary and sufficient condition for memory development? *Journal of Experimental Child Psychology, 30,* 401-410.

Linn, V. C. (1983). Content, context, and process in reasoning. *Journal of Early Adolescence, 3,* 63-82.

Lipsitt, L. P., & Werner, J. S. (1981). The infancy of human learning processes. In E. Gollin (Ed.), *Developmental plasticity.* New York: Academic Press.

Livson, N., & Peskin, H. (1980). Perspectives on adolescence from longitudinal research. In J. Adelson (Ed.). *Handbook of adolescent psychology.* New York: Willey.

Lock, R. D. (1988). *Job search and taking care of your career direction.* Pacific Grove, CA: Brooks/Cole.

Loehlin, J. C., Horn, J. M., & Willerman, L. (1989). Modeling IQ change: Evidence from the Texas Adoption Project. *Child Development, 60,* 893-1004.

Loehlin, J. C., & Willerman, L., & Horn, J. M. (1988). Human behavior genetics. *Annual Review of Psychology, 39,* 101-133.

Long, J. D., Anderson, J., & Williams, R. L. (1990). Life reflections by older kinsmen about critical life issues. *Educational Gerontology,*

16, 61-71.

Longino, C. F., & Kart, C. S. (1982). Explicating activity theory: A formal replication. *Journal of Gerontology, 37,* 713-721.

Lontto, R. (1980). *Children's Concepting of death.* New York: Springer.

Luquet, G. H. (1927). *Le dessin enfantin.* Presses Universitaires de France.

Luria, A. R. (1981). *Language and cognition.* New York: Wiley.

Luria, A. R. (1982). *Language and cognition.* New York: Wiley.

Luria, A. R. (1961). *The role of speech in the regulation of normal and abnormal behavior.* New York: Liveright.

Maccoby, E. E. (1980). *Social development: Psychological growth and the parent-child relationship.* New York: Harcourt Brace Hovanovich.

Maccoby, E. E. (1988). Gender as a social category. *Developmental Psychology, 24,* 755-765.

Maccoby, E. E. (1990). Gender and relationships: A developmental account. *American Psychologist, 45,* 513-520.

Maccoby, E. E., & Jacklin, C. N. (1974). *The psychology of sex differences.* Stanford, CA: Stanford University Press.

Maccoby, E. E., & Jacklin, C. N. (1980). Sex differences in aggression. A rejoinder and reprise. *Child Development, 51.* 964-980.

Maccoby, E. E., & Martin, J. A. (1983). Socialization in the context of the family: Parent-child interaction. In E. M. Hetherington (Ed.), *Handbook of Child Psychology:, Vol. 4: Socialization, personality, and social development.* New York: Wiley.

MacDonald, K., & Parke, R. D. (1986). Parent-child physical play: The effects of sex and age of children and parents. *Sex Roles, 15,* 367-378.

Main, M. (1973). *Exploration, play and level of cognitive functioning as related to child-mother attachment.* Unpublished doctoral dissertation, Johns Hopkins University, Baltimore, MD.

Main, M. (1981). *Play, exploration, and competence as related to child-adult attachment.* Unpublished doctoral dissertation. Johns Hopkins University.

Main, M., & Cassidy, J. (1988). Categories of response to reunion with the parent at age 6: Predectable from infant attachment classifications and stable over a 1-month period. *Developmental Psychology, 24,* 415-426.

Main, M., & Solomon, J. (1990). Procedures for identifying infants as disorganized/disoriented during the Ainsworth Strange Situation. In M. Greenberg, D. Cicchetti, & M. Cummings (Eds.), *Attachment during the preschool years.* Chicago Press.

Main, M., & Weston, D. (1981). The qua's relationship to mother and father. *Child Development, 52,* 932-940.

Main, M., Kaplan, N., & Cassidy, J. (1985). Security in infancy, childhood, and adulthood: A move to the level of representation. In I. Bretherton & E. Watres (Eds.), Growing points of attachment theory and research. *Monograph of the society for Research in child development, 50* (1-2, serial no. 209), 66-106.

Mandler, J. M. (1987). Representation. In J. H. Flavell & E. M. Markman (Eds.), P. H. Mussen (Series Ed.), *Handbook of child psychology, Vol. 3: Cognitive development.* New York: John Wiley.

Mandler, J. M. (1988). How to build a baby: On the development of an accessible representational system. *Cognitive Development, 3,* 113-136.

Mandler, J. M. (1990). Recall of events by preverbal children. In A. Diamond (Ed.), *The development and neural boxes of higher cognitive functions.* New York: The New

York Academy of Sciences.

Maranto, G. (1984). Choosing your baby's sex. *Discover, 5,* 24-27.

Maratsos, M. P. (1989). Innateness and plasticity in language acquisition. In M. L. Rice & R. L. Schiefelbusch (Eds.), *The teachability of language* (pp. 105-125). Baltimore: Paul H. Brookes.

Marcia, J. E. (1966). Development and validation of ego identity status. *Journal of Personality and Social Psychology, 3,* 551-558.

Marcia, J. E. (1980). Identity in adolescence. In J. Adelson (Ed.), *Handbook of adolescent psychology.* New York: Wiley.

Marcia, J. E. (1988). Identity and intervention. *Journal of Adolescence, 12,* 401-410.

Markman, E. M. (1977). Realizing that you don't understand: A preliminary investigation. *Child Development, 48,* 986-992.

Markman, E. M. (1978). Empirical versus logical solutions to part-whole comparison problems concerning classed and collections. *Child Development, 49,* 168-177.

Markman, E. M. (1981a). Comprehension monitering. In W. P. Dickson (Ed.), *Children's oral communication skills.* New York: Academic Press.

Markman, E. M. (1981b). Two different principles of conceptual organization. In M. L. Lamb & A. L. Brown (Eds.), *Advances in developmental psychology, Vol. 1.* Hillsdale, NJ: Erlbaum.

Markman, E. M. (1991). The whole object, taxonomic, and mutual exclusivity assumptions as initial constraints on word meanings. In J. P. Byrnes & S. A. Gelman (Eds.), *Perspectives on language and cognition: Interrelations in development.* Cambridge: Cambridge University Press.

Markus, H., & Nurius, P. (1986). Possible selves. *American Psychologist, 41,* 954-969.

Marshall, W. A., & Tanner, J. M. (1974). Puberty. In J. A. Davis & J. Dobbing (Eds.), *Scientific foundations of pediatrics.* Philadelphia: Saunders.

Martin, A., & Fedio, P. (1983). Word production and comprehension in Alzheimer's disease: The breakdown of semantic knowledge. *Brain and Language, 25,* 323-341.

Martin, C. L. (1989). Children's use of gender-related information in making social judgements. *Developmental Psychology, 25,* 80-88.

Martin, C. L. (1990). Attitudes and expectations about children with nontraditional and traditional gender roles. *Sex Roles, 22,* 151-165.

Martin, C. L., & Halverson, C. F. (1981). A schematic processing model of sex typing and stereotyping in children. *Child Development, 52,* 1119-1134.

Martin, C. L., & Halverson, C. F. (1987). The roles of cognition in sex role acquisition. In D. B. Carter (Ed.), *Current conceptions of sex roles and sex typing.* New York: Praeger.

Martin, C. L., & Little, J. K. (1990). The relation of gender understanding to children's sex-typed preferences and gender stereotypes. *Child Development, 61,* 1427-1439.

Massey, C. M. & Gelman, R. (1988). Preschooler's ability to decide whether a photographed unfamiliar object can move itself. *Developmental Psychology, 24,* 307-317.

McAnarney, E. R., & Greydanus, D. E. (1987). Adolescence. In C. H. Kempe, H. K. Silver, D. O'Brien, & V. A. Fulginiti (Eds.), *Current pediatric diagnosis & treatment 1987.* Norwalk, CT: Appleton & Lange.

McCall, R. B. (1990). Infancy research: Individual differences. *Merrill-Palmer Quarterly, 16,* 141-157.

McKinaly, S. M., & Mckinlay, J. B. (1984). *Health status and health care utilization by menopausal women.* Unpublished manuscript. Cambridge Research Center, American

Institutes for Research, Cambridge, MA.

Mead, M. (1935). *Sex and temperament in three primitive societies*. New York: Morrow.

Mead, M. (1950). *Coming of age in Samoa*. New York: New American Library. (Originally published 1928.)

Meltzoff, A. N. (1988). Infant imitation and memory: Nine-month-old infants in immediate and deferred tests. *Child Development, 59,* 217-225.

Meltzoff, A. N. (1990). Towards a developmental cognitive science: The implications of cross-model matching and imitation for the development of representation and memory in infancy. In A. Diamond (Ed.), *The development and neural bases of higher cognitive functions*. New York: Academy of Sciences.

Mendelson, B. K., & White, D. R. (1985). Development of self-body-esteem in overweight youngsters. *Developmental Psychology, 21,* 90-96.

Menig-Peterson, C. L. (1975). The modification of communicative behavior in preschool-aged children as a function of the listener's perspective. *Child Development, 46,* 1015-1018.

Messer, S. B. (1976). Reflection-impulsivity: A review. *Psychological Bulletin, 83,* 1026-1052.

Messer, S. B. (1981). Right handedness: A consequence of infant supine head orientation preference. *Science, 212,* 385-387.

Miller, J. G. (1984). Culture and the development of everyday social explanation. *Journal of Personality and Social Psychology, 46,* 961-978.

Miller, J. G. (1986). Early cross-cultural commonalities in social explanation. *Developmental Psychology, 22,* 514-520.

Miller, J. G. (1987). Cultural influences on the development of conceptual differentiation in person description. *British Journal of Developmental Psychology, 5,* 309-319.

Miller, J. G., & Bersoff, D. M. (1992). Culture and moral judgment: How are conflicts between justice and interpersonal responsibilities resolved? *Journal of Personality and Social Psychologist, 58,* 33-47.

Miller, K. F. (1989). Measurement as a tool for thought: The role of measuring procedures in children's understanding of quantitative invariance. *Developmental Psychology, 25,* 589-600.

Miller, P. A., Partch, J. J., Solomon, M. K., & Hepworth, J. T. (1995). *Assessing empathy and prosocial behavior in early childhood: development of a parent questionnaire*. Paper presented at the meeting of the SRCD, Indianapolis.

Miller, P. H. (1993). *Theories of developmental psychology*. New York: Freeman.

Miller, P. H., & Weiss, M. G. (1981). Children's attention allocation: Understanding of attention and performance of the incidental learning task. *Child Development, 52,* 1183-1190.

Miller, J. G., Bersoff, D. M., & Harwood, R. L. (1990). Perceptions of social responsibilities in India and in the united states: Moral Imperative or personal decisions? *Journal of Personality and Psychology, 3*. Beverleyhills, CA: Sage.

Mills, R. S. L., & Grusec, J. E. (1988). Socialization from the perspective of the parent-child relationship. In S. Duck (Ed.), *Handbook of personal relationship*. Chichester, England: Wiley.

Mills, R. S. L., & Grusec, J. E. (1989). Cognitive, affective, and behavioral consequences of praising altruism. *Merrill-Palmer Quarterly, 35,* 299-326.

Mischel, H. N., & Mischel, W. (1983). The development of children's knowledge of self-control strategies. *Child Development, 54,*

603-619.

Mischel, W. (1974). Processes in delay of gratification. In L. Berkowitz (Ed.), *Advances in experimental social psychology, 7*. New York: Academic Press, 249-292.

Mischel, W. (1981). Metacognition and the rules of delay. In J. H. Flavell & L. Ross (Eds.), *Social cognitive development: Frontiers and possible futures*. Cambridge: Cambridge University Press.

Mischel, W. (1986). *Introduction to personality*. The American Psychological Association.

Mischel, W., & Mischel, H. N. (1983). Development of children's knowledge of the control strategies. *Child Development, 54,* 603-619.

Mischel, W., & Patterson, C. J. (1978). Effective plans for self-control in children. In W. A. Collins (Ed.), *Minnesota symposium on child psychology, 11*. Hillsdale, NJ: Erlbaum.

Mischel, W., Shoda, Y., & Peake, P. K. (1988). The nature of adolescent competencies predicted by preschool delay of gratification. *Journal of Personality and Social Psychology, 54,* 687-696.

Mitchell, V,, & Helson, R. (1990). Women's prime of life: Is it the 50s-*Psychology of Women Quarterly, 14,* 451-470.

Money, J. C., & Ehrhardt, A. A. (1972). *Man & Woman, boy & girl*. Baltimore: Johns Hopkins University Press.

Montemayor, R. (1982). The relationship between parent-adolescent conflict and the amount of time adolescents spend alone and with their parents and peers. *Child Development, 53,* 1512-1519.

Moon, Y. L. (1986). A review of cross-cultural studies on moral judgment development using the defining issues test. *The Journal of Educational Research, 1986, 2,* 95-115.

Moore, K. L., & Persaud, T. V. N. (1993). *Before we are born* (4th ed.). Philadelphia: W. B. Saunders Company.

Morton, T. (1986). Childhood aggression in the context of family interaction. In D. H. Crowell, I. M. Evans, & C. R. O'Donnell (Eds.), *Childhood aggression and violence: Sources of influence, prevention, and control*. New York: Plenum.

Moses, L. J., & Flavell, J. H. (1990). Inferring false beliefs from actions and reactions. *Child Development, 61,* 929-945.

Mounts, N. S. (1992). *An ecological analysis of peer influence on adolescent academic achievement and delinquency*. Paper presented the meeting of the Society for Research on Adolescence, Washington, DC.

Mullis, R. L., & Markstrom, C. A. (1986). An analysis of the imaginary audience scale. *Journal of Early Adolescence, 6,* 305-315.

Munroe, R. H., Shimmin, H. S,, & Munroe, R. L. (1984). Gender understanding and sex role preference in four cultures. *Developmental Psychology, 20,* 673-682.

Mussen, P. H. (1983). *Handbook of child psychology, Vol. 3*. New York: Wiley.

Mussen, P. H., Honzik, M., & Eichorn, D. (1982). Early adult antecedents of life satisfaction at age 70. *Journal of Gerontology, 37,* 316-322.

Muuss, R. E. (1988). *Theories of adolescence* (5th ed.). New York: McGraw-Hill.

Nagy, M. (1948). The child's Theories Concerning death. *The Journal of Genetic Psychology, 73,* 3-27.

Neisser, U. (1988). Five kinds of self-knowledge. *Philosophical Psychology, 1,* 35-59.

Neisser, U. (1991). Two perceptually given aspects of the self and their development. *Developmental Review, 1,* 197-209.

Neisser, U. (Ed.) (1982). *Memory observed: Remembering in natural contexts*. Cambridge: Cambridge University Press.

Nelson, K., & Gruendel, J. (1986). Children's scripts. In K. Nelson (Ed.), *Event knowledge: Structure and function in development*.

Hillsdale, NJ: Erlbaum.

Nelson, K. (1973). *Structure and strategy in learning to talk*. Monographs of the Society for Research in Child Development, 38 (Serial No. 149).

Nelson, K. (1981). Individual differences in language development: Implications for development and language. *Developmental Psychology, 17,* 170-187.

Nelson, K. (1986). *Event knowledge: Structure and function in development*. Hillsdale, NJ: Erlbaum.

Nelson, K. (1989). Strategies for first language teaching. In M. L. Rice & R. L. Schiefelbusch (Eds.), *The teachability of language*. Baltimore: Paul H. Brookes, 236-310.

Nelson, K., & Hudson, J. (1988). Scripts and memory: Functional relationships in development. In F. E. Weinert & M. Perlmutter (Eds.), *Memory development: Universal changes and individual differences*. Hillsdale, NJ: Erlbaum.

Nelson, K., Hirsh-Pasek, K., Jusczyk, P. W., & Cassidy, K. W. (1988). How the prosodic cues in motherese might assist language learning. *Journal of Child Language, 16,* 55-68.

Nelson, S. A. (1980). Factors influencing young children's use of motives and outcomes as moral criteria. *Child Development, 51,* 823-829.

Neugarten, B. (1983). Personality change in late life: A developmental perspective. In C. Eisdorfer & M. P. Lawton (Eds.), *The psychology of adult development and aging*. Washington, DC: American Psychological Association.

Neugarten, B. L. (1986). The aging society. In A. Pifer & L. Bronte (Eds.), *Our aging society: Paradox and promise*. New York: W. W. Norton.

Neugarten, B. L., Havighurst, R. J., & Tobin, S. S. (1968). Personality and patterns of aging. In B. L. Neugarten (Ed.), *Middle age and aging*. Chicago: University of Chicago Press.

Newcomer, S., & Udry, J. R. (1987). Parental marital status effects on adolescent sexual behavior. *Journal of Marriage and the Family, 48,* 235-240.

Nichols, R. C. (1978). Heredity and environment: Major findings from twin studies of ability, personality, and interests. *Homo, 29,* 158-173.

Nisan, M., & Kohlberg, L. (1982). Universality and variation in moral judgment: A longitudinal and cross-sectional study in Turkey. *Child Development, 53,* 865-876.

Nucci, L. (1981). The development of personal concepts: A domain distinct from moral of societal concepts. *Child Development, 52,* 114-121.

Nucci, L. P., & Turiel, E. (1978). Social interactions and the development of social concepts in pre-school children: Methods, issues, and illustrations. *Child Development, 49,* 400-407.

O'Conner, B. P., & Nikolic, J. (1990). Identity development and formal operations as sources of adolescent egocentrism. *Journal of Youth and Adolescence, 19,* 149-158.

Odom, R. D., Astor, E. C. & Cuningham, J. G. (1973). Effects of perceptual salience on the matrix task performance of four and six year-old children. *Child Development, 44,* 425-432.

Offer, D., Ostrov, E., Howard, K. I., & Atkinson, R. (1988). *The teenage world: Adolescents' selfimage in ten countries*. New York: Plenum.

Offer, D., Ostrov, E., & Howard, K. (1981). *The adolescent: A psychological self-portrait*. New York: Basic Books.

Olsho, L. W., Harkens, S. W., & Leinhardt, M. L. (1985). Aging and the auditory system. In J. E. Birren & K. W. Schaie (Eds.), *Handbook of the psychology of aging* (2nd ed.). New

York: Van Nostrand Reinhold.

Olson, G. M., & Sherman, T. (1983). Attention, learning, and memory in infants. In P. H. Mussen (Ed.), *Handbook of child psychology, Vol. 2*. New York: Wiley.

Olweus, D. (1984). Aggressors and their victims: Bullying at school. In H. Frude & H. Gault (Eds.), *Distruptive behaviors in schools*. New York: Wiley.

Onishi, M., & Gierde, P. F. (1994). *Attachment styles: A multi-method examination concurrent and prospective personality characteristics*. Paper presented at the meeting of the Society for Research on Adolescence, San Diego, CA.

Ornstein, P. A., & Naus, M. J. (1985). Effects of the knowledge base on children's memory strategies. In H. W. Reese (Ed.), *Advances in child development and behavior, Vol. 19*. New York: Academic Press.

Overton, W. F., & Jackson, J. P. (1973). *The representation of imagined objects in action sequences: A developmental study Child Development, 44*, 309-314.

Owen, M., & Cixm, N. (1988). Maternal employment and the transition to parenthood. In A. E. Gottfried & A. W. Gottfried (Eds.), *Maternal employment and children's development: Longitudinal research*. New York: Plenum.

Owen, M., & Cox, M. (1988). Maternal employment and the transition to parenthood. In A. E. Gottfried & A. W. Gottfried (Eds.), *Maternal employment and children's development: Longitudinal research*. New York: Plenum.

Park, J. Y., & Johnson, E. (1984). Moral development in rural and urban Korea. *Journal of Cross Cultural Psychology, 1*, 35-46.

Parke, K. A., & Waters, E. (1989). Security of attachment and preschool friendships. *Child Development, 60*, 1076-1081.

Parke, R. D. (1977). Some effects of punishment on children's behavior-revisited. In E. M. Hetherington & R. D. Parke (Eds.), *Contemporary readings in child psychology*. New York: McGraw-Hill.

Parke, R. D. (1981). *Fathers*. Cambridge: Harvard University Press.

Parke, R. D. (1990). In search of fathers: A narrative of enempirical journey. In I. Sigel & G. Brody (Eds.), *Methods of family research*. Hillsdale, NJ: Erlbaum, 153-188.

Parke, R. D., & Slaby, R. G. (1983). The development of aggression. In P. H. Mussen (Ed.). *Handbook of child psychology, Vol. 1: Theory and research*. New York: Brunner/Mazel.

Parke, R. D., & Tinsley, B. J. (1987). Peer relations and later personal adjustment: Are low accepted children "at risk?" *Psychological Bulletin, 102*, 357-389.

Parkhurst, J. T., & Asher, S. R. (1992). Peer rejection in middle school: Subgroup differences in behavior, loneliness and interpersonal concerns. *Developmental Psychology, 28*, 231-241.

Parten, M. B. (1932). Social participation among preschool children. *Journal of Abnormal and Social Psychology, 27*, 243-269.

Pascual-Leone, J. (1970). A mathematical model for the transition rule in Piaget's developmental stages. *Acta Psychological, 32*, 301-345.

Pascual-Leone, J. (1984). Attention, dialectic, and mental effort: Toward an organismic theory of life stages. In M. L. Commons, F. A. Richards, & C. Armon (Eds.), *Beyond formal operation: Late adolescent and adult cognitive development*. New York: Praeger.

Pascual-Leone, J. (1987). Organismic processes for neo-Piagetian theories: A dialectical causal account of cognitive development. *International Journal of Psychology, 22*, 531-570.

Pascual-Leone, J., Goodman, D., Ammon, P., & Subelman, I. (1978). Piagetian theory and neo-Piagetian analysis as psychological guides in education. In J. M. Gallager, & J. A. Easley, J. R. (Eds.), *Knowledge and development: Piaget and Education*. New York: Plenum Press, 243-289.

Patterson, C. J., Kupersmidt, J. B., & Vaden, N. A. (1990). Income level, gender, ethnicity, and household composition as predictors of children's school-based competence. *Child Development, 61,* 485-494.

Patterson, F. C. P. (1979). *Linguistic capabilities of a lowland gorilla*. Unpublished doctoral dissertation. Stanford University.

Patterson, G. R. (1976). The aggressive child: Victim and architect of a coercive system. In E. J. Marsh, L. A. Hamerlynk, & L. C. Handy (Eds.), *Behavior modification and families, Vol. 1. Theory and research*. New York: Brunner/Mazel.

Patterson, G. R. (1982). *Coercive family process*. Eugene, OR: Castalia.

Patterson, G. R. (1986). The contribution of siblings to training for fighting: A microsocial analysis. In D. Olweus, J. Block, & M. Radkeyarrow (Eds.), *Development of antisocial and prosocial behavior*. Orlando, FL: Academic Press.

Patterson, G. R., Capaldi, D., & Bank, L. (1992). Two paths to delinquency: The early and late starter models. In K. B. Rubin & D. Pepler (Eds.), *The development and treatment of childhood aggression*. Hillsdale, NJ: Erlbaum.

Patterson, G. R., Littman, R. A., & Bricker, W. (1967). *Assertive behavior in children: A step forward a theory of aggression*. Monographs of the Society for Research in Child Development, 32 (5, Serial No. 113).

Paul, E. L., & White, K. M. (1990). The development of intimate relationships in late adolescence. *Adolescence, 225,* 375-400.

Peck, R. C. (1968). Psychological developments in the second half of life. In B. L. Neugarten (Ed.), *Middle age and aging*. Chicago, IL: University of Chicago Press.

Perlmutter, M. (1986). A life-span view of memory. In P. B. Baltes, D. L. Featherman, & R. M. Lerner (Eds.), *Life-span development and behavior, Vol. 7*. Hillsdale, NJ: Lawrence Erlbaum.

Perner, J. (1991). *Understanding the representational mind*. Cambridge, MA: MIT Press.

Perry, D. G., Kusel, S. J., & Perry, L. C. (1988). Victims of peer aggression. *Developmental Psychology, 24,* 807-814.

Perry, D. G., White, A. J., & Perry, L. C. (1984). Does early sex typing result from children's attempts to match their behavior to sex role stereotypes? *Child Development, 55,* 2114-2121.

Perry, W. G. (1970). *Forms of intellectual and ethical development in the college years*. New York: Holt, Rinehart & Winston.

Petersen, A. C. (1988). Adolescent development. *Annual Review of psychology, 39,* 383-583.

Petersen, A. C. (1993). Creating adolescents: The role of context and process in developmental tranjectories. *Journal of Research on Adolescence, 3,* 1-18.

Peterson, L. (1982). An alternative perspective to norm-based explanations of modeling and children's generosity: Reply to Lipscomb, Larrieu, McAllister, and Bregman. *Merrill-Palmer Quarterly, 28,* 283-290.

Phillips, D. A. (1984). Socialization of perceive academic competence among highly competent children. *Child Development, 58,* 1308-1320.

Phillips, D. A. (1987). Socialization of perceived academic competence among highly competent children. *Child Development, 58,* 1308-1320.

Piaget, J. (1926). *The language and thought of the child.* New York: Meridian Books.

Piaget, J. (1932). *The moral judgment of the child.* New York: Harcourt Brace Jovanovich.

Piaget, J. (1950). *The psychology of intelligence.* San Diego: Harcourt Brace Jovanovich.

Piaget, J. (1952). *The child's conception of number.* New York: Norton.

Piaget, J. (1965). *The moral judgment of the child.* New York: Free Press.

Piaget, J. (1969). *The child's conception of time.* London: Routledge & Kagan Paul.

Piaget, J. (1973). *The psychology of intelligence.* Totowa, NJ: Littlefield & Adams.

Piaget, J. (1980). *Recent studies in genetic epistemology. Cashiers Foundation Archives, Jean.*

Piaget, J. (1981). *Intelligence and affectivity: Their relationship during child development* Trans. & Ed. by T. A. Brown & C. E. Kaegi. Annual Reviews Monograph.

Piaget, J. (1983). Piaget's theory. In P. H. Mussen (Ed.), *Handbook of child psychology, Vol. 1.* New York: John Wiley & Sons, 103-128.

Piaget, J., & Inhelder, B. (1956). *The child's conception of space.* London: Routledge and Kegan Paul.

Piaget, J., & Inhelder, B. (1969). *The psychology of the child.* New York: Basic Book.

Piaget, J., (1941). LeMecanisme du Development Mental et lse Lois deu Goupment des Operation. *Arch, de Psychol.*, 1, XXXV111, 112, 215-285.

Picariello, M. L., Greenberg, D. N., & Pillemer, D. B. (1990). Children's sex-related stereotyping of colors. *Child Development, 61,* 1453-1460.

Piemyat, S. & Pongsamai, C. (1995). *THAI Children's sources of information in performing prosocial behaviors: Developmental differences.* Paper presented at Biennial Meeting of the SRCD, Indiana: Indianapolis.

Plomin, R. (1988). The nature and nurture of cognitive abilities. In U. J. Sternberg (Ed.), *Advances in the psychology of human intelligence, Vol. 4.* Hillsdale, NJ: Erlbaum. Psychology, *Vol. 23,* No. 5, 655-664.

Plomin, R., Defries, J. C., & Fulker, D. W. (1988). *Nature and nurture during infancy and early childhood.* New York: Cambridge University Press.

Plomin, R., & Stocker, C. (1989). *Behavior genetics and emotionality.* In J. S. Reznick (Ed.).

Poon, L. W. (1985). Differences in human memory with aging: Nature causes, and clinical implications. In J. E. Birren & K. W. Schaie (Eds.), *Handbook of the psychology of aging* (2nd ed.). New York: Van Nostrand Reinhold.

Poon, L. W., Fozard, J. L. Paulshock, D. R., & Thomas, J. C. (1979). A questionnaire assessment of age differences in retention of recent and remote events. *Experimental Aging Research, 5,* 401-411.

Poulin-Dubois, D., & Shultz, T. R. (1988). The development of the understanding of human behavior: From agency to intentionality. In J. W. Astington, P. L. Harris, & D. R. Olson (Eds.), *Developing theories of mind.* Cambridge: Cambridge University Press.

Pressley, M. (1982). Elaboration and memory development. *Child Development, 53,* 296-309.

Pressley, M., & Levin, J. R. (1980). The development of mental imagery retrieval. *Child Development, 51,* 558-560.

Pressley, M., Borkowski, J. G., & O'Sullivan, J. T. (1984). Memory strategy instruction is made of this: Metamemory and durable strategy use. *Educational Psychology, 19,* 94-107.

Pressley, M., Borkowski, J. J., & Schneider, W. (1987). Cognitive strategies: good strategy users coordinate metacognition and knowledge. In R. Vasta, & G. Whitehurst (Eds.), *Annals of child development, Vol. 5.*

Greenwich, CT: JAI Press.

Preston, G. A. N. (1986). Dementia in Elderly Adults: Prevalence and institutionalization. *Journal of Gerontology, 41,* 281-287.

Pullbank, J., Bisanz, J., Scott, C., & Champion, M. A. (1985). Developmental invariance in the effects of functional self-knowledge on memory. *Child Development, 56,* 1447-1454.

Purcell, P., & Stewart, L. (1990). Dick and Jane in 1989. *Sex Roles, 22,* 177-185.

Putallag, M., & Wasserman, A. (1990). Children's entry behavior. In S. R. Ahser, & J. D. Coie (Eds.), *Peer rejection in childhood.* New York: Cambridge University Press.

Radke-Yarrow, M., & Zahn-Waxler, C. (1983). Roots, motives and patterns in children's prosocial behavior. In J. Reykowski, T. Karylowski, Bar-Tal, & E. Staub (Eds.), *Origins and maintenance of prosocial behaviors.* New York: Plenum.

Radke-Yarrow, M., & Zahn-Waxler, C. (1984). Roots, motives and patterns in children's prosocial behavior. In E. Staub, D. Bar-Tal, J. Karylowski, J. Reykowski (Eds.). *Development and maintenance of prosocial behavior.* New York: Plenum.

Radke-Yarrow, M., & Zahn-Waxler, C. (1986). The role of familial factors in the development of prosocial behavior: Research findings and questions. In D. Olweus, J. Block, & M. Radke-Yarrow (Eds.), *Development of antisocial and prosocial behavior.* Orlando, FL: Academic Press.

Radke-Yarrow, M., Zahn-Waxler, C. D., & Chapman, M. (1983). Children's prosocial dispositions and behavior. In E. M. Hetherington (Ed.), *Handbook of child psychology, Vol. 4: Socialization, personality, and social development.* New York: Willey.

Reese, H. W., & Rodeheaver, D. (1985). Problem solving and complex decision making. In J. E. Birren & K. W. Schaie (Eds.). *Handbook of the psychology of aging* (2nd ed.). New York: Van Nostrand Reinhold.

Reid, M., Landesman, S., Treder, R., & Jaccard, J. (1989). My family and friends: Six-to Twelve-year-old children's perceptions of social support. *Child Development, 60,* 896-910.

Renshaw, P. D., & Asher, S. R. (1983). Children's goals and strategies for social interaction. *Merrill-Palmer Quarterly, 29,* 353-374.

Rescorla, L. A. (1980). Overextension in early language. *Journal of Child Language, 7,* 321-335.

Rescorla, N. (1988). Overextension in early language development. *Journal of Child Language, 7,* 321-336.

Rest, J. (1976). "New Approaches in the Assessment of Moral Judgment." In T. Lickona, (Ed.), *Moral Development and Behavior: Theory, Research, and Social Issues.* New York: Holt, Rinchart and Winston.

Rest, J. R. (1973). The hierarchical nature of moral judgment: A study of patterns of comprehension and preference for moral stages. *Journal of Personality, 41,* 86-109.

Rest, J. R. (1979). *Development in judging moral issues.* Minneapolis: University of Minnesota Press.

Reznick, J. S., Gibbons, J. L., Johnson, M. O., & McDonough, P. M. (1989). Behavioral inhibition in a normative sample. In J. S. Reznick (Ed.), *Perspectives on behavioral inhibition.* Chicago: University of Chicago Press.

Reznick, J. S., Kagan, J., Snidman, N., Gersten, M., Baak, K., & Rosenberg, A. (1986). Inhibited and uninhibited behavior: A follow-up study. *Child Development, 51,* 660-680.

Rheingold, H. L. (1988). The infant as a member of society. *Acta Paediatrica Scandinavica, 77,* 9-20.

Rice, M. L., Huston, A. C., Truglio, R., & Wright, J.

(1990). Words from "Seasame Street" Learning vocabulary while viewing. *Developmental psychology, 26,* 421-428.

Richards, J. E., & Rader, N. (1983). Affective, behavioral, and avoidance responses on the visual cliff: Effect of crawling onset age, crawling experience, and testing age. *Psychophysiology, 20,* 633-642.

Riegel, K. F. (1973). Dialectic operations: The final period of cognitive development. *Human Development, 16,* 346-370.

Riegel, K. F. (1976). The dialectics of human development. *American Psychologist, 31,* 687-701.

Rizzo, T. (1989). *Friendship development among children in school.* Norwood, NJ: Ablex.

Robbins, W. J., Brody, S., Hogan, A. G., Jackson, C. M., & Green, C. W. (Eds.) (1928). *Growth.* New Haven: Yale University Press.

Robinson, I., Ziss, K., Ganza, B., Katz, S., & Robinson, E. (1991). Twenty years of the sexual revolution, 1965-1985: An update. *Journal of Marriage and the Family, 53,* 216-220.

Roche, A., & Davilia, G. (1972). Late adolescent growth in stature. *Pediatrics, 50,* 874-880.

Rogers, T. B. (1984). An analysis of two central stages underlying responding to personality items: The self-referent decision and response selection. *Journal of Research in Personality, 8,* 128-138.

Rogoff, B. (1981). Schooling and the development of cognitive skills. In H. C. Triandis, & A. Heron (Eds.), *Handbook of cross-culture psychology, Vol. 4: Developmental psychology.* Boston: Allyn & Bacon.

Rogoff, B. (1990). *Apprenticeship in thinking.* New York: Oxford University Press.

Roscoe, B., Konnedy, D., & Pope, T. (1987). Adolescents' views of intimacy: Distinguishing intimate from nonintimate relationships. *Adolescence, 22,* 511-516.

Rosenberg, M. (1986a). *Conceiving the self.* Melbourne, FL: Krieger.

Rosenberg, M. (1986b). Self-concept from middle childhood through adolescence. In J. Suls (Ed.), *Psychological perspectives on the self, Vol. 3.* Hillsdale, NJ: Erlbaum.

Rosenberg, M. (1986c). Self-concept from middle childhood through adolescence. In J. Suls & A. G. Greenwald (Eds.), *Psychological perspective on the self.* Hillsdale, NJ: Erlbaum, 182-205.

Rosenthal, R., & Jacobson, L. (1968). *Pygmalion in the classroom.* New York: Holt, Rinehart & Winston.

Rosenzweig, M. R. (1966). Environmental complexity, cerebral change, and behavior. *American Psychologist, 21,* 321-332.

Rosenzweig, M. R., & Leiman, A. L. (1982). *Physiological Psychology.* New York: Harney & Heath.

Ross, G. S. (1980). Categorization in 1-to-2-year-olds. *Developmental Psychology, 16,* 391-396.

Rossi, A. S. (1988). A life-course approach to gender, aging, and intergenerational relations. In K. W. Schaie & C. Schooler (Ed.), *Social stricture and aging.* Hillsdale, NJ: Erlbaum.

Rothbart, M. K. (1986). Longitudinal observation of infant temperament. *Developmental Psychology, 22,* 356-365.

Rothbart, M. K. (1989). Temperament in childhood: A framework. In G. A. Kohnstamm, J. E. Bates, & M. K. Rothbart (Eds.), *Temperament in childhood.* New York: Wiley.

Rothstein, W. G. (1980). The significance of occupations in work careers: An empirical and theoretical review. *Journal of Vocational Behavior, 17,* 343-378.

Rovee-Collier, C. K. (1986). The rise and fall of infant classical conditioning research: Its promise for the study of early development. In L. P. Lipsitt & C. K. Rovee-Collier (Eds.), *Advances in infancy research.* Norwood, NJ:

Ablex.

Rovee-Collier, C. K. (1987). Learning and memory in infancy. In J. D. Osofsky (Ed.), *Handbook of infant development* (2nd ed.). New York: Wiley.

Rovner, B. W., Broadhead, J., Spencer, M., Carson, K., & Folstein, M. F. (1989). Depression and Alzheimer's disease. *American Journal of Psychiatry, 146,* 350-353.

Rubin, K. H., Hymel, S., LeMare, L., & Rowden, L. (1989). Children experiencing social difficulties: Sociometric neglect reconsidered. *Canadian Journal of Behavioral Science, 21,* 94-111.

Ruble, D. N., Boggiano, A. K. Feldman, N. S., & Lobel, J. H. (1980). Developmental analysis of the role of social comparison in self-evaluation. *Developmental Psychology, 16,* 105-115.

Ruff, H. A., & Lawson, K. R. (1990). Development of sustained, focused attention in young children during free play. *Developmental Psychology, 26,* 85-93.

Russell, G., & Russell, A. (1987). Mother-child and father-child relationships in middle childhood. *Child Development, 58,* 1573-1585.

Ryan, R. & Lynch, J. H. (1989). Emotional autonomy versus detachment: Revisiting the vicissitudes of adolescence and young adulthood. *Child Development, 60,* 340-356.

Ryan, E. B., Ledger, G. W., & Weed, K. A. (1987). Acquisition and transfer of an integrative imagery strategy by young children. *Child Development, 58,* 443-452.

Saarni, C. (1984). An observational study of children's attempts to monitor their expressive behavior. *Child Development, 55,* 1504-1513.

Saarni, C., & Harris, P. L. (Eds.) (1989). *Children's understanding of emotion.* Cambridge: Cambridge University Press.

Sachs, J. (1985). Prelinguistic development. In J. Berko-Gleason (Ed.), *The development of language.* Columbus, OH: Merrill.

Salapatek, P. (1975). Pattern perception in early infancy: In L. B. Cohen & P. Salapatek (Eds.), *Infant perception: From sensation to cognition.* New York: Academic Press.

Salomon, G. L. (1984). Television is "easy" and print is "tough": The differential investment of mental effort in learning as a function of perceptions and attributions. *Journal of Educational Psychology, 76,* 647-658.

Salthouse, T. A. (1982). *Adult cognition: An experimental psychology of human aging.* New York: Springer-Verlag.

Salthouse, T. A. (1985). Speed of behavior and its implications for cognition. In J. E. Birren & K. W. Schaie (Eds.), *Handbook of the psychology of aging* (2nd ed.). New York: Van Nostrand Reinhold, 400-427.

Salthouse, T. A. (1990). Working memory as a processing resources in cognitive aging. *Developmental Review, 10,* 101-124.

Sancilio, M. F. M., Plumert, J. M., & Hartup, W. W. (1989). Friendship and aggressiveness as determinations of conflict outcomes in middle childhood. *Developmental Psychology, 25,* 812-819.

Santrock, J. W. (1993). *Children* (3rd ed.). Dubuque, IA: Brown & Benchmark.

Santrock, J. W. (1994). *Child Development* (6th ed.). Wm. C. Brown Communications, Inc.

Santrock, J. W. (1995). *Life-Span Development.* Wisconsin: Brown & Benchmark, Inc.

Santrock, J. W., Warshak, R. A., Lindbergh, C., Meadows, L. (1982). Children's and parents' observed social behavior in stepfather families. *Child Development, 53,* 472-480.

Saxe, G. B., Guberman, S. R., & Gearhart, M. (1987). *Social processes in early number development.* Monographs of the Society for Research in Child Development, 52 (Serial No. 216).

Scarr, S., & Weinberg, R. A. (1983). The Minnesota adoption studies: Genetic differences and malleability. *Child Development, 54,* 260-267.

Schaffer, H. R., & Emerson, P. E. (1964). The development of social attachments in infancy. *Monographs of the Society for Research in Child Development, 29* (3, Serial No. 94).

Schaie, K. (1990). Intellectual development in adulthood. In J. Birren & K. Schaie (Eds.), *Handbook of the psychology of aging* (3rd ed.). San Diego: Academic Press, 291-310.

Schaie, K. W., & Hertzog, C. (1982). Longitudinal methods. In B. Wolman (Ed.), *Handbook of developmental psychology.* Englewood Cliffs, NJ: Prentice-Hall, 91-115.

Schaie, K. W. (1977/1978). Toward a stage theory of adult development. *International Journal of Aging and Human Development, 8,* 129-138.

Schaie, K. W. (1983). The Seattle longitudinal study: A twenty-one-year investigation of psychometric intelligence. In K. W. Schaie (Ed.), *Longitudinal studies of adult personality development.* New York: Guilford.

Schaie, K. W. (1989). Individual differences in rate of cognitive change in adulthood. In V. L. Bengtson & K. W. Schaie (Eds.), *The course of later life; Research and reflections.* New York: Springer.

Schaivi, R. C., Thelgaard, A., Owen, D., & White, D. (1984). Sex chromosome anomalies, hormones and aggressitivity. *Archives of General Psychiatry, 41,* 93-99.

Schmeck, H. M., Jr. (1976). Trend in growth of children lags. *New York Times* (June 10), 13C.

Schneider, W., Korkel, J., & Weinert, F. E. (1989). Domain-specific knowledge and memory performance: A comparison of high-and low-aptitude children. *Journal of Educational Psychology, 81,* 306-312.

Schoendorf, K. C., & Kiely, J. L. (1992). Relationships of sudden infant death syndrome to maternal smoking durings and after pregnancy. *Pediatrics, 90,* 905-908.

Schultz, M. S. (1991). *Linkages among both parents, work roles, parenting style and children's adjustment to school.* Paper presented at the meeting of the SRCD, Seattle, WA.

Schultz, R., & Curnow, C. (1988). Peak performance and age among super athletes: Track and field, swimming, baseball, tennis, and golf. *Journal of Personality and Social Psychology, 11,* 1194-1201.

Selman, R. L. (1980). *The growth of interpersonal understanding.* New York: Academic Press.

Selman, R. L. (1981). The child as friendship philosopher. In S. R. Asher & J. M. Gottman (Eds.), *The development of children's friendships.* Cambridge: Cambridge University Press.

Shaffer, D. R. (1985). *Developmental psychology: Theory, research, and applications.* Monterey, Calif.: Brooks/Cole.

Shaffer, D. R. (1993). *Developmental Psychology: Childhood and Adolescence* (3rd ed.). California: Brooks/Cole.

Shaffer, D. R., Pegalis, L. J., & Cornell, D. P. (1991). Interactive effects of social context and sex-role identity on self-dislosure during the acquaintance process. *Sex Roles, 24,* 1-19.

Shaffer, H. R. (1966). The onset of fear of strangers and the incongruity hypothesis. *Journal of Child Psychology and Psychiatry, 7,* 95-106.

Sharps, M., & Collin, E. (1988). Aging and free recall for objects located in space. *Journal of Gerontology, 43,* 8-11.

Shatz, M., & Gelman, R. (1973). The development of communication skills: Modification in the speech of young children as a function of listener. *Monographs of the Society for Research in Child Development, 38* (5, Serial No. 152).

Sherif, M., Harvey, O. J., & Sherif, C. W. (1961). *Intergroup conflict and cooperation: The*

Robbers Cave experiment. Norman: University of Oklahoma Press.

Shiffrin, R. M., & Atkison, R. C. (1969). Storage and retrieval processes in long-term memory. *Psychological Review, 76,* 179-193.

Shirly, M. M. (1933). *The first two years: A study of 25 babies, Vol. 1: Postural and locomotor development*. Minneapolis: University of Minnesota Press.

Shoda, Y., Mischel, W., & Peake, P. K. (1990). Predicting adolescent cognitive and self-regulatory competencies from preschool delay of gratification: Identifying diagnostic conditions. *Developmental Psychology, 26,* 978-986.

Shultz, T. R. (1980). Development of the concept of intention. In W. A. Collins (Ed.), *Minnesota symposia on child psychology, 13: Development of cognition, affect, and social relations*. Hillsdale, NJ: Erlbaum.

Shweder, R. A. (1982). Beyond self-constructed knowledge: The study of culture and morality. *Merrill-Palmer Quarterly, 28, 1,* 41-69.

Siegler, R. S. (1884). Mechanisms of cognitive growth: Variation and selection. In R. J. Sternberg (Ed.), *Mechanisms of cognitive development*. New York: Freeman and Company.

Siegler, R. S. (1989). Mechanisms of cognitive development. *Annual Review of Psychology, 40,* 353-379.

Signorielli, N. (1989). Television and conceptions about sex roles: Maintaining conventionality and the status quo. *Sex Roles, 21,* 341-360.

Simmons, R. G., & Blyth, D. A. (1987). *Moving into adolescence: The impact of pubertal change and social context*. Hawthorn, NY: Aldine de Gruyter.

Singer, D. G., Singer, J. L., & Zuckerman, D. M. (1980). *Getting the most out of TV*. Santa Monica: Goodyear.

Singer, J. L., & Colligian, J. Jr. (1987). Personality: Developments in the study of private experience. *Annual Review of Psychology, 38,* 533-574.

Singer, J. L., & Singer, D. G. (1983). Implications of childhood television viewing for cognition, imagination, and emotion. In J. Bryant & D. R. Anderson (Eds.), *Children's understanding of television*. New York: Academic Press.

Singer, J. L., & Singer, D. G. (1980). Television viewing, family style and aggressive behavior in preschool children. In M. Green (Ed.), *Violence and the family: Psychiatric, sociological and historical implications*. Boulder Col: Westview Press.

Skeels, H. M. (1966). Adult status of children with contrasting early life experience: A following-up study. *Monographs of Society for Research in Child Development, 31* (No. 3).

Slaby, R. G., & Guerra, N. G. (1988). Cognitive mediators of aggression in adolescent of fenders: 1. Assessment. *Developmental Psychology, 24,* 580-588.

Slobin, D. I. (1985). *The crosslinguistic study of language acquisition, Vol. 2: Theoretical issues*. Hillsdale, NJ: Erlbaum.

Smetana, J. G. (1983). Social-cognitive development: Domain distinctions and coordinations. *Developmental Review, 3,* 131-147.

Smetana, J. G. (1984). Toddler's social interaction regarding moral and conventional transgressions. *Child Development, 55,* 1767-1776.

Smetana, J. G. (1988). Adolescents' and parents' conceptions of parental authority. *Child Development, 59,* 321-335.

Smilansky, S. (1968). *The effects of sociodramatic play on disadvantaged preschool children*. New York: Wiley & Sons.

Smith, C. L. (1979). Children's understanding of natural language hierachies. *Journal of*

Experimental Psychology, 27, 437–458.

Smith, W. P., Davidson, E. S., & France, A. (1987). Social comparison and achievement evaluation in children. In J. C. Masters & W. P. Smith (Eds.), *Social comparison, social justice, and relative deprivations.* Hillsdale, NJ: Erlbaum.

Smolak, L. (1993). *Adult Development.* New Jersey: Prentice-Hall, Inc.

Snarey, J. R. (1987). A question of morality. *Psychology Today,* 6–8.

Snarey, J. R., Reimer, J., & Kohlberg, L. (1985). Development of social-moral reasoning among kibbutz adolescents: A longitudinal cross-cultural study. *Developmental Psychology, 21,* 3–17.

Somerville, S. C., & Haake, R. J. (1985). The logical search skills of infants and young children. In H. M. Wellman (Ed.), *Children's searching.* Hillsdale, NJ: Erlbaum.

Song, M., Smetana, J. G., & Kim, S. Y. (1987). Korean children's conceptions of moral and conventional transgressions. *Developmental Psychology, 23,* 577–582.

Spearman, C. (1927). *The abilities of man.* New York; Macmillan.

Spelke, E. S. (1982). Perceptual knowledge of objects in infancy. In J. Mehler, E. C. F. Walker, & M. Garrett (Eds.), *Perspectives on mental representation.* Hillsdale, NJ: Erlbaum.

Spelke, E. S. (1987). The development of intermodal perception. In P. Salapatek & L. Cohen (Eds.), *Handbook of infant perception, Vol. 2: From perception to cognition.* Orlando, FL: Academic Press.

Spelke, E. S. (1990). Principles of object perception. *Cognitive Science, 14,* 29–56.

Spence, J. T., & Helmreich, R. L. (1978). *Masculinity and femininity: Their psychological dimensions, correlates, and antecedents.* Austin: University of Texas Press.

Spencer, M., Carson, K., & Folstein, M. F. (1989). Depression and Alzheimer's disease. *American Journal of Psychiatry, 146,* 350–353.

Sroufe, L. A. (1983). Attachment and adaptation in preschool. In M. Perlmutter (Eds.), Development and policy concerning children with special needs. *Minnesota Symposium on Child Development, 16.* Hillsdale, NJ: Erlbaum.

Sroufe, L. A., Carlson, E., & Shulman, S. (1993). The development of individuals in relationships: From infancy through adolescence. In D. C. Funder, R. D. Parke, C. Tomlinson-Keasey, K. Widaman (Eds.), *Studying lives through time: Approaches to personality and development.* Washington, DC: American Psychological Association.

Stark, R. E. (1986). Prespeech segmental feature development. In P. Fletcher & M. Gaman (Eds.), *Language acquisition: Studies in first language development* (2nd ed.). New York: Cambridge University Press.

Starkey, P., Spelke, E. S., & Gelman, R. (1980). *Number competence in infants: Sensitivity to numeric invariance and numeric change.* Paper presented at the meeting of the International Conference on Infant Studies, New Haven, CT.

Starkey, P., Spelke, E. S., & Gelman, R. (1983). Detection of intermodal numerical correspondence by human infants. *Science, 222,* 179–181.

Starkey, P., Spelke, E. S., & Gelman, R. (1990). Numerical abstraction by human infants. *Cognition, 36,* 97–127.

Stattin, H., & Magnusson, D. (1990). Pubertal maturation in female development. *Paths through life, Vol. 2.* Hillsdale, NJ: Erlbaum.

Staub, E. (1971). Instigation to goodness: The role of social norms and interpersonal influence. *Journal of Social Issues, 28,* 131–151.

Stein, N. L., & Trabasso, T. (1989). Children's understanding of changing emotional states. In C. Saarni & P. L. Harris (Eds.), *Children's understanding of emotion*. Cambridge: Cambridge University Press.

Steinberg, L. O. (1990). Interdependence in the family: Autonomy, conflict and harmony in the parint-adolescent relationship. In S. S. Feldman & G. L. Elliot (Eds.), *At the threshold: The developing adolescent*, 255-276. Cambridge, MA: Harvard University Press.

Steinberg, L. D., & Levine, A. (1990). *You and your adolescent*. New York: Harper.

Steinberg, L. D., Greenberger, E., Jacobi, M., & Garduque, L. (1981). Early work experience: A partial antidote for adolescent egocentrism. *Journal of Youth and Adolescence, 10*, 141-157.

Steinberg, L. D. (1981). Transformations in family relations at puberty. *Developmental Psychology, 17*, 833-840.

Steinberg, L. D. (1988). Reciprocal relation between parent-child distance and pubertal Maturation. *Developmental Psychology, 24*, 122-128.

Sternberg, R. J., & Wagner, R. K. (Eds.) (1988). *Practical intelligence: Nature and origins of competence in the everyday world*. Cambridge: Cambridge University Press.

Sternberg, R. J. (1981). Intelligence and nonentrenchment. *Journal of Educational psychology, 73*, 1-16.

Sternberg, R. J. (1984). Mechanisms of cognitive development; A componential approach. In R. J. Sternberg (Ed.). *Mechanisms of cognitive development*. New York: W. H. Freeman and Company, 163-186.

Sternberg, R. J. (1988a). Intellectual development: Psychometric and information processing approaches. In M. H. Bornstein & M. E. Lamb (Eds.), *Developmental psychology: An advanced textbook (2nd ed.)*. Hillsdale, NJ: Erlbaum.

Sternberg, R. J. (1988b). *Intelligence applied*. San Diego, CA: Harcourt Brace.

Sternberg, R. J. (1988c). Mental self government: A theory of intellectual styles and their development. *Human Development, 31*, 197-224.

Sternberg, R. J. (1988d). *The triangle of love*. New York: Basic Books.

Sternberg, R. J. (Ed.) (1985). *Human abilities: An information processing approach*. New York: W. H. Freeman.

Sternberg, R. J. (Ed.). (1990). *Wisdom: Its nature, origins, and development*. New York: Cambridge University Press.

Sternberg, R. J., & Powell, J. S. (1983). The development of intelligence. In J. H. Flavell & E. M. Markman (Eds.), P. H. Mussen (Series Ed.), *Handbook of child psychology, Vol. 3: Cognitive development*. New York: John Wiley.

Sternberg, R. J., Conway, B. E., Ketron, J. L., & Bernstein, M. (1981). People's conceptions of intelligence. *Journal of Personality and Social Psychology, 41*, 37-55.

Stewart, R. B. (1983). Sibling attachment relationships: Child-infant interactions in the strange situation. *Developmental Psychology, 19*, 192-199.

Stipek, D. J., & Daniels, D. H. (1990). Children's use of dispositional attributions in predicting the performance and behavior of classmates. *Journal of Applied Developmental Psychology, 11*, 13-18.

Stoddart, T., & Turiel, E. (1985). Children's concepts of cross-gender activities. *Child Development, 56*, 1241-1252.

Storommen, E. A. (1973). Verbal self-regulation in a children's game: Impulsive errors on "simon says." *Child Development, 44*, 849-853.

Strauss, S., & Stavy, R. (1984). U-shaped behavioral

growth: Implications for theories of development. In W. W. Hartup (Ed.), *Review of Child Development Research, Vol. 6.* Chicago: University of Chicago Press.

Strommen, E. A. (1973). Verbal self-regulation in a children's game: Impulsive errors on "Simon Says." *Child Development, 47,* 980-987.

Suess, G. L. (1987). *Consequences of early attachment experiences on competence in preschool.* Unpublished doctoral dissertation. Universitat Regensberg. West Germany.

Sultz, T. R. (1980). Development of the concept of intention. In W. W. Collins (Ed.), *Minnesota symposia on child psychology, Vol. 13:* Development of cognition, affect, and social relations. Hillsdale, NJ: Erlbaum.

Super, D. E. (1967). *The psychology of careers.* New York: Harper & Row.

Super, D. E. (1976). *Career education and the meanings of work.* Washington, DC: U. S. Office of Education.

Sussman, E. J., Nottelmann, E. D., Inhoff-Germain, G. E., Dorn, L. D., Cutler, G. B., Jr., Loriaux, D. L., & Chrousos, G. P. (1985). The relation of development and social-emotional behavior in young adolescents. *Journal of Adolescence, 14,* 245-264.

Swank, C. (1982). Phased retirement: The European corporate experience. *Aging International, 9,* 10-15.

Tanner, J. M. (1978). *Fetus into man: Physical growth from conception into maturity.* Cambridge, MA: Harvard University Press.

Tartarsky, J. H. (1974). The influence of dimentional manipulations on class-inclusions performance. *Child Development, 45,* 1173-1175.

Teglasi, H., & MacMahon, B. H. (1990). Temperament and Common Problem Behaviors of Children. *Journal of Applied Developmental Psychology, 11,* 331-349.

Temoshok, L., & Dreher, H. (1992). *The Type C syndrome.* New York: Random House.

Terman, L. M. (1921). In symposium: Intelligence and its measurement. *Journal of Educational Psychology, 12,* 127-133.

Tesser, A. (1984). Self-evaluation maintenance processes: Implications for relationships and for development. In J. C. Masters & K. Yarkin-Levin (Eds.), *Boundary areas in social and developmental psychology.* New York: Academic Press.

Thomas, A., & Chess, S. (1977). *Temperament and development.* New York: Bruner Maxel.

Thomas, A., & Chess, S. (1984). Genesis and evaluation of behavioral: From infancy to early adult life. *American Journal of Psychiatry, 141,* 1-9.

Thomas, A., & Chess, S. (1986). The New York Longitudinal Study: From infancy to early adult life. In R. Plomin & J. Dunn (Eds.), *The study of temperament: Changes, continuities and challenges.* Hillsdale, NJ: Erlbaum.

Thomas, A., Chess, S., & Birth, H. G. (1968). *Temperament and behavior disorders in children.* New York: New York University Press.

Thompson, L., & Walker, A. J. (1989). Gender in families: Women and men in marriage, work and parenthood. *Journal of Marriage and the Family, 51,* 845-871.

Thurstone, L. L. (1938). Primary mental abilities. *Psychometric Monographs, 1,* 1.

Troll, L. E. (1983). Grandparents: The family watchdogs. In T. H. Brubaker (Ed.), *Family relationships in later life.* Beverly Hills, CA: Sage.

Trotter, R. J. (1986). Three heads are better than one: Triarchic theory of intelligence, *Psychology Today,* 56-62.

Turiel, E. (1974). Conflict and transition in adolescent moral development. *Child Development, 45,* 14-29.

Turiel, E. (1975). The development of social concepts: Mores, customs, and conventions. In D. J. Depalma & J. M. Foley (Eds.), *Moral development: Current theory and research*. Hillsdale, NJ: Erlbaum.

Turiel, E. (1983). *The development of social knowledge: Morality and convention*. Cambridge, England: Cambridge University Press.

Turiel, E., Killen, M., & Helwig, C. C. (1987). Morality: Its structure, functions and vagaries. In J. Kagan, & S. Lamb (Eds.), *The emergence of morality in young children*. Chicago: Chicago University Press, 155-243.

Turk, D. C., Ruby, T. E., & Salovey, P. (1984). Health protection: Attitudes and behaviors of LPN's teachers, and college students. *Health Psychology, 3,* 189-210.

Turner, A. M., & Greenough, W. T. (1985). Differential rearing effects on rat visual cortex synapses. I. Synaptic and neuronal density and synapses per neuron. *Brain Research, 329,* 195-203.

Udry, J. R., & Eckland, B. K. (1984). Benefits of being attractive: Differential payoffs for men women. *Psychological Reports, 4,* 47-56.

Urberg, K. A. (1979). Sex-role conseptualization in adolescent and adults. *Developmental Psychology, 15,* 90-92.

Uzgiris, I. C., & Hunt, J. (1975). *Assessment in infancy: Ordinal scales of psychological development*. Champaign: University of Illinois Press.

Vaillant, G. (1977). *Adaptation to life*. Boston: Little, Brown.

Vaillant, G. E. (1979). Natural history of male psychologic health: Effects of mental health on physical health. *North England Journal of Medicine, 301, 23,* 1249-1254.

Vasta, R., Haith, M. M., & Miller, S. A. (1992). *Child psychology: The modern science*. New York: John Wiley & Sons.

Vaughn, B. E., Kopp, C. B., & Krakow, J. B. (1984). The emergence and consolidation of self-control from eighteen to thirty months of age: Normative trends and individual differences. *Child Development, 55,* 990-1004.

Ventura, S. J. (1989). *Trends and variations in first births to older women, United States, 1970-1986* (Vital and Health Statistics Series 21, No. 47). National Center for Health Statistics.

Verdornik, F. (1988). Reconsidering the context of rememberings: The need for a social description of memory processes and their development. In F. E. Weinert & M. Perlmutter (Eds.), *Memory development: Universal changes and individual differences*. Hillsdale, NJ: Erlbaum.

Vurpillot, E. (1968). The development of scanning strategies and their relation to visual defferentiation. *Journal of Experimental Child Psychology, 6,* 632-650.

Vygotsky, L. S. (1978). *Mind in society: The development of higher psychological processes*. Cambridge, MA: Harvard University Press.

Wagner, B. M., Cole, R. E., & Schwartzman, P. (1993). *Prediction of suicide attempts among junior and senior high school youth*. Paper presented at the biennial meeting of the Society for Research in Child Development, New Orleans.

Wagner, R. K., & Sternberg, R. J. (1985). Practical intelligence in real-world pursuits: the role of tacit knowledge. *Journal of Personality and Social Psychology, 48,* 436-458.

Warren-Leubecker, A., & Bohannon, J. N. (1989). Pragmatics: Language in social contexts. In J. B. Gleason (Ed.), *The development of language* (2nd ed.). Columbus, OH: Chas. E. Merrill.

Wartner, U. G., & Grossman, K. (1988). *Stability of attachment patterns and their disorganizations from infancy to age 6 in south Germany*. Unpublished manuscript,

Universitat Regensberg, West Germany.

Wechsler, D. (1958). *The measurement and appraisal of adult intelligence* (4th ed.). Baltimore: Williams & Wilkins.

Weinraub, M., & Brown, L. M. (1983). The development of sex-role stereotypes in children: Crushing realities. In V. Franks & E. D. Rothblum (Eds.), *The stereotyping of women: Its effects on mental health*. New York: Springer.

Weinraub, M., Clemens, L. P., Sockloff, A., Etheridge, T., Gracely, E., & Myers, B. (1984). The development of sex role stereotypes in the third year: Relationships to gender labeling, gender identity, sex-typed toy preferences, and family characteristics. *Child Development, 55,* 1493-1503.

Weinstein, C. S. (1991). The classroom as a social context for learning. *Annual Review of Psychology, 42,* 493-525.

Weinstein, N. D. (1984). Reducing unrealistic optimism about illness susceptibility. *Health Psychology, 3,* 431-457.

Welford, A. T. (1985). Changes of performance with age: An overview. In N. Charness (Ed.), *Aging and human performance*. New York: Wiley.

Wellman, H. M. (1979). *A child's theory of mind*. Unpublished manuscript. University of Michigan.

Wellman, H. M. (1985a). *Children's searching*. Hillsdale, NJ: Erlbaum.

Wellman, H. M. (1985b). The origins of metacognition. In D. Forrest, G. MacKinnon, & T. Walker (Eds.), *Metacognition, cognition, and human performance*. New York: Academic Press.

Wellman, H. M. (1988). First steps in the child's theorizing about the mind. In J. W. (Eds.), *Developing theories of mind*. Cambridge University Press.

Wellman, H. M. (1990). *The child's theory of mind*. Cambridge, MA: Bradford Books.

Wellman, H. M., & Gelman, S. A. (1992). Cognitive development: Foundational theories of core domains. In M. R. Rosenzweig & L. W. Porter (Eds.), *Annual Review of Psychology, Vol. 43*. Palo Alto, CA: Annual Reviews.

Wellman, H. M., & Lempers, J. D. (1977). The naturalistic communication abilities of two-year-olds. *Child Development, 48,* 1052-1057.

Wellman, H. M., Ritter, K., & Flavell, J. H. (1975). Deliberate memory behavior in the delayed reactions of very young children. *Developmental Psychology, 11,* 780-787.

Werner, J. S., & Siqueland, E. R. (1978). Visual recognition memory in the preterm infant. *Infant Behavior and Development, 1,* 79-94.

Wertsch, J. V. (1985). *Culture, communication, and cognition: Vygotskian perspectives*. Cambridge: Cambridge University Press.

West, R. L. (1986). Everyday memory and aging. *Developmental Neuropsychol, 2,* 323-344.

Weston, D. R., & Turiel, E. (1980). Act-rule relations: Children's concepts of social rules. *Developmental Psychology, 16,* 417-424.

White, K. M., Speisman, J. C., Costos, D., & Smith, A. (1987). Relationship maturity; A conceptual and empirical approach. In J. Meacham (Ed.), *Interpersonal relations: Family, peers, friends*. Basel, Switzerland: Karger.

Wigfield, A., Eccles, J. S., Maciver, K., Reuman, D. A., & Midgley, C. (1991). Transitions during early adolescence: Changes in children's domain-specific self-across the transition to junior high school. *Developmental Psychology, 27,* 552-565.

William, C. (1992). *Theories of development: Concepts and applications* (3rd ed.), Englewood Cliffs, N.J.: Prentice Hall.

Willis, S. (1972). *Formation of teachers' expectations of students' academic performance*.

Unpublished doctoral dissertation. The University of Texas at Austin.

Wingfield, A., & Byrnes, D. L. (1981). *The psychology of human memory*. New York: Academic Press.

Wohlwill, J. F. (1973). *The Study of behavioral development*. New York: Academic Press, 109-239.

Woolley, J. D., & Wellman, H. M. (1990). Young children's understanding of realities, nonrealities, and appearances. *Child Development, 61,* 946-961.

Wright, J. C., Huston, A. C., Ross, R. P., Calvert, S. L., Rolandell, I. D., Weeks, L. A., Raessi, P., & Potts, R. (1984). Pace and continuity of television programs: Effects on children's attention and comprehension. *Developmental Psychology, 20,* 653-666.

Wright, J. C., St. Peters, M., & Huston, A. C. (1990). Family television use and its relation to children's cognitive skills & social behavior. In J. Bryant (Ed.), *Television and the American family*. Hillsdale, NJ: Erlbaum, 221-251.

Yuill, N., & Perner, J. (1988). Intentionality and knowledge in children's judgments of actor's responsibility and recipient's emotional reaction. *Developmental Psychology, 24,* 358-365.

Zahavi, S., & Asher, S. R. (1978). The effects of verbal instruction on preschool children's aggressive behavior. *Journal of School Psychology, 16,* 146-153.

Zaitchik, D. (1990). When representations conflict with reality: The preschooler's problem with false beliefs and "false" photographs. *Cognition, 35,* 41-68.

Zarbatany, L., Hartmann, D. P., & Rankin, D. B. (1990). The psychological functions of preadolescent peer activities. *Child Development, 61,* 1067-1080.

Zedeck, S., & Mosier, K. L. (1990). Work in the family and employing organization. *American Psychologist, 45,* 240-251.

Zelinski, E. M. & Gilewski, M. J., & Thompson, L. W. (1980). Do laboratory memory tests relate to everyday remembering and forgetting? In Poon et al. (Eds.), *New directions in memory and aging: Proceedings of the George A. Talland memorial conference*. Hillsdale, NJ: Lawrence Erlbaum Assoc.

Zigler, E., Abelson, W. D., Trickett, P. K., & Scitz, V. (1982). Is an intervention program necessary to improve economically disadvantaged children's IQ scores? *Child Development, 53,* 340-348.

Zivian, M. T., & Darjes, R. W. (1983). Free recall by in-school and out-of-school adults: Performance and metamemory. *Developmental Psychology, 19,* 513-520.

찾아보기

《인 명》

《내 용》

저
자
소
개

송명자(宋明子)

저자는 동아대학교 학부와 대학원에서 영문학을 전공하였으며, 경북대학교 대학원 교육심리과정에서 발달심리학을 전공하였다.
1980년도에 「과제의 정보처리부하량에 따른 구체적 조작구조발달의 동시성 분석」이라는 피아제 연구로 박사학위를 받았다.
1983년부터 2년간 미국 Rochester대학교 발달심리학과 객원조교수로서 대표적 피아제 연구가인 H. P. Ginsburg 교수와 공동연구를 하였다.
저자는 *Child Development, Development Psychology* 등 국제학술지에 우리나라 아동의 도덕성 · 수사고 · 지능개발에 관한 7편의 공동연구 논문을 발표하였으며, SRCD, AERA 등의 학술대회에서도 논문을 발표하였다. 또한 국내학술지에도 「U형발달: 이론과 현상의 개관」을 비롯한 다수의 논문을 발표하였다. 『인지발달』을 비롯한 3권의 공역서와 『인지발달적 관점의 교육심리』를 비롯한 4권의 공저가 있으나, 단독저서 출간은 이 책이 처음이다.
저자는 1973년부터 동아대학교 교육학과 교수로 발달심리학과 교육심리학을 강의하였으며, 1985년부터 한국심리학회 산하 발달심리학회의 이사와 발달심리 전문가로 학회 활동에 참여한 바 있다.

발달심리학

1995년 8월 10일 1판 1쇄 발행
2023년 10월 20일 1판 39쇄 발행

지은이 • 송 명 자
펴낸이 • 김 진 환
펴낸곳 • (주) 학지사
04031 서울특별시 마포구 양화로 15길 20 마인드월드빌딩 5층
대표전화 • 02) 330-5114 팩스 • 02) 324-2345
등록번호 • 제313-2006-000265호

홈페이지 • http://www.hakjisa.co.kr
인스타그램 • https://www.instagram.com/hakjisabook

ISBN 978-89-5891-855-4 93180

정가 19,000원